〈2015년 개역판〉

자 본 론

-정치경제학 비판-

제Ⅲ권 자본주의적 생산의 총과정 (상)

카를 마르크스 지음
프리드리히 엥겔스 엮음
김 수 행 옮김

비봉출판사

런던 시내의 북쪽 하이게이트에 있는 마르크스의 묘.
　"지금까지 철학자들은 세계를 여러 가지 각도에서 해석하는 일에만 열중했다.
그러나 문제의 핵심은 세계를 변혁하는 일이다."

독일의 서부 트리어에 있는 마르크스의 생가

마르크스의 생애와 저작

1818. 5. 5	독일 모젤 강변의 트리어에서 출생.
1841	예나대학에서 철학박사.
	학위논문: "데모크리토스와 에피쿠로스의 자연철학의 차이"
1844	『정치경제학과 철학의 초고』
1845~46	『독일 이데올로기』(엥겔스와 공저)
1846~47	『철학의 빈곤』
1847	「임금노동과 자본」
1848	「공산당 선언」(엥겔스와 공저)
1850	「프랑스의 계급투쟁, 1848~1850」
1857~58	『정치경제학 비판 요강』
1859	『정치경제학 비판을 위하여』
1861~63	『자본론』1차 초고(23권의 노트. 『잉여가치학설사』포함)
1864~65	『자본론』2차 초고(『자본론』제3권의 '주요원고')
1865	「임금, 가격, 이윤」
1867	『자본론』제1권
1871	「프랑스의 내전」(파리코뮌)
1875	「고타강령 비판」
1883. 3. 14	영국 런던에서 사망
1885	『자본론』제2권(엥겔스 편집)
1894	『자본론』제3권(엥겔스 편집)

〈2015년의 개역에 부쳐〉

2007년부터 터지기 시작한 미국의 금융공황이 지구 전체로 퍼지면서 경제뿐 아니라 정치와 사상과 인간성을 포함한 자본주의적 문명 전체가 치명적 타격을 입고 있다. 한편에서 1930년대의 세계대공황에 버금가는 거대한 실업자와 빈민이 날마다 격증하고 있는데, 다른 한편에서 정부와 국회와 사법부는 이번 공황의 원인이기도 한 '부자를 위한, 부자에 의한, 부자의 정치'(이른바 신자유주의)를 오히려 강화하면서 국가 재정을 모두 부자를 위해 쏟아붓고 있다. 열강들은 외국을 침략하여 부를 약탈하면서 약소국의 인민 대중을 죽이는 것을 컴퓨터게임처럼 여기고 있고, 국내에서도 무자비한 경찰력과 정보사찰 등 파시즘적 국가권력이 인민 대중의 민주주의적 권리를 말할 수 없이 유린하고 있다. 이런 막다른 골목에서 세계의 모든 인민이 자본주의체제를 타도하려고 떨쳐나서는 것은 필연적이라고 말하지 않을 수 없다. "자살하는 것만이 당신이 살 길이다."고 다그치는 지배계급에게 "너희들의 재산을 모두 **빼앗아** 우리 모두가 잘 살 수 있는 새로운 사회를 만들겠다."고 응수하는 것이 인간의 도리가 될 수밖에 없는 전혀 상상하지 못한 특별한 상황이 지금 세계 전체에서 벌어지고 있다.

1990년대 초에 소련과 동유럽의 이른바 '공산주의체제'가 붕괴했을 때, 자본가계급에 아첨하는 여론조작꾼들은 이제 "영구 불멸할 자본주의체제가 인류를 천년왕국으로 이끌 것이다"고 희희낙락했다. 그러나 자본가계급과 그 아첨꾼들은 자본주의체제의 핵심적 진실을 전혀 몰랐을 뿐 아니라 "새로운 사회는 일당 독재의 공산주의체제 이외에도 얼마든지 있다"는 사실을 생각하지도 못한 것이다.

자본주의체제는 재산을 가진 자본가들이 가진 것이라고는 노동력뿐인 임금노동자를 착취하는 사회이고, 부자가 빈민을 억압하는 사회이기 때문에, 자본주의체제는 모두가 자유롭고 평등하며 더불어 사는 사회가 될 수가 없다. 그렇다고 이 사회의 지도층이나 부자들이 이 사회를 위해 임금노동자보다 더 큰 일을 하지도 않는다. 재산을 가진 자본가들은 주식회사의 주식을 사서 그 회사의 주인이 된다. 주주는 아무 일도 하지 않지만 그 회사의 이윤을 배당으로 받아 잘 살 수 있다. "노동하지 않으면 먹지도 말라"는 격언을 제대로 이해한다면 주주들은 "먹지도 말아야 한다." "주식을 산 돈은 내가 옛날에 열심히 일해서 모은 돈이기 때문에" 지금은 "노동하지 않더라도 먹을 수 있다"고 주장할지도 모른다. 그러나 자본가가 된 인사들은 자기의 노동으로 새로운 부를 생산하여 자기의 재산을 증가시키기보다는, 대체로 권력에 빌붙거나 토지와 아파트에 투기하거나 고리대금업을 하거나 시장을 독과점적으로 지배하거나 상공업을 운영하여 일반 대중의 주머니를 털거나 임금노동자를 착취함으로써 자기의 재산을 증가시킨 경우가 많기 때문에 "내가 열심히 일해서 모은 돈"이라고 주장한다면 모두가 비웃을 것이다. 그리고 자본가가 근검절약하여 주식을 샀다고 하더라도, 그 돈은 몇 년 동안의 배당이나 주가 상승에 의해 이미 보상받았을 것이다.

현실적으로 거대 기업을 운영하는 사람들은 월급쟁이 사장을 비롯하여 임금노동자들이다. 생산라인뿐 아니라 기획·자금조달·판매·기술개발 등 모든 부문에서 임금노동자들이 일하고 있다. 회사에 기생하는 주주들이 없더라도 회사의 운영에는 아무런 타격을 받지 않는다는 점이다. 임금노동자 또는 하급관리들이 모든 일을 도맡아 하고 있다는 사실은 기업뿐 아니라 정부기관이나 국회나 법원에서도 마찬가지다.

지금 자본가들이나 부자들이나 고급관리들은 이처럼 임금수준을 낮게 유지함으로써 노동자들을 착취하여 더 많은 돈을 벌자는 욕심뿐일 것이지만, 상대방인 임금노동자들은 생산의 3요소(자본·토지·노동)가 남아도는데도 우리가 굶어죽고 있는 것은 '자본주의체제 때문이라는 확신'을 굳히고 있다. 서로 다른 의견을 가진 집단들이 자기들의 주장을 관철하기 위해서는 '투쟁'하는 수밖에 없고, 사람 수와 투쟁 경력 및 새로운 사회의 비전에서 부자집단들을 능가하는 일반 대중과 노동자계급이 승리하는 것은 어쩔 수 없는 일이다.

위에서 말한 바와 같은 경제적·정치적·사상적·혁명적 지식을 제공하는 책이 바로『자본론』이다. 이 책은 자본주의체제가 어떻게 탄생했는가, 다시 말해 자본가계급은 어떻게 돈을 모았으며 임금노동자들은 어떻게 모든 것을 잃고 노동력을 팔 수밖에 없는 처지가 되었는가를 알려준다. 자본가계급은 식민지 수탈, 고리대금업, 국채투기, 상공업거래, 농민수탈 등을 통해 화폐자본을 모으게 되었다는 점과, 임금노동자계급은 주로 농촌에서 토지를 빼앗겨서 도시로 나오지 않을 수 없었다는 점을 지적하고 있다. 자본주의체제의 성립(과 유지)에 필수불가결한 조건은 노동력 이외에는 아무것도 가지지 않은 대규모 무산대중(프롤레타리아트)의 탄생(과 존재)이다.

그리고 임금노동자를 고용하여 일을 시키는 생산과정에서 자본가는 노동자가 하루의 노동시간에 창조한 새로운 가치 중에서 노동자의 임금에 해당하는 가치를 넘는 잉여가치(또는 '대가를 지불하지 않는 잉여노동')를 공짜로 가져가는데, 이것이 바로 '이윤의 원천'이라는 것이다. 이리하여 잉여가치를 증가시키기 위해, 자본가들은 하루의 노동시간을 연장하는 장시간 저임금 전략을 채택하기도 하고, 노동생산성을 향상시켜 노동자들의 생활수단들을 값싸게 생산하여 임금에 해당하는 가치를 감소시킴으로써 잉여가치를 증가시키는 전략을 채택하게 된다.

   그런데 노동생산성을 향상시키는 기계화·자동화·로봇화는 노동자들을 생산과정에서 자꾸 몰아내기 때문에, 실업자가 증가하는 경향이 생긴다. 물론 생산규모를 더욱 확대하면 취업자가 증가할 수도 있지만, 어쨌든 이윤을 증가시키려는 기계화는 실업자를 증가시키는 요소들 중 가장 큰 요소이다. 방금 도입한 새로운 능률적인 기계는 오직 500명의 노동자를 필요로 하기 때문에 지금의 취업노동자 1,200명 중 700명을 해고하지 않을 수 없게 된다. 이 해고된 노동자, 또는 취직하려다가 일자리를 얻지 못하는 사람이 바로 실업자가 되는 것이다. 실업자는 자본가의 이윤추구 욕심에 비해 과잉인 노동자를 가리키므로 노동자의 스펙과는 거의 아무 관련이 없다. 이 실업자가 '산업예비군'으로 대기하기 때문에, 자본가는 임금수준이나 노동시간이나 기타 노동조건의 결정에서 취업노동자들에게 독재적 권력을 행사하게 된다. 이리하여 임금노동자는 '임금노예'에 불과할 정도로 자본가의 독재에 시달리고 있다.

   이 '임금노예'는, 처음부터 작은 토지나마 소유하고 있든지 수공업 사업장을 소유하고 있었다면 지금과 같이 자본가의 노예가 될 필요가 없었다는 것을 깨닫는다. 자기 자신을 위해 일하는 것이 아니라 자본가를 위해 '강제로' 일하기 때문에, 일하기도 싫고 회사에 나가기도 싫으며, 신성한 삶의 주요한 일부인 노동이 '희생'이라는 감정을 버릴 수가 없게 된다. 이런 근본적인 문제를 해결하는 방법은, 노동자들 모두가 현재 현실적으로 공동 점유하고 있는 공장 전체나 회사 전체를 자기들 모두의 공동 소유, 즉 사회적 소유로 전환시켜, 자기들의 집단적 지성에 따라 운영하게 된다면 '임금노예'의 상태에서 벗어날 뿐 아니라 '주인의식'을 가지면서 자기들의 개성과 능력을 자발적으로 헌신적으로 기분 좋게 발휘함으로써 사회를 더욱 풍부하게 할 수 있을 것이다. 이런 사회가 바로 '자유로운 개인들의 연합'이라는 새로운 사회모형인데, 소련의 공산주의와는 전혀 다른 '민주적이고 자유롭고 평등한 사회'다.

『자본론』의 이런 내용을 지금 막다른 골목으로 떠밀리고 있는 다수의
사람들에게 알려야 할 긴박한 필요성 때문에, 나는 너무 오래된 옛날 번
역을 버리고 다시 번역하게 되었다. 특히『자본론』제1권의 출판 150주
년이 되는 2017년에 앞서서 나의 정력이 남아있는 지금 미리 축하하려는
의도도 가지고 있다.

둘째로 2015년 개역판을 내게 된 것은, 내가 이오덕 선생님이 쓴『우
리 글 바로쓰기』(전5권, 2011, 한길사)를 읽으면서 크게 반성했기 때문이
다. 한자나 영어를 쓰는 것이 독자들의 이해를 돕는 것이 아니라 대중들
에게 책을 읽을 기회를 빼앗는다는 점을 절실히 느꼈기 때문에, 이전의
번역을 처음부터 끝까지 하나하나 알기 쉬운 우리말로 바꾸어 보자고 결
심한 것이다. 그러나 알기 쉬운 말로 바꾸어 내용을 좀 더 알기 쉽게 하
는 것조차 쉽지 않은 과제였다. 왜냐하면 마르크스는 자기의 경제학 '혁
명'에 알맞는 '용어들'을 개발했는데, 이 용어들은 다른 경제학 교과서에
서는 전혀 사용하지 않아서 모두에게 너무 낯이 설기 때문이었다. 그리
고 현재 우리나라에는 반공 이데올로기가 여전히 강력한 영향력을 발휘
하고 있어서 마르크스 경제학에 관심을 가지는 사람의 수가 적기 때문에
어느 수준까지 개념과 용어를 쉬운 말로 바꾸어야 하는가를 쉽게 결정할
수 없었기 때문이었다. 또한 마르크스이론은 자본주의체제의 문제점을
지적하고 해명하며 변혁하는 것이 주된 과제인데, 우리가 계속 듣는 것
은 "자본주의체제가 좋다"는 선전뿐이므로, 독자들에게 자본주의체제의
문제점을 쉽게 설명하기가 매우 어렵기 때문이었다.

더욱이 기존의 '이른바 좌파지식인들'은 대체로 자본주의 이후의 새로
운 사회가 '자유로운 개인들의 연합'이라는 것을 알지 못하고 소련 · 쿠
바 · 북한의 '공산주의체제'로 이해하여, 소련이 패망한 1990년 전후로
모두 "마르크스주의는 죽었다"고 하면서 여러 갈래로 도망갔기 때문에,
나이가 좀 덜 먹은 정의감에 넘치는, 연애도 결혼도 포기할 수밖에 없는

활기찬 젊은 층에게 "자본주의체제는 바로 이런 것이다."라고 호소하는
것이 매우 중요하다는 생각에서 될수록 쉬운 우리글이 되도록 노력했다
는 점을 다시 밝힌다.

　셋째로 본문과 주에는 사람과 책의 이름을 모두 우리글로 적었는데,
이것은 외국어가 주는 스트레스를 좀 줄이기 위한 것이다. 제1 · 2 · 3권
과는 달리 발간되는 '별책'이 『자본론』 전체에 나오는 〈참고문헌〉, 〈인
명해설〉, 〈도량형 환산표〉, 〈찾아보기〉를 모아놓았으므로, 쉽게 원어를
알아볼 수 있다. 마르크스는 화폐 · 무게 · 길이 · 넓이 · 부피의 단위를
그 당시 국제적으로 널리 사용되는 것을 이용했기 때문에, 특히 영국의
화폐단위— £1(파운드 스털링) = 20s.(실링) = 240d.(펜스)—는 십진법
(£1 = 100p.로 바꾼 것은 1971년 2월 15일이었다)이 아니어서 우리에게는 매
우 불편했다. 따라서 그 당시의 경제상황을 알리는 곳에서는 영국의 화
폐단위를 그대로 사용하고, 다른 곳에서는 모두 우리 돈 '원'으로 고쳤
다. 왜냐하면 5파운드 6실링 6펜스와 7파운드 3실링 6펜스를 5,325원과
7,175원으로 바꾸어 놓아야 두 금액 사이의 차이를 쉽게 알 수 있기 때문
이다. 특히 제3권 6편(초과이윤이 지대로 전환)에서는 우리 돈의 사용이 이
론을 이해하는 데 큰 도움을 줄 것이다. 그리고 〈찾아보기〉를 더욱 친절
하고 자세하게 정리하여 독자들이 이용하기 훨씬 편리하게 했다.

　넷째로 이번 개역에서는 다음 두 책을 특히 많이 이용했다. 하나는
Karl Marx & Frederick Engels, *Collected Works*, Volume 35(1996),
36(1997), 37(1998)인데, 이것이 가장 최근의 영어판이다. 『자본론』에 인
용된 마르크스와 엥겔스의 저작은 모두 *Collected Works*의 쪽수[예: CW
29: 269]를 새로 적어 넣어 독자들이 더 연구하기에 편리하게 했다. 다른
하나는 新日本出版社, 『資本論』, I(2003년 인쇄), II(2003년 인쇄), III
(2002년 인쇄)이다. 영어판과 일본어판에는 독일어 각 판의 내용 수정이
나 불어판, 스페인어판 따위가 지적한 독어판의 오류 · 탈자 · 오자가 잘

지적되어 있다. 따라서 이제는 독어판이나 영어판이나 일본어판 사이의
차이는 마르크스의 이론을 어떻게 제대로 이해하여 독자들에게 알기 쉽
게 전달하는가에 있다고 본다.

번역에서 ( )는 마르크스가 사용한 것이고, [ ]는 내가 독자의 이해를
돕기 위해 문장을 나눈 것이다. ⎾ ⏌는 내가 짧은 역자 주를 넣은 것이
고, 긴 역자 주는 *를 붙이고 그 아래에서 설명했다. {엥겔스: }는 엥겔
스가 추가한 것을 가리킨다.

2015년 개역판이 읽고 이해하기가 훨씬 더 쉽게 된 것은 특히 몇몇 동
지의 열렬한 학문적 정열과 기여 때문이었다. 첫째로 강성윤 박사의 공
헌을 지적하지 않을 수 없다. 강 박사는 서울대학교에서 마르크스이론에
관한 석사 · 박사 논문을 썼고, 『자본론』 세미나와 학교 강의를 10여년
계속하면서 항상 젊은 층과 접촉했기 때문에, 이전의 번역을 수정하는
작업에 최대의 기여를 했다. 사실상 그가 먼저 번역하면 내가 다시 고치
고 내가 먼저 번역하면 그가 다시 고치는 과정을 몇 차례 거쳤으므로 공
역했다고 말할 수 있을 정도다. 그리고 강 박사가 출판과정을 도맡았다.
둘째로 오랫동안 중국과 무역거래를 하다가 늦은 나이에 성공회대학교
정치경제학 석사과정에 입학한 최영열 선생께 감사하지 않을 수 없다.
내가 "이제 『자본론』을 '마지막으로' 개역해야 하겠다"고 강의시간에 선
언하니까, 그는 조금도 서슴지 않고 "제가 가장 최근의 중국어판 『자본
론』과 선생님의 『자본론』을 비교하여 개선할 점을 찾아보겠다"고 제의
했는데, 그는 이 제의를 너무나 충실히 완수했다. 그가 지적한 것을 검토
하다가 오자와 탈자를 많이 교정하게 되었고, 마르크스가 의도하는 문장
의 의미를 더욱 깊게 파악할 수 있게 되었다. 다음으로 성공회대에서 나
의 '정치경제학' 강의를 수강한 학부 학생 김휘인 군에게도 고마움을 전
한다. 나는 그에게 개역판의 초교를 주면서 "읽어보고 자네가 이해하기
어려운 부분과, 자네들이 흔히 사용하지 않는 단어와 문장을 지적해 달

라"고 요구했는데, 그는 많은 개선점을 제시했다. 나는 모두가 이해하리라고 생각하고 그냥 넘어갔던 부분들을 다시 고칠 수 있게 되었고, 우리가 사용하는 수많은 한자 · 영어식 말을 어떻게 우리말로 바꿔야 할까를 더욱 고민하게 되었다.

끝으로 제1권의 불어판과 독어판 · 영어판을 비교하여 독어판 · 영어판의 애매함을 지적해준 박승호 박사에게도 감사한다.

수많은 어린 학생들을 죽이고도 1년동안 진실을 밝히는 노력을 거부하는 현 보수정권은 언제나 집권세력은 오로지 자본가계급과 이들의 정치적 · 사상적 대변자들의 재산 증식과 권력 확대에만 열중하고 있다. 이것이 '자본주의체제의 기본 특징'이다. 우리가 우리 사회의 거대한 인적 · 물적 자원을 이용하여 모두가 함께 사는 민주적이고 평등한 사회를 건설하는 과제에 이번에 개역하는 『자본론』이 조금이라도 도움이 되기를 한없이 빈다.

2015년 7월
천안시 입장면에서
김 수 행 씀

〈제1차 개역에 부쳐〉 (2004)

제3권 초판이 나온 것이 (상)은 1990년 2월이고 (하)는 1990년 11월이었으니까 13년이라는 세월이 흘렀다. 그 동안 '현실 사회주의'는 대체로 멸망했지만, 자본주의의 야만성은 신자유주의와 침략전쟁에 의해 더욱 뚜렷하게 되었다. 우리 사회에서도 1997년 말 외환위기의 형태로 대규모의 공황이 폭발했으며, 아직까지 실업·비정규직·빈부격차·노동탄압·사유화·부정부패는 더욱 더 악화하고 있다. 또한 우리는 자본의 세계화에 걸맞는 세계시민주의와 모순되는 제국주의적 간섭을 IMF 신탁통치와 이라크 파병의 형태로 실감할 수 있었다. 그리고 우리 사회에서 아직도 수구반동세력이 사회의 각 부문을 지배하고 있다는 사실은 2004년 3월 12일 국회에서 대통령을 탄핵 소추한 사건에서 분명히 드러났다. 그러나 수구반동세력은 점점 더 약화되고 있을 뿐이며 우리 사회는 점점 더 민주적이고 평등한 사회로 진전하고 있다는 사실도 대규모의 탄핵 철회 시민운동에서 느낄 수 있었다.

모두가 잘 알고 있는 바와 같이, 『자본론』은 자본주의 경제를 해부한 책이고, 자본주의 경제체제가 영구불멸하지 않으며 일시적이고 과도기적인 체제라는 점을 강조하고 있다. 따라서 새로운 체제에 관심을 가진 사람은 당연히 『자본론』을 읽으면서 현재 체제의 문제점이 무엇인가를 고민하지 않을 수 없다. 이 과정에서 한글번역판이 큰 역할을 했다고 자부한다. 그러나 초판에는 한자가 너무 많아 한자를 잘 읽지 못하는 독자들에게는 큰 불편을 주었고, 나로서도 그 동안의 연구와 한글연습에 힘입어 새롭고 더욱 정확하게 번역할 필요를 느꼈다. 이리하여 개역이 시작되었는데, 제1권(상)(하)의 제2개역판은 2001년에 출판되었고 제2권의 제1개역판은 2004년에 출판되었으며, 이제 제3권(상)(하)의 제1개역판이 나오게 된 것이다. 특히 다행했던 것은 나의 조교 김공회 군이 한글과 외국어에 조예가 깊어 한글로 개역하는 데 큰 도움을 주었다는 점이다.

이 개역판이 초판과 다른 것 중 하나는 본문 주의 번호가 펭귄판과 똑같다는 점인데, 이로써 독자들은 더욱 쉽게 펭귄판을 참조할 수 있을 것이다. 또한 색인은 제3권만을 위한 것인데, 이미 제1권과 제2권 각각에 색인을 따로 붙였기 때문이다. 화폐단위와 도량형단위는 초판에서와 마찬가지로 특별히 역사적인 의미가 없는 경우에는, 영국의 파운드 스털링은 모두 '원'으로 고치고, 무게와 부피의 단위도 우리에게 익숙한 것으로 고쳤다. 사실상 이 화폐단위의 전환 작업에 큰 시간이 들었는데, 이것은 모든 독자들의 고통을 없애기 위해서는 피할 수 없었다. 1파운드=20실링, 1실링=12펜스이므로, 3파운드 5실링 3펜스와 8파운드 10실링 6펜스를 서로 비교하려면 엄청난 시간이 걸리지만, 이것을 3.2625원과 8.525원으로 표시해 두면 곧 비교할 수 있게 된다.

* * *

제3권도 제2권과 마찬가지로 엥겔스가 마르크스의 유고를 정리해 1894년 출간했다. 제3권의 제목은 '자본주의적 생산의 총과정The Process of Capitalist Production as a Whole'이다. 제1권에서 '자본의 생산과정'을, 그리고 제2권에서'자본의 유통과정'을 해명했기 때문이다. 이리하여 제3권은 산업자본이 생산과정에서 노동자를 착취해 창조한 잉여가치가 유통과정에서 화폐로 실현된 뒤에 어떻게 유산자계급(예컨대 각종 산업의 자본가들, 상업자본가, 금융자본가, 토지소유자)에게 분배되는가를 연구하는 것에 초점에 두고 있다.

　제1편과 제2편은 잉여가치가 이윤으로, 그리고 평균이윤으로 전형되는 것과 이에 따라 상품의 가치 대신에 생산가격이라는 개념이 생기는 과정을 추적한다. "가치가 생산가격으로 전형한다"는 '전형문제transformation problem'는 1885년 이래 계속된 논쟁의 주제인데, 지금은 제3권에서 제시한 마르크스의 주장이 새롭게 긍정적으로 수용되고 있다. 다시 말해 자본가가 구매한 생산수단은 일정한 화폐금액을 표현할 뿐이고 그것이 가치로 표현되든 생산가격으로 표시되든 아무 상관이 없다; 노동자를 착취한 총잉여가치는 사회적 총자본이 횡령한 것이고 따라서 산업자본가들 사이에 자본의 크기에 따라 분배되므로 평균이윤이 성립한다; 평균이윤율은 자본이 경쟁을 통해 각종 생산분야들 사이로 자유롭게 이동하기 때문에 형성된다; 가치는 생산가격보다 논리적으로나 역사적으로 앞선다; 이윤율은 끊임없는 불균등 속에서 끊임없이 균등화하고 있다고 생각할 수 있다.

　제3편은 이른바 '이윤율 저하경향의 법칙'을 다루고 있는데, 애덤 스미스와 리카도가 고민한 이윤율의 저하경향을 자본주의적 발전법칙에 따라 설명한다. 자본의 기술적 · 유기적 · 가치 구성의 개념은 이제 매우 분명하게 되었다. 불변자본의 가치 c는 불변자본의 단위가치(Pc)와 불변자본의 양(Qc)의 곱이고, 가변자본의 가치 v는 1인당 노동자의 임금수준(Pv)과 고용노동자의 수(Qv)의 곱이므로, $\frac{c}{v}=\frac{PcQc}{PvQv}$. 여기에서 자본의 가치구성은 $\frac{c}{v}$이고, 자본의 기술적 구성은 $\frac{Qc}{Qv}$이며, 자본의 유기적 구성은 Pc와 Pv가 변하지 않는 상황에서 고찰한 가치구성이므로 기술적 구성의 변화를 그대로 반영한다. 또한 TRPF(tendency of the rate of profit to fall) 법칙이 이윤율의 장기 추세를 예측하는 법칙이 아니라는 것도 이제 분명하게 되었다. 이윤율은 다음과 같다.

$$p' = \frac{s}{c+v} = \frac{\dfrac{s}{v}}{\dfrac{c}{v}+1} = \frac{\dfrac{s}{v}}{\dfrac{P_c Q_c}{P_v Q_v}+1}$$

  자본은 상대적 잉여가치의 생산을 위해 노동생산성의 향상에 박차를 가하기 때문에, 자본의 기술적 구성($\frac{Q_c}{Q_v}$)은 상승하게 마련이고 따라서 자본의 유기적 구성도 상승하게 마련이다. 이것은 이윤율의 공식에서 p'을 저하시키는 요인으로 작용하지 않을 수 없다. 이것이 제13장 '법칙 그 자체'의 내용이다. 그러나 노동생산성 상승의 원인과 결과인 기술적 구성과 유기적 구성의 상승은 당연히 상품 가치를 저하시키기 때문에, 잉여가치율은 상승하고, 불변자본의 요소들은 값싸게 되어 이른바 '상쇄요인들'(제14장)을 낳지 않을 수 없다. 따라서 제3편에서 마르크스가 강조하고 있는 것은, 자본주의적 생산의 결정적 동기인 이윤율이 자본축적과정에서 저하와 상승의 요소들에 부닥친다는 사실, 이윤율이 현실적으로 일정한 수준 이하로 저하하면 자본주의적 재생산은 중단되어 공황을 일으킨다는 사실, 공황은 자본주의적 생산관계가 생산력의 발전을 저지하는 가장 대표적인 형태이고 따라서 자본주의적 생산관계가 자기의 수명을 넘어 살고 있다는 것을 증명하는 증거라는 사실이다. 제3편은 『자본론』 전체에서 산업자본에 관한 논의를 마감하는 곳이므로, 제1권 제32장 '자본주의적 축적의 역사적 경향'에서 대체로 추상적으로 지적한 사항들이 여기에서는 매우 구체적으로 지적되고 있다.

  제4편은 상업자본과 상업이윤에 관해, 제5편은 이자낳는 자본과 이자에 관해, 그리고 제6편은 토지소유와 지대에 관해 논의하고 있다. 제4편에서는 상업자본이 직접적으로는 잉여가치를 생산하지 않지만 산업자본의 유통과정을 대신 담당해 비생산적인 '순수유통비용'을 절약함으로써 잉여가치의 생산에 간접적으로 기여하는 측면을 부각시키고 있다. 이것

이 바로 상업자본이 산업자본에서 자립하면서 산업자본이 착취한 잉여가치의 일부를 상업이윤으로 분배받는 근거가 된다. 제5편에서는 가장 눈에 잘 띄는 신용제도를 다루고 있는데, 화폐·화폐자본·유통수단·상업신용·은행신용·주식회사·실물자본·이자율·기업가이득 따위에 관해 깊은 통찰력을 보이고 있다. 제6편에서는 지구의 일부를 차지해 자기의 소유라고 주장하면서 농업자본가 등 모든 자본가로부터 차액지대와 절대지대를 빼앗고 있는 토지소유자를 연구하고 있는데, 차액지대의 원천은 산업자본가의 초과이윤이고 절대지대의 원천은 토지생산물의 가치가 그것의 생산가격을 넘는 초과분이라고 주장한다. 물론 여기에서도 토지소유가 사라진다면, 토지의 합리적이고 계획적인 사용방식이 도입될 것이고, 또한 토지생산물의 가격결정방식이 크게 달라져 토지생산물의 가격이 '허위의 사회적 가치'(즉 지대)만큼 값싸게 될 것임을 증명한다.

제7편 '수입들과 그들의 원천'에서는 '자본—이자, 노동—임금, 토지—지대'라는 삼위일체 공식을 비판하고 있다. 여기에서 마르크스는 수입들의 원천은 결코 사물이 아니라 특수한 사회적·경제적 관계라는 것을 강조하는 한편 왜 사회의 구체적·표면적 현상들에 접근하면 할수록 사물들의 진정한 관계 또는 본질이 왜곡되는가를 가격현상과 경쟁현상을 분석하면서 증명하고 있다. 마지막 제52장은 '계급들'인데, 엥겔스가 서문에서 말하고 있는 바와 같이, "수입의 3대 형태에 대응하는 3대 계급과, 이런 계급의 존재에 의해 필연적으로 나타나는 계급투쟁을 자본주의 시대의 현실적 산물로서 묘사하려고" 했을 것이다. 그러나 제52장으로 『자본론』을 끝내려고 했는지는 알 수가 없다. 만약 마르크스가 『정치경제학 비판을 위하여』(1859)의 「서문」에서 밝힌 연구 플랜Plan—"나는 부르주아 경제체제를 다음의 순서로 연구한다. 자본, 토지소유, 임노동; 국가, 대외무역, 세계시장."—을 실현하려고 했다면, 이 계급들의 분석을 통해 자기의 정치경제학 연구 플랜의 다음 과제인 '국가'로 나아가려 한 것이

아니었을까?

2004년 3월 22일

산본동 을지아파트 616동에서

김 수 행

〈한글 초판 번역자의 말〉 (1990)

자본가들은 일상의 경제활동에서 여러 가지 잘못된 관념들을 얻게 된다. 예를 들면 잉여가치는 가변자본에서 생기는 것이 아니라 총투하자본에서 생긴다고 생각하거나, 평균이윤은 노동의 착취와는 무관하게 자본 자체의 고유한 속성에서 생긴다고 생각하거나, 상업이윤은 상인이 상품을 그 가치 이상으로 판매하기 때문에 생긴다고 생각하거나, 기능자본가는 자기의 이윤이 자기 자신의 노동의 대가라고 생각하는 것 따위가 그것이다.『자본론』제3권은 이런 자본가적 의식형태의 허구성을 폭로하면서 이윤·평균이윤·이자·기업가이득·지대 등의 개념을 과학적으로 재구성하고 있다. 따라서 제3권은 현상과 본질 사이의 관련을 가장 깊게 연구하고 있는 셈이다. 그러므로 제3권을 읽어야만 비로소 제1권과 제2권의 추상적 이론이 어떤 현실적 의미를 가지고 있는가가 더욱 분명히 드러나게 된다.

비록 제2권의 한글 번역판이 출간된 지 8개월이나 지나긴 하였지만, 나로서는 제3권의 번역에 매우 큰 정력을 쏟았음을 독자들에게 알리고 싶다. 1989년 2월 서울대에 들어와서 곧 강의에 정신이 없었고 더욱이 2학기에는 "현대 마르크스경제학"의 수강생이 1,000명을 넘어 추가시간을 강의하지 않을 수 없었다. 그러나 우리 경제학과의 고유한 학문적 분위기에 힘입어 번역에 진력할 수 있었고, 나의 조교인 박도영 군과 강신욱 군은 나로 하여금 강의와 번역에만 몰두하도록 기타의 모든 업무를 담당해주었다.

 몇 년 동안 번역에 전념하다 보니 시력이 근시와 원시의 혼합물로 변해버렸고 새로운 논문을 한 편도 쓰지 못하였다. 그러나 정치경제학의 바탕을 이루는 『자본론』의 번역이 무엇보다도 우리나라 정치경제학의 발전에 가장 크게 기여하리라는 신념에서 이렇게 해오고 있다.

 제3권(상)의 번역은 그렇게 쉬운 일이 아니었다. 애매모호한 부분이 많아서 역자주의 형식으로 첨가하지 않을 수 없었다. 결국 번역에서는 단어나 문장의 독해력이 문제가 되는 것이 아니라 이론의 완전한 이해가 가장 중요하다는 것을 다시 한 번 느꼈다. 나머지 부분인 제3권(하)도 곧 끝내려고 노력하고 있는데, 아내가 이제 귀국하였으므로 더 빨리 끝낼 수 있으리라고 믿는다.

1990년 1월 서울대 연구실에서

김 수 행

제Ⅲ권 자본주의적 생산의 총과정 (상)

차 례

〈2015년의 개역에 부쳐〉 / v

〈제1차 개역에 부쳐〉 (2004) / xiii

〈한글 초판 번역자의 말〉 (1990) / xix

제1독어판 서문 〖엥겔스, 1894 〗 / 3

제1편 잉여가치가 이윤으로 전환하고 잉여가치율이 이윤율로 전환

제1장 비용가격과 이윤 / 31

제2장 이윤율 / 48

제3장 이윤율과 잉여가치율 사이의 관계 / 58

제4장 회전이 이윤율에 미치는 영향 / 86

제5장 불변자본 사용의 절약 / 95

　　　제1절　개관 / 95

　　　제2절　노동자를 희생시키는 노동조건들의 절약 / 107

　　　제3절　동력의 생산 · 전달과 건물의 절약 / 118

　　　제4절　생산폐기물의 이용 / 123

　　　제5절　발명에 의한 절약 / 127

제6장 가격변동의 영향 / 129

　　　제1절　원료가격의 변동. 이윤율에 미치는 직접적 영향 / 129

　　　제2절　자본의 가치증가와 가치감소. 자본의 풀려남과 묶임 / 135

　　　제3절　일반적 예증: 1861~1865년의 면화공황 / 152

제7장 보충설명 / 170

제2편 이윤이 평균이윤으로 전환

제8장 서로 다른 생산부문의 자본구성 차이와
　　　이로부터 나오는 이윤율의 차이 / 177
제9장 일반적 이윤율(평균이윤율)의 형성과
　　　상품의 가치가 생산가격으로 전환 / 192
제10장 경쟁에 의한 일반적 이윤율의 균등화.
　　　 시장가격과 시장가치. 초과이윤 / 214
제11장 임금의 일반적 변동이 생산가격에 미치는 영향 / 247
제12장 보충설명 / 253
　　　제1절 생산가격을 변동시키는 원인들 / 253
　　　제2절 평균적 자본구성의 상품의 생산가격 / 255
　　　제3절 자본가가 내세우는 보상의 근거들 / 257

제3편 이윤율 저하경향의 법칙

제13장 법칙 그 자체 / 263
제14장 상쇄요인들 / 289
　　　제1절 노동착취도의 증가 / 289
　　　제2절 노동력의 가치 이하로 임금을 인하 / 293
　　　제3절 불변자본 요소들의 저렴화 / 294
　　　제4절 상대적 과잉인구 / 295
　　　제5절 대외무역 / 296
　　　제6절 주식자본의 증가 / 299
제15장 법칙의 내적 모순들의 전개 / 301
　　　제1절 개관 / 301
　　　제2절 생산확대와 가치증식 사이의 충돌 / 308
　　　제3절 과잉인구와 나란히 존재하는 과잉자본 / 313

제4절 보충설명 / 324

제4편 상품자본과 화폐자본이 상인자본
(상품거래자본과 화폐거래자본)으로 전환

제16장 상품거래자본 / 337
제17장 상업이윤 / 354
제18장 상업자본의 회전. 가격 / 381
제19장 화폐거래자본 / 397
제20장 상인자본의 역사적 고찰 / 407

제5편 이윤이 이자와 기업가이득으로 분할. 이자낳는 자본

제21장 이자낳는 자본 / 429
제22장 이윤의 분할. 이자율. '자연적' 이자율 / 456
제23장 이자와 기업가이득 / 471
제24장 이자낳는 자본에서는 자본관계가
        피상적인 형태로 나타난다 / 498
제25장 신용과 가공자본 / 510
제26장 화폐자본의 축적. 이자율에 미치는 영향 / 533
제27장 자본주의적 생산에서 신용의 역할 / 562
제28장 유통수단과 자본. 투크와 풀라턴의 견해 / 571

－이상 제Ⅲ권 (상)－

제Ⅲ권 자본주의적 생산의 총과정 (하)
차 례

〈2015년의 개역에 부쳐〉 / v
〈제1차 개역을 마치면서〉 (2004) / xiii
〈한글 초판 번역을 끝내면서〉 (1990) / xv

제5편 이윤이 이자와 기업가이득으로 분할. 이자낳는 자본(계속)

제29장 은행자본의 구성부분 / 595
제30장 화폐적 자본과 현실적 자본 (Ⅰ) / 611
제31장 화폐적 자본과 현실적 자본 (Ⅱ) / 634
　　　제1절　화폐가 대부자본으로 전환 / 634
　　　제2절　자본 또는 수입이 대부자본으로 전환되는 화폐로
　　　　　　　전환한다 / 644
제32장 화폐적 자본과 현실적 자본 (Ⅲ) / 648
제33장 신용제도 아래의 유통수단 / 668
제34장 통화주의와 영국의 1844년 은행법 / 702
제35장 귀금속과 환율 / 726
　　　제1절　금준비의 변동 / 726
　　　제2절　환 율 / 737
　　　　아시아에 대한 환율 / 740
　　　　영국의 무역수지 / 758
제36장 자본주의 이전의 관계 / 761
　　　　중세의 이자 / 783
　　　　이자 금지가 교회에 준 이익 / 786

제6편 초과이윤이 지대로 전환 / 787

제37장 서 론 / 789

제38장 차액지대. 개설 / 821

제39장 차액지대의 제1형태(차액지대Ⅰ) / 832

제40장 차액지대의 제2형태(차액지대Ⅱ) / 861

제41장 차액지대Ⅱ: 첫째 예. 생산가격이 불변인 경우 / 875

제42장 차액지대Ⅱ: 둘째 예. 생산가격이 하락하는 경우 / 885

　　　　제1절 추가자본의 생산성이 불변인 경우 / 885

　　　　제2절 추가자본의 생산성이 저하하는 경우 / 894

　　　　제3절 추가자본의 생산성이 상승하는 경우 / 896

제43장 차액지대Ⅱ: 셋째 예. 생산가격이 상승하는 경우. 결론 / 905

제44장 최열등지에서도 생기는 차액지대 / 937

제45장 절대지대 / 949

제46장 건축지지대. 광산지대. 토지가격 / 980

제47장 자본주의적 지대의 기원 / 991

　　　　제1절 서 론 / 991

　　　　제2절 노동지대 / 1000

　　　　제3절 생산물지대 / 1006

　　　　제4절 화폐지대 / 1009

　　　　제5절 분익소작과 소농민적 분할지 소유 / 1016

제7편 수입들과 그들의 원천

제48장 삼위일체의 공식 / 1033

제49장 생산과정의 분석을 위하여 / 1056

제50장 경쟁이 창조하는 환상 / 1081

제51장 분배관계와 생산관계 / 1111

제52장 계급들 / 1120

엥겔스:『자본론』제3권에 대한 보충설명

Ⅰ. 가치법칙과 이윤율 / 1127
Ⅱ. 증권거래소 / 1148

―이상 제Ⅲ권 (하)―

자 본 론

—정치경제학 비판—

제Ⅲ권   자본주의적 생산의 총과정 (상)

제1독어판 서문 [엥겔스, 1894]

드디어 나는 마르크스가 쓴 주된 저작의 제3권, 곧 이론을 종결짓는 부분을 발간할 수 있게 되었다. 1885년에 제2권을 발간할 때만 해도 나는 제3권은 매우 중요한 몇 개의 부분들을 제외한다면 기술적인 곤란만이 있으리라고 생각했다. 사실이 그러했다. 그러나 저작 전체의 가장 중요한 부분들인 이 몇 개의 부분들이 나에게 이렇게나 큰 곤란을 주리라고는 그 당시 생각하지 못하였으며, 기타의 예상하지 못했던 문제점들이 또한 이 제3권의 완성을 이처럼 지연시키게 되었다.

이밖에 매우 중요한 것은, 나의 시력이 약화되어 몇 년 동안 집필시간을 최소한도로 감축시키지 않을 수 없는 형편이며 지금도 나는 인공조명 밑에서는 예외적인 경우를 제외하고는 집필할 수가 없다. 그리고 외면할 수 없는 기타의 일들이 있었다. 예컨대 마르크스와 나의 옛날 저서의 신판과 번역·개정, 서문·증보 등을 내야만 했는데, 이런 일들은 새로운 연구를 필요로 하는 경우가 많았다. 특히 제1권의 영역판에 대하여 언급하지 않을 수 없는데, 그것의 본문은 최종적으로 나의 책임이었으므로 많은 시간을 쏟지 않을 수 없었다. 최근 10년간에 걸쳐 국제적인 사회주의 문헌의 거대한 증가, 특히 마르크스와 나의 저서들이 다수 언어들로 번역된 것을 관찰한 사람이라면, 내가 익숙한 언어가 많지 않아 번역자들을 도와주지 못하고 그들의 작업을 논평할 수 없었던 것이 오히려 『자본론』 완성에 얼마나 다행스러웠는가를 알고 있을 것이다. 이런 문헌의 증대는 국제노동운동의 확대를 반영하는 것에 불과하였으며, 이것은 또한 나에게 새로운 의무를 부과하였다. 사회주의자·노동자들의 각국 운동들 사이의 연대성을 유지하는 과업의 큰 부분은 마르크스와 나의 공적 활동의 최초 시기로부터 우리들이 맡았는데, 전체 운동의 역량이 강화됨에 따라 이 과업도 증대했다. 마르크스는 사망 때까지 이 과업도 주로 맡았는데, 그 뒤에는 나 자신이 이 증대하는 과업을 맡지 않을 수 없었다. 물론 각국 노동자정당 사이의 직접적 접촉이 통례로 되었고 점점 더 그렇게 되고 있는 것이 사실이지만, 아직도 내가 이론적 작업을 위하여 바라는 것보다는 훨씬 더 자주 나의 도움을 요청하고 있다. 그러나 나처럼 이 운동에 50년 이상이나 종사해 온 사람에게는 이 운동에서 발생하는 업무들은 피할 수 없으며 또한 즉시 수행해야 될 의무다. 16세기에도 그러하였지만 지금의 격동기에도 공공의 [사회적] 문제에 관한 순수이론가들은 반동세력 측에만 존재하며, 이 순수성 때문에 그들은 진정한 의미에서 이론가가 아니라 반동적 변호론자로 될 뿐이다.

내가 런던에 살고 있기 때문에, 나의 정당 접촉은 겨울에는 주로 서신으로 행하지만 여름에는 수많은 개인면담으로 행한다. 이 사정뿐 아니라 더욱 증가하는 나라들에서 그리고 그보다 더욱 급속히 증가하는 잡지들에서 [노동] 운동의 진행을 관찰하여야 할 필요성 때문에, 나는 중단을 허락하지 않는 작업을 오직 겨울에만, 특히 한 해의 최초의 3개월 동안에만, 수행할 수 있을 뿐이다. 인생이 칠십을 넘어서면 뇌의 마이네르트 연상섬유가 짜증스러울 정도로 느리게 작동하며, 어려운 이론 작업을 중단하였다가 다시 계속하는 데는 과거보다 훨씬 긴 시간을 필요로 하게 된다. 이 때문에 어느 겨울에 완성하지 못한 작업은 그 대부분을 다음해 겨울에 또다시 새로 시작하지 않을 수 없었다. 특히 이 책의 가장 어려운 부분인 제5편('이윤이 이자와 기업가이득으로 분할')이 그러하였다.

독자들이 아래에서 알 수 있는 바와 같이, 제3권의 편집작업은 제2권의 경우와는 매우 달랐다. 제3권을 위해서는 오직 하나의 매우 불완전한 초고[이것을 이하에서는 '주요원고'라고 부르고 있다]가 있었을 뿐이다. 대체로 각 편의 시작 부분은 꽤 조심스럽게 자세히 설명되고 있었고 문장도 일반적으로 잘 가다듬어 있었다. 그러나 뒤로 갈수록 초고는 더욱 더 단편적이고 불완전하였고, 연구과정에서 등장한 부차적인 문제에 관한 언급들을 더욱 더 많이 포함했으며, 이 언급들의 정당한 위치는 나중에 결정되도록 남겨 두고 있었다. 또한 문장들도 생각나는 대로 쓰여 있었고 점점 더 길어지고 복잡하였다. 몇 군데에서는 필적과 서술이 과로에서 발생한 질병[이 질병 때문에 마르크스는 저술하기가 점점 더 어려워졌으며 결국에는 때때로 저술을 중단하지 않을 수 없었다]의 돌발과 진행을 분명히 보여주고 있었다. 과로는 피할 수 없었다! 그는 1863~1867년에 『자본론』 제2권·제3권의 초고와 제1권의 인쇄용 원고를 완성하였을 뿐 아니라, 국제노동자협회['제1인터내셔널'이라고도 부른다]의 창립과 발전에 관련된 과중한 업무를 담당하였던 것이다. 이 때문에 이미 1864년과 1865년에 질병의 징조가 나타났으며, 이리하여 제2권과 제3권에 대하여 마르크스 자신이 직접 최후의 가필을 할 수 없었던 것이다.

내가 제일 먼저 시작한 일은 원고 전체[나 자신도 때때로 판독하기 어려웠다]를 읽기 쉬운 복사본으로 만들어내는 것이었는데, 이것에만도 상당한 시간이 걸렸다. 이것이 된 뒤에 비로소 나는 실질적인 편집을 시작할 수 있었다. 편집은 가장 필요한 것에만 국한하였으며, 의미가 분명한 경우에는 최초 초고의 특성을 그대로 살렸는데, 반복도 주제를 다른 각도에서 파악하든지 다른 방법으로 표현한 경우[마르크스가 흔히 이렇게 한다]에는 그 반복을 버리지 않았다. 나의 변경이나 가필이 편집의 성질을 넘어서는 경우, 또는 마르크스가 제공한 사실자료를 사용하여 나 자신의 독립적인 결론[가능한 한 마르크스의 정신에 충실하려고 하면서도]을 제시하지 않을 수 없었던 경우에는, 나는 이 전체의 문장을 괄호 속에 넣고 나의 이름을 붙여 놓았다[이 번역에서는 {엥겔스: …}로 되어 있다]. 내가 달아놓은 각주들 중에는 괄호 속에 넣지 않은 것도 있지만, 나의 이름이 붙은 각주들에 대해서는 나에게 전적으로 책임이 있다.

최초의 초고인 경우에는 당연한 일이지만, 원고는 뒤에 전개되어야 할 점들에 대한 언급을 다수 포함했는데, 이 약속은 반드시 지켜진 것은 아니었다. 이런 언급들은 장래의 추가적 서술에 관한 저자의 의도를 나타내는 것이므로 나는 그것들을 그대로 두었다.

이제 세부사항으로 들어가자.

제1편에 관한 한, 주요원고의 사용에는 큰 제약이 있었다. 첫 머리에 잉여가치율과 이윤율 사이의 관계에 관한 수학적 계산의 전체(우리의 제3장에 해당하는 것)가 도입되고 있었으며, 우리의 제1장 ['비용가격과 이윤']의 주제는 다만 뒤에서 지나가는 말로 취급되고 있었다. 여기에서는 두 개의 개정 시도(각각 2절판 8쪽)가 도움을 주었지만, 부족한 점을 모두 메우지는 못했다. 현재의 제1장은 이런 것들을 모은 것이다. 제2장 ['이윤율']은 주요원고로부터 나온 것이다. 제3장 ['이윤율과 잉여가치율 사이의 관계']을 위해서는 일련의 미완성 수학계산들이 있었을 뿐 아니라, 잉여가치율과 이윤율 사이의 관계를 방정식의 형태로 정식화하고 있는 거의 완전한 한 권의 노트[1870년대의 것]도 있었다. 나의 친구 사무엘 무어[그는 제1권의 대부분을 영역한 사람이기도 하다]가 나를 대신하여 이 노트를 정리해 주었는데, 그는 케임브리지 출신의 수학자로서 그 일에는 나보다 훨씬 더 적합하였다. 나는 그의 요약에 의거하여 그리고 때때로 주요원고를 이용하면서 제3장을 편집하였다. 제4장 ['회전이 이윤율에 미치는 영향']은 제목만이 있을 뿐이었다. 그러나 이 주제는 결정적인 중요성을 지니고 있기 때문에 나 자신이 그것을 썼으며, 따라서 제4장 전체가 괄호 안에 들어가 있다. 여기에 도달하니 제3장의 이윤율 공식이 일반적으로 타당하기 위해서는 일정한 수정을 받아야 한다는 것이 명백하게 되었다. 제5장 이후부터 제1편의 끝까지는 주요원고가 유일한 원천

이었는데, 여기에서도 수많은 순서 바꿈과 보충이 필요하였다.

그 다음의 세 개의 편들[제2편에서 제4편까지]에 대해서는 문체상의 편집 이외에는 거의 완전히 주요원고에 의존할 수 있었다. 회전의 영향을 다루는 몇 개의 구절들은 내가 삽입한 제4장의 논리에 일치하도록 고쳐 쓰지 않으면 안 되었는데, 그것들도 괄호 안에 넣어 나의 이름을 붙여두었다.

가장 큰 어려움을 준 것은 제3권 중에서 가장 복잡한 주제를 다루고 있는 제5편이었다. 마르크스는 바로 이 편을 서술하는 과정에서 위에서 말한 질병에 의해 한 차례 공격을 받은 것이다. 그러므로 여기에는 완성된 초고도 없었고 살을 붙일 수 있는 개요도 없었으며, 오직 서술을 위한 준비[한 무더기의 무질서한 메모 · 코멘트 · 발췌]가 있을 뿐이었다. 나는 처음에는 제1편에서와 마찬가지로 공백을 메우고, 지적되어 있을 뿐인 단편들을 확장시켜 제5편을 [적어도 마르크스가 의도하였던 모든 것을 대체로 포함할 수 있도록] 완성시키려고 했다. 나는 이 작업을 적어도 세 번 시도했지만 매번 실패하였고, 이것 때문에 시간을 잃어버린 것이 제3권의 출간이 이렇게 늦어진 주요한 이유 중의 하나다. 마침내 나는 이 방법이 절망적인 것을 깨닫게 되었다. 그렇게 하려면 내가 이 분야의 모든 문헌을 섭렵해야만 할 것이고, 또 그렇게 하여 제5편을 완성했다 하더라도 그것은 마르크스의 책이 아니게 될 것이기 때문이다. 나에게 남은 유일한 길은, 처음부터 새로 시작해서 지금 있는 재료를 될 수 있는 한 질서정연하게 정리하고 필요불가결한 보충만을 추가하는 것이었다. 이리하여 1893년 봄에 나는 제5편의 주요작업을 마칠 수 있었다.

개별 장들에 관한 한, [제5편의] 제21~24장은 대체로 완성되어 있었다. 제25장과 제26장을 위해서는 예증 자료를 선별하고 다른 곳에 있는 자료들을 여기에 삽입할 필요가 있었다. 제27장과 제29장은 주요원고에서 거의 전부 그대로 가져올 수 있었으나, 제28장은 다시 배열해야만 했다. 진정한 어려움은 제30장부터 시작되었다. 여기에서부터는 예증 자료를 올바르게 정리할 뿐 아니라 생각의 흐름[이것은 삽입문이나 객담 등에 의해 끊임없이 중단되고 다른 곳에서 때때로 지나가는 말로 연속되고 있었다]까지도 올바르게 정리할 필요가 있었다. 이리하여 제30장은 순서 바꿈과 삭제[이 삭제된 부분은 다른 곳에 이용되었다]에 의해 완성되었다. 제31장은 또다시 더 훌륭한 연속성을 지니고 있었다. 그러나 그 뒤 주요원고에 '혼동'이라는 제목의 긴 부분이 있었는데, 이것은 1848년과 1857년의 공황에 관한 의회보고서의 발췌문이었고, 거기에는 주로 화폐와 자본, 금유출, 과잉투기 등에 관한 23명의 기업가 · 경제저술가의 진술이 수집되어 있었고 때때로 간단한 익살스러운 코멘트가 추가되어 있었다. 여기에는 화폐와 자본의 관계에 대하여 그 당시에 유행하던 거의 모든 견해들이 질문이나 답변 가운데 전개되고 있는데, 화폐시장에서 무엇이 화폐이고 무엇이 자본인지에 관한 '혼동'을 마르크스는 비판적이고 익살스러운 태도로 취급하려고 한 것이었다. 나는 몇 번 시도한 뒤에 이것으로 이 장[제31장]을 만들어 내는 것이 불가능하다는 결론에 도달하였고, 이 자료 중에서 특히 마르크스의 코멘트가 붙은 것은 적절하다고 생각되는 곳에 이용하였다.

내가 제32장으로 만든 것은 대체로 잘 정리되어 있었는데, 그 뒤 또다시 제5편과 관련된 온갖 종류의 주제에 관한 의회보고서의 새로운 발췌문들이 저자 자신의 길거나 짧은 비평들과 뒤섞여 있었다. 끝부분으로 감에 따라 이런 발췌문과 코멘트는 점점 더 화폐금속과 환율의 운동에 집중되었으며 각종의 보충설명들로 끝마치고 있었다. 그러나 '자본주의 이전의 관계'(제36장)는 잘 완성되어 있었다.

'혼동'으로 시작되는 이 모든 재료[이전에 이미 사용한 것은 빼고]로부터 나는 제33~35장을 만들어냈다. 물론 이것은 연속성을 살리기 위한 나 자신의 많은 삽입에 의해서만 가능하게 된 것이다. 이런 삽입이 성격상 오직 형식적인 것이 아닌 한, 나에 의한 삽입이란 것을 분명히 표시하였다. 이리하여 드디어 나는 해당 주제에 관련된 저자의 모든 논술을 본문에 포함시킬 수 있었던 것이다. 오직 발췌 중의 작은 부분[이미 다른 곳에서 말한 것을 단순히 반복하거나 원고에서 더 이상 자세히 다루지 않는 부분]이 빠진 셈이다.

지대에 관한 편은 결코 잘 정리되어 있지는 않았지만 훨씬 더 완전히 서술되어 있었다. 결코 잘 정리되어 있지 않다는 것은 마르크스가 제43장(주요원고에서는 이것이 지대편의 마지막 부분이다)에서 이 편 전체의 계획을 간단히 재론할 필요를 느꼈다는 사실에 의해 이미 명백하다. 그런데 이 재론은 본문의 편집에 큰 도움을 주었다. 왜냐하면 원고에서는 제37장['서론'] 다음에 제45['절대지대'] ~47장이 오고 그 다음에 제38['차액지대. 개설'] ~44장이 오고 있었기 때문이다. 큰 애를 먹은 것은 차액지대의 제2형태에 관한 표들이었으며, 또한 제43장에서 취급해야 할 차액지대의 셋째 예가 사실상 전혀 분석되지 않았기 때문에도 큰 애를 먹었다.

1870년대에 마르크스는 이 지대편을 위하여 전혀 새로운 특수 연구를 하고 있었다. 러시아의 1861년 '개혁'[농노해방] 이후 나타난 토지소유에 관한 통계보고서들과 기타 간행물들[그의 러시아 친구들이 충분할 만큼 제공한 러시아 원전들]로부터 발췌를 만들었고 이 발췌를 지대편의 개정에 이용하려고 생각하였다. 러시아에서는 토지소유의 형태와 농업생산자의 착취형태가 매우 다양하였으므로, 제1권의 공업임금노동에서 영국이 수행한 기능을 지대편에서는 러시아가 수행할 예정이었다. 그러나 불행하게도 마르크스는 이 계획을 실현할 수가 없었다.

끝으로 제7편['수입들과 그들의 원천']은 첫 번째 초고로서는 완전했지만 출판을 위해서는 먼저 그 끝없이 엉킨 문장들을 분해해야만 했다. 최후의 장[제52장 '계급들']은 첫머리만이 있었다. 이 장은 수입의 3대 형태(지대·이윤·임금)에 대응하는 [발달한 자본주의 사회의] 3대 계급 (지주·자본가·임금노동자)과, 이런 계급이 있기 때문에 필연적으로 나타나는 계급투쟁을 자본주의 시대의 현실적 산물로서 서술하려던 참이었다. 마르크스는 이런 종류의 총괄적 결론을 인쇄 직전의 마지막 편집에 맡기는 버릇이 있었다. 왜냐하면 최신의 역사적 사건들이 어김없이 규칙적으로 그의 이론적 명제의 예증을 시의적절하게 제공했기 때문이다.

인용과 예증문헌은 제2권에서와 마찬가지로 제3권에서도 제1권에서보다 훨씬 적다. 제1권의 인용에는 제2판과 제3판의 쪽수가 붙어 있다[이 책에서는 한국어 2015년 개역판의 쪽수를 붙인다]. 원고에서 이전의 경제학자들의 이론적 주장들을 참조하라고 언급되어 있는 곳에는 대체로 이름만이 적혀 있는데, 이것은 인용문들을 마지막 편집 때에 추가하기로 예정되어 있었기 때문이다. 나는 이것을 그대로 두는 수밖에 없었다. 의회보고서는 4개만이 상당히 많이 인용되고 있었는데, 그것들은 다음과 같다.

(1) (하원) 위원회 보고서, 제8권, 상업공황, 제2권 제1부, 1847~48, 증언기록.* 『상업불황, 1847~1848』로 인용되고 있다.

(2) 1847년의 상업공황에 관한 상원 비밀위원회 보고서.** 1848년에 인쇄되고 증언은 1857년에 인쇄되었음. (증언이 이렇게 늦게 인쇄된 것은 1848년 당시로는 너무나 불명예스러운 증언이었기 때문이다.[증언도 1848년에 인쇄되었고 1857년에 다시 인쇄된 것이다.]) 『상업불황, 1848~1857』로 인용되고 있다.

(3) 보고서: 은행법, 1857.*** [(4)] 보고서: 은행법, 1858.**** 1844

---

* 『상업불황에 관한 비밀위원회 제1차 보고서』 (하원의 명령에 의해). 1848년 6월 8일.

** 『상업불황에 관한 상원비밀위원회 보고서』 (증언기록과 부속서류. 하원의 명령에 의해). 1848년 7월 28일.[1857년 다시 인쇄. CW 37: 903. Notes 5]

*** 『은행법특별위원회 보고서』 (의사일정, 증언기록, 부속서류, 색인. 하원의 명령에 의해). 1857년 7월 30일.

년과 1845년 은행법의 영향에 관한 하원위원회의 보고서. 증언포함. 『은
행법, 1857』, 『은행법, 1858』로 인용되고 있다.

　나는 제4권[잉여가치학설사]에 관한 작업을 될 수 있는 대로 곧 착수
할 예정이다. [엥겔스는 이 작업을 시작하지 못하였으며, 그가 죽은 뒤 카우츠키가
이 작업을 시작하여 비록 불완전하나마 1905~1910년에 『잉여가치학설사』를 출판하
였다. 이후 마르크스의 원고에 충실한 『잉여가치학설사』는 러시아어판이 1954,
1957, 1961년에, 독어판이 1962~1964년에 각각 세 권으로 출판되었다. 마르크스의
이 원고는 CW 30~34에 'Economic Manuscript of 1861~63'으로 수록되어 있다.]

＊　＊　＊

　『자본론』 제2권의 서문에서 나는 "로트베르투스가 마르크스의 은밀한
원천이며 뛰어난 선배"임을 발견하였다고 그 당시 굉장히 떠들고 있던
사람들과 대결하여야만 하였다. 나는 그들에게 "로트베르투스의 경제학
이 성취할 수 있는 것이 무엇인가"를 과시할 수 있는 기회를 제공하였으
며, 특히 그들에게 "가치법칙을 위반하지 않을 뿐 아니라 오히려 가치법
칙에 의거하여 어떻게 평균이윤율이 형성될 수 있으며 또 형성되지 않으
면 안 되는가"를 설명하라고 요구하였다. 그 당시 [주관적 또는 객관적
이유, 그러나 대체로 과학적이지 않은 이유 때문에] 용감한 로트베르투
스를 제1급의 경제학자라고 외쳐대던 사람들은 예외 없이 아직까지 한
마디의 대답도 하지 못했다. 그런데 다른 사람들이 이 문제에 개입하기
시작한 것이다.

　렉시스 교수는 제2권에 관한 서평 [「마르크스의 자본이론」, 1885: 452~46
5] 에서 이 문제의 직접적 해결책을 제시하려고 한 것은 아니지만 이 문

＊＊＊＊『은행법특별위원회 보고서』 (의사일정, 증언기록, 부속서류, 색인. 하원의 명
　령에 의해). 1858년 7월 1일.

제를 거론하고 있다. 그는 다음과 같이 말한다.

"각종 상품들을 따로 따로 고찰한다면, 그리고 그들의 가치가 그들의 교환가치와 동등해야만 하며 또한 그들의 교환가치가 그들의 가격과 동등하거나 비례해야만 한다면, 이 모순"(리카도 · 마르크스의 가치법칙과 균등한 평균이윤율 사이의 모순)"의 해결은 불가능하다."

그에 따르면, 이 해결은

"개개의 상품 가치를 노동에 의해 측정하는 것을 포기하고, 오직 상품생산 전체와 그것이 총자본가계급과 총노동자계급 사이에 분배되는 것에 주목하는" 경우에만 가능하다. "…노동자계급은 총생산물의 일정한 부분만을 받으며…자본가의 몫이 되는 다른 부분은 마르크스가 말하는 잉여생산물 따라서…잉여가치를 형성한다. 자본가계급의 구성원들은 이제 이 총잉여가치를 각자가 고용하고 있는 노동자 수에 따라서가 아니라 각자가 투하한 자본량[토지도 또한 자본가치로 계산된다]에 비례하여 상호간에 분배한다."

상품에 체현되어 있는 노동의 단위 수[노동량]에 의하여 규정되는 마르크스의 관념적 가치는 가격과 일치하지는 않지만, "현실의 가격을 도출하는 논리전개의 출발점으로 간주될" 수 있다. "현실의 가격은 동일한 크기의 자본은 동일한 크기의 이윤을 요구한다는 사실에 의하여 규제되고 있다." 그러므로 일부의 자본가들은 자기들의 상품에 대하여 그 관념적 가치보다 더 높은 가격을 받으며 다른 자본가들은 더 낮은 가격을 받는다. "그러나 잉여가치의 이런 손실과 이득은 자본가계급 내부에서 상쇄되기 때문에, 잉여가치 총량은 모든 가격들이 상품의 관념적 가치들에 비례한다고 볼 때의 총량과 동일한 크기다."

위에서 문제가 전혀 해결되고 있지 않은 것은 분명하다. 그러나 비록 조잡하고 피상적이긴 하지만 문제는 대체로 올바르게 제기되고 있다. 사실상 이 정도의 것은 위의 저자처럼 '속류경제학자'라고 자칭하는 것에 일종의 긍지를 느끼는 사람들로부터 우리가 기대할 수 있는 것 이상이다. 렉시스의 견해는 우리가 살펴볼 기타의 속류경제학자들의 업적에 비해서는 놀랄만한 것이기도 하다. 그의 속류경제학은 사실상 매우 독특하다. 그에 따르면, 자본에 대한 이윤은 마르크스의 방식으로 도출될 수 있지만 그 견해를 꼭 받아들여야 할 이유는 하나도 없으며, 오히려 속류경제학은 적어도 더욱 납득할 수 있는 설명방식을 가지고 있다는 것이다.

"자본가적 판매자들[예: 원료생산자·제조업자·도매상·소매상]은 자기가 구매할 때보다 비싸게 판매함으로써[즉 자기가 지불한 가격에 일정한 비율만큼 추가함으로써] 그들의 사업에서 이윤을 얻고 있다. 노동자만이 자기의 상품에 대해 이런 종류의 추가적인 가치를 얻을 수 없다. 왜냐하면 노동자는 자본가와의 관계에서 불리한 위치에 있으므로 자기의 노동을 이 노동이 자기 자신에게 드는 가격, 즉 필요생활비로 팔지 않을 수 없기 때문이다.…이리하여 이 가격추가는 구매자인 노동자에 대하여 완전한 영향력을 행사하며 총생산물의 가치 일부를 자본가계급에게 이전시키게 한다."

여기에서 다음과 같은 것은 힘들이지 않고 이해할 수 있다. 즉 자본의 이윤에 관한 '속류경제학적' 설명은 사실상 마르크스의 잉여가치론과 동일하다는 점, 노동자가 자본가에 비해 '불리한 위치'에 있다고 렉시스가 말하는 것은 마르크스와 똑같다는 점, 비노동자는 상품을 가격 이상으로 팔 수 있지만 노동자는 그렇게 할 수 없기 때문에 노동자는 렉시스의 경우나 마르크스의 경우나 마찬가지로 횡령의 피해자라는 점, 그리고 영국에서 제본스와 멩거의 사용가치·한계효용 이론을 기초로 세운 속류사회주의를 렉시스 이론을 기초로 구성할 수 있다는 점 등이다. 만약 조지 버나드 쇼가 이 이윤론을 알았더라면, 그는 이것을 두 손으로 부둥켜안고 제본스와 멩거를 버리면서 이 반석 위에다 미래의 페이비언Fabian교회를 새로 건설하였을 것이라고 나는 생각한다.

그러나 렉시스의 이론은 사실상 마르크스의 이론을 다른 말로 바꿔 쓴 것에 불과하다. 이 모든 가격추가를 지불하는 것은 무엇인가? 노동자들의 '총생산물'이다. 왜냐하면 '노동'[또는 마르크스가 말하는 '노동력']이라는 상품이 그 가격 이하로 판매되지 않을 수 없기 때문이다. 만약 생산비보다 높게 판매되는 것이 모든 상품의 공통된 속성이고 노동만이 예외로서 언제나 생산비대로 판매된다면, 사실상 노동은 [속류경제학의 세계에서 통례인] 가격보다 낮게 판매되는 셈이다. 그 결과로 자본가 또는 자본가계급이 얻게 되는 이윤[가격초과분]은, 노동자가 자기 노동력의 가격에 대한 등가물을 재생산한 다음에 지불받지 않는 그 이상의 생산물[잉여생산물, 지불받지 못한 노동의 생산물, 잉여가치]을 생산하여야만 한다는 사실에서 생기며, 그리고 결국 이 사실에 의해서만 생길 수 있는 것이다. 렉시스는 용어의 선택에 매우 조심스러우며 위의 견해가 자기 자신의 것이라고는 어디에서도 분명히 밝히지 않고 있다. 그러나 만약 위의 견해가 자기 자신의 것이라면, 그는 보통의 속류경제학자들[그들은 마르크스의 눈에는 "기껏해야 형편없는 바보들에 불과하다"고 렉시스 자신이 말하고 있다]의 한 사람이 아니라 속류경제학자로 위장하고 있는 마르크스주의자라는 것은 매우 명백하다. 이 위장이 의도적인 것인가 아닌가 하는 것은 여기에서 우리의 관심사가 아닌 심리학적 문제다. 이 문제를 밝히려는 사람은 또한 렉시스와 같이 통찰력 있는 학자가 어떻게 금·은 복본위제도와 같은 엉터리를 [비록 한 번이기는 하지만] 옹호하게 되었는지를 아마도 조사해야 할 것이다.

이 문제[평균이윤율]에 대답하려고 실제로 시도한 첫 번째의 사람은 『마르크스의 가치법칙에 따른 평균이윤율』(1889)을 쓴 슈미트였다. 그는 시장가격 형성의 세부 사항을 가치법칙과 평균이윤율에 일치시키려고 시도한다. 산업자본가가 자기의 생산물을 통하여 얻는 것은, 첫째로 자기가 투하한 자본의 등가물이고, 둘째로 자기가 대가를 지불하지 않은 잉여생산물이다. 이 잉여생산물을 얻기 위하여 산업자본가는 자기의 자본을 생산에 투하해야 한다. 즉 그는 이 잉여생산물을 얻기 위하여 일정한 양의 대상화된 노동을 사용해야만 한다. 그러므로 자본가 측에서 보면 자기의 투하자본은 이 잉여생산물을 얻는 데 사회적으로 필요한 대상화된 노동의 양이다. 이것은 모든 다른 산업자본가에게도 적용된다. 그런데 가치법칙에 따르면 생산물들은 그것들의 생산에 사회적으로 필요한 노동에 비례하여 서로 교환되며, 그리고 자본가 측에서는 자기의 잉여생산물 창조에 필요한 노동은 바로 자기의 자본에 퇴적되어 있는 과거의 노동이기 때문에, 잉여생산물들은 그것들의 생산에 필요한 자본에 비례하여 서로 교환되는 것이지 그것들에 실제로 체현되어 있는 노동에 비례하여 서로 교환되는 것은 아니라는 것이 된다. 따라서 자본의 한 단위에 할당되는 몫은 생산된 모든 잉여가치의 합계를 이 목적에 사용된 자본의 합계로 나눈 것과 같다. 이리하여 동일한 금액의 자본은 동등한 기간에 동일한 금액의 이윤을 얻게 되는데, 이렇게 되는 것은 생산물의 지불부분의 비용가격에 위와 같이 계산된 잉여생산물[생산물의 불불부분]의 비용가격(즉 평균이윤)을 추가하고, 생산물의 지불부분과 불불부분 모두를 이 높은 가격으로 판매하는 것에 의해서다. 그리하여 슈미트가 생각하는 바에 따르면, 각종 상품들의 평균가격은 가치법칙에 의하여 결정되는 데도 불구하고 평균이윤율은 성립하는 것이다.

슈미트의 구상은 매우 교묘하며 헤겔의 모범을 따르고 있지만, 대부분의 헤겔의 구상과 마찬가지로 슈미트의 구상도 옳지 않다. 잉여생산물이든 지불생산물이든 아무런 차이도 없다. 즉 가치법칙이 평균가격에 대해 직접적으로 타당해야 한다면, 두 부분〔 잉여생산물과 지불생산물 〕모두는 그것들의 생산에 지출된 사회적으로 필요한 노동에 비례하여 판매되어야만 한다. 가치법칙은 자본가적 사고방식에서 유래하는 견해[즉 자본을 구성하는 적립된 과거 노동은 일정액의 기성 가치일 뿐 아니라 생산과 이윤

형성의 하나의 요소로서 자기 자신이 가지고 있는 가치보다 더욱 큰 가치의 원천이기도 하다는 견해]와 처음부터 대립하는 것이며, 가치법칙은 오직 살아있는 노동만이 이런 [가치증식의] 속성을 지니고 있다는 것이다. 자본가들은 자기들 자본의 크기에 비례하여 균등한 이윤을 기대하며, 따라서 자기들의 자본투하를 자기들의 이윤에 대한 일종의 비용가격으로 생각한다는 것은 이미 잘 알려져 있다. 그러나 만약 슈미트가 평균이윤율에 따라 계산된 가격을 가치법칙에 일치시키기 위하여 이 [자본가적] 견해를 이용한다면, 그는 가치법칙과 전적으로 모순되는 견해를 가치법칙의 공동결정 요인의 하나로 만들기 때문에 가치법칙 자체를 폐기하는 셈이 된다.

적립된 [과거] 노동이 살아있는 노동과 마찬가지로 가치를 창조한다면, 가치법칙은 타당하지 않다. 그렇지 않고 적립된 노동이 가치를 창조하지 않는다면, 슈미트의 논증은 가치법칙과 모순된다.

이리하여 슈미트는 문제해결에 매우 가까이 접근하였을 때 옆길로 빠졌다. 그 이유는 그가 각 상품의 평균가격과 가치법칙 사이의 일치를 증명할 수 있는 [가능하다면] 수학적 공식을 찾아야겠다고 생각했기 때문이다. 그가 비록 목표 바로 앞에서 잘못된 길로 빠지긴 하였지만, 그의 소책자의 나머지 부분은 그가 매우 높은 이해력을 가지고 『자본론』 제1권과 제2권에서 그 이상의 결론들을 도출하고 있음을 보여주고 있다. 그는 지금까지 해명되지 않았던 이윤율의 저하경향에 대한 올바른 해결[마르크스는 제3권 제3편에서 이것을 전개하고 있다]을 독자적으로 발견한 영예를 지니고 있으며, 또한 산업의 잉여가치에서 상업이윤을 도출한 것과, 이자와 지대에 관한 일련의 논술들[마르크스가 제3권의 제5편과 제6편에서 전개하고 있는 항목들이 여기에 이미 예상되고 있다]은 그의 영예에 속한다.

슈미트는 그 뒤의 글(『노이에 차이트』 1893) [『자본론』 제3권 발간(1894

년) 당시 카우츠키가 편집하고 있었으며 독일사회민주주의와 마르크스주의 일반에 관한 가장 권위있는 이론지로 명성을 얻고 있었다]에서 다른 하나의 해결 방법을 시도하고 있다. 여기에서 그는 경쟁에 의해 자본이 평균 이하의 이윤을 얻는 생산분야로부터 평균 이상의 이윤을 얻는 생산분야로 이동하기 때문에 평균이윤율이 성립한다고 말하고 있다. 경쟁이 이윤균등화의 큰 요인이라는 것은 결코 새로운 발견이 아니다. 그러나 지금 슈미트가 증명하려고 시도하는 것은, 이런 이윤의 균등화는 과잉상품의 판매가격이 [사회가 가치법칙에 따라 그 상품에 대해 지불할 수 있는] 가치로 인하되는 것과 동일하다는 것이다. 이런 시도가 왜 바라는 목적을 달성할 수 없었는가 하는 것은 제3권에서 마르크스 자신의 설명에 의해 매우 명백하게 될 것이다.

슈미트 이후 파이어맨이 이 문제를 다루었다(『콘라트 연보』 1892: 793). 나는 그가 마르크스 서술의 기타 측면에 관해 논평한 것은 언급하지 않으려고 하지만, 그의 논평들은 오해[마르크스가 설명하고 있을 뿐인데도 정의를 내리고 있다고 생각하거나, 영원히 타당한 고정된 틀에 박힌 정의를 마르크스에서 일반적으로 찾을 수 있다고 생각하는 오해]에서 생긴 것이다. 사물들과 그들의 상호관계가 고정적이지 않고 가변적이라고 파악되는 경우, 그것들의 정신적 표상, 즉 개념도 또한 변화와 변형을 받게 된다는 것, 그리고 사물들과 그들의 상호관계는 경직된 정의 안에 틀어박혀서는 안 되며 그들의 역사적 또는 논리적 형성과정에 따라 전개되어야 한다는 것은 두말할 필요조차 없다. 그러므로 『자본론』 제1권의 첫머리[여기에서 마르크스는 단순상품생산을 역사적 전제로 삼고 이 기초에서 출발하여 뒤에 자본에 도달하고 있다]에서 왜 마르크스는 개념적으로도 역사적으로도 제2차적인 형태(즉 이미 자본주의적으로 변형된 상품)에서 출발하지 않고 단순한 상품으로부터 출발하고 있는가가 명백하게 될 것이다. 물론 파이어맨은 이것을 전혀 이해할 수가 없다. 그러나 여기에서는 이것과 기타 부차적인 사항들[이것들도 마찬가지로 여러 가지의 반론을 불러일으킬 수 있다]을 도외시하고 바로 문제의 핵심으로 넘어가자. 이론은 파이어맨에게, 주어진 잉여가치율에서는 잉여가치의 크기는 고용된 노동력의 양에 비례한다고 가르치고 있는데, 경험은 그에게, 주어진 평균이윤율에서는 이윤의 크기는 총투하자본의 크기에 비례한다고 가르치고 있다. 이것을 파이어맨은 다음과 같이 설명한다. 즉 이윤은 오직 관습적인 현상(그가 의미하는 바에 따르면, 일정한 사회구성에 속하는 현상이며, 그 사회구성과 함께 생겼다가 사라지는 현상이다)이며, 이윤의 존재는 오직 자본과 결부되어 있다. 그리고 자본이 자기를 위하여 이윤을 얻을 만큼 힘이 세다면, 관련된 모든 자본은 경쟁에 의하여 균등한 이윤을 얻게 된다. 균등한 이윤율이 없다면 자본주의적 생산은 불가능하며, 이 생산형태를 전제한다면 각 개별자본가가 얻는 이윤량은 주어진 이윤율 아래에서는 오직 그의 자본의 크기에만 의존한다. 다른 한편 이윤은 잉여가치 또는 불불노동으로 이루어지고 있다. 그렇다면 잉여가치(이것의 크기는 노동의 착취에 달려있다)가 어떻게 이윤[이것의 크기는 자본필요량에 달려있다]으로 전환되는가?

"단순히 다음과 같은 것을 통해서다. 즉 가변자본에 대한 불변자본의⋯비율이 매우 큰 모든 생산분야에서는 상품들이 그 가치 이상에서 판매되는 것, 따라서 가변자본에 대한 불변자본의 비율(즉 c:v)이 매우 작은 생산분야들에서는 상품들이 그 가치 이하에서 판매되고, c:v가 일정한 [사회적] 평균치인 생산분야에서만 상품들이 그 진정한 가치에서 판매되는 것이 그것이다⋯이처럼 개개의 가격이 개개의 가치와 일치하지 않는 것은 가치원칙의 부정인가? 결코 그렇지 않다. 일부 상품들의 가격이 가치 이상으로 상승하는 것과 다른 상품들의 가격이 가치 이하로 하락하는 것이 동등한 정도라는 사실 때문에, 가격총액은 가치총액과 동등하게 되며⋯'결국'그 불일치는 사라진다." 이 불일치는 하나의 '교란'이다. "그러나 정밀과학에서는 계산 가능한 교란은 결코 법칙을 부정하는 것으로 여겨지지 않는다."

이 서술과 제3권 제9장〔'일반적 이윤율의 형성과 상품의 가치가 생산가격으로 전환'〕의 해당 구절을 비교하면, 파이어맨이 사실상 핵심을 지적하고 있음을 알 수 있다. 그러나 파이어맨이 이 문제를 완전하고 명쾌하게 해결하기 위해서는, 이 발견 이후에도 얼마나 많은 중간 매개항이 아직 필요하리라는 것은 이처럼 중요한 그의 논문이 부당한 냉대를 받은 사실에 의해서도 알 수 있다. 많은 사람들이 이 문제에 관심을 가지고 있었지만 그들은 공연히 참견하다가 혼날까봐 두려워하고 있었다. 그리고 이런 사정은 파이어맨이 자기의 발견을 미완성 형태로 내버려 두었다는 것뿐 아니라, 마르크스의 서술에 대한 그의 이해와 이것에 따른 그의 일반적 비판이 명백한 결점을 가지고 있었다는 것에 의해서도 알 수 있다.

어떤 어려운 문제가 나타날 때마다 취리히의 볼프 교수는 그 문제에 손을 대어 남의 웃음거리로 된다. 그는 이 문제 전체가 상대적 잉여가치에 의하여 해결된다고 말한다(『콘라트 연보』 1891: 352 이하). 상대적 잉여가치의 생산은 가변자본에 대비한 불변자본의 증대에 달려있다.

"불변자본의 증대는 노동자들의 생산성 향상을 전제한다. 그런데 이 생산성 향상은 (노동자들의 생활비를 저하시켜) 잉여가치를 증가시키므로, 잉여가치의 증가와 총자본 중 불변자본 비중의 증대 사이에는 직접적인 관련이 있다. 그러므로 가변자본은 그대로 있고 불변자본이 증가하는 경우, 잉여가치는 마르크스의 이론에 따라 증가하지 않으면 안 된다. 이것이 우리가 해결해야 할 문제였다."

그런데 마르크스는 사실상 제1권에서 그 정반대의 말을 수없이 하고 있다. 가변자본이 감소할 때 상대적 잉여가치는 불변자본의 증가에 비례하여 증가한다고 마르크스가 말한 듯이 주장하는 것은 참으로 어처구니가 없다. 볼프는 절대적 또는 상대적 잉여가치에 대하여 절대적으로도 상대적으로도 전혀 이해하고 있지 못함을 자기 글의 줄마다 증명하고 있다. 실제로 그 자신도 "언뜻 보면 우리는 여기에서 모순들에 빠져 있는 것 같다"고 말하고 있는데, 이 말이 그의 논문 전체에서 유일하게 참된 말이다. 그러나 그것이 무슨 상관이란 말인가? 볼프는 자기의 놀라운 발견을 자랑스럽게 생각한 나머지, 이에 대하여 마르크스에게 죽은 뒤의 찬사를 보내지 않을 수 없었고, 그리고 자기 자신의 터무니없는 주장을 "자본주의 경제에 관한 마르크스의 비판이론이 지닌 예리성과 선견지명을 보여주는 새로운 증거"라고 자화자찬하지 않을 수 없었다.

그러나 더욱 웃기는 일이 있다. 볼프는 말한다.

"리카도는 동등한 자본지출은 동등한 잉여가치(이윤)를 낳는다는 것과, 동등한 노동지출은 동등한 잉여가치(절대액)를 낳는다는 것 모두를 주장하였다. 그래서 문제는 어떻게 전자와 후자의 주장이 서로 일치하는가였다. 그러나 마르크스는 문제를 이런 형태로 설정하지 않았다. 마르크스가 (제3권에서) 의심할 여지없이 증명한 것은, 후자의 주장은 가치법칙의 필연적 결론이 아니라 오히려 가치법칙과 모순되기 때문에…곧 폐기되어야만 한다는 것이다."

그리하여 그는 자기 자신과 마르크스 두 사람 중 누가 틀렸는가를 조사하고 있는데, 그는 자기가 틀렸다고는 조금도 생각하지 않고 있다.

만약 내가 이 최고의 음식에 대해 한 마디라도 더 한다면, 그것은 나의 독자를 모욕하는 일이며 장면의 희극적 성격을 보지 못하게 할 것이다. 다만 추가하고 싶은 것은, 볼프는 "마르크스가 제3권에서 의심할 여지없이 증명한 것"을 미리 [제3권이 출판되기도 전에] 말할 수 있는 대담성을 가지고, 이 기회를 이용하여 슈미트의 책은 "직접적으로 엥겔스로부터 암시를 받았다"는 그의 동료 교수들 사이의 소문을 뻔뻔스럽게 보고하고 있다는 점이다. 볼프여! 들어보라. 당신의 세계에서는 문제를 공개적으로 제기한 사람이 자기 친구에게 남몰래 그 해답을 가르쳐주는 것이 관례일지 모르겠다. 그리고 당신은 그렇게 할 수 있는 사람이라고 나는 믿어 의심치 않는다. 그러나 이 서문이 당신에게 분명히 밝히는 바와 같이, 나의 세계에서는 그와 같은 비열한 행동을 할 필요가 전혀 없다.

마르크스가 죽자마자 로리아는 『누오바 안톨로지아』(1883년 4월)에 마르크스에 관한 논문을 발표하였는데, 이것은 허위 정보로 가득찬 전기에 뒤이어 그의 공적·정치적·문필적 활동을 비판했다. 이 논문에서 로리아는 무슨 큰 목적이 있음을 암시하는 확신을 가지고 마르크스의 유물사관을 위조하고 왜곡했다. 그런데 그 목적은 나중에 달성되었다. 즉 그는 1886년에 『정치제도에 관한 경제이론』이라는 책을 발간하였는데, 거기에서 그는 [자기가 1883년에 그렇게도 완전하게 그리고 고의적으로 왜곡한] 마르크스의 역사이론이 사실상 자기 자신의 발견이었다고 발표함으로써 세상 사람들을 놀라게 하였다. 더욱이 여기에서 마르크스의 이론은 속물적 수준으로 격하되었으며, 역사적 증거와 실례들은 중학생들까지도 알 수 있는 오류들로 꽉 차 있었다. 그러나 이것이 무슨 문제가 되겠는가? 정치적 상태와 사건들은 그것들에 대응하는 경제적 상태에 의하여 설명된다는 발견은 이 책에서는 1845년의 마르크스의 것 [『독일이데올로기』] 이 아니라 1886년의 로리아의 것으로 증명된다. 그는 이것을 적어도 이탈리아 사람들에게, 그리고 그의 책이 불어로 간행된 뒤에는 약간의 프랑스 사람들에게도 믿게 할 수 있었다. 그리하여 지금 그는 새로운 획기적인 역사이론의 창시자로서 이탈리아에서 뽐내고 있는데, 머지않아 이탈리아 사회주의자들은 이 저명한 로리아의 도둑질한 공작 깃을 뽑아 버릴 것이다.

그러나 이것은 로리아가 가진 품성의 한 가지 예에 불과하다. 그는 우리에게 마르크스의 모든 이론은 의식적인 궤변에 입각하고 있다는 점, 마르크스는 오류를 오류라고 알고 있더라도 그것을 버리지 않는다는 점 따위를 확인시켜주고 있다. 그리고 이런 야비한 거짓말을 늘어놓아 그의 독자들이 마르크스를 로리아류의 야심가[이 북부 이탈리아 파두아 대학의 교수처럼 더러운 사기수단에 의해 얼마간의 무대효과를 올리는 야심가]라고 믿게 만든 다음에, 그는 이제 독자들에게 하나의 중대한 비밀을 보여 주려고 우리를 다시 이윤율의 문제로 데리고 간다.

로리아는 다음과 같이 말한다. 마르크스에 따르면, 불변자본은 어떤 이윤도 낳지 않기 때문에 자본주의적 산업기업에서 생산된 잉여가치(로리아는 이것을 이윤과 동일시하고 있다)량은 사용된 가변자본에 의해 결정된다. 그러나 이것은 현실과 모순된다. 왜냐하면 이윤은 사실상 가변자본에 의해서가 아니라 총자본에 의해 결정되고 있기 때문이다. 그런데 마르크스 자신도 이것을 알고 있으며(제1권 제11장 ['잉여가치율과 잉여가치량']), 현실이 겉으로는 자기의 이론과 모순된다는 것을 시인하고 있다. 그러면 마르크스는 이 모순을 어떻게 해결하고 있는가? 마르크스는 독자들에게 아직 간행되지 않은 다음의 책 [제2권]을 보라고 말하고 있다. 이 책에 대해 로리아는 이미 이전에 자기의 독자들에게 자기는 마르크스가 일순간이라도 이 책을 쓰려고 계획하고 있다고는 믿지 않는다고 말한 바 있는데, 이제 다음과 같이 의기양양하게 외치고 있다.

"세상에 나오지 않았는데도 그것으로 마르크스가 자기의 논적들을 끊임없이 위협해 온 이 제2권은 과학적 논증에 몰릴 때마다 이용된 교활한 미봉책임에 틀림없을 것이라는 나의 주장은 틀리지 않았다."

이리하여 마르크스는 이 저명한 로리아와 동일한 수준의 과학적 사기꾼이라는 것을 모든 사람들이 믿지 않을 수 없었다.

로리아가 우리에게 가르쳐준 것은 마르크스의 잉여가치론은 일반적 평균이윤율이라는 사실과는 절대적으로 양립할 수 없다는 점이다. 그 뒤 제2권 [1885년]이 발간되었고 [제2권의 서문 끝에서] 내가 바로 이 문제를 공개적으로 제기한 것이었다. 만약 로리아가 부끄러워 할 줄 아는 독일인이었더라면, 그는 어느 정도 당황하였을 것이다. 그러나 그는 뻔뻔스러운 남쪽나라 사람 [이탈리아인] 이며, 그가 보여주는 바와 같은 뻔뻔스러움 ['얼지 않음'이라는 의미도 있다] 이 하나의 자연조건인 더운 지방 출신이다. 이윤율의 문제가 공개적으로 제기되었고 로리아는 그것이 해결될 수 없는 것이라고 공언한 바 있다. 그리하여 바로 이 이유 때문에 로리아는 지금 이 문제를 공개적으로 해결함으로써 자기를 과시하려고 노력하게 된다.

이 기적을 행한 곳은 『콘라트 연보』(1890: 272 이하)에서 슈미트의 앞의 책에 관한 논문에서였다. 로리아가 슈미트로부터 상업이윤이 어떻게 발생하는가를 배우고 나자 모든 것이 그에게는 분명해졌다.

"노동시간에 의한 가치 결정은 자본 중 더욱 큰 부분을 임금에 투하하는 자본가들을 유리하게 할 것이므로, 비생산적 자본"(상업자본)"은 이 유리한 자본가들로부터 더 높은 이자"(이윤)"를 빼앗아 개별 산업자본가들 사이에 [이윤율의] 균등을 이룩할 수 있다…예컨대 산업자본가 A, B, C 각각이 100노동일과, 0, 100, 200단위의 불변자본을 생산에 사용한다면, 그리고 100노동일의 임금이 50노동일이라면, 각 자본가는 50노동일의 잉여가치를 얻으며, 이윤율은 A자본가에게는 100% [$=\frac{\text{잉여가치}}{\text{자본투하액}}$ $=\frac{50}{50}$], B자본가에게는 33.3% [$=\frac{50}{100+50}$], C자본가에게는 20% [$=\frac{50}{200+50}$]일 것이다. 그러나 제4의 자본가 D가 300의 비생산적 자본을 축적하여 A로부터 40노동일의 이자"(이윤)"를 요구하며 B로부터 20노동일의 이자를 요구한다면, 자본가 A와 B의 이윤율은 각각 20%로 저하하며(C는 이미 20%이다), 자본 300의 D는 60의 이윤을 얻어 다른 자본가들과 마찬가지로 20%의 이윤율을 나타낸다."

로리아는 위와 같은 놀라운 솜씨로 자기가 10년 전에는 해결할 수 없는 것이라고 선언한 바로 그 문제를 손쉽게 풀고 있다. 그러나 유감스럽게도 그는 이 '비생산적 자본'이 산업자본가들로부터 평균 이상의 초과이윤을 빼앗아 자기 호주머니에 넣을 수 있는 힘[이것은 지주가 차지농업가의 초과이윤을 지대로 몰수하는 것과 같다]을 어디에서 얻고 있는가 하는 비밀을 우리에게 공개하지 않았다. 만약 그의 말이 옳다면, 상인은 지대와 비슷한 공납을 산업자본가로부터 징수하며 그렇게 함으로써 평균 이윤율을 성립시키는 셈이다. 물론 모두가 알고 있는 바와 같이 상업자본은 일반적 이윤율의 형성에서 매우 중요한 요소의 하나다. 그러나 이 상업자본이 일반적 이윤율을 초과하는 모든 잉여가치를 [일반적 이윤율이 성립하기도 전에] 흡수하여 그것을 자기 자신을 위한 지대로 [토지소유와 같은 장치를 필요로 하지 않은 채] 전환시킬 수 있는 마력을 가지고 있다고 감히 주장할 수 있는 사람은, 모든 경제학을 마음 속에서 경멸하는 문필상의 모험가일 뿐이다. 이것 못지않게 놀라운 주장은, 상업자본은 평균이윤율에 해당할 뿐인 잉여가치를 얻는 산업자본가들을 항상 발견하며 그들의 생산물을 수수료도 받지 않고 판매해줌으로써 마르크스 가치법칙의 이 불행한 희생자들의 부담을 기꺼이 들어주고 있다는 주장이다. 마르크스가 이처럼 형편없는 속임수를 필요로 하였다고 상상하다니, 로리아는 참으로 놀라운 사기꾼임에 틀림없다.

그러나 우리가 로리아를 북쪽의 경쟁자들, 예컨대 볼프[이 사람도 어제 오늘에 알려진 인물이 결코 아니지만]와 비교할 때만 비로소 그가 더욱 영광스럽게 나타난다. 볼프는 큰 저서『사회주의와 자본주의적 사회질서』를 가지고 있더라도 이 이탈리아인에 비하면 강아지로밖에 보이지 않는다! 마르크스는 다른 모든 사람들 이상도 이하도 아니었고 [로리아 자신과 똑같은] 의식적인 궤변가 · 역설가 · 허풍선이 · 사기꾼이었다는 것, 그리고 궁지에 빠질 때마다 마르크스는 자기 이론의 결말을 다음의 책[이 책을 내놓을 능력도 없고 의향도 없다는 것을 그 자신이 잘 알고 있었다]에서 내리겠다고 대중들에게 거짓 약속을 하였다는 것은 자명하다고 말하는 로리아의 고귀한 대담성에 비하면 볼프는 얼마나 수줍은 ['겸손하다'고 말하고 싶을 정도다] 사람인가! 진퇴양난인 상황을 미꾸라

지처럼 빠져나가는 재주를 겸비한 끝없는 뻔뻔스러움, 비난을 받아도 태연자약하는 영웅적 태도, 타인의 업적을 재빨리 가로채는 것, 끈질긴 사기와 자기선전, 친구들을 동원하여 자기 이름을 파는 짓—이런 것들에서 로리아를 대적할 사람이 있을까?

이탈리아는 고전주의의 나라다. 근대세계를 여는 새벽이 이 땅에서 시작된 이래 이탈리아는 사상유례가 없는 고전적 완성의 위대한 인물들[단테로부터 가리발디에 이르기까지]을 낳았다. 그러나 또한 쇠퇴와 외국지배의 시대는 그 나라에 고전적인 인물형을 낳았는데, 그 중 가장 특징적인 두 형태는 스가나렐Sganarelle형[자기의 분수를 모르는 사람]과 둘카마라Dulcamara형[잘난 체하는 허풍선이]이었다. 이 두 형태의 고전적 통일이 로리아에게서 나타나고 있다.

마지막으로 나는 독자들을 대서양 저쪽으로 안내해야겠다. 뉴욕의 의학박사 스티벨링 역시 이 문제의 해결방법 하나를, 그것도 매우 단순한 하나를 발견하였다. 그런데 그 해결방법이 너무나 단순하여 어느 누구도 그의 발견에 주목하지 않았다. 스티벨링은 화가 나서 대서양의 이쪽과 저쪽에서 무수한 팜플렛과 신문논설을 통해 이 부당함에 대하여 대단한 불평을 늘어놓았다. 『노이에 차이트』에서는 그의 해결방법이 계산착오 때문이라는 지적이 있었다. 그러나 이런 지적은 그에게 아무런 영향도 주지 못하였는데, 그에 따르면 마르크스도 역시 계산착오를 범하였지만 많은 점에서 옳았다는 것이다. 그러면 스티벨링의 해결방법을 살펴보자.

"여기 두 개의 공장이 있는데, 동등한 자본으로 동일한 시간을 조업하지만 불변자본과 가변자본의 비율이 다르다고 하자. 총자본(c+v)을 y라 하고, 가변자본과 불변자본의 크기 차이를 x라 하자. 공장 Ⅰ에서는 y=c+v이며, 공장 Ⅱ에서는 y=(c−x)+(v+x)이다. 따라서 잉여가치율은 공장 Ⅰ에서는 $\frac{s}{v}$이고, 공장 Ⅱ에서는 $\frac{s}{v+x}$이다. 총자본 y 또는 c+v를 주어진 시간 안에 증대시키는 총잉여가치(s)를 이윤(p)이라고 부르므로 p=s이다.

그러므로 이윤율은 공장 Ⅰ에서는 $\frac{p}{y}$ 또는 $\frac{v}{c+v}$이고, 공장 Ⅱ에서도 또한 $\frac{p}{y}$ 또는 $\frac{s}{(c-x)+(v+x)}$ 즉 $\frac{s}{c+v}$이다. 이리하여…문제는 가치법칙의 기초 위에서 다음과 같이 해결된다. 즉 동등한 자본을 동일한 시간에 사용하지만 살아있는 노동의 사용량이 다른 경우에도 잉여가치율의 차이에 의해 균등한 평균이윤율이 성립하게 된다."(스티벨링, 1890)

위의 계산이 매우 훌륭하고 명백하기는 하지만 우리는 그래도 스티벨링에게 하나의 질문을 하지 않을 수 없다. 즉 공장 Ⅰ이 생산하는 잉여가치 총량이 공장 Ⅱ에서 생산되는 잉여가치 총량과 같은 것을 그는 어떻게 아는가? 그의 계산에 있는 다른 모든 요소들—c, v, y, x—에 관해서는 그들이 두 공장 모두에서 동등한 가치를 가지고 있음을 우리에게 분명히 말하고 있지만 s에 관해서는 한마디도 하지 않는다. 그가 여기에 나타나는 두 개의 잉여가치량을 동일한 대수기호 s로 표시한다고 하여 그 두 개가 동일한 크기인 것은 결코 아니다. 스티벨링이 이윤 p를 그대로 잉여가치와 동일시하고 있기 때문에, 더욱이 우리의 질문에 대답해야만 한다. 여기에는 두 가지 경우만이 가능하다. 그 하나는 두 개의 s가 동등한 경우로서 이 때 각 공장은 같은 양의 잉여가치, 그리고 같은 양의 이윤을 생산한다. 이렇게 되면 스티벨링은 자기가 증명하여야 할 것을 미리 가정하고 있는 셈이 된다. 다른 하나는 한 공장이 다른 공장보다 더욱 큰 잉여가치를 생산하는 경우인데, 이 경우에는 그의 계산 전체가 무너진다.

스티벨링은 이런 수학적 오류 위에서 산더미같은 계산들을 만들어 대중에게 전시하는 일에 시간과 돈을 아끼지 않았다. 내가 그를 위해 할 수 있는 말은 그 계산들은 거의 모두가 엉터리며 그렇지 않은 예외적인 경우에도 그것들은 그가 증명하려고 하는 것과는 전혀 다른 것을 증명하고 있다는 점이다. 예컨대 그는 1870년과 1880년의 미국 인구조사 보고서를 비교하여 이윤율의 저하를 실증하고 있는데, 그는 이 저하를 전혀 엉터리로 설명하고 있으며, 또한 이윤율은 불변이고 안정적이라는 마르크스의 이론은 실증에 의거해 정정해야 한다고 주장하고 있다. 그러나 이 제3권의 제3편에서 보는 바와 같이, 마르크스가 이윤율이 '안정적'이라고 생각한다는 것은 순전히 스티벨링이 지어낸 것이며, 이윤율의 저하 경향은 스티벨링이 제시한 원인과는 전혀 반대되는 원인에 의거하고 있다. 스티벨링이 무슨 악의가 있어 그렇게 한 것은 아니라고 나는 확신하고 있지만, 과학적 문제를 다루려는 사람은 무엇보다도 먼저 자기가 이용하려는 저서를 저자가 쓴대로 읽는 법과 더욱이 저서에 없는 것을 읽지 않는 법을 배워야 한다. 이 문제[평균이윤율과 가치법칙]에 관한 검토를 총괄하면, 무엇인가 업적을 남긴 것은 마르크스학파뿐이라는 점이다. 파이어맨과 슈미트가 이 제3권을 읽는다면 각자는 자기의 업적에 대하여 만족을 느낄 것이다.

1894년 10월 4일
런던
프리드리히 엥겔스

제1편
잉여가치가 이윤으로 전환하고
잉여가치율이 이윤율로 전환

제 1 장   비용가격과 이윤

제 2 장   이윤율

제 3 장   이윤율과 잉여가치율 사이의 관계

제 4 장   회전이 이윤율에 미치는 영향

제 5 장   불변자본 사용의 절약

제 6 장   가격변동의 영향

제 7 장   보충설명

제1장
비용가격과 이윤

제1권에서 우리는 자본주의적 생산과정 그 자체, 즉 직접적 생산과정이 나타내는 현상들을 연구하였으며, 거기에서는 이 과정에 외부적인 모든 부차적인 요인들을 도외시하였다. 그러나 이 직접적 생산과정이 자본의 생명순환 전부를 구성하는 것은 아니다. 직접적 생산과정은 현실세계에서는 유통과정에 의해 보완되는데, 이 유통과정이 제2권의 연구대상이었다. 제2권 특히 제3편[유통과정을 사회적 재생산과정의 매개로서 고찰하고 있다]에서 우리는 전체로서의 자본주의적 생산과정은 생산과정과 유통과정의 통일이라는 것을 명백히 보여 주었다. 그러므로 이 통일을 일반적으로 고찰하는 것이 제3권의 과제가 될 수는 없다. 오히려 여기에서는 전체로 본 자본의 운동과정에서 나타나는 구체적 형태들을 발견하고 서술하여야 할 것이다. 실제로 운동하고 있는 자본들은 구체적 형태를 띠면서 서로 대립하고 있는데, 이 구체적 형태에서는 직접적 생산과정에서 자본이 취하는 모습 [예: 가변자본과 불변자본] 이나 유통과정에 있는 자본의 모습 [예: 고정자본과 유동자본] 은 다만 특수한 계기로 나타날 뿐이다. 따라서 제3권에서 전개되는 자본의 각종 모습들은, 자본이 사회의 표면에서 서로 상호작용하면서, 즉 경쟁하면서 취하는 형태, 그리고 생산담당자 자신들의 일상적인 의식에서 등장하는 자본의 형태로 한발한발 접근하게 된다.

*   *   *

자본주의적으로 생산되는 각 상품의 가치 C는 공식 C=c+v+s로 표현된다. 이 생산물 가치로부터 s를 빼면, 생산요소에 지출된 자본가치 c+v에 대한 (상품형태의) 등가 또는 보충가치가 남는다.

예컨대 어떤 상품의 생산에 500원의 자본지출—노동수단의 마멸분으로 20원, 원료에 380원, 그리고 노동력에 100원—이 필요하고 잉여가치율이 100%라고 한다면, 생산물의 가치는 400c+100v+100s=600원이 될 것이다.

여기에서 잉여가치 100원을 빼면 500원의 상품가치가 남는데 이것은 500원의 자본지출을 보충할 뿐이다. 상품가치 중 소비된 생산수단의 가격과 사용된 노동력의 가격을 보충하는 이 부분은, 자본가 자신이 상품에 들인 비용을 보충할 뿐이며, 따라서 자본가에 대해서는 상품의 비용가격을 이룬다.

상품의 생산에 자본가가 들인 비용과 실제로 드는 비용〔상품의 가치〕은 전혀 다른 크기다. 상품가치 중 잉여가치 구성부분에 대해 자본가는 아무런 비용도 들이지 않는데, 이것은 노동자가 지불받지 않는 노동, 즉 불불노동을 하기 때문이다. 자본주의적 생산에서는 노동자 자신은〔생산과정에 들어가면〕자본가의 소유인 기능하는 생산자본의 한 요소를 구성하며 자본가가 상품의 현실적 생산자이기 때문에, 상품의 비용가격은 어쩔 수 없이 자본가에 대해서는 상품 그것의 현실적 비용으로 나타난다. 비용가격을 k라고 쓰면 공식 C=c+v+s는 공식 C=k+s, 즉 상품가치=비용가격+잉여가치로 전환된다.

상품가치 중 상품의 생산에 지출된 자본가치를 단순히 보충할 뿐인 부분들을 비용가격이라는 범주로 총괄하는 것은 한편으로는 자본주의적 생산의 독특한 성격을 표현한다. 즉 상품의 현실적 비용은 노동의 지출에 의해 측정되지만 상품의 자본가적 비용은 자본의 지출에 의해 측정된다는 것이다. 이리하여 상품의 자본가적 비용가격은 상품의 가치[또는 상품의 현실적 비용가격]와 양적으로 다르며, 전자는 후자보다 작다. 왜냐하면 C=k+s이므로 k=C−s이기 때문이다. 다른 한편으로 비용가격은 자본가의 부기에만 존재하는 범주인 것은 결코 아니다. 이 가치부분이 지니는 독립성은 사실상 상품의 현실적 생산에서 끊임없이 느껴진다. 왜냐하면 이 가치부분은 상품형태로부터 유통과정을 거쳐 생산자본의 형태로 끊임없이 재전환되지 않으면 안 되며, 따라서 상품의 비용가격은 그 상품의 생산에 소비된 생산요소들을 계속 다시 구매할 수 있게 하는 금액이기 때문이다.

그러나 비용가격이라는 범주는 상품가치의 형성이나 자본의 가치증식 과정과는 아무런 관계도 없다. 600원의 상품가치의 $\frac{5}{6}$ 즉 500원이, 지출된 자본 500원의 등가[또는 보충가치]를 이룰 따름이며 그리하여 이 자본의 소재적 요소들을 다시 구매하는데 충분하다는 것을 안다고 하여도, 이것만으로써는 상품가치 중 비용가격을 이루는 이 $\frac{5}{6}$가 어떻게 생산되었는지, 그리고 잉여가치를 이루는 나머지 $\frac{1}{6}$이 어떻게 생산되었는지를 알 수가 없다. 그러나 조사를 통해, 우리는 비용가격이 자본주의 경제에서는 가치생산 그것의 한 범주라는 그릇된 외관을 띠게 된다는 것을 알게 될 것이다.

우리의 예로 돌아가자. 노동자 한 사람이 평균적인 사회적 노동일 [하루 10시간 노동] 에 생산하는 가치 [가치생산물] 가 0.3원의 화폐액으로 표현된다면, 자본투하액 500원(=400c+100v)은 $1,666\frac{2}{3}$개의 10시간노동일의 가치생산물이며, 그 중 $1,333\frac{1}{3}$개의 노동일은 생산수단의 가치(=400c)

에 대상화되어 있고 $333\frac{1}{3}$개의 노동일은 노동력의 가치(=100v)에 대상화되어 있다. 잉여가치율을 100%라고 가정한다면, 새로운 상품의 현실적 생산에는 100v+100s=$666\frac{2}{3}$개의 10시간 노동일만큼의 노동력의 지출이 필요하다.

제1권(제9장)에서 본 바와 같이, 새로 형성된 생산물의 가치 600원은 (1) 생산수단에 지출된 불변자본의 가치가 다시 나타난 400원과 (2) 새로 생산된 가치 200원으로 구성되어 있다. 상품의 비용가격 500원은 재현가치 400c와 새로 생산된 가치(200원)의 절반(100v)으로 구성되며, 따라서 상품가치 중 그 형성의 원천이 전혀 다른 두 요소로 구성되어 있다.

$666\frac{2}{3}$개의 10시간 노동일 동안 지출된 노동의 합목적적 성격에 의하여, 소비된 생산수단의 총가치 400원은 이들 생산수단에서 생산물로 이전된다. 이리하여 이 기존의 가치는 이 상품의 생산과정에서 발생한 것은 아니지만 생산물 가치의 구성부분으로 다시 나타난다. 이 기존의 가치가 상품가치의 구성부분이 되는 것은 오직 그것이 투하자본의 구성부분으로 이전에 이미 있었기 때문이다. 따라서 지출된 불변자본은 상품가치 중 자기 자신이 첨가하는 부분에 의해 보충된다. 이리하여 비용가격의 이 요소는 이중의 의미를 가지고 있다. 한편으로 그것이 상품의 비용가격에 들어가는 것은, 그것이 상품가치 중 소비된 자본을 보충하는 부분이기 때문이며, 다른 한편으로 그것이 상품가치의 한 구성부분을 이루는 것은, 그것이 소비된 자본가치이기 때문이거나 또는 생산수단에 그만큼의 비용이 들기 때문이다.

비용가격의 또 하나의 구성부분은 전혀 그 반대다. 상품을 생산하는 동안 지출된 $666\frac{2}{3}$일의 노동은 새로운 가치 200원을 형성한다. 이 새로운 가치 중 한 부분은 투하된 가변자본 또는 고용된 노동력의 가격 100원을 보충할 따름이다. 그러나 이 자본가치의 투하가 새로운 가치를 형성하는 것은 결코 아니다. 왜냐하면 노동력은 투하자본의 관점에서 보면 가치로서 계산될 뿐이며 생산과정에서 비로소 가치의 창조자로 기능하기 때문이다. 현실적으로 기능하는 생산자본을 보면, 자본투하에서 나타나는 노동력의 가치 대신 살아있는 가치창조적 노동력이 나타난다.

상품가치 중 비용가격을 구성하는 각종 부분들 사이의 차이는, 지출된 불변자본가치나 가변자본가치에 변동이 생긴 경우 곧 드러난다. 예컨대 동일한 생산수단의 가격 또는 자본의 불변부분이 400원에서 600원으로 상승하든지 200원으로 하락한다고 하자. 전자의 경우에는 상품의 비용가격이 500원에서 700원(=600c+100v)으로 상승할 뿐 아니라 상품의 가치 그것도 600원에서 800원(=600c+100v+100s)으로 상승한다. 후자의 경우에는 상품의 비용가격이 500원에서 300원(=200c+100v)으로 하락할 뿐 아니라 상품의 가치 그것도 600원에서 400원(=200c+100v+100s)으로 하락한다. 소비된 불변자본은 그 자신의 가치를 생산물에 이전시키기 때문에, 생산물의 가치는 기타의 사정들이 변하지 않는 한 불변자본의 가치 등락에 따라 등락하게 된다. 다른 한편, 기타의 사정들이 변하지 않은 채, 같은 양의 노동력의 가격이 100원에서 150원으로 상승하거나 50원으로 하락한다고 가정하자. 비용가격은 전자의 경우에는 500원에서 550원(=400c+150v)으로 상승하고 후자의 경우에는 500원에서 450원(=400c+50v)으로 하락한다. 그러나 상품의 가치는 두 경우에 모두 600원으로 불변인데, 전자의 경우에는 400c+150v+50s이고 후자의 경우에는 400c+50v+150s이다. 투하가변자본은 자기 자신의 가치를 생산물에 첨가하는 것이 아니다. 생산물에 들어가는 것은, 가변자본의 가치가 아니라 노동이 창조한 새로운 가치다. 그러므로 가변자본의 절대적 크기의 변화는, 그것이 단순히 노동력의 가격 변화를 표현하는 한, 상품가치의 절대적 크기를 조금도 변경시키지 않는다. 왜냐하면 그 변화는 살아있는 노동력이 창조하는 새로운 가치의 절대적 크기에 영향을 미치지 않기 때문이다. 위와 같은 종류의 변화는 새로운 가치의 두 구성부분[하나는 잉여가치를 이루며, 다른 하나는 단순히 가변자본을 보충하고 따라서 상품의 비용가격에 들어간다] 사이의 비율에만 영향을 미친다.

비용가격의 두 부분(우리의 경우에는 400c와 100v)에 공통적인 점은, 그것들이 상품가치 중 투하자본을 보충하는 부분이라는 것뿐이다.

그러나 이와 같은 진정한 사태가 자본주의적 생산의 관점에서는 필연적으로 거꾸로 나타난다.

자본주의적 생산양식이 노예제 생산양식과 구별되는 것은 무엇보다도 노동력의 가치 또는 가격이 노동 그것의 가치 또는 가격, 즉 임금으로 표현된다는 사실이다(제1권 제19장). 따라서 투하자본가치의 가변부분은 임금에 지출된 자본으로서, 그리하여 생산에 지출된 모든 노동의 가치 또는 가격을 지불하는 자본가치로서 나타난다. 예컨대 10시간의 평균적인 사회적 노동일이 0.3원의 화폐액으로 체현된다고 가정한다면, 투하된 100원의 가변자본은 $333\frac{1}{3}$개의 10시간 노동일에 생산된 가치 [가치생산물]의 화폐적 표현이다. 그러나 투하자본으로 등장하는 노동력의 구입가치는 현실적으로 기능하는 자본의 어떤 부분도 구성하지 않는다. 생산과정에서는 그 구입가치 대신에 살아있는 노동력 그 자체가 등장한다. 우리의 예에서처럼 이 노동력의 착취율이 100%라고 한다면, 노동력은 $666\frac{2}{3}$개의 10시간 노동일 동안 사용되며 이리하여 200원의 새로운 가치를 생산물에 첨가한다. 그런데 자본의 투하에서는 100원의 가변자본은 임금에 투하된 자본으로서, 그리하여 이 $666\frac{2}{3}$개의 10시간 노동일에 걸쳐 수행되는 노동의 가격으로서 나타난다. 100원을 $666\frac{2}{3}$로 나누면 10시간 노동일의 가격은 0.15원이 되고 이것은 5시간노동의 가치생산물이다.

이리하여 투하자본과 상품가치를 비교하면 다음과 같다.

Ⅰ. 투하자본 500원=생산수단에 지출된 자본(생산수단의 가격) 400원+노동에 지출된 자본($666\frac{2}{3}$노동일들의 가격 또는 그것에 대한 임금) 100원

Ⅱ. 상품가치 600원=비용가격 500원(소비된 생산수단의 가격 400원+

소비된 $666\frac{2}{3}$노동일의 가격 100원)+잉여가치 100원

이 공식에서 노동에 지출된 자본부분이 생산수단[예: 면화, 석탄]에 지출된 자본부분과 구별되는 것은, 다만 그것이 소재적으로 다른 생산요소에 대한 지불이라는 점 때문이지, 결코 그것이 상품가치의 형성과정, 따라서 또 자본의 가치증식과정에서 기능적으로 다른 역할을 한다는 점 때문은 아니다. 생산수단의 가격이 상품의 비용가격에 그대로 다시 나타나는 것은, 전자가 이미 투하자본으로 나타났으며 그리고 그 생산수단들이 합목적적으로 소비되었기 때문이다. 이와 마찬가지로, 상품의 생산에 지출된 $666\frac{2}{3}$노동일의 가격 또는 임금이 상품의 비용가격에 다시 나타나는 다시 나타나는 것도, 전자가 이미 투하자본으로 나타났으며 그리고 이만큼의 노동이 합목적적으로 사용되었기 때문이다. 우리가 여기에서 보는 것은 오직 이미 형성된 기존가치 — 투하자본 중 생산물 가치의 형성에 들어가는 부분들 — 뿐이며 새로운 가치를 창조하는 요소들은 하나도 없다. 불변자본과 가변자본 사이의 구별은 사라져 버렸다. 500원이라는 비용가격 전체는 지금 두 개의 의미를 지니고 있다. 첫째로 그것은 상품가치 600원 중 상품의 생산에 소비된 자본 500원을 보충하는 부분이며, 둘째로 상품가치의 이 부분이 존재하는 것은 다만 그것이 소비되는 생산요소들[즉 생산수단과 노동]의 비용가격 즉 투하자본으로 이전에 이미 존재하였기 때문이다. 자본가치가 상품의 비용가격으로서 재현하는 것은, 그것이 자본가치로서 지출되었기 때문이며 그리고 그런 한에서다.

투하자본의 각종 가치구성부분들이 소재적으로 다른 생산요소들[노동수단 · 원료 · 보조재료 그리고 노동]에 지출된다는 사정은, 상품의 비용가격은 이런 소재적으로 다른 생산요소들을 다시 구입해야만 한다는 것을 의미할 뿐이다. 그러나 비용가격 그것의 형성에 관한 한, 오직 한 가지의 구별, 즉 고정자본과 유동자본 사이의 구별만이 의미가 있다. 우리의 예에서는 노동수단의 마멸은 20원으로 계산되었다(즉 400c=노동수

단의 마멸 20원+재료 380원). 상품의 생산 이전에 노동수단의 가치가
1,200원이었다면, 상품의 생산 이후에는 그 가치는 두 개의 형태로 존재
한다. 즉 20원은 상품가치의 일부로 존재하며, 1,180원(=1,200-20)은 여
전히 자본가의 수중에 있는 노동수단의 잔존가치로서[즉 그의 상품자본
이 아니라 생산자본의 요소로서]있다. 노동수단과는 달리, 생산재료와
임금은 상품의 생산에서 완전히 소비되며 따라서 이들의 가치 전체가 생
산된 상품의 가치에 들어간다. 우리는 이미 회전의 연구에서 어떻게 투
하자본의 다른 구성부분들이 고정자본과 유동자본의 형태를 취하는가를
보았다 [제2권 제8장].

투하자본은 1,680원인데, 고정자본은 1,200원이고 유동자본은 480원
(=생산재료 380원+임금 100원)이다.

그런데 상품의 비용가격은 500원(=고정자본의 마멸 20원+유동자본
480원)이다.

상품의 비용가격과 투하자본 사이의 이런 차이는, 비용가격은 상품의
생산에 실제로 소비된 자본에 의해서만 형성된다는 것을 확인하여 줄 뿐
이다.

상품의 생산에는 1,200원의 노동수단이 사용되지만 이 투하자본가치
중 20원만을 생산에서 잃는다. 이리하여 사용되는 고정자본은 부분적으
로만 상품의 비용가격에 들어간다. 왜냐하면 고정자본은 부분적으로만
상품의 생산에서 소비되기 때문이다. 사용되는 유동자본은 전부 상품의
비용가격에 들어간다. 왜냐하면 그것은 상품의 생산에서 전부 소비되기
때문이다. 그러나 이것이 증명하는 것은, 소비된 고정자본부분과 유동자
본부분은 마찬가지로 각각의 가치의 크기에 따라 상품의 비용가격에 들
어간다는 점, 그리고 상품가치의 이 구성부분 [비용가격]은 상품의 생산
에서 소비된 자본에서만 항상 발생한다는 점이다. 만약 그렇지 않다고
한다면, 투하된 1,200원의 고정자본이 실제로 생산과정에서 잃는 20원뿐

제1장 비용가격과 이윤 39

아니라 잃지 않는 1,180원을 생산물의 가치에 첨가하지 않는 이유를 알
수가 없을 것이다.

비용가격의 계산과 관련하여 고정자본과 유동자본 사이의 차이는, 비
용가격이 소비된 자본가치로부터, 또는 소비된 생산요소[노동을 포함]에
자본가 자신이 지불한 가격으로부터 성립한다는 외관을 확인할 따름이
다. 그러나 가치형성에 관한 한, 자본 중 노동력에 지출된 가변부분이 여
기에서는 유동자본이라는 항목 아래 불변자본(생산재료로 구성되는 자본
부분)과 명시적으로 동일시되고 있으며 이에 따라 자본의 가치증식과정
은 완전히 신비화되고 있다.[1]

지금까지 우리는 비용가격이라는 상품가치의 한 요소만을 고찰하였
다. 이제 우리는 또 하나의 구성부분인 비용가격을 넘는 초과분, 즉 잉여
가치를 살펴보아야 한다. 잉여가치는 먼저 상품가치 중 비용가격을 넘는
초과분이다. 그러나 비용가격은 소비된 자본의 가치와 동등하고 또 이
자본의 소재적 요소들로 계속 재전환되기 때문에, 이 초과가치[또는 추
가적 가치]는 상품의 생산에 지출되어 상품의 유통에 의하여 되돌아오는
자본의 가치증가분이다.

우리가 이미 이전에 본 바와 같이, 잉여가치 s는 오직 가변자본 v의
가치 변화에서 발생하며 따라서 최초에는 가변자본의 증가분에 불과하지
만, 생산과정이 끝난 다음에는 잉여가치는 또한 지출된 총자본 $c+v$의 가
치증가분을 이룬다. 공식 $c+(v+s)$는 노동력에 투하된 일정한 자본가치
v가 가변량으로 전환함으로써 s가 생산된다는 것을 의미하고 있는데, 이
공식은 또한 $(c+v)+s$로도 표시될 수 있다. 생산이 시작되기 이전에는
500원의 자본을 가지고 있었는데, 생산이 끝난 뒤에는 500원의 자본과
가치증가분 100원을 가지고 있는 것이다.[2]

---

1) 이것이 경제학자들의 머리 속에 일으킬 수 있는 혼란에 대해서는 제1권 제9장
   3절에서 시니어를 예로 들어 설명한 바 있다.

그러나 잉여가치는 투하자본 중 가치증식과정에 들어가는 부분에 대한 증가분일 뿐 아니라 이 과정에 들어가지 않는 부분에 대한 증가분이기도 하다. 다시 말해, 잉여가치는 [상품의 비용가격에 의해 보충되는] 소비된 자본에 대한 가치증가분일 뿐 아니라 생산에 투하된 모든 자본에 대한 가치증가분이기도 하다. 생산과정에 들어가기 이전에 우리는 1,680원의 자본가치를 가지고 있었다. 즉 노동수단에 투하된 고정자본 1,200원[이 중 20원이 마멸분으로 상품의 가치에 들어간다]과, 생산재료와 임금으로서 유동자본 480원이 그것이다. 생산과정이 끝난 뒤에 우리는 생산자본의 가치구성부분인 1,180원과 상품자본 600원을 가지고 있다. 이 두 개의 가치액을 합계하면 자본가는 지금 1,780원의 가치를 가지고 있는 셈이다. 이것에서 그가 투하한 총자본 1,680원을 빼면 가치증가분 100원이 남는다. 따라서 100원의 잉여가치는 투하된 총자본 1,680원에 대해서도, 그리고 그것의 일부로서 생산과정에서 소비된 500원에 대해서도 마찬가지로 가치증가분을 이루는 것이다.

이제 자본가에게 명백하게 된 것은, 이 가치증가분은 자기가 자기의 자본으로 수행하는 생산활동에서 생긴다는 것, 따라서 자본 그것에서 생긴다는 것이다. 왜냐하면 생산과정 이전에는 가치증가분이 존재하지 않았는데 그 이후에 그것이 존재하게 되었기 때문이다. 생산과정에서 실제로 소비된 자본에 관한 한, 잉여가치는 이 자본의 다른 가치요소들[생산수단과 노동]로부터 동등하게 발생하는 것처럼 보인다. 왜냐하면 이들

---

2) "우리가 이미 알고 있는 바와 같이, 잉여가치는 단순히 v[즉 노동력으로 전환된 자본부분]의 가치에서 일어나는 변화의 결과일 뿐이며, 따라서 $v+s=v+\Delta v$[v+v의 증가분]이다. 그러나 변하는 것은 v만이라는 사실과 또 그 변화의 비율은, 자본의 가변부분이 커짐에 따라 총투하자본도 또한 커진다는 사정에 의해 불분명하게 된다. 총투하자본은 이전에는 500원이었지만 이제는 590원으로 될 수 있다."(제1권 제9장 1절: 284).

요소들은 모두 동등하게 비용가격의 형성에 참가하기 때문이다. 이들 요소들은 투하자본으로서 존재하는 각각의 가치들을 생산물의 가치에 첨가하며, 불변적 가치량과 가변적 가치량으로 구별되지는 않는다. 이것은, 소비된 자본 전부가 전적으로 임금으로만 구성되거나 전적으로 생산수단의 가치로 구성되어 있다고 당분간 가정하면 매우 분명해진다. 전자의 경우에는 상품가치는 400c+100v+100s가 아니라 500v+100s가 될 것이다. 임금에 지출된 500원의 자본은 상품가치 600원의 생산에 소비된 모든 노동의 가치이며, 이 때문에 전체생산물의 비용가격을 이룬다. 그런데 이 비용가격의 형성[이를 통해 소비된 자본의 가치가 생산물의 가치 구성부분으로 다시 나타난다]이 상품가치의 형성에 관하여 우리가 알고 있는 모두다. 상품가치 중 잉여가치부분인 100원이 어떻게 발생하는지 우리는 전혀 모른다. 상품가치를 500c+100s라고 가정하는 후자의 경우에도 전적으로 동일하다. 두 경우에서 우리가 알게 되는 것은, 잉여가치가 주어진 가치로부터 발생하는 이유는 그 가치가 생산자본의 형태[노동의 형태이든 생산수단의 형태이든]로 투하되었기 때문이라는 것이다. 그러나 투하자본가치가 잉여가치를 발생시킬 수 있는 것은, 그것이 소비되어 상품의 비용가격을 형성한다는 이유 때문은 결코 아니다. 왜냐하면 이 자본가치가 상품의 비용가격을 형성하는 바로 그 한도에서는 결코 잉여가치를 발생시키는 것이 아니라 소비된 자본의 등가 즉 보충가치를 형성할 뿐이기 때문이다. 그러므로 투하자본가치가 잉여가치를 형성하는 것은, 소비된 자본으로서의 그것의 독특한 능력 때문이 아니라 투하된 [따라서 사용된] 자본 일반으로서의 독특한 능력 때문인 것으로 된다. 이리하여 잉여가치는 투하자본 중 상품의 비용가격에 들어가는 부분과 들어가지 않는 부분 모두로부터 동등하게 생기는 것이 된다. 다시 말해, 잉여가치는 사용되는 자본의 고정부분과 유동부분 모두로부터 마찬가지로 생긴다는 것이다. 소재적으로는 노동수단뿐 아니라 생산재료나 노동 등 총자본이 생산물의 형성에 기여한다. 가치증식과정에서는 총자본의 일부만이 기여하지만, 노동과정에서는 총자본이 소재적으로 참가한다. 아마 바로 이런 이유 때문에 총자본은 부분적으로만 비용가격의 형성에 기여하지만 잉여가치의 형성에는 그 전체가 기여하게 되는 것 같다. 어쨌든 잉여가치가 투하자본[사용자본]의 모든 부분들로부터 동시에 발생하는 것으로 된다. 이 추론은, 맬더스처럼 다음과 같이 간단명료하게 말한다면, 매우 단축될 수 있을 것이다.

"자본가는…자기가 투하하는 자본의 모든 부분들로부터 동등한 이윤을 기대한다."3) [강조는 마르크스의 것]

이처럼 잉여가치가 총투하자본의 산물이라고 여겨질 때, 잉여가치는 이윤이라는 전환된 형태를 취하게 된다. 그러므로 일정한 가치액이 자본인 것은 그것이 이윤을 얻기 위하여 투하되기 때문이며,4) 또는 이윤이 나오는 것은 일정한 가치액이 자본으로 사용되기 때문이라는 것이다. 이윤을 p로 표시하면, 공식 C=c+v+s=k+s는 공식 C=k+p, 즉 상품가치=비용가격+이윤으로 전환된다.

이리하여 우리가 여기에서 처음 대면하는 이윤은 잉여가치와 동일한 것인데, 다만 그것의 신비화된 형태[이것은 자본주의적 생산양식으로부터 필연적으로 발생한다]일 따름이다. 비용가격의 외관상의 형성에서는 불변자본과 가변자본 사이의 차이가 인정될 수 없기 때문에, 생산과정 중에 발생하는 가치변화의 원천은 가변자본부분에서 총자본으로 옮겨가지 않을 수 없다. 한쪽 끝에서 노동력의 가격이 임금 [노동의 가격] 이라는 전환된 형태를 취하기 때문에, 반대쪽 끝에서는 잉여가치가 이윤이라는 전환된 형태로 나타나게 된다.

상품의 비용가격은 그것의 가치보다 작다는 것을 우리는 이미 보았다.

---

3) 맬더스, 1836: 268.
4) "자본은 이윤을 얻기 위하여 지출되는 것이다."(맬더스, 1827: 86)

C=k+s이므로 k=C-s이다. 공식 C=k+s는 s=0인 경우에만 C=k, 즉 상품가치=비용가격이 될 수 있는데, 이런 일은 자본주의적 생산의 조건에서는 결코 일어나지 않는다. 비록 어떤 특수한 시장상황에서는 상품의 판매가격이 그것의 비용가격 또는 그 이하로 하락하는 경우도 생기지만.

상품이 그 가치대로 판매된다면, 그것의 비용가격을 넘는 초과가치[즉 상품가치에 포함된 전체 잉여가치]와 동등한 이윤이 실현된다. 그러나 자본가는 상품을 그것의 가치보다 낮게 팔더라도 이윤을 얻을 수 있다. 상품의 판매가격이 그것의 가치보다 낮더라도 그것의 비용가격보다 높다면, 상품에 포함된 잉여가치의 일부는 항상 실현되며 따라서 이윤이 생긴다. 우리의 예에서 상품가치는 600원이며 비용가격은 500원이므로, 상품이 510원, 520원, 530원, 560원 또는 590원으로 팔린다면, 상품은 자기의 가치보다 각각 90원, 80원, 70원, 40원 또는 10원 싸게 팔리지만, 그럼에도 10원, 20원, 30원, 60원 또는 90원의 이윤이 생긴다. 상품의 가치와 비용가격 사이에는 무수한 판매가격이 존재할 수 있다. 상품가치 중 잉여가치 구성부분이 크면 클수록, 이런 중간가격의 영역은 그만큼 더욱 넓어진다.

이것은 경쟁의 일상적 현상들[예컨대 염가매출, 어떤 산업분야에서 상품가격의 비정상적인 낮은 수준[5])]을 설명해 줄 뿐이 아니다. 지금까지 경제학이 파악하지 못한 자본주의적 경쟁의 기본법칙—즉 일반적 이윤율과 이것에 의해 결정되는 이른바 생산가격을 규제하는 법칙—은 뒤에서 보는 바와 같이 상품의 가치와 비용가격 사이의 차이와, 이 차이로부터 생기는, 이윤을 보면서도 상품을 그 가치 이하로 팔 수 있는 가능성에 근거하고 있다.

상품 판매가격의 최저한계는 상품의 비용가격이다. 상품이 비용가격 이하로 팔리면, 소비된 생산자본 구성부분은 판매가격에 의해 완전히 보

---

5) 제1권 제20장: 745 이하를 참조하라.

충될 수가 없다. 이 과정이 오래 계속된다면 투하자본가치는 완전히 사라질 것이다. 이런 관점에서 자본가는 비용가격을 상품의 참된 내재적 가치라고 생각하기 쉽다. 왜냐하면 비용가격은 그가 자기의 자본을 단순히 유지하는 데 필요한 가격이기 때문이다. 그러나 여기에 추가되는 사실은, 상품의 비용가격은 자본가 자신이 상품의 생산을 위해 지불한 구매가격, 즉 생산과정 그것에 의하여 규정된 구매가격이라는 점이다. 그러므로 자본가에게는 상품의 판매에 의하여 실현되는 초과가치 또는 잉여가치는, 상품의 가치가 비용가격을 넘는 초과분으로 나타나는 것이 아니라 상품의 판매가격이 그것의 가치를 넘는 초과분으로 나타나게 되며, 이리하여 상품에 포함된 잉여가치가 상품의 판매에 의하여 단순히 실현되는 것이 아니라 판매 그것으로부터 실제로 생기는 것처럼 보인다. 우리는 이미 이 환상에 대하여 제1권 제5장('자본의 일반공식의 모순')에서 자세히 말한 바 있으므로, 여기에서는 토렌즈와 기타의 사람들이 리카도를 능가하는 경제학상의 진보라고 다시 주장한 그 환상의 형태로 잠깐 되돌아가자.

"생산비, 또는 바꾸어 말해 상품의 생산 또는 제조에 지출된 자본으로 구성되는 자연가격은 이윤을 포함할 수 없다…차지농업가가 자기의 밭을 경작하는 데 100리터의 밀을 지출하여 120리터의 밀을 거두어 들인다고 하면, 지출[또는 비용]을 넘는 초과생산물 20리터는 차지농업가의 이윤을 이룬다. 그러나 이 초과분 또는 이윤을 그의 지출의 일부라고 말하는 것은 이치에 맞지 않을 것이다…제조업자는 일정한 양의 원료·도구 및 노동자를 위한 생존수단을 지출하고 그 대신 일정한 양의 완제품을 얻는다. 이 완제품은 그것을 얻기 위하여 투하된 원료·도구 및 생존수단보다 더욱 큰 교환가치를 가지지 않으면 안 된다."

이것으로부터 토렌즈는, 비용가격을 넘는 판매가격 초과분 또는 이윤은 소비자들이 "직접적 또는 간접적 교환에 의하여 자본의 모든 구성부분들에 대하여 그것들의 생산에 드는 것보다 더 많이 주기" 때문에 생긴

다고 결론내린다.[6]

사실상 주어진 크기를 넘는 초과분은 그 주어진 크기의 일부를 구성할 수 없으며, 따라서 이윤[즉 자본가의 지출을 넘는 상품가치의 초과분]은 결코 그 지출의 일부일 수가 없다. 만약 상품의 가치형성에 자본가의 투하가치 이외의 아무런 요소도 들어가지 않는다면, 어떻게 생산에 들어간 것보다 더욱 큰 가치가 생산에서 나올 수 있는가가 설명될 수 없다[무無로부터 유有가 발생할 수 없는 한]. 그런데 토렌즈는 이와 같은 무無로부터의 창조를 회피하기 위하여 상품의 생산영역에서 유통영역으로 그 창조의 기원을 옮기고 있을 뿐이다. 토렌즈에 따르면, 이윤은 생산에서 발생할 수 없는데, 그 이유는 만약 그렇지 않다면 이윤은 이미 생산비에 포함되어 있을 것이고, 따라서 이윤은 생산비를 넘는 초과분일 수가 없기 때문이라는 것이다. 이에 대해 람지는, 이윤이 이미 상품교환 이전에 존재하지 않는다면 상품교환에서 발생할 수는 없다고 대답한다. 교환되는 생산물의 가치총액은 이 가치총액을 가진 생산물의 교환에 의해서는 변경되지 않는다는 것이 명백하다. 가치총액은 교환 이후에도 그 이전과 동일하다. 여기에서 지적해야 할 것은, 맬더스가 상품을 그것의 가치 이상으로 판매하는 것을 이야기할 때 그는 분명히 토렌즈의 권위에 의지하고 있다는 점이다.[7] 물론 맬더스는 토렌즈와는 다른 방법으로 설명하고 있지만 사실상 그것은 설명이 아니다. 왜냐하면 이런 종류의 온갖 논증은 결국 그 당시 유행하던 연소燃素의 음(−)의 무게와 같은 엉터리일 수밖에 없기 때문이다.*

---

6) 토렌즈, 1821: 51~53, 349.
7) 맬더스, 1853: 70, 71.
* 엥겔스는 『자본론』 제2권의 서문에서, 산소의 발견으로 연소설이 타파되면서 화학에 일어난 혁명과, 마르크스의 잉여가치론이 경제학에 일으킨 혁명을 비교하고 있다.

자본주의적 생산이 지배하는 사회질서에서는 비자본주의적 생산자까지도 자본주의적 사고방식에 지배된다. 대체로 현실사정을 깊게 파악하는 데 뛰어난 소설가 발자크는 자기의 최후 소설『농민』에서, 소농이 고리대금업자의 환심을 사기 위하여 그에게 온갖 노동을 무료로 해주면서도, 자기 자신의 노동이 자기에게는 아무런 현금지출도 요구하지 않으므로 자기는 고리대금업자에게 아무것도 제공하지 않는다고 생각하는 것을 적절히 묘사하고 있다. 그런데 고리대금업자로 봐서는 이것은 일석이조이다. 그는 임금에 대한 지출을 절약할 수 있으며, 그리고 [자기 자신의 밭에서 일하지 않기 때문에 점점 더 몰락하는] 소농을 고리대의 그물에 점점 더 깊게 빠뜨릴 수 있기 때문이다.

상품의 비용가격이 상품의 참된 가치이며 잉여가치는 상품을 가치 이상으로 판매함으로써 발생한다는 무분별한 견해, 따라서 상품의 판매가격이 그것의 비용가격[상품에 소비된 생산수단의 가격＋임금]과 동등하다면 상품은 그 가치대로 판매되는 것이라는 무분별한 견해를, 프루동은 늘 하던 버릇대로 학자인 체 하면서 사회주의의 새로 발견된 비밀이라고 떠들어대었다. 이처럼 상품의 가치를 비용가격으로 축소시켜 버리는 것은 사실상 그의 인민은행*의 기초를 이루고 있다. 이미 본 바와 같이 상품가치의 각종 구성부분들은 생산물 그것의 해당 부분들로 표시할 수 있다 (제1권 제9장 2절 참조). 예컨대 20킬로그램의 면사의 가치가 30원[이것은 24원의 생산수단, 3원의 노동력 그리고 3원의 잉여가치로 구성되어 있다]이라면, 잉여가치는 생산물의 $\frac{1}{10}$ 즉 2킬로그램의 면사로 표시할 수 있다. 만약 이 20킬로그램의 면사가 지금 그것의 비용가격 27원으로 팔린다면, 구매자는 2킬로그램의 면사를 무상으로 얻게 된다. 즉 면사는

---

* 프루동은 1849년 1월 인민은행을 파리에 설립하여, 소생산자의 생산물 교환에 봉사하고 노동자들에게 무이자로 대출하였다. 그러나 2개월 뒤 그 은행은 파산하였다.

그 가치보다 $\frac{1}{10}$ 만큼 싸게 팔린 셈이다. 노동자는 여전히 자기의 잉여노동을 제공하였지만, 지금은 자본주의적 면사생산자를 위해서가 아니라 면사구매자를 위해 제공한 것이 된다. 모든 상품이 비용가격으로 팔린다면, 그 결과는 사실상 모든 상품이 그 비용가격 이상의 가치로 팔리는 것과 동일할 것이라고 가정하는 것은 전적으로 잘못된 생각이다. 왜냐하면 노동력의 가치, 노동일의 길이 그리고 착취율이 모든 부문에서 동일하다 하더라도, 각종 상품의 가치가 포함하는 잉여가치량은 각 상품의 생산에 투하된 자본의 유기적 구성이 다름에 따라 완전히 불균등하기 때문이다.[8]

---

8) "서로 다른 자본이 창조하는 가치·잉여가치의 양은, 노동력의 가치가 주어져 있고 노동력의 착취도가 같은 경우, 이들 자본의 가변부분의 크기[즉 살아있는 노동력으로 전환되는 부분의 크기]에 정비례한다."(제1권 제11장: 417)

제2장
이윤율

자본의 일반공식은 M－C－M′이다. 즉 일정한 가치액이 더욱 큰 가치액을 끌어내기 위하여 유통에 투하되는 것이다. 더욱 큰 가치액을 창조하는 과정은 자본주의적 생산이고 그것을 실현하는 [화폐화하는] 과정은 자본의 유통이다. 자본가가 상품을 생산하는 것은 상품 그것을 위해서도 아니고 상품의 사용가치나 자기 자신의 개인적 소비를 위한 것도 아니다. 자본가가 진실로 관심을 갖는 생산물은 피부로 느낄 수 있는 생산물 그것이 아니라, 생산물의 가치 중 생산물에 소비된 자본의 가치를 넘는 초과분이다. 자본가는 총자본을, 그것의 구성부분들이 잉여가치의 생산에서 하는 상이한 기능을 고려하지 않고 투하한다. 그는 이 모든 구성부분들을 동일하게 투하하여, 투하자본을 재생산할 뿐 아니라 그 이상의 가치 초과분을 생산하려고 한다. 그가 투하가치를 더욱 큰 가치로 전환시킬 수 있는 것은 투하가치를 살아있는 노동력과 교환함으로써만, 살아있는 노동력을 착취함으로써만 가능하다. 그러나 그가 노동력을 착취할 수 있는 것은, 그가 동시에 이 노동력의 실현조건들[노동수단과 노동대상, 즉 기계와 원료]을 투하함으로써만, 다시 말해 그가 소유하는 일정한 가치액을 생산조건의 형태로 전환시킴으로써만 가능하다. 물론 그가 자본가로 되는 것, 그리고 그가 노동력의 착취과정을 시도할 수 있는 것은, 그가 노동조건의 소유자로서 노동력만을 가진 노동자를 만나기 때문이다. [참조. CW 33: 78~79] 이미 제1권에서 본 바와 같이, 비노동자가 생산수단을 소유하기 때문에 노동자는 임금노동자로 되고 비노동자는 자본가로 되는 것이다.

자본가에게는, 그가 가변자본에서 이윤을 끌어내기 위해 불변자본을 투하하건, 또는 불변자본을 가치증식시키기 위해 가변자본을 투하하건 전혀 차이가 없다. 다시 말해 그가 기계와 원료에 더욱 큰 가치를 부여하기 위하여 임금에 화폐를 투하하건, 노동을 착취하기 위하여 기계와 원료에 화폐를 투하하건 자본가에게는 아무래도 좋다. 자본의 가변부분만이 잉여가치를 창조하지만, 이것이 가능한 것은 다른 부분들(즉 노동의 생산조건들)이 투하되기 때문이다. 자본가는 불변자본을 투하함으로써만 노동을 착취할 수 있으며 가변자본을 투하함으로써만 불변자본을 가치증식시킬 수 있기 때문에, 그의 눈에는 불변자본과 가변자본은 동일하다. 이런 관념은, 그의 이윤의 현실적 크기가 가변자본에 비례하는 것이 아니라 총자본에 비례하며, 따라서 잉여가치율이 아니라 이윤율[뒤에서 보는 바와 같이 잉여가치율은 다르더라도 이윤율은 동일할 수 있다]에 의하여 규정되기 때문에 더욱 강화된다. [참조. CW 33: 79~80]

생산물의 비용에는 생산물의 가치 중 자본가가 지불한 모든 요소들, 즉 그가 생산과정에 등가를 투하한 모든 요소들이 포함되어 있다. 이 비용들은 자본이 단순히 유지되거나 최초의 크기대로 재생산되기 위해서라도 보충되어야만 한다.

상품에 포함되어 있는 가치는 그것의 생산에 드는 노동시간과 동등하며, 이 노동은 지불노동과 불불노동으로 구성되어 있다.* 그런데 자본가

---

* 상품의 가치 ＝ 불변자본 ＋ 가변자본 ＋ 잉여가치
　　　　　　 ＝ 과거노동 ＋　　　현재노동

에 대한 상품의 비용은 상품에 대상화되어 있는 노동 중 그가 실제로 지불한 부분뿐이다. 상품에 포함되어 있는 잉여노동은 노동자에게는 지불노동과 마찬가지로 노동을 들이게 하며, 또 잉여노동[불불노동]은 지불노동과 마찬가지로 가치를 창조하여 가치형성 요소로서 상품에 들어가는데도, 잉여노동은 자본가에게는 아무 비용도 들이게 하지 않는다. 그러므로 자본가의 이윤은 자기가 대가를 지불하지 않은 것을 팔아서 생기는 것이다. 잉여가치 또는 이윤은 상품가치가 그 비용가격을 넘는 초과분, 즉 상품에 포함되어 있는 총노동량이 상품에 포함되어 있는 지불노동량을 넘는 초과분 바로 그것이다. 따라서 잉여가치는 어디에서 발생하든 총투하자본을 넘는 초과분이다. 이 초과분은 총자본 C에 대하여 $\frac{s}{C}$의 비율을 나타내며, 이리하여 우리는 잉여가치율 $\frac{s}{v}$와 구별되는 이윤율 $\frac{s}{C} = \frac{s}{c+v}$를 얻게 된다.

가변자본에 대한 잉여가치의 비율은 잉여가치율이고, 총자본에 대한 잉여가치의 비율은 이윤율이다. 이 두 개의 비율은 동일한 크기를 측량하는 두 개의 다른 기준이며, 따라서 동일한 크기가 처한 다른 관계를 표현한다.

잉여가치율이 이윤율로 바뀌는 것에서 잉여가치가 이윤으로 바뀌는 것이 도출되어야 하며, 그 역은 아니다. 물론 이윤율이 역사적 출발점이다. 잉여가치와 잉여가치율은, 상대적으로 말하여, 눈에 보이지 않는, 조사되어야 할 본질에 해당하며, 그 반면에 이윤율, 따라서 잉여가치의 이윤형태는 눈에 보이는 표면적 현상이다.

개별 자본가에 관하여 말한다면, 그가 관심을 가진 유일한 것은 상품의 생산에 투하한 총자본에 대한 잉여가치[자기의 상품을 팔아 얻는 초과가치분]의 비율이라는 것은 명백하다. 그는 자본의 특수한 구성부분들

= 과거노동 + 지불노동 + 불불노동

과 이 초과가치분 사이의 비율들과 내부 관련들에 무관심할 뿐 아니라, 오히려 이런 특수한 비율들과 내부관련들을 은폐하는 것이 실제로 자기에게 이롭다.

비용가격을 넘는 상품가치의 초과분은 직접적 생산과정에서 발생하는 것이지만, 그것이 실현되는 곳은 유통과정에서다. 그런데 그것이 유통과정에서 발생하는 것처럼 보이는 것은, 이 초과가치분이 실현될 것인가 아닌가 그리고 어느 정도로 실현될 것인가 하는 것이 현실적인 경쟁 세계에서는 현실의 시장상황에 달려있기 때문이다. 상품이 자기의 가치 이상 또는 이하로 팔린다면, 〔총〕잉여가치의 분배에 변화가 생길 따름이라는 것, 그리고 이런 분배의 변화[즉 각 개별자본가들이 잉여가치를 나누어 가지는 몫의 변화]는 결코 잉여가치 그것의 크기나 성격을 변경시키지 못한다는 것에 대하여 여기에서 더욱 설명할 필요는 없다. 유통과정은 제2권에서 고찰한 탈바꿈들이 일어나는 현장일 뿐 아니라 이 탈바꿈들은 현실적 경쟁, 가치 이하 또는 이상으로 상품의 매매를 동반하기 때문에, 개별자본가로서는 그가 실현하는 잉여가치는 노동의 직접적 착취에 달려있는 것과 같은 정도로 자본가들 상호간의 속임수에도 달려있다.

유통과정은 노동시간뿐 아니라 유통시간에 의해서도 영향을 받으며, 유통시간은 일정한 기간에 실현될 수 있는 잉여가치량을 제한한다. 유통에서 발생하는 다른 요인들〔예: 원료가격의 폭등〕도 직접적 생산과정에 결정적인 영향을 미친다. 직접적 생산과정과 유통과정은 끊임없이 서로 엉켜서 진행되기 때문에 각각의 특징이 계속 흐려진다. 우리가 본 바와 같이, 유통과정에서는 잉여가치와 가치일반의 생산은 새로운 특징을 띠게 된다. 자본은 자기의 탈바꿈 순환을 통과하며, 마지막으로는 말하자면 자기의 내부적인 유기적 생활로부터 외부적인 생활관계〔유통〕속으로 들어가는데, 여기에서 서로 대립하는 것은 자본과 노동이 아니라 자본과 자본, 그리고 또다시 단순한 구매자와 판매자로서 개인들이다. 유통시간과 노동시간은 서로 교차하는 궤도를 따르며, 이리하여 두 시간이 모두 동일하게 잉여가치를 결정하는 것처럼 보인다. 자본과 임금노동이 서로 대립하는 본래의 형태는, 이 형태와는 독립적인 것처럼 보이는 관계들의 개입에 의해 은폐된다. 즉 잉여가치 그것은 노동시간의 횡령 또는 사유화에 의해 생산된 것으로 나타나지 않고 상품의 비용가격을 넘는 판매가격 초과분으로 나타나며, 이리하여 비용가격이 쉽게 상품의 진정한 가치로 등장하고 이윤은 상품의 내재적 가치를 넘는 판매가격 초과분으로 나타난다. [참조. CW 33: 72~73]

물론 우리가 잉여가치를 분석할 때 타인의 노동시간에 대한 자본가의 탐욕 따위가 보여준 바와 같이, 잉여가치의 본질이 무엇인가 하는 것은 직접적 생산과정에서 끊임없이 자본가의 의식에 새겨진다. 그러나: 1) 직접적 생산과정 그것은 끊임없이 유통과정으로 진행하는 하나의 순간적인 계기이기 때문에[유통과정도 생산과정으로 진행하는 하나의 순간적인 계기인 것처럼], 생산과정에서 자본가들이 다소 분명하게 이해하기 시작한 이윤의 원천 또는 잉여가치의 본질에 관한 관념은, 기껏해야 다음과 같은 관념[즉 실현된 초과분은 생산과정 그것과는 관계없는 운동, 유통영역에서 생기며, 따라서 노동에 대한 자본의 관계와는 독립적으로 자본에 속한다는 관념]과 마찬가지로 타당한 것처럼 보인다. 람지, 맬더스, 시니어, 토렌즈 등과 같은 경제학자들까지도 이런 유통현상을 자본은 노동과의 사회적 관계(바로 이것에 의하여 자본이 자본으로 되는 것이다)와는 독립적으로 그 자신의 단순한 물질적 존재에 의하여 [노동과 함께 또는 노동과는 상관없이] 잉여가치의 독자적 원천이라는 것의 증거로 직접적으로 언급하기도 한다. 2) 임금과 원료의 가격, 기계의 마멸분 등을 포함하는 비용항목에서는, 불불노동의 착취는 비용을 구성하는 품목 중의 하나에 대한 지불의 절약으로서, 즉 일정한 노동량에 대해 더 적게 지불한 것으로서 나타날 뿐인데, 이런 절약은 원료를 더 싸게 구입하거나 기계의 마멸을 감소시키는 경우에 생기는 절약과 마찬가지다. 이리하여 잉여노동의 착취는 그 독특한 성격을 잃게 되며, 잉여가치에 대한 잉여노동의 독특한 관계는 모호하게 된다. 제1권 제6편에서 본 바와 같이, 이런 사고방식은 노동력의 가치가 임금형태로 표시됨으로써 더욱 조장되고 쉬워진다.

자본의 모든 부분들이 동등하게 초과가치(이윤)의 원천으로 나타나기 때문에 자본관계 [자본이 노동을 착취하는 관계] 는 은폐된다.

그런데 잉여가치가 이윤율을 통해 이윤의 형태로 전환되는 방식은, 생산과정에서 이미 일어나는 주체와 객체의 전도가 더욱 발전된 것에 불과하다. 우리가 본 바와 같이, 생산과정에서는 노동의 모든 주체적 생산력은 자본의 생산력으로 나타난다. 한편에서는 살아있는 노동을 지배하는 가치(또는 과거노동)가 자본가로 인격화하며, 다른 한편에서는 노동자는 단순한 객체화한 노동력, 하나의 상품으로서 나타난다. 이와 같은 전도된 관계는 생산의 단순한 관계에서조차도 필연적으로 그것에 상응하는 전도된 관념, 역전된 의식을 발생시키게 되는데, 이 의식은 진정한 유통과정에서 일어나는 탈바꿈과 변화에 의하여 더욱 발전한다.

리카도학파의 경우에서처럼 이윤율의 법칙을 잉여가치율의 법칙에 의해 직접적으로 설명하려고 하거나 그 반대로 하려는 것은 전적으로 잘못된 것이다. [참조. CW 32: 60~72] 물론 자본가의 머리에서는 이 두 개의 법칙이 구별되지 않는다. $\frac{s}{C}$ 의 비율에서는 잉여가치가 그것의 생산을 위한 총투하자본[이것의 일부는 이 생산에서 완전히 소비되지만 다른 일부는 사용되고 있을 따름이다]의 가치에 대비되고 있다. 사실상 비율 $\frac{s}{C}$ 는 총투하자본의 가치증식 정도를 표현하고 있지만, 잉여가치의 개념적 내부관련과 본성에 비추어 고찰하면, 이 비율은 가변자본의 변동량 [가변자본이 자기 자신의 가치 이상으로 창조한 잉여가치] 과 총투하자본 사이의 관련을 보여준다.

총자본의 가치량은 그 자체로서는 잉여가치량에 대해 어떤 내부관련도 가지지 않으며 적어도 직접적으로는 내부관련이 없다. 총자본 - 가변자본=불변자본은, 소재적 요소의 면에서 보면, 노동을 대상화시키는 데 필요한 소재적 필수품(즉 원료와 노동수단)으로 구성되어 있다. 일정한 양의 노동이 상품으로 대상화되고 이리하여 가치를 형성하기 위해서는, 일정한 양의 원료와 노동수단이 필요하다. 노동의 구체적 성격에 따라 노동의 양과 생산수단[살아있는 노동이 첨가되는 생산수단]의 양 사이에는 일정한 기술적인 비례관계가 존재한다. 이런 점에서는 잉여가치[또는 잉여노동]의 양과 생산수단의 양 사이에도 일정한 비례관계가 있다. 예컨대 노동자의 임금을 생산하는 데 필요한 노동이 하루 6시간이라면, 노동자는 6시간의 잉여노동을 수행하여 100%의 잉여가치를 창조하기 위해서는 12시간 일해야 한다. 그는 12시간 중에는 6시간에 소비하는 생산수단의 두 배를 소비한다. 그러나 그렇다고 하여 그가 6시간에 첨가하는 잉여가치가 6시간 또는 12시간에 소비되는 생산수단의 가치와 어떤 직접적인 관계를 가지는 것은 아니다. 생산수단의 가치는 여기에서 전혀 문제가 되지 않으며, 기술적으로 필요한 생산수단의 양이 문제로 될 뿐이다. 원료나 노동수단이 적절한 사용가치를 가지고 있으며 그리고 흡수할 노동에 대하여 기술적으로 규정된 양만큼 존재하기만 한다면, 원료나 노동수단은 비싸든 싸든 아무래도 좋다. 만약 1시간에 y원어치의 면화 x킬로그램이 방적된다는 것을 안다면, 12시간에는 $12x$킬로그램의 면화=$12y$원이 방적된다는 것도 알 수 있으며, 그리하여 6시간에 방적된 가치에 대해서뿐 아니라 12시간에 방적된 가치에 대한 잉여가치의 비율을 계산할 수 있다. 그런데 생산수단의 가치에 대한 살아있는 노동의 비율이 문제로 되는 것은, 오직 y원이 x킬로그램 면화의 명칭으로 기능하는 한에서다. 왜냐하면 면화 가격이 변동하지 않는 동안은, 일정한 양의 면화는 일정한 가격을 가지며, 또 거꾸로 일정한 가격은 일정한 양의 면화의 지표로 될 수 있기 때문이다. 만약 내가 6시간의 잉여노동을 취득하기 위해서는 노동자에게 12시간의 노동을 시켜야 한다는 것을 안다면, 나는 12시간분의 면화를 준비하여야 한다. 이 경우 내가 12시간분의 면화 가격을 안다면, 면화 가격(필요한 양의 지표이다)과 잉여가치 사이에는 우회적으로 일정한 관계가 성립한다. 그러나 거꾸로 원료의 가격으로부터 1시간에 방적될 수 있는 원료의 양을 추론할 수는 없다. 그러므로 불변자본의 가치와 잉여가치 사이에는, 이리하여 총자본(=c+v)과 잉여가치 사이에는 아무런 내부적인 필연적 관계가 없다.

잉여가치율과 잉여가치량이 주어져 있다면, 이윤율이 표현하는 것은 잉여가치의 또 하나의 측정방법, 즉 노동과의 교환에 의해 직접적으로 잉여가치를 낳는 자본부분의 가치에 대해서가 아니라 총자본의 가치에 대하여 잉여가치를 계산하는 것이다. 그러나 현실에서는 [즉 현상의 세계에서는] 사태가 거꾸로 된다. 잉여가치는 주어져 있으나 다만 상품의 비용가격을 넘는 판매가격 초과분으로 주어져 있으며, 따라서 이 초과분이 어디에서 발생하는지―생산과정에서 노동의 착취로부터인가, 유통과정에서 거래자들 상호간의 사기로부터인가, 아니면 위의 두 가지 방법 모두로부터인가 ― 는 여전히 수수께끼로 남아 있다. 또한 주어져 있는 것은 총자본의 가치에 대한 이 초과분의 비율, 즉 이윤율이다. 비용가격을 넘는 판매가격 초과분을 총투하자본의 가치에 대해 계산하는 것은 매우 중요하며 자연스럽다. 왜냐하면 이렇게 함으로써 우리는 총자본이 가치증식된 비율, 즉 총자본의 가치증식 정도를 알 수 있기 때문이다. 그러나 우리가 이 이윤율에서 출발한다면, 초과분과 임금에 지출된 자본부분 사이의 독특한 관계를 추론할 수가 없다. 맬더스가 이 길을 밟아서 잉여가치의 비밀과 자본의 가변부분에 대한 잉여가치의 독특한 관계를 해명하려고 시도할 때 얼마나 웃기는 실수를 하게 되는지를 뒤의 한 장 [『잉여가치학설사』 제19장 7절; CW 32: 209~258]에서 보게 될 것이다. 이윤율 그것이 나타내는 것은 오히려 이 초과분[잉여가치]이 총자본의 구성부분들에 대하여 동등한 관계를 가진다는 것이며, 이런 관점에서 보면 총자본은 고정자본과 유동자본 사이의 구별 이외에는 어떤 내부적 구별도 나타내지 않는다. 그런데 이 구별조차도 이 초과분이 두 가지 방법으로 계산되기 때문에 생기는 것이다. 첫째로는 비용가격을 넘는 초과분이라는 단순한 크기로서. 이 첫 형태에서는 유동자본은 모두 비용가격에 들어가지만 고정자본은 그 마멸분만이 들어간다. 둘째로는 투하자본의 총가치에 대한 이 초과가치분의 비율로서. 이 경우에는 고정자본 전체의 가치가 유동자본의 가치와 마찬가지로 계산에 들어간다. 이리하여 유동자본은 두 경우 모두에서 동일한 방식으로 계산에 들어가지만, 고정자본은 첫 번째의 경우에는 유동자본과 상이한 방식으로 그리고 두 번째의 경우에는 유동자본과 동일한 방식으로 계산에 들어간다. 이에 따라 여기에서는 유동자본과 고정자본 사이의 구별이 오직 유일한 구별로서 나타나게 된다.

따라서 헤겔식으로 말하면, 이 초과분이 이윤율을 통해 자기 자신을 다시 한번 반성하는 경우, 또는 달리 말해 이 초과분이 이윤율에 의하여 더욱 자세히 특징지워지는 경우, 이 초과분은 자본이 일년 또는 일정한 유통시간['회전시간'이 옳다]에 자기 자신의 가치 이상으로 생산하는 초과분으로서 나타난다.

이윤율은 잉여가치율과 숫자상으로 다르지만, 잉여가치와 이윤은 사실상 동일한 것이고 숫자상으로도 동등하다 할지라도, 이윤은 역시 잉여가치가 전환된 형태며 잉여가치의 원천과 그 존재를 둘러싼 비밀이 은폐되고 모호하게 된 형태. 사실상 이윤은 잉여가치의 현상형태며, 잉여가치는 분석에 의해서만 이윤으로부터 조사해낼 수 있다. 잉여가치에서는 자본과 노동 사이의 관계가 폭로된다. 그러나 자본과 이윤 사이의 관계, 즉 자본과 잉여가치[여기에서 잉여가치는 한편에서는 상품의 비용가격을 넘는, 유통과정에서 실현되는 초과분으로서 나타나고, 다른 한편에서는 총자본에 대한 관계를 통하여 더욱 자세하게 결정되는 초과분으로서 나타난다] 사이의 관계에서는, 자본은 자기 자신에 대한 관계로서 나타나는데, 여기에서는 최초의 가치액으로서의 자본은 자기 자신이 낳은 새로운 가치와 구별되고 있다. 마치 자본은 이 새로운 가치를 생산과정과 유통과정을 통한 자기 자신의 운동 중에서 창조하는 것처럼 우리의 의식에 나타난다. 어떻게 이것이 생기는가는 이제 신비화되고, 자본 그것에 내재하는 숨은 속성에서 나오는 것처럼 보인다. [참조. CW 33: 70~71]

자본의 가치증식과정을 추적하면 할수록, 자본관계는 더욱 더 신비하게 되며 자본관계의 내부유기체의 비밀은 더욱 더 폭로되지 않는다.

이 편에서는 이윤율은 잉여가치율과 숫자상으로 다르며, 반면에 이윤과 잉여가치는 형태만이 다를 뿐 숫자상으로는 동등하다고 여긴다. 다음 편 [제2편] 에서는 자본관계의 물신화가 더욱 진전되어 이윤이 숫자상으로도 잉여가치와 다르게 되는 경우를 보게 될 것이다.

제3장
이윤율과 잉여가치율 사이의 관계

앞 장의 마지막에서 말한 바와 같이, 우리는 여기에서도 [제1편 전체에 걸쳐서와 마찬가지로] 주어진 자본에 돌아가는 이윤총액은 이 자본이 일정한 유통시간 ['회전시간'이 옳다] 에 생산하는 잉여가치 총액과 같다고 가정한다. 그러므로 우리는 잉여가치가 다양한 하위형태[예: 이자 · 지대 · 조세]로 분할되는 것과, 대부분의 경우 잉여가치가 제2편에서 논의될 일반적 평균이윤율에 의하여 취득하는 이윤과는 결코 일치하지 않는다는 사실을 당분간 무시할 것이다.

이윤이 잉여가치와 양적으로 동등하다고 보는 한, 이윤의 크기와 이윤율의 크기는 단순한 수량들[이 수량들은 각 개별 경우마다 주어져 있거나 확정될 수 있다]의 비율에 의해 결정된다. 그러므로 우리의 조사는 먼저 순전히 수학영역에서 행해진다.

우리는 제1권과 제2권에서 사용한 기호들을 그대로 사용할 것이다. 총자본 C는 불변자본 c와 가변자본 v로 분할되며 잉여가치 s를 낳는다. 잉여가치와 투하가변자본 사이의 비율 $\frac{s}{v}$는 잉여가치율이고 s'으로 표시된다. $\frac{s}{v}=s'$이므로 $s=s'v$이다. 이 잉여가치가 가변자본에 대해서가 아니라 총자본에 대해 비교된다면, 잉여가치를 이윤 p라고 부르며 잉여가치와

총자본 C 사이의 비율 $\frac{s}{C}$를 이윤율 p′이라고 부른다. 그리하여

$$p' = \frac{s}{C} = \frac{s}{c+v}$$

s대신에 s′v를 대체하면,

$$p' = \frac{s'v}{C} = \frac{s'v}{c+v}$$

이 등식은 다음과 같은 비례식으로도 표현될 수 있다. 즉 이윤율이 잉여가치율에 대해 가지는 비례관계는 가변자본이 총자본에 대해 가지는 비례관계와 같다.

$$p' : s' = v : C$$

이 비례식에서 보는 바와 같이 이윤율 p′은 항상 잉여가치율 s′보다 작다. 왜냐하면 가변자본 v는 항상 C[즉 가변자본과 불변자본의 합계 v+c]보다는 작기 때문이다. 유일한 예외는 v=C인 경우인데, 즉 자본가가 어떤 불변자본[생산수단]도 투하하지 않고 임금만을 투하하는 경우인데, 이 경우는 사실상 있을 수 없다.

우리의 연구에서는 c, v와 s의 크기에 결정적인 영향을 미치는 일련의 기타 요인들도 고찰해야 하므로, 그것들에 대하여 간단히 언급한다.

첫째로 화폐의 가치. 우리는 이것을 변하지 않는다고 가정한다.

둘째는 회전. 이 요인은 당분간 완전히 무시될 것이다. 왜냐하면 회전이 이윤율에 미치는 영향은 제4장에서 다룰 것이기 때문이다. {엥겔스: 여기에서는 한 가지 점만 미리 말하여 둔다. 즉 공식 $p' = \frac{s'v}{C}$는 엄격히 말하여 가변자본의 1회전시간에 대해서만 옳은 것이며, 연간의 회전에 대해서는 단순한 [실질] 잉여가치율 s′ 대신에 연간 잉여가치율 s′n[n은

일년 동안의 가변자본의 회전수이다]을 놓아야 한다는 점이다. 제2권 제
16장 1절 참조.}

셋째는 노동생산성인데, 이것이 잉여가치율에 미치는 영향은 이미 제1
권 제4편에서 상세히 논의한 바 있다. 그런데 노동생산성은 적어도 개별
자본의 경우에는 이윤율에도 직접적인 영향을 미칠 수 있다. 제1권 제12
장에서 설명한 것 [특별잉여가치] 처럼, 어떤 개별자본의 노동생산성이 사
회적 평균보다 높아 자기의 생산물을 동일한 상품의 사회적 평균가치보
다 낮은 가치로 생산함으로써 초과이윤을 실현하는 경우가 그러하다. 그
러나 이런 경우는 여기에서 고찰하지 않는다. 왜냐하면 이 편에서는 상
품들이 사회적으로 정상적인 조건에서 생산되고 그 가치대로 팔린다고
가정하여 논의를 전개하고 있기 때문이다. 그러므로 우리는 각각의 개별
경우에 노동생산성이 불변이라고 가정한다. 특정 산업분야에 투하된 자
본의 가치구성[즉 가변자본과 불변자본 사이의 비율]은 사실상 노동생산
성의 일정한 수준을 표현하고 있다. 따라서 이 비율의 변화가 단순히 불
변자본의 소재적 구성부분들의 가치변화나 임금의 변화에서 오는 것이
아니라면 노동생산성에도 변화가 생긴 것에 틀림없으며, 그러므로 c와 v
및 s라는 요인들의 변화도 노동생산성의 변화를 내포한다는 것을 자주
발견하게 될 것이다.

기타의 세 요인들—노동일의 길이, 노동강도, 임금—에 대해서도 마찬
가지로 말할 수 있다. 이 요인들이 잉여가치량과 잉여가치율에 미치는
영향은 제1권 [제17장] 에서 상세히 논의한 바 있다. 그러므로 [논의를 간
단히 하기 위하여] 이들 세 요인들이 불변이라는 가정에서 우리가 논의를
전개한다 하더라도, v와 s의 변화는 v와 s를 결정하는 위의 세 요인들의
크기 변화를 포함한다는 것은 분명하다. 여기에서는 다만 다음을 상기하
면 된다. 즉 임금이 잉여가치량과 잉여가치율에 미치는 영향은 노동일의
길이와 노동강도가 이것들에 미치는 영향과 정반대며, 따라서 임금의 상

승은 잉여가치를 축소시키지만 노동일의 연장과 노동강도의 강화는 잉여
가치를 증대시킨다는 것이다.

예컨대 자본 100이 20명의 노동자[노동일 10시간, 주간 임금총액 20]
로 20의 잉여가치를 생산한다면,

$$80c+20v+20s; \ s'=100\%, \ p'=20\%$$

지금 임금 인상 없이 노동일이 15시간으로 연장된다면, 20명의 노동자
가 생산하는 총가치는 40에서 60으로 증가한다(10:15=40:60). 지불된
임금 v는 이전과 같으므로, 잉여가치는 20에서 40으로 증가한다. 즉

$$80c+20v+40s; \ s'=200\%, \ p'=40\%$$

10시간 노동일의 주간 임금총액이 20에서 12로 하락한다면, 총가치생
산물의 크기는 40으로 이전과 동등하지만 그 분배가 달라진다. v는 12로
하락하고 나머지 28이 s로 남는다.

$$80c+12v+28s; \ s'=233\frac{1}{3}\%, \ p'=\frac{28}{92}=30\frac{10}{23}\%$$

그러므로 여기에서 보는 것은, 노동일의 연장(또는 노동강도의 강화)
과 임금의 인하는 잉여가치량과 잉여가치율을 증대시키며, 반대로 임금
의 인상은 (모든 다른 사정이 불변이라면) 잉여가치율을 감소시킨다는
점이다. 임금 인상에 따라 v가 증가하면, 이것은 노동량의 증가를 표현
하는 것이 아니라 동일한 노동량에 대해 더 많이 지불하는 것을 표현하
며, 따라서 s′과 p′은 상승하지 않고 하락한다.

여기에서 이미 명백한 것은, 노동일과 노동강도 및 임금이 변화하면
동시에 반드시 v와 s 및 그들의 비율, 그리고 s와 총자본 (c+v) 사이의
비율 p′이 변화하며, 또한 v에 대한 s의 비율이 변화하면 적어도 위에 언

급한 세 가지 노동조건들 중의 하나에 변동이 있다는 것이다.

여기에서 우리는 가변자본이 총자본의 운동과 이것의 가치증식에 대해 가지는 특수한 유기적 관계, 그리고 가변자본과 불변자본 사이의 차이를 정확하게 알게 된다. 가치형성에 관한 한, 불변자본은 자기가 가진 가치 때문에 중요할 뿐이다. 여기에서는 1,500원의 불변자본이 1톤에 1원인 철 1,500톤을 대표하든 1톤에 3원인 철 500톤을 대표하든 전혀 문제가 되지 않는다. 불변자본의 가치가 표현하는 현실적인 소재량은 가치형성과 이윤율에 대해서는 전혀 중요하지 않다. 이윤율은, 불변자본가치의 증감이 그 가치가 대표하는 소재적 사용가치량과 어떤 관계를 맺고있는가에 관계없이, 불변자본가치와는 반대의 방향으로 움직인다.

가변자본의 경우는 전적으로 다르다. 무엇보다도 먼저 문제가 되는 것은 가변자본이 가지고 있는 가치[즉 가변자본에 대상화되어 있는 노동량]가 아니라, 가변자본이 움직일 수 있는 총노동[이것은 가변자본에 표현되어 있지 않다]이다. 이 총노동과 [가변자본에 표현되는] 지불노동 사이의 차이[즉 총노동 중 잉여가치를 형성하는 부분]는 가변자본에 들어 있는 노동이 적으면 적을수록 더욱 커진다. 예컨대 10시간의 노동일이 0.5원과 동등하다고 하자. 만약 임금[즉 가변자본]을 보충하는 노동인 필요노동이 5시간=0.25원이라면, 잉여가치는 0.25원이며, 필요노동이 4시간=0.2원이라면 잉여노동은 6시간이고 잉여가치는 0.3원이다.

가변자본 가치의 크기가 가변자본이 움직이는 노동량의 지표이기를 멈추고, 오히려 이 지표 자체가 달라진다면, 가변자본의 변동에 따라 잉여가치율은 반대의 방향으로, 그리고 반비례하여 변동한다.

이제 우리는 이윤율의 공식 $p' = \frac{s'v}{C}$ 를 각종의 있을 수 있는 경우들에 적용하여 보자. $\frac{s'v}{C}$ 의 각각의 요인의 값을 차례차례 변화시켜 그 변화가 이윤율에 미치는 영향을 확정시켜 보자. 이렇게 하면 각종 사례들의 집합을 얻게 되는데, 이 집합들은 동일한 자본이 계속적인 환경변화를 입은 결과로 파악할 수도 있고, 다른 산업분야나 다른 나라에 동시에 나란히 존재하는 서로 다른 자본들을 비교하기 위하여 끌어들인 결과라고 파악할 수도 있다. 그러므로 아래 예들의 몇 개가 동일한 자본의 시간상 순차적인 상태들을 표현한다고 보기에는 곤란하거나 사실상 불가능하다고 생각된다면, 그 예들은 서로 다른 자본들 사이의 비교라고 생각하면 문제가 없을 것이다.

우리는 $\frac{s'v}{C}$를 두 요소 s'과 $\frac{v}{C}$로 분해한다. 처음에는 s'이 불변이라고 보고 $\frac{v}{C}$의 변화가 이윤율에 미치는 영향을 연구한다. 그 다음에는 분수 $\frac{v}{C}$가 불변이라고 보고 s'의 온갖 변화의 영향을 살펴본다. 마지막으로 두 요소 모두가 변동하는 경우를 고찰하게 되는데, 이리하여 이윤율에 관한 법칙들을 끌어낼 수 있는 모든 경우들을 보게 된다.

I. s'은 불변이고 $\frac{v}{C}$가 변동하는 경우

이 경우는 몇 개의 파생적인 경우들을 가지고 있지만 일반공식에 의해 해명될 수 있다. 두 자본 C와 C_1이 있어 각각의 가변자본부분이 v와 v_1, 공통의 잉여가치율은 s', 이윤율은 p'과 p_1'이라고 한다면,

$$p' = \frac{s'v}{C} \; ; \; p_1' = \frac{s'v_1}{C_1}$$

C와 C_1사이, 그리고 v와 v_1 사이의 비율을 생각하여, $\frac{C_1}{C} = E$, 그리고 $\frac{v_1}{v} = e$라고 한다면, $C_1 = EC$, $v_1 = ev$가 된다. 이것을 위의 p_1' 등식에 대입하면, 다음과 같은 공식을 얻는다.

$$p_1' = s' \frac{ev}{EC}$$

그런데 위의 p'과 p_1'의 등식을 비례식으로 전환시키면 다음과 같은 공식을 얻을 수 있다.

$$p' : p_1' = s'\frac{v}{C} : s'\frac{v_1}{C_1} = \frac{v}{C} : \frac{v_1}{C_1}$$

분자와 분모를 동일한 숫자로 곱하거나 나누어도 그 분수의 값은 변하지 않으므로, C와 C_1을 모두 100이 되게 함으로써 $\frac{v}{C}$와 $\frac{v_1}{C_1}$을 백분율로 환원시킬 수 있다. 이리하여 $\frac{v}{C}=\frac{v}{100}$ 그리고 $\frac{v_1}{C_1}=\frac{v_1}{100}$이 되는데, 이것을 위의 비례식에 대입하고 분모 100을 제거하면,

$$p' : p_1' = v : v_1$$

또는 동일한 잉여가치율을 가진 두 자본의 경우, 이들의 이윤율을 비교하면 각각의 총자본에 대해 백분율로 계산된 가변자본부분들 사이의 비율과 같다.

이 두 공식 [$p_1'=s'\frac{ev}{EC}$, 그리고 $p' : p_1' = \frac{v}{C} : \frac{v_1}{C_1}$] 은 $\frac{v}{C}$의 변동의 모든 경우를 포괄하고 있다.

하나하나의 경우들을 검토하기 전에 한마디 할 것이 있다. C는 c와 v [즉 불변자본과 가변자본]의 합계이며, 그리고 잉여가치율이나 이윤율은 보통 백분율로 표시되므로, c+v의 합계도 100이라고 하는 것[즉 c와 v를 백분율로 표시하는 것]이 일반적으로 편리하다. 불변자본 12,000과 가변자본 3,000으로 구성되는 자본 15,000이 잉여가치 3,000을 생산한다고 말하건, 또는 이 자본을 백분율로 환원시켜 말하건, 이윤율의 결정에는 마찬가지이다[물론 이윤량의 결정에서는 그렇지 않다].

$$15,000C = 12,000c + 3,000v\ (+3,000s)$$
$$100C = \quad 80c + \quad 20v\ (+\quad 20s)$$

두 경우에 모두 잉여가치율 s'은 100%이고 이윤율 p'은 20%이다.

두 개의 자본[예컨대 위의 자본과 다음의 자본]을 비교하는 경우에도 백분율이 편리하다.

$$12,000C = 10,800c + 1,200v\ (+\ 1,200s)$$
$$100C =\ \ \ \ \ \ \ 90c +\ \ \ \ 10v\ (+\ \ \ \ \ 10s)$$

여기에서 s'=100%, p'=10%인데, 위의 자본과 비교하기 위해서는 백분율의 형태가 훨씬 보기 쉽다.

이와 반대로 동일한 자본에서 일어나는 변화를 취급하는 경우에는, 백분율의 형태는 거의 사용될 수 없다. 왜냐하면 그 형태는 거의 언제나 그 변화들을 애매하게 만들어 버리기 때문이다. 예를 들면, 어느 자본이

80c+20v+20s

라는 백분율의 형태로부터

90c+10v+10s

라는 백분율의 형태로 이행할 때, 이 새로운 백분율 90c+10v가 v의 절대적 감소에 의한 것인지, c의 절대적 증가에 의한 것인지, 아니면 이 두 가지 모두의 탓인지를 알 수가 없다. 이것을 알기 위해서는 절대량이 주어져야 한다. 다음의 각각의 변화를 검토하는 데도 문제가 되는 것은 바로 이 변화가 어떻게 발생하였는가 하는 것이다. 즉 80c+20v가 90c+10v로 된 이유가, 예컨대 12,000c+3,000v가 가변자본은 불변인 채 불변자본이 증가하여 27,000c+3,000v(백분율로 90c+10v)로 되었기 때문인가, 아니면 불변자본은 불변인 채 가변자본이 감소하여 $12,000c+1,333\frac{1}{3}v$ (백분율은 90c+10v)로 되었기 때문인가, 또는 마지막으로 불변자본과 가변자본이 모두 변화하여 13,500c+1,500v(백분율은 90c+10v)로 되었기 때문인가를 알아야만 한다. 우리는 이런 경우들을 차례차례 분석해야

만 하기 때문에, 편리한 백분율의 형태를 버리거나 또는 부차적으로만
사용할 것이다.

1) s'과 C는 불변이고 v가 변동하는 경우

v의 크기가 변하는 데도 C의 크기가 불변이라면, 총자본의 다른 구성
부분인 불변자본 c가 v의 변화분만큼 반대방향으로 증감해야 한다. C가
처음 80c+20v=100인데, v가 10으로 감소한다면, c가 90으로 상승해야
만 C는 계속 100(=90c+10v)일 수 있다. 일반적으로 말하여, v가 v±d
(즉 d만큼 증가하거나 감소한 v)로 되면, c가 c∓d(즉 d만큼 반대반향으
로 변화한 c)로 되어야만 현재의 경우를 만족시킨다.

이와 마찬가지로 잉여가치율 s'은 불변인 채 가변자본이 변동한다면,
잉여가치량은 변동하게 된다. 왜냐하면 s=s'v인데, s'v 중의 하나의 요소
인 v가 변하였기 때문이다.

최초의 등식은

$$p' = s'\frac{v}{C}$$

인데, 지금의 경우에는 v가 변동하여

$$p_1' = s'\frac{v_1}{C}$$

이라는 등식을 얻게 된다. v가 지금 v_1으로 변화하였으며, 우리는 새로운
이윤율 p_1'을 발견해야만 한다.

이 새로운 이윤율은 다음과 같은 비례식에 의하여 발견할 수 있다.

$$p' : p_1' = s'\frac{v}{C} : s'\frac{v_1}{C} = v : v_1$$

즉 잉여가치율과 총자본이 불변인 경우, 최초의 이윤율과 [가변자본의
변화에 의해 생긴] 새로운 이윤율 사이의 비교는, 최초의 가변자본과 새

로운 가변자본 사이의 비교와 같다.

자본이 최초에는

Ⅰ. 15,000C=12,000c+3,000v(+3,000s)

이었는데, 지금

Ⅱ. 15,000C=13,000c+2,000v(+2,000s)

라면, 두 경우 모두 C=15,000이고 s′=100%이므로, Ⅰ의 이윤율 20%와 Ⅱ의 이윤율 $13\frac{1}{3}$% 사이의 비교는 Ⅰ의 가변자본 3,000과 Ⅱ의 가변자본 2,000 사이의 비교와 마찬가지다. 즉 20%:$13\frac{1}{3}$%=3,000:2,000.

가변자본은 증가하거나 감소할 수 있다. 먼저 증가하는 예를 들어보자. 어떤 자본이 최초에 다음과 같이 구성되어 기능한다고 가정하자.

Ⅰ. 100c+20v+10s; C=120, s′=50%, p′=$8\frac{1}{3}$%

지금 가변자본이 30으로 증가한다고 하면, 우리의 전제에 따라 총자본이 120에 머물기 위해서는 불변자본이 100에서 90으로 감소하여야 한다. 생산된 잉여가치는, 잉여가치율 50%가 불변이라면, 15로 증가할 것이며, 따라서 다음과 같이 된다.

Ⅱ. 90c+30v+15s; C=120, s′=50%, p′=$12\frac{1}{2}$%

먼저 임금수준이 변하지 않았다는 가정에서 출발하자. 그렇다면 잉여가치율을 구성하는 다른 요인들[예: 노동일과 노동강도]도 또한 불변이어야만 한다. 따라서 v의 증가(20에서 30으로)는 종전보다 $\frac{1}{2}$이나 더 많은 노동자들이 고용된다는 것을 의미할 뿐이다. 이리하여 총가치생산물도 $\frac{1}{2}$만큼 증가하여 30에서 45로 되며, 그것이 이전과 마찬가지로 $\frac{2}{3}$는 임금으로, $\frac{1}{3}$은 잉여가치로 분할된다. 그러나 노동자 수의 증가와 동시에 생산수단의 가치인 불변자본은 100에서 90으로 감소하였다. 그러므로 여기에서 보는 것은, 노동생산성의 저하가 불변자본의 동시적 감소와 결부되는 경우다. 이 경우가 경제적으로 있을 수 있는가?

노동생산성의 저하와 이것에 따른 고용노동자 수의 증가를 쉽게 파악할 수 있는 농업과 채취산업에서는, 이런 과정은 ─ 자본주의적 생산의 테두리 안에서는 그리고 그 바탕 위에서는 ─ 불변자본의 감소가 아니라 오히려 그것의 증가와 결부된다. 위에서 본 c의 감소가 단순히 가격의 하락에 의해 야기되었다 할지라도, 어떤 개별자본이 Ⅰ에서 Ⅱ로 이행하는 것은 매우 예외적인 사정 아래에서일 것이다. 그러나 다른 나라들이나 또는 농업과 채취산업의 다른 분야들에 투하된 두 개의 독립적인 자본의 경우에는, 한 쪽이 다른 쪽보다 고용노동자가 더 많고(따라서 가변자본이 더 크고) 더 값싼 생산수단 또는 더 적은 생산수단으로 작업한다 하여도 전혀 이상하지 않을 것이다.

이제 임금수준이 불변이라는 가정을 버리고, 가변자본이 20에서 30으로 증가한 것이 임금수준의 50% 인상 때문이라고 하면, 전혀 다른 경우가 나타난다. 동일한 수의 노동자 ─ 예컨대 20명 ─ 가 양적으로 동등하거나 조금 감소한 생산수단으로 작업을 계속한다. 노동일이 변하지 않고 예컨대 10시간 그대로라면, 총가치생산물도 변하지 않고 이전과 마찬가지로 30일 것이다. 그러나 지금 이 30은 투하된 가변자본 30을 보충하는 데 모두 사용되며, 잉여가치는 완전히 사라져 버릴 것이다. 그러나 우리는 잉여가치율이 Ⅰ에서와 같이 50%로 불변이라고 전제하였다. 따라서 이것이 가능하게 되기 위해서는 노동일이 $\frac{1}{2}$만큼 연장되어 15시간으로 증가해야 한다. 이래야만 20명의 노동자는 15시간에 총가치 45를 생산하고, 다음과 같이 모든 조건들을 충족시키게 될 것이다.

Ⅱ. 90c+30v+15s; C=120, s′=50%, p′=$12\frac{1}{2}$%

이 경우 20명의 노동자는 I의 경우보다 더 많은 노동수단[즉 도구·기계 등]을 필요로 하지는 않지만, 원료 또는 보조재료는 $\frac{1}{2}$만큼 증가해야 할 것이다. 이 재료들의 가격이 하락한다면, 우리의 가정 아래에서 I로부터 II로의 이행은 동일한 자본에 대해서도 있을 수 있는 경제현상이 될 것이다. 그리고 자본가는 자기의 불변자본의 감가에 의하여 입었을 손실을, 이윤의 증대에 의하여 적어도 부분적으로는 보상받을 것이다.

이제 가변자본이 증가하지 않고 감소한다고 가정하자. 그러면 위의 예를 거꾸로 하여 II를 최초의 자본으로 놓고 II로부터 I로 이행한다고 생각하기만 하면 된다.

II. 90c+30v+15s가 I. 100c+20v+10s로 전환되는데, 이렇게 순서를 바꾸어 놓아도 두 경우의 이윤율과 그들의 상호관계를 규정하는 조건들은 조금도 변하지 않는다.

v가 30에서 20로 감소하는 이유가, 불변자본은 증가하더라도 $\frac{1}{3}$만큼 적은 수의 노동자가 고용되기 때문이라고 한다면, 이것은 다만 근대산업의 정상적인 경우다. 즉 노동생산성이 향상되어 더 적은 수의 노동자들이 더 많은 양의 생산수단을 운동시키는 경우다. 이 운동이 어떻게 이윤율의 동시적 저하와 필연적으로 결부되는가 하는 것은 제3편에서 밝혀질 것이다.

그러나 v가 30에서 20으로 감소한 이유가, 동일한 수의 노동자가 더 낮은 임금수준으로 고용되기 때문이라고 한다면, 노동일이 불변인 한, 총가치생산물은 여전히 45(=30v+15s)일 것이다. 그런데 v가 20으로 감소하였으므로 잉여가치는 25로 증가하게 되고, 이에 따라 잉여가치율은 50%에서 125%로 상승할 것인데, 이것은 우리의 전제와 모순된다. 그러므로 우리의 전제를 만족시키기 위해서는, 잉여가치는 잉여가치율 50%에 따라 10으로 감소되어야 하고, 따라서 총가치생산물도 45에서 30으로 감소되어야 하는데, 이것은 노동일이 $\frac{1}{3}$만큼 단축될 때만 가능하다. 이 경우에는 위의 경우와 마찬가지로 다음과 같이 된다.

$$100c+20v+10s; \quad s'=50\%, \quad p'=8\frac{1}{3}\%$$

임금수준이 인하되었다고 하여 노동시간이 단축되는 경우는 실제로 있을 수 없을 것이다. 그러나 그것은 전혀 문제가 되지 않는다. 이윤율은 몇 개의 변수의 함수인데, 이 변수들이 이윤율에 대하여 어떤 영향을 미치는가를 연구하기 위해서는, 각각의 변수의 개별적 영향을 차례차례 연구하기만 하면 되고, 이 경우 그 개별적 영향이 동일한 자본에 대하여 경제적으로 의미가 있는 것인지 없는 것인지는 상관이 없다.

2) s'은 불변이고 v는 가변이며, C는 v의 변화에 따라 변화하는 경우

이 경우는 앞의 경우와 오직 정도에서만 차이가 있다. 지금 c는 v의 증감만큼 반대방향으로 변동하는 것이 아니라 불변이다. 대규모의 공업과 농업의 오늘날의 조건에서는, 가변자본은 총자본의 상대적으로 작은 부분에 불과하며, 따라서 가변자본의 변화에 의하여 발생하는 총자본의 증감도 상대적으로 작다. 다음과 같은 자본, 즉

I. $100c+20v+10s; \quad C=120, \quad s'=50\%, \quad p'=8\frac{1}{3}\%$

에서 또다시 출발하면, 이것은 다음와 같이 변하게 될 것이다.

II. $100c+30v+15s; \quad C=130, \quad s'=50\%, \quad p'=11\frac{7}{13}\%$

가변자본이 감소하는 반대의 경우는 II로부터 I로 역행하는 것에 의하여 설명하면 된다.

경제적 조건들은 본질적으로 앞의 경우와 같을 것이므로 더 이상 설명할 필요가 없다. I 에서 II 로 이행하는 것은, 노동생산성이 $\frac{1}{2}$ 만큼 저하한다는 것, 즉 100c를 운동시키는 데 I 의 경우보다 $\frac{1}{2}$ 만큼 더 많은 노동이 추가로 필요하게 된다는 것을 의미하고 있다.* 이런 경우는 농업에서 볼 수 있다.9)

앞의 경우에는 불변자본이 가변자본으로 전환되거나 또는 그 반대가 되어 총자본에는 변화가 없었는데, 지금의 경우에는 가변자본이 증가하면 추가자본이 묶이고, 가변자본이 감소하면 이전에 사용되었던 자본의 일부가 풀려나온다.

3) s'과 v는 불변이고, c가 가변이며 따라서 C도 가변인 경우

이 경우 등식

$$p'=s'\frac{v}{C} \text{는} \quad p_1'=s'\frac{v}{C_1}$$

로 전환하며, 두 개의 등식에 있는 공통인자를 제거하면 다음과 같은 비례식을 얻게 된다.

$$p_1' : p'=C : C_1$$

즉 잉여가치율이 동일하고 가변자본이 동등하다면, 이윤율은 총자본에 반비례한다.

예컨대 다음과 같은 세 개의 자본, 또는 동일한 자본의 세 개의 다른 상태가 있다고 하자.

---

* 노동량은 30에서 45로 $\frac{1}{2}$ 만큼 증가했고, 노동생산성은 $\frac{45-30}{45}=\frac{1}{3}$ 만큼 저하했다.

9) {엥겔스: 원고에는 "이런 경우가 지대와 어떤 관련을 가지는가를 나중에 연구할 것"이라고 적혀 있다.}

I. $80c+20v+20s$; $C=100$, $s'=100\%$, $p'=20\%$

II. $100c+20v+20s$; $C=120$, $s'=100\%$, $p'=16\frac{2}{3}\%$

III. $60c+20v+20s$; $C=80$, $s'=100\%$, $p'=25\%$

그러면 다음과 같은 비례식이 나온다.

$$20\% : 16\frac{2}{3}\% = 120 : 100 \text{ 및}$$

$$20\% : 25\% = 80 : 100$$

s'이 불변이고 $\frac{v}{C}$가 가변인 경우의 일반공식은 위에서 본 바과 같이 $p_1'=s'\frac{ev}{EC}$였는데, 이것이 이제는 $p_1'=s'\frac{v}{EC}$로 된다. 왜냐하면 v가 여기에 서는 변하지 않으므로 $e=\frac{v}{v_1}$은 1이기 때문이다.

$s'v$는 잉여가치량 s와 같으며, s'과 v는 불변이므로 s는 c의 변화에 의해서는 아무런 영향도 받지 않으며, 따라서 잉여가치량은 C의 변화 이전과 마찬가지다.

c가 0으로 감소한다면 $p'[\frac{s}{c+v}]=s'$, 즉 이윤율은 잉여가치율과 동등하게 될 것이다.

c의 변화는 불변자본의 소재적 요소들의 단순한 가치변동에서 생길 수도 있고, 또는 총자본의 기술적 구성의 변화[즉 해당 산업분야에서 노동생산성의 변화]에서 생길 수 있다. 후자의 경우에는, 대규모의 공업과 농업의 발전에 따라 사회적 노동의 생산성이 향상되어 위의 예에서 본다면 III에서 I로, 그리고 I에서 II로 차례차례 이행하게 될 것이다. 20의 대가를 받고 40의 가치를 생산하는 노동량은 처음에는 60의 가치를 가진 노동수단['생산수단'이 옳다]을 운동시킬 것이다. 그러나 노동생산성이 향상되고 생산수단의 가치가 불변이라면, 운동시키는 생산수단은 80으로, 그리고 그 다음에는 100으로 증가하게 될 것이다. 생산성이 저하하

면 순서는 반대로 될 것인데, 동일한 노동량이 더 적은 생산수단을 운동 시키게 되며 경영규모는 축소될 것이다. 이것은 농업이나 광업 등에서 흔히 일어나는 일이다.

불변자본의 절약은 이윤율을 상승시킬 뿐 아니라 자본을 풀려나게 하며, 따라서 자본가에게는 중요하다. 이 점에 관해서, 그리고 불변자본의 요소들[특히 원료]의 가격변동이 미치는 영향에 관해서는 뒤에서 [제5장 과 제6장에서] 더욱 자세히 논의하게 될 것이다.

여기에서도 보는 바와 같이, 불변자본의 변동은, 이것이 c의 소재적 구성부분들의 증감 때문에 생겼든, 단순히 그들의 가치변화 때문에 생겼든 상관없이, 이윤율에 동일한 영향을 미치고 있다.

4) s′이 불변이고, v와 c 그리고 C가 모두 변동하는 경우

이 경우에는 이윤율의 변화에 관한 일반공식 $p_1′ = s′\frac{ev}{EC}$ 가 여전히 적용된다. 잉여가치율이 불변이라면 이 공식으로부터 다음과 같은 것이 나온다.

(a) $E[=\frac{C_1}{C}]$ 가 $e[=\frac{v_1}{v}]$ 보다 더 큰 경우[즉 가변자본보다 총자본이 더욱 큰 비율로 증가하도록 불변자본이 증가하는 경우]에는 이윤율은 저하한다.

80c+20v+20s라는 자본이 170c+30v+30s라는 구성으로 이행한다면, s′이 여전히 100%이지만 $\frac{v}{C}$ 는 (v와 C가 모두 증가하였지만) $\frac{20}{100}$ 에서 $\frac{30}{100}$ 으로 저하하며 이에 따라 이윤율은 20%에서 15%로 하락한다.

(b) e=E인 경우에만, 즉 분수 $\frac{v}{C}$ 가 외관상의 변동에도 불구하고 동일한 값을 가지는 경우에만[다시 말해 분자와 분모를 똑같은 수로 곱하거나 나누는 경우에만] 이윤율은 불변이다. 80c+20v+20s와 160c+40v+40s는 분명히 20%라는 동등한 이윤율을 가진다. 왜냐하면 s′은 여전히 100%

이고, $\frac{v}{C}=\frac{20}{100}=\frac{40}{200}$ 이 두 예에서 동일한 값을 가지기 때문이다.

(c) e가 E보다 큰 경우[즉 가변자본이 총자본보다 더욱 빨리 증가하는 경우]에는 이윤율이 상승한다. 80c+20v+20s가 120c+40v+40s로 된다면, 이윤율은 20%에서 25%로 상승하게 된다. 왜냐하면 s´은 불변이지만 $\frac{v}{C}$ 는 $\frac{20}{100}$ 에서 $\frac{40}{160}$ 으로, 즉 $\frac{1}{5}$ 에서 $\frac{1}{4}$ 로 증가하였기 때문이다.

v와 C가 모두 같은 방향으로 변동하는 경우에는, 두 개 모두가 어느 한계까지는 동일한 비율로 변동하여 $\frac{v}{C}$ 가 변동하지 않는다고 생각할 수 있다. 이 한계를 넘어서면 두 개 중 어느 하나가 변동한다고 생각할 수 있으며, 따라서 이와 같은 복잡한 경우를 앞에서 본 더 단순한 경우들의 하나로 환원시킬 수가 있을 것이다.

예컨대 80c+20v+20s가 100c+30v+30s로 변화한다면, 전자가 100c+25v+25s에 이르기까지는 v와 c 사이의 비율과, v와 C 사이의 비율은 변하지 않으며, 따라서 이윤율도 변하지 않는다. 그리하여 이제는 100c+25v+25s를 새로운 출발점으로 삼을 수 있다. 그러면 v는 5만큼 증가하여 30이 되고 그에 따라 C가 125에서 130으로 증가하는 것을 보게 되는데, 이것은 바로 앞의 2)의 경우[즉 v는 가변이며 C는 v의 변화에 따라 변화하는 경우]와 같다. 이윤율은 처음에는 20%[$\frac{25}{125}$]였는데, 이 5v의 추가에 의하여 동일한 잉여가치율 아래에서 $23\frac{1}{13}$%[$\frac{30}{130}$]로 상승하게 된다.

v와 C가 반대의 방향으로 변화하는 경우에도, 마찬가지로 더 단순한 경우로 환원될 수 있다. 예컨대 다시 80c+20v+20s에서 출발하여 110c+10v+10s로 이행하여 간다면, 40c+10v+10s까지의 변화에서는 이윤율은 처음과 마찬가지로 20%일 것이다. 이 중간형태에 70c가 추가됨으로써 이윤율은 $8\frac{1}{3}$%로 저하하게 된다. 이리하여 우리는 이 〖복잡한〗 경우를 변수 중의 하나[즉 c]만이 변화하는 〖단순한〗 경우로 환원시킨 것이다.

이처럼 v와 c 및 C의 동시적인 변동은 아무런 새로운 관점을 제시하지 않으며, 결국에는 항상 오직 하나의 요인이 변동하는 경우로 돌아온다.

아직 남아있는 다음과 같은 유일한 경우도 사실상 이미 해명되었다. 즉 v와 c가 숫자로서는 이전과 같지만, 그들의 소재적 요소들의 가치가 변동하여 v가 움직이는 노동량과 c가 대표하는 생산수단의 양이 변화한 경우가 그것이다.

80c+20v+20s의 자본에서 20v는 최초에는 10시간 노동일의 20명 노동자에 대한 임금을 표시한다고 하자. 이제 노동자 한 사람의 임금이 1에서 $1\frac{1}{4}$로 상승한다면, 20v는 20명이 아니라 16명의 노동자에게만 지불할 수 있다. 그런데 20명의 노동자가 200노동시간에 40의 가치를 생산하였다면, 16명의 노동자는 [하루 10시간, 즉 합계 160노동시간에] 32의 가치만을 생산할 것이다. 여기에서 임금 20v를 빼면 32 중에서 12만이 잉여가치로 남으며, 잉여가치율은 100%에서 60%로 저하할 것이다. 그러나 우리의 전제에 따르면 잉여가치율은 불변이어야 하므로, 노동일은 10시간에서 $12\frac{1}{2}$시간으로 $\frac{1}{4}$만큼 연장되어야 한다. 20명의 노동자가 10시간 노동일(즉 합계 200노동시간)에 40의 가치를 생산한다면, 16명의 노동자는 $12\frac{1}{2}$시간 노동일(즉 합계 200노동시간)에 동일한 가치를 생산할 수 있으며, 80c+20v의 자본은 이전과 마찬가지의 잉여가치 20을 생산하게 될 것이다.

반대로 임금이 하락하여 20v가 30명의 노동자의 임금을 지불한다면, 노동일이 10시간에서 $6\frac{2}{3}$시간으로 단축될 때에만 s′이 변하지 않을 것이다. $20 \times 10 = 30 \times 6\frac{2}{3} = 200$노동시간이다.

이런 상반되는 가정들〔예: 임금상승과 노동시간의 연장, 임금하락과 노동시간의 단축〕밑에서 어떻게 c가 상이한 양의 생산수단(이것은 조건의 변화를 반영한다)을 대표하면서도 동일한 화폐가치를 지닐 수 있는가에 대해서는 이미 논의한 바 있다. 그러나 이 경우는 순수한 형태로는 매우 예외적인 것이다.

c의 요소들의 가치변동이 c의 요소들의 양을 증감시키지만 c의 가치총액을 변화시키지 않는 경우, 이런 가치변동은, v의 크기에 변화를 일으키지 않는 한, 이윤율에도 잉여가치율에도 영향을 미치지 않는다.

이상에서 우리는 우리의 등식에서 v와 c 및 C의 변화의 모든 경우들을 논의하였다. 우리가 본 바와 같이, 잉여가치율이 변하지 않더라도 이윤율은 저하하거나 상승하거나 불변일 수 있다. 왜냐하면 v와 c 또는 C 사이의 비율이 조금만 변하여도 이윤율이 변동할 수 있기 때문이다.

그리고 또 분명하게 된 것은, v가 변동하는 경우 s'이 변하지 않는 것이 경제적으로 불가능하게 되는 어떤 한계가 항상 있다는 점이다. 마찬가지로 c의 일방적인 변동이 일정한 한계에 도달하면 v도 어쩔 수 없이 변동하게 되므로, $\frac{v}{C}$의 변동도 일정한 한계를 넘어서면 s'의 변동을 수반하게 된다. s'이 변동하는 경우[지금 우리가 연구하려고 한다]에는 우리의 등식에 있는 각종 변수들의 상호작용이 더욱 분명히 나타날 것이다.

II. s'이 변동하는 경우

등식 $p' = s'\frac{v}{C}$를 등식 $p_1' = s_1'\frac{v_1}{C_1}$[$p_1'$, s_1', v_1, C_1은 p', s', v, C의 새로운 값이다]으로 전환시키면, 달라진 잉여가치율[$\frac{v}{C}$가 변하든 변하지 않든 관계없이]에 대응하는 이윤율의 일반공식을 얻게 된다. 이리하여,

$$p' : p_1' = s'\frac{v}{C} : s_1'\frac{v_1}{C_1}$$
$$p_1' = \frac{s_1'}{s'} \times \frac{v_1}{v} \times \frac{C}{C_1} \times p'$$

1) s'이 가변이고 $\frac{v}{C}$는 불변인 경우

이 경우에는 다음과 같은 두 개의 등식이 나온다.

$$p'=s'\frac{v}{C} \text{ 그리고 } p_1'=s_1'\frac{v}{C}$$

그런데 $\frac{v}{C}$가 동등한 값을 가지기 때문에 다음과 같은 비례식이 성립한다.

$$p' : p_1'= s' : s_1'$$

동일한 구성을 가진 두 자본의 이윤율의 비교는 두 자본의 잉여가치율의 비교와 같다. 분수 $\frac{v}{C}$에서 문제로 되는 것은, v와 C의 절대적 크기가 아니라 둘 사이의 비율이기 때문에, 위의 말은 동일한 구성을 가진 모든 자본에 — 그 절대적 크기가 어떻든 — 똑같이 적용된다.

$$80c+20v+20s;\ C=100,\ s'=100\%,\ p'=20\%$$
$$160c+40v+20s;\ C=200,\ s'= 50\%,\ p'=10\%$$
$$100\% : 50\% = 20\% : 10\%$$

만약 두 경우에 v와 C의 절대량이 동등하다면, 이윤율의 비교는 잉여가치량의 비교와 같다. 즉

$$p' : p_1'= s'v : s_1'v = s : s_1$$

예컨대 다음과 같다.

$$80c+20v+20s;\ s'=100\%,\ p'=20\%$$
$$80c+20v+10s;\ s'= 50\%,\ p'=10\%$$
$$20\% : 10\% = 100\% \times 20 : 50\% \times 20 = 20s : 10s$$

그런데 절대량에서나 백분율에서나 구성이 동일한 자본들이 다른 잉여가치율을 가지게 되는 것은, 임금수준이나 노동일의 길이나 노동강도가 다른 경우에만 가능하다는 것은 명백하다. 다음과 같은 세 가지 경우

를 보자.

$$\text{I}.\ 80c+20v+10s;\ s'=\ 50\%,\ p'=10\%$$
$$\text{II}.\ 80c+20v+20s;\ s'=100\%,\ p'=20\%$$
$$\text{III}.\ 80c+20v+40s;\ s'=200\%,\ p'=40\%$$

총가치생산물은 I의 경우에는 30(=20v+10s)이고, II의 경우에는 40 이며, III의 경우에는 60이다. 이렇게 될 수 있는 것은 다음과 같은 세 가지 방식에 의거한다.

첫째로, 임금수준이 서로 달라 20v가 각각의 경우 다른 수의 노동자를 표현하기 때문이다. I의 경우에 15명의 노동자가 $1\frac{1}{3}$원의 임금으로 10 시간을 노동하여〔합계 150노동시간에〕30원의 가치를 생산하고, 그 중 20원은 임금을 보충하고 10원은 잉여가치로 남는다고 가정하자. 임금수준이 1원으로 하락하면, 20명의 노동자가 10시간씩 일할 수 있어〔합계 200노동시간에〕40원의 가치가 생산되며 그 중 20원은 임금이고, 20원은 잉여가치이다. 임금수준이 더욱 하락하여 $\frac{2}{3}$원이 되면, 30명의 노동자가 10시간씩 일할 수 있어〔합계 300노동시간에〕60원의 가치가 생산되며, 그 중 임금에 해당하는 20원을 빼면 40원이 잉여가치로 남는다.

이 경우, 즉 자본의 백분율 구성이나 노동일이나 노동강도가 불변이지만, 임금수준의 변동에 의하여 잉여가치율이 변동하는 경우가 리카도의 다음과 같은 가정을 만족시키는 유일한 경우다.

"이윤은 임금이 낮은가 높은가에 정확히 비례하여 높거나 낮을 것이다."(『정치경제학 및 과세의 원리』 제1장 3절: 89)〔강조는 마르크스의 것〕

둘째로, 노동강도가 다르기 때문에 생긴다. 예컨대 20명의 노동자가 같은 노동수단으로 매일 10시간에 일정한 상품을 I의 경우에는 30개, II에서는 40개, III에서는 60개를 생산하고, 한 개의 상품은 그것에 소비된 생산수단의 가치 이외에 1원의 새로운 가치를 표현하는 경우다. 20개

=20원은 임금을 보충하므로 잉여가치로서 남는 것은 Ⅰ에서는 10개=10
원, Ⅱ에서는 20개=20원, Ⅲ에서는 40개=40원이다.

셋째로는 노동일의 길이가 다르기 때문이다. 동일한 노동강도로 20명
의 노동자가 Ⅰ에서는 9시간, Ⅱ에서는 12시간, Ⅲ에서는 18시간 일한다
면, 그들의 총생산물의 비율은 9:12:18, 즉 30:40:60이며, 임금은 어느
경우에나 20이기 때문에 잉여가치로서 남는 것은 10, 20, 40이다.

이처럼 임금수준의 상승 또는 저하는 잉여가치율에 반대방향의 영향
을 미치며, 노동강도의 강화 또는 약화, 그리고 노동일의 연장 또는 단축
은 잉여가치율에 동일한 방향으로 영향을 미친다. 그러므로 $\frac{v}{C}$가 불변인
경우에는 임금수준과 노동일 및 노동강도의 변화는 잉여가치율에 미친
영향과 똑같은 영향을 이윤율에도 미친다.

2) s'과 v는 가변인데 C가 불변인 경우

이 경우 비례식은 다음과 같다.

$$p' : p_1' = s'\frac{v}{C} : s_1'\frac{v}{C} = s'v : s_1'v_1 = s : s_1$$

이윤율의 비교는 각각의 잉여가치량의 비교와 같다.

가변자본이 불변인 채 잉여가치율이 변동한다는 것은 가치생산물의
크기와 분배에 변화가 생기는 것을 의미한다. v와 s'이 동시에 변동하는
것도 항상 가치생산물의 분배를 변화시키기는 하지만 반드시 가치생산물
의 크기를 변화시키는 것은 아니다. 다음과 같은 세 가지 경우가 있을
수 있다.

(a) v와 s'이 반대방향으로 변동하지만 그 크기*가 동일한 경우. 예컨대,

$$80c+20v+10s; \quad s'= 50\%, \quad p'=10\%$$
$$90c+10v+20s; \quad s'=200\%, \quad p'=20\%$$

두 경우에 가치생산물은 동등하며, 따라서 수행한 노동량도 동등하다. 즉 20v+10s=10v+20s=30. 차이는 다만 첫째 경우에는 20이 임금으로 지불되고 10이 잉여가치로 남는데, 둘째 경우에는 임금이 10에 불과하고 잉여가치가 20이라는 것이다. 이것은 v와 s'이 동시에 변동하더라도 노동자의 수, 노동강도 그리고 노동일의 길이가 변하지 않는 유일한 경우다.

(b) s'과 v가 반대방향으로 변동하지만 그 크기가 동일하지 않는 경우. 이 경우 v나 s' 중 어느 하나의 변동이 더욱 크다.

I . $80c+20v+20s; \quad s'= 100\%, \quad p'=20\%$

II . $72c+28v+20s; \quad s'= 71\frac{1}{3}\%, \quad p'=20\%$

III. $84c+16v+20s; \quad s'= 125\%, \quad p'=20\%$

I 에서는 가치생산물 40에 대하여 20v가 지불되고, II 에서는 가치생산물 48에 대하여 28v가, 그리고 III에서는 가치생산물 36에 대하여 16v가 지불된다. 가치생산물과 임금이 모두 변동하고 있다. 그러나 가치생산물의 변동은 수행한 노동량의 변동을 의미하며, 따라서 노동자의 수, 노동시간, 노동강도 중의 어느 하나의 변화 또는 하나 이상의 변화를 의미한다.

(c) s'과 v가 동일한 방향으로 변동하는 경우. 이 경우에는 한 요인의 영향이 다른 요인의 영향을 강화하게 된다.

$$90c+10v+10s; \quad s'=100\%, \quad p'=10\%$$

---

* v와 s의 변동의 크기가 동일하다는 의미다. 예에서 보는 바와 같이 v와 s'의 변동의 '크기'(절대량이든 비율이든)는 결코 동일하지 않다

80c+20v+30s; s′=150%, p′=30%

92c+ 8v+ 6s; s′= 75%, p′= 6%

여기에서도 세 개의 가치생산물은 20, 50, 14로 서로 다르다. 그리고 이런 노동량의 차이는 또한 노동자의 수, 노동시간, 노동강도의 차이나 이런 요인들의 조합으로 환원될 수 있다.

3) s′과 v 및 C가 모두 변동하는 경우

이 경우는 새로운 관점을 제공하지 않으며, 앞의 Ⅱ[s′이 가변인 경우]에서 제시된 일반공식 [$p_1′ = \frac{s_1′}{s′} \times \frac{v_1′}{v} \times \frac{C}{C_1} \times p′$] 에 의하여 처리된다.

*   *   *

이와 같이 잉여가치율의 변화가 이윤율에 미치는 영향은 다음과 같다.

1. $\frac{v}{C}$ 가 불변이라면, p′은 s′과 같은 비율로 증감한다.

80c+20v+20s; s′=100%, p′=20%

80c+20v+10s; s′= 50%, p′=10%

100% : 50% = 20% : 10%

2. $\frac{v}{C}$ 가 s′과 동일한 방향으로 변동한다면[즉 s′이 증가하면 증가하고 s′이 감소하면 감소한다면], p′은 s′보다 큰 비율로 증감한다.

80c+20v+10s; s′= 50%,   p′=10%

70c+30v+20s; s′=66$\frac{2}{3}$%, p′=20%

$$50\% : 66\frac{2}{3}\% \,\langle\, 10\% : 20\%$$

3. $\frac{v}{C}$가 s'과 반대방향으로 변동하지만 더 작은 비율로 변동한다면, p'은 s'보다 작은 비율로 증감한다.

$$80c+20v+10s; \quad s'= 50\%, \quad p'=10\%$$
$$90c+10v+15s; \quad s'=150\%, \quad p'=15\%$$
$$50\% : 150\% \,\rangle\, 10\% : 15\%$$

4. $\frac{v}{C}$가 s'과는 반대방향으로 그리고 s'의 변동률보다 더욱 큰 비율로 변동한다면, p'은 s'이 저하하더라도 상승하며 또는 s'이 상승하더라도 저하한다.

$$80c+20v+20s; \quad s'=100\%, \quad p'=20\%$$
$$90c+10v+15s; \quad s'=150\%, \quad p'=15\%$$

여기에서 s'은 100%에서 150%로 상승하였지만 p'은 20%에서 15%로 하락하였다.

5. 끝으로, $\frac{v}{C}$가 s'과는 반대방향으로 그리고 동일한 비율로 변동한다면, p'은 s'이 증감해도 불변이다.

이 최후의 경우만은 좀더 논의할 필요가 있다. 우리는 위에서 $\frac{v}{C}$가 변동하는 경우 동일한 잉여가치율이 매우 다양한 이윤율로 표현될 수 있다는 것을 보았는데, 여기에서는 동일한 이윤율이 매우 다른 잉여가치율에 근거할 수 있다는 것을 보게 된다. 그런데 s'이 불변인 경우 $\frac{v}{C}$의 어떤 변화도 이윤율을 변화시킬 수 있지만, s'이 변하는 경우 이윤율이 불변이기 위해서는 s'의 변화에 정확히 대응하여 $\frac{v}{C}$가 반대방향으로 변화해야만 한다. 그런데 이런 일은 동일한 자본의 경우에나 동일한 나라의 두

개의 자본의 경우에는 매우 예외적으로만 일어날 수 있다. 다음과 같은
자본을 예로 들어보자.

$$80c+20v+20s; \quad C=100, \quad s'=100\%, \quad p'=20\%$$

지금 임금수준이 하락하여 동일한 수의 노동자를 이전의 20v가 아니라
16v로 얻을 수 있다고 가정하자. 그러면 다른 사정이 변하지 않는 한,
4v가 풀려나므로 다음과 같이 된다.

$$80c+16v+24s; \quad C=96, \quad s'=150\%, \quad p'=25\%$$

그런데 p'이 이전과 마찬가지로 20%이기 위해서는, 총자본이 120으로
증가하지 않으면 안 되고, 따라서 불변자본이 104로 증대하여야 한다.
즉

$$104c+16v+24s; \quad C=120, \quad s'=150\%, \quad p'=20\%$$

그러나 이런 일이 가능한 것은 오직 다음과 같은 경우일 것이다. 즉
임금수준의 하락과 동시에 노동생산성이 변화하여 위와 같이 자본구성이
변화한 경우거나, 불변자본의 화폐가치가 80에서 104로 상승하는 경우
다. 그런데 이는 각종의 조건들이 우연히 맞아떨어져서 생기는 예외적인
경우들이다. 사실상 s'이 변하는 데도 v 그리고 $\frac{v}{C}$가 변하지 않는 경우는
매우 특수한 조건 아래에서만 생각할 수 있다. 즉 오직 고정자본과 노동
만이 사용되고 노동대상은 자연에 의해 공급되는 그런 산업분야[예: 광
업]에서만 생각할 수 있다.

그러나 두 나라의 이윤율을 비교하는 경우는 사정이 다르다. 왜냐하면
동일한 이윤율이 대부분의 경우 다른 잉여가치율을 가지고 있기 때문이다.

위의 다섯 경우로부터 다음과 같은 결론이 나온다. 즉 이윤율의 상승

은 잉여가치율의 저하 또는 상승에 대응할 수 있으며, 이윤율의 하락도 잉여가치율의 상승 또는 저하에 대응할 수 있고, 이윤율의 불변도 잉여가치율의 상승 또는 하락에 대응할 수 있다는 것이다. 이윤율의 상승, 저하 또는 불변이 불변의 잉여가치율에서 일어날 수 있다는 것은 이미 I [s′이 불변이고 $\frac{v}{C}$가 변동하는 경우]에서 보았다.

*   *   *

이윤율은 두 개의 주요 요인, 즉 잉여가치율과 자본의 가치구성에 의하여 결정된다. 이 두 요인의 영향은 다음과 같이 간단히 요약할 수 있다. 자본의 구성은 백분율로 표시할 수 있는데, 그 이유는 자본의 구성부분 중 어느 것에서 변화가 시작하는가는 여기에서는 문제가 되지 않기 때문이다.

다른 두 자본의 이윤율, 또는 순차적으로 다른 상태에 있는 동일한 자본의 이윤율은 다음과 같은 경우에는 동일하다.

(1) 자본의 구성비가 같고 잉여가치율이 같은 경우.

(2) 자본의 구성비와 잉여가치율은 같지 않지만, 잉여가치율과 가변자본의 구성비 사이의 곱 [$s′ \times \frac{v}{C} = \frac{s}{v} \times \frac{v}{C} = \frac{s}{C}$]이 같은 경우. 즉 총자본 [C]에 대한 잉여가치량(s=s′v)의 비율이 같은 경우. 다시 말해 두 개의 자본 사이에 s′과 $\frac{v}{C}$가 서로 반비례하는 경우다.

이윤율은 다음의 경우에는 같지 않다.

(1) 자본의 구성비는 동일하지만 잉여가치율이 다른 경우. 이 경우 이윤율은 잉여가치율에 비례한다.

(2) 잉여가치율은 같지만 자본의 구성비가 다른 경우. 이 경우 이윤율은 가변자본의 구성비 [$\frac{v}{C}$]에 비례한다.

(3) 잉여가치율과 자본의 구성비가 모두 다른 경우. 이 경우 이윤율은

s'과 $\frac{v}{C}$의 곱(즉 총자본에 대한 잉여가치량의 비율)에 비례한다.[10]

---

10) {엥겔스: 원고 중에는 잉여가치율과 이윤율 사이의 차이($s'-p'$)에 관한 매우
    상세한 계산들이 있다. 이 차이는 여러 가지 흥미있는 특성들을 가지고 있으며,
    이 차이의 운동은 두 개의 비율이 서로 멀어지거나 가까워지는 경우들을 보여
    주고 있다. 이 운동은 곡선으로 표시될 수도 있다. 그러나 이 계산들이 이 책의
    당면 목적에 그다지 중요하지 않기 때문에 나는 여기에 넣지 않기로 하였다.
    다만 여기에서는 이 문제를 더욱 깊게 연구하려는 독자들에게 그런 자료가 있
    다는 것을 알릴 따름이다.}

제4장
회전이 이윤율에 미치는 영향

{엥겔스 : 회전이 잉여가치[따라서 이윤]의 생산에 미치는 영향은 이미 제2권 [제16장] 에서 논의되었다. 그것을 간단히 요약하면 다음과 같다. 회전에는 시간이 들기 때문에 자본 전체가 한꺼번에 생산에 사용될 수는 없다는 것, 따라서 자본의 일부는 화폐자본, 원료의 재고, 완성되었지만 아직 팔리지 않은 상품자본, 또는 만기가 되지 않은 채권 등의 형태로 항상 쉬고 있다는 것, 진정한 의미의 생산[즉 잉여가치의 생산과 취득]에서 활동하는 자본은 항상 이 유휴자본만큼 줄어들며, 따라서 생산되고 취득되는 잉여가치도 동일한 비율로 줄어든다는 것, 회전시간이 짧으면 짧을수록 이 유휴자본은 자본 전체에 비하여 더욱 적어지기 때문에 다른 사정들이 불변이라면 취득되는 잉여가치는 그만큼 더욱 커진다는 것 등이다.

회전시간의 단축, 또는 그것의 두 구성부분[즉 생산시간과 유통시간] 중 하나의 단축이 생산되는 잉여가치량을 어떻게 증가시키는가는 이미 제2권 [제13장과 제14장] 에서 자세히 설명하였다. 이윤율은 생산된 잉여가치량과 그것을 생산하는 데 투하된 총자본 사이의 비율을 표현할 따름이므로, 회전시간의 어떤 단축도 이윤율을 상승시킨다는 것은 명백하다.

제2권 제2편에서 잉여가치에 관하여 말한 것은 그대로 이윤과 이윤율에 적용되며 따라서 여기에서 반복할 필요가 없다. 여기에서는 몇 개의 주요한 측면만을 강조하고자 한다.

생산시간을 단축하는 주요 수단은 노동생산성의 향상인데, 이것은 보통 산업상의 진보라고 부른다. 만약 노동생산성을 높이는 데 총투하자본을 크게 늘일 필요[값비싼 기계의 설치 등]가 없어 총자본에 대한 이윤의 비율이 하락하지 않는다면, 이윤율은 상승함에 틀림없다. 야금업과 화학공업에서 가장 최근의 진보들 다수가 분명히 그렇다. 새로 발견된 베세머, 지멘스, 길크리스트-토마스 등의 제철·제강법은 비교적 적은 비용으로 이전의 오래 걸린 공정들을 최소한으로 단축하고 있다. 콜타르에서 알리자린 염료를 뽑아냄으로써, 이전에는 몇 년이나 걸렸던 결과를 불과 몇 주에 달성하게 되며, 더욱이 지금까지 콜타르염료에 사용되고 있던 공장설비를 이용하여 그것을 달성하고 있다. 이전에 염료로 사용된 꼭두서니는 자라는 데 일년이 걸렸고, 그 뒤에도 몇 년 동안 뿌리가 성숙해야만 염료로 사용될 수 있었다.

유통시간을 단축하는 주요 수단은 교통통신의 개선이다. 이 분야에서도 지난 50년 사이에 혁명이 일어났는데 이 혁명은 18세기 후반기의 산업혁명에 비교할 만한 것이다. 지상에서는 부스러진 돌을 깐 도로가 철도로 대체되었고, 해상에서는 느리고 부정기적인 돛배가 빠르고 정기적인 기선으로 대체되었으며, 지구 전체가 전신줄로 감기게 되었다. 수에즈운하는 기선이 극동과 호주로 갈 수 있는 길을 열었다. 극동으로 상품수송에 걸리는 유통시간은 1847년에는 적어도 12개월이었는데(제2권: 310 참조), 지금은 대체로 12주로 단축되었다. 1825년과 1857년 사이에 공황의 두 근원지였던 미국과 인도는 교통수단의 혁명에 의하여 유럽의 공업국들과 70~90%만큼 더 가까워졌으며, 이리하여 그 두 나라에서는 공황이 일어날 잠재력이 많이 줄었다. 세계무역 전체의 회전시간도 똑같

은 정도로 단축되었고, 그것에 참가한 자본의 활동능력은 두서너 배 이
상 증가하였다. 이것이 이윤율에 영향을 미치지 않을 수 없었다는 것은
명백하다.

총자본의 회전이 이윤율에 미치는 영향을 순수한 형태로 나타내기 위
해서는, 비교되는 두 자본이 기타 모든 사정에서는 동등하다고 가정해야
만 한다. 잉여가치율과 노동일의 길이뿐 아니라 특히 자본의 구성비도
같다고 하여야 한다. 80c+20v=100C라는 구성을 가지며, 잉여가치율은
100%이고, 일년에 두 번 회전하는 자본 A를 예로 들자. 이것의 연간 생
산물은 160c+40v+40s이다. 그러나 이윤율을 알기 위해서는, 이 40s를,
회전한 자본가치 200에 대해 계산하는 것이 아니라 투하한 자본가치 100
에 대해 계산하며, 따라서 $p'=40\%$가 된다.

다음에, 이 자본 A를, 160c+40v=200C로 구성되어 있고 잉여가치율
은 마찬가지로 100%이며 일년에 한 번만 회전하는 자본 B와 비교하여
보자. 이것의 연간 생산물은 160c+40v+40s로 A와 같다. 그러나 이번에
는 40s가 투하자본 200에 대하여 계산되어야 하므로 이윤율은 20%이며,
A의 이윤율의 절반밖에 되지 않는다.

따라서 다음과 같이 말할 수 있다. 자본의 구성비가 같고 잉여가치율
과 노동일이 같은 경우, 두 자본의 이윤율은 그들의 회전시간에 반비례
한다. 비교되는 두 자본 사이에 자본의 구성비·잉여가치율·노동일 또
는 임금수준이 상이하다면, 이윤율에는 그 이상의 차이가 생기겠지만 그
런 차이는 회전과는 무관하며, 여기에서는 문제가 되지 않는다. 그런 것
에 대해서는 이미 제3장에서 논의한 바 있다.

회전시간의 단축이 잉여가치[따라서 또 이윤]의 생산에 미치는 직접적
영향은 회전시간이 단축됨으로써 자본의 가변부분의 활동이 더욱 활발해
진다는 데 있는데, 이 점은 제2권 제16장 '가변자본의 회전'에서 논의한
바 있다. 거기에서 우리는 일년에 10번 회전하는 가변자본 500이, 잉여

가치율과 임금수준이 같지만 일년에 한 번밖에 회전하지 않는 가변자본 5,000이 얻는 잉여가치와 똑같은 크기를 일년간에 얻는다는 것을 보았다.

어떤 자본[자본 Ⅰ]이 10,000의 고정자본[연간 마멸은 10%인 1,000이다]과 500의 유동불변자본 및 500의 가변자본으로 구성되어 있다고 하자. 잉여가치율은 100%이고 가변자본은 연간에 10번 회전한다고 하자. 문제를 단순화하기 위하여 아래의 모든 예들에서 유동불변자본은 가변자본과 똑같은 회전을 한다고 가정할 것인데, 이것은 대체로 사실상 그러하다. 그러면 1회전시간의 생산물은 다음과 같을 것이다.

100c(마멸분)+500c+500v+500s=1,600

그리고 10번 회전하는 연간 총생산물은 다음과 같을 것이다.

1,000c(마멸분)+5,000c+5,000v+5,000s=16,000

C=11,000 〔 =고정자본 10,000+유동불변자본 500+가변자본500 〕;

$s=5,000; \ p'=\dfrac{5,000}{11,000}=45\dfrac{5}{11}\%$

이제 자본Ⅱ를 보자. 이 자본은 9,000의 고정자본[연간 마멸분 1,000]과 1,000의 유동불변자본 및 1,000의 가변자본으로 구성되어 있고, 잉여가치율은 100%이며 가변자본의 연간 회전수는 5라고 하자. 그러면 가변자본의 1회전시간의 생산물은 다음과 같을 것이다.

200c(마멸분)+1,000c+1,000v+1,000s=3,200

그리고 5회전한 연간 총생산물은 다음과 같을 것이다.

1,000(마멸분)+5,000c+5,000v+5,000s=16,000

C=11,000 [=고정자본 9,000+유동불변자본 1,000+가변자본 1,000] ;

s=5,000; $p'=\frac{5,000}{11,000}=45\frac{5}{11}\%$

더욱이 자본 Ⅲ을 보자. 이 자본은 고정자본을 전혀 가지고 있지 않으며 6,000의 유동불변자본과 5,000의 가변자본으로 구성되어 있고, 잉여가치율은 100%이며 일년에 한 번만 회전한다고 하자. 그러면 연간 총생산물은 다음과 같을 것이다.

6,000c+5,000v+5,000s=16,000

C=11,000; s=5,000; $p'=45\frac{5}{11}\%$

위의 세 경우에, 연간 잉여가치량은 모두 똑같이 5,000이고 총자본 [총투하자본] 은 모두 똑같이 11,000이므로, 이윤율도 똑같이 $45\frac{5}{11}\%$이다.

그런데 만약 위의 자본 Ⅰ의 경우 가변자본의 연간 회전수가 10이 아니라 5라면 사태는 달라진다. 1회전시간의 생산물은 다음과 같을 것이다.

200c(마멸분)+500c+500v+500s=1,700

그리고 연간의 총생산물은 다음과 같을 것이다.

1,000c(마멸분)+2,500c+2,500v+2,500s=8,500

C=11,000 [=고정자본 10,000+유동불변자본 500+가변자본 500] ;

s=2,500; $p'=\frac{2,500}{11,000}=22\frac{8}{11}\%$

이제 이윤율이 절반으로 저하하였는데, 이것은 회전시간이 두 배로 연장되었기 때문이다.

그러므로 일년간에 취득하는 잉여가치량은 가변자본의 1회전시간에 취득하는 잉여가치량에 가변자본의 연간 회전수를 곱한 것과 같다. 일년간에 취득하는 잉여가치 또는 이윤을 S라 하고, 1회전시간에 취득하는 잉여가치를 s라 하며 가변자본의 연간 회전수를 n이라고 한다면, S=sn이고, 연간 잉여가치율 S'은 $s'n$과 같은데, 이것은 이미 제2권 제16장 1절에서 설명하였다.

말할 것까지도 없이, 이윤율의 공식 $p'=s'\frac{v}{C}=s'\frac{v}{c+v}$가 정확하기 위해서는 분자의 v와 분모의 v가 같아야만 한다. 분모의 v는 총자본 중 평균적으로 가변자본으로서 임금에 사용되는 부분의 전체다. 그런데 분자의 v는 주로, 그것이 일정한 양의 잉여가치 s를 생산·취득하였다는 사실에 의하여 결정되고 있을 뿐이며, 이 v에 대한 s의 비율 $\frac{s}{v}$가 잉여가치율 s'이다. 이런 경로를 통해서만 방정식 $p'=\frac{s}{c+v}$가 방정식 $p'=s'\frac{v}{c+v}$로 전환된 것이다. 그런데 분자의 v는, 이제 분모의 v[즉 총자본 C의 가변부분 전체]와 동등해야만 한다는 조건 때문에 더욱 정확하게 정의될 수 있다. 다시 말해 $p'=\frac{s}{C}$가 아무런 오류의 위험없이 $p'=s'\frac{v}{c+v}$로 전환될 수 있기 위해서는, s가 가변자본의 1회전시간에 생산된 잉여가치를 표현하여야만 한다. 만약 s가 이런 잉여가치의 일부만이라면, $s=s'v$는 여전히 정확하지만 이 v는 이제 C=c+v에 있는 v보다 적다. 왜냐하면 그것은 임금에 투하되는 가변자본 전체보다 적기 때문이다. 그러나 s가 v의 1회전의 잉여가치보다 많은 것을 포함한다면, 이 v의 일부 또는 전부가 두 번[첫 번째 회전에서 한 번, 그리고 그 다음의 회전들에서 다시 한 번] 기능하는 셈이다. 이리하여 잉여가치를 생산하는 v, 따라서 지불된 모든 임금의 총액인 v는 c+v에 있는 v보다 크게 되며, 계산은 틀리게 된다.

연간 이윤율의 공식을 정확하게 하기 위해서는 단순한 잉여가치율[s'] 대신에 연간 잉여가치율[$S'=s'n$]을 넣어야 한다. 다시 말해, s'[즉 잉여가치율]에, 또는 같은 결과가 나오도록 C에 포함되어 있는 가변자본 v에,

이 가변자본의 연간 회전수 n을 곱해야 하며, 이렇게 하면 연간 이윤율을 계산하는 공식 $p'=s'n\dfrac{v}{C}$ 를 얻게 된다.*

자본가가 자기의 사업에 얼마나 많은 가변자본을 투하하고 있는가는 대부분의 경우 자본가 자신은 모른다. 제2권 제8장에서 이미 보았으며 앞으로도 또 보게 되겠지만, 자본가가 본질적이라고 느끼는 자본의 구별은 고정자본과 유동자본 사이의 구별이다. 유동자본 중 화폐형태로 그의 수중에 있는 부분은 [은행에 예금되어 있지 않는 한] 금고 안에 있는데, 이 금고에서 그는 임금을 위한 화폐와 원료·보조재료를 위한 화폐를 꺼내며, 이 두 가지 모두를 동일한 현금계정에 기입하고 있다. 만약 그가 임금지불을 독립된 장부에 기록한다 하더라도, 이 기록은 연말에 가면 연간의 임금지불총액 vn을 가리킬 뿐이며 [투하] 가변자본 v 그것을 가리키지는 않는다. 가변자본 v를 알아내기 위해서는 자본가는 특별한 계산을 하지 않으면 안 될 것인데, 이제 그 실례를 하나 들어보자.

제1권 제9장 1절에 묘사된 방추 10,000개를 가진 방적공장을 예로 들어 1871년 4월의 어느 일주일의 자료가 일년 전체에 적용된다고 가정하자. 기계형태의 고정자본이 £10,000이었다. 유동자본[투하액]은 나와 있지 않지만 £2,500라고 가정할 것인데, 이 숫자는 제법 큰 숫자이지만, 우리가 항상 가정하는 바[즉 신용거래가 없으며 따라서 타인의 자본을 계속적으로 또는 일시적으로 사용할 수 없다는 가정]에 따르면 이 숫자는 정당화된다. 일주간의 생산물은, 그 가치로 보면, 기계의 마멸분 £20, 유동불변자본의 투하 £358(임대료 £6, 면화 £342, 석탄·가스·기름 £10), 임금으로 지출한 가변자본 £52, 잉여가치 £80로 구성되고 있었다. 즉

---

* 연간 이윤율 $= \dfrac{sn}{c+v} = \dfrac{\dfrac{s}{v}n}{\dfrac{c}{v}+1} = \dfrac{s'n}{\dfrac{c}{v}+1} = \dfrac{s'nv}{c+v}$

20c(마멸분)+358c+52v+80s=510

따라서 일주간의 유동자본 투하액은 358c+52v=410이고, 그것의 백분율 구성은 87.3c+12.7v이었다. 이것을 유동자본 총액 £2,500에 대하여 계산하면 [유동] 불변자본은 £2,182이고 가변자본은 £318이다. 연간의 임금지불 총액은 £2,704(=£52×52주)이므로, 가변자본 £318가 연간에 $8\frac{1}{2}$번 회전한 것이 된다. 잉여가치율은 $\frac{80}{52}$=153$\frac{11}{13}$%이다. 이런 자료로부터 이윤율을 계산하기 위하여 공식 $p'=s'n\frac{v}{C}$에 s'=153$\frac{11}{13}$, n=8$\frac{1}{2}$, v=318, C= 12,500을 대입하면 그 결과는 다음과 같다.

$$p'=153\frac{11}{13} \times 8\frac{1}{2} \times \frac{318}{12,500}=33.27\%$$

단순한 공식 $p'=\frac{s}{C}$를 이용하여 이것을 검산하여 보자. 연간의 총 잉여가치 또는 총이윤은 £80×52주=£4,160이고, 이것을 총투하자본 £12,500으로 나누면 위와 거의 같은 33.28%가 나온다. 이것은 비정상적으로 높은 이윤율인데, 일시적으로 매우 유리한 사정들(매우 낮은 면화가격과 매우 높은 면사가격)에 의하여 설명될 수 있을 뿐이며, 사실상 이런 이윤율이 일년 내내 유지되지는 못하였을 것이다.

공식 $p'=s'n\frac{v}{C}$에서 $s'n$은 제2권에서 연간 잉여가치율이라고 부른 것이다. 위의 경우에는 연간 잉여가치율은 1,307$\frac{9}{13}$%(=153$\frac{11}{13}$%×8$\frac{1}{2}$)로 된다. 제2권의 예들 중의 하나에 나오는 1,000%라는 엄청난 크기의 연간 잉여가치율에 놀란 사람이 있다면, 그는 아마 맨체스터의 현실로부터 도출된 1,300% 이상의 연간 잉여가치율의 존재를 보고 안심할 수 있을 것이다. 최고의 호경기[지금까지 우리는 오랫동안 그것을 경험하지 못하고 있지만]에는 이와 같이 높은 율은 결코 드물지 않다.

그런데 우리는 여기에서 우연히 근대적 대공업의 현실적인 자본구성의 일례를 보고 있다. 총자본 £12,500이 불변자본 £12,182와 가변자본 £318로 분할되어 있으며 그 백분율 구성은 $97\frac{1}{2}$c+$2\frac{1}{2}$v=100C이다. 총자본의 $\frac{1}{40}$에 불과한 부분이 연간에 8번 이상 회전하여 임금 [£2,704]을 지불하는 기능을 하고 있다.

자기 자신의 사업에 관하여 이런 계산을 하는 자본가들은 불과 몇 사람에 지나지 않을 것이므로, 사회적 총자본의 불변부분과 가변부분의 비율에 관한 통계자료는 거의 없다. 오직 미국의 통계자료만이 오늘날의 상황에서 가능한 것, 즉 각 사업분야의 임금지불총액과 이윤총액을 제시하고 있다. 물론 이 자료들은 산업가들 자신의 [검증되지 않은] 보고에 의거하고 있기 때문에 의심스럽기는 하지만, 매우 귀중하며 이 주제에 관하여 우리가 가지고 있는 유일한 자료다. 유럽에서는 사람들이 너무나 마음이 좋아 큰 산업가들에게 이와 같은 비밀의 공개를 요구하지 못하고 있다.}

제5장

불변자본 사용의 절약

제1절 개관

가변자본의 규모가 변하지 않아 동일한 수의 노동자가 동일한 명목임금으로 고용되어 있는 경우[이 경우 시간외 노동시간에 대하여 보수를 지불하든 하지 않든 아무 상관이 없다], 절대적 잉여가치의 증가 또는 잉여노동과 노동일의 연장은 [일정한 상품량을 생산하는 데 필요한] 불변자본의 가치를 총자본과 가변자본에 대하여 상대적으로 감소시키며 이에 따라 [반드시 잉여가치량의 증대와 잉여가치율의 상승에 의거하지 않고서도] 이윤율을 증대시킨다. 왜냐하면 불변자본의 고정부분(공장건물·기계 등)의 규모는 작업이 16시간 계속되든 12시간 계속되든 변하지 않기 때문이며, 노동일이 연장되더라도 불변자본의 가장 값비싼 부분인 고정부분에 대하여 새로운 투자를 할 필요가 없기 때문이다. 더욱이 고정자본의 가치는 더 짧은 회전시간에 재생산되며, 일정한 이윤을 얻는 데 필요한 고정자본의 투하시간은 단축되기 때문이다. 이리하여 노동일의 연장은, 시간외 노동시간에 대하여 보수를 지불하더라도, 그리고 어느 한도까지는 시간외 노동시간에 대한 보수가 정상적인 노동시간에 대한 보수보다 높다 하더라도, 이윤을 증가시키게 된다. 그러므로 근대적 산업체계에서 고정자본을 증대시켜야 할 필요성이 점점 더 커짐에 따라 이윤에 눈먼 자본가들은 노동일을 점점 더 연장하게 된 것이다.[11]

노동일이 불변이라면 사태는 달라진다. 이 경우 더 큰 노동량을 착취하기 위해서는 노동자의 수를 증가시켜야 하며(왜냐하면 여기에서는 임금의 삭감이나 정상적인 수준 이하로 임금의 인하를 도외시하고 있기 때문이다), 이에 따라 어느 정도까지 고정자본(건물·기계 등)의 양을 증가시켜야 한다. 또는 노동강도가 강화되거나 노동생산성이 향상되거나 더욱 큰 상대적 잉여가치가 생산되는 경우, 원료를 소비하는 산업분야에서는 주어진 시간에 더욱 많은 원료가 가공되기 때문에 불변자본의 유동부분의 양이 증가하게 될 것이다. 또한 동일한 수의 노동자가 운동시키는 기계의 수가 증가하게 되어 불변자본의 고정부분도 또 증가한다. 이리하여 잉여가치의 증가에는 불변자본의 증가가 수반하며, 노동착취의 증가에는 노동을 착취하는 생산조건에 지불되는 가격의 증가[즉 더 큰 자본투하]가 수반한다. 따라서 이윤율은 한편으로는 저하하고 다른 한편으로는 상승한다.

수많은 경상비는 노동일이 짧든 길든 거의 [완전히는 아니라 하더라도] 같다. 감독비용은 12시간 일하는 750명의 노동자의 경우보다 18시간 일하는 500명의 노동자의 경우에 더 적게 든다.

"공장을 10시간 운영하는 비용은 12시간 운영하는 비용과 거의 같다."(『공장감독관의 보고. 1848년 10월 31일』: 37)

국세와 지방세, 화재보험료, 각종 정규직원의 임금, 기계의 마멸, 기타 각종의 공장경비는 노동시간이 길건 짧건 변함이 없다. 생산이 감소함에

---

11) "모든 공장에서 거대한 고정자본이 건물과 기계에 투하되어 있으므로, 기계를 가동할 수 있는 시간수가 크면 클수록 이윤은 더욱 커질 것이다."(『공장감독관의 보고. 1858년 10월 31일』: 8)

따라 이런 비용들은 이윤에 비하여 상대적으로 증가한다.(『공장감독관의
보고. 1862년 10월 31일』: 19)

기계나 기타의 고정자본 구성부분들의 가치가 재생산되는 데 걸리는
시간은, 사실상 그것들 자신의 유효한 생명기간에 의하여 결정되는 것이
아니라 그것들이 기능하고 사용되는 노동과정의 길이에 의하여 결정된
다. 노동자가 12시간이 아니라 18시간 일해야 한다면, 일주일에 3일이
추가되며 일주일은 $1\frac{1}{2}$주일이 되고 2년이 3년으로 된다. 시간외 노동시
간에 보수가 지불되지 않는다면, 노동자는 정상적인 잉여노동시간 이외
에도 매2주일마다 1주를 또는 매 2년마다 1년을 공짜로 일하게 된다. 이
리하여 기계가치의 재생산은 50%만큼 빨라지고 이전에 필요한 시간의
$\frac{2}{3}$에 달성된다.

우리는 지금의 연구에서 [제6장의 원료가격의 변동에 관한 연구에서도
그렇지만] 불필요한 복잡을 피하기 위하여 잉여가치율과 잉여가치량은
주어져 있다고 가정한다.

협업·분업·기계를 분석할 때 이미 강조한 바와 같이 [제1권 제13장],
대규모 생산을 특징짓는 생산조건들의 절약은 기본적으로 이 조건들이
사회적 노동 또는 사회적으로 결합된 노동의 조건들[즉 노동의 사회적
조건들]로서 기능하기 때문에 생긴다. 이 생산조건들은, 서로 관련이 없
는 수많은 노동자들 또는 작은 범위에서 직접적으로 협업하는 노동자들
에 의하여 분산된 형태로 소비되는 것이 아니라, 생산과정에서 공동으로
소비되며 집단적 노동자에 의하여 소비된다. 한 개 또는 두 개의 동력기
를 가진 대규모 공장에서는 이 동력기의 비용은 동력기의 마력이나 그
가능한 작용범위에 정비례하여 증가하지는 않는다. 전동기의 비용도 그
도움으로 운동을 전달받는 작업기들의 수량에 정비례하여 증가하지 않으
며, 작업기 그것의 비용도 그것의 기관organ인 도구의 수에 정비례하여
증가하지도 않는다. 또한 생산수단의 집적은 진정한 작업장뿐 아니라 창

고 등등의 온갖 건물들을 절약한다. 난방비와 조명비 등도 마찬가지다. 기타의 생산조건들도 그것을 이용하는 사람이 많은가 적은가에 관계없이 불변이다.

그러나 생산수단의 집적과 그것의 대규모 사용에서 생기는 이런 모든 절약은 노동자들의 집결과 이들의 공동작업[즉 노동의 사회적 결합]을 기본조건으로 전제하고 있다. 그러므로 이런 절약이 노동의 사회적 성격에서 생기는 것은, 잉여가치가 개별노동자의 잉여노동에서 생기는 것과 마찬가지로 사실이다. 끊임없는 개량[이것은 가능하고 또 필요하다]까지도 오직 [결합된 집단적 노동자에 의한 대규모 생산이 제공하며 촉진하는] 사회적 경험과 관찰로부터 생긴다.

생산조건들을 절약하는 또 다른 주요측면에 대해서도 똑같이 말할 수 있다. 생산의 배설물[이른바 폐기물]이 자기의 산업분야나 다른 산업분야에서 새로운 생산요소로 전환되는 것이 그것이다. 이것은 이른바 폐기물이 다시 생산과 소비[생산적 소비 또는 개인적 소비]의 순환 속에 들어오는 과정이다. 이런 절약[뒤에서 좀더 자세히 설명할 것이지만]도 대규모 사회적 노동의 결과다. 대규모의 사회적 노동에서 대량의 폐기물이 나오며, 이리하여 폐기물 그것이 새로운 거래대상이 되고 새로운 생산요소가 된다. 폐기물은 공동생산의 폐기물 따라서 대규모 생산의 폐기물로서만 생산과정에 대하여 이런 중요성을 획득하게 되고 교환가치를 지닐 수 있게 된다. 폐기물은 [새로운 생산요소로 역할하는 것 이외에도] 다시 팔릴 수 있는 정도에 따라 원료의 비용을 삭감한다. 왜냐하면 원료비에는 항상 정상적인 찌꺼기(가공과정에서 잃게 되는 평균적인 원료량)가 포함되어 있기 때문이다. 가변자본의 크기와 잉여가치율이 주어져 있는 경우, 불변자본의 원료부분의 비용이 감소함에 따라 이윤율은 증가하게 된다.

잉여가치가 주어져 있다면, 상품의 생산에 필요한 불변자본의 가치를 감축해야 이윤율을 상승시킬 수 있다. 불변자본이 생산에 들어가는 한,

문제로 되는 것은 그것의 교환가치가 아니라 사용가치다. 방적공장에서 아마가 흡수할 수 있는 노동은, 노동생산성[즉 기술발전]의 수준이 주어져 있다면, 아마의 가치에 달려있는 것이 아니라 아마의 양에 달려있다. 마찬가지로 기계가 예컨대 3명의 노동자에게 주는 도움은 그 기계의 가치에 달려있는 것이 아니라 그것이 기계로서 갖는 사용가치에 달려있다. 기술발전의 어느 단계에서는 나쁜 기계가 값비쌀 수도 있고 다른 단계에서는 좋은 기계가 값쌀 수도 있다.

예컨대 면화와 방적기계의 값의 하락으로 방적공장의 자본가가 얻는 이윤증대는, 방적공장에서 노동생산성이 향상한 결과가 아니라 면화와 기계의 생산에서 노동생산성이 향상한 결과다. 이윤이 증대하는 것은, 일정한 노동량을 대상화하는 데 필요한, 따라서 일정한 잉여노동량을 취득하는데 필요한 노동조건들〔 면화와 방적기계 〕에 대한 지출이 감소하며, 이리하여 일정한 잉여노동량을 취득하는 데 필요한 비용이 저하하기 때문이다.〔 참조. CW 33: 84 〕

집단적 노동자[즉 사회적으로 결합된 노동자]가 생산과정에서 생산수단을 공동으로 사용하기 때문에 생기는 절약에 대해서는 이미 논의하였다. 그리고 교통통신수단의 발달이 결정하는 유통시간의 단축에서 생기는 절약에 대해서는 아래에서 다시 논의할 것이다. 여기에서 먼저 생각하여야 할 것은 기계의 계속적인 개량에서 생기는 절약이다. 즉 (1) 기계의 소재의 개량, 예컨대 나무 대신에 쇠를 쓰는 것, (2) 기계제조 일반의 개량에 의한 기계류의 저렴화. 이리하여 불변자본의 고정부분의 가치가 대규모 작업의 진전과 함께 끊임없이 증대하지만 결코 동일한 비율로 증대하지 않는 것.[12] (3) 이미 설치된 기계가 더욱 값싸게 능률적으로 작업할 수 있게 하는 특수한 개량. 예컨대 증기보일러의 개량 등. 이것에 대

---

12) 공장건설의 진보에 대해서는 유어(1836: 61~63)를 보라.〔 참조. CW 33: 363~
    364 〕

해서는 뒤에 자세히 논의할 것이다. (4) 더욱 좋은 기계에 의한 폐기물의 감축.

주어진 생산시간 동안에 기계의 마멸 그리고 고정자본 일반의 마멸을 감소시키는 모든 것은, 개별상품을 값싸게 할 뿐 아니라[왜냐하면 각각의 상품은 각각에 할당되는 마멸분을 자기의 가격에 포함시키기 때문이다], 이 시간에 할당되는 자본지출을 감축시킨다. 수리노동 같은 것은 이것이 필요하게 되는 정도에 따라 기계류의 원가에 들어간다. 기계류의 내구성이 증대하여 수리노동 등이 감소한다면, 기계류의 가격은 이에 따라 하락한다.

이런 종류의 모든 절약에 대해 대체로 다음과 같이 말할 수 있다. 즉 이런 절약은 결합된 노동자들에게만 가능하며 매우 큰 규모의 작업에서만 흔히 실현될 수 있다는 것, 따라서 이런 절약을 하려면 현실의 생산과정에서 노동자들을 더욱더 직접적으로 결합시켜야 한다는 것이다.

그러나 다른 한편 하나의 생산분야(예: 철·석탄·기계·건설 등)에서 노동생산성의 발전[이 발전은 또한 부분적으로는 지적 생산의 영역, 특히 자연과학과 이것의 응용의 진보와 관련될 수 있다]은 다른 산업분야(예: 섬유공업·농업)에서 생산수단의 가치[따라서 비용]를 감소시키는 조건이 된다. 왜냐하면 한 산업분야에서 생산물로 나오는 상품이 다른 산업분야의 생산수단으로 들어가기 때문이다. 상품의 저렴화는 그 상품이 생산물로서 나오는 생산분야의 노동생산성에 달려있지만, 그것은 그 상품이 생산요소로 들어가는 상품을 값싸게 하는 조건일 뿐 아니라, 그 상품을 요소로 하는 불변자본의 가치를 감소시키며 따라서 이윤율을 상승시키는 조건이기도 하다.

산업의 급속한 발전에서 생기는 이런 불변자본의 절약이 가지는 특징은, 한 산업분야의 이윤율 상승이 다른 산업분야의 노동생산성 발전에 의존한다는 것이다. 이 경우 자본가가 얻는 이익도 역시 사회적 노동[비록 자기가 직접 착취하는 노동자는 아니지만]이 생산한 것이다. 이런 생산성 발전의 궁극적 원인은 언제나 노동의 사회적 성격, 사회 내부의 분업, 그리고 지적 노동[특히 자연과학]의 발전이다. 이 경우 자본가가 이용하는 것은 사회적 분업 제도 전체에서 나오는 이익이다. 자본가가 사용하는 불변자본의 가치를 상대적으로 감축시켜 이윤율을 상승시켜 주는 것은, 외부 산업부문[즉 자기에게 생산수단을 공급하는 부문]의 노동생산성 발달이다.

이윤율을 상승시키는 또 다른 하나의 요소는, 불변자본을 생산하는 노동의 절약에 의한 것이 아니라 불변자본 그것의 사용을 절약하는 것에 의한 것이다. 노동자의 집결과 그들의 대규모 협업은 불변자본을 절약한다. 동일한 건물 · 난방시설 · 조명시설 등은 소규모 생산에서보다는 대규모 생산에서 상대적으로 비용이 적게 든다. 동력기와 작업기의 경우도 마찬가지다. 이것들의 가치는 절대적으로는 증대하지만 생산의 확대, 가변자본의 크기 또는 운동시키는 노동력의 양에 비하면 상대적으로 감소한다. 하나의 자본이 자기 자신의 생산분야에서 행할 수 있는 절약은, 먼저 가장 직접적으로는 노동을 절약하는 것[즉 자기자신이 고용하고 있는 노동자들의 지불노동을 감축시키는 것]이다. 이와 반대로 위에서 말한 절약은, 가장 경제적인 방법으로 [즉 주어진 생산규모를 가장 적은 비용으로 운영하여] 타인의 불불노동을 가장 많이 취득하는 것이다. 이런 절약이 불변자본의 생산에 고용된 사회적 노동의 생산성 덕택[이미 언급한 바 있다]이 아니라 불변자본 그것의 사용 절약에 기인한다면, 이 절약은 직접적으로는 해당 생산분야 내부의 협업과 노동의 사회적 형태에서 유래하거나, 또는 기계류 등의 가치가 그것의 사용가치의 증대와 같은 비율로는 증가하지 않는 것에서 유래한다. [참조. CW 33: 89]

여기에서 두 가지 점에 주의해야 한다. 첫째로, c의 가치가 0이라면 $p'=s'$이고 이윤율은 그 최고한도에 달할 것이다. 그러나 둘째로 노동의 직접적 착취 그것에 중요한 것은 결코 사용되는 착취수단[고정자본이든 원료와 보조재료이든]의 가치가 아니다. 이런 착취수단들이 노동의 흡수수단[즉 노동 따라서 잉여노동이 이것에 대상화되거나 이것에 의하여 대상화된다]으로 기능하는 한, 기계·건물·원료 등의 교환가치는 전혀 의미가 없다. 여기에서 오직 문제로 되는 것은, 한편으로는 일정한 살아있는 노동과 결합하는 데 기술적으로 필요한 착취수단의 양이며, 다른 한편으로는 그것들이 생산의 목적에 적합한가 하는 것[즉 좋은 기계인가, 좋은 원료·보조재료인가 하는 것]이다. 이윤율은 부분적으로는 원료의 질에 달려있다. 좋은 원료는 찌꺼기가 적어, 적은 양으로 동일한 노동량을 흡수하며, 또 작업기가 받는 저항도 그만큼 적어진다. 부분적으로 이것은 잉여가치와 잉여가치율에도 영향을 미친다. 원료가 나쁘면 노동자는 동일한 양의 원료를 가공하는 데 더욱 많은 시간을 들이게 되며, 임금이 불변이라면 그만큼 잉여노동이 감소한다. 이렇게 되면 자본의 재생산과 축적이 큰 영향을 받게 되는데, 이 재생산과 축적은 제1권 제24장 4절에서 본 바와 같이 노동의 고용량보다는 노동의 생산성에 더욱 크게 의존한다.

이제 우리는 자본가가 생산수단을 절약하려고 열광하는 것을 이해할 수 있다. 생산수단을 생산 그것이 요구하는 방식으로만 사용하여 조금도 낭비하거나 잃어버리지 않는 것은, 부분적으로는 노동자의 훈련과 숙련에 달려있고, 부분적으로는 결합노동자에게 부과하는 자본가의 규율에 달려있다. [그런데 이런 규율은 노동자들이 자기 자신을 위하여 일하는 사회제도에서는 불필요하게 될 것인데, 이미 지금도 성과급제에서는 거의 불필요하다.] 또 자본가들은 생산요소를 규정보다 적게 사용하는 것에도 열광하고 있는데, 이것은 가변자본에 비하여 불변자본의 가치를 감소시킴으로써 이윤율을 상승시키는 주요 방법이다. 더욱이 이런 생산요소들은 그 가치가 생산물에 다시 나타나는 한, 그것들의 가치 이상으로 판매되는데, 그것은 사기의 주요한 측면이다. 이 측면은 특히 독일산업

[이것의 기본원칙은 처음에 좋은 견본을 보내기만 하면 다음에 나쁜 상품을 보내더라도 고객들의 호감을 살 수 있다는 것이다]에 결정적인 기여를 하고 있다. 그러나 이런 현상들은 경쟁의 영역에 속하는 것이고 여기에서 우리의 관심사는 아니다.

여기에서 지적해야 할 것은, 불변자본 가치의 절감[그리하여 그 비용의 절감]이 낳는 이윤율의 상승은, 사치품 생산부문에서도, 노동자의 소비에 들어가는 생활수단 생산부문에서도, 그리고 생산수단 생산부문에서도 일어날 수 있다는 점이다. 산업부문이 문제가 되는 것은 노동력의 가치[즉 노동자의 일상적 생활수단의 가치]에 기본적으로 달려있는 잉여가치율이 문제로 되는 경우뿐이다. 그런데 여기에서는 잉여가치와 잉여가치율은 주어진 것으로 전제하고 있다. 이런 상황에서는 잉여가치와 총자본 사이의 관계—이것이 이윤율을 결정한다—는 전적으로 불변자본의 가치에 달려 있으며, 결코 불변자본 구성요소들의 사용가치에 달려 있지는 않다.

물론 생산수단의 상대적 저렴화는 그것의 절대적 가치액의 증가를 제외하지 않는다. 왜냐하면 생산수단 사용의 절대적 규모가 노동생산성의 발전과 그것에 수반하는 생산규모의 확대에 따라 매우 크게 증대하기 때문이다. 불변자본 사용의 절약은, 어느 측면에서 보아도, 첫째는 생산수단이 결합된 노동자의 공동의 생산수단으로서 기능하고 사용되는 것의 결과며, 따라서 이 절약 그것은 직접적으로 생산적 노동의 사회적 성격의 산물로서 나타난다. 둘째로 이 절약은 자본에게 생산수단을 제공하는 부문들에서 노동생산성이 발전한 결과며, 따라서 자본가 X가 고용하는 노동자를 자본가 X에 대립시켜 고찰하지 않고 총노동을 총자본에 대립시켜 고찰하더라도, 이 절약은 또한 사회적 노동의 생산력 발전의 산물로서 나타난다. 다만 차이는 자본가 X가 자기 자신의 작업장에 있는 노동의 생산성에서뿐 아니라 타인의 작업장에 있는 노동의 생산성으로부터도 이익을 얻는다는 점이다. 그럼에도 불변자본의 절약은 노동자와는 전혀 관련이 없는 것, 노동자에게 아무런 영향도 미치지 않는 것으로서 자본가에게 나타난다. 그러나 자본가가 동일한 금액의 화폐로 더 많은 노동을 구매할 수 있는가 더 적은 노동을 구매할 수 있는가(이것이 자본가 의식 속에서 나타나는 자본가와 노동자 사이의 거래) 하는 것이 노동자와 확실히 어떤 관계가 있다는 것은 자본가에게도 언제나 명백하다. 생산수단 사용의 이런 절약[즉 이와 같이 일정한 성과를 최소의 비용으로 달성하는 방법]은—노동에 내재하는 힘인데도—자본에 내재하는 힘으로, 그리고 자본주의적 생산양식에 고유한 특징적 방법으로 나타난다.

이런 사고방식이 그다지 이상하게 느껴지지 않는 것은, 그것이 사실의 외관과 일치하기 때문이며, 또한 자본관계가 노동자를 그 자신의 노동의 실현조건들에 대하여 완전한 무관심·외적 조건·소외의 상태에 둠으로써 사실상 내부관련을 은폐하고 있기 때문이다.

첫째로, 불변자본을 구성하는 생산수단은 자본가의 화폐를 표현하여[랭게에 따르면 로마 채무자의 몸이 그의 채권자의 화폐를 표현하듯이] 자본가와 관련을 가질 뿐이며, 반면에 노동자는 직접적 생산과정에서 생산수단과 접촉하는 한 그것을 생산을 위한 사용가치[즉 노동수단과 노동원료]로서만 취급할 따름이다. 따라서 생산수단의 가치 증감은 자본가에 대한 노동자의 관계를 조금도 변화시키지 않는데, 이것은 마치 노동자가 구리를 가공하든 철을 가공하든 이것이 그와 자본가 사이의 관계를 변화시키지 않는 것과 마찬가지다. 물론 자본가는 생산수단의 가치가 증가하고 이윤율이 저하하자마자 사태를 달리 고찰하려고 하는데, 이것은 뒤에서 논의될 것이다.

둘째로, 이런 생산수단이 자본주의적 생산과정에서는 동시에 노동의 착취수단이기 때문에, 이 착취수단이 상대적으로 비싼가 싼가 하는 것에 노동자는 아무런 관심도 없다. 이것은 마치 말의 고삐와 굴레의 값에 대하여 말이 전혀 무관심한 것과 마찬가지다.

끝으로, 우리가 이미 본 바와 같이[제1권 제13장], 노동자는 사실상 자기 노동의 사회적 성격[즉 공동의 목적을 위하여 자기의 노동을 타인의 노동과 결합시키는 것]을 자기에 대해서는 외부적인 힘으로 취급한다. 이 결합을 실현하는 조건들은 노동자에게는 남의 소유물이며, 그가 그것의 절약을 강요받지 않는다면 그는 이 소유물의 낭비에 대하여 전적으로 무관심하다. 물론 노동자들 자신의 공장[예: 로치데일에 있는 협동조합공장]에서는 그들의 태도는 전혀 다르다.

이리하여 말할 필요도 없지만, 한 산업분야의 노동생산성이 다른 산업분야의 생산수단을 값싸게 하고 개량하여 이윤율의 증대에 기여하는 한, 사회적 노동의 이런 전반적 관련은 노동자와는 전혀 관련없는 것으로 나타나며 자본가에게만 관련있는 것으로 나타난다[왜냐하면 자본가만이 이런 생산수단을 구매하여 자기의 것으로 하기 때문이다]. 자본가가 자기 분야의 노동자의 생산물을 가지고 다른 분야의 노동자의 생산물을 구매한다는 것, 따라서 자기 자신의 노동자의 생산물을 무상으로 취득하는 한에서만 타인의 노동자의 생산물을 마음대로 처분할 수 있다는 사실은 유통과정 등에 의하여 은폐되고 있다.

더욱이 대규모 생산이 자본주의적 형태에서 최초로 발전하므로, 될 수 있는 대로 상품을 값싸게 생산하지 않을 수 없게 하는 이윤욕과 경쟁은 불변자본 사용의 절약을 자본주의적 생산양식에 특유한 것으로 나타나게 만들며, 이리하여 이 절약을 자본가의 기능인 것처럼 만든다.

자본주의적 생산양식은 한편으로는 사회적 노동의 생산력 발전을 촉진하며 다른 한편으로는 불변자본 사용의 절약을 촉진한다.

그러나 노동자[즉 살아있는 노동의 실행자]가 자기의 노동조건들의 경제적 사용[즉 합리적·절약적 사용]에 대하여 무관심하고 소외되어 있다는 것 이상의 것이 여기에 있다. 자본주의적 생산양식의 모순적이고 대립적인 성격 때문에, 자본주의적 생산양식은 노동자의 생명·건강의 거대한 낭비와 그의 생존조건의 악화를 불변자본 사용의 절약으로, 따라서 이윤율의 증대수단으로 생각하게 된다는 점이다.

노동자는 자기 생활의 대부분을 생산과정에서 보내므로, 생산과정의 조건들은 대부분 그의 능동적인 생활과정의 조건[그의 생존조건]인데, 이 생존조건의 절약이 이윤율을 증대시키는 하나의 방법이 되고 있는 것이다. 이미 본 바와 같이 [제1권 제10장], 과도노동[즉 노동자를 역축으로 전환시키는 것]이 자본의 자기증식[즉 잉여가치의 생산]을 촉진하는 하나의 방법인 것과 마찬가지로, 이 절약은 비좁고 비위생적인 장소에 노동자들을 가득 몰아넣고[이것을 자본가들은 건물의 절약이라고 부른다], 그런 장소에 위험한 기계들을 많이 집어넣고 위험에 대한 보호시설을 하지 않으며, 광산에서처럼 처음부터 건강에 해롭거나 위험이 뒤따르는 생산과정에서 예방대책을 소홀히 하는 것 등을 포함한다. 노동자들을 위하여 생산과정을 인간다운 것, 쾌적한 것 또는 견딜만한 것으로 만드는 어떤 설비도 없음은 물론이다. 이런 설비는 자본가의 관점에서는 의미나 의의가 없는 낭비에 불과하다. 자본주의적 생산은 모든 면에서 인색하지만 인간 소재에 대해서는 매우 낭비적이다. 이것은 마치 상업을 통한 생산물의 분배와 경쟁방식 때문에 물질적 재원이 크게 낭비되는 것과 마찬가지다. [상업은 새로운 가치를 창조하지 않으면서 광고·선전 등으로 재원을 낭비한다.] 비록 사회는 손실을 입지만 개별자본가는 이익을 본다.

자본은 살아있는 노동의 직접적 사용을 필요한 최소한도로 축소하며, 노동의 사회적 생산성을 이용하여 상품의 생산에 필요한 노동을 끊임없이 감소시키려는 경향, 이리하여 직접적으로 사용하는 살아있는 노동을 될 수 있는 대로 절약하려는 경향을 가지고 있는데, 자본은 또한 이 필요한 한도로 이미 감축된 노동을 가장 경제적인 환경에서 사용하려는 경향, 즉 사용되는 불변자본의 가치를 최소한도로 감축시키려는 경향을 가

지고 있다. 상품의 가치가 그 상품에 포함된 노동시간 그것에 의해서가
아니라 그것에 포함된 [사회적으로] 필요한 노동시간에 의하여 결정되는
데, 이 결정방식을 처음으로 실현함과 동시에 한 상품의 생산에 사회적
으로 필요한 노동을 끊임없이 감축시켜 온 것은 바로 자본 [의 이윤욕과
경쟁] 이다. 이리하여 상품의 가격은, 그것의 생산에 필요한 노동의 각
부분 [살아있는 노동과 죽은 노동] 을 최소한도로 절감함으로써 최저수준으
로 저하되고 있다. [참조. CW 33: 90]

  불변자본 사용의 절약과 관련하여 다음과 같은 것을 구별하여야 한다.
사용되는 자본량이 증가하며 그리고 또 자본액도 증가한다면, 이것은 먼
저 한 사람의 손에 더 많은 자본이 집적된 것을 가리킨다. 그런데 바로
이렇게 한 사람이 사용하는 자본량의 증대(이에 따라 일반적으로 노동자
의 수는 절대적으로는 증가하지만 상대적으로는 감소한다) 때문에 불변
자본의 절약이 가능한 것이다. 개별자본가의 경우, 필요한 자본투하의
규모 특히 고정자본의 규모가 증대하지만, 가공되는 재료의 양이나 착취
되는 노동의 양에 비교하면 투하자본의 가치는 상대적으로 감소한다.

  이것을 간단한 예들에 의하여 설명하려고 한다. 마지막에 이야기한 것
[즉 노동자 자신의 생존조건과 생활조건으로 나타나는 생산조건들의 절
약]에서 시작하자.

제2절   노동자를 희생시키는 노동조건들의 절약

탄광. 가장 필요한 지출의 무시

"탄광소유자들 사이의 경쟁 때문에…가장 명백한 육체적 고생을 제거

하는 데 필요한 것 이상의 지출은 하지 않는다. 그리고 탄광노동자들[일자리보다 사람수가 보통 더 많다] 사이의 경쟁 때문에 그들은 이웃의 농업노동자의 임금보다 조금 더 많은 임금을 받고 아주 위험한 일과 건강에 매우 해로운 일을 즐겨 맡는다. 광산노동에서는 노동자들은 자기 아이들까지도 일을 시켜 이익을 얻을 수 있다. 이런 이중의 경쟁만으로도 다음과 같은 것이 생길 수 있다…대부분의 탄갱은 배수와 환기가 매우 불완전하며 갱건설이 잘못되고 톱니차는 엉터리며 기술자는 무능하고 갱도와 차도는 설계와 공사가 모두 나쁘며, 이리하여 노동자의 생명과 수족 및 건강을 파괴하는데 이에 대한 통계는 매우 무서운 광경을 보여줄 것이다."(『광산과 탄광의 아동고용 조사위원회 제1차보고서』1841년[원문의 '1829년'은 오류] 4월 21일: 102)

   1860년경 영국의 탄광에서는 매주 평균 약 15명의 노동자가 죽었다. 『탄광사고』(1862년 2월 6일)의 보고에 따르면, 1852~61년의 10년 동안 총 8,466명이 죽었다.[참조. CW 30: 168] 그러나 이 숫자는 그 보고 자체가 인정하고 있듯이 사실보다 훨씬 적다. 왜냐하면 감독관들이 처음 임명되고 또 그들의 담당구역이 너무나 넓었던 처음 몇 년 동안에는 사고와 사망의 다수가 전혀 보고되지 않았기 때문이다. 감독관들의 수가 불충분하고 그들의 권한이 제한되어 있음에도, 감독관제도가 도입된 이래 사고의 수가[아직도 매우 높지만] 크게 줄어든 것은 자본주의적 착취의 자연적 경향—이런 인간 희생은 그 대부분이 탄광소유자들의 과도한 탐욕 때문이다—을 가리킨다. 탄광소유자들은 흔히 갱도를 하나밖에 뚫지 않으며 이에 따라 효과적인 환기가 불가능할 뿐 아니라 이 갱도가 막히면 도피할 방법도 없게 된다.

   자본주의적 생산[유통과정과 격심한 경쟁을 무시하고 생산만 고찰하면]은 상품에 대상화되는 죽은 노동을 극도로 절감한다. 그러나 자본주의적 생산은 다른 어느 생산양식보다도 인간을, 살아있는 노동을 더욱

탕진하며, 피와 살뿐 아니라 신경과 뇌까지도 탕진한다. 그러나 인간사
회를 의식적으로 재편성하는 역사단계의 바로 앞 단계에서 이처럼 개인
적 발전이 엄청나게 저지당함으로써만, 진실로 인류 일반의 발전이 확보
되고 달성된다는 점이다. 우리가 논의하고 있는 절약은 모두 노동의 사
회적 성격에서 생기는 것이므로, 노동자의 생명과 건강을 이렇게 낭비하
는 것도 사실상 바로 노동의 이런 직접적으로 사회적인 성격 때문이다.
그러므로 공장감독관 베이커가 제기한 다음의 문제는 여기에 매우 적절
하다.

"밀집한 집단노동 때문에 생기는 어린 생명의 이런 희생을 어떻게 가장 잘
방지할 수 있는가 하는 문제는 신중하게 생각해 볼 문제다."(『공장감독
관의 보고. 1863년 10월 31일』: 157) [강조는 마르크스의 것]

공장

여기의 문제는 진정한 공장에서도 노동자의 안전·쾌적·건강을 위한
모든 예비대책들이 절약되고 있다는 점이다. 산업군대의 사상자(매년의
공장보고서를 보라)의 대부분은 이 때문에 발생한다. 또한 공장에서는
공간과 환기 등이 불충분함도 문제다. [참조. CW 33: 152~153]

1855년 10월에 이미 레너드 호너는 수평축의 안전장치에 관한 법 규정
[수평축의 위험은 가끔 사망자를 포함하는 사고에 의하여 끊임없이 강조
되고 있으며, 이 안전장치는 비용이 비싼 것도 아니며 작업을 저지하는
것도 아니다]에 대하여 수많은 공장주들이 저항하고 있는 것을 한탄하고
있다.(『공장감독관의 보고. 1855년 10월』: 6) [『자본론』 제1권 제15장 4절 주
110 참조] 이 법 규정과 다른 법 규정에 저항할 때, 공장주들은 이 사건을
담당하는 무보수의 치안판사들의 공개적인 지지를 받았는데, 이 치안판
사들은 일반적으로 자기 자신들이 공장주이거나 아니면 공장주의 친구들

이었다. 이 치안판사들이 내린 판결이 어떤 종류의 것인가에 대해서는 상
급법원판사 캄벨이 상소된 판결에 대해 다음과 같이 말한 것에 의해 알
수 있다. "이것은 의회의 법률을 해석한 것이 아니라 그것을 폐기한 것이
다."(같은 보고: 11)

　같은 보고에서 호너는 많은 공장에서 노동자에게 미리 경고하지 않고
기계를 돌리기 시작하고 있음을 지적하고 있다. 기계가 쉬고 있을 때도
기계에 대하여 어떤 작업이 행해져야 하며 따라서 손과 손가락이 항상 기
계를 만지고 있으므로, 아무런 신호를 주지 않는 것에 의해서만도 사고가
끊임없이 일어난다.(같은 보고: 44) 그 당시의 공장주들은 공장입법에 저
항하기 위하여 조합을 결성하였다. 이른바 '공장법개정을 위한 국민협회
National Association for the Amendment of the Factory Laws'가 그것인데, 이것은
맨체스터에 본부를 두고 1855년 3월에는 1마력에 2실링의 분담금으로 5
만 파운드 이상의 금액을 거두었는데 이 돈으로 공장감독관이 기소한 회
원의 법률비용을 대거나 협회가 소송을 제기하였다. 그 목적은, 이윤을
위하여 행해진 것이라면 "죽이는 것은 살인죄가 아니다."는 것을 증명하
려는 것이었다. 스코틀랜드의 공장감독관 킨케이드의 보고에 따르면, 글
라스고의 한 공장은 모든 기계에 안전장치를 설치하는 데 9파운드 1실링
1페니가 들었다. 그런데 이 공장이 협회에 참가하였다면, 그것의 110마력
에 대해 분담금 11파운드[즉 안전장치의 총비용보다 더욱 큰 금액]를 지
불하여야 하였을 것이다. 그런데 이 국민협회는 이런 종류의 안전장치를
규정한 법률을 반대하기 위하여 1854년에 세워진 것이었다. 1844~54년
동안 공장주들은 이 법률에 대하여 조금도 주의를 기울이지 않았다. 그
뒤 파머스턴의 지시에 따라 공장감독관들은 공장주들에게 그 법률을 이제
부터는 엄수하여야 한다고 통보하였다. 공장주들은 곧 협회를 결성하였는
데, 가장 유력한 회원들 중에는 치안판사이며 따라서 그 법률을 실제로
집행해야 할 사람들이 많았다. 새로운 내무부장관 그레이가 1855년 4월

에 타협안[이것에 따르면 정부는 명목상에 불과한 안전장치로 만족하게 되어 있다]을 제출하였을 때, 협회는 이것까지도 화를 내면서 거부하였다. 각종의 소송사건에서 기술자 윌리엄 페어번은 그의 명예를 걸고 자본의 절약을 변호하고 자본의 자유에 대한 침해를 비판하였다. 수석 공장감독관 호너는 공장주들의 온갖 박해와 비방을 받았다.

공장주들은 최고법원으로부터 다음과 같은 판결[즉 1844년의 법률은 지상 7피트 이상에 있는 수평축에 대한 안전장치를 규정하고 있지 않다]을 받고서야 진정하였으며, 마침내 1856년에는 위선자 윌슨-패튼[종교를 간판으로 부자를 위하여 어떤 더러운 일도 할 준비가 되어있는 신앙심 깊은 사람들 중의 하나]의 도움으로 자기들에게 충분히 만족스러운 새로운 법률을 의회에서 통과시킬 수 있었다. 이 법률은 사실상 노동자로부터 모든 특별보호를 빼앗아 버렸으며, 기계에 의한 사고의 손해배상을 받으려면 보통법원에 소송을 제기하라고 하였는데, 영국의 법률비용을 생각하면 이것은 순전한 사기였다. 그리고 이 법률은 또한 전문가의 증언에 관한 매우 교묘한 규정에 의하여 공장주들이 지는 것을 거의 불가능하게 만들었다. 그 결과 사고율은 급격히 증가하였다. 1858년의 5월에서 10월까지의 6개월 사이에 감독관 베이커 혼자서 이전 6개월 동안에 비하여 21%나 증가한 사고를 보고하였다. 그의 의견에 따르면, 전체 사고의 36.7%는 피할 수 있었을 것이라는 것이다. 그러나 1858년과 1859년에는 사고수가 1845년과 1846년경에 비하여 훨씬 적었는데, 감독관이 감시하는 산업분야들의 노동자 수가 20% 증가하였는데도 사고수는 약 29%나 감소한 것이다. 이것의 이유는 무엇인가? 이 질문에 대하여 지금(1865년)까지 얻은 해답에 따르면, 그것은 주로 새로운 기계의 도입 덕택이었는데, 새로운 기계는 이미 안전장치를 가지고 있으며 공장주들은 그 안전장치에 대하여 비용을 따로 들일 필요가 없기 때문에 안전장치를 그대로 둔 것이었다. 또한 몇몇의 노동자들은 팔을 잃은 것에 대하여 많은 금액의 손해배상을 법원의 판결에 의해 받을 수 있었으며, 최고법원까지도 이 판결을 확인하지 않을 수 없었다.(『공장감독관의 보고 1861년 4월 30일』: 31. 같은 보고, 1862년 4월 30일: 17)

노동자들(다수의 아동을 포함)의 생명과 팔다리를, 그들의 기계 사용에서 직접적으로 생기는 위험에서 보호하는 수단을 절약하고 있는 점에 대해서는 이 정도 해둔다.

실내노동 일반

공간의 절약과 건물의 절약 때문에 노동자들이 좁은 장소에 얼마나 몰려있는가에 대해서는 이미 잘 알려져 있다. 또 하나의 요인은 환기장치의 절약이다. 이 두 요인은 장시간 노동과 결부하여 호흡기 질환을 크게 증가시켰으며 따라서 사망률을 증가시켰다. 아래의 증거는 『공중위생 보고』(제6차보고서, 1863)에서 뽑아온 것이다. 이 보고서는 이미 제1권에서 우리에게 잘 알려진 사이먼 박사가 편찬한 것이다.

노동자들의 결합과 그들의 협업이 기계의 대규모 사용, 생산수단의 집적과 그것의 사용 절약을 가능하게 하는 것과 마찬가지로, 밀폐된 장소에서 [그리고 노동자의 건강이 결정적인 요인이 아니라 생산물의 생산을 쉽게 하는 것이 결정적인 요인으로 되어 있는 조건 아래에서] 대규모로 집단노동하는 것[동일한 작업장에 대규모의 노동자가 모이는 것]은, 만약 노동시간의 단축과 특별한 예방대책으로 대응하지 않는다면, 한편으로는 자본가에 대해서는 이윤증대의 원천이고, 다른 한편으로는 노동자의 생명과 건강을 파괴하는 원인이다.

사이먼 박사는 다음과 같은 법칙[이것을 그는 대량의 통계자료로 입증하고 있다]을 제시한다. "한 지방의 주민들이 집단적으로 실내 작업에 종사하는 비율에 따라, 다른 조건이 동일하다면, 그만큼 더욱 폐병에 의한 사망률이 높아진다."(23) 그 원인은 환기가 나쁘기 때문이다. "그리고 법칙에 대한 예외가 아마도 영국에서는 없다. 대규모의 실내공업이 있는 지방은 어디에서나 노동자의 사망 증가는 폐병에 의한 사망의 현저한 증가와 함께 한다."(23)

1860년과 1861년에 위생 당국의 조사를 받은 실내산업들의 사망통계에 따르면, 15~55세의 남자인구 중에서 폐결핵과 기타의 폐병에 의한 사망자는 잉글랜드의 농업지방이 100명이라고 한다면, 코벤트리는 163명, 블랙번과 스킵턴은 167명, 콩글턴과 브래드포드는 168명, 레스터는 171명, 리크는 182명, 매클즈필드는 184명, 볼턴은 190명, 노팅엄은 192명, 로치데일은 193명, 더비는 198명, 솔포드와 애쉬턴-언더-라인은 203명, 리즈는 218명, 프레스턴은 220명, 맨체스터는 263명이었다.(24) 다음 표는 더욱 분명한 예를 보여주는데, 이 표는 15~25세의 남녀별 폐질환 사망지수(100,000명에 대한)를 나타낸다. 여기에서는 여자들만이 실내산업들에 종사하고 남자들은 각종의 산업들에 종사하는 지역들이 선택되었다. 〔참조. CW 33: 475~476〕

공장노동에 종사하는 남자의 비율이 더 큰 견직업 지역에서는 남자의 사망률도 또한 더욱 높다. 여기에서 폐결핵 등에 의한 남녀 사망률은, 보고서에서 말하고 있듯이, "대부분의 우리 견직업이 운영되고 있는 매우 열악한 위생상태"를 폭로하고 있다. 그런데 이 견직업에서는 공장주들이 자기들의 사업이 예외적으로 양호한 위생조건을 갖추고 있다고 주장하여 13세 미만의 아동들에 대해 예외적인 장시간노동을 요구하였으며 그리고 부분적으로 승인받기도 하였다.(『자본론』제1권 제10장 6절)

지 역	주 요 산 업	15~25세 주민 10만명당 폐질환에 의한 사망자 수	
		남 자	여 자
버 컴 스 테 드	밀 짚 세 공 업 (여 자)	219	578
레 이 틴 자 바 드	밀 짚 세 공 업 (여 자)	309	554
뉴 포 트 파 그 넬	레이스제조업(여자)	301	617
타 우 스 터	레이스제조업(여자)	239	577
요 빌	장갑제조업(대부분 여자)	280	409
리 크	견 직 업 (주 로 여자)	437	856
콩 글 턴	견 직 업 (주 로 여자)	566	790
매 클 즈 필 드	견 직 업 (주 로 여자)	593	890
건강한 농촌지역	농 업	331	333

"지금까지 조사된 산업 중에서 스미스가 재봉업에 대하여 묘사한 다음의 것보다 더욱 열악한 환경은 없을 것이다. '작업장들은 위생상태에서 큰 차이를 보이지만 거의 대부분이 초만원이고 환기가 나쁘며 건강에 매우 해롭다…이런 작업장은 매우 덥다. 안개가 낀 낮이나 겨울밤에 가스불을 켜면 온도는 화씨 80도〔섭씨 27도〕, 심하게는 90도〔섭씨 32도〕까지 올라가서 노동자들은 땀에 잠기고 김이 유리창에 서리어 물이 줄줄 흘러내리거나 천정에서 떨어진다. 노동자들은 감기에 걸리는 것을 감수하고서라도 몇 개의 창문을 열어 놓지 않을 수 없다.' 그리고 그는 런던의 웨스트 엔드에 있는 가장 중요한 재봉업소 중 16개의 상태에 대하여 다음과 같이 묘사하고 있다. '이 환기가 잘 되지 않는 작업장에서 노동자 한 사람에게 허용된 공간은 최대가 270입방피트이고 최소가 105입방피트이며 전체의 평균은 156입방피트에 불과하다. 어느 작업장은 사방이 복도로 둘러싸이고 천정으로부터만 광선을 받고 있는데, 거기에서 92~100명이 일하고 있으며 많은 가스등이 타고 있고 변소가 바로 가까이 있으며

공간은 1인당 150입방피트를 넘지 않는다. 다른 하나의 작업장은 지붕으로부터 광선이 들어오고 지붕의 작은 창문을 통해서만 환기가 되는 마당의 개집이라고 부를 수 있을 뿐인데, 거기에서 5~6명이 1인당 112입방피트의 공간에서 일하고 있다.' 재봉사들은 의사 스미스가 묘사하는 이런 열악한 작업장에서 대체로 하루 12~13시간 노동하며 때로는 15~16시간이나 노동한다."(25, 26, 28)

그런데 지적해야 할 것은—추밀원의 수석의사이며 이 보고서의 저자인 존 사이먼이 실제로 지적하고 있지만—다음 표에 나타난 25~35세의 런던 재봉사와 식자공·인쇄공의 사망률이 낮게 보고되고 있다는 점이다. 왜냐하면 이 두 사업부문에서는 런던의 고용주들이 다수의 젊은이들(아마도 30세까지의)을 도제나 '견습공'으로 즉 훈련시키기 위하여 받고 있기 때문이다. 이들은 런던의 산업사망률을 계산하는 종업원의 수를 증가시키지만, 런던 체류가 일시적이기 때문에 런던의 사망자수를 동일한 비율로는 증가시키지 않는다. 만약 그들이 런던 체류기간에 병에 걸리면, 그들은 농촌으로 되돌아가며 그곳에서 사망하면 사망은 그곳에 기록된다. 이런 상황은 젊은 연령층에 더욱 심하므로, 젊은 연령층에 대한 런던의 사망률은 산업질병의 측정지표로서는 전혀 가치가 없다.(30)

피용자수	산업부문과 지역	연령층별 사망수(10만명당)		
		25~35	35~45	45~55
958,265	농업: 잉글랜드와 웨일즈	743	805	1,145
22,301(남) } 12,377(여)	재봉사: 런던	958	1,262	2,093
13,803	식자공과 인쇄공: 런던	894	1,747	2,367

식자공의 경우도 재봉사와 비슷한데, 이들에게는 환기부족, 유독한 공

기에 더하여 야간작업이 추가된다. 이들의 보통 노동일은 12~13시간이고 때로는 15~16시간이 된다.

"가스불이 켜지면 열기가 오르고 나쁜 공기가 나온다…활자주조소로부터 증기, 또는 기계나 하수도로부터 악취가 아래층에서 올라와 위층의 불쾌함을 더욱 악화시키는 경우가 드물지 않다. 아래층 방들의 뜨거운 공기는 위층의 마루를 덥게 하여 위층의 온도를 올리게 마련이고, 방들이 낮고 가스의 소비가 많으면 더욱 죽을 지경이다. 그런데 증기기관이 아래층에 있어 원하지 않는 열기를 집 전체에 전달하는 경우에는 더욱 나쁘다…일반적으로 말할 수 있는 것은 환기는 전반적으로 불만족스럽고 가스연소의 열기와 부산물을 저녁과 밤 동안에 제거하기에는 전혀 불충분하며, 그리고 많은 작업장 특히 이전에 주택이었던 작업장의 상태는 매우 한탄스럽다…일부의 작업장[특히 주간신문의 작업장]에서는 이틀 낮과 하루 밤에 걸쳐 거의 끊임없이 작업이 계속되는데 12~16세의 소년들도 똑같이 일한다. '긴급한' 일을 처리해야 하는 인쇄소에서는 노동자들은 일요일에도 휴식을 취할 수 없으며 노동일은 주 6일이 아니라 7일로 되어 있다."(26, 28)

여성용 모자·부인복 제조여공에 관해서는 이미 제1권 제10장 3절에서 과도노동과 관련하여 언급한 바 있다. 우리가 지금 인용하는 보고서에서는 오드박사가 그들의 작업장을 묘사하고 있다. 낮에는 조금 나은 편이지만 가스가 타는 동안엔 작업장은 너무나 덥고 공기는 혼탁하고 비위생적이다. 비교적 나은 편인 34개의 작업장에서 오드가 발견한 여공 1인당 평균공간은 다음과 같다(단위: 입방피트).

"500 이상이 네 곳, 400~500이 네 곳…200~250이 일곱 곳, 150~200이 네 곳, 100~150이 아홉 곳. 가장 넓은 곳도 환기가 완전하지 않다면 계속적인 작업에는 오히려 비좁은 편이며, 그리고 특별한 환기장치가 없다면 가스등을 켜는 동안은 공기가 견딜 수가 없다."

중개상인을 위하여 일하는 열등한 작업장을 방문한 오드는 다음과 같이 관찰한다.

"1,280입방피트의 방 하나, 현재 인원 14명, 1인당 공간 91.5입방피트. 여기의 여공들은 기진맥진한 것 같으며 더러웠다. 그들의 수입은 주 7~15실링과 차였다…아침 8시에서 저녁 8시까지 일한다. 14명이 꽉 차 있는 작은 방은 환기가 나빴다. 두 개의 열 수 있는 창문과 하나의 벽난로가 있었는데, 벽난로는 막혀 있었고 어떤 특별한 환기장치도 없었다."(27)

이 보고서는 부인복 제조여공의 과도노동에 대하여 다음과 같이 말하고 있다.

"고급부인복 제조업소에서 젊은 여공의 과도노동이 대중의 일시적인 경악과 분노를 자아낼 만큼 엄청난 정도로 행해지는 것은 연중 약 4개월 동안이다. 이 동안 여공들은 원칙적으로 하루 14시간 일하며 급한 주문이 있는 경우에는 며칠 계속하여 17~18시간씩 일한다. 연중의 다른 시간에는 여공의 작업시간은 아마도 10~14시간이다. 자택에서 일하는 사람들은 연중 내내 12~13시간씩 일한다. 부인의 외투·칼라·내의를 만드는 사람과 각종 바느질하는 사람(재봉하는 사람 포함)이 공동작업장에서 보내는 시간은 더 적으며 일반적으로 10~12시간을 넘지 않는다." 그러나 오드박사에 따르면, "정규 노동시간은 어떤 시기에는 일부의 양장점에서는 추가수당을 받는 추가노동에 의하여, 또 일부의 양장점에서는 직장의 노동시간 뒤 집에 가져가서 일하는 것에 의하여 크게 연장될 수 있다. 덧붙이자면 이런 관행은 대체로 강제적이라는 것이다."(28)

사이먼은 이 쪽의 주에서 다음과 같이 말한다.

"전염병학회의 서기 레드클리프는…일류 양장점에 고용된 젊은 여공들의 건강을 조사하는 독특한 기회들을 가졌는데…스스로 '매우 건강하다'고 말한 20명의 여성 중 실제로 건강한 사람은 단 한 명뿐이고, 나머지 여공들은 정도는 다르지만 체력쇠퇴, 신경쇠약 그리고 이에 따른 기능장애의 증거를 보인다는 것을 발견했다. 그는 이런 상태의 원인을, 첫째로 작업시간의 길이[한가한 계절에도 최소 12시간이라고 그는 추정하고 있다], 둘째로…좁은 작업장과 나쁜 환기, 가스불로 오염된 공기, 영양의 부족 또는 불량, 가정적 휴식의 부실함에 돌리고 있다."

잉글랜드 위생당국의 대표 사이먼이 내린 결론은 다음과 같다.

"이론적으로 노동자의 제1 위생권—즉 고용주가 노동자들을 모아 어떤 작업을 시킬 때, 고용주는 자기가 할 수 있는 한 그리고 자기의 비용으로 모든 쓸데없이 비위생적인 상태를 제거하여야한다—을 노동자들이 주장하는 것은 사실상 불가능하다…노동자들이 그 위생상의 정의justice를 자기 힘으로 강요하는 것은 사실상 불가능하며, 또한 그들은 유해요소〖매연·악취·소음 따위 공해〗제거법Nuisances Removal Acts의 집행자로부터도 (그 법의 당연한 취지인데도) 어떤 효과적인 도움을 기대할 수 없다."(29) "고용주가 받아야 할 단속의 정확한 한계를 규정하는 데는 약간의 작은 기술적 어려움이 있다는 것은 의심할 여지가 없다. 그러나…원칙적으로 위생상의 요구는 보편적이다. 단순한 취업에서 생기는 무한한 육체적 고통 때문에 생명이 불필요하게 침해되며 단축되고 있는 수많은 남녀 노동자들을 위하여, 나는 다음과 같은 희망을 표명하고자 한다. 즉 노동의 위생환경들도 어디에서나 적절한 법적 보호를 받게 할 것, 모든 실내 작업장의 효과적인 환기를 보장할 것, 그리고 성질상 비위생적인 직업에서도 건강을 해치는 고유한 요소를 될 수 있는 한 감축시킬 것."(31)

제3절   동력의 생산·전달과 건물의 절약

호너는 1852년 10월의 보고서에서 증기망치의 발명자인 유명한 기술자 패트리크로프트의 네이스미스의 편지를 인용하고 있는데, 그 편지 중에는 다음과 같은 지적이 있다. [참조. CW 33: 470]

"내가 언급하고 있는"(증기기관의)"체계변경과 개량에 의하여 동력이 얼마나 거대하게 증가하였는가를 대중은 전혀 모르고 있다. 이 지역"(랭커셔)"의 증기기관의 힘은 거의 40년 동안 비겁하고 편협한 전통의 억압 아래 있었으나 다행히 지금은 그것에서 해방되었다. 지난 15년 동안, 특히 지난 4년 동안"(즉 1848년 이래)"복수식condensing 증기기관의 운전방식에는 약간의 매우 중요한 변화가 있었다…그 결과로…동일한 증기기관이 석탄소비를 크게 감소시키면서도 훨씬 더 많은 작업을 수행할 수 있게 되었다…이 지역의 공장에 증기력이 도입된 이후 오랫동안 복수식 증기기관의 운전가능속도는 매분 약 220피트의 피스톤행정stroke이라고 생각되었다. 즉 피스톤행정 5피트의 기관은 '법칙'에 의하여 크랭크샤프트의 회전을 일분간 22회로 제한하고 있었다. 이것보다 빨리 기관을 운전하는 것은 부적당하다고 간주되었고 그리하여 모든 장치가…분당 220피트라는 피스톤의 속도에 적합하도록 만들어졌기 때문에, 이 어리석게 제한된 느린 속도가 오랫동안 증기기관의 운전을 지배하였다. 그러나 그 '법칙'을 다행히 몰랐기 때문이거나, 어떤 대담한 혁신자의 이유있는 반항에 의하여 더욱 빠른 속도가 시험되었으며 그 결과가 매우 좋았기 때문에 다른 사람들이 그 뒤를 따랐다. 당시의 말로는 '기계의 고삐를 늦춘다'는 것인데, 전동장치는 일반적으로 종전의 속도로 유지하면서 증기기관은 분당 300피트 이상의 속도를 가질 수 있도록 전동장치의 주륜이 개조된 것이다…'기계의 고삐를 늦춘 것'은…증기기관의 '속도'를 거의 일반적으로 증가시켰다. 왜냐하면 동일한 기관이 더 많은 유효동력을 내었을 뿐 아니라 속도조절바퀴의 관성이 증대한 결과로 운동이 훨씬 더 규칙적으로 된 것이 증명되었기 때문이다…우리는…증기기관의 피스톤을 단순히 빠른 속도로 [증기의 압력과 복수기의 진공을 그대로 둔 채] 운동시킴으로써 더욱 많은 동력을 얻는다…이리하여 예컨대 어떤 증기기관이 그 피스톤이 분당 200피트로 움직일 때 40마력을 낸다면, 적당한 변경을 가하여 그 피스톤이 분당 400피트로 (증기의 압력과 진공은 종전대로 두고) 움직일 수 있게 하는 경우 우리는 두 배의 동력을 얻을 수 있을 것이다…그리고 증기의 압력과 진공이 두 경우 동일하기 때문에, 이 증기기관의 각 부분들의 긴장은 피스톤의 속도가 200피트일 때보다 400피트일 때 더욱 크지는 않을 것이며, 따라서 '파손'의 위험은 속도의 증가에 따라 실제로 증가하지는 않는다. 차이점은 다만 피스톤의 속도에 비례하여―또는 거의 비례하여―증기를 더 많이 소비하게 된다는 것, 그리고 '베어링' 즉 마찰부분의 마멸이 약간 증가할 것이지만 거의 문제없다는 것이다…그러나 피스톤을 더욱 빨리 운동시킴으로써 동일한 증기기관으로부터 더욱 많은 동력을 얻기 위해서는…동일한 증기보일러에 더욱 많은 석탄을 태우거나 더욱 큰 증발능력을 가진 보일러를 사용하거나, 요컨대 더욱 많은 증기를 산출하여야만 한다. 이것이 실제로 수행되었으며, 더 큰 증기산출능력을 가진 보일러가 '속도가 높아진' 낡은 증기기관에 부착되었고 이리하여 동일한 증기기관이 대부분의 경우 거의 100%나 더 많은 작업을 하게 되었다. 약 10년 전에 콘월 광산의 증기기관이 매우 경제적으로 동력을 생산한다는 것이 주목을 끌기 시작하였다. 면방적업의 경쟁으로 공장주들은 '절약'을 이윤의 주요원천으로 간주하지 않을 수 없었으므로, 콘월식 증기기관이 보여준 시간당 마력당 석탄소비의 큰 절약과 울프Woolf식 2기통기관의 매우 경제적인 실적은 이 지역에서 연료절약의 문제에 주목하게 하였다. 콘월식 기관과 2기통기관은 시간당 $3\frac{1}{2}$~4파운드lb.의 석탄으로 1마력을 산출하는데, 면방적공장의 기관들은 일반적으로 시간당 8~12파운드의 석탄을 소비하여 1마력을 산출하였으므로, 이 지역의 면방적 공장주와 엔진제조업자들은 비슷한 수단을 채택하여 그와 같은 매우 경제적인 결과[석탄 가격이 높아 제조업자들이 비용 절감에 더욱 민감한 콘월과 프랑스에서는 이런 결과는 일반적이었다]를 달성하려고 하였다. 연료절약에 대한 관심의 증대는 여러 면에서 중요한 결과를 가져왔다. 첫째로 이윤이 컸던 옛날의 좋은 시절에는 보일러의 표면의 반은 바깥의 찬 공기에 직면하고 있었는데, 이제는 보일러를 두터운 모직천·벽돌·회나 기타의 것으로 감싸기 시작하였으며, 이리하여 막대한 연료에 의해 생산된 열이 보일러의 표면에서 도망가지 못하도록 하였다. 증기파이프도 마찬가지로 '보호'되기 시작하였고, 엔진의 실린더도 모직천과 나무로 감싸주었다. 둘째로 '고압증기'가 사용되었다. 종전에는 1평방인치당 4, 6 또는 8파운드의 증기압력으로도 안전밸브가 열리게 되어 있었는데, 압력을 14~20파운드까지 증가시킴으로써…연료가 크게 절약된다는 것이 발견되었다. 다시 말해 공장의 작업은 크게 감소된 석탄소비량으로 수행되었다…재력과 담력을 가진 사람들은 1평방인치당 30, 40, 60 또는 70파운드의 증기[이 증기압력은 옛날의 기술자들을 놀라 자빠지게 하였을 것이다]를 제공할 수 있는 보일러를 사용함으로써 압력의 증가와 극한까지의 '팽창의 방식'을 실행하였다. 증기압력 증대의 경제적 효과가…곧 화폐의 형태로 분명히 나타났으므로 복수식 기관에서는 고압보일러의 사용이 거의 일반화되었다. 개량을 완전히 실행한 사람들은…울프식 기관을 곧 채택하였으며 최근에 건설된 공장의 대부분은 울프식 기관에 의해 가동되고 있다. 울프식 기관에는 하나의 기관마다 두 개의 실린더가 있는데, 한 개의 실린더에서는 보일러로부터 나오는 증기가 공기의 압력을 넘는 초과압력에 의하여 동력을 산출하고, 그 다음에 이 증기가 종래와 같이 피스톤이 운동할 때마다 공중으로 빠져 나가는 것이 아니라 용적이 약 4배나 큰 저압실린더로 들어가서 거기에서 새로 팽창한 다음에 복수기로 들어가게 된다. 이런 기관에 의하여 얻어지는 경제적 효과는 시간당 $3\frac{1}{2}$~4파운드의 석탄을 소비하여 1마력을 생산한다는 점에 있는데, 구식기관에서는 1마력을 생산하기 위하여 평균적으로 시간당 12~14파운드의 석탄을 소비하였다. 2기통 또는 저압·고압결합기관의 울프식을 교묘한 방법으로 기존의 기관에 널리 추가도입함으로써 동력과 연료소비 면에서 효율이 증진되었다. 동일한 결과는…최근 8~10년간에 고압엔진과 복수기를 결합시켜 전자에서 사용된 증기를 후자로 가게하여 후자를 운동시키는 방법에 의해서도 달성되었다. 이 방식은 여러가지 경우에 매우 유용하다.”

　“이런 개량의 일부 또는 전부를 흡수한 증기기관이 작업능력을 어느만큼 증가시켰는가에 대해서는 정확한 보고를 얻기가 쉽지 않을 것이다. 그러나 내가 확신하는 바에 따르면…동일한 무게의 증기기관으로 지금은 종전보다 적어도 평균 50% 이상의 작업량을 완수하고 있으며, 그리고 속도가 매분 220피트로 제한되고 있었던 시기에 50마력을 내던 동일한 증기기관이 지금은 많은 경우에 100마력 이상을 내고 있다. 복수식 기관에서 고압증기의 사용으로 말미암은 경제적 효과와 공장확장으로 말미암은 더 높은 동력의 요구는 최근 3년간에 관형보일러를 채택하게 하였으며, 이리하여 증기생산의 비용은 크게 절감되었다.”(『공장감독관의 보고. 1852년 10월』: 23~27)

　발동기에 대해 위에서 말한 것은 또한 전동기와 작업기에도 해당된다.

　“최근 수년간에 기계의 개량이 급속히 진전하였기 때문에 공장주들은 동력을 추가하지 않고서도 생산을 증가시킬 수 있었다. 노동일의 길이가 단축됨에 따라 노동의 더욱 경제적인 사용이 필요하게 되었으며, 경영이 잘 되고 있는 공장의 대부분에서는 지출을 줄이면서 생산을 증대시킬 수 있는 방법들이 모색되고 있다. 나의 지역의 매우 유식한 공장주가 만든 자료[1840년부터 현재까지 그의 공장의 종업원의 수와 연령, 사용된 기계와 임금지불액]를 나는 가지고 있다. 1840년 10월에 그의 공장은 600명[그 중 13세 미만은 200명]을 고용하고 있었는데, 1852년 10월에는 350명[그 중 13세 미만은 60명뿐]이었으며, 이 두 해에 가동되는 기계의 수는 거의 같았고 임금지불총액도 동일하였다."(『공장감독관의 보고. 1852년 10월』: 58~59에 있는 레드그레이브의 보고)

이런 기계의 개량은 합목적적으로 설계된 새로운 공장건물에 도입될 때 비로소 진정한 효과를 발휘한다.

"기계의 개량에 관하여 내가 지적하고 싶은 것은 무엇보다도 먼저 개량된 기계를 설치할 공장의 건설에서 큰 진보가 있었다는 점이다…나는 최하층에서 연사작업을 모두 하고 있으며, 거기에만 29,000개의 연사방추를 설치하고 있다. 이 방과 창고에서 적어도 10%의 노동절약을 하고 있는데, 이 절약은 연사방법의 개량에서 온 것이라기보다는 오히려 기계를 하나의 관리 아래 집중시킨 결과다. 나는 위의 연사방추들을 하나의 기동축에 의해 운전할 수 있으며 이것 때문에 다른 공장에 비하여 축재에서 60~80%를 절약하고 있다. 그밖에도 각종 윤활유도 크게 절약되고 있다…공장건설의 개선과 기계의 개량에 의하여 가장 적게 잡아도 10%의 노동 절약과, 동력·석탄·윤활유·축재·벨트 등에서 큰 절약을 달성하였다."(『공장감독관의 보고. 1863년 10월』: 109, 110에 있는 면방적 공장주의 증언)

제4절 생산폐기물의 이용

자본주의적 생산방식이 발전함에 따라 생산과 소비 뒤에 남는 폐기물의 이용도 확대된다. 생산의 폐기물은 공업과 농업의 폐기물을 가리키며, 소비의 폐기물은 인간의 신진대사에서 나오는 분뇨와, 소비재가 소비된 이후의 형태를 가리킨다. 따라서 생산의 폐기물은 화학공업에서는 [소규모 생산의 경우 버리게 되는] 부산물을 가리키고, 기계제조업에서는 철의 생산에 원료로 다시 사용되는 쇳가루를 가리킨다. 소비의 폐기물은 인간의 자연적 배설물, 누더기 형태의 의복 등을 가리킨다. 소비의 폐기물은 농업에서 가장 중요한데 [참조. CW 34: 218~219] 그것의 이용에 관한 한 자본주의 경제에서는 막대한 낭비가 일어나고 있다. 예컨대 런던에서는 450만 명의 분뇨로 템스강을 오염시키는 것보다 더욱 좋은 처리방법을 발견하지 못하고 있는데, 이것은 큰 낭비다.

원료가격의 등귀가 폐기물의 이용에 자극을 주는 것은 물론이다.

폐기물의 재이용을 가능하게 하는 일반적 조건은, 폐기물의 대량 존재[이것은 대규모 생산에서만 가능하다], 기계의 개량[이것에 의하여 종전에는 지금의 형태로는 이용할 수 없었던 물질이 새로운 생산에 적합한 형태로 전환된다], 그리고 과학의 발전[특히 폐기물의 유용한 성질을 발견하는 화학의 발전]이다. 물론 이런 종류의 큰 절약은 이탈리아 북부의 롬바르디, 남부 중국과 일본에서 보는 소규모의 거의 원예적인 농업에서도 행해지고 있다. 그러나 대체로 이런 방식에서 농업생산성은 다른 생산분야들에서 빠져나온 인간노동력을 심하게 낭비함으로써 얻어지고 있다.

이른바 폐기물은 거의 모든 산업에서 중요한 역할을 한다. 예컨대 1863년 10월의 공장보고서에서는 잉글랜드나 아일랜드의 많은 지방에서 차지농업가들이 아마의 재배를 싫어하여 드물게만 재배하는 이유의 하나에 대하여 다음과 같이 말하고 있다.

"수력에 의해 운전되는 소규모의 타마공장에서 생기는…대량의 폐기물…폐기물은 면화에서는 비교적 적지만 아마에서는 매우 많다. 물에 담그기와 기계타마의 효율성은 이런 손실을 크게 줄일 수 있다…아일랜드에서는 타마는 매우 형편없는 방식으로 행해지고 있으며 28~30%에 달하는 아마가 이 과정에서 상실된다."(『공장감독관의 보고. 1863년 10월 31일』: 139, 142)

이런 모든 것은 좋은 기계의 사용에 의하여 회피될 수 있다. 아마 부스러기가 너무나 많기 때문에 공장감독관은 다음과 같이 말하고 있다.

"아일랜드의 몇몇 타마공장에 관해 들은 바에 따르면, 타마공들은 공장의 폐기물을 집으로 가져가서 난로의 연료로 사용한다는데, 그 폐기물은 사실상 매우 가치있는 재료다."(같은 책: 140)

면화 부스러기에 관해서는 아래에서 원료가격의 변동을 다룰 때 언급할 것이다.

양모공업은 아마포공업보다는 현명하였다.

"이전에는 양모폐기물과 모직물 누더기를 재가공하기 위하여 수집하는 것은 일반적으로 비난받았는데, 이런 편견은 재생양모공업[이것은 요크셔지방의 양모공업의 중요한 한 분야가 되었다]에 관한 한 완전히 사라져 버렸다. 면화폐기물가공업도 공인되고 있는 부족을 메우기 위한 분야로서 인정될 것이 틀림없다. 30년 전에는 모직물 누더기(즉 모직천 조각, 모직 옷 등)는 톤당 평균 £4 4s.[실링. £1=20s.]이었는데 최근 수년간에 톤당 £44가 되었으며, 그것에 대한 수요가 너무나 증가하여 면모교직물의 누더기까지도 이용하는 방법[모를 손상시키지 않고 면만 파괴시키는 방법]이 발견되었다. 지금 수천의 노동자들이 재생양모의 제조에 종사하고 있으며, 소비자는 대체로 좋은 질의 모직을 매우 싼 값으로 살 수 있기 때문에 큰 혜택을 받고 있다."(『공장감독관의 보고. 1863년 10월 31일』: 107)

이 재생양모는 1862년말에는 이미 영국산업의 양모소비량의 $\frac{1}{3}$을 차지하게 되었다(『공장감독관의 보고. 1862년 10월 31일』: 81). '소비자'가 받은 '큰 혜택'은, 그의 모직의복이 이제는 종전의 $\frac{1}{3}$시간에 닳아서 떨어지고 종전의 $\frac{1}{6}$시간에 실올이 보이게 된 것에 있었다.

영국의 견직업도 같은 길을 걸었다. 1839~1862년에 진짜 생사의 사용은 조금 감소되었지만 비단폐기물의 사용은 2배로 되었다. 기계의 개량에 따라, 종전에는 전혀 가치없던 재료에서 각종 목적에 사용될 수 있는 비단을 재생할 수 있게 된 것이다.

폐기물이용의 가장 놀랄만한 실례는 화학공업에서 볼 수 있다. 화학공업은 자체의 폐기물의 새로운 용도를 발견하여 그것을 이용할 뿐 아니라 다양한 다른 산업의 폐기물도 이용하고 있다. 예컨대 종전에는 거의 소용이 없었던 콜타르를 아닐린 염료인 알리자린으로 전환시키며 최근에는 의약품으로도 전환시키고 있다.

생산의 폐기물을 다시 사용함으로써 달성되는 위와 같은 절약은 폐기물의 절감—즉 생산의 폐기물을 최소한도로 줄이고 생산에 들어가는 원료와 보조재료를 최대한도로 직접적으로 사용하는 것—과 구별하지 않으면 안 된다.

폐기물의 절감은 부분적으로는 사용하는 기계의 질에 따라 달성된다. 기름·비누 등등은 기계의 부분들을 정확히 사용하고 잘 닦을수록 절약된다. 이것은 보조재료에 관한 것이다. 그러나 원료 중 생산과정에서 폐기물로 전환되는 부분이 더욱 큰가 더욱 적은가는 기계와 도구의 질에 달려있다는 점이 가장 중요하다. 끝으로, 폐기물의 절감은 원료 그 자체의 품질에 달려있다. 그런데 원료의 품질은 부분적으로는 원료를 생산하는 채취산업과 농업의 발달(본래의 의미에서 컬처culture의 진보)에 의존하고, 부분적으로는 원료가 제조업에 들어가기 전에 거치는 가공업의 발전에 의존한다.

"파르망티예가 증명하는 바에 따르면, 비교적 짧은 기간에[즉 루이 14세 이래] 프랑스에서는 제분기술이 크게 개량되어 새로운 제분기는 구식에 비하여 동일한 양의 밀에서 거의 5% 이상 더 많은 빵을 만들 수 있다. 파리주민 일인당 연간 밀 소비량은 최초에는 4스티예setier〔1스티예=256.5 파운드=116.35kg〕, 그 다음에는 3스티예, 마지막에는 2스티예로 계산되었는데, 지금은 겨우 $1\frac{1}{3}$스티예 즉 약 342파운드이다…내가 오랫동안 살고 있는 페르슈에서는 화강암과 트랩바위의 맷돌을 가진 유치한 제분기가 최근 30년간에 크게 발전한 기계학의 원리에 따라 개조되었다. 제분기에는 라 페르테 생산의 좋은 맷돌이 설치되고 밀은 두 번 빻게 되며 가루포대는 회전운동시키는데, 이리하여 동일한 양의 밀로부터 $\frac{1}{6}$이나 더 많은 밀가루가 만들어지고 있다. 따라서 나는 로마인과 우리 사이에 보이는 하루 밀 소비량의 큰 차이를 쉽게 설명할 수 있다. 그 원인은 전적으로 제분과 제빵의 부적절한 방법 때문이었다. 플리니우스가 〔『박물지』〕 제18권 제20장 2절에서 지적하고 있는 놀랄만한 사실─즉 로마에서는 밀가루가 품질에 따라 1모디우스modius〔 8.74리터〕에 40, 48 또는 96아스as로 팔렸다─도 위와 같은 방식으로 설명될 수 있다. 다시 말해 현재의 밀가격에 비하여 매우 높은 그런 가격은 그 당시의 제분기가 유치하고 불완전하였다는 것, 그리고 그 때문에 제분비용이 매우 컸다는 것에 의하여 설명된다."(뒤로, 1840: 280~281)

제5절   발명에 의한 절약

고정자본 사용의 절약은 이미 말한 바와 같이 노동조건들이 대규모로 사용되는 것─간단히 말해 노동조건들이 생산과정에서 직접적으로 사회적인 사회화된 노동의 조건들로서, 즉 직접적 협업의 조건들로서 기능하는 것─의 결과다. 노동조건들의 대규모 사용은 기계학과 화학의 발견들이 상품가격을 인상하지 않으면서 적용될 수 있는 유일한 조건이며 언제나 필수조건이다. 또한 공동적인 생산적 소비에서 생기는 절약은 대규모 생산에서만 가능하다. 끝으로, 어디에서 어떻게 절약하는가, 이미 이루어진 발명들을 어떻게 가장 간단히 이용할 수 있는가, 그리고 이론을 생산과정에 적용하는 데서 일어나는 실제적인 마찰들을 어떻게 제거할 것인가 따위는 오직 결합된 노동자의 경험에 의해서만 발견되고 증명된다.

그런데 여기에서 우리는 보편적 노동과 공동적 노동을 구별해야 한다. 어느 것이나 생산과정에서 자기의 기능을 하며 하나가 다른 하나로 이행하지만 둘은 서로 다르다. 보편적 노동은 온갖 과학적 노동, 온갖 발견과 발명이다. 이 노동은 부분적으로는 현재의 살아있는 사람들의 협업에 의해 달성될 뿐 아니라 부분적으로는 과거의 죽은 사람들의 노동을 이용하는 것에 의해 달성된다. 그러나 공동적 노동은 오직 개인들의 직접적 협업만을 전제한다.

이런 구별은 자주 관찰되는 다음과 같은 사실에 의하여 새로 확증되고 있다.

1) 새로운 기계의 최초의 제조비용과 그것의 재생산비 사이의 큰 차이. 이에 관해서는 유어와 배비지를 보라. 〖 참조. CW 33: 350; 『자본론』 제1권 제15장 3절 주 65, 66 〗

2) 새로운 발명에 의거하는 기업의 운영비는 이 기업의 폐허 위에 나타나는 나중의 기업의 운영비에 비하면 훨씬 많다는 것. 이리하여 최초의 혁신적인 기업가들은 대체로 파산하고, 건물·기계 등을 값싸게 매수하는 나중의 기업가들이 비로소 번창하게 된다. 따라서 인간정신의 보편적 노동의 모든 새로운 전개들과, 결합노동에 의한 이것들의 사회적 적용에서 가장 큰 이익을 얻는 사람은 대체로 가장 가치없고 비열한 화폐자본가들이다.

제6장
가격변동의 영향

제1절 원료가격의 변동. 이윤율에 미치는 직접적 영향

여기에서도 이전과 마찬가지로 잉여가치율은 불변이라고 가정한다. 이 가정은 우리가 사태를 순수한 형태로 연구하기 위해 필요하다. 그러나 잉여가치율이 불변이라 하더라도, 우리가 고찰하려고 하는 원료가격의 변동 때문에 일어나는 원료량의 증가 또는 감소로 말미암아 일정한 자본이 고용하는 노동자의 수가 증감할 수 있음은 물론이다. 이 경우 잉여가치율은 불변이라도 잉여가치량은 변할 것이다. 그러나 이것은 부차적인 영향이므로 여기에서는 고찰하지 않을 것이다. 기계의 개량과 원료가격의 변화가 동시에, 일정한 자본이 고용하는 노동자의 수나 임금수준에 영향을 미친다면, 우리는 1) 불변자본의 변화가 이윤율에 미치는 영향과 2) 임금의 변화가 이윤율에 미치는 영향을 총괄하기만 하면 된다. 그러면 그 결과가 저절로 나온다.

여기에서도 앞 장에서와 마찬가지로 다음의 것을 지적할 수 있다. 즉 불변자본 사용의 절약에서 생기는 각종의 변화들과 마찬가지로 가격의 변동에서 생기는 각종의 변화들도 비록 임금이나 잉여가치율과 잉여가치량을 전혀 변경시키지 않더라도, 이윤율에는 반드시 영향을 미친다는 점이다. 왜냐하면 그 변화들은 $s' \frac{v}{C}$ 에서 C의 가치를 변경시키며 따라서 분수 전체의 값을 변경시키기 때문이다. 그러므로 그 변화들이 어떤 산업분야에서 일어나는가, 그 변화들의 영향을 받는 산업분야가 노동자의 생활수단과 이 생활수단의 생산을 위한 불변자본을 생산하는가 그렇지 않은가 — 이것은 잉여가치의 고찰에서는 중요하다 — 하는 것은 여기에서는 전혀 문제가 되지 않는다. 여기에서 전개되는 논의는 이 변화들이 사치품 [여기에서는 노동력의 재생산에 필요하지 않은 모든 생산물을 가리킨다]의 생산에서 일어나는 경우에도 타당하지만, 여기에서는 다루지 않는다.

여기에서 원료라고 말하는 것에는 인디고 [물감] · 석탄 · 가스 등과 같은 보조재료도 포함된다. 더욱이 기계가 여기에서 고찰되는 경우에는, 그 기계는 철 · 나무 · 가죽 등의 원료로서 구성된 것이며 따라서 그 원료가격의 변동에 따라 기계의 가격도 변동하게 된다. 기계를 구성하는 원료, 또는 기계의 활동과정에 필요한 보조재료의 가격변동에 의하여 기계의 가격이 등귀하면, 이에 비례하여 이윤율이 하락한다. 반대의 경우에는 그 반대다.

아래의 연구에서는 상품의 생산과정에 실제로 들어가는 원료의 가격변동만을 고찰할 것이다. 따라서 노동수단으로 기능하는 기계의 원료나 그 기계의 사용에 필요한 보조재료는 여기에서 제외된다. 다만 여기에서 지적하고 싶은 것은, 기계의 제조와 사용에 필요한 주요요소인 철 · 석탄 · 목재 등등의 자연적 부는 이제 자본이 낳는 자연적 성과로 나타나며, 임금수준의 높고 낮음에 관계없이 이윤율을 결정하는 하나의 요소를 형성한다는 점이다.

이윤율은 $\frac{s}{C}$ 또는 $\frac{s}{c+v}$ 이므로, c 따라서 C의 크기를 변경시키는 모든 것은, s와 v 및 이 둘 사이의 상호관계가 불변이라 하더라도, 이윤율을 변경시키게 된다. 그런데 원료는 불변자본의 주요한 부분이다. 진정한 의미의 원료를 소비하지 않는 산업분야에서도, 원료는 보조재료나 기계의 구성부분이라는 형태로 존재하며 따라서 원료가격의 변동은 이윤율에 영향을 미치게 된다. 원료의 가격이 d원만큼 하락하면, $\frac{s}{C}$ 또는 $\frac{s}{c+v}$ 가 $\frac{s}{C-d}$ 또는 $\frac{s}{(C-d)+v}$ 로 되며, 이윤율은 상승한다. 반대로, 원료의 가격이 d원만큼 등귀하면, $\frac{s}{C}$ 또는 $\frac{s}{c+v}$ 는 $\frac{s}{C+d}$ 또는 $\frac{s}{(c+d)+v}$ 로 되며 이윤율은 저하한다. 따라서 기타의 사정들이 불변이라면, 이윤율은 원료의 가격과 반대의 방향으로 상승하거나 저하한다. 이것으로부터 알 수 있는 것은, 원료가격의 변동이 제품판매시장의 규모에 영향을 미치지 않는다 하더라도[따라서 수요와 공급의 관계를 무시하더라도], 낮은 원료가격이 공업국에 대해 매우 중요하다는 점이다. 또한 대외무역이 [필요한 생활수단을 값싸게 하여 임금에 미치는 영향을 제외하더라도] 이윤율에 영향을 미치게 된다. 대외무역은 특히 공업과 농업에서 소비되는 원료나 보조재료의 가격에 영향을 미친다. 지금까지 이윤율의 성질이나 이윤율과 잉여가치율 사이의 독특한 차이를 전혀 이해하지 못했기 때문에, 한편에서는 원료가격이 이윤율에 미치는 큰 영향[이것은 실제의 경험에 의하여 확인된 것이다]을 강조하는 경제학자들은 이것을 이론적으로 매우 잘못 설명하고 있으며(토렌즈) [참조. CW 32: 262~263], 다른 한편에서는 리카도와 같이 일반적 원리를 고수하는 경제학자들은 세계무역이 이윤율에 미치는 영향을 인정하지 않고 있다. [참조. CW 32: 71~72]

원료에 대한 수입관세의 철폐나 경감이 공업에 얼마나 중요한가를 우리는 이해할 수 있다. 보호관세제도의 합리적 발전은 원료에 대한 수입관세의 최대한 감축을 주요한 원칙의 하나로 삼았다. 이것은 곡물관세의 철폐와 나란히 영국자유무역론자들의 주된 목표였는데, 그들은 특히 면화의 수입관세 철폐에 애썼다.

진정한 원료가 아니더라도 보조재료의 가격하락까지도 얼마나 중요한가를 나타내는 하나의 예는 면공업에서 보조재료로 사용되는 밀가루[이것은 주요한 식품이기도 하다]이다. 이미 1837년에 그레그[13]의 계산에 따르면, 그 당시 영국의 면공업에서 사용하던 10만대의 역직기와 25만대의 수직기는 날실을 부드럽게 하기 위하여 연간 약 4,100만 파운드lbs의 밀가루를 소비하였다. 또한 이 양의 $\frac{1}{3}$이 표백과 기타의 공정에서 추가로 소비되었다. 이처럼 소비된 밀가루의 총가치는 지난 10년간에 매년 £342,000이었다고 그는 계산하고 있다. 유럽대륙의 밀가루 가격과 비교하면, 곡물관세로 말미암은 밀가루 가격의 상승때문에 공장주들은 연간 £170,000를 더 지불했다. 그레그는 1837년에는 이 초과지불액이 적어도 £200,000라고 계산하고 있으며, 밀가루에 대한 초과지불액이 연간 £1,000에 달하는 어느 기업에 관하여 이야기하고 있다. 이렇기 때문에 "세심하고 타산적인 사업가인 대공장주들은, 만약 곡물법이 철폐되면 10시간 노동으로도 충분히 이익을 본다고 말하였다."(『공장감독관의 보고. 1848년 10월 31일』: 98)

곡물법은 [1846년에] 철폐되고 면화와 기타 원료들에 대한 수입관세도 함께 철폐되었다. 그러나 이것이 달성되자마자 10시간 노동법안에 대한 공장주들의 반대는 어느 때보다도 더욱 격렬하게 되었다. 그렇지만 그 뒤 곧 10시간 노동법안이 법으로 확정되었을 때, 공장주들은 맨먼저 임금의 전반적 삭감을 시도하였던 것이다.

원료와 보조재료의 가치는 그것들의 소비에 의하여 제조되는 생산물의 가치로 전부 한꺼번에 들어가지만, 고정자본요소들의 가치는 그것의 마멸정도에 따라 점차적으로만 생산물의 가치에 들어간다. 그러므로 [이윤율은 사용되는 자본이 어느만큼 소비되고 어느만큼 소비되지 않는가에 관계없이 사용자본의 가치총액에 의하여 결정된다 하더라도] 생산물의 가격은 고정자본의 가격보다도 원료의 가격에 의하여 훨씬 더 큰 영향을

---

13) 그레그, 1837: 115.

받는다. 그러나 시장[판로]의 확대와 축소는 개개의 상품 가격에 의존하며 시장의 크기는 가격의 등락에 반비례한다는 것은 분명하다. [이 점은 그냥 지나가는 말로 하는 것이다. 왜냐하면 우리는 여기에서 아직도 상품들은 그 가치대로 판매된다고 가정하고 있으며 따라서 경쟁에 의해 일어나는 가격변동을 고려하고 있지 않기 때문이다.] 그러므로 현실에서는 원료가격이 상승하더라도 제품가격은 그와 동일한 비율로 상승하지는 않으며, 또 원료가격이 하락하더라도 제품가격은 그와 동일한 비율로 하락하지는 않는다. 이리하여 이윤율은, 상품이 그 가치대로 팔리는 경우와 비교할 때, 전자에서는 더욱 저하하며 후자에서는 더욱 상승하게 된다.

더욱이 사용하는 기계의 총량과 가치는, 노동생산성의 발전과 함께 증가하지만 이 생산성의 발전과 동일한 비율로 [즉 이 기계가 공급하는 생산물의 증대와 동일한 비율로] 증가하지는 않는다. 따라서 원료를 소비하는 산업분야[즉 이전의 노동생산물을 노동대상으로 삼고 있는 산업분야]에서는, 노동생산성의 증대는 일정한 노동량을 흡수하는 원료량의 증대, 즉 예컨대 한 시간 동안에 생산물로 전환되는 [상품으로 가공되는] 원료량의 증대로 분명히 표현된다. 그리하여 노동생산성이 발전함에 따라, 원료의 가치는 생산되는 상품 가치의 점점 큰 구성부분을 이루게 된다. 이것은 원료의 가치가 전부 상품생산물의 가치로 들어가기 때문만이 아니라, 개별 생산물의 가치구성부분 중에서 기계의 마멸에 의하여 형성되는 부분과 새로 첨가된 노동에 의하여 형성되는 부분이 모두 끊임없이 감소하기 때문이다. 이 두 가치구성부분이 감소하기 때문에 원료에 의해 형성되는 가치부분이 상대적으로 증가하게 된다. 물론 이 상대적 증가는, 원료 자체의 생산에 종사하는 노동의 생산성이 증대하여 원료의 가치가 하락한다면, 상쇄될 수 있다.

또한 원료와 보조재료는 임금과 마찬가지로 유동자본의 구성부분을 이루며, 따라서 매회의 생산물 판매에 의하여 끊임없이 그 전부가 보충되어야만 하는데, 기계의 경우에는 그 마멸분만이 먼저 준비금의 형태로 보충되기만 하면 되므로(여기에서는 매회의 판매마다 그 마멸분을 준비금에 추가하는 것은 결코 필수적인 것이 아니며 연간의 총판매액에서 연간의 마멸분을 공제할 수만 있으면 된다), 이 점에서도 원료가격의 등귀가 재생산과정 전체를 축소하거나 방해할 수 있다는 것이 분명히 드러난다. 왜냐하면 상품의 판매에 의해 얻은 금액이 상품의 모든 요소들을 보충하는 데 충분하지 않기 때문이며, 또는 그 금액이 생산과정의 기술적 토대에 적합한 규모로 생산과정을 지속하는 것을 불가능하게 하여 기계의 일부만이 가동되거나 기계의 전체가 평상시의 시간동안 가동될 수 없기 때문이다.

끝으로 폐기물로 말미암은 손실은 원료가격의 변동에 정비례하는데, 원료가격이 등귀하면 증가하고 원료가격이 하락하면 감소한다. 그러나 여기에도 한계가 있다. 1850년에는 아직도 다음과 같이 말하고 있었다.

"원료가격의 등귀에서 생기는 막대한 손실의 한 원천은 실제의 방적업자에게만 나타나는데, 이것은 낙면에 의한 손실이다. 내가 들은 바에 따르면, 면화가 등귀하면 방적업자[특히 저급면사의 생산자]의 비용은 가격등귀분의 지불액보다 높은 비율로 증가한다. 왜냐하면 굵은실의 방적에서 나오는 낙면은 15%에 달하기 때문이다. 따라서 면화가격이 파운드당 $3\frac{1}{2}$펜스인 경우에는 파운드당 $\frac{1}{2}$펜스의 손실이 생기지만, 면화가격이 파운드당 7펜스로 등귀하면 손실은 파운드당 1펜스로 증가한다."(『공장감독관의 보고. 1850년 4월 30일』: 17)

그러나 미국의 남북전쟁 [1861~1865년] 때문에 면화 가격이 거의 100년 이래 들어보지 못한 수준으로 등귀하였을 때, 보고서의 논조는 전혀 달랐다.

"지금 낙면에 주는 가격과, 이 낙면이 공장에서 원료로 재이용되는 것은, 인도면과 미국면 사이의 낙면 손실의 차이[약 12.5%]를 어느 정도 보상하고 있다…인도면의 가공에서 발생하는 손실은 25%이기 때문에 방적업자가 실제로 부담하는 비용은 면사에 포함된 면화의 비용보다 $\frac{1}{4}$만큼 더 많다. 미국면이 파운드당 5~6펜스이었을 때는 낙면에 의한 손실은 그다지 중요하지 않았다. 왜냐하면 그 손실은 파운드당 $\frac{3}{4}$펜스를 넘지 않았기 때문이다. 그러나 면화 1파운드가 2실링이고 따라서 낙면에 의한 손실이 6펜스에 이르게 된 오늘날, 낙면에 의한 손실은 매우 중대하다."[14](『공장감독관의 보고. 1863년 10월』: 106)

제2절　자본의 가치증가와 가치감소. 자본의 풀려남과 묶임

이 장에서 연구하는 현상들이 완전히 전개되기 위해서는 신용제도와 세계시장의 경쟁[이 후자는 자본주의적 생산양식의 기초이며 생활환경이다]이 전제되어야 한다. 그러나 자본주의적 생산의 이런 구체적 형태들을 포괄적으로 서술하는 것은, 자본의 일반적 성질을 파악한 뒤에라야 비로소 가능하다. 따라서 그 과제는 이 책의 범위 밖에 있으며 이 책의 속편을 쓴다면 거기에 속하게 될 것이다. 그러나 이 절의 제목에 제시한 현상들은 여기에서 일반적으로 취급할 수 있다. 이 현상들은 서로 관련되어 있으며 또한 이윤율과 이윤량과도 관련되어 있다. 이 현상들은 이윤율 뿐 아니라 이윤량(이것은 사실상 잉여가치량과 동일하다)까지도 잉

---

14) {엥겔스: 이 보고서의 마지막 구절은 잘못이다. 낙면에 의한 손실은 6펜스가 아니라 3펜스이어야 한다. 이 손실은 인도면의 경우에는 25%이지만 미국면의 경우에는 $12\frac{1}{2}$~15%에 불과하다. 파운드당 5~6펜스인 경우에는 이 비율이 올바르게 적용되고 있다. 물론 남북전쟁 최후의 몇 년 사이에 유럽으로 수송된 미국면의 낙면비율이 때때로 종전보다 훨씬 높았던 것은 사실이다.}

여가치[잉여가치량이든 잉여가치율이든]의 운동과는 독립적으로 증감할
수 있다는 망상을 만들어낸다는 이유만으로도 여기에서 간단히 고찰할
필요가 있다.

한편에서는 자본의 풀려남과 묶임, 다른 한편에서는 가치증가와 가치
감소 — 이것들을 각각의 분리된 현상이라고 볼 수 있는가?

먼저 제기되는 문제는 자본의 풀려남과 묶임이 무엇을 의미하는가다.
가치증가와 가치감소는 자명한데, 어떤 일반적인 경제사정들에 의하여
(왜냐하면 여기에서 문제로 되는 것은 어떤 하나의 사적 자본의 특수한
운명이 아니기 때문이다) 기존자본의 가치가 증감한다는 것, 즉 생산에
투하된 자본의 가치가 잉여노동에 의한 가치증식과는 관계없이 증감한다
는 것이다.

자본의 묶임이란 생산을 종전의 규모대로 계속하기 위해서는 생산물
의 총가치 중 일정한 추가적인 부분이 불변자본 또는 가변자본의 요소들
로 재전환되어야 한다는 것을 의미한다. 자본의 풀려남이란 생산물의 총
가치 중 지금까지 불변자본이나 가변자본으로 재전환되어야했던 부분의
일부가 생산을 종전의 규모대로 계속하는 데는 불필요하게 되어 다른 목
적에 이용할 수 있게 되는 것을 가리킨다. 자본의 풀려남과 묶임은 수입
의 풀려남과 묶임과는 다르다. 예컨대 자본 C의 연간 잉여가치가 x라면,
자본가의 소비에 들어가는 상품들이 값싸게 되어 종래와 동일한 양의 향
락품 등을 구매하는 데 x−a로 충분할 수 있다. 따라서 자본가의 수입 중
일부 a는 풀려나 이제 소비의 확대나 자본으로 재전환(축적)에 사용될 수
있다. 반대로 동일한 생활방식을 유지하는 데 x+a가 소요된다면, 생활수
준을 낮추든지 아니면 종전에는 축적되었던 수입부분 a를 이제는 수입으
로서 지출하지 않으면 안 될 것이다.

자본가치의 증가와 감소는 불변자본 또는 가변자본 또는 두 자본 모두
에서 일어날 수 있으며, 불변자본의 경우에는 이것은 고정자본 또는 유

동자본 또는 두 자본 모두에서 일어날 수 있다.

불변자본의 경우에 고찰해야 하는 것은 원료[여기에는 보조재료와 반제품도 포함된다]와 기계 및 기타의 고정자본이다.

앞 절에서 우리는 원료가격[또는 가치]의 변동을 이것이 이윤율에 미치는 영향과 관련하여 고찰하였으며, 기타의 사정이 불변이라면 이윤율은 원료가치의 변동에 반비례한다는 일반법칙을 제시한 바 있다. 이 법칙은 어떤 사업에 새로 투하되는 자본의 경우, 즉 자본의 투하[화폐가 생산자본으로 전환되는 것]가 처음으로 행해지는 경우에는 무조건 타당하다.

그러나 새로 투하되는 자본과는 달리, 이미 기능하고 있는 자본의 대부분은 유통영역에 있으며 그 일부만이 생산영역에 있다. 자본의 일부는 상품으로 시장에 나가 있어 화폐로 전환되어야 하며, 다른 일부는 형태야 어떻든 화폐로 존재하고 있어 생산조건으로 재전환되어야 하며, 마지막으로 또 다른 일부는 생산영역 안에 존재하며 부분적으로는 시장에서 구매한 최초 형태의 생산수단[원료 · 보조재료 · 반제품 · 기계 · 기타의 고정자본]으로 그리고 부분적으로는 아직 완성과정에 있는 생산물로서 존재하고 있다. 자본가치의 증가 또는 감소가 어떤 영향을 미칠 것인가는 위의 각 부분들의 구성비율에 크게 달려있다. 문제를 간단히 하기 위하여, 먼저 모든 고정자본을 제외하고 불변자본 중 원료 · 보조재료 · 반제품 · 제조과정에 있는 상품 · 완성품으로 시장에 있는 상품으로 구성되는 부분만을 고찰하자.

원료(예컨대 면화)의 가격이 상승하면, 이전의 싼 면화로 제조된 면제품[면사와 같은 반제품과, 면직물과 같은 완성품]의 가격도 상승한다. 아직 가공되지 않고 창고에 있는 면화의 가치나, 가공 중에 있는 면화의 가치도 마찬가지로 상승한다. 이런 면화는 소급작용에 의하여 더 많은 노동시간을 대표하기 때문에, 이 면화가 생산물에 첨가하는 가치는 그 면화가 최초에 가지고 있었던 가치[그리고 자본가가 그 면화에 지불하였던 가치]보다 크다.

그리하여 원료가격이 등귀할 때 상당한 양의 완성품[그 완성단계는 어떻든]이 이미 시장에 나가 있다면, 이 상품들의 가치는 증가하고 따라서 기존자본의 가치증가가 일어난다. 이것은 생산자의 수중에 있는 원료 등의 재고에도 적용된다. 이런 가치증가는 개별자본가[또는 자본주의적 생산의 특수분야 전체]에 대하여 원료가격의 상승에 따른 이윤율의 저하를 보상할[또는 보상하고도 남을] 수 있다. 여기에서는 경쟁의 영향을 상세히 논의하지 않고 다만 위의 논의를 보충하는 의미에서 다음과 같이 말할 수 있다. 1) 창고에 있는 원료재고가 상당히 큰 경우 (원료의 생산조건에서 나오는) 가격상승은 억제된다. 2) 시장에 있는 반제품이나 완성품이 공급과잉인 경우 이들의 가격은 원료가격의 상승에 비례하여 등귀하지는 않는다.

원료가격이 하락하는 경우, 기타의 사정들이 불변이라면 이윤율은 증가한다. 시장에 있는 상품, 아직 제조중인 제품 그리고 원료재고는 모두 감가하므로, 이 감가는 동시적으로 발생하는 이윤율의 증가를 억제한다.

예컨대 사업년도의 말에 원료가 대량으로 새로 공급되는 시기에 (농산물의 경우에는 수확 직후에) 생산영역과 시장에 있는 재고가 적으면 적을수록 원료가격 변동의 영향은 더욱 분명하게 나타난다.

우리의 연구 전체는 가격의 어떤 등락도 현실의 가치변동의 표현이라는 전제에서 출발하였다. 그러나 우리가 여기에서 취급하고 있는 것은 가격변동이 이윤율에 미치는 영향이므로, 가격변동의 원인이 무엇인가는 사실상 문제가 되지 않는다. 그러므로 여기의 논의는, 가격의 등락이 가치변동의 결과가 아니라 신용제도나 경쟁 따위의 영향의 결과라 할지라도 역시 타당하다.

이윤율은 총투하자본에 대한 생산물 가치의 초과분의 비율과 같으므로, 투하자본의 가치감소로부터 생기는 이윤율의 상승은 자본가치의 손실을 내포할 수가 있고, 투하자본의 가치증가로부터 생기는 이윤율의 저하는 자본가치의 증대를 내포할 수 있다.

불변자본의 기타 부분[기계나 고정자본 일반]에 관한 한, 여기에서 일어나는 가치증가[특히 건물·토지 등의 가치증가]는 지대론 없이는 설명할 수 없기 때문에 여기에 속하지 않는다. 그러나 그것들의 가치감소에는 다음과 같은 원인들이 일반적으로 중요하다.

끊임없는 개량이 생겨 기존의 기계·공장 설비 등이 사용가치의 일부를 잃고 따라서 또한 교환가치의 일부를 잃게 되는 것. 이 과정이 특히 강하게 작용하는 것은 새로운 기계를 도입한 최초의 시기[새로운 기계가 일정한 성숙도에 도달하기 전]인데, 이 시기에는 기계가 자기의 가치를 재생산하기도 전에 끊임없이 구식으로 되어 버린다. 이것이 하나의 이유가 되어, 이런 시기에는 보통 노동시간의 무제한 연장이나 주야교대작업이 실시되며, 기계의 가치는 기계의 마멸비용을 크게 부담하지 않고 재생산된다. 만약 기계의 짧은 가동기간(예상되는 개량 때문에 단축되는 기계의 수명)이 위와 같은 방식으로 보상되지 않는다면, 기계는 도덕적 감가 [물질적인 마멸이 아니라 무형의 가치감소를 가리킨다] 때문에 그 가치의 너무나 큰 부분을 생산물에 이전시키게 되어 수공업생산과도 경쟁할 수 없게 될 것이다.[15)]

기계·공장건물·기타의 고정자본이 일정한 성숙도에 도달하여 적어도 그 기본구조에서는 상당한 기간 불변인 채 남아 있다면, 가치감소는 이런 고정자본의 재생산 방법의 개량 결과로 생긴다. 이제 기계 따위의 가치가 감소하는 것은, 그것들이 더욱 새롭고 더 생산적인 기계 따위에 의하여 급속히 대체되거나 부분적으로 감가되기 때문이 아니라, 그것들

---

15) 배비지의 책에 여러가지 실례가 있다. 일반적인 수단—임금인하—도 이 경우에 사용된다. 따라서 이 끊임없는 가치감소는 캐리가 자기의 조화론적 두뇌로 몽상한 것과는 전혀 다른 영향을 미친다.

이 이제는 더 값싸게 재생산될 수 있기 때문이다. 이것은 왜 대기업이 첫 번째 소유자의 파산 이후 두 번째 소유자의 수중에서 번영하는 경우가 많은가를 설명하는 이유 중 하나다. 두 번째 소유자는 기업을 값싸게 구매함으로써 더 작은 규모의 자본투하로서 생산을 시작하게 된다.

농업에서는 생산물의 가격을 등락시키는 바로 그 원인들이 또한 자본가치를 증감시킨다는 것이 특히 분명히 나타난다. 왜냐하면 농업에서는 자본이 대부분 곡물 또는 가축 등 생산물 그 자체로 구성되고 있기 때문이다(리카도). 〔참조. CW 32: 172~173〕

* * *

다음으로 가변자본에 대하여 언급하여야 한다.

노동력의 재생산에 필요한 생활수단의 가치가 상승하기 때문에 노동력의 가치가 상승하고, 반대로 이 생활수단의 가치가 저하하기 때문에 노동력의 가치가 저하하는 한(그리고 가변자본의 가치증가와 가치감소는 이 두 경우를 의미할 뿐이다), 노동일의 길이가 불변이라면 이 가치증가는 잉여가치의 감소를 의미하고 이 가치감소는 잉여가치의 증가를 의미한다. 그러나 이것에는 다른 사정들—자본의 풀려남과 묶임—이 결부될 수 있는데, 이 사정들에 대해서는 아직까지 연구하지 않았으므로 이제 간단히 고찰하고자 한다.

노동력의 가치저하의 결과로 임금이 저하하면(이것은 실질임금의 상승과 결부될 수도 있다), 종전에 임금에 투하된 자본의 일부는 풀려나온다. 가변자본의 풀려남이 일어난다. 새로 투하되는 자본에 대해서는, 임금의 저하는 그 자본으로 하여금 더 높은 잉여가치율을 가지고 기능할 수 있게 해주는 효과만을 가진다. 종전보다 적은 화폐로 동일한 노동량을 운동시키며 이리하여 노동의 지불부분의 희생으로 불불부분이 증가한

다. 그러나 이미 이전에 투하된 자본의 경우에는 잉여가치율이 상승할
뿐 아니라 이전에 임금에 투하된 자본의 일부가 풀려나온다. 이 부분은
지금까지 묶여 있었고, 사업을 종전의 규모로 지속하기 위하여 생산물의
판매액에서 끊임없이 인출되어 임금으로 지출되고 가변자본으로 기능해
야 했던 부분이었다. 이제 이 부분은 자유롭게 처분할 수 있게 되며 새로
운 자본투자[동일한 사업을 확장하든 다른 생산분야에서 기능하든]를 위
하여 사용될 수 있다.

예컨대 500명을 1주일 동안 노동시키는 데 최초에는 £500가 필요하였
는데 이제는 오직 £400가 필요하다고 가정하자. 어느 경우에나 〔새로〕
생산된 가치량이 £1,000라고 한다면, 첫째의 경우에는 잉여가치량이 매
주 £500이고 잉여가치율은 100%이었다. 그러나 임금의 하락 이후에는
잉여가치량이 £600(=£1,000−£400)이며 잉여가치율은 150%=$£\frac{600}{400}$
이다. £400의 가변자본과 그것에 상응하는 불변자본을 가지고 이 생산
분야에서 새로운 사업을 개시하는 사람에게는, 이런 잉여가치율의 증가
가 임금저하의 유일한 효과다. 그러나 이미 기능하고 있는 사업의 경우
에는 가변자본의 가치감소 결과로 잉여가치량이 £500에서 £600로 증
가하고 잉여가치율이 100%에서 150%로 상승하였을 뿐 아니라, £100의
가변자본이 풀려나와 더 많은 노동의 착취에 이용될 수 있다. 다시 말해
동일한 노동량이 더욱 유리하게 착취될 뿐 아니라, £100가 풀려나므로
£500라는 동일한 가변자본은 전보다 더욱 많은 노동자들을 더 높은 율
로 착취할 수 있게 된다.

반대의 경우를 보자. 취업노동자를 500명이라 하고 생산물의 최초의
분할이 400v+600s=1,000이며 따라서 잉여가치율은 150%라고 하자. 그
러면 노동자는 매주 $£\frac{4}{5}$(=16실링) 〔£1=20s.〕를 받는다. 만약 가변자본
의 가치증가의 결과로 500명의 노동자에게 매주 £500의 비용이 든다면,
한 사람의 주 임금은 £1로 상승하며 £400은 이제 400명만을 고용할 수

있을 뿐이다. 만약 종전과 같은 수의 노동자가 사용된다면, 500v+500s=1,000이 되며 잉여가치율은 150%에서 100%로 (즉 $\frac{1}{3}$ 만큼) 저하할 것이다. 이 분야에 처음으로 투하되는 자본에 대해서는, 임금상승의 효과는 오직 잉여가치율이 더 낮아진 것뿐일 것이다. 기타의 조건이 불변이라면 이윤율도 동일한 비율은 아니더라도 저하할 것이다. 예컨대 c=2,000이라면, 첫째 경우에는 2,000c+400v+600s=3,000이고 s′=150%, p′=$\frac{600}{2,400}$=25%이다. 둘째 경우에는 2,000c+500v+500s=3,000이고 s′=100%, p′=$\frac{500}{2,500}$=20%이다. 반면에 이미 기능하고 있는 자본에 대해서는 임금상승은 이중의 효과를 가진다. £400의 가변자본을 가지고서는 400명의 노동자만 고용할 수 있고 이것도 잉여가치율 100%에서다. 따라서 그들이 생산하는 총잉여가치는 £400뿐이다. 더욱이 £2,000의 불변자본을 가동시키는 데는 500명의 노동자가 필요하기 때문에, 400명은 £1,600의 불변자본을 가동시킬 수 있을 뿐이다. 그러므로 생산이 종전의 규모대로 계속되고 기계의 $\frac{1}{5}$ 이 정지되지 않기 위해서는, 가변자본이 £100만큼 증가되어 전과 같이 500명을 고용할 수 있어야만 한다. 그런데 이것이 가능하기 위해서는, 이전에 처분가능하였던 자본이 이제는 묶이는 것[즉 사업확장에 사용하려던 축적기금의 일부를 현재의 사업규모의 보충에 사용하든가 아니면 수입으로 지출하려던 부분을 최초의 자본에 추가하는 것] 밖에는 다른 방법이 없다. £100만큼 더 많은 가변자본이 투하되어 £100만큼 더 적은 잉여가치가 생산되는 것이다. 동일한 수의 노동자들을 노동시키는 데 더 많은 자본이 필요하며, 동시에 각 노동자들이 제공하는 잉여가치는 감소한다.

　가변자본의 풀려남에서 생기는 이익과 가변자본의 묶임에서 생기는 불이익은, 이미 기능하고 있으며 자신을 동일한 조건에서 재생산하는 자본에 대해서만 일어나는 것이다. 새로 투하되는 자본에 대해서는 이익 또는 불이익은 잉여가치율의 상승 또는 저하, 그리고 그것에 상응하는 [비록 비례적인 것은 아니더라도] 이윤율의 변동에 국한될 뿐이다.

＊　＊　＊

방금 연구한 가변자본의 풀려남과 묶임은 가변자본 요소들[즉 노동력의 재생산비]의 가치감소와 가치증가의 결과다. 그러나 임금률이 불변이라 하더라도, 생산성의 발전에 따라 동일한 양의 불변자본을 가동시키는 데 필요한 노동자의 수가 감소한다면, 가변자본은 풀려날 수 있다. 반대로 노동생산성의 저하로 말미암아 동일한 양의 불변자본에 더욱 많은 노동자가 필요하다면 추가적인 가변자본이 묶일 것이다. 이전에는 가변자본으로 사용된 자본의 일부가 지금은 불변자본의 형태로 사용된다면, 즉 동일한 자본의 구성요소들 사이에 분배만이 달라진다면, 이것은 확실히 잉여가치율과 이윤율에 영향을 미칠 것이지만 우리가 여기에서 고찰하는 자본의 풀려남과 묶임이라는 항목에는 들어오지 않는다.

이미 본 바와 같이 불변자본도 그것의 물질적 요소들의 가치증감의 결과로 묶이거나 풀려날 수 있다. 이런 경우를 제외하면, 불변자본의 묶임은 노동생산성이 증가하는 경우—즉 동일한 노동량이 더욱 많은 생산물을 생산하며 이리하여 더 많은 불변자본을 가동시키는 경우—에만(가변자본의 일부가 불변자본으로 전환되지 않는다면) 생길 수 있다. 어떤 사정 아래에서는 예컨대 농업에서 보는 바와 같이 노동생산성이 저하하여 동일한 노동량이 동일한 생산물을 생산하는 데 더 많은 생산수단—예컨대 더 많은 종자·비료·배수시설 등—을 필요로 하는 경우에도 불변자본의 묶임이 일어날 수 있다. 불변자본이 가치감소 없이 풀려날 수 있는 것은, 각종의 개량이나 자연력의 이용 등에 의하여 더 작은 가치의 불변자본이 종전의 더 큰 가치의 불변자본이 수행한 동일한 기능을 기술적으로 담당할 수 있게 되는 경우다.

제2권〖제20장 1절~8절〗에서 본 바와 같이, 상품이 화폐로 전환된 뒤 [즉 상품이 팔린 뒤], 이 화폐의 일정한 부분은 [그 산업분야의 특수한 기술적 성격이 요구하는 비율에 따라] 다시 불변자본의 물질적 요소들로 전환되어야만 한다. 임금[즉 가변자본]을 도외시하면, 모든 산업분야에서 가장 중요한 요소는 보조재료[이것은 진정한 의미의 원료가 들어가지 않는 산업분야—예컨대 광업과 채취산업 일반—에서 특히 중요하다]를 포함하는 원료다. 가격 중에서 기계의 마멸분을 보충해야 할 부분은, 기계가 여전히 작동하고 있는 동안은, 오히려 관념적으로만 계산에 등장한다. 왜냐하면 그 부분은 오늘이나 내일 또는 그 자본의 회전시간의 어느 시점에서 보상되어 화폐로 전환하면 되기 때문이다. 그렇지만 원료는 다르다. 원료의 가격이 등귀하면, 상품가치에서 임금을 공제한 뒤 원료를 완전히 보충하는 것이 불가능하게 될지도 모른다. 따라서 격심한 가격변동은 재생산과정에서 중단, 큰 혼란과 파국까지도 야기한다. 특히 농산물[즉 유기적 자연에서 나오는 원료]은 수확의 변동 따위(여기에서는 신용제도의 영향을 완전히 도외시한다)의 결과로 이런 가치변동을 가장 받기 쉽다. 여기에서는 통제할 수 없는 자연적 사정, 그 해의 기후가 좋은가 나쁜가 따위 때문에 동일한 노동량이 매우 다른 양의 사용가치로 표현될 수 있으며, 이에 따라 이런 사용가치의 일정량은 매우 다른 가격을 가지게 된다. 가치 x가 100파운드의 a상품으로 표현된다면 a상품 1파운드의 가격은 $\frac{x}{100}$이고, 가치 x가 1,000파운드의 a상품으로 표현된다면 a상품 1파운드의 가격은 $\frac{x}{1,000}$이다. 이것은 원료의 가격변동을 야기하는 하나의 요인이다. 둘째 요인은 다음과 같은 것인데, 우리가 이것을 여기에서 언급하는 것은 다만 논의를 완전하게 하기 위해서다. 왜냐하면 경쟁과 신용제도는 아직도 우리의 고찰 범위 밖에 있기 때문이다. 식물성·동물성 원료는, 그 성장과 생산이 자연에 의해 규정되는 기간을 포함하여 일정한 유기적 법칙에 종속되어 있으므로, 사물의 성질로 보아 예컨대 기계와 기타의 고정자본, 석탄·광석 등[이것들은 자연조건이 불변이라면 공업국에서는 매우 짧은 시간에 현저하게 증산될 수 있다]과 같은 정도로 급격하게 증가할 수가 없다. 그러므로 불변자본 중 기계 등의 고정자본으로 구성되는 부분의 생산과 증가가 유기적 원료로 구성되는 부분보다 훨씬 빨리 진전하며, 이에 따라 유기적 원료에 대한 수요가 그 공급보다 더욱 급속히 증가하여 그 가격이 등귀하는 것은 있을 수 있는 일이며, 그리고 발달한 자본주의적 생산에서는 불가피한 일이기도 하다. 이런 가격등귀는 다음과 같은 변화를 야기한다. 1) 가격 등귀가 수송비의 증대를 감당할 수 있기 때문에 원료들이 더욱 먼 곳에서 공급된다. 2) 이런 원료의 생산이 증가된다. 그러나 생산량은 사물의 성질상 1년 뒤에야 증가할 수 있다. 3) 이전에는 사용되지 않았던 온갖 종류의 대용품이 지금은 사용되며 폐기물의 더욱 경제적 이용이 강구된다. 가격상승이 생산의 확대와 공급에 현저한 영향을 미치기 시작할 때는, 대체로 이미 전환점 ―원료와 이 원료를 요소로 하는 모든 상품의 가격이 계속 상승한 결과로 수요가 감퇴하고 이리하여 원료가격에 반작용하는 지점― 에 이르렀다는 것을 의미한다. 원료가격에 대한 반작용 [원료가격의 하락] 이 자본의 가치감소를 통하여 여러가지 형태로 일으키는 혼란을 제외하더라도, 다음과 같은 사정이 나타난다.

먼저 위에서 이미 말한 것으로부터 다음의 것은 명백하다. 즉 자본주의적 생산이 발전하면 할수록, 이리하여 불변자본 중 기계 등으로 구성되는 부분을 급격히 지속적으로 증가시키는 수단이 커지면 커질수록, 그리고 (특히 번영기에서처럼) 축적이 급속하면 할수록, 기계와 기타의 고정자본의 상대적 과잉생산은 더욱 커지며, 식물성·동물성 원료의 상대적 과소생산은 더욱 빈번해지며, 위에서 말한 바와 같은 그것들의 가격등귀와 그 뒤의 반작용이 더욱 격심해진다. 그리고 재생산과정의 주요한 요소의 격심한 가격변동에서 생기는 혼란도 그만큼 더욱 빈번해진다.

그런데 원료가격의 상승이 한편에서는 수요를 감퇴시키고, 다른 한편에서는 원료생산을 확대하고 멀리 떨어진 생산지[종래에는 거의 의존하지 않았거나 전혀 의존하지 않았던 지역]에서 수입하며, 그리고 이 두 가지 요인에 의하여 공급이 수요를 [특히 종래의 높은 가격에서] 초과하여 원료가격이 폭락한다면, 이 폭락의 결과는 여러 관점에서 고찰할 수 있다. 원료가격의 갑작스러운 폭락은 원료의 재생산을 저해하며, 이리하여 가장 유리한 조건에서 생산하는 최초의 공급국들에 의한 독점이 — 약간의 제약은 받겠지만 — 회복된다. 물론 원료의 재생산은 자극을 받았기 때문에 확대된 규모로 [특히 얼마간 이 생산을 독점하고 있는 나라들에서는] 진행된다. 그런데 원료생산의 토대[기계 등이 증대된 결과로, 그리고 몇 번의 가격상승을 겪은 뒤, 이제 새로운 표준적 토대로 된 것]는 이전의 회전순환의 결과로 크게 확대되어 있다. 그러나 제2차적인 원료공급지의 약간에서는 겨우 확대된 지 얼마 안 되는 재생산은 다시 현저한 제한을 경험하게 된다. 수출통계표가 보여주는 바와 같이, 지난 30년 동안(1865년까지) 인도의 면화생산은 미국의 면화생산이 감소할 때마다 증가하였는데, 그 이후에는 다소 장기적으로 감퇴하였다. 원료가 등귀하는 시기에는 산업자본가들은 생산을 조절하기 위하여 서로 모여 연합체를 결성한다. 예컨대 1848년 면화가격의 등귀 뒤에 맨체스터에서 그랬으며, 또 아일랜드의 아마생산에서도 그랬다. 그러나 직접적 유인이 사라지고 경쟁의 일반 원칙("가장 저렴한 시장에서 구매한다")이 절대적으로 다시 지배하게 되자마자, 공급의 규제는 또다시 '가격'에 맡겨진다[연합체가 목적으로 내세운 것은, 적합한 원산지가 그 당시 공급할 수 있는 일시적인 가격에 상관하지 않고 그 원산지의 생산능력을 증진시키는 것이었다]. 원료생산을 공동으로 포괄적으로 장기적으로 통제한다는 사상 — 이런 통제는 사실상 대체로 자본주의적 생산의 법칙과 모순되는 것이며, 따라서 언제나 헛된 희망사항이거나 기껏해야 직접적인 큰 위험과 궁지

에 빠졌을 순간에 예외적으로 취하는 공동조치에 한정되고 있다─은 수
요와 공급이 서로 조절할 것이라는 신념에 자리를 양보한다.16) 이 문제
에 관한 자본가의 미신은 너무나 막무가내여서 공장감독관들까지도 그들
의 보고서에서 몇 번이나 놀라움을 표명하고 있다. 물론 풍년과 흉년의
교체는 저렴한 원료를 한 번씩 제공한다. 저렴한 원료가 수요 확대에 미
치는 직접적인 영향 이외에도, 이윤율에 미치는 영향[우리가 이미 언급
한 바 있다]이 또한 수요에 대한 자극으로 추가된다. 그리하여 기계 등의
생산이 점차로 또다시 원료생산을 능가하는 과정[위에서 묘사한 바 있
다]이 더욱 큰 규모로 반복된다. 원료가 양적으로 뿐 아니라 질적으로도
수요를 충족시킬 수 있도록[예컨대 미국품질의 면화가 인도에서 공급될
수 있도록] 원료생산이 실질적으로 개선되기 위해서는, (인도의 생산자
가 자기 나라에서 어떤 경제적 조건 아래 있는가를 전혀 무시하면) 유럽
의 수요가 장기간에 걸쳐 규칙적·지속적으로 증가해야만 한다. 그런데
원료의 생산은 발작적으로 어느 때는 갑자기 확대되고 다음에는 또 급격

---

16) {엥겔스: 이상의 것을 쓴 1865년 이래, 세계시장에서 경쟁은 모든 문명국[특
히 미국과 독일]의 급속한 산업발전으로 크게 격화되었다. 급속히 그리고 거대
하게 팽창하고 있는 근대적 생산력이 자본주의적 상품교환의 법칙[이 테두리
안에서 생산력이 운동한다고 기대되고 있다]의 통제로부터 벗어나고 있다는
사실은 오늘날 자본가들의 의식에까지도 점점 더 새겨지고 있다. 이것은 특히
두 개의 징조에서 알 수 있다. 첫째로는 일반적 보호관세에 대한 새로운 열광
인데, 이 관세가 수출능력 있는 상품을 보호하기 위한 것이라는 점에서 옛날의
보호주의와 다르다. 둘째로는 생산가격·이윤을 조절하기 위하여 산업분야 전
체에서 공장주들이 결성한 카르텔과 트러스트이다. 이 [독점화] 실험들은 상대
적으로 유리한 경제환경에서만 실행될 수 있다는 것은 자명하다. 폭풍이 한 번
불어오면 이 실험들은 모두 날아가 버릴 것이며, 생산이 규제를 요구한다 할지
라도 그 과업을 담당할 수 있는 계급은 확실히 자본가계급이 아니라는 것이
증명될 것이다. 그때까지는 이런 카르텔의 유일한 목적은 대자본가가 소자본가
를 종전보다 더욱 급속하게 삼키도록 배려하는 것이다.}

히 축소된다. 이 모든 것 그리고 자본주의적 생산 일반의 정신은 1861~
1865년 [미국의 남북전쟁시기] 의 면화기근─재생산의 가장 필수적 요소
의 하나인 원료가 일시적으로 매우 부족했던 상황─에서 잘 배울 수 있
다. 공급이 충분할 때도 그 공급이 열등한 생산조건에서 나오는 경우에
는 가격이 상승할 수 있다. 또는 원료의 현실적 부족도 있을 수 있다.
면화공황에서는 처음에 후자가 발생하였다. [미국 남북전쟁에서 북부의 군함
이 남부의 항구를 봉쇄하여 면화가 유럽으로 수출될 수 없었다.]

생산의 역사에서 우리가 현재의 시기로 오면 올수록, 유기적 자연이
공급하는 원료의 상대적 가격등귀와 이 때문에 발생하는 그 뒤의 가치감
소가 끊임없이 반복하여 교체하는 것을 특히 주요 산업분야에서 더욱더
규칙적으로 발견하게 된다. 이상의 논의는 공장감독관의 보고서에서 인
용한 다음의 예에서 실증된다.

역사의 교훈[농업에 관한 다른 분석에서도 얻을 수 있다]은, 자본주의
체제는 합리적 농업을 방해한다는 것, 또는 합리적 농업은 자본주의체제
와 양립할 수 없으므로(비록 자본주의체제가 농업의 기술적 발전을 촉진
하기는 하지만), 자기 노동에 의존하는 소농을 필요로 하거나 연합한 생
산자들에 의한 통제를 필요로 한다는 것이다.

* * *

앞에서 말한 영국 공장감독관의 보고서에 있는 예증은 다음과 같다.
"사업상태는 비교적 좋다. 그러나 호황과 불황의 주기는 기계의 증가
에 따라 단축되고, 원료의 수요가 증가함에 따라 경기의 전환은 더욱 빈
번해진다…지금은 1857년 공황 이후 자신감이 회복되었을 뿐 아니라 공
황 그것을 거의 잊어버린 듯하다. 이런 개선이 계속될 것인가 아닌가는
원료 가격에 크게 달려있다. 몇몇의 경우에는 원료가격이 최고수준에 달

하였다는 증거가 이미 나에게는 보이는데, 이 최고수준을 넘으면 생산은
점점 수익성이 낮아지고 마침내는 이윤을 전혀 얻지 못할 것이다. 예컨
대 소모사공업worsted trade의 경기가 좋았던 1849년과 1850년을 보면, 영
국산 소모용 양털의 가격은 파운드당 13펜스이었고 호주산은 14~17펜
스이었다는 것, 그리고 1841~1850년의 10년간 평균에서 영국산은 14펜
스를 넘지 않았고 호주산은 17펜스를 넘지 않았다는 것을 알 수 있다.
그러나 공황의 해인 1857년 초에는 호주 양모는 23펜스이었는데 공황이
최고에 달한 12월에는 18펜스로 하락하였다가 1858년 중에는 점차로 다
시 상승하여 지금은 21펜스다. 한편 영국산 양모는 1857년에 20펜스에서
시작하여 4월과 9월에는 21펜스로 오르고 1858년 1월에는 14펜스로 하
락하였다가 지금은 17펜스까지 상승하였는데, 이 가격은 앞에서 내가 언
급한 10년간 평균보다 파운드당 3펜스가 높다…이것은 나의 의견으로는
다음 세 가지 중의 하나를 보여주는 것이다. 즉 이와 비슷한 가격이 1857
년에 일으킨 파산들을 잊어버렸든가, 또는 현존하는 방추가 소비할 수
있는 만큼의 양모밖에는 생산되고 있지 않든가, 또는 모직물의 가격이
계속 높은 수준에 있을 것 같다는 것이다…나는 방추와 직기들이 믿을
수 없을 만큼 짧은 시간에 그 수와 운전속도에서 몇 배로 증가하는 것을
보았고, 또한 프랑스에 대한 양모수출도 거의 동일한 몇 배로 증가하는
것을 보았으며, 그리고 국내와 국외 모두에서 양의 평균 연령이 [양의 수
의 증가와 농업전문가가 말하는 '가축을 될 수 있는 대로 빨리 화폐로 전
환하는 것'에 의하여] 점차로 낮아지고 있으므로, 나는 사람들이 이런 것
도 모르고 유기적 법칙에 따라서만 증가할 수 있는 생산물에 성패를 완
전히 걸고있는 사업에 기술과 자본을 투자하는 것을 보고 불안감을 느끼
지 않을 수 없었다…모든 원료의 수요와 공급의…상태가 면공업의 많은
경기변동을 설명할 뿐 아니라, 1857년 가을의 영국 양모시장의 상황과
그 뒤의 상업공황을 설명하는 것 같다."(『공장감독관의 보고. 1858년 10

월 31일』: 56~61에 있는 베이커의 보고)[17]

요크셔 웨스트 라이딩의 소모사공업 전성기는 1849~50년이었다. 취업자 수는 1838년 29,246명, 1843년 37,060명, 1845년 48,097명, 그리고 1850년 74,891명이었고, 역직기 수는 1838년 2,768대, 1841년 11,458대, 1843년 16,870대, 1845년 19,121대, 그리고 1850년 29,539대이었다(『공장감독관의 보고. 1850년 10월 31일』: 60). 이런 번영은 이미 1850년 10월에 사라지기 시작하고 있었다. 1851년 4월의 보고서에서 부감독관 베이커는 리즈와 브래드포드에 관하여 다음과 같이 말하고 있다.

"경기는 얼마 전부터 매우 불만족스럽다. 소모사 방적업자들은 1850년의 이윤을 급속히 잃어가고 있으며, 직물업자들도 대부분 특별히 나아진 것이 없다. 내가 보기로는 지금이 과거 어느 때보다도 더욱 많은 양모기계가 쉬고 있으며, 아마방적업자들도 노동자들을 해고하고 기계를 정지하고 있다. 사실상 섬유공업의 경기순환은 너무나 불확정적이어서 우리는 얼마 안 가서…방추의 생산능력과 원료량과 인구성장 사이에는 아무런 비례관계가 없다는 것을 발견하게 되리라고 생각한다."(『공장감독관의 보고. 1851년 4월 30일』: 52)

면공업도 마찬가지다. 이미 인용된 1858년 10월의 보고서는 다음과 같이 말하고 있다.

"공장의 노동시간이 고정된 이래 모든 섬유공업의 원료소비액·생산액·임금 사이의 관계는 간단한 비례식으로 단순화되었다…블랙번의 현시장 베인즈가 최근에 행한 면공업에 관한 강연을 인용하고자 하는데, 그는 자기 지방의 면공업 통계를 위의 간단한 비례식에 의하여 매우 정확하게 요약하고 있다:

---

17) {엥겔스: 우리는 물론 원료와 제품 사이의 가격 불균형에서 1857년의 양모공황을 설명하려는 베이커와는 입장이 다르다. 이 불균형 그 자체는 하나의 징조에 불과하였고 공황은 전반적인 것이었다.}

'1실마력 [제1권 제15장 2절 주25 참조] 은 전방기가 붙은 450개의 자동방추, 또는 200개의 스로슬방추, 또는 실을 감고 뒤틀고 풀칠하는 기계가 붙은 40인치 직물용 직기 15대를 운전할 수 있다. 1마력은 방적에서는 $2\frac{1}{2}$명의 노동자를 고용하며 직포에서는 10명을 고용하는데, 그들의 평균 주급은 1인당 10실링 6펜스다…제조되는 평균번수는 날실용은 30~32번 이고 씨실용은 34~36번이다. 매주 생산되는 방사를 방추당 13온스라고 하면, 매주 824,700파운드lbs.의 방사가 나오며, 이것을 위하여 £28,300 의 면화 970,000파운드 또는 2,300꾸러미가 소비된다…우리 지방[블랙 번을 중심으로 반지름 5마일 이내]의 매주 면화소비량은 1,530,000파운 드 또는 3,650꾸러미고 그 가격은 £44,625이다…이것은 영국의 면방적 업 전체의 $\frac{1}{18}$이고 기계직포업 전체의 $\frac{1}{6}$이다.'

따라서 베인즈의 계산에 따르면, 영국의 면방추 총수는 28,800,000 개이며, 이것이 항상 완전히 가동된다고 가정하면 연간 면화소비량은 1,432,080,000파운드lbs.일 것임을 알 수 있다. 그러나 면화수입량에서 수 출량을 빼면 1856년과 1857년에 1,022,576,832파운드에 불과하였으므 로, 409,503,168파운드의 공급부족이 있었음에 틀림없다. 이 점에 대하 여 친절하게도 나에게 회답한 베인즈는, 블랙번 지방의 소비에 의거한 연간 면화소비량의 추계는 방적되는 번수와 기계의 우수성 차이 때문에 과대평가될 수 있다고 생각하고 있다. 그의 추계에 따르면 영국의 연간 면화소비량은 10억 파운드다. 그의 추계가 옳고 실제로 22,576,832파운 드의 공급초과가 있다면, 수요와 공급은 이미 거의 균형을 유지하고 있다 고 볼 수 있다. 물론 이 경우 베인즈가 말하고 있는 자기 지방에서 작업을 시작하려고 하는 추가적인 방추와 직기, 그리고 다른 지방에서도 마찬가 지일 것으로 판단되는 추가적인 방추와 직기는 고려하지 않는다."(『공장 감독관의 보고. 1858년 10월 31일』: 59, 60, 61)

제3절   일반적 예증: 1861~1865년의 면화공황

준비의 시기: 1845~1860년

1845년. 면공업의 전성기. 매우 낮은 면화가격. 이에 관하여 호너는
다음과 같이 말한다.

"최근 8년 동안 지난 여름·가을 같은 활발한 경기를 본 적이 없다.
특히 면방적업에서 그러하였다. 지난 반년 동안 나는 매주 공장에 대한
새로운 투자를 보고받고 있다. 그 중에는 새로운 공장을 짓는 것도 있고,
텅 비어 있었던 몇 개의 공장들이 새로운 임차인을 발견한 것도 있고, 기
존 공장의 확장·새로운 더 강력한 증기기관의 설치·작업기의 증설도
있다."(『공장감독관의 보고. 1845년 10월 31일』: 13)

1846년. 불평소리가 들리기 시작한다.

"오래 전부터 면공장주들로부터 사업이 부진하다는 매우 일반적인 불
평을 듣고 있다…지난 6주간에 몇 개의 공장들이 12시간에서 보통 8시간
으로 조업을 단축하기 시작하였다. 이런 현상이 증가하는 것 같다…원료
가격이 크게 상승하였다…제품가격은 상승하지 않았을 뿐 아니라…면화
가격의 등귀 이전보다 낮다. 최근 4년 동안 면방적공장의 수가 크게 늘어
났기 때문에, 한편에서는 원료에 대한 수요가 크게 증가하였을 것이고
다른 한편에서는 제품의 공급이 크게 증대하였음에 틀림없다. 이리하여
원료의 공급과 제품에 대한 수요가 불변이었다면, 위의 두 요인은 이윤
을 크게 압박하였음에 틀림없다. 그런데 사실은 면화의 공급이 최근 부
족하였고 제품에 대한 수요가 국내·국외의 몇몇 시장에서 감퇴하였기
때문에, 이윤은 크게 감소하였다."(『공장감독관의 보고. 1846년 10월 31

일』: 100)

원료에 대한 수요 증대는 당연히 시장에서 완제품의 공급과잉을 동반한다. 말이 나온 김에 말하지만, 그 당시의 산업확장과 그 뒤의 침체는 면공업지방에만 국한된 것은 아니었다. 소모사공업의 중심지 브래드포드에서는 1836년에 318개의 공장이 있었을 뿐이었는데 1846년에는 490개가 되었다. 그러나 이런 숫자는 생산의 실제 증가를 거의 표현할 수 없다. 왜냐하면 기존의 공장들도 크게 확장되었기 때문이다. 이것은 특히 아마방적업에도 해당된다.

"최근 10년간 모든 것들이 시장의 과잉공급에 기여하였는데, 현재의 경기침체의 대부분은 이 때문이라고 보아야 한다…경기침체는…공장과 기계의 이와 같이 급속한 증가로부터 당연히 초래되는 것이다."(『공장감독관의 보고. 1846년 10월 31일』: 30)

1847년. 10월에는 화폐공황. 잉글랜드은행The Bank of England 할인율 8%. 이미 철도주식 투기와 동인도 융통어음 투기는 몰락했다. 그러나,

"베이커는 면화·양모·아마에 대한 수요가 해당 공업들의 큰 확장으로 최근 몇 년간 증가한 것에 대하여 매우 흥미있는 자세한 이야기를 하고 있다. 그에 따르면, 이런 원료들에 대한 수요 증대가 그 공급이 평균 이하로 떨어진 시기에 일어났다는 사실 하나만으로도—화폐적 혼란을 고려하지 않고서도—이들 공업의 현재 상태를 설명하는 데 거의 충분하다는 것이다. 이 견해는 나 자신의 관찰과, 사업에 정통한 사람들과의 대화를 통해 완전히 확인되고 있다. 이 몇 개의 산업분야들은 할인율이 5% 이하였을 때도 모두 심한 부진상태에 있었다. 이와는 반대로 생사의 공급은 풍부하였고 가격은 적당하였으며 따라서 사업은 지난 2~3주 전까지는 매우 활기가 있었는데…최근 2~3주간에 화폐공황이 견직업 공장주들에게 영향을 미쳤을 뿐 아니라 그들의 큰 고객인 유행품 제조업자에게 더욱 심한 타격을 주었다. 발표된 통계에 따르면 면공업은 최근 3년간에

거의 27% 확장하였다. 그 결과로 면화는 파운드당 4펜스에서 6펜스로 등귀하였는데, 꼰실twist은 공급증가로 종전 가격을 조금 능가할 따름이다. 양모공업은 1836년에 확장되기 시작하였는데, 그 이후 요크셔에서는 40%, 스코틀랜드에서는 그 이상의 확장을 이룩하였다. 소모사공업[18]의 확장은 더욱 크다. 이 공업은 동일한 기간에 74% 이상의 확장이 있었음을 통계는 보여준다. 이에 따라 원모의 소비는 크게 증가하였다. 아마공업은 1839년 이래 잉글랜드에서는 약 25%, 스코틀랜드에서는 22%, 그리고 아일랜드에서는 거의 90% 확장되었는데,[19] 이런 확장의 결과는 아마생산의 흉작과 겹쳐 원료의 가격을 톤당 £10나 인상시켰고 아마사의 가격을 한 묶음에 6펜스나 하락시켰다.”(『공장감독관의 보고. 1847년 10월 31일』: 30~31)

1849년. 경기가 1848년의 마지막 몇 달 이래 다시 활기를 띠게 되었다. “아마가격이 매우 낮아 장래의 어떤 상황에서도 상당한 이윤을 거의 보장할 정도이었으므로 공장주들은 계속 사업을 전개하였다…양모공업 공장주들은 이 해의 초에는 잠시 동안 매우 바빴다…내가 걱정하는 바는, 양모제품의 위탁판매가 때때로 진정한 수요를 대신하고 있다는 점과, 외관상 번영의 시기(즉 완전조업의 시기)가 반드시 진정한 수요의 시기는 아니라는 점이다. 몇 개월 동안 소모사공업은 큰 호황이었다…이 기간의 초에 양모가격은 매우 낮았고 방적업자들은 현명하게도 상당한 양을 구입하였다. 봄 양모경매에서 양모가격이 등귀하였을 때 그들은 이익을 보았으며, 그리고 양모제품에 대한 수요가 크고 확고하였기 때문에

---

18) {엥겔스: 짧은 양모로 방모사를 방적하여 직조하는 양모공업(주요 중심지는 리즈)과, 긴 양모로 소모사를 방적하여 직조하는 소모사공업(주요 중심지는 브래드포드)은 영국에서는 엄밀히 구분되고 있다.}

19) {엥겔스: 아일랜드에서 아마포를 위한 기계방적의 급속한 확장은 독일[실레지아, 루사티아, 베스트팔리아]의 수방사 아마포의 수출에 치명적 타격을 주었다.}

이익을 유지할 수 있었다."(『공장감독관의 보고. 1849년 4월 30일』: 42)

"최근 3~4년 동안 공업지방에서 일어난 경기변동을 보면, 우리는 어딘가에 큰 교란원인이 있다는 것을 인정해야 한다고 나는 생각한다…증가한 기계의 거대한 생산력이 그 원인에 하나의 새로운 요소를 첨가한 것은 아닌가?"(같은 보고서: 42, 43)

1848년 11월, 1849년 5월과 여름에서 10월까지는 사업이 더욱 활발해졌다.

"브래드포드와 핼리팍스 주위에 모여있는 소모사 직물업은 매우 활발하였으며, 지금과 같은 규모에 도달한 적이 없었다…원면에 대한 투기와 원면의 장래 공급에 대한 불확실성 때문에 면공업은 다른 어느 공업보다 더욱 큰 혼란과 더욱 빈번한 경기변동을 겪었다…지금 저급 면제품의 재고가 쌓여있는데, 이 때문에 대규모 방적업자들은 불안을 느끼며 이미 손해를 보고 있으므로, 그들 중 몇몇은 공장의 조업을 단축하고 있다."(『공장감독관의 보고. 1849년 10월 31일』: 64~65)

1850년 4월. 호황의 계속. 그러나 예외가 있다.

"특히 굵은 번수의 면사를 방적하거나 거친 면제품을 제조하는 데 적합한 원료의 공급부족 때문에…면공업의 일부에서는 대불황. 소모사공업을 위하여 최근에 설치된 기계의 증가도 비슷한 반작용을 초래하지 않을까 우려된다. 베이커의 계산에 따르면, 1849년 한 해 동안 이 공업에서는 소모사 직기에 의한 생산물은 40%, 방추에 의한 생산물은 25~30% 증가하였으며, 직기와 방추는 아직도 동일한 속도로 증가하고 있다."(『공장감독관의 보고. 1850년 4월 30일』: 54)

1850년 10월.

"높은 면화가격은 계속…이 산업에 상당한 불황을 야기하고 있는데, 특히 원료가 생산비의 상당한 부분을 차지하는 제품의 경우 그러하다…생사가격의 폭등은 마찬가지로 견직공업의 다수 분야에 불황을 야기하였

다."(『공장감독관의 보고. 1850년 10월 31일』: 14)

위의 보고서로부터 우리는 아일랜드의 왕립아마재배촉진협회가 아마 가격은 높고 기타 농산물의 가격은 낮으므로 그 다음 해의 아마생산이 크게 증가하리라고 예측한 것을 알고 있다.(같은 보고서: 33)

1853년 4월. 극도의 호황. 호너는 다음과 같이 말하고 있다.

"내가 랭커셔 공업지역들을 공식적으로 알게 된 지난 17년 동안 이와 같은 일반적 호황은 본 적이 없다. 모든 부문에서 활동은 매우 활발하다."(『공장감독관의 보고. 1853년 4월 30일』: 19)

1853년 10월. 면공업의 불황.

"과잉생산."(『공장감독관의 보고. 1853년 10월 31일』: 15)

1854년 4월.

"양모공업은 활황은 아니었지만 모든 관련공장에 완전가동을 보장하였다. 면공장도 마찬가지였다. 소모사공업은 일반적으로 최근 반년 동안 불확실하고 불만족스러운 상태에 있었다…아마·대마공업은 크리미아 전쟁으로 러시아의 원료공급이 감소하였기 때문에 심각한 장애를 받을 것 같다."(『공장감독관의 보고. 1854년 4월 30일』: 37)

1859년.

"스코틀랜드의 아마공업은 아직도 여전히 불황이다. 왜냐하면 원료가 부족하고 가격이 높기 때문이다. 우리의 주요 공급원인 발트해 연안 나라들의 작년 수확물의 질이 낮은 것은 스코틀랜드의 아마공업에 해로운 영향을 미칠 것이다. 그러나 다수의 거친 직포에서 점차로 아마를 대체하고 있는 황마는 가격도 아주 높지 않고 양도 부족하지 않다…던디에 있는 기계의 약 반은 황마방적에 현재 사용되고 있다."(『공장감독관의 보고. 1859년 4월 30일』: 19)

"원료의 높은 가격 때문에 아마방적업은 아직도 수지가 맞지 않는다. 그리하여 모든 다른 공장은 완전조업하고 있는데 아마기계가 놀고 있는 경우는 몇 군데 있다…황마방적업은…원료가격의 최근의 하락에 힘입어 좀 더 만족스러운 상태에 있는데, 원료가격은 지금 매우 낮은 수준으로 떨어졌다."(『공장감독관의 보고. 1859년 10월 31일』: 20)

1861~1864. 미국의 남북전쟁. 면화기근. 원료 부족과 가격 등귀가 생산과정을 중단시킨 최대의 실례

1860년 4월.

"경기에 대해서는, 원료가격이 높음에도 견직공업을 제외한 **모든** 섬유공업이 지난 반년 동안 제법 활황이었음을 보고할 수 있어 기**쁘다**…**몇몇** 면공업지방에서는 노동자의 모집광고가 났으며 노동자들이 노포크와 기타 농촌지역에서 거기로 이동하였다…어느 산업부문에서나 원료가 크게 부족한 것 같다…우리를 제약하고있는 것은 오직 원료의 부족이다. 면공업에서는 새로운 공장의 건설, 기존 공장의 확장, 노동자에 대한 수요가 지금처럼 컸던 시기는 아마도 일찍이 없었을 것이다. 어느 곳에서나 원료를 구하려고 노력하고 있다."(『공장감독관의 보고. 1860년 4월 30일』: 57)

1860년 10월.

"면공업 · 양모공업 · 아마공업지역의 경기는 좋았다. 아일랜드에서는 일년 이상이나 '매우 좋았다'고 말하고 있다. 원료가격만 높지 않았더라면 경기는 더욱 좋았을 것이다. 아마방적업자들은 과거 어느 때보다도 더욱 초조하게 철도에 의해 인도가 개방되고 인도의 농업이 발전하여 자기들의 필요에 충분한 아마가 공급되기를 기대하고 있는 것 같다."(『공장감독관의 보고. 1860년 10월 31일』: 37)

1861년 4월.

"경기는 지금 불황이다…몇 개의 면공장들은 조업을 단축하고 있으며

다수의 비단공장은 부분적으로만 가동되고 있다. 원료가격은 높다. 섬유
공업의 거의 모든 분야에서 원료는 소비자 대중을 위하여 가공될 수 있
는 가격을 능가하고 있다."(『공장감독관의 보고. 1861년 4월 30일』: 33)

1860년 면공업이 과잉생산하였다는 것은 분명해졌으며, 이것의 영향
은 그 뒤의 몇 년 동안 미치고 있었다.

"세계시장에서 1860년의 과잉생산을 흡수하는 데 2~3년이 걸렸다."
(『공장감독관의 보고. 1863년 10월 31일』: 127) "1860년 초 동양에서 면
제품시장의 불황은 블랙번[여기에서는 대체로 30,000대의 역직기가 동양
에서 소비되는 직물의 생산에 거의 전적으로 사용되고 있다]의 경기에 그
에 상응하는 영향을 미쳤다. 이에 따라 여기에서는 면화봉쇄[미국남북전쟁
으로 남부의 면화가 수입되지 못한 것]의 영향이 느껴지기 몇 개월 전부터 노
동에 대한 수요는 제한되어 있었다…다행히 이것 때문에 다수의 방적업
자들과 직포업자들은 파산을 면하였다. 재고는 [보유하고 있는 한] 가치
가 상승하였는데, 이리하여 이런 공황에서는 불가피하였을 무서운 가치감
소를 피할 수 있었다."(『공장감독관의 보고. 1862년 10월 31일』: 29, 31)

1861년 10월.

"경기는 얼마 전부터 대단한 불황이었다…겨울 몇 개월 동안 많은 공장
이 조업을 크게 단축하리라는 것은 있을 수 있는 일이다. 그러나 이것은
이미 예상되었을 것이다…미국산 면화의 정상적인 공급과 우리의 수출을
중단시킨 원인들이 없었다 하더라도, 최근 3년간의 거대한 생산증가와 인
도·중국시장의 불안정한 상태 때문에 다가오는 겨울에는 조업단축이 불
가피하였을 것이다."(『공장감독관의 보고. 1861년 10월 31일』: 19)

낙면. 동인도산 면화(수라트). 임금에 미치는 영향. 기계의 개량. 풀과 광물에
의한 면화의 대체. 이 풀칠이 노동자에 미치는 영향. 굵지 않은 번수 방사의 방
적업자. 공장주의 기만

"어떤 공장주가 나에게 다음과 같이 써 보냈다. '방추당 면화소비량의 계산에서 당신은 다음의 사실을 충분히 고려하지 않는 것 같다. 즉 면화가격이 높을 때 보통방사(예컨대 40번수까지. 주로 12~32번수)를 생산하는 방적업자는 모두 될 수 있는 대로 굵지 않은 번수를 방적하려고 한다는 사실[예를 들어 종래의 12번수 대신에 16번수를, 또는 16번수 대신에 22번수를 방적하려고 한다], 그리고 이런 굵지 않은 방사를 사용하는 직물업자는 그만큼 더 많은 풀을 먹임으로써 자기의 면포를 정상적인 무게로 만들려고 한다는 사실이 그것이다. 이런 수단은 지금 수치스러울 정도로 널리 사용되고 있다. 정확한 소식통에 따르면, 8파운드 무게의 수출용 보통의 셔츠천은 $5\frac{1}{4}$파운드의 면화와 $2\frac{3}{4}$파운드의 풀로 구성되고 있다…다른 종류의 직물에는 때때로 50%에 이르기까지 풀이 첨가되고 있다. 따라서 공장주가 자기의 직물을 파운드당으로는 그 원료인 방사의 값보다 싸게 판매하면서도 이익을 얻는다고 뽐낼 수 있는 것이다.'"(『공장감독관의 보고. 1864년 4월 30일』: 27)

"또 내가 들은 증언에 따르면, 직포공들은 자기들의 질병 증가가 풀[동인도면화인 수라트로 방적되는 날실에 사용되며 이전과 같이 곡물가루로 만든 것이 아니다] 때문이라고 말한다. 그런데 이 곡물가루의 대용품은 직물의 무게를 크게 증가시켜 예컨대 15파운드의 방사를 20파운드의 직물로 만들어내는 매우 중요한 이점을 가지고 있다는 것이다."(『공장감독관의 보고. 1865년 10월 31일』: 63) 이 대용품은 차이나 클레이라고 불리는 분말활석이거나, 프렌치 초크라고 불리는 석고였다. "직포공의 수입은 곡물가루 대용품을 날실용 풀로 사용하는 것 때문에 크게 감소하고 있다. 이 풀은 방사를 무겁게 하지만 뻣뻣하고 부서지기 쉽게 한다. 날실의 올 하나하나가 이른바 '경통heald'이라는 직기의 일부[이 경통의 튼튼한 실올이 날실을 올바른 위치에 유지한다]를 통과하는데, 뻣뻣하게 풀먹인 날실 때문에 경통의 실올이 자주 끊어진다. 끊어질 때마다 실을 다시 잇는 데 직포공은 5분의 시간을 빼앗긴다. 직포공들은 이 실 잇는 작업을 종전보다 적어도 10배 이상 하고 있으며, 이리하여 노동시간 중 직기의 생산능력은 그만큼 감소되는 것이다."(같은 보고서: 42~43)

"애슈튼, 스탤리브리지, 모슬리, 올댐 등에서는 노동시간이 완전히 $\frac{1}{3}$ 만큼 단축되었고 매주 단축되고 있다…노동시간의 이런 단축과 더불어 많은 분야에서 임금의 인하도 실시되고 있다."(『공장감독관의 보고. 1861년 10월 31일』: 12~13)

1861년 초 랭커셔의 일부 지역에서는 기계직물공의 파업이 있었다. 여러 공장주들이 5~7$\frac{1}{2}$%의 임금인하를 선포하였는데, 직물공들은 임금률은 그대로 두고 노동시간만 단축하라고 요구하였다. 이 요구가 받아들여지지 않아 파업이 시작되었다. 한 달 뒤에 노동자들은 패배를 인정하여야만 하였다. 이리하여 노동자들은 두 측면에서 고통을 받았다.

"노동자들이 마침내 동의한 임금인하 이외에도 많은 공장들은 지금 조업을 단축하고 있다."(『공장감독관의 보고. 1861년 4월 30일』: 23)

1862년 4월.

"나의 지난번 보고 이래 노동자들의 고통은 더욱 증가하였다. 그러나 이처럼 갑작스럽고 격심한 고통을 노동자들이 이처럼 말없는 체념과 참을성 있는 자제로 견디고 있는 것은 공업의 역사상 미증유의 일이다."(『공장감독관의 보고. 1862년 4월 30일』: 10) "현재 완전실업자의 비율은 1848년보다 훨씬 더 큰 것 같지는 않다. 1848년에는 보통의 공황이 일어났지만, 불안해진 공장주들로 하여금 [현재 매주 발표되고 있는 것과 비슷한] 면업상태의 통계를 수집하도록 할만큼 심각하였다…1848년 5월에는 맨체스터의 면업노동자 총수의 15%는 완전실업자이고, 12%는 단축시간 노동자이며, 70%는 정규시간 노동자이었다. 금년[1862년] 5월 28일에는 노동자 총수의 15%는 완전실업자이고 35%는 단축시간 노동자이며 49%는 정규시간 노동자이었다…몇몇의 다른 지역[예컨대 스토크포트]에서는 완전실업자와 단축시간 노동자의 비율이 높고 정규시간 노동자의 비율이 낮은데, 그 이유는 그 지방에서는 맨체스터보다 굵은 번수의 실을 방적하고 있기 때문이다."(같은 보고서: 16)

1862년 10월.

"의회에 제출된 지난 보고서에서 나는, 1861년 영국에는 2,887개의 면업공장이 있고 그 중 2,109개가 나의 관할구역[랭커셔와 체셔]에 있다는 것을 알았다. 나의 지역에 있는 2,109개의 공장 중 매우 많은 공장은 몇 명의 노동자만을 고용하고 있는 소규모 공장이라는 것을 나는 물론 잘 알고 있었지만, 그 비율이 너무 큰 것을 발견하고 놀랐다. 392개[19%]에서는 증기기관 또는 수차가 10마력 이하이고, 345개[16%]에서는 10~20마력, 1,372개에서는 20마력 이상이다…이런 소규모 공장주들의 매우 큰 부분—총수의 $\frac{1}{3}$ 이상—은 그 자신들이 얼마 전까지도 노동자들이었으며, 그들은 자본을 거의 가지고 있지 않다…따라서 손실의 큰 부담은 나머지 $\frac{2}{3}$가 걸머질 수밖에 없을 것이다."(『공장감독관의 보고. 1862년 10월 31일』: 18~19)

동일한 보고서에 따르면, 랭커셔와 체셔의 면업노동자 총수 중 40,146명[11.3%]만이 그 당시 정규시간을 노동하고 있었고, 134,767명[38%]은 단축시간 노동자이었으며, 179,721명[50.7%]는 실업자였다. 이 숫자에서 맨체스터와 볼튼[여기에서는 [면화부족의 영향을 비교적 적게 받는] 굵지 않은 번수의 실을 주로 방적하고 있다]의 숫자를 제외하면, 사태는 더욱 악화되어, 완전취업자는 8.5%, 불완전취업자 38%, 그리고 실업자는 53.5%가 된다.(같은 보고서: 19~20)

"가공되는 면화의 질이 좋은가 나쁜가는 노동자에게는 큰 차이를 일으킨다. 금년의 첫 몇 달 동안 공장주들은 싼 가격으로 구입할 수만 있다면 어떤 면화라도 사용하여 공장을 계속 가동시키려고 노력하였으므로, 종래에는 대체로 좋은 면화를 사용해 온 공장에 나쁜 면화가 많이 들어왔다.

이것은 노동자의 임금에 큰 차이 [삭감]를 일으켜 많은 파업이 일어났다. 왜냐하면 노동자들은 종래의 개수임금률로는 생활비를 벌 수 없었기 때문이다…몇몇의 경우에는 종전과 같이 정규시간을 노동하더라도 나쁜 면화를 사용할 때의 임금은 종전의 $\frac{1}{2}$에 불과하였다."(같은 보고서: 27)

1863년 4월.

"금년에 완전취업자는 면업노동자의 $\frac{1}{2}$을 크게 넘지 못할 것이다."
(『공장감독관의 보고. 1863년 4월 30일』: 14)

"동인도면화 수라트[공장주들은 지금 이것을 어쩔 수 없이 사용하고 있다]를 쓰는 것의 가장 심각한 단점은 가공과정에서 기계의 속도가 크게 줄어든다는 점이다. 지난 몇 년 동안 동일한 기계가 더 많은 작업을 할 수 있도록 기계 속도를 증진시키는 일에 모든 노력을 쏟았다. 기계속도의 감소는 공장주뿐 아니라 노동자에게도 영향을 미치는 문제다. 왜냐하면 노동자들의 대부분은 작업량에 따라 임금을 받기 때문이다. 예컨대 방적공은 방적된 실 한 파운드에 얼마를 받으며, 직포공은 직물 한 필에 얼마를 받는다. 주급을 받는 기타의 노동자들까지도 생산이 감소하면 임금도 감소하게 마련이다. 금년의 면업노동자의 수입에 관한 나의 조사와 나에게 제출된 증언에 따르면, 그들의 수입은 [1861년에 일반적이었던 임금률을 기초로 계산할 때] 평균 20% 줄었고 몇몇의 경우에는 50%까지 줄었다."(같은 보고서: 13)

"수입은…가공되는 원료의 성질에 따라 다르다…노동자의 상태는 수입면에서는 작년의 이때보다 지금"(1863년 10월)"이 훨씬 좋다. 기계는 개량되었고 원료에 대한 지식은 진보하였으며, 그리하여 노동자들은 맨 처음에 부딪쳤던 곤란들을 지금은 더 잘 극복할 수 있다. 지난 봄 프레스튼의 한 재봉학교"(실업자를 위한 자선기관)"를 방문하였을 때, 두 소녀[이들은 주 4실링을 벌 수 있다는 공장주의 말을 듣고 그 전날 직포공장에 간 바 있다]가 공장에서는 주에 1실링도 벌 수 없을 것이라고 불평하면서 학교에 다시 입학하려고 하는 것을 보았다. 나는 '자동직기 직공'에 관하여 들었는데…두 대의 자동직기를 맡아보는 직공이 2주 동안 정규시간 작업을 해서 8실링 11펜스를 벌며 이 금액에서 집세가 공제되는데 공장주는 집세의 절반을 선물로 되돌려 준다는 것이다."(얼마나 관대한가!)"그리하여 그 직공은 6실링 11펜스를 가지게 된다. 1862년의 마지막 몇 개월에는 많은 지역에서 자동직기 직공은 주에 5~9실링을 벌었고, 직포공은 2~6실링을 벌었다…지금은 대부분의 지역에서 수입은 크게 줄었지만 훨씬 더 건전한 상황이 조성되고 있다…수입의 감소에 기여한 원인들은 동인도 면화의 섬유가 짧다는 것과 그것이 더럽다는 것 이외에도 몇 가지 더 있다. 예컨대 동인도 면화에다 '낙면'을 많이 섞는 것이 지금은 관행으로 되고 있는데, 이것은 방적공의 곤란을 증대시킨다. 섬유가 짧으면 방적기로부터 실을 끌어낼 때와 실을 꿀 때 끊어지기 쉽고, 따라서 방적기가 계속 운전될 수가 없다…실에 큰 주의를 쏟아야만 하므로, 많은 직포공들은 직기 한 대만을 맡을 수 있을 뿐이며 두 대를 맡을 수 있는 직포공은 몇 되지 않는다…노동자의 임금은 직접적으로 5%, $7\frac{1}{2}$% 그리고 10%나 삭감되었다…대부분의 경우 노동자들은 원료를 될 수 있는 대로 잘 이용하여 보통의 임금률에서 될 수 있는 대로 많은 임금을 얻으려고 노력하게 된다…직포공들이 부닥치는 또 하나의 곤란은, 그들은 나쁜 원료로부터 좋은 직물을 만들어내야 하며 생산물에 결함이 있으면 벌금을 내야 한다는 점이다."(『공장감독관의 보고. 1863년 10월 31일』: 41~43)

임금은 정규시간 노동의 경우에도 매우 비참하였다. 면공업 노동자들은 지방정부에서 구호를 얻기 위하여(이것은 사실상 공장주에 대한 보조의 한 형태였다. 제1권 제23장: 782~784를 보라) 자기들이 고용될 수 있는 모든 공공사업[예컨대 배수공사·도로건설·돌깨기·도로포장]에 자발적으로 지원하였다. 부르주아지 전체가 노동자들을 감시하였다. 최악의 기아임금이 제시되고 노동자가 이것을 받아들이지 않으면, 구호위원회는 그를 구호자명단에서 빼버렸다. 노동자들은 굶어 죽든지 아니면 부르주아지에게 가장 유리한 임금수준에서 노동하지 않을 수 없었으며, 구호위원회 [참조. CW 19: 239~242] 는 부르주아지의 주구노릇을 하였으므로, 공장주들로는 진짜 황금시대이었다. 공장주들은 또한 정부와의 비밀합의 아래에서 노동자들의 국외이주를 될 수 있는 대로 방해하였는데, 이것은 부분적으로는 그들의 자본을 노동자의 피와 살에 투자할 수 있도록 준비하기 위해서였고, 부분적으로는 노동자들로부터 짜내는 집세를 확보하기 위해서였다.

"구호위원회는 이 점에서 매우 엄격하였다. 일자리가 제의되면, 그 제의를 받은 노동자는 구호자명단에서 삭제되기 때문에 그 제의를 받아들이지 않을 수 없었다. 노동자들이 일자리를 받아들이기를 거부하였다면… 그것은 그들의 임금액이 거의 이름뿐이면서도 작업은 매우 힘들다는 이유 때문이었다."(『공장감독관의 보고. 1863년 10월 31일』: 97)

노동자들은 공공사업법에 의하여 어떤 작업에 배치되더라도 그것을 할 마음의 준비가 되어 있었다.

"근로작업이 조직되는 원칙은 각 도시마다 큰 차이가 있었다. 그러나 옥외노동이 결코 표준노동이 아닌 도시에서까지도, 그 노동이 규정대로의 구호금이나 거의 그 수준으로 지불되었으므로, 옥외노동이 사실상 표준노동이 되어 버렸다."(같은 보고서: 69) "1863년의 공공사업법은 이런 폐단을 제거하고 노동자로 하여금 독립적인 노동자로서 임금을 벌 수 있게 한다는 것이었다. 이 법의 목적은 세 가지였다. 첫째는 지방정부로 하여금"(중앙구호위원장의 동의 아래)"재무부 대출담당관의 돈을 차입할 수 있게 하는 것, 둘째는 면업지방의 도시개량을 촉진하는 것, 셋째는 실업노동자에게 일터와 적합한 임금을 제공하는 것." 1863년 10월 말까지 £883,700의 대출이 이 법에 의거하여 승인되었다.(같은 보고서: 70) 착수된 사업은 주로 운하건설·도로건설·도로포장·저수지건설 등이었다.

블랙번 구호위원회장인 헨더슨은 이 점에 관하여 공장감독관 레드그레이브에게 다음과 같이 쓰고 있다.

"현재의 고통·곤궁의 시기 전체를 통하여 나를 가장 감동시키고 기쁘게 한 것은, 공공사업법에 따라 블랙번시가 이 지역의 실업자에게 제공한 일들을 그들이 순수히 즐겁게 받아들인 것이었다. 공장의 기능공인 면방적공과 14~18피트 깊이의 하수도에 있는 노동자 사이의 대조보다 더욱 큰 대조는 거의 없을 것이다."(이 노동자는 가족수에 따라 주 4~12실링을 받을 자격이 있는데, 이 12실링은 참으로 큰 것이어서〖 실제로는 충분하지 않다는 반어적 표현〗 때때로 이것으로 8명의 가족이 살아가지 않으면 안 되었다. 시청의 위선자들은 여기에서 이중으로 이익을 보았다. 첫째로 그들은 매연에 싸인 방치된 도시의 개량 자금을 예외적으로 낮은 이자율로 차입하였고, 둘째로 그들은 노동자에게 정상적인 임금률보다 훨씬 낮게 지불하였다.) "노동자들은 열대적인 온도에는 익숙하지 않았고, 근육의 힘보다는 손의 기교와 정확성에 더욱 의존하는 작업에 익숙하였으며, 지금 받는 보수의 2~3배에 익숙하였으므로, 그가 제의받은 공공사업의 일자리를 거리낌 없이 받아들인 것에는 매우 존경할만한 자기희생과 깊은 고려가 내포되어 있다. 블랙번에서 그들은 거의 모든 종류의 옥외노동을 하였다. 딱딱하고 무거운 진흙 땅을 상당한 깊이까지 파거나, 배수작업·돌깨는 작업·도로건설작업을 하였으며, 하수도를 위하여 14, 16, 때때로 20피트까지 흙을 파는 작업을 하였다. 이때 그들은 많은 경우 10~20인치의 진흙과 물 속에 서 있게 되며 영국의 어느 지방에서도 겪지 못할 찬 습기에 부닥친다."(같은 보고서: 91~92) "노동자들의 행위는 거의 비난할 여지가 없다. 옥외노동을 받아들이고 그것을 열심히 하려는 그들의 태도."(같은 보고서: 69)

1864년 4월.

"때때로 여러 지방에서 노동자가 부족하다는 불평이 들리는데, 이 부족은 예컨대 직포업과 같은 특수분야에서 주로 느껴진다…이런 불평이 나오게 되는 원인은, 그 특수분야에서까지도 노동자의 실질적인 부족 때문만이 아니라 저질 방사로 말미암은 저임금 때문이다. 지난 달에는 공장주들과 노동자들 사이에 임금에 관하여 많은 분쟁이 일어났다. 유감스러운 이야기이지만 파업이 너무 자주 발생하였다…공공사업법에 의한 일자리 제공을 공장주들은 일종의 경쟁이라고 생각하였다. 바컵의 지방구호위원회는 활동을 중단하였다. 왜냐하면 공장이 모두 가동되고 있는 것은 아닌데도 노동자의 부족이 나타났기 때문이다."(『공장감독관의 보고. 1864년 4월 30일』: 9, 10)

사실상 공장주들의 황금시대는 지금 지나갔다. 공공사업법의 결과로 노동에 대한 수요가 크게 증가하여 많은 공장노동자들이 바컵의 채석장에서 하루 4~5실링을 받게 된 것이다. 이 공공사업은 1848년 2월혁명 뒤 프랑스에서 〔노동자계급의 요구를 충족시키기 위하여〕 설치된 국민작업장의 신판이지만 이번에는 부르주아지의 이익을 위하여 설치된 것이므로, 이 공공사업이 부르주아지의 이익을 증가시키지 못하자 점차로 중단되지 않을 수 없었다.

'가치없는 물건'에 대한 실험

"내가 몇몇 공장에서"(정규시간 노동하는)"노동자들의 현실적인 수입으로 매우 낮은 임금을 보았지만, 그들이 매주 동일한 금액을 받는 것은 아니다. 공장주가 동일한 공장에서 면화·낙면의 서로 다른 종류·비율로 끊임없이 실험함으로써, 이른바 '배합mixings'이 자주 변경되기 때문에, 노동자들의 수입은 크게 변동한다. 면화 '배합'의 질에 따라 노동자의 수입은 증감하는데, 때로는 이전 수입의 15%만큼 감소하다가 1~2주

뒤에는 50~60%까지 감소하기도 한다."

공장감독관 레드그레이브는 위와 같이 말하면서 실제의 경험에서 얻은 임금자료를 제시하고 있는데, 다음의 것은 하나의 예가 될 것이다.

A, 직포공, 가족 6명, 주 4일노동, 6실링 $8\frac{1}{2}$펜스; B, 연사공twister, 주 $4\frac{1}{2}$일노동, 6실링; C, 직포공, 가족 4명, 주 5일노동, 5실링 1펜스; D, 전방공slubber, 가족 6명, 주 4일노동, 7실링 10펜스; E, 직포공, 가족 7명, 주 3일노동, 5실링, 따위. 레드그레이브는 계속하여 다음과 같이 말한다.

"위의 자료는 주목할 만한 가치가 있다. 왜냐하면 그것은 취업이 다수의 가족에게는 오히려 하나의 불행이 되는 것을 보이기 때문이다. 가족의 노동임금이 가족 모두가 실직하였을 때 받게 되는 구호금 총액보다 적을 경우, 그 차액을 추가적 구호금으로 주지 않는다면, 취업은 수입총액을 감소시킬 뿐 아니라 수입총액을 너무나 감소시켜 가족의 절대적 필요의 작은 일부 이상을 충족시키는 데도 불충분하게 만들기 때문이다."(『공장감독관의 보고. 1863년 10월 31일』: 50~53)

"지난 6월 5일 이래 전체 노동자의 주평균노동시간은 2일 7시간 몇 분 이상을 넘어본 적이 없다."(같은 보고서: 121)

공황이 개시된 때부터 1863년 3월 25일까지 거의 3백만 파운드 스털링이 구빈당국, 중앙구호위원회 및 런던시 위원회에 의하여 지출되었다(같은 보고서: 13).

"가장 가는 실을 방적하는 어느 지역에서는…방적공은 사우스 시 아일랜드South Sea Ireland 면화로부터 이집트 면화로 변경한 결과 15%의 간접적인 임금인하를 당하였다…다량의 낙면을 동인도 면화와 혼합하여 사용하는 광범한 지역에서는…방적공은 5%의 임금인하를 당하였을 뿐 아니라 동인도 면화와 낙면을 손보아야 하는 결과로 추가적으로 20~30%의 임금을 잃었다. 직포공이 담당하는 직기수는 4대에서 2대로 줄었다. 1860년에는 직포공은 직기 한 대당 평균 5실링 7펜스를 벌었는데, 1863

년에는 3실링 4펜스에 불과하였다. 종전에 미국면화의 경우에는"(직포공에 대한)"벌금이 3~6펜스이었는데 지금은 1실링~3실링 6펜스에 이르고 있다."

이집트 면화가 동인도 면화와 혼합되어 사용되는 어느 지역에서는, "뮬 방적공의 평균임금은 1860년에 주당 18~25실링이었으나 지금은 10~18실링이다. 이런 감소는 면화의 품질이 나쁜 것 이외에도 실을 더 세게 꼬기 위하여 뮬의 속도를 늦춘 것[보통의 시기에는 이것은 임금지불에서 보상된다] 때문이었다."(같은 보고서: 43~44) "동인도 면화는 공장주에게는 이익이 되었겠지만 노동자들은 1861년에 비하여 손해를 입었다."(같은 보고서: 53의 임금표를 보라.) "동인도 면화의 사용이 확정된다면 노동자들은 1861년과 같은 임금을 요구하게 될 것인데, 이렇게 되면 원료나 제품의 가격에서 공장주가 보상을 받지 못한다면 공장주의 이윤은 심각한 영향을 받을 것이다."(같은 보고서: 105)

집세

"노동자들이 살고 있는 오막살이가 공장주의 소유라면 집세는 임금에서 공제되는 경우가 많으며, 노동자가 단축시간 노동을 하는 경우에도 그러하다. 그러나 이런 건물의 가치는 저하하였고, 이리하여 보통의 시기의 집세보다 25~50%나 적은 돈으로 오막살이를 빌릴 수 있다. 종전에는 주당 3실링 6펜스이었던 오막살이는 지금 2실링 4펜스 또는 그 이하로 얻을 수 있다."(같은 보고서: 57)

국외이주

물론 공장주들은 노동자들의 국외이주를 반대하였다. 왜냐하면 첫째는 "공장주들은 면공업이 현재의 불황에서 회복할 것을 예상하여, 공장을 가장 유리한 방식으로 운영하는 데 필요한 수단 [즉 노동자들] 을 수중에 유지하려고 하기 때문이다." 다음으로, "다수의 공장주들은 노동자들이 거주하고 있는 가옥의 소유자이고, 그들 중 몇몇은 틀림없이 노동자들의 밀린 집세의 일부를 돌려받기를 원하고 있기 때문이다."(같은 보고서: 96)

오스본은 1864년 10월 22일 국회의원 유권자들에게 행한 연설에서 랭커셔의 노동자들은 고대의 철학자들(스토아학파*)처럼 행동하였다고 말하였다. 양처럼 행동한 것은 아닌가?

---

* 그리스 철학자 제논이 창시한 철학. 신의 섭리인 자연의 필연성에 따라 태연자약하게 살라고 호소한다.

제7장
보충설명

이 편을 통틀어 가정한 바와 같이, 각 특정 산업분야에서 취득되는 이윤량은 그 분야에 투하된 총자본이 생산하는 잉여가치의 총액과 동일하다고 하자. 그러나 부르주아는 아직도 이윤을 잉여가치[즉 불불잉여노동]와 동일하다고 생각하지 않을 것인데, 그것은 다음과 같은 이유 때문이다.

1) 부르주아는 유통과정에서는 생산과정을 잊어버린다. 그는 상품의 가치를 실현할 때[잉여가치의 실현도 포함한다], 잉여가치가 만들어진다고 생각한다. {엥겔스: 원고에는 여기에 공백이 있는데 이것은 마르크스가 이 점을 더 상세하게 전개하려 하였다는 것을 가리킨다.}

2) 우리가 밝힌 바와 같이, 노동의 착취 정도가 동일하다고 전제하고, 신용제도가 일으키는 각종의 변경, 자본가들 사이의 각종의 상호기만, 일체의 유리한 시장선택 등을 무시하더라도, 이윤율은 원료를 얼마만큼의 전문지식을 가지고 싸게 구매했는가, 사용되는 기계가 생산적이고 적합하고 저렴한가, 각 단계의 생산과정이 전체적으로 만족스럽게 조직되어 있는가, 원료의 낭비가 있는가, 경영과 감독이 단순하고 효율적인가 따위에 따라 크게 달라질 수 있다. 요컨대 일정한 가변자본에서 나오는

170

잉여가치가 주어진 크기라 하더라도, 이 동일한 잉여가치가 더 높은 이윤율로 표현될 것인가 더 낮은 이윤율로 표현될 것인가, 그리고 따라서 이 동일한 잉여가치가 더 많은 이윤량을 가져다 줄 것인가 더 적은 이윤량을 가져다 줄 것인가는 개인[자본가 자신이나 그의 관리인과 판매원]의 사업수완에 매우 크게 의존하고 있다. 임금 1,000원이 낳은 잉여가치 1,000원이 기업 A의 경우에는 9,000원의 불변자본과 관련맺고 있으며, 기업 B의 경우에는 11,000원의 불변자본과 관련맺을 수도 있다. A의 경우에는 $p' = \frac{1,000}{10,000} = 10\%$이고, B의 경우에는 $p' = \frac{1,000}{12,000} = 8\frac{1}{3}\%$이다. 두 경우에 가변자본 투하액(1,000원)과 그것으로부터 취득한 잉여가치(1,000원)가 동일하며 따라서 동일한 수의 노동자들을 동일한 정도로 착취하였는데도, 총자본은 A의 경우에 B의 경우보다 상대적으로 더 많은 이윤을 생산한다[즉 이윤율이 더 높다]. 노동의 착취가 동일하더라도 동일한 잉여가치량이 표현되는 방법의 이런 차이, 또는 이윤율 그리고 이윤 그 자체의 이런 차이는 또한 다른 원인으로부터도 일어날 수 있는데, 단순히 두 기업을 운영하는 경영수완의 차이로부터도 일어날 수 있다. 이런 사정 때문에 자본가는 잘못 생각하여 그의 이윤은 노동의 착취에서 나오는 것이 아니라, 적어도 부분적으로는 이 착취와 무관한 다른 사정, 특히 자기 자신의 개인적 행동에서 나온다고 확신하게 된다.

* * *

이 제1편에서 전개된 논의는 다음과 같은 견해[로트베르투스의 견해]의 오류를 지적하여 준다. 즉 (예컨대 토지의 면적은 동일하지만 지대는 증가한다고 하는 지대의 경우와는 달리) 자본의 큰 변화까지도 자본과 이윤 사이의 비율[즉 이윤율]에는 영향을 미치지 않는다는 것인데, 그 이유는 이윤량이 증가하면 이윤계산의 기초가 되는 자본량도 증가하며 반대의 경우에는 그 반대가 되기 때문이라는 것이다.

이 견해는 두 가지 경우에만 타당하다. 첫째로, 기타의 모든 사정, 특히 잉여가치율이 불변이면서, 화폐상품의 가치가 변화하는 경우다. (기타의 모든 사정이 불변이면서 가치상징의 등귀 또는 하락——즉 순수히 명목적인 가치변화——이 일어나는 경우에도 그렇다.) 총자본 100원, 이윤 20원, 따라서 이윤율 20%라고 하자. 지금 금의 가격이 $\frac{1}{2}$로 하락하거나 2배로 등귀한다면, 하락한 경우에는 이전에 100원의 가치가 있었던 동일한 자본이 지금은 200원의 가치를 가지게 되며 이윤은 20원이 아니라 40원의 가치를 가지게 된다(즉 이윤이 이 새로운 화폐액으로 표현된다). 금의 가격이 2배로 등귀한 경우에는, 자본은 50원의 가치로 감소하고 이윤은 이제 10원의 가치가 있는 생산물로 표현된다. 그러나 두 경우에 모두 40:200=10:50=20:100=20%이다. 이와 같은 경우에는 자본가치의 실질적 변화는 전혀 없으며 다만 동일한 가치와 잉여가치의 화폐적 표현이 변화할 따름이다. 이윤율 $\frac{s}{c}$는 영향을 받을 수가 없다.

둘째로, 자본가치의 실질적 변화가 일어나지만 이 변화가 v:c의 비율의 변동을 수반하지 않는 경우다. 즉 잉여가치율이 불변이고 생산수단에 투하된 자본 〔불변자본〕과 노동력에 투하된 자본(운동되는 노동력의 지표로 간주되는 가변자본) 사이의 비율이 불변인 경우다.* 이런 조건에서는 총자본이 C인가 nC인가 $\frac{C}{n}$인가에 따라, 예컨대 1,000인가 2,000인가 500인가에 따라, 이윤은 200, 400, 또는 100이 될 것이지만 $\frac{400}{2,000}=\frac{100}{500}=\frac{200}{1,000}$=20%이다. 즉 이윤율은 여기에서는 변하지 않고 있는데, 그 이유는 자본의 구성이 불변이라서 자본의 양적 변화에 의해서는 영향을 받지 않기 때문이다. 그러므로 이 경우 이윤량의 증감은 다만 사용되는 자본

---

* $\dfrac{s}{c+v} = \dfrac{\dfrac{s}{v}}{\dfrac{c}{v}+1}$

규모의 증감을 표시할 뿐이다.

따라서 첫째의 경우에는 사용되는 자본 규모의 외관상 변동이 있을 뿐이고, 둘째의 경우에는 규모의 실질적 변동이 일어나지만 자본의 유기적 구성[자본의 가변부분에 대한 불변부분의 비율]에는 아무런 변동도 일어나지 않는다. 그러나 이런 두 경우를 제외하면, 사용되는 자본 규모의 변동은 자본의 구성부분들의 하나의 선행하는 가치변동, 따라서 그 구성부분들의 상대적 규모 변동의 결과이거나(잉여가치 그것은 가변자본의 변동에 따라 변동하지 않는 한), 또는 사용되는 자본의 규모 변동은 자본의 두 유기적 구성부분들의 상대적 크기를 변동시키는 원인(예컨대 대규모 생산, 새로운 기계의 도입 따위)이다. 그러므로 모든 이런 경우에는 사용되는 자본의 규모 변동은, 기타의 조건들이 불변이라면, 이윤율의 동시적 변동을 수반하지 않을 수 없다.

* * *

이윤율의 증가는 언제나 잉여가치가 그것의 생산비[즉 총투하자본]에 비하여 상대적 또는 절대적으로 증가하기 때문에 나타나거나, 또는 이윤율과 잉여가치율 사이의 차이가 감소하는 것에서 생긴다.

자본의 유기적 구성의 변동이나 자본의 절대량의 변동과는 무관하게 이윤율이 변동할 수 있는 것은, 투하자본―그것의 존재형태가 고정적이든 유동적이든―의 가치가 투하자본의 재생산에 필요한 노동시간의 증감(이것은 기존의 자본과는 무관하게 발생한다)의 결과로 상승하거나 저하하는 경우뿐이다. 모든 상품―따라서 또한 자본을 구성하는 상품들―의 가치는, 그 상품 자체에 포함되어 있는 필요한 노동시간[그 상품을 생산할 당시에 든 노동시간]에 의하여 결정되는 것이 아니라, 그 상품의 재생산에 소요되는 사회적으로 필요한 노동시간에 의하여 결정된다. 이 재생산은 최초의 생산조건과는 달리 더 쉬운 사정에서 행해질 수도 있고 더 곤란한 사정에서 행해질 수도 있다. 변화한 사정에서 동일한 물적 자본을 재생산하는 데 두 배의 노동시간 또는 절반의 노동시간이 든다면, 화폐의 가치가 불변인 경우, 종전에 100원이었던 자본은 지금은 200원 또는 50원으로 될 것이다. 이런 가치증감이 자본의 모든 구성부분들에 균등하게 일어난다면, 이윤도 또한 2배의 화폐액 또는 절반의 화폐액으로 표현될 것이다. 그러나 이 가치증감이 자본의 유기적 구성(자본의 가변부분과 불변부분 사이의 비율)의 변화를 수반한다면, 기타의 조건들이 불변인 경우, 이윤율은 가변자본의 상대적 증대[자본의 유기적 구성의 저하]에 따라 상승하고 상대적 감소에 따라 하락할 것이다. 만약 투하자본의 화폐가치만이 (화폐의 가치변화 때문에) 증감한다면, 잉여가치의 화폐표현도 동일한 비율로 증감할 것이며 이윤율은 변동하지 않을 것이다.

제2편
이윤이 평균이윤으로 전환

제 8 장   서로 다른 생산부문의 자본구성 차이와
          이로부터 나오는 이윤율의 차이

제 9 장   일반적 이윤율(평균이윤율)의 형성과
          상품의 가치가 생산가격으로 전환

제 10 장 경쟁에 의한 일반적 이윤율의 균등화.
          시장가격과 시장가치. 초과이윤

제 11 장 임금의 일반적 변동이 생산가격에
          미치는 영향

제 12 장 보충설명

서로 다른 생산부문의 자본구성 차이와 이로부터 나오는 이윤율의 차이

제1편에서는 잉여가치율이 불변이더라도 이윤율이 어떻게 변동[상승 또는 저하]할 수 있는가를 밝혔다. 이 장에서는 노동의 착취도[즉 잉여가치율과 노동일의 길이]는 일국에서 사회적 노동이 분배되는 모든 생산분야에서 동일하다고 가정한다. 서로 다른 생산분야들에서 노동착취의 온갖 차이에 관한 한, 이미 애덤 스미스는 이 차이들이 현실적인 또는 편견에서 나오는 각종 보상들에 의하여 상쇄되어 외견상의 그리고 일시적인 것에 지나지 않으므로, 일반적 관계들의 연구에서는 이 차이들을 고려하지 않아도 된다는 것을 상세히 증명한 바 있다 [『국부론』(상) 제10장]. 다른 차이, 예컨대 임금수준의 차이는 주로 단순노동과 복잡노동 사이의 차이[『자본론』 제1권 제1장 2절에서 언급되었다]에 근거하는 것이며, 비록 이 차이가 서로 다른 생산분야의 노동자들의 처지를 상당히 불평등하게 만들기는 하지만, 이 다른 분야들의 노동착취도에는 조금도 영향을 미치지 않는다. 예컨대 금세공인의 노동이 날품팔이의 노동보다 더 비싸게 지불된다 하더라도, 금세공인의 잉여노동은 날품팔이의 잉여노동에 비하여 그만큼 더 큰 잉여가치를 생산하는 것이다. 그리고 다른 생산분

177

야들 사이의 또는 동일한 생산분야의 다른 투하자본들 사이의 임금과 노동시간의 균등화〔따라서 또 잉여가치율의 균등화〕가 여러가지 국지적인 장애들에 부닥친다 하더라도, 이런 균등화는 자본주의적 생산의 발전에 따라 또 모든 경제적 관계들이 이 생산양식에 종속됨에 따라 점점 더 완전하게 실현된다. 임금에 관한 특수연구에서는 위와 같은 차이들의 연구가 중요하지만, 자본주의적 생산의 일반적 연구에서는 그것들은 우연적이며 비본질적인 것으로서 무시될 수 있다. 이 책과 같은 일반적 분석에서는, 현실적 관계들은 그것들의 개념에 상응한다는 것, 또는 같은 말이지만 현실적 관계들은 그 자체의 일반적 유형을 표현하는 한에서만 서술된다는 것이 처음부터 끝까지 전제되고 있다.

각국의 잉여가치율 차이, 따라서 국민적 노동착취도의 차이는 지금의 연구 범위를 넘어선다. 이 편에서 우리는 일국의 범위 안에서 일반적 이윤율이 어떻게 형성되는가를 해명하려고 하는 것이다. 그렇지만 서로 다른 국민적 이윤율을 비교하기 위해서는, 이전에 연구한 것을 이제부터 연구하려는 것과 종합하기만 하면 된다는 것은 분명하다. 먼저 국민적 잉여가치율의 차이를 고찰하고, 그 다음에 이들의 주어진 잉여가치율에 근거하여 어떻게 국민적 이윤율이 달라지는가를 고찰하면 된다. 이윤율의 차이가 국민적 잉여가치율의 차이로부터 나오는 것이 아닌 한, 이윤율의 차이는 〔잉여가치율이 어디에서나 동등하고 불변이라고 전제하는〕이 장에서 취급하는 사정들에 의하여 생기는 것은 명백하다.

앞의 장에서 밝힌 바와 같이, 잉여가치율이 불변이라고 전제하면, 일정한 자본의 이윤율은 불변자본의 이러저러한 부분의 가치를 증감시키는, 따라서 총자본의 불변적 구성부분과 가변적 구성부분 사이의 비율을 변경시키는 사정들로 말미암아 상승 또는 저하할 수 있다. 그리고 또 자본의 회전시간을 연장 또는 단축시키는 사정들이 이윤율에 영향을 미칠 수 있다는 것도 지적되었다. 이윤량은 잉여가치의 양, 잉여가치 자체와 동일하기 때문에, 이윤의 양은—이윤율과 달라서—위에서 언급한 가치변동[제6장]에 의하여 영향을 받지 않는다는 것도 분명히 되었다. 그런 가치변동은 다만 주어진 잉여가치[따라서 주어진 크기의 이윤]가 표현되는 비율, 즉 이윤의 상대적 크기[투하자본의 크기에 대한 이윤의 크기]를 변경시킬 따름이었다. 그런 가치변동의 결과로 자본의 묶임 또는 풀려남이 생기는 한, 이런 간접적인 경로를 통하여 이윤율과 이윤 그 자체도 영향을 받을 수 있었다. 그러나 이것은 이미 투하된 자본에만 타당한 것이고 새로운 자본투하에는 타당하지 않았다. 더욱이 이윤 그 자체의 증대 또는 감소는 항상 그런 가치변동의 결과로 얼마나 더 많은 또는 더 적은 노동이 동일한 자본에 의하여 운동될 수 있는가에 달려있었다. 바꾸어 말해, 동일한 자본이 동일한 잉여가치율 아래에서 얼마나 더 많은 또는 더 적은 잉여가치량을 생산할 수 있는가에 달려있었다. 따라서 이 외관상 예외는 사실상 일반적 법칙에 모순되거나 그것의 예외로 되는 것은 결코 아니고, 오히려 일반법칙의 적용의 특수한 경우에 지나지 않았다.

제1편에서 우리가 본 바와 같이, 노동의 착취도가 불변이라도 불변자본의 구성부분들의 가치변동이나 자본의 회전시간의 변동은 이윤율을 변동시킨다. 따라서 나란히 존재하는 서로 다른 생산부문들의 이윤율은, 기타의 조건들이 동등한 경우, 투하자본들의 회전시간이 다르든가 이 자본들의 유기적 구성부분들 사이의 가치비율[유기적 구성]이 다르다면, 달라질 것은 당연하다. 우리가 이전에 동일한 자본이 시간상 계기적으로 겪는 변화들로 고찰한 것을, 이제는 다른 생산분야들에 나란히 존재하는 자본투하들 사이의 동시적 차이들로 고찰하게 된다.

이 경우 우리가 연구하여야 할 것은 1) 자본들의 유기적 구성의 차이, 2) 자본들의 회전시간의 차이다.

이 연구 전체에서 일정한 생산부문의 자본의 구성 또는 회전시간을 이야기하는 경우 염두에 두고 있는 것은, 언제나 그 생산부문에 투하된 자

본의 정상적·평균적 상황이고 그 생산부문에 투하된 총자본의 평균이
지, 개별자본들 사이의 우연적인 차이가 아니라는 점을 분명히 해 둘 필
요가 있다.

잉여가치율과 노동일이 불변이라고 전제되어 있고 이 전제는 또한 임
금이 불변이라는 것도 포함하고 있으므로, 일정량의 가변자본은 일정량
의 운동하는 노동력을, 따라서 또 일정량의 대상화되는 노동을 표현한
다. 100원이 노동자 100명의 주간 임금을, 따라서 100단위의 노동력을
표시한다면, $n \times 100$원은 $n \times 100$명의 노동자의 임금을, $\frac{100}{n}$원은 $\frac{100}{n}$명
의 노동자의 임금을 표시한다. 이 경우 가변자본은, 임금수준이 불변인
경우에는 언제나 그러하듯이, 일정한 크기의 총자본에 의하여 운동되는
노동량의 지표로 된다. 또한 사용되는 가변자본 규모의 차이는 노동력
사용량의 차이를 가리키는 지표 구실을 한다. 100원이 주에 100명의 노
동자를, 따라서 주 노동시간이 60시간인 경우에는 6,000노동시간을 대표
한다면, 200원은 12,000노동시간을 대표하며 50원은 3,000노동시간을
대표하게 된다.

자본의 구성이라는 것은, 이미 제1권 [제25장] 에서 말한 바와 같이,
자본의 능동적 구성부분과 수동적 구성부분 사이의 비율, 즉 가변자본과
불변자본 사이의 비율을 의미한다. 자본의 구성에는 두 개의 비율이 포
함되어 있는데, 이것들은 비록 일정한 사정 아래에서는 동일한 효과를
낼 수 있다 하더라도 그 중요성은 동등하지 않다.

첫째의 비율은 기술적 조건에 근거하고 있으며, 생산성의 일정한 발전
단계에서는 주어진 것으로 여길 수 있다. 예컨대 하루에 일정량의 생산
물을 생산하기 위해서는, 따라서 일정량의 생산수단—기계·원료 등—
을 운동시켜 생산적으로 소비하기 위해서는, 일정한 수의 노동자가 가리
키는 일정량의 노동력이 필요하다. 일정한 수의 노동자가 일정량의 생산
수단에 대응하며, 따라서 일정량의 살아있는 노동이 생산수단에 이미 대

상화되어 있는 일정량의 노동 [죽은 노동] 에 대응한다. 이 비율은 다른 생산분야들에서, 그리고 흔히들 동일한 산업의 다른 부문들에서도 심한 차이를 보인다. 물론 전혀 다른 산업부문들에서 이 비율이 우연히 동일할 수도 있다.

이 비율은 자본의 기술적 구성을 형성하며 자본의 유기적 구성의 현실적인 바탕이다.

그러나 가변자본이 노동력의 단순한 지표이고, 불변자본이 이 노동력이 처리하는 생산수단량의 단순한 지표인 한에서는, 산업부문이 다르더라도 자본의 기술적 구성은 동일할 수가 있다. 예컨대 구리를 취급하는 어떤 작업과 철을 취급하는 어떤 작업에서 노동력과 생산수단 사이의 [양적] 비율이 동일할 수가 있다. 그러나 구리는 철보다 더 비싸기 때문에, 두 경우에 가변자본과 불변자본 사이의 가치비율은 다를 것이며, 따라서 두 자본의 가치구성도 다를 것이다. 기술적 구성과 가치구성의 구별은 모든 산업부문에서 다음과 같이 나타난다. 즉 자본의 두 부분 사이의 기술적 구성이 불변이더라도 가치비율은 변동할 수 있으며, 또 기술적 구성이 변동하더라도 가치비율은 동일할 수가 있다는 것이다. 물론 후자의 경우는 사용되는 생산수단의 양과 노동력의 양 사이의 비율 변동이 반대방향의 가치 변동에 의하여 상쇄되는 경우에만 가능하다.

자본의 가치구성이 자본의 기술적 구성에 의하여 결정되며 이것을 반영하고 있는 한, 우리는 이 가치구성을 자본의 유기적 구성이라고 부른다.[20]

가변자본은 일정량의 노동력, 일정한 수의 노동자, 또는 운동하는 일정량의 살아있는 노동의 지표라고 가정한다. 제1편에서 본 바와 같이,

---

[20] {엥겔스: 여기에 서술된 것은 제1권의 제3판 [제25장] 에서 이미 간단히 전개된 바 있다. 그러나 제1판과 제2판에는 이 단락이 없으므로 여기에서 반복하는 것이 더욱 필요하게 된 것이다.}

가변자본의 가치 크기의 변동은 동일한 노동량의 가격의 등락만을 표현할 수도 있다. 그러나 잉여가치율과 노동일이 불변이고, 일정한 노동시간에 대한 임금이 또한 주어진 크기라고 여기는 여기에서는 그런 일은 있을 수 없다. 반면에 불변자본의 크기 차이는 물론 일정량의 노동력이 운동시키는 생산수단량의 변동 지표일 수도 있으며, 또한 그 차이는 어느 생산분야에서 운동되는 생산수단의 가치와 다른 생산분야에서 운동되는 생산수단의 가치 사이의 차이에서 나올 수도 있다. 그러므로 여기에서는 두 관점이 모두 고려된다.

마지막으로 다음과 같은 본질적인 사항을 지적할 필요가 있다.

100원이 노동자 100명의 주간 임금이며 주노동시간은 60시간이고 잉여가치율은 100%라고 가정하자. 이 경우 노동자는 60시간 중 30시간은 자기를 위하여 노동하고 30시간은 자본가를 위하여 공짜로 노동한다. 100원이라는 임금에는 사실상 100명의 노동자의 30노동시간, 즉 합계 3,000노동시간만이 체현되어 있으며, 노동자들이 노동하는 나머지 3,000시간은 자본가가 횡령하는 100원의 잉여가치 또는 이윤에 체현되어 있다. 물론 100원의 임금은 100명의 노동자의 주노동이 대상화되는 가치를 표현하지는 않지만, 그럼에도 그것은 [노동일의 길이와 잉여가치율이 주어져 있기 때문에] 100명의 노동자를 총 6,000시간 노동시킨다는 것을 표현한다. 100원의 자본이 이것을 표시하는 것은, 첫째로 주당 1원=노동자 1명, 따라서 100원=노동자 100명이므로, 100원의 자본은 노동하는 노동자의 수를 표시하기 때문이다. 둘째로 100%라는 주어진 잉여가치율에서 노동하는 각각의 노동자는, 그의 임금에 포함되어 있는 것보다 두 배나 더 많은 노동을 수행하며, 그리하여 $\frac{1}{2}$ 주일의 노동의 표현인 그의 임금 1원은 일주일 전체의 노동을 강요하며, 또한 100원은 오직 50주의 노동을 포함하고 있지만 100주의 노동을 강제하기 때문이다. 따라서 임금에 투하된 가변자본에 대해서는, 그것의 가치는 임금 총액으로서 일정량의 대상화된 노동을 표현한다는 측면과, 그것의 가치는 그것이 운동시키는 살아있는 노동량의 단순한 지표라는 측면을 본질적으로 구별하여야 한다. 이 후자는 가변자본에 포함되어있는 노동량보다 언제나 더 크며 따라서 가변자본의 가치보다 더 큰 가치로 표현된다. 이 경우 더 큰 가치는, 한편에서는 가변자본에 의하여 운동되는 노동자의 수에 의하여 결정되며, 다른 한편에서는 노동자들이 수행하는 잉여노동의 양에 의하여 결정된다.

가변자본에 대한 이런 고찰방식에서 우리는 다음과 같이 말할 수 있다.

생산분야 A에 대한 투하자본은 총자본 700마다 100이 가변자본에 지출되고 600은 불변자본에 지출되며, 생산분야 B에서는 600이 가변자본에 그리고 100이 불변자본에 지출된다고 하면, 700이라는 A의 총자본은 다만 100에 해당하는 노동력을 운동시키며 따라서 위의 가정하에서는 오직 100노동주 또는 6,000시간의 살아있는 노동을 운동시킬 것인데, 동등한 크기의 B의 총자본은 600노동주 따라서 36,000시간의 살아있는 노동을 운동시키게 된다. 그러므로 A의 자본은 오직 50노동주 또는 3,000시간의 잉여노동을 취득할 것이고, 동등한 크기의 B의 자본은 300노동주 또는 18,000시간을 잉여노동으로 취득할 것이다. 가변자본은 그 자체에 포함되어 있는 노동의 지표일 뿐 아니라, 주어진 잉여가치율에서는 이 크기를 넘어서 운동되는 초과노동 즉 잉여노동의 지표이기도 하다. 노동착취도가 동등하다는 조건 아래에서, 이윤율은 첫째 경우에는 $\frac{100}{700} = \frac{1}{7}$ =$14\frac{2}{7}$%일 것이며, 둘째 경우에는 $\frac{600}{700}$=$85\frac{5}{7}$%, 즉 6배나 클 것이다. 이 경우 실제로 이윤 그 자체도 6배의 크기, 즉 A에서의 100에 대하여 B에서는 600이 될 것이다. 왜냐하면 동일한 자본에 의하여 6배나 더 큰 살아있는 노동이 운동되며, 그리하여 노동착취도가 동등한 조건에서는 또 6배나 더 큰 잉여가치, 따라서 6배나 더 큰 이윤이 생산되기 때문이다.

만일 A분야에서 700원이 아니라 7,000원의 자본이 사용되는데 B분야에서는 다만 700원의 자본이 사용되고, 자본 A의 유기적 구성이 그대로라면, 자본 A는 7,000원 중에서 1,000원을 가변자본으로 지출할 것이며, 따라서 매주 1,000명의 노동자=60,000시간의 살아있는 노동을 운동시키게 되며 그 중 30,000시간이 잉여노동일 것이다. 그러나 여전히 A는 각 700원에 대해서는 B의 $\frac{1}{6}$의 살아있는 노동을, 따라서 또 $\frac{1}{6}$의 잉여노동을 가동시킬 따름이며, 따라서 $\frac{1}{6}$의 이윤만을 생산할 것이다. 이윤율을 고찰하더라도, 자본 B는 $\frac{600}{700}$(즉 $85\frac{5}{7}$%)인데 자본 A는 $\frac{1,000}{7,000}=\frac{600}{700}=14\frac{2}{7}$%이다. 자본액은 동등하더라도 이윤율은 다른데, 그 이유는 동등한 잉여가치율에서 운동시키는 살아있는 노동량이 달라 잉여가치 따라서 이윤의 생산량이 다르기 때문이다.

사실상 이와 동일한 결과는, 두 생산분야의 기술적 조건이 동일하더라도 한 분야에서 사용되는 불변자본요소의 가치가 다른 분야의 그것보다 더 크거나 더 적은 경우에도 나올 수 있다. 두 분야가 가변자본으로 100원을 사용하며, 따라서 동등한 양의 기계와 원료를 사용하기 위하여 주 100명의 노동자를 고용하지만, 기계와 원료가 B에서는 A에서보다 더 비싸다고 가정하자. 이 경우 100원의 가변자본은 A에서는 예컨대 200원의 불변자본과 결합될 것이고, B에서는 400원의 불변자본과 결합될 것이다. 잉여가치율이 100%인 조건에서는 생산된 잉여가치는 두 분야에서 마찬가지로 100원이며 따라서 이윤도 100원이다. 그러나 이윤율은 A분야에서는 $\frac{100}{200c+100v}=\frac{1}{3}=33\frac{1}{3}$%인데, B분야에서는 $\frac{100}{400c+100v}=\frac{1}{5}=20$%이다. 만약 우리가 두 자본의 동일한 크기를 비교한다면, B분야에서는 각 100원 중 오직 20원(즉 $\frac{1}{5}$)이 가변자본을 이루며, A분야에서는 각 100원 중 $33\frac{1}{3}$원(즉 $\frac{1}{3}$)이 가변자본이다. B는 A보다 각 100원에 대해 더 적은 살아있는 노동을 운동시키기 때문에 각 100원에 대해 더 적은 이윤을 생산하는 것이다. 따라서 이 경우에도 이윤율의 차이는 투하자본 각 100원에 의해 생산되는 잉여가치량 또는 이윤량의 차이 때문에 생긴다.

이 둘째의 예가 첫째의 예와 다른 점은 다음과 같다. 즉 A와 B 사이의 이윤율의 균등화는 둘째의 경우에는 기술적 토대가 동등하기 때문에 A나 B의 불변자본의 가치변동을 필요로 할 뿐이지만, 첫째의 경우에는 두 생산분야의 기술적 구성 자체가 다르기 때문에 이윤율이 균등화되려면 기술적 구성이 변혁되지 않으면 안 된다는 점이다.

자본의 유기적 구성의 차이는 자본의 절대적 크기와는 상관이 없다. 문제로 되는 것은 각 100단위의 자본 중 얼마가 가변자본이고 얼마가 불변자본인가 하는 것뿐이다.

동일한 크기의 자본들[또는 다른 크기의 자본들을 100단위로 환원시킨 것]은, 노동일과 노동착취도가 동일하다 하더라도, 매우 다른 잉여가치량(따라서 이윤)을 생산하게 된다. 왜냐하면 각각의 생산분야에서 자본의 유기적 구성이 달라 자본의 가변부분이 다르며(즉 운동하는 살아있는 노동의 양이 다르며), 이에 따라 잉여노동[잉여가치와 이윤의 실체]의 취득량이 다르기 때문이다. 생산분야가 다르면 총자본 중 동일한 크기의 자본 [예: 100원] 이 내포하는 잉여가치의 원천[살아있는 노동]은 그 크기가 균등하지 않다. 주어진 노동착취도에서는 자본 100이 운동시키는 노동량과 취득하는 잉여노동량은 그 자본의 가변부분의 크기에 달려있다. 90c+10v의 구성비를 가진 자본이, 동일한 노동착취도에서 10c+90v의 자본과 동등한 잉여가치[또는 이윤]를 생산한다면, 잉여가치와 가치 일반은 노동과는 전혀 다른 어떤 원천을 가지고 있어야 한다는 것, 그리고 이렇게 되면 정치경제학의 모든 합리적 기초는 무너진다는 것은 매우 명백하다. 앞에서와 마찬가지로, 1원이 노동자 1명의 주 60노동시간에 대한 임금이고 잉여가치율이 100%라고 한다면, 1명의 노동자가 1주에 공급할 수 있는 총가치생산물 [새로 생산된 총가치] 은 2원이라는 것이 분명하다. 따라서 [90c+10v에서] 10명의 노동자는 20원 이상을 공급할 수 없으며, 이 20원 중 10원은 임금을 보충해야 하므로 그들은 10원보다 더 큰 잉여가치를 창조할 수 없다. 그러나 [10c+90v에서] 90명의 노동자들 [총가치생산물은 180원이고 임금총액은 90원이다]은 90원의 잉여가치를 창조할 것이다. 이리하여 이윤율은 전자의 경우에는 10%이고 후자의 경우에는 90%일 것이다. 만약 이렇지 않다면 가치와 잉여가치는 대상화된 노동 이외의 무엇이 될 수밖에 없을 것이다. 각각의 생산분야에서 동일한 크기의 자본[즉 다른 크기의 자본을 100단위로 환원시킨 것]은 불변자본과 가변자본으로 균일하게 분할되지 않고, 다른 양의 살아있는 노동을 운동시키며 따라서 다른 양의 잉여가치 또는 이윤을 생산하기 때문에, 이윤율[잉여가치를 총자본의 백분율로 계산한 것]은 각각의 경우 다르다.

그러나 다른 생산분야들에 있는 동일한 크기의 자본들[또는 다른 크기의 자본들을 100단위로 환원시킨 것]이 유기적 구성이 달라 불균등한 이윤을 낳는다면, 다른 생산분야들에 있는 다른 규모의 자본들이 취득하는 이윤은 각각의 자본규모에 비례할 수 없으며, 그리고 다른 생산분야들의 이윤은 각각의 분야에 투하된 자본의 크기에 비례하지 않게 된다. 왜냐하면 이윤이 투하자본의 크기에 비례하여 증가한다면, 이것은 이윤율이 어느 분야에서나 동등하다는 것, 즉 다른 생산분야들에 있는 동일한 크기의 자본들은 유기적 구성이 다르더라도 동일한 이윤율을 가진다는 것을 의미하기 때문이다. 이윤량이 투하자본량에 정확히 비례하는 것은, 자본의 유기적 구성이 일정한 동일한 생산분야 안에서이거나, 자본의 유기적 구성이 동일한 다른 생산분야들 사이에서다. 크기가 다른 자본들이 자기의 크기에 따라 이윤을 얻는다면, 이것은 동등한 크기의 자본은 동일한 이윤량을 얻는다는 것, 또는 자본의 크기와 유기적 구성에 관계없이 이윤율이 모든 자본에게 동일하다는 것을 의미할 것이다.

위의 논의는 상품이 그것의 가치대로 판매되는 것을 가정한다. 상품의 가치는, 상품에 포함되어 있는 불변자본의 가치와, 상품에 재생산되고

있는 가변자본의 가치 및 이 가변자본의 증가분[즉 생산된 잉여가치]의
합계와 같다. 잉여가치율이 주어져 있다면 잉여가치량은 가변자본의 크기
에 달려있다. 자본 100이 생산된 가치한 한 경우에는 90c+10v+ 10s=110
일 것이고, 다른 경우에는 10c+90v+90s=190일 것이다. 상품들이 가치대
로 판매된다면, 전자의 생산물은 110에 판매되고 그 중 10이 잉여가치 또
는 불불노동을 표시하며, 후자의 생산물은 190에 팔려 그 중 90이 잉여가
치 또는 불불노동이다.

이런 관점은 각국 사이의 이윤율을 비교하는 경우에 특히 중요한 의미
를 가진다. 유럽의 어느 나라에서는 잉여가치율이 100%[노동자가 노동
일 중 절반은 자기를 위해 일하고 절반은 고용주를 위하여 일한다]일 것
이지만, 아시아의 어느 나라에서는 25%[노동자가 노동일 중 $\frac{4}{5}$는 자기를
위해 일하고 $\frac{1}{5}$은 고용주를 위하여 일한다]일 것이다. 그러나 예컨대 유
럽의 그 나라에서 국민적 자본의 구성은 84c+16v이고, 아시아의 그 나라
[기계가 거의 사용되지 않으며 일정한 기간에 생산적으로 소비되는 원료
도 상대적으로 매우 적다]에서는 그 구성이 16c+84v라고 하자. 그러면
우리는 다음과 같은 계산을 얻게 된다.

유럽의 나라에서는, 생산물의 가치는 84c+16v+16s=116이고 이윤율
은 $\frac{16}{100}$=16%이며, 아시아의 나라에서는 생산물의 가치는 16c+84v+21s
=121이고 이윤율은 $\frac{21}{100}$=21%이다.

이처럼 아시아 나라의 잉여가치율은 유럽 나라의 그것의 $\frac{1}{4}$에 불과하
지만, 이윤율은 오히려 25% 이상[$\frac{21-16}{16}$=31%] 높다. 캐리, 바스티아
따위는 물론 전혀 반대의 결론[참조. CW 33: 107]을 내릴 것이다.

그냥 지나가는 말로 하는 것이지만, 이윤율의 국민적 차이는 일반적으
로 잉여가치율의 국민적 차이에 달려있다. 그런데 이 장에서는 동일한
잉여가치율에서 생기는 이윤율의 차이를 고찰하고 있다.

자본의 유기적 구성의 차이[즉 다른 생산분야에 있는 동일한 크기의

자본들이 운동시키는 노동량의 차이, 그리고 기타의 조건들이 동등하다면, 잉여노동의 차이] 이외에도, 이윤율을 다르게 하는 원천이 하나 더 있는데, 그것은 다른 생산분야에 있는 자본들의 회전시간의 차이다. 제4장에서 이미 본 바와 같이, 자본의 유기적 구성이 같고 기타의 조건들이 같다면, 이윤율은 회전시간에 반비례하며, 동일한 크기의 가변자본도 회전시간이 다르면 연간에 다른 양의 잉여가치를 생산한다. 따라서 회전시간의 차이는, 동일한 크기의 자본이 동일한 기간에 동일한 크기의 이윤을 생산하지 못하는 것, 따라서 이윤율이 각각의 생산분야에서 다른 것에 대한 또 하나의 이유다.*

자본이 고정자본과 유동자본으로 분할되는 비율에 관하여 말한다면, 그 비율은 그 자체로서는 이윤율에 아무런 영향을 미치지 않는다. 그 비율이 이윤율에 영향을 미칠 수 있는 것은 다음과 같은 경우뿐이다. 첫째는 고정자본과 유동자본의 구성비율의 차이가 불변자본과 가변자본의 구성비율의 차이와 일치하는 경우인데, 이때 이윤율의 차이는 후자 때문이지 전자 때문은 아니다. 둘째는 고정자본과 유동자본의 구성비율의 차이가 일정한 이윤을 실현하는 데 걸리는 회전시간의 차이를 일으키는 경우다. 자본들이 고정자본과 유동자본의 구성비에서 차이가 있다면, 이 차이는 자본의 회전시간에 영향을 미쳐 회전시간에 차이를 일으킬 것이다. 그러나 그렇다고 하여 동일한 크기의 자본들이 일정한 이윤을 실현하는 회전시간이 반드시 달라지는 것은 아니다. 예컨대 A는 항상 그 생산물의 더 큰 부분을 원료 등으로 전환시키지 않으면 안 되고 B는 더 적은 원료를 소비하면서 처음의 기계를 더 오랫동안 사용한다 할지라도, A와 B 모두는 그들의 생산에 규칙적으로 자본의 일부를 묶어 놓고 있다. 즉 A

---

* 연간 이윤율 $= \dfrac{\text{연간의 잉여가치}}{c+v}$

$= \dfrac{\text{유동자본 1회전시간의 잉여가치} \times \text{유동자본의 연간회전수}}{\text{불변자본} + \text{가변자본}}$

는 원료(유동자본)에, 그리고 B는 기계 등(고정자본)에 묶어 놓고 있다. A는 끊임없이 자본의 일부를 상품형태에서 화폐형태로, 그리고 화폐형태에서 원료형태로 전환시키고 있으며, B는 자기의 자본의 일부를 더 긴 기간에 걸쳐 [위와 같은 전환없이] 노동도구로서 사용하고 있다. 만약 A와 B가 동일한 노동량을 사용한다면, 그들이 연간에 판매하는 생산물의 가치는 다를 것이지만 그 생산물의 총량은 동일한 잉여가치량을 내포할 것이고, 따라서 고정자본과 유동자본의 구성비율과 회전시간이 상이하다 할지라도, 총투하자본에 대하여 계산되는 이윤율은 동등하게 될 것이다. 두 자본은 회전시간이 다르다 할지라도 동일한 시간에 **동일한** 이윤을 실현한다.[21] 회전시간의 차이 그 자체가 의의를 가지는 것은, 그것이 동일한 크기의 자본에 의하여 일정한 기간에 착취되고 실현되는 잉여가치량에 영향을 미치는 경우로 한정된다. 따라서 고정자본과 유동자본의 구성비율의 차이가 [이윤율의 차이를 일으키는] 회전시간의 차이를 반드시 일으키지는 않는다면, 이윤율의 차이가 생긴다 하더라도 그것은 고정자본과 유동자본의 구성비율의 차이 그 자체에서 생기는 것이 아니라, 그 구성비율의 차이가 회전시간의 차이(이것은 이윤율에 영향을 미친다)를 의미하기 때문에 생긴다는 것은 명백하다.

---

21) {엥겔스: 제4장에서 본 바와 같이, 위의 논의는 다음의 경우에만 옳다. 즉 자본 A와 B가 다른 가치 구성을 가지고 있지만 그들의 가변적 구성부분들(백분율로 계산된 것)이 그들의 회전시간에 정비례하는 경우(또는 그들의 연간 회전수에 반비례하는 경우)가 그것이다. 예컨대, 자본 A는 90c(고정자본 20c와 유동자본 70c)+10v=100으로 구성되어 있다. 잉여가치율이 100%라면, 10v는 1회전시간에 10s를 생산하며 따라서 1회전시간의 이윤율은 10%이다. 반면에 자본 B는 80c(고정자본 60c와 유동자본 20c)+20v =100으로 구성되어 있다면, 위와 같은 잉여가치율에서는 20v는 1회전시간에 20s를 낳고 1회전시간의 이윤율은 20% (A의 두 배)일 것이다. 그런데 A는 연간에 2번 회전하고 B는 1번 회전한다면 A도 연간에 20s(=10s×2)를 낳을 것이며 따라서 연간이윤율은 모두가 20%로 될 것이다.}

그러므로 불변자본을 구성하는 유동자본 [예: 원료와 보조재료] 과 고정자본 [예: 기계와 건물] 의 구성비율이 각각의 생산분야에서 다르다는 것은 그 자체로서는 이윤율에 전혀 영향을 미치지 않는다. 왜냐하면 결정적인 영향을 미치는 것은 가변자본과 불변자본의 비율인데, 불변자본의 가치와, 가변자본에 대비한 불변자본의 상대적 크기는 불변자본의 구성부분들의 고정적 또는 유동적 성격과는 전혀 무관하기 때문이다. 그러나 다음과 같은 현상—이것이 잘못된 결론을 낳기도 한다—을 볼 수도 있다. 즉 고정자본이 현저하게 발달한 곳에서는, 유동자본에 대한 고정자본의 비율이 높다는 것이, 생산이 대규모로 행해지며 불변자본이 가변자본에 비하여 훨씬 크다는 것(사용되고 있는 살아있는 노동력이 생산수단량에 비하여 매우 적다는 것)의 단순한 표현일 수가 있다는 점이다.

우리는 다음과 같은 점을 명확히 하였다. 즉 서로 다른 생산분야들에서는 자본들의 유기적 구성의 차이에 따라, 그리고 [위에서 말한 한계 안에서는] 자본들의 회전시간의 차이에 따라 불균등한 이윤율이 지배한다는 것; 따라서 이윤은 자본량에 비례하며 동일한 규모의 자본은 동일한 기간에 동일한 규모의 이윤을 낳는다는 법칙(하나의 일반적 경향으로서의 법칙)은, 일정한 잉여가치율에서는 동일한 유기적 구성을 가진 자본들— 회전시간은 동일하다고 가정하고—에게만 타당하다는 것이다. 위의 논의는 지금까지 우리가 행한 모든 연구의 바탕—즉 상품은 그 가치대로 판매된다—위에서 타당하다. 그러나 현실적으로는 서로 다른 생산분야들 사이에 평균이윤율의 차이는 존재하지 않으며[중요하지 않는 우연한, 상쇄되어 버릴 사정들을 무시하면], 그리고 이런 차이는 자본주의적 생산의 전체 체제를 폐지하지 않고서는 존재할 수 없다는 것은 전혀 의심할 여지가 없다. 이리하여 가치론은 현실의 운동과 일치하지 않는 것, 생산의 현실적인 현상들과 양립할 수 없는 것처럼 보이며, 따라서 가치론에 의해 이런 현상들을 이해하는 것을 단념할 수밖에 없는 것처럼 생각될지도 모른다.

　제1편에서 본 바와 같이, 서로 다른 생산분야의 생산물들의 비용가격
은, 그 생산에 동일한 크기의 자본들이 투하되어 있다면,* 그 자본들의
유기적 구성이 아무리 다르다 하더라도, 동일하다. 비용가격에서는 가변
자본과 불변자본의 구별은—자본가의 입장에서는—사라져버린다. 자본
가로서는, 어느 상품의 생산에 100원을 투하해야만 한다면, 그가
90c+10v를 투하하든 10c+90v를 투하하든 자기에게는 마찬가지다. 어느
경우에나 자본가는 그 상품에 대하여 100원을 투하하는 것이다. 다른 생
산분야에 투하된 동일한 규모의 자본들은, 생산된 가치와 잉여가치가 아
무리 다르더라도 동일한 비용가격을 가진다. 이처럼 비용가격이 동일하
다는 것이 자본투하들 사이의 경쟁의 기초를 이루며, 이 경쟁에 의하여
평균이윤이 형성되는 것이다.

---

* 상품의 비용가격은 '소비된' 자본 또는 '사용된' 자본으로 구성되며, 이윤율과
　유기적 구성은 '투하된' 자본에 의거한 것이다. 그러나 회전시간을 무시하면 소
　비된 자본과 투하된 자본의 차이가 사라진다.

제9장

일반적 이윤율(평균이윤율)의 형성과 상품의 가치가 생산가격으로 전환

어느 특정한 시점에서 자본의 유기적 구성은 두 개의 요소에 의존한다. 첫째는 사용되는 노동력과 생산수단 사이의 기술적 비율이고, 둘째는 이런 생산수단 [노동력도 포함시켜야 하기 때문에 '생산요소'라고 말하는 것이 옳다] 의 가격이다. 이 구성은 우리가 이미 본 바와 같이 백분율로 고찰되어야만 한다. 어느 자본이 $\frac{4}{5}$의 불변자본과 $\frac{1}{5}$의 가변자본으로 구성되어 있다면 우리는 이 자본의 유기적 구성을 80c+20v라는 공식으로 표현한다. 우리는 또 비교의 편리를 위하여 [유기적 구성의 차이만을 부각시키기 위하여] 잉여가치율은 예컨대 100%로 고정되어 있다고 가정한다. 그러면 80c+20v의 자본은 20s의 잉여가치를 낳으며, 총자본에 대한 이윤율은 20%가 된다. 생산물의 현실적 가치는, 불변자본 중 고정자본이 얼마나 크며 고정자본의 어느 정도가 마멸분으로 생산물에 들어가는가에 달려있다. 그러나 이런 사정은 이윤율에 대해서는 전혀 중요하지 않고 따라서 우리의 당면의 연구에도 전혀 중요하지 않으므로, 문제를 단순화시키기 위하여 불변자본은 어느 경우에나 그 전체가 자본의 연간 생산물에 들어간다고 가정한다. 또한 우리는 다른 생산분야의 자본들은 각각의 가변적 구성부분들의 크기에 비례하여 잉여가치량을 연간에 실현한다고 가정하며, 따라서 회전시간의 차이가 야기하는 이윤율의 차이를 당분간 무시한다. 이 점은 나중에 취급될 것이다.

5개의 서로 다른 생산분야 각각에 투하된 자본의 유기적 구성이 〈표 1〉과 같이 서로 다르다고 하자.

〈표 1〉

자 본	잉여가치율	잉여가치	생산물의 가치	이윤율
Ⅰ. 80c+20v	100%	20	120	20%
Ⅱ. 70c+30v	100%	30	130	30%
Ⅲ. 60c+40v	100%	40	140	40%
Ⅳ. 85c+15v	100%	15	115	15%
Ⅴ. 95c+ 5v	100%	5	105	5%

여기에서 우리는 서로 다른 생산분야에서 노동의 착취도는 동일하지만 매우 다른 이윤율―이것은 자본의 유기적 구성의 차이 때문이다―을 보게 된다.

5개 생산분야에 투하된 자본의 총액은 500이고, 생산된 잉여가치의 총액은 110이며, 생산된 상품의 총가치는 610이다. 가령 이 500을 하나의 자본으로 취급하여 Ⅰ~Ⅴ를 그 구성부분들(예컨대 면업공장의 각 부문들 ―빗질하는 부문, 방적하는 부문, 직포하는 부문 등―은 가변자본과 불변자본의 구성비율이 다르며, 평균구성비는 공장 전체로 계산되어야 하듯이)이라고 본다면, 자본 500의 평균구성은 500=390c+110v일 것이고 백분율로는 78c+22v일 것이다. 5개의 100이라는 자본을 각각 단순히 이 총자본의 $\frac{1}{5}$이라고 본다면, 각각의 구성은 이 평균구성 78c+22v일 것이고, 각각의 자본 100에 대하여 평균잉여가치 22가 할당될 것이며, 이리하여 평균이윤율은 22%가 될 것이고, 이 자본 500에 의하여 생산된 총생산물의 각 $\frac{1}{5}$의 가격은 122일 것이다. 총투하자본의 각 $\frac{1}{5}$의 생산물은 122에 판매되어야 할 것이다.

그러나 잘못된 결론을 이끌어내지 않기 위해서는 모든 비용가격을 100이라고 해서는 안 될 것이다.

〖유기적 구성이〗 80c+20v이고 잉여가치율이 100%라면, 자본 Ⅰ(=100)이 생산한 상품의 총가치는, 불변자본 전체가 연간의 생산물에 들어간다는 가정에서는, 80c+20v+20s=120이 될 것이다. 이런 일은 몇몇의 생산 분야에서 일정한 조건에서 일어날 수 있을 것이지만, c:v의 비율이 4:1인 곳 모두에서 일어나는 것은 아니다. 각각의 자본 100이 생산하는 상품들의 가치를 고찰할 때 다음의 사실을 고려하여야만 한다. 즉 상품들의 가치는 c의 구성—고정자본과 유동자본—의 차이에 따라 달라진다는 것, 그리고 다른 자본의 고정적 구성부분들은 더 빠르게 또는 더 느리게 마멸하며, 따라서 동일한 기간에 동일하지 않는 가치량을 생산물에 첨가한다는 것이다. 물론 이런 사정은 이윤율과는 전혀 상관이 없다. 80c가 연간의 생산물에 이전시키는 가치가 80이든 50이든 5든, 이리하여 연간의 생산물〖의 가치〗이 80c+20v+20s=120이든 50c+20v+20s=90이든 5c+20v+20s =45이든 상관없이, 생산물의 가치가 비용가격을 넘는 초과분은 모든 경우에 20이며, 이윤율을 확정하기 위해서는 이 20이 투하자본 100에 대하여 계산되는 것이다. 그러므로 자본 Ⅰ의 이윤율은 어느 경우에도 항상 20%이다. 그러나 이 점을 더 분명히 하기 위하여, 앞 표의 5개의 자본들이 불변자본 중 연간의 생산물로 이전시키는 부분이 각각 다르다고 보아 다음과 같은 〈표 2〉를 만들자.*

---

* 마르크스의 초고에서는 <표 2>와 <표 3>이 하나의 표로 이루어져 있었다.

〈표 2〉

자 본	잉여가치율	잉여가치	이윤율	소비된 c	상품의 가치	비용가격
Ⅰ. 80c+20v	100%	20	20%	50	90	70
Ⅱ. 70c+30v	100%	30	30%	51	111	81
Ⅲ. 60c+40v	100%	40	40%	51	131	91
Ⅳ. 85c+15v	100%	15	15%	40	70	55
Ⅴ. 95c+ 5v	100%	5	5%	10	20	15
합계 390c+110v	—	110	—	—	—	—
평균 78c+22v	—	22	22%	—	—	—

〈표 3〉

자 본	잉여가치	상품의 가치	상품의 비용가격	상품의 [생산]가격	이윤율	[생산]가격 −가치
Ⅰ. 80c+20v	20	90	70	92	22%	+2
Ⅱ. 70c+30v	30	111	81	103	22%	−8
Ⅲ. 60c+40v	40	131	91	113	22%	−18
Ⅳ. 85c+15v	15	70	55	77	22%	+7
Ⅴ. 95c+ 5v	5	20	15	37	22%	+17

Ⅰ∼Ⅴ의 자본 모두를 또 다시 하나의 총자본으로 취급하면, 이 경우에도 5개의 자본들의 총액 구성은 500=390c+110v이며 따라서 평균구성은 여전히 78c+22v이고, 평균잉여가치는 22다. 이 잉여가치가 Ⅰ∼Ⅴ의 자본들 사이에 균등하게 분배된다면, 우리는 〈표 3〉과 같은 상품가격을 얻게 된다.

총괄하여 보면, 상품들은 2+7+17=26만큼 가치 이상으로 판매되고 8+18=26만큼 가치 이하로 판매된다. 이리하여 잉여가치의 균등한 분배(즉 투하자본 100에 대한 평균이윤 22를 상품들 Ⅰ∼Ⅴ의 각각의 비용가격에 추가하는 것) 때문에 생기는, 가치로부터 가격이 벗어나는 것은 상쇄된다. 상품들의 일부가 그 가치 이상으로 팔리는 것과 동일한 규모로, 상품들의 다른 일부는 그 가치 이하로 팔린다. 상품들이 이런 가격으로 팔리기 때문에, 자본들 I~V는 다른 유기적 구성에도 불구하고 동일한 이윤율 22%를 가지게 된다. 서로 다른 생산분야들의 다른 이윤율들이 균등하게 되고 이 평균이윤이 각각의 생산분야의 비용가격에 첨가됨으로써 성립하는 가격이 생산가격이다. 생산가격의 전제조건은 일반적 이윤율의 존재이며, 일반적 이윤율은 각각의 생산분야의 특수한 이윤율들이 이미 그들의 평균율로 환원된 것을 전제한다. 이 특수한 이윤율들은 어느 분야에서도 $\frac{s}{c}$이며, 제3권의 제1편에서처럼 상품의 가치로부터 전개되어야 한다. 이런 전개가 없는 경우에는 일반적 이윤율(그리고 따라서 상품의 생산가격)은 의미가 없고 비합리적인 개념에 지나지 않을 것이다. 상품의 생산가격은 상품의 비용가격+백분율의 이윤[일반적 이윤율에 따라 비용가격에 첨가된다], 다시 말해 비용가격+평균이윤과 같다.

서로 다른 생산분야에 투하된 자본들은 유기적 구성이 다르기 때문에, 따라서 일정한 크기의 총자본 중 가변적 부분이 차지하는 비율이 다르기 때문에, 동일한 크기의 자본들이 운동시키는 노동량이 매우 다르고, 또 이 자본들이 취득하는 잉여노동의 양도 매우 다르며, 또는 이 자본들이 생산하는 잉여가치의 양도 매우 다르다. 따라서 서로 다른 생산분야를 지배하는 이윤율도 처음에는 매우 다르다. 이 다른 이윤율들은 경쟁에 의해 그 이윤율들의 평균인 일반적 이윤율로 균등하게 된다. 이 일반적 이윤율에 따라, 주어진 크기의 자본에—유기적 구성이 어떻든—돌아가는 이윤을 우리는 평균이윤이라고 부른다. 상품의 비용가격에, 상품의 생산을 위해 투하된 자본(상품의 생산에 소비된 자본뿐만은 아니다)에 대한 연간평균이윤 중 그 상품의 회전조건에 따라 그 상품에 돌아가는 부분을 더한 상품가격이 상품의 생산가격이다. 예컨대 500의 자본이 있는데, 그

중 100이 고정자본이고 이것의 10%가 유동자본 400의 1회전시간에 마멸
된다고 하자. 또 이 회전시간의 평균이윤을 10%라고 하자. 그러면 이 회
전시간에 생산되는 생산물의 비용가격은, 마멸분10c+유동자본
400(c+v)=410이며, 이 생산물의 생산가격은 비용가격410+50(500에 대
한 10%의 이윤)=460이다.

 그러므로 서로 다른 생산분야의 자본가들은 그들의 상품을 팔아 상품
의 생산에 소비된 자본가치를 회수하지만, 그들은 그들 자신의 생산분야
에서 상품의 생산과 더불어 생산한 잉여가치(따라서 이윤)를 그대로 취
득하는 것은 아니다. 그들이 취득하는 것은, 모든 생산분야의 사회적 총
자본이 일정한 기간에 생산한 사회적 총잉여가치(또는 총이윤)의 균등한
분배에 의하여 사회적 총자본의 각각의 구성부분들에게 할당되는 잉여가
치(또는 이윤)뿐이다. 어떤 투하자본도, 그것의 구성이 어떻든, 100단위
의 자본 각각에 대해 총자본의 몇 분의 1인 100단위에 돌아가는 이윤을
1년(또는 다른 기간)마다 얻게된다. 이 경우 각각의 다른 자본가들은 주
식회사의 주주와 같은 입장에 있는데, 이 회사에서 배당은 100단위의 주
식 각각에 대해 균등하게 분배되며, 따라서 각각의 개별자본가가 얻는
배당은 오직 각자가 이 공동기업에 투자한 자본의 크기, 이 공동기업에
대한 각자의 참가비율, 각자의 보유주식수에 따른다. 상품가격 중 상품
의 생산에서 소비된 자본을 보충하는 부분[이 부분으로 소비된 자본가치
를 다시 구매해야 한다], 즉 비용가격은 각각의 특정한 생산분야 내부의
지출에 의하여 완전히 결정되지만, 상품가격의 다른 구성부분[즉 이 비
용가격에 첨가되는 이윤]은 이 특정의 자본이 특정의 생산분야에서 일정
한 기간에 생산하는 이윤량에 의해 결정되는 것이 아니라, 총생산에 투
하된 사회적 총자본의 일정한 구성부분인 각각의 투하자본에 대해 일정
한 기간에 평균적으로 돌아가는 이윤량에 의하여 결정된다.[22]

 자본가가 자기의 상품을 생산가격으로 판매한다면, 그는 생산에 소비

된 자본가치에 따라 화폐를 회수하며, 그리고 사회적 총자본의 일정한 구성부분으로서 그의 투하자본에 비례하여 이윤을 얻게된다. 그의 비용가격은 자기의 생산분야에만 특수하게 관련된 것이지만, 이 비용가격에 첨가되는 이윤은 자기의 특수한 생산분야와는 관계없는 것이고 투하자본 100단위마다 할당되는 단순한 평균이다.

위의 예에서 5개의 다른 자본투자 Ⅰ~Ⅴ가 동일한 한 사람의 소유라고 가정하자. 각각의 특정한 투자 Ⅰ~Ⅴ에서 상품의 생산에 소비되는 가변자본과 불변자본은 주어질 것이며, Ⅰ~Ⅴ상품들의 이 가치부분은 분명히 상품가격의 일부를 형성할 것이다. 왜냐하면 적어도 이 부분은 투하되고 소비된 자본부분을 보충하는 데 필요한 최소한도의 가격이기 때문이다. 따라서 이 비용가격은 Ⅰ~Ⅴ의 각각의 상품종류에 따라 다를 것이며, 자본가는 그 비용가격을 다르게 확정할 것이다. 그러나 Ⅰ~Ⅴ에서 생산된 다른 양의 잉여가치 또는 이윤에 관한 한, 자본가는 그 모든 잉여가치(또는 이윤)를 자기의 총투하자본에 대한 이윤으로 여겨 이 총이윤을 자본 100단위 각각에 대해 균등하게 분배할 수 있을 것이다. 이리하여 Ⅰ~Ⅴ의 개별투자에서 생산된 상품의 비용가격은 다를 것이지만, 판매가격 중 자본 100단위마다에 할당된 이윤부분은 동일할 것이다. 이리하여 Ⅰ~Ⅴ의 상품들의 총가격은 그들의 총가치(즉 Ⅰ~Ⅴ의 상품들의 비용가격의 합계+생산된 잉여가치 또는 이윤의 합계)와 같을 것이다. 결국 Ⅰ~Ⅴ의 상품들의 총가격은 그 상품들에 포함된 노동총량(과거노동과 새로 추가된 노동)의 화폐적 표현일 것이다. 이리하여 사회 전체(모든 생산분야들의 총체)에서 생산된 상품들의 생산가격의 합계는 그들의 가치의 합계와 같다.

이 명제는 다음과 같은 사실에 의해 반박되는 것처럼 보인다. 즉 자본

---

22) 셰르뷜리에, 1841: 70~72.

주의적 생산에서 생산자본의 요소들은 일반적으로 시장에서 구매되며, 따라서 그 요소들의 가격은 이미 실현된 이윤, 다시 말해 그들이 생산된 생산분야의 생산가격(이윤을 포함하고 있다)을 내포하고 있으므로, 어느 생산분야의 이윤이 다른 생산분야의 비용가격에 들어간다는 사실이다. 그러나 전국의 모든 상품들의 비용가격의 합계를 한 쪽에 두고, 이윤 또는 잉여가치의 합계를 다른 쪽에 둔다면, 우리의 계산이 정확하다는 것을 알 수 있다. 상품 A를 예로 들면, A의 비용가격에는 B, C, D의 이윤이 들어갈 것이고 이와 마찬가지로 A의 이윤은 B, C, D 따위에 들어갈 것이다. 그러나 A의 이윤은 A의 비용가격에는 들어가지 않을 것이며, B, C, D 등의 이윤도 자기들의 비용가격에는 들어가지 않을 것이다. 어느 분야에서도 자기 자신의 이윤을 자기의 비용가격에 포함시키지는 않는다. 따라서 생산분야가 n개 있고 각 분야가 p의 이윤을 얻는다면[그리고 k를 상품의 현실적인 비용가격이라고 한다면], 모든 분야의 합계로 본 비용가격은 $k-np$가 될 것이다. 이 계산 전체를 보면, 한 분야의 이윤이 다른 분야의 비용가격으로 들어가는 한, 이 이윤들은 이미 최종생산물의 총가격에 산입되었으므로 이윤의 측에 다시 나타날 수 없다. 만약 이 이윤들이 이윤 측에 나타난다면, 그것은 다만 그 해당상품이 그 자체로서 최종생산물이어서 그것의 생산가격이 다른 상품의 비용가격에 들어가지 않기 때문이다.

어느 상품의 비용가격에 생산수단 생산자의 이윤 p가 들어가고, 또 이 비용가격에 이윤 p_1이 첨가된다면, 총이윤 $P=p+p_1$. 이윤부분들을 모두 제거한 뒤의 상품의 총비용가격은 그 상품 자체의 비용가격$-P$이다. 이 비용가격을 k라고 한다면, $k+P=k+p+p_1$. 제1권 제9장 2절에서 잉여가치를 취급할 때 본 바와 같이, 어느 자본의 생산물이라도 그 일부는 오직 자본을 보충하며 다른 부분은 다만 잉여가치를 표현한다고 간주할 수 있다. 이 계산방법을 사회적 총생산물에 적용하기 위해서는 일정한 수정이 필요하다. 왜냐하면 사회 전체를 고찰하는 경우, 예컨대 아마의 가격에 포함되어 있는 이윤이 한 번은 아마포의 가격의 일부로 나타나고 다른 한 번은 아마생산자의 이윤으로서, 두 번 나타날 수는 없기 때문이다.

예컨대 A의 잉여가치가 B의 불변자본으로 들어가는 경우, 이윤과 잉여가치 사이에는 아무런 구별도 없다. 상품의 가치에 관한 한, 그 상품에 포함된 노동이 지불노동인가 불불노동인가는 전혀 상관이 없다. B는 A의 잉여가치에 대하여 지불한다는 것뿐이다. 전체 계산에서 A의 잉여가치가 두 번 계산될 수 없다.

그러나 차이는 오히려 다른 곳에 있다. 예컨대 자본 B의 생산물 가격이 그것의 가치를 벗어난다는 사실[이것은 B에서 실현된[생산된] 잉여가치가 B의 생산물 가격에 첨가되는 이윤보다 크거나 작기 때문에 생긴다] 이외에도, 동일한 사정이 자본 B의 불변부분을 구성하는 상품들과, 또 간접적으로—노동자들의 생활수단으로서—자본 B의 가변자본을 구성하는 상품들에게도 생긴다는 점이다. 자본의 불변부분에 관하여 말하면, 그 부분은 비용가격+잉여가치와 같으며, 지금의 경우에는 비용가격+이윤과 같은데, 이 이윤이 잉여가치보다 클 수도 작을 수도 있다. 가변자본의 경우에도, 하루의 평균임금은 노동자가 자기의 필요생활수단을 생산하기 위하여 노동해야만 하는 시간 수의 가치생산물[새로 창조된 가치]과 항상 같지만, 이 시간 수 그 자체가 필요생활수단의 생산가격이 자기의 가치와 동일하지 않기 때문에 왜곡된다. 그러나 이런 사정은, 어느 상품에 잉여가치가 너무 많이 들어가면 다른 상품에는 잉여가치가 너무 적게 들어감으로써 상품들의 생산가격과 가치 사이의 차이가 서로 상쇄된다는 사실에 의하여 항상 해결된다. 자본주의적 생산 전체를 보면, 일반법칙이 지배적인 경향으로 자기를 관철하는 것은 오직 항상 매우 복잡하고 점차적으로 비슷해지는 방식을 통해서이며, 끊임없는 변동들의 확정할 수 없는 평균으로서다.

일반적 이윤율은 각각의 투하자본 100단위가 일정한 기간(예: 1년)에
걸쳐 달성하는 각종의 다른 이윤율들의 평균에 의하여 형성되므로, 다른
자본들 사이의 회전시간의 차이에 의해 생기는 구별이 소멸되고 있다.
그러나 이 구별은 각종의 생산분야들의 다른 이윤율들(이것들의 평균에
의하여 일반적 이윤율이 형성된다)을 일으키는 하나의 결정적인 계기다.

일반적 이윤율의 형성에 관한 우리의 예에서는 각각의 생산분야의 자
본을 100이라고 가정하였는데, 이것은 이윤율의 백분율 차이를 분명히 하
며 그리고 동일한 크기의 자본에 의해 생산되는 상품들의 가치의 차이를
분명히 하기 위한 것이었다. 그러나 각각의 생산분야에서 생산되는 현실
의 잉여가치량은 사용되는 자본의 크기에 달려있다는 것은 명백하다. 왜
냐하면 자본의 구성은 각각의 생산분야에 [이미] 주어져 있기 때문이
다. 그렇지만 개별생산분야의 특수한 이윤율은, 사용되는 자본이 100이
든 m×100이든 xm×100이든, 이것에 의해 영향받지 않는다. 총이윤이
자본 100에 대하여 10이거나 자본 1,000에 대하여 100이라도 이윤율은
마찬가지로 10%이다.

그러나 각각의 생산분야에서는 총자본에 대한 가변자본의 비율에 따
라 매우 다른 잉여가치량(따라서 이윤량)이 생산되며 이리하여 이윤율이
매우 다르므로, 사회적 자본 100단위에 대한 평균이윤, 즉 평균이윤율
(또는 일반적 이윤율)은 각각의 생산분야에 투하된 자본들의 상대적 크
기에 따라 크게 달라질 것이다. 네 개의 자본 A, B, C, D를 예로 들어
잉여가치율은 모두가 100%이고, 총자본 100마다의 가변자본은 A에서는
25, B에서는 40, C에서는 15, D에서는 10이라고 하자. 그러면 총자본
100마다 잉여가치(또는 이윤)는 A에서는 25, B에서는 40, C에서는 15,
D에서는 10으로서 합계 90이 되며, 따라서 네 개의 자본 규모가 동일하
다면 평균이윤율은 $\frac{90}{4}=22\frac{1}{2}\%$가 될 것이다.

그런데 만약 총자본이 A=200, B=300, C=1,000, D=4,000이라면, 생산된 이윤은 각각 50, 120, 150, 400일 것이며, 합계하면 5,500의 자본에 대하여 720의 이윤으로서, 평균이윤율은 $13\frac{1}{11}$%로 될 것이다.

생산된 총가치량은 A, B, C, D의 각각에 투하된 총자본의 크기가 다름에 따라 변동한다. 그러므로 일반적 이윤율의 형성에서는, 각종의 생산분야들 사이의 이윤율의 차이(이것으로부터 단순평균이 나온다)뿐 아니라 이 다른 이윤율들이 평균의 형성에 참가하는 상대적 비중도 문제가 된다. 이 상대적 비중은 각각의 생산분야에 투하된 자본의 상대적 크기에, 즉 사회적 총자본이 각각의 생산분야에 얼마만큼 투하되고 있는가에 달려있다. 더 높은 (또는 더 낮은) 이윤율을 얻는 자본이 총자본 중 더욱 큰 부분을 차지하는가 더 작은 부분을 차지하는가에 따라 매우 큰 차이가 생기는 것은 물론이다. 또한 이것은 총자본 중 가변자본의 비율이 상대적으로 큰 (또는 작은) 생산분야에 얼마나 많은 자본이 투하되어 있는가에 달려있다. 이것은 화폐대부자가 서로 다른 자본들을 다른 이자율(예컨대 4, 5, 6, 7%)로 대부하여 얻는 평균이자율의 경우와 마찬가지다. 이 평균이자율은 화폐대부자가 자기의 자본 중 얼마만큼을 각각의 다른 이자율로 대부하는가에 전적으로 달려있다.

결국 일반적 이윤율은 다음의 두 요인에 의해 결정된다.

(1) 각각의 생산분야의 자본의 유기적 구성, 따라서 각각의 분야의 다른 이윤율들.

(2) 이 다른 분야들에 대한 사회적 총자본의 분배. 즉 각각의 생산분야에서 각각의 이윤율로 투하되고 있는 자본의 상대적 크기, 다시 말해 사회적 총자본이 각각의 생산분야에 투하되고 있는 상대적 비율.

제1권과 제2권에서 우리는 오직 상품의 가치를 문제로 삼았다. 그러나 지금은, 한편으로 상품가치의 일부는 비용가격으로 분리되었고 다른 한편으로 상품의 생산가격이 가치의 전환형태로서 전개되었다.

사회적 자본의 평균구성이 80c+20v이고 연간 잉여가치율 s′이 100%
라고 한다면, 자본 100의 연간 평균이윤은 20이고 연간 평균이윤율은
20%일 것이다. 자본 100이 연간 생산하는 상품의 비용가격 k가 어떻든
그 상품의 생산가격은 k+20일 것이다. 자본의 구성이 (80−x)c+(20+x)v
인 생산분야에서는, 이 분야에서 실제로 생산되는 연간의 잉여가치(또는
이윤)는 20+x로서 20보다 클 것이며, 생산된 상품가치는 k+20+x로서
생산가격 (k+20)보다 클 것이다. 자본의 구성이 (80+x)c+ (20−x)v인 생
산분야에서는, 연간 창조된 잉여가치(또는 이윤)는 20−x로서 20보다 작
으며, 따라서 상품의 가치는 k+20−x로서 생산가격(k+20)보다 작다. 회
전시간의 차이를 도외시한다면, 상품의 생산가격은 자본의 구성이 우연히
80c+20v인 분야에서만 상품의 가치와 일치하게 될 것이다.

　노동의 사회적 생산성의 발전 정도는 각각의 생산분야마다 다른데, 그
정도의 높고 낮음은 일정한 노동량(따라서 노동일이 주어진 경우에는 일
정한 수의 노동자)이 가동시키는 생산수단량을 보면 알 수 있다. 즉 사회
적 노동의 생산성의 발전 정도는 일정한 양의 생산수단이 필요로 하는
노동량이 얼마나 적은가에 달려있다. 그러므로 사회적 평균보다 더 큰
백분율의 불변자본과 더 작은 백분율의 가변자본을 지닌 자본을 우리는
더 높은 구성의 자본이라고 부른다. 반대로, 상대적으로 작은 비율의 불
변자본과 상대적으로 큰 비율의 가변자본을 지닌 자본을 우리는 더 낮은
구성의 자본이라고 부른다. 끝으로 사회적 자본의 평균구성과 일치하는
구성을 가진 자본을 평균구성의 자본이라고 부른다. 이 사회적 평균자본
이 백분율로서 80c+20v로 구성되어 있다면, 90c+10v의 자본은 사회적
평균보다 높고, 70c+30v의 자본은 사회적 평균보다 낮다. 일반적으로 말
하여, 사회적 평균자본의 구성이 mc+nv―여기에서 m과 n은 각각 불변
의 크기이고 m+n=100이다―인 경우에, (m+x)c+(n−x)v는 더 높은 구
성의 개별자본 또는 자본집단을 표시하며, (m−x)c+(n+x)v는 더 낮은 구

성의 자본을 표시한다. 이런 자본들이 평균이윤율의 성립 이후에 어떻게
기능하는가(연간 1회전한다고 가정한다)는 다음 〈표 4〉가 보여주고 있는
데, 여기에서 자본 I은 20%의 평균이윤율을 가진 평균구성의 자본을
대표하고 있다. 자본 II에 의해 생산된 상품의 가치는 그것의 생산가격
보다 작으며, 자본 III에 의해 생산된 상품의 생산가격은 그것의 가치보
다 작고, 자본의 구성이 사회적 평균과 일치하는 생산분야의 자본 I의
경우에만 상품의 가치와 생산가격이 동일하다. 이런 [가치와 생산가격의]
상호관계들을 특정의 경우에 적용할 때는, c와 v 사이의 비율이 일반적
평균에서 벗어나는 것은 기술적 구성의 차이에 의해서 뿐만 아니라 단순
히 불변자본요소들의 가치변화에 의해서도 생길 수 있다는 것을 명심해
야만 한다.

〈표 4〉

자 본	이윤율	생산물의 가격	생산물의 가치
I. 80c+20v+20s	20%	120	120
II. 90c+10v+10s	20%	120	110
III. 70c+30v+30s	20%	120	130

　　위에서 전개된 것은 상품의 비용가격의 결정에도 일정한 수정을 가한
다. 최초에 우리는 상품의 비용가격은 그 상품의 생산에 소비된 상품들
의 가치와 같다고 가정하였다. 그러나 상품의 구매자에게는 그 상품의
생산가격이 그의 비용가격을 형성하며, 따라서 한 상품의 생산가격이 다
른 상품의 가격형성에 들어갈 수 있다. 상품의 생산가격은 그 가치와 다
를 수 있으므로, 어느 상품의 비용가격 중에 다른 상품들의 생산가격이
포함되어 있는 경우에는, 이 비용가격은 거기에 들어가는 생산수단의 가

치로 구성되는 크기보다 클 수도 있고 작을 수도 있다. 그러므로 비용가격의 이런 수정의 의의를 잊어서는 안 되며, 또한 상품의 비용가격을 그 상품의 생산에 소비된 생산수단의 가치와 동일하다고 생각하는 경우에는 언제나 오류를 범할 수 있다는 것을 명심해야 한다. 우리의 당면 연구에서는 이 점을 더욱 깊이 파고들 필요가 없다. 어쨌든 상품의 비용가격은 항상 그것의 가치보다 작다는 것은 여전히 옳다. 상품의 비용가격이 그 것의 생산에 소비된 생산수단의 가치에서 아무리 벗어난다 하더라도, 자본가에게는 이런 과거의 차이는 전혀 문제가 되지 않는다. 왜냐하면 상품의 비용가격은 자본가에게는 이미 주어진 전제조건이며, 자본가는 비용가격을 넘는 가치초과분인 잉여가치를 포함하는 상품을 생산하려고 하기 때문이다. 상품의 비용가격이 상품의 가치보다 작다는 명제는 이제 상품의 비용가격은 그것의 생산가격보다 작다는 명제로 사실상 전환되어 버렸다. 그런데 이 명제는, 생산가격과 가치가 일치하는 사회적 총자본의 경우에는, 비용가격이 가치보다 작다는 이전의 명제와 동일하다. 이 이전의 명제가 각각의 특정의 생산분야에서는 다른 의미를 가진다 할지라도, 다음과 같은 기본적인 사실은 여전히 변함이 없다. 즉 사회적 총자본을 고찰하면, 상품들의 비용가격은 그것들의 가치 또는 생산가격[이것은 생산된 상품의 총량에 대해서는 가치와 일치한다]보다 작다는 것이다. 상품의 비용가격은 오직 상품에 포함된 지불노동량에 달려있고, 상품의 가치는 상품에 포함된 총노동량(지불노동과 불불노동)에 달려있으며, 상품의 생산가격은 지불노동량과 [자기 자신의 특정한 생산분야와는 관계없이 결정되는] 불불노동량의 합계에 달려있다.

한 상품의 생산가격은 k+p(=비용가격+이윤)라는 공식은 이제 더욱 자세히 규정될 수 있다. 즉 p=kp′(p′: 일반적 이윤율)이므로, 생산가격은 k+kp′이다. k=300이고, p′=15%라면, 생산가격은 $k+kp' = 300 + 300 \times \frac{15}{100}$ =345이다. 〖 여기에서는 고정자본 전체의 가치가 생산물에 이전되고 있다. 〗

특정한 생산분야의 상품의 생산가격은 다음과 같은 이유로 변한다.

(1) 상품의 가치가 불변인 경우(즉 생산에 들어가는 죽은 노동과 살아 있는 노동의 양이 생산가격의 형성 이후에도 이전과 동일한 경우), 그 특정의 생산분야와는 관계없이 일반적 이윤율이 변동하기 때문에.

(2) 일반적 이윤율이 불변인 경우에는, 특정의 생산분야 자체에서 일어난 가치변동[이것은 기술적 변화의 결과이다]에 의하여, 또는 그 생산분야의 불변자본의 형성요소인 상품들의 가치변동에 의하여.

(3) 끝으로 위의 두 사정들이 함께 작용하는 것에 의하여.

특정의 생산분야에서는 현실적인 이윤율이 끊임없이 크게 변동하고 있음(뒤에 해명될 것이다)에도, 일반적 이윤율의 진정한 변동은, 예외적인 경제사정에 의하여 일어난 것이 아닌 한, 장기에 걸친 진동들의 최종결과인데, 이 진동들이 결합되고 상쇄되어 일반적 이윤율에 변화를 일으키는 데는 상당한 시간이 걸린다. 따라서 이 시간보다 짧은 시간에[물론 시장가격의 변동은 무시한다] 생산가격의 변동은 명백히 상품가치의 변화―즉 그 상품을 생산하는 데 필요한 총노동시간의 변화―에 의하여 항상 설명되어야 한다. 물론 여기에서는 동일한 가치의 화폐적 표현의 변동은 전혀 문제로 삼지 않는다.[23]

다른 한편 사회적 총자본을 보면, 이것이 생산하는 상품들의 가치총액(또는 화폐로 표현된 그 가격)은 불변자본의 가치+가변자본의 가치+잉여가치와 같다는 것은 명백하다. 노동의 착취도가 불변이라고 가정하면, 잉여가치량이 불변이면서 이윤율이 변동할 수 있는 것은 다음의 세 가지 경우뿐이다. 즉 불변자본의 가치가 변화하든가, 또는 가변자본의 가치가 변화하든가, 또는 두 자본 모두가 변화하는 경우뿐이다. 이 모든 것은 C의 변화를, 그리하여 $\frac{s}{C}$(즉 일반적 이윤율)의 변화를 일으킨

---

23) 코르베트, 1841: 174.

다. 따라서 어느 경우에나 일반적 이윤율의 변동은 불변자본 또는 가변
자본의 형성요소로 들어가는 상품들의 가치변화를 전제한다.

또는 상품의 가치가 불변이라면, 노동의 착취도가 변화하는 경우 일반
적 이윤율은 변동할 수 있다.

또는 노동의 착취도가 불변이라면, 노동과정의 기술적 변화 때문에 사
용되는 노동의 총량이 불변자본에 비하여 상대적으로 변동하는 경우 일
반적 이윤율은 변동할 수 있다. 그러나 이런 종류의 기술적 변화는 항상
상품가치의 변화(이제 상품은 이전보다 많거나 적은 노동에 의하여 생산
된다)로 나타나지 않을 수 없고 따라서 가치변화를 수반함에 틀림없다.

제1편에서 잉여가치와 이윤은 양적으로 동일하다는 것을 보았다. 그러
나 이윤율은 처음부터 잉여가치율과 다르다―비록 처음에는 동일한 것
［잉여가치］을 계산하는 방식이 달라 그렇게 되었지만. 그러나 잉여가치
율이 불변이라도 이윤율은 상승 또는 하락할 수 있고, 또 이윤율이 불변
이라도 잉여가치율은 상승 또는 하락할 수 있기 때문에, 그리고 자본가
가 실제로 관심을 갖는 것은 이윤율뿐이기 때문에, 잉여가치의 진정한
원천은 감추어지고 신비화된다. 그런데 양적 차이는 잉여가치율과 이윤
율 사이에만 있었고 잉여가치와 이윤 사이에는 없었다. 이윤율은 잉여가
치를 총자본에 대비시켜 계산하며, 총자본이 이윤율의 계산기준이기 때
문에, 잉여가치 그것이 총자본에서 생긴 것처럼 [그리고 총자본의 모든
구성부분에서 동일하게 생긴 것처럼] 보이며, 이리하여 불변자본과 가변
자본 사이의 유기적 구별은 이윤의 개념에서는 소멸되었다. 이리하여 잉
여가치는 자기의 전환형태인 이윤에서 사실상 자기 자신의 원천을 부정
하며, 자기의 성격을 잃어버리고 인식불가능한 것으로 된다. 그런데 여
기까지는 아직 이윤과 잉여가치 사이의 구별은 오직 질적인 변화, 형태
변화만을 내포하고 있었으며, 현실의 양적 구별은 이 최초의 전환단계에
서는 오직 이윤율과 잉여가치율 사이에 있었고 아직 이윤과 잉여가치 사

이에는 없었다.

그러나 일반적 이윤율이 성립되고, 또 이것과 함께 각종의 생산분야에 투하된 자본량에 대응하는 평균이윤이 성립하자마자 사정은 전혀 달라진다.

이제는 특정의 생산분야에서 실제로 생산된 잉여가치(따라서 또 이윤)가 상품의 판매가격에 포함되어 있는 이윤과 일치하는 것은 전혀 우연한 일로 된다. 이제는 일반적으로 이윤율과 잉여가치율뿐 아니라 이윤과 잉여가치도 사실상 다른 크기다. 주어진 노동착취도 아래 특정의 생산분야에서 생산되는 잉여가치는, 이제 그 분야의 자본가에게 직접적으로 중요하기보다는 오히려 사회적 자본의 총체적인 평균이윤에 대하여, 따라서 자본가계급 일반에게 더욱 중요하다. 그 잉여가치가 그 분야의 자본가에게 중요한 것은, 오직 자기 분야에서 창조된 잉여가치량이 평균이윤을 규제하는 하나의 공동결정요인이기 때문이다.[24] 그러나 이 과정은 자본가의 배후에서 진행되며, 그에게 보이지도 않고 그가 이해하지도 못하며 사실상 관심도 없다. 각각의 생산분야에서 이윤과 잉여가치 사이(이윤율과 잉여가치율 사이뿐 아니라)의 현실적인 양적 차이는 이제 이윤의 진정한 성격과 원천을 자본가에 대해서뿐 아니라 노동자에 대해서까지도 완전히 은폐한다[자본가는 여기에서 자기자신을 속이는 데 특별한 관심을 가지고 있다]. 가치가 생산가격으로 전환하면 가치를 규정하는 기초 그것이 보이지 않게 된다. 결국 요점은 다음과 같다. 잉여가치가 단순히 이윤으로 전환되는 경우에도, 상품가치 중 이윤을 형성하는 부분은 상품의 비용가격인 다른 가치부분과 대립하며, 그리하여 이미 가치개념은 자본가에게는 의미없는 것으로 되어 버린다. 왜냐하면 그가 보는 것은 상품의 생산에 드는 총노동 [상품의 가치] 이 아니라 총노동 중 그가 생산요

---

24) {엥겔스: 물론 여기에서는 임금인하, 독점가격 등에 의하여 일시적인 초과이윤을 얻을 수 있는 가능성은 문제로 삼지 않는다.}

소(살아있거나 죽은)의 형태로 지불한 부분뿐이기 때문이며, 이리하여
그에게는 이윤은 상품의 내재적 가치 밖에 있는 어떤 것으로 나타나기
때문이다. 그런데 일반적 이윤율의 성립과 더불어 자본가의 이런 관념은
완전히 확증되고 고정되며 강화된다. 왜냐하면 비용가격에 첨가되는 이
윤은 [각각의 생산분야를 고찰하는 경우] 그 생산분야 안에서 진행되는
가치형성에 의하여 실제로 결정되는 것이 아니라 그 분야 밖에 있는 조
건들에 의하여 확정되기 때문이다.

이 내적 관련 ‖ 잉여가치와 평균이윤 사이의 ‖ 은 여기에서 최초로 폭로된
것이다. 앞으로의 서술과 제4권 [『잉여가치학설사』를 가리킨다] 에서 보게
될 것이지만, 지금까지의 모든 경제학은 가치결정을 경제학의 기초로 고
수하기 위하여 잉여가치와 이윤 사이의 구별과 잉여가치율과 이윤율 사
이의 구별을 난폭하게 무시하였거나, 그렇지 않으면 현상의 수준에서 눈
에 띄는 각종의 차이들에 매달려 이 가치결정과 함께 과학적 접근을 위
한 모든 기초를 포기하여 버렸다. 이론가들의 이런 혼돈 때문에, 무엇보
다도 현실의 자본가[그는 경쟁전에 사로잡혀 있으며 경쟁전이 나타내는
현상들을 결코 깊이 이해할 수 없다]는 기만적인 외관을 뚫고 경쟁과정
의 내적 본질과 내적 형태를 인식하는 데 완전히 무능해지지 않을 수 없
었다.

제1편에서 전개된 이윤율의 상승과 저하에 관한 모든 법칙들은 사실상
다음과 같은 이중의 의의를 가지고 있다.

(1) 한편으로는 그 법칙들은 일반적 이윤율에 관한 법칙들이다. 위에
서 전개된 우리의 논의에 따라 이윤율을 증감시키는 원인들이 다양하고
많다고 한다면, 일반적 이윤율은 매일 변동할 수밖에 없다고 생각할지도
모른다. 그러나 한 생산분야의 운동은 다른 분야의 운동을 상쇄할 것이
므로 각종의 영향력들은 서로 반작용하고 마비시킨다. 우리는 뒤에서 이
런 변동들이 결국 어떤 방향으로 진행하는 경향이 있는가를 보게 될 것

이다. 그러나 이 진행과정은 느리다. 각각의 생산분야의 변동들은 돌발적이고 다면적이며 지속시간이 다르기 때문에, 그 변동들은 부분적으로는 시간상으로 차례차례 상쇄되며(예컨대 가격이 상승한 뒤 하락하거나 그 거꾸로도 된다), 그리고 그 변동들은 국부적인 것으로 되며[즉 특정 생산분야에 국한되며], 끝으로 각종의 국부적인 변동들은 서로를 무력하게 만든다. 각각의 생산분야 안에서는 변동들이 일어나서 일반적 이윤율에서 벗어나지만, 이 변동들은 한편으로는 일정한 기간에 걸쳐 상쇄되어 일반적 이윤율에 영향을 미치지 않으며, 다른 한편으로는 이 변동들은 다른 분야에서 동시에 발생하는 국부적 변동들에 의하여 상쇄되기 때문에 일반적 이윤율에 영향을 미치지 않는다. 일반적 이윤율은 각 분야의 평균이윤율에 의해서뿐 아니라 각각의 분야에 대한 사회적 총자본의 분배에 의해서도 결정되므로, 그리고 이런 분배는 끊임없이 변동하므로, 여기에서 우리는 또다시 일반적 이윤율 변동의 항상적인 원인의 하나를 보게 되지만, 이 원인 역시 이 운동 [사회적 총자본의 생산분야 사이의 분배] 이 끊임없이 전면적으로 일어나기 때문에 대체로 무력해진다.

(2) 각각의 생산분야 안에서는, 그 분야의 이윤율의 변동(상승 또는 하락)이 일반적 이윤율에 영향을 미쳐 국부적 의미 이상을 획득할 만큼 충분한 시간 동안 굳어지기 전에, 길거나 짧은 시간에 걸쳐 그 분야의 이윤율이 변동할 수 있는 여지가 있다. 그러므로 이런 공간적·시간적 한계 안에서는 제1편에서 전개된 이윤율의 법칙들은 여전히 타당하다.

잉여가치가 이윤으로 첫 번째 전환하는 것과 관련된 이론적 견해 — 즉 자본의 각 부분은 동일하게 이윤을 낳는다[25] — 는 하나의 현실적 사실을 표현하고 있다. 산업자본의 구성이 어떻든[산업자본이 $\frac{1}{4}$은 죽은 노동, 그리고 $\frac{3}{4}$은 살아있는 노동력으로 구성되든, 아니면 $\frac{3}{4}$은 죽은 노

---

25) 맬더스, 1836: 268. [참조. CW 33: 71]

동, 그리고 $\frac{1}{4}$은 살아있는 노동력으로 구성되든, 그리하여 전자는 후자
보다 3배나 많은 잉여노동을 흡수하거나 3배나 많은 잉여가치를 생산하
더라도], 노동의 착취도가 동일하다고 가정하고 개별적인 차이들을 무시
한다면(개별적인 차이들은 우리가 생산분야 전체의 평균구성만을 문제로
삼기 때문에 어쨌든 소멸하게 된다), 어느 경우에나 동일한 크기의 자본
은 동일한 크기의 이윤을 얻게 된다. 시야가 좁은 개별자본가[또는 특정
생산분야의 자본가 전체]가 자기의 이윤이 자기[또는 자기의 생산분야]
가 고용하고 있는 노동으로부터만 나오는 것이 아니라고 믿는 것은 당연
하다. 이것은 그의 평균이윤에 관한 한 매우 옳다. 이 이윤[평균이윤]이
어느 정도로 총자본(즉 그의 동료자본가들 전체)에 의한 노동의 전반적
착취에 의해 매개되고 있는가 하는 이 내적 관련은 그에게는 완전한 수
수께끼며, 부르주아 이론가인 정치경제학자들이 아직까지 그것을 해명
하지 못하였기 때문에 더욱 그러하다. 노동—특정의 생산물을 생산하는
데 필요한 노동뿐 아니라 취업노동자의 수—의 절약과 죽은 노동(불변자
본)의 사용 증대는 경제적으로 완전히 올바른 경영으로 나타나며, 처음
부터 일반적 이윤율과 평균이윤에 전혀 영향을 미치지 않는 것처럼 보인
다. 생산에 필요한 노동량의 감축이 이윤에 영향을 미치지 않는 것처럼
보일 뿐 아니라 오히려 일정한 조건에서는 적어도 개별자본가에게 이윤
을 증대시켜주는 직접적 원인인 것처럼 보이는 상황에서, 어떻게 살아있
는 노동이 이윤의 유일한 원천이라고 말할 수 있겠는가?

　비용가격 중 불변자본의 가치를 표현하는 부분이 특정의 생산분야에
서 증감한다면, 이 부분은 처음부터 증감된 형태로 유통영역에서 그 상
품의 생산과정에 들어간 부분이다. 그러나 취업노동자들이 동일한 시간
에 [노동자 수는 변하지 않은 채] 더 많이 또는 더 적게 생산한다면, 일정
한 상품량을 생산하는 데 필요한 노동량은 변화한다. 이 경우 비용가격

중 가변자본의 가치를 표현하는 부분은 여전히 같을 수 있으며 그리하여 같은 크기로 총생산물의 비용가격에 들어갈 수 있다. 그러나 총생산물을 구성하는 개개의 상품은 이제 더 많거나 더 적은 노동(지불노동과 불불노동)을 포함하며, 따라서 또 노동에 대한 지출(총임금)의 더 크거나 더 작은 부분을 포함하게 된다. 자본가가 지불한 임금총액은 여전히 동일하지만 개개의 상품에 포함된 임금은 달라진다. 이리하여 상품의 비용가격 중 이 부분에 변화가 생긴다. 그런데 이런 가치의 변화(자기 자신의 상품의 가치가 변화하든, 상품의 생산에 필요한 생산요소들의 가치가 변화하든)로 말미암아 개별상품의 비용가격(또는 일정한 크기의 자본에 의해 생산된 상품총량의 비용가격)이 증감하더라도, 이것은 자본가에게는 전혀 문제가 되지 않는다. 왜냐하면 평균이윤이 예컨대 10%이라면 그것은 여전히 10%일 것이기 때문이다. 비록 이 10%는 개개의 상품에 대해서는 매우 다른 크기를 표현할 수 있을 것이지만. 왜냐하면 위에서 말한 가치 변동에 의하여 상품 한 개의 비용가격은 변화할 것 [이에 따라 상품 한 개에 포함되는 이윤도 변화할 것] 이기 때문이다.[26]

가변자본에 관하여 말한다면 [이 문제는 가장 중요하다. 왜냐하면 가변자본은 잉여가치의 원천이기 때문이며, 그리고 자본가의 돈벌이에서 가변자본의 지위를 은폐시키는 모든 것은 자본주의체제 전체를 올바르게 파악할 수 없게 만들기 때문이다] 사태는 더욱 너절하게 보이든지 또는 적어도 자본가에게는 그렇게 나타난다. 100원의 가변자본이 예컨대 노동자 100명의 주간 임금을 표시한다고 하자. 이 100명의 노동자가 주어진 노동일에서 200개의 상품=200C라는 주간 생산물을 생산한다면, 1C의 비용가격 — 비용가격 중 불변자본이 첨가하는 부분을 무시한다 — 은 $\frac{100원}{200개}=0.5$원이다. 왜냐하면 100원= 200C이기 때문이다. 이제 노동생산

---

26) 코르베트, 앞의 책: 20.

성이 변동한다고 하자. 노동생산성이 두 배로 되어 동일한 수의 노동자
가 이전과 같은 시간에 200C의 두 배를 생산한다고 하면, [비용가격은
오직 노동으로 구성된다고 전제하고 있으므로] 100원=400C이므로 1C=
$\frac{100원}{400개}$=0.25원이다. 만약 노동생산성이 절반으로 감소한다면, 동일한 노
동은 $\frac{200c}{2}$만을 생산할 것이고, $\frac{200c}{2}$=100원이므로 1C=$\frac{100원}{100개}$=1원일 것
이다. 이제 상품의 생산에 필요한 노동시간의 변화, 따라서 상품의 가치
변화는, 비용가격[그리고 또 생산가격]과의 관련에서는, 동일한 노동시
간에 동일한 임금으로 생산되는 상품량의 많고 적음에 따라 동일한 임금
이 더 많은 상품으로 분배되는가 더 적은 상품으로 분배되는가의 차이로
서 나타난다. 자본가 보는 것, 그리하여 또 정치경제학자가 보는 것은,
지불노동 중 상품 한 개씩에 돌아가는 부분은 노동생산성에 따라 변동하
며 그와 함께 상품 한 개의 가치도 변동한다는 것이다. 그는 상품 한 개
에 포함되어 있는 불불노동도 마찬가지로 변동한다는 것을 보지 못하는
데, 이것은 평균이윤이 사실상 자기 자신의 분야에서 흡수하는 불불노동
에 의해서는 오직 우연하게만 결정되기 때문에 더욱 심화된다. 상품의
가치가 그 상품에 포함되어 있는 노동에 의하여 결정된다는 사실은 이제
이런 거칠고 의미없는 형태로서만 우리에게 다가온다.

제10장
경쟁에 의한 일반적 이윤율의 균등화. 시장가격과 시장가치. 초과이윤

어떤 생산분야에서는 사용되는 자본이 '평균'구성 ― 사회적 총자본의 평균구성과 같거나 거의 같은 구성 ― 을 가지고 있다.

이런 분야에서는, 생산되는 상품의 생산가격은 상품의 가치(화폐로 표현된 것)와 일치하거나 거의 일치한다. 이런 수학적 한계치에 도달하는 방식의 하나는, 경쟁이 사회적 자본을 각종의 생산분야로 분배하여, 각 분야의 생산가격이 평균구성 분야의 생산가격 ― 즉 k+kp'(k: 비용가격, p': 평균이윤율) ― 으로 되게끔 한다는 것이다. 그런데 이 평균이윤율은 평균구성 분야(여기에서는 이윤과 잉여가치가 일치한다)의 백분율 이윤에 불과하다. 따라서 이윤율은 모든 생산분야에서 동일하게 된다. 왜냐하면 이윤율은 자본의 평균구성이 지배하는 평균적 생산분야들의 이윤율로 평준화되기 때문이다. 이리하여 모든 다른 생산분야들의 이윤총액은 잉여가치의 총액과 동등하지 않을 수 없고, 사회적 총생산물의 생산가격의 합계는 가치의 합계와 동등하지 않을 수 없게 된다. 그러나 다른 자본구성을 가진 생산분야들 사이의 균등화는 항상 이 분야들을 평균구성의 분야들[이 분야들의 자본구성이 사회적 평균과 완전히 일치하든 거의 일치하든]로 조정하지 않을 수 없다는 것은 명백하다. 사회적 평균에 대체로 접근하는 분야들 사이에서도 균등화의 경향이 나타나는데, 여기에서는 '이상적인ideal' 즉 현실로는 존재하지 않는 평균을 추구하며 이 이상을 하나의 기준으로 삼아 그것에 적응하려는 경향이 생긴다. 이리하여 생산가격을 가치의 단순한 전환형태로 만드는 경향, 또는 이윤을 잉여가치의 단순한 분배 몫으로 전환시키는 경향이 필연적으로 지배하게 된다. 그러나 잉여가치가 이윤으로 분배되는 것은, 각각의 특정 생산분야에서 창조되는 잉여가치에 비례하는 것이 아니라 각각의 분야에 투하되어 있는 자본량에 비례하는 것이며, 따라서 동일한 크기의 자본은 그 구성이 어떻든 사회적 총자본이 생산한 잉여가치 총량에서 동등한 몫을 받는다.

평균적인 또는 거의 평균적인 구성을 가진 자본들의 경우에는, 생산가격은 가치와 일치하거나 거의 일치하며, 이윤도 그들이 생산하는 잉여가치와 일치하거나 거의 일치한다. 기타의 모든 자본들은 그 구성이 어떻든 경쟁의 압력 때문에 점차로 평균구성의 자본을 따르는 경향이 있다. 그런데 평균구성의 자본은 사회적 평균자본과 동등하거나 거의 동등하기 때문에, 모든 자본들은, 자기 자신이 생산하는 잉여가치가 어떻든, 자기 상품의 가격에서 이 잉여가치가 아니라 평균이윤을 실현하는 경향이 있다. 즉 생산가격을 실현하는 경향이 있다.

또한 다음과 같이 말할 수도 있다. 첫째로 평균이윤 따라서 일반적 이윤율이 확립되는 경우에는—이것이 어떻게 형성되었든—이 평균이윤은 사회적 평균자본에 대한 이윤 이외의 것일 수가 없으며, 또한 이윤총액은 잉여가치 총액과 동등하지 않을 수 없고, 둘째로 이 평균이윤을 비용가격에 첨가함으로써 나온 가격은 [생산가격으로 전환된] 가치 이외의 것일 수가 없다. 어떤 생산분야의 자본이 어떤 이유로든 균등화과정에 휩쓸리지 않는다 하더라도 사태는 조금도 변하지 않을 것이다. 이 경우 평균이윤은 사회적 자본 중 균등화과정에 참가한 부분에 대하여 계산될 것이다. 평균이윤은 잉여가치의 총량이 각 생산분야에 투하된 자본의 크기에 비례하여 분배된 것 이외의 것일 수가 없다는 것은 명백하다. 평균이윤의 총계는 실현된 불불노동의 총량이며, 이 실현된 불불노동의 총량은, 지불노동[죽은 노동과 살아있는 노동]과 마찬가지로 자본가의 것으로 되는 상품과 화폐의 총량에 표현된다.

여기에서 참으로 어려운 문제는, 서로 다른 이윤율들이 어떻게 일반적 이윤율로 균등화되는가 하는 것이다. 왜냐하면 이런 균등화는 명백히 하나의 결과이지 출발점일 수는 없기 때문이다.

먼저 명백한 것은, 예컨대 화폐에 의한 상품가치의 평가는 상품과 화폐 사이의 교환의 결과일 수밖에 없다는 것, 따라서 우리가 이런 종류의 평가를 전제한다면, 이런 평가는 한 상품가치와 다른 상품가치 사이의 현실적 교환의 결과로 여겨야 한다는 것이다. 그렇다면 상품들이 그들의 현실적 가치대로 교환된다는 것은 어떻게 성립된 것인가?

각종 생산분야의 모든 상품들이 그들의 현실적 가치대로 판매된다고 먼저 가정하자. 그러면 어떤 일이 벌어질 것인가? 위의 논의에 따르면 매우 다른 이윤율들이 각종의 생산분야를 지배할 것이다. 상품들이 각각의 가치대로 판매되는가[즉 상품들이 각각에 포함되어 있는 가치에 비례하여, 각각의 가치가격에 따라 상호 교환되는가], 또는 상품들이 판매에 의하여 각각의 생산분야에 투하된 같은 금액의 자본에 대하여 동등한 이윤을 줄 수 있는 가격[생산가격]으로 판매되는가 하는 것은, 명백히 매우 다른 문제다.

다른 양의 살아있는 노동을 움직이는 자본들이 다른 잉여가치량을 생산한다는 것은 적어도 어느 정도까지는 다음을 전제하고 있다. 즉 노동착취도 또는 잉여가치율이 동일하다는 것, 또는 노동착취도에 존재하는 차이들이 현실적인 또는 상상적인(관습적인) 보상 근거에 의하여 상쇄되고 있다는 것이 그것이다. 이것은 노동자들 사이의 경쟁과, 한 생산분야에서 다른 생산분야로 노동자들이 끊임없이 이동하는 것을 전제한다. 우리는 이런 일반적 잉여가치율을 [모든 경제법칙과 마찬가지로] 하나의 경향으로 그리고 이론적 단순화로 가정하고 있다. 물론 그것은 현실적으로도 자본주의적 생산양식의 사실상의 전제다. 비록 그것은 현저한 지방적 차이를 낳는 현실의 장애물들―예컨대 영국에서 농업노동자에 대한 이주제한법 [제1권 제25장 제5절 E의 주98 참조] ―에 의하여 많든 적든 지장을 받기는 하지만. 이론에서 우리는 자본주의적 생산양식의 법칙들이 순수한 형태로 전개된다고 가정한다. 그러나 현실에서 그 법칙들은 오직 점차적으로 비슷하게 전개된다. 그렇지만 자본주의적 생산양식이 발전하면 할수록, 그리하여 자본주의적 생산양식이 이전의 경제조건들의 잔재들과 혼합되어 있는 불순의 정도가 약하면 약할수록, 법칙의 현실성은 더욱 더 커진다.

모든 문제는 다음과 같은 사실로부터 생긴다. 즉 상품들이 단순히 상품으로서 교환되는 것이 아니라 자본의 생산물로서 교환되며, 자본은 잉여가치 총량에서 각각의 크기에 비례해 일정한 몫을―동일한 크기의 자본에게는 동일한 분배 몫을― 요구하고 있다는 점이다. 그리고 일정한 자본이 일정한 기간에 생산하는 상품들의 총가격은 이 요구를 충족시켜야 한다. 그런데 이 상품들의 총가격이란 이 자본의 생산물을 구성하는 개별 상품들의 가격 총액에 지나지 않는다.

문제를 다음과 같이 고찰한다면 문제의 핵심이 가장 뚜렷하게 나타날 것이다. 노동자들 자신이 각각 생산수단의 소유자이고 자기들의 상품을 서로서로 교환한다고 가정하자. 그러면 이 상품들은 자본의 생산물이 아닐 것이다. 서로 다른 생산분야에서는 작업의 기술적 성격에 따라 사용되는 노동수단과 노동재료의 가치는 다를 것이다. 또한 사용되는 생산수단의 가치가 다르다는 것을 무시하더라도, 일정한 노동량에 대하여 필요한 생산수단의 양이 다를 것이다. 왜냐하면 어떤 상품은 한 시간에 제조되지만 다른 상품은 하루가 걸려야 제조될 수 있을 것이기 때문이다. 우리는 또한 이 노동자들은 평균적으로 동일한 시간[여기에는 노동의 강도 등의 차이도 고려했다] 노동한다고 가정한다. 그러면 두 노동자들은 자기들의 하루 노동의 생산물인 상품들에서 먼저 그들의 지출─소비된 생산수단의 비용가격 ─을 보충할 것이다. 이 지출은 생산분야의 기술적 성격에 따라 다를 것이다. 그 다음으로, 그들은 동일한 양의 새로운 가치 ─생산수단에 첨가된 노동일─를 창조하였을 것이다. 이 새로운 가치는 임금+잉여가치로 구성될 것인데, 이 잉여가치는 자기들의 생활상의 필요를 넘는 잉여노동이지만 이 노동의 결과는 자기의 것으로 될 것이다. 이것을 자본주의적으로 표현한다면, 그들은 동일한 임금과 동일한 이윤을 얻는데, 이것들의 합계는 예컨대 10시간 노동일의 생산물에 표현된 〔새로운〕가치와 동일하다. 그러나 첫째로 그들의 상품가치는 다를 수 있다. 예컨대 상품 Ⅰ에는 상품 Ⅱ에 비하여 소비된 생산수단의 가치가 더욱 클 수가 있으며, 또한 상품 Ⅰ은 상품 Ⅱ보다 더욱 많은 살아있는 노동을 흡수할 수도 있으며 더욱 긴 노동시간을 요구할 수도 있다. 그러므로 상품 Ⅰ과 Ⅱ의 가치는 매우 다를 수 있다. 또한 노동자 Ⅰ과 Ⅱ가 일정한 시간에 수행한 노동의 생산물인 각각의 상품가치총액도 다를 수 있다. 생산수단에 투하된 총가치에 대한 잉여가치의 비율을 이윤율이라고 부른다면, Ⅰ과 Ⅱ의 이윤율은 매우 다를 것이다. 노동자 Ⅰ과 Ⅱ가 생산과정에서 매일 소비하는 생활수단[임금을 표현하는 것]은 여기에서는 투하된 생산수단의 일부[다른 곳에서는 가변자본이라고 부르지만]를 구성한다. 그러나 잉여가치는, Ⅰ과 Ⅱ의 경우 동일한 노동시간이 주어져 있으므로 동일할 것이다. 또는 더 자세하게 말한다면, Ⅰ과 Ⅱ는 모두 하루 노동일의 생산물의 가치를 얻는데, 그 중에서 투하된 '불변적' 요소들의 가치를 빼면 남은 가치는 모두 동일하며, 이 남은 가치 중 일부는 생산과정에서 소비된 생활수단의 보충분으로 여길 수 있고 다른 일부는 전자를 초과하는 잉여가치로 여길 수 있다. 노동자 I이 더 많이 지출한다면, 이 지출은 그의 상품가치 중 [이 '불변' 부분을 보충하는] 더 큰 부분에 의해 보충되며, 따라서 그는 그의 생산물의 총가치 중 더 큰 부분을 이 불변부분의 소재적 요소들로 재전환시켜야 한다. II는 더 적은 금액을 불변부분으로서 회수한다면, 그는 그만큼 적게 불변부분의 소재적 요소들로 재전환시키면 된다. 이런 상황에서는 이윤율의 차이는 전혀 문제가 되지 않는다. 이것은 마치 오늘날의 임금노동자들이 자기로부터 착취한 잉여가치가 어떤 이윤율로 표현되든 전혀 관심이 없는 것과 마찬가지며, 또한 마치 국제무역에서 각국 사이의 이윤율 차이가 그들의 상품교환에서는 전혀 문제가 되지 않는 것과 마찬가지다.

따라서 상품들이 가치대로 또는 거의 가치대로 교환되는 것은, 상품들이 생산가격에 따라 교환되는 것[이를 위해서는 일정한 정도의 자본주의적 발전이 필요하다]보다 훨씬 낮은 발전단계에 해당한다.

다른 상품들의 가격이 최초에 어떤 방식으로 확립되고 확정되든 가치법칙이 가격의 운동을 규제한다. 다른 사정들이 불변이라면, 생산에 필요한 노동시간이 감소하면 가격은 저하하고, 노동시간이 증가하면 가격은 상승한다.

가치법칙이 어떻게 가격과 가격의 운동을 규제하는가는 무시하더라도, 상품의 가치가 이론적으로도 역사적으로도 상품의 생산가격보다 앞선다는 주장은 전적으로 정당하다. 이 주장은 생산수단이 노동자의 것인 경제형태에 적용되는데, 이런 경제형태는 고대세계와 현대세계에서 자기 자신을 위해 노동하는 소토지소유농민과 수공업자에게서 볼 수 있다. 더욱이 이 주장은, 우리가 이전에 표명한 견해[27] ― 즉 생산물이 상품으로

---

27) {엥겔스: 1865년 당시에는 이것은 아직 마르크스 자신의 '견해'에 불과하였다. 오늘날에는 마우러로부터 모간에 이르기까지의 저술가들이 원시공동체에 관해 광범히 연구한 결과로, 이것은 거의 도전받지 않는 확립된 사실이다.}

발전하는 것은 서로 다른 공동체들 사이의 교환에서 생긴 것이지 동일한 공동체의 구성원들 사이의 교환에서 생긴 것은 아니다 — 와 일치한다. 〔 참조. CW 29: 290 〕 이 주장은 원시적 상태에만 적용되는 것이 아니라 노예제와 농노제에 의거한 더 나중의 사회상태와 수공업생산의 길드조직에도 적용된다. 왜냐하면 각 생산분야에 투하된 생산수단이 한 분야에서 다른 분야로 쉽게 이전할 수 없으며, 따라서 서로 다른 생산분야들 사이의 관계가 일정한 정도까지는 다른 나라들 사이의 관계 또는 공산주의적 공동체들 사이의 관계와 비슷하기 때문이다.

상품들이 서로 교환되는 가격이 그들의 가치와 거의 일치하기 위해서는 오직 다음의 것들이 필요하다. (1) 서로 다른 상품들의 교환이 순전히 우연적이거나 단순히 임시적인 것이 아닐 것. (2) 상품들의 직접교환을 고찰하는 경우에는, 상품들이 상대방의 필요를 거의 충족시킬 정도로 생산될 것. 이것은 상호간의 판매경험에서 배울 수 있으며 계속적인 교환의 결과로 생긴다. (3) 판매에 관한 한, 자연적 또는 인위적 독점으로 말미암아 거래당사자의 일방이 가치 이상으로 판매할 수 있거나 가치 이하로 투매해야 하는 일이 없을 것. 우연적 독점이라는 것은, 수요와 공급의 우연한 상태에 의하여 판매자 또는 구매자가 누리는 독점을 말한다.

다른 생산분야의 상품들이 그들의 가치대로 판매된다는 가정은, 그 가치가 무게중심이 되어 상품의 가격이 그 주위를 맴돌며 그리고 이 중심에서 가격의 끊임없는 등락이 상쇄된다는 것을 의미할 따름이다. 그밖에도 시장가치(뒤에 더욱 논의한다)라는 것이 항상 있는데, 이것은 다른 생산자들이 생산한 개개의 상품의 개별가치와는 구별된다. 이들 상품의 약간의 개별가치는 시장가치보다 낮으며(즉 그것들의 생산에 필요한 노동시간은 시장가치가 표현하고 있는 노동시간보다 적다), 다른 것들의 개별가치는 시장가치보다 높다. 시장가치는 한편에서는 특정의 생산분야에서 생산되는 상품들의 평균가치로 여겨야 하며, 다른 한편에서는 그

분야의 평균조건에서 생산되며 그 분야의 상품들의 대부분을 차지하는 상품의 개별가치로 여겨야 한다. 예외적인 상황에서만 최악의 조건 또는 최량의 조건에서 생산되는 상품이 시장가치를 규제하게 되는데, 이 시장가치는 시장가격(같은 종류의 상품들의 시장가격은 언제나 동일하다)의 변동의 중심이다. 만약 평균가치[즉 두 극단 사이에 있는 대량의 상품들의 중간가치]에 의한 상품의 공급이 일상적인 수요를 충족시킨다면, 시장가치보다 낮은 개별가치를 가진 상품들은 특별잉여가치 또는 초과이윤을 실현할 것이고, 시장가치보다 높은 개별가치를 가진 상품들은 그들 자신이 포함하고 있는 잉여가치의 일부를 실현할 수가 없을 것이다.

최악의 조건에서 생산되는 상품들이 팔린다는 것은, 수요를 충족시키기 위해서는 그 상품들이 필요하다는 것을 증명한다고 말하는 것은 문제의 해명에는 아무런 도움도 주지 않는다. 위의 경우에 가격이 평균의 시장가치보다 높다면 수요는 더 줄어들 것이다. 일정한 가격에서는 어느 한 종류의 상품은 일정한 규모의 시장을 차지할 수 있다. 가격이 변동하는데도 시장의 규모가 일정한 것은 오직 다음과 같은 경우다. 즉 더 높은 가격과 더 적은 상품량[공급량]이 동시에 나타나거나, 더 낮은 가격과 더 많은 상품량이 동시에 나타나는 경우가 바로 그것이다. 수요가 너무 커서 가격이 최악의 조건에서 생산되는 상품들의 가치에 의해 결정되더라도 수요가 축소되지 않는 경우에는, 그 상품들이 시장가치를 결정한다. 이런 것이 일어날 수 있는 것은, 수요가 보통의 수준을 초과하거나 공급이 보통의 수준 이하로 감소하는 경우뿐이다. 끝으로, 생산된 상품량이 너무 커서 평균의 시장가치에서 완전히 판매될 수 없는 경우, 시장가치는 최량의 조건에서 생산된 상품들에 의하여 결정된다. 이 최량의 조건에서 생산된 상품은 예컨대 자기의 개별가치와 동일하거나 거의 동일한 가격으로 판매될 수 있을 것이지만, 최악의 조건에서 생산된 상품은 자기의 비용가격마저 실현하지 못할 것이며, 평균조건에서 생산된 상품은 자기가 포함하고 있는 잉여가치의 일부만을 실현할 수 있을 것이다. 시장가치에 관하여 여기에서 말한 것은, 생산가격이 시장가치를 대신하여 나타나는 경우에는 생산가격에도 적용된다. 생산가격은 각각의 생산분야에서 규제되며 특수한 사정에 의해서도 규제된다. 그러나 생산가격도 또한 매일의 시장가격이 변동하는 중심이며 매일의 시장가격이 일정한 기간에 상쇄되는 중심이다. (최악의 조건에 있는 생산자들에 의한 생산가격의 결정에 관해서는 리카도를 참조하라. 『『정치경제학 및 과세의 원리』 제2장; CW 31: 428 』)

가격이 어떻게 결정되든 다음과 같은 결론이 나온다.

(1) 가치법칙은 가격의 운동을 지배한다. 왜냐하면 상품의 생산에 필요한 노동시간의 증감이 생산가격의 등락을 일으키기 때문이다. 이런 의미에서 리카도―그는 물론 자기가 말하는 생산가격이 가치와 다르다는 것을 느끼고 있다―는 다음과 같이 말하고 있다.

"내가 독자의 주의를 끌고자 하는 연구는 상품들의 상대가치의 변동의 효과에 관한 것이지 절대가치의 그것에 관한 것이 아니다."『 같은 책: 84; CW 31: 394~400 』

(2) 생산가격을 규정하는 평균이윤은, 사회적 총자본의 일정한 구성부분인 개별자본에게 할당되는 잉여가치량과 항상 거의 일치하지 않을 수 없다. 일반적 이윤율 그리고 평균이윤의 화폐적 표현이 현실의 평균잉여가치의 화폐적 표현보다 높다고 가정해 보자. 자본가들에 관한 한, 그들이 상호간에 10%의 이윤을 붙이든 15%의 이윤을 붙이든 마찬가지다. 화폐적 표현의 인플레이션은 상호간에 같은 영향을 미치므로, 10%나 15%나 모두가 현실의 상품가치를 대표하지 않는다. 노동자에 관하여 말한다면(여기에서 우리는 노동자들이 정상적인 임금을 받으며, 따라서 평균이윤의 증대는 임금의 현실적 삭감―즉 자본가의 정상적인 잉여가치와는 전혀 다른 것―을 내포하지 않는다고 가정한다), 평균이윤의 증대에 따

른 상품가격의 상승은 가변자본의 화폐적 표현의 증대를 수반한다. 총투하자본에 대한 현실의 잉여가치의 비율에 의해 주어지는 수준 이상으로 이윤율과 평균이윤이 일반적으로 명목상으로 상승하는 것은, 임금의 인상과 불변자본을 구성하는 상품들의 가격 인상을 동반하지 않고서는 사실상 불가능하다. 하락하는 경우에는 위와 정반대다. 상품들의 총가치는 총잉여가치를 규제하고 총잉여가치는 또 평균이윤과 일반적 이윤율의 크기를—일반법칙으로서 또는 변동을 지배하는 법칙으로서—규제하기 때문에, 가치법칙은 생산가격을 규제한다고 말할 수 있다.

경쟁이 먼저 하나의 생산분야에서 달성하는 것은 상품의 다양한 개별가치로부터 단일의 시장가치와 시장가격을 확립하는 것이다. 그리고 서로 다른 생산분야들 사이에서 이윤율을 균등화시켜 생산가격을 성립시키는 것은 다른 분야들 사이의 자본의 경쟁이다. 이 후자의 과정은 전자의 과정보다 자본주의적 생산양식의 더 높은 발전을 필요로 한다.

동일한 생산분야에서 나오는 같은 종류의 거의 동일한 품질의 상품들이 그 가치대로 판매되기 위해서는 다음과 같은 두 개의 조건이 필요하다.

(1) 첫째로, 서로 다른 개별가치들이 평준화되어 하나의 사회적 가치[위에서 말한 시장가치]를 제공해야 하는데, 이를 위해서는 같은 종류의 상품 생산자들 사이에 경쟁이 필요하며 또한 그들이 자기들의 상품을 판매하는 공동시장이 있어야 한다. 서로 다른 개별 조건에서 생산되지만 동일한 상품들의 시장가격이 시장가치보다 높거나 낮지 않고 시장가치와 일치하기 위해서는, 다수의 판매자들이 상호간에 가하는 압력이 매우 커서 사회의 필요를 충족시킬 만큼 충분한 상품량[즉 사회가 시장가치를 지불할 수 있는 상품량]을 시장에 공급할 수 있어야만 한다. 생산물의 양이 사회의 필요를 초과하면 상품은 시장가치보다 낮게 판매되지 않을 수 없고, 반대로 생산물의 양이 충분히 크지 않다면(또는 같은 이야기이지

만, 판매자들 사이에 경쟁의 압력이 강하지 못하여 충분한 상품량을 시
장에 공급할 수 없다면), 상품들은 시장가치보다 높게 판매될 것이다. 시
장가치가 변동하면 총상품량이 판매될 수 있는 조건도 또한 변할 것이
다. 시장가치가 떨어지면, 사회의 수요(여기에서는 지불능력있는 수요를
항상 의미한다)는 대체로 늘어나며, 일정한 한계 안에서는 사회는 더 큰
상품량을 흡수할 수 있다. 시장가치가 오르면, 상품에 대한 사회의 수요
는 줄어들고 더 적은 양이 흡수된다. 따라서 수요와 공급이 시장가격(또
는 오히려 시장가치로부터 시장가격의 차이)을 규제한다면, 시장가치는
수요와 공급 사이의 상호관계[또는 수요와 공급의 변동에 의하여 시장가
격이 진동하는 중심]를 규제한다.*

문제를 좀 더 자세히 관찰하면 알 수 있듯이, 개개의 상품의 가치를
결정하는 바로 그 조건들이 여기에서는 어느 하나의 상품종류의 총량의
가치를 결정하는 조건들로 다시 나타나고 있다. 왜냐하면 자본주의적 생
산은 처음부터 대량생산이기 때문이며, 덜 발달한 다른 생산양식에서 다
수의 소규모 생산자들이 소량으로 생산하던 것도 여기에서는 시장의 비
교적 소수 상인들의 수중에 — 적어도 주요 상품에 관한 한 — 대량으로
집중되고, 이 상인들은 이 상품들을 하나의 생산분야 전체 또는 그 분야
의 대체로 큰 공동생산물로 시장에서 판매하기 때문이다.

여기에서는 다만 지나가는 말로 지적하지만, 수요의 원리를 규제하는
'사회적 수요'는 기본적으로 서로 다른 계급들의 상호관계와 그들 각각의
경제적 지위에 의하여 제약되는데, 특히 첫째로 총잉여가치와 임금 사이
의 비율에 의하여, 둘째로 잉여가치 그것이 분할되는 각종의 부분들(이

---

*

윤 · 이자 · 지대 · 조세 등) 사이의 비율에 의하여 제약된다. 그러므로 수
요와 공급의 상호관계가 작용하는 바탕을 해명하지 않고서는 그 상호관
계는 아무 것도 설명할 수 없다는 것을 여기에서 또다시 알 수 있다.

상품과 화폐는 모두 교환가치와 사용가치의 통일체이지만, 우리가 이
미 본 바와 같이(제1권 제1장 3절), 판매와 구매에서 이 두 개의 결정요
소가 두 개의 끝으로 분할되어, 상품(판매자)은 사용가치를 대표하고 화
폐(구매자)는 교환가치를 대표하게 된다. 상품은 사용가치를 가져야 하
며 따라서 사회적 필요를 충족시켜야 한다는 것은 판매를 위한 하나의
전제조건이었다. 다른 하나의 전제조건은, 상품에 포함된 노동량은 사회
적으로 필요한 노동을 대표하여야 한다는 것, 따라서 상품의 개별가치
(와 판매가격)는 그것의 사회적 가치와 일치해야 한다는 것이었다.[28]

이것을 하나의 생산분야 전체의 생산물로서 시장에 있는 상품량에 적
용시켜 보자.

우리가 상품의 총량[먼저 한 생산분야의 상품의 총량]을 하나의 상품
으로 생각하고 다수의 동일한 상품들의 가격 총계를 하나의 가격으로 합
계한다면, 문제는 매우 쉽게 표현될 수 있다. 우리가 앞에서 개별상품에
대하여 말한 것은 이제 시장에 있는 특정 생산분야의 총상품량에도 그대
로 적용된다. 상품의 개별가치가 상품의 사회적 가치와 일치한다는 사실
은, 이제 상품 총량은 그것의 생산에 사회적으로 필요한 노동을 포함하
고 있으며, 상품 총량의 가치는 그것의 시장가치와 동일하다는 사실에
실현되어 있고 또는 더 나아가서 규정되어 있다.

이제 이 상품들의 대부분이 동일한 정상적인 사회적 조건에서 생산되
며 이리하여 이들의 가치가 동시에 이 상품량을 구성하는 개개의 상품의
개별가치와 같다고 가정하자. 상대적으로 적은 일부의 상품들은 더 나쁜

---

28) 마르크스, 『정치경제학 비판을 위하여』[CW 29: 273~274]

조건에서 생산되고 다른 일부의 상품들은 더 좋은 조건에서 생산되며,
이리하여 전자의 개별가치는 대부분 상품들의 평균가치보다 크고 후자의
개별가치는 이 평균가치보다 작지만, 이 두 개의 극단이 상쇄되어 이들의
평균가치가 대부분의 평균적 상품들의 가치와 동일하다고 한다면, 시장가
치는 평균적 조건에서 생산되는 상품들의 가치에 의하여 결정된다.[29] 상
품 총량의 가치는 모든 개개의 상품들─평균적 조건에서 생산된 상품들
과 더 나쁘거나 더 좋은 조건에서 생산된 상품들─의 가치를 합계한 총
액과 동일하다. 이 경우 이 상품량의 시장가치 또는 사회적 가치─이 상
품량에 포함된 사회적으로 필요한 노동시간─는 대량의 평균적 상품들
의 가치에 의하여 결정된다.

이와 반대로, 시장에 출하된 문제의 상품 총량은 여전히 동일하지만,
더 나쁜 조건에서 생산된 상품들의 가치가 더 좋은 조건에서 생산된 상
품들의 가치에 의해 상쇄되지 않으며, 이리하여 상품 총량 중 더 나쁜
조건에서 생산된 부분이 평균적인 상품량과 더 좋은 조건에서 생산된 상
품량에 비하여 상대적으로 훨씬 큰 비중을 차지한다면, 시장가치 또는
사회적 가치를 규정하는 것은 더 나쁜 조건에서 생산된 상품량이다.

끝으로, 평균보다 좋은 조건에서 생산된 상품량이 더 나쁜 조건에서
생산된 상품량을 크게 초과하며, 그리고 평균적 조건에서 생산된 상품량
에 비해서도 현저히 크다고 한다면, 시장가치는 더 좋은 조건에서 생산
된 상품부분에 의하여 규정될 것이다. 우리는 여기에서 공급과잉의 경우
[이 경우에는 시장가격은 항상 가장 좋은 조건에서 생산된 상품부분에
의하여 규정된다]를 무시한다. 그리고 또한 우리는 여기에서 시장가치를
벗어나는 시장가격을 다루지 않으며, 다만 시장가치 그것의 각종의 결정
방식을 다루고 있다.[30]

---

29) 같은 책. [CW 29: 302]
30) 그러므로 지대에 관한 슈토르히와 리카도 사이의 논쟁(지대라는 주제에 관해

위의 제1의 경우에는, 평균가치에 의하여 규정되는 상품 총량의 시장
가치는 엄격히 말하면 (물론 실제로는 오직 비슷하게 다양한 형태로 실
현되지만) 상품들의 개별가치의 합계와 같다. 비록 두 극단에서 생산되
는 상품들에게는 이 시장가치는 그들에게 강요되는 평균가치에 불과하지
만. 다시 말해 가장 나쁜 조건에서 생산하는 사람들은 상품을 개별가치
이하로 판매해야 하며, 가장 좋은 조건에서 생산하는 사람들은 개별가치
이상으로 판매하게 된다.

위의 제2의 경우에는, 두 극단에서 생산되는 각각의 상품량이 서로 상
쇄되지 않고, 더 나쁜 조건에서 생산되는 상품들이 결정권을 가진다. 물
론 엄격히 말한다면, 각각의 개별상품[또는 상품 총량의 각각의 일정한
구성부분]의 평균가격 또는 시장가치는, 상품 총량의 가치총액[각종의
다른 조건에서 생산되는 상품들의 가치를 합계한 것]과 이 가치총액 중
각각의 상품이 차지하는 비중에 의하여 규정된다. 그런데 이렇게 하여
얻는 시장가치가 더 좋은 조건의 개별가치보다 높을 뿐 아니라 중간조건

서는 논쟁이라고 말할 수 있지만, 두 사람 모두 상대방에 주의를 기울이지 않
았다), 즉 시장가치(그들의 용어로는 시장가격 또는 생산가격)가 가장 나쁜 조
건에서 생산되는 상품에 의하여 규정되는가(리카도), 아니면 가장 좋은 조건에
서 생산되는 상품에 의하여 규정되는가(슈토르히) 하는 논쟁에 대해서는, 두
사람 모두가 옳고 또 두 사람 모두가 옳지 않으며, 그리고 또한 두 사람 모두
평균적 조건을 전혀 고려하지 않았다고 말할 수 있을 것이다. 가격이 가장 좋
은 조건에서 생산되는 상품들에 의하여 규정되는 경우들에 관해서는 코르베트
를 참조하라. 그리고 다음을 참조하라. "모자와 구두라는 서로 다른 상품의 각
각이 동일한 노동량에 의하여 생산된 경우 그것들이 서로 교환된다고 그"(리카
도)"가 주장한 것은 아니다. 여기에서 말하는 '상품'은 특정의 개개의 모자, 구
두 등이 아니라 '상품종류'라고 이해하여야 한다. 이런 의미에서, 영국의 모자
전체를 생산하는 노동 전체가 모든 모자들 사이에 분할된다고 생각하여야 한
다. 이 점이 이 학설의 첫 머리에서도 전반적 서술에서도 밝혀지지 않았다고
생각한다."(『정치경제학의 용어논쟁 고찰』, 1821: 53~54)

의 개별가치보다 높다. 그러나 이 시장가치는 더 나쁜 조건에서 생산되는 상품들의 개별가치보다는 항상 낮을 것인데, 전자가 후자에 얼마나 접근할 것인가 또는 두 개가 결국 서로 일치할 것인가 하는 것은, 더 나쁜 조건에서 생산되는 상품량이 문제의 상품종류에서 얼마나 큰 비중을 차지하는가에 전적으로 달려 있다. 수요 측이 조금이라도 우세하면, 더 나쁜 조건에서 생산되는 상품들의 개별가치가 시장가격을 규정하게 된다.

끝으로 위의 제3의 경우처럼, 더 좋은 조건에서 생산되는 상품들이 더 나쁜 조건과 중간조건의 상품들에 비하여 양적으로 더욱 크다면, 시장가치는 평균가치보다 낮다. 두 극단과 중간의 상품들 [결국 모든 상품들] 의 가치를 합계하여 얻어지는 평균가치는 중간조건의 가치보다 낮으며, 이 두 개의 가치가 어느 정도의 차이를 나타내는가는 더 좋은 조건의 상품들이 차지하는 상대적 비중에 달려 있다. 수요가 공급에 비하여 약하다면, 더 좋은 조건에서 생산되는 상품부분은—그 규모가 얼마나 크든— 가격을 자기의 개별가치까지 인하함으로써 시장을 강제로 차지하게 된다. 시장가치는, 공급이 수요를 크게 초과하는 경우를 제외하고는, 가장 좋은 조건에서 생산되는 상품들의 개별가치와 결코 일치할 수 없다.

여기에서 다만 추상적으로 서술된 시장가치의 확립은, 이 시장가치에 의하여 상품 총량을 흡수할 정도로 수요가 크다면, 구매자들 사이의 경쟁에 의하여 현실의 시장 그것에서 실현된다. 이것 때문에 다음과 같은 논의가 필요하다.

(2) 상품이 사용가치를 가진다고 말하는 것은, 그 상품이 어떤 종류의 사회적 필요를 충족시킨다는 것을 의미할 뿐이다. 우리가 개별상품만을 문제로 삼고 있었을 때는, 우리는 그 특정 상품에 대한 사회적 필요가 이미 존재한다고 가정하면 되었고, 충족되어야 할 사회적 필요의 크기에 대하여 더욱 깊이 연구할 필요가 없었다. 사실상 그 사회적 필요의 양적

인 크기는 그 상품의 가격이 암시하고 있었다. 그러나 한쪽에는 생산분야 전체의 생산물이 있고 다른 한쪽에는 사회적 필요가 있는 지금의 상황에서는, 사회적 필요의 양적 크기는 본질적으로 중요한 요인이 되며, 따라서 그 크기를 고찰하는 것이 필요하게 된다.

시장가치의 결정에 관한 위의 논의에서 우리가 가정한 것은, 생산되는 상품량이 불변이고 주어져 있다는 것, 이 상품총량 중 서로 다른 조건에서 생산되는 구성부분들 사이의 비율만이 변동한다는 것, 그리고 이에 따라 동일한 상품총량의 시장가치가 다르게 결정된다는 것이었다. 이제 이 상품총량이 보통의 공급량이라고 가정하고, 상품의 일부가 일시적으로 시장을 벗어나는 가능성을 무시하자. 이 상품에 대한 수요도 또한 보통의 수준이라면, 상품은 그것의 시장가치[위에서 연구한 세 가지 경우 중 무엇에 의해 규정되든]대로 판매된다. 이 상품량은 어떤 필요를 충족시킬 뿐 아니라 사회적 규모의 필요를 충족시킨다. 그러나 공급량이 수요보다 작거나 크다면 시장가격은 시장가치로부터 벗어난다. 공급량이 너무 적은 경우에는 가장 나쁜 조건에서 생산되는 상품들이 항상 시장가치를 규정하며, 공급량이 너무 많은 경우에는 가장 좋은 조건에서 생산되는 상품들이 시장가치를 규정한다. 다시 말해 두 극단 중 하나가 시장가치를 규정한다―물론 서로 다른 조건에서 생산되는 상품들 사이의 비율에 따라 다른 결과가 나타날 것이지만. 수요와 생산량 사이의 차이가 더욱 커지면, 시장가격은 시장가치 위아래로 더욱 크게 변동할 것이다. 그런데 상품의 생산량과, 상품이 그 시장가치대로 판매되는 양 사이의 차이는 다음과 같은 두 가지 원인 때문에 생길 수 있다. 첫째는, 이전의 생산량 그것이 변동하여 너무 적거나 너무 많아지고, 이리하여 주어진 시장가치를 규정하던 규모와는 다른 규모로 재생산이 수행되기 때문이다. 이 경우 수요는 불변이지만 공급이 변동하여 상대적 과잉생산 또는 상대적 과소생산이 발생한다. 둘째는, 재생산(즉 공급)은 불변이나 수요가 증감하기 때문이다[이것은 여러가지 원인으로 발생할 수 있다]. 공급의 절대적 크기는 불변이지만 그것의 상대적 크기―필요에 비교한 공급의 크기―가 변동한다. 그 결과는 첫째 경우와 동일하지만[과소생산 또는 과잉생산], 그 방향이 반대다. 끝으로 수요와 공급이 모두 변동하는데 그 방향이 서로 반대이거나 동일한 방향이라도 그 정도가 다른 경우, 다시 말해 수요와 공급이 모두 변동하면서 이전의 비율을 변동시키는 경우, 이 경우의 최종결과도 위의 두 가지 경우의 어느 하나로 될 것임에 틀림없다.

수요와 공급의 일반적 개념을 규정할 때 참으로 어려운 점은, 이 규정이 동어반복으로 끝나버리기 쉽다는 것이다. 먼저 공급[즉 시장에 판매용으로 있거나 시장에 제공될 수 있는 생산물]을 살펴보자. 너무 자세한 항목에 불필요하게 묶이지 않기 위하여 특정 생산분야의 연간 재생산량을 고찰하며, 따라서 상품들이 시장에서 벗어나 예컨대 그 다음 해의 소비를 위하여 저장될 가능성을 무시하자. 이 연간 재생산은 첫째로 일정한 양으로 표시되는데, 그 상품이 [연속적으로 또는 불연속적으로 측정되는가에 따라] 용량이나 개수로 표시된다. 이 연간 재생산은 인간의 필요를 충족시키는 사용가치일 뿐 아니라 일정한 크기로 시장에 존재하는 사용가치다. 그러나 둘째로 이 상품량은 일정한 시장가치를 가지고 있으며, 이 시장가치는 개별 상품(또는 단위로 역할하는 어떤 척도)의 시장가치의 배수로 표현될 수 있다. 그런데 시장에 있는 상품량과 그것의 시장가치 사이에는 어떤 필연적인 관련은 없다. 왜냐하면 예컨대 어떤 상품은 매우 높은 가치를 가지며 다른 상품은 매우 낮은 가치를 가지므로, 일정한 가치액은 전자의 상품으로는 매우 작은 양으로 표현되고 후자의 상품으로는 매우 큰 양으로 표현될 것이기 때문이다. 시장에 있는 상품량과 이 상품의 시장가치 사이에는 오직 다음과 같은 관련이 있을 뿐이다. 즉 문제의 생산분야에서 노동생산성이 주어져 있다면, 이 상품의 일

정량을 생산하는 데 일정량의 사회적 노동시간을 필요로 한다는 점이다
[비록 이 노동시간의 크기는 각 생산분야마다 아주 다르며, 상품의 유용
성 또는 그 사용가치의 특수한 성질과는 아무런 내적 관련도 없지만]. 어
떤 종류의 상품 a량에 노동시간 b가 든다면, 기타의 모든 조건들이 불변
이라면, na량은 노동시간 nb를 요구할 것이다. 더욱이 사회가 자기의 필
요를 충족시키기를 원하며 이 목적을 위하여 어떤 상품이 생산되기를 원
한다면, 사회는 이 상품에 대가를 지불하여야 한다. 상품생산은 분업을
전제하고 있으므로, 만약 사회가 그 상품을 구매한다면, [사회가 그 상품
의 생산에 자기가 처분할 수 있는 노동시간의 일부를 지출해야 하는 한]
사실상 사회는 자기가 처분할 수 있는 노동시간의 일정량으로 그 상품을
구매하는 것이다. 분업에 따라 특정 상품의 생산에 자기들의 노동을 지
출해야 하는 사회의 구성원들은, 자기들의 필요를 충족시켜주는 상품들
에 포함되어 있는 사회적 노동에 따라 등가를 받아야만 한다. 그러나 한
편에서는 어떤 사회적으로 요구되는 상품에 지출되는 사회적 노동의 총
량[즉 사회가 총노동력 중에서 이 상품의 생산에 지출하는 부분], 따라서
이 상품의 생산이 총생산에서 차지하는 비율과, 다른 한편에서는 사회가
이 특정의 상품으로 충족시키고자 하는 필요의 크기 사이에는 아무런 필
연적인 관련도 없으며 우연적인 관련만이 존재할 뿐이다. 비록 어떤 상
품종류의 개별 상품(또는 일정량)이 오직 그것의 생산에 필요한 사회적
노동만을 포함한다 할지라도, 그리고 이 측면에서 보면 그 상품의 시장
가치가 사회적으로 필요한 노동만을 표현한다 할지라도, 이 문제의 상품
이 당시의 사회적 필요를 초과하는 규모로 생산된다면 사회의 노동시간
의 일부는 낭비된 것이며, 이 상품량은 자기가 실제로 포함하고 있는 사
회적 노동량보다 훨씬 적은 양을 시장에서 대표하게 된다. [생산이 사회
의 진정한 사전적 통제를 받고 있는 경우에만, 사회는 특정 물품의 생산
에 사용되는 사회적 노동시간의 양과, 이 물품에 의해 충족시켜야 할 사

회적 필요의 크기 사이의 관련을 확립할 것이다.] 그러므로 이 상품들은 자기의 시장가치 이하로 처분되어야만 하며, 심하게는 그 상품의 일부는 전혀 판매되지 않을 수도 있다. (특정한 종류의 상품에 지출된 사회적 노동량이 그 상품이 충족시킬 사회적 필요의 규모에 비하여 너무 적다면 위와 반대로 된다.) 그러나 어떤 상품의 생산에 지출된 사회적 노동량이 충족되어야 할 사회적 필요의 규모에 적합하여, 생산량이 통상적인 재생산 규모에 적합하다면[수요가 불변일 때], 상품은 그 시장가치대로 판매될 것이다. 상품들이 가치대로 교환되거나 판매되는 것이 상품들 사이의 균형의 합리적이고 자연적인 법칙이다. 이 법칙에 의거하여 차이가 설명되어야 하며, 거꾸로 그 차이로부터 법칙 그것을 도출해서는 안 된다.

이제 다른 측면인 수요를 살펴보자.

상품들은 생산수단이나 생활수단으로 구입되어 생산적 소비나 개인적 소비에 들어간다(많은 종류의 상품들이 두 목적 모두에 봉사할 수 있다는 사실은 문제를 조금도 변경시키지 않는다). 그러므로 수요는 생산자(여기에서는 자본가. 왜냐하면 생산수단이 자본으로 전환된다고 가정하기 때문이다)로부터도 나오고 소비자로부터도 나온다. 이 두 개의 수요는 처음에는 일정한 크기의 사회적 필요—이것에 대응하여 각종 분야에서 일정한 크기의 생산이 행해진다—를 가정하고 있는 것처럼 보인다. 면공업이 주어진 수준에서 연간 재생산을 진행시킨다면 종전대로의 면화량이 필요하며, 자본축적에 의한 연간의 생산확대에는 기타의 조건들이 불변이라면 추가적인 면화량이 필요할 것이다. 생활수단의 경우도 마찬가지다. 노동자계급이 종래의 평균적인 생활수준을 유지하기 위해서는 적어도 동일한 양의 필수생활수단을—그 상품구성은 아마도 다소 달라진다 하더라도—계속 얻지 않으면 안 된다. 인구의 연간 증가를 고려하면 추가량의 생활수단이 필요하다. 다른 계급의 경우에도 얼마간의 차이는 있겠지만 마찬가지다.

그리하여 일정한 크기의 사회적 필요가 수요 측에 있고 이것의 충족을 위하여 시장에 일정량의 상품이 필요한 것처럼 보인다. 그러나 실제로는 이 사회적 필요량은 매우 탄력적이고 변동하기 쉬우며 외관상으로만 고정되어 있을 뿐이다. 생활수단이 더 값싸게 되든가 화폐임금이 더 올라가면, 노동자들은 더 많은 생활수단을 구매할 것이고 이런 상품들에 대한 더 큰 '사회적 필요'가 나타날 것이다. 물론 여기에서는 아직도 육체적 최저한도보다 낮은 '수요'['유효수요'를 의미한다]를 가진 거지 따위는 전혀 무시하고 있다. 다른 한편으로 면화가 더 값싸게 되면, 면화에 대한 자본가의 수요는 증가할 것이고 더 많은 추가자본이 면공업에 투하될 것이다. 따위. 여기에서 우리가 잊어서는 안 되는 것은, 생산적 소비를 위한 수요란 우리의 가정에서는 자본가의 수요라는 것, 그리고 자본가의 진정한 목적은 잉여가치의 생산이며 따라서 그는 이 목적을 위해서만 특정의 상품을 생산한다는 것이다. 그렇다고 하여 자본가가 예컨대 면화의 구매자로 시장에 나타나는 한, 그가 면화에 대한 필요를 대표하는 것을 방해하지는 않는다. 왜냐하면 면화의 판매자는, 그 구매자가 면화를 가지고 내의를 만들든 면화약을 만들든 또는 자기 자신의 귀를 막든 세계의 귀를 막으려고 하든, 아무런 상관이 없기 때문이다. 그렇지만 자본가의 목적은 구매자로서 그의 행동에 큰 영향을 미친다. 면화에 대한 그의 필요는 이윤에 대한 그의 욕망에 불과하다는 사실에 의해 기본적으로 수정된다. 시장에서 표현되는 상품에 대한 필요—즉 수요—와 진정한 사회적 필요 사이의 양적 차이가 상품에 따라 매우 다르다는 것은 물론이다. 다만 내가 여기에서 말하고 싶은 것은, 지금 수요되는 상품량과, 가격이나 구매자의 자금사정과 생활조건이 달라질 때 수요될 상품량 사이에는 차이가 있다는 점이다.

수요와 공급 사이의 불균형, 그리고 그 결과로 나타나는 시장가치로부터 시장가격의 차이를 이해하는 것보다 쉬운 것은 없다. 참으로 어려운 문제는 수요와 공급이 일치한다는 말이 무엇을 의미하는가를 밝히는 것이다.

수요와 공급이 일치하는 것은, 어떤 생산분야에서 생산된 상품량이 그 것의 시장가치대로 — 그 이하도 그 이상도 아니고 — 판매될 수 있도록 수요과 공급이 상호관련을 맺는 경우다. 이것이 우리가 듣는 첫째의 규정이다.

둘째는, 상품들이 시장가치대로 판매된다면 수요와 공급은 일치한다는 것이다.

수요와 공급이 일치하면, 그것들은 어떤 영향도 미치지 않게 되며 그 때문에 상품들은 시장가치대로 판매된다. 두 힘이 동일한 크기로 반대 방향으로 작용하여 상쇄된다면, 이 두 힘은 외부에 어떤 영향도 미치지 못하며, 따라서 이런 상황에서 나타나는 현상들은 이 두 힘의 작용에 의해서가 아니라 다른 것에 의해 설명되어야만 한다. 수요와 공급이 상쇄되면, 그것들은 아무것도 설명할 수 없게 되고 시장가치에도 영향을 미치지 않으며, 그리고 왜 시장가치가 꼭 이 화폐액으로 표현되며 다른 어떤 화폐액으로는 표현되지 않는가에 대해 전혀 아무것도 가르쳐 주지 않는다. 명백히 수요와 공급의 상호작용에 의해서는 자본주의적 생산의 진정한 내적 법칙들은 (이 두 개의 사회적 추진력에 관한 더 깊은 분석 — 여기에서는 시도하지 않는다 — 은 말할 것도 없고) 설명될 수 없다. 왜냐하면 이 법칙들은 오직 수요와 공급이 작용하지 않게 될 때[즉 그것들이 일치할 때] 순수한 형태로 실현되기 때문이다. 수요와 공급은 사실상 결코 일치하지 않는다. 또는 그것들이 일치하는 경우가 있다 하더라도 이것은 우연에 지나지 않으며, 따라서 과학적 목적에서는 고려되어서는 안 되며 생기지 않는 것으로 여겨져야 한다. 그러면 왜 정치경제학은 수요와 공급의 일치를 가정하는가? 정치경제학이 다루는 현상들을 법칙에 따르는 형태, 그것들의 개념에 일치하는 형태에서 고찰하기 위해서다. 즉 수요와 공급의 운동에 의해 생기는 외관에 관계없이 현상들을 고찰하기 위해서다. 그리고 또한 수요와 공급의 운동의 참된 경향을 발견하며 그 경향을 어떤 방식으로 확정하기 위해서다. 불일치들 [수요〉공급, 수요〈공급] 은 대립적 성격을 가지며 끊임없이 차례차례로 생기기 때문에 상쇄된다. 따라서 주어진 어느 경우라도 수요와 공급은 결코 일치하지 않는다 하더라도, 그들 사이의 불일치는 한쪽 방향으로의 불일치의 결과로 다른 방향으로의 불일치가 일어나는 방식으로 작동하기 때문에, 길거나 짧은 기간 전체를 보면 수요와 공급은 항상 일치한다. 수요와 공급은 과거 운동의 평균으로서만, 그리고 그들의 끊임없는 불일치를 통해서만 일치할 뿐이다. 시장가치에서 벗어나는 시장가격들은 그 평균값에서 시장가치와 균등하게 된다. 왜냐하면 시장가치로부터의 차이들은 (+)와 (−)로서 상쇄되기 때문이다. 그리고 이 평균값은 결코 이론적으로만 중요한 것이 아니라 자본에게는 오히려 실천적으로 중요하다. 왜냐하면 자본투하는 대체로 일정한 기간의 변동들과 보상들을 계산에 넣어 행해지기 때문이다.

그러므로 수요와 공급의 관계는 한편으로는 시장가치와 시장가격의 차이를 설명할 뿐이며, 다른 한편으로는 이 차이가 해소되는 경향[다시 말해 수요 · 공급 관계의 영향이 상쇄되는 경향]을 설명하고 있다. (가치를 가지지 않으면서 가격을 가지는 예외적인 상품들은 여기에서 고찰하지 않기로 한다.) 수요와 공급은 그들 사이의 불일치가 일으키는 영향들을 여러가지 방식으로 해소할 수 있다. 예컨대 수요가 감퇴하고 이에 따라 시장가격이 하락한다면 자본은 그 분야를 이탈하므로 공급이 감소할 수 있다. 또한 [시장가격의 하락에 대응하여] 사회적으로 필요한 노동시간을 단축시키는 발명이 도입되어 시장가치 그것을 저하시킬 수 있는데, 이것은 시장가치를 시장가격에 일치시키는 하나의 방식이기도 하다. 거꾸로 수요가 증대하여 시장가격이 시장가치를 초과한다면, 그 생산분야에 너무 많은 자본이 투하되어 생산이 확대됨으로써 시장가격이 실제로 시장가치 이하로 하락하거나, 수요의 증대에 의한 가격 상승이 수요 그 것을 축소시킬 수도 있다. 또한 수요의 증대가 이러저러한 생산분야에서 는 길거나 짧은 기간에 걸쳐 시장가치 그것을 상승시킬 수도 있다. 왜냐 하면 시장에서 수요되는 생산물의 일부가 이 기간에 더 나쁜 조건에서 생산되어야만 하기 때문이다.

수요와 공급이 시장가격을 결정한다면, 다른 한편에서는 시장가격이 [그리고 더 분석한다면 시장가치가] 수요와 공급을 또한 결정한다. 수요 의 경우에는 이것은 자명하다. 왜냐하면 수요는 가격과 반대방향으로 운 동하므로, 가격이 하락하면 늘어나고 가격이 상승하면 줄어들기 때문이 다. 공급의 경우에도 마찬가지다. 왜냐하면 시장에 공급되는 상품들에 사용되는 생산수단의 가격은 이 생산수단에 대한 수요, 따라서 또한 그 상품들의 공급을 결정하기 때문이다. 면화의 가격은 면제품의 공급을 결 정한다.

이런 수요와 공급이 가격을 결정하고 가격이 또한 수요와 공급을 결정 한다는 혼동에, 또 다른 혼동들[즉 수요가 공급을 결정하고 공급이 또한 수요를 결정한다는 것과, 생산이 시장을 결정하고 시장이 또한 생산을 결정한다는 것]이 첨가된다.[31]

---

31) 다음과 같은 '통찰'은 정말 바보같은 이야기다. "어떤 물품의 생산에 필요한 임금·자본·토지의 양이 이전과 달라진다면, 애덤 스미스가 말하는 자연가격도 달라지며, 그리고 이전에 자연가격이었던 가격이 위의 변화 때문에 시장가격으 로 된다. 왜냐하면 비록 공급도 수요량도 변하지 않았지만,"(사실상 공급량과 수요량은 변화한다. 왜냐하면 가치변동의 결과로 시장가치 또는 스미스가 문제 로 삼는 생산가격이 변동하기 때문이다)"이제 이 공급은 지금의 생산비를 지불 할 능력과 의지를 가진 사람들의 수요와 일치하지는 않고 그것보다 크거나 작 아지기 때문이며, 이리하여 공급과 유효수요(새로운 생산비에서의 유효수요) 사이의 비율이 이전과는 달라지기 때문이다. 그 결과 공급에 — 어떤 장애물도

평범한 경제학자도 이해하고 있듯이, 외부사정에 의해 발생하는 수요
나 공급의 변동이 없더라도, 수요와 공급의 비율은 상품의 시장가치의
변동 결과로 달라질 수 있다. 시장가치의 수준이 어떻든 시장가치가 도
출되기 위해서는 수요와 공급이 일치하여야 한다는 것을 그도 인정하지
않을 수 없다. 다시 말해, 수요에 대한 공급의 비율이 시장가치를 설명하
는 것이 아니라, 시장가치가 수요와 공급의 변동을 설명한다. 『고찰』의
저자는 주 31의 인용문에 뒤이어 다음과 같이 말하고 있다.

"이 비율"(수요와 공급 사이의)"은, '수요'와 '자연가격'을 우리가 스미
스에 대해 언급하면서 말했던 그 의미로 계속 사용한다면, 항상 균형일
수밖에 없다. 왜냐하면 자연가격이 실제로 지불되는 것은 공급이 유효수
요[자연가격 이상도 이하도 지불하려 하지 않는 수요]와 일치할 경우뿐
이기 때문이다. 따라서 동일한 상품은 다른 시기에 매우 다른 두 개의
자연가격을 가질 수 있지만, 수요에 대한 공급의 비율은 어느 경우에도
균형일 것이다." [같은 책: 61]

결국 동일한 상품이 다른 시기에 두 개의 다른 '자연가격'을 가지더라

없다면 — 변화가 생길 것이며, 결국 상품의 새로운 자연가격이 생길 것이다.
상품은 공급의 변동에 의해 자연가격에 도달하므로, 시장가격이 수요와 공급
사이의 하나의 비율 때문인 것과 마찬가지로 자연가격은 수요와 공급 사이의
다른 하나의 비율 때문이라고 말하는 것, 따라서 자연가격도 시장가격과 마찬
가지로 수요와 공급 사이의 비율에 의존한다고 말하는 것이 옳다고 생각하는
사람들도 있을 것이다.("수요와 공급의 큰 원리는 시장가격뿐 아니라 스미스가
말하는 자연가격을 결정하기 위하여 작용한다." — 맬더스 [1820: 75])"(『정치
경제학의 용어논쟁 고찰』, 1821: 60~61). 이 현명한 사람 [『고찰』의 저자] 이 이
해하지 못하고 있는 것은, 생산비, 따라서 가치의 변동이 수요, 따라서 수요와
공급 사이의 비율 변화를 일으켰다는 점과, 이 수요 변화가 공급 변화를 일으킬
수 있다는 점이다. 이리하여 이 현명한 학자가 증명하려고 하는 것과 정반대의
것이 증명될 것이다. 즉 생산비의 변동은 결코 수요와 공급의 비율 때문이 아니
라, 그 반대로 생산비의 변동이 수요와 공급의 비율을 규정한다는 것이다.

도, 두 시기에 상품이 그 '자연가격'대로 판매된다면 각 시기마다 수요와 공급은 일치할 수 있고 또 일치해야 한다는 점을 『고찰』의 저자는 인정하고 있다. 그런데 두 시기에 수요·공급의 관계에는 차이가 없고 오직 '자연가격' 그것의 크기에 차이가 있으므로, '자연가격'은 명백히 수요·공급과는 독립적으로 결정되지 결코 수요·공급에 의해 결정될 수는 없다.

상품이 그것의 시장가치대로—즉 그 상품에 포함되어 있는 사회적으로 필요한 노동에 따라—판매되기 위해서는, 그 종류의 상품 총량을 생산하기 위하여 사용되는 사회적 노동의 총량이 그 상품에 대한 사회적 필요량[즉 사회적 유효수요]에 적합해야 한다. 경쟁과 시장가격의 변동(이것은 수요·공급의 비율 변동에 대응한다)에 의해 각종의 상품에 사용되는 노동 총량은 끊임없이 이 수준에 적합하게 된다.

상품의 수요와 공급 사이의 관계는, 첫째로 사용가치와 교환가치, 상품과 화폐, 구매자와 판매자 사이의 관계를 다시 나타내며, 둘째로 생산자와 소비자 사이의 관계[이 두 사람이 상인이라는 제3자에 의해 대표될 수도 있지만]를 다시 나타낸다. 구매자와 판매자 사이의 관계를 설명하기 위해서는 그들을 개인들로 만나게 하면 된다. 상품의 완전한 탈바꿈 [$C_1 - M - C_2$]을 위해서는, 따라서 판매와 구매의 총과정을 위해서는 세 사람으로 충분하다. A는 B에게 상품을 판매하여 자기의 상품을 B의 화폐로 전환시키며, 그 다음에 C로부터 상품을 구매하여 자기의 화폐를 다시 상품으로 전환시킨다. 총과정은 세 사람 사이에서 진행된다. 더욱이 화폐의 고찰에서 우리는 상품들이 그 가치대로 판매된다고 가정하였다. 왜냐하면 우리는 상품이 겪는 탈바꿈[상품이 화폐로 전환하고 그 뒤 화폐로부터 다시 상품으로 전환한다]에만 관심이 있었으므로, 가치로부터 벗어난 가격을 고찰할 이유가 전혀 없었기 때문이다. 상품이 어쨌든 판매되고 그 판매대금으로 새로운 상품이 구매된다면 우리는 탈바꿈의 전

체를 보게 되며, 따라서 그 상품의 가격이 가치 이상인가 이하인가는 전
혀 문제되지 않는다. 물론 상품의 가치는 토대로서 여전히 중요하다. 왜
냐하면 화폐를 합리적으로 이해하기 위해서는 이 토대로부터 출발해야하
고, 가격은 그 일반적 개념에서는 화폐형태의 가치에 불과하기 때문이
다. 더욱이 화폐를 유통수단으로 고찰할 때는, 우리는 어느 상품 하나의
탈바꿈을 가정하지 않았으며, 여러 탈바꿈들이 사회적으로 엉키는 방식
을 연구하였다. 이렇게 함으로써만 우리는 화폐의 유통에 도달하게 되었
고 화폐의 유통수단 기능을 전개할 수 있었다. 그러나 이런 접근방법이
화폐가 유통수단의 기능을 가지게 되는 것, 그리고 그 결과로 화폐가 취
하는 형태의 변화에 아무리 중요하다 하더라도, 개별 구매자와 판매자
사이의 거래에서는 이런 접근방법은 전혀 중요하지 않다.

이와는 반대로 수요와 공급의 고찰에서는, 공급은 특정 상품의 판매자
또는 생산자 모두에 의해 제공되는 상품의 총계와 같고, 수요는 그 상품
의 구매자 또는 소비자(개인적 소비자와 생산적 소비자)가 구매하는 상
품의 총계와 같다. 더욱이 이 두 총계는 각각 하나의 전체로서 집단적
힘으로 상호 작용한다. 여기에서 개인은 오직 사회적 힘의 부분으로, 집
단의 원자로 작용한다. 이런 형태에서 경쟁이 생산과 소비의 사회적 성격
을 드러낸다.

경쟁에서 일시적으로 더 약한 편은, 개인이 자기의 경쟁자들의 집단
[자기편]과는 독립하여 활동하고 그리고 때때로 자기 집단에 대하여 직
접적으로 불리하게 행동하며, 바로 이렇게 함으로써 개인과 집단 사이의
상호의존성을 나타내지만, 경쟁에서 더 강한 편은 항상 다소 단결된 전
체로서 상대방에 대항한다. 어느 특정 종류의 상품에 대한 수요가 공급
보다 크다면, 어떤 구매자는 다른 구매자들보다—일정한 한계 안에서—
높은 가격을 제시하고 이리하여 모든 구매자에 대하여 그 상품을 그 시
장가치 이상으로 비싸게 만드는데, 다른 한편에서 판매자들은 단결하여

높은 시장가격으로 팔려고 한다. 반대로 공급이 수요보다 크다면, 어떤 판매자가 상품을 더 싸게 투매하기 시작하기 때문에 다른 판매자들은 그를 뒤따르지 않을 수 없지만, 구매자들은 공동으로 시장가격을 될 수 있는 대로 시장가치 이하로 낮추려고 한다. 각자는 공동으로 행동하는 것이 그렇지 않는 경우보다 이로울 경우에만 공동이익에 관심을 가진다. 행동의 통일은 자기편이 더 약하게 되자마자 깨지고, 각 개인은 독자적으로 자기가 할 수 있는 최선을 도모하게 된다. 어느 한 사람이 더 값싸게 생산하여 현재의 시장가격 또는 시장가치 이하로 판매함으로써 더욱 많이 팔고 시장점유율을 높일 수 있다면 그는 그렇게 하며, 이에 따라 다른 사람들도 점차로 그보다 값싼 생산방법을 도입하지 않을 수 없게 되고, 이리하여 사회적으로 필요한 노동 [상품의 시장가치] 은 새로운 더 낮은 수준으로 저하한다. 만약 한 편이 우세하다면 그 편의 구성원들은 모두 이익을 보게 되는데, 이것은 마치 그들이 공동의 독점력을 행사하는 것과 같다. 더 약한 편의 경우 각자는 자기 힘으로 더 강해지려고 하며(예컨대 더 적은 생산비로 생산하려고 하며), 또는 적어도 될 수 있는 대로 적은 손실을 입으려고 한다. 이 경우 각자는 자기의 이웃이 어떻게 되든 전혀 개의하지 않는다. 비록 자기의 행동이 결국 자기의 모든 동료들에게 영향을 미침에도 말이다.[32]

수요와 공급은 가치가 시장가치로 전환하는 것을 전제한다. 수요·공급이 자본주의적 바탕 위에서 작용하고 상품들이 자본의 생산물인 한에

---

[32] "한 집단의 각 구성원이 전체의 이익·소유 중 일정한 몫 이상을 결코 가질 수가 없다면, 그는 이 전체 이익을 증대시키기 위해 곧 단결할 것이다."(그는 수요와 공급의 비율이 그것을 허용한다면 항상 그렇게 한다.)"이것이 독점이다. 그러나 각자가, 비록 총액을 감소시키는 방법에 의해서라도, 어쨌든 자기 몫의 절대액을 증대시킬 수 있다고 생각한다면, 그는 가끔 그렇게 할 것이다. 이것이 경쟁이다."(『수요의 성질과 소비의 필요성에 관한 맬더스 원리의 연구』, 1821: 105)

서는, 수요와 공급은 자본주의적 생산과정[상품의 단순한 구매와 판매보다 훨씬 더 복잡한 조건들]을 내포한다. 따라서 여기에서 문제로 되는 것은 상품가치가 가격으로 형식적으로 전환하는 것 — 단순한 형태변화 — 이 아니라, 시장가격이 시장가치에서 [그리고 더 나아가서 생산가격에서] 양적으로 벗어난다는 점이다. 단순한 구매와 판매에서는 상품생산자들이 서로 만나기만 하면 된다. 수요와 공급은 [더 자세히 분석하면] 각종의 다른 계급들과 계급분파들 — 이들은 사회적 총수입을 자기들 사이에서 분배하여 수입으로서 소비하며 이리하여 수입에 의해 창조되는 수요를 형성한다 — 의 존재를 내포한다. 다른 한편으로 생산자 자신들 사이에서 형성되는 수요와 공급을 파악하기 위해서는, 자본주의적 생산과정의 전체 모습을 이해할 필요가 있다.

자본주의적 생산에서는 상품형태로 유통에 투입한 가치량의 대가로 다른 형태 — 화폐이든 다른 상품이든 — 의 동일한 가치량을 끌어내는 것만이 문제가 아니라, 생산에 투하한 자본에 대하여 — 그것이 어떤 생산분야에서 사용되든 — 동일한 크기의 다른 모든 자본이 얻는 것과 동일한 잉여가치[또는 자본의 크기에 비례한 이윤]를 얻는 것이 문제다. 그러므로 평균이윤을 낳는 가격[즉 생산가격]으로 상품을 판매하는 것이 문제고, 이것은 최소한도의 필요조건이다. 이 형태에서 자본은 자기를 하나의 사회적 힘으로 의식하게 되며, 각각의 자본가는 사회적 총자본 중 자의 몫에 비례하여 이 사회적 힘을 나누어 갖는다.

첫째로, 자본주의적 생산 그것은 자기가 생산하는 특정의 사용가치에는 무관심하며, 자기 상품의 특수한 성격에는 무관심하다. 어느 생산분야에서도 문제가 되는 것은 잉여가치를 생산하는 것, 노동자의 생산물에 의해 일정한 불불노동량을 취득하는 것뿐이다. 또 마찬가지로 자본에 종속된 임금노동의 성격 바로 그것 때문에, 임금노동은 자기 노동의 특수한 성격에 무관심하고, 자본의 요구에 따라 변신하여 이 생산분야에서

저 생산분야로 이동하지 않을 수 없다.

둘째로, 사실상 이제 한 생산분야는 다른 생산분야에 비하여 좋고 나쁜 것에 차이가 없다. 각 분야는 동일한 이윤을 낳으며, 각 분야는 자기가 생산하는 상품이 어떤 사회적 필요도 충족시키지 못한다면 불필요하게 될 것이다.

그런데 상품이 가치대로 판매된다면, 이미 위에서 설명한 바와 같이, 서로 다른 생산분야들은 투하자본의 유기적 구성이 달라짐에 따라 매우 다른 이윤율을 가지게 될 것이다. 자본은 이윤율이 낮은 분야를 떠나 이윤율이 더 높은 분야로 옮겨간다. 이윤율이 여기에서는 낮아지고 저기에서는 높아지는 것에 대응하여, 자본이 끊임없이 움직임으로써—자본이 서로 다른 생산분야들 사이에 분배됨으로써—수요와 공급 사이의 비율이 변동하여 결국 서로 다른 생산분야들에서 평균이윤이 동일하게 되고 이에 따라 가치가 생산가격으로 전환된다. 어느 주어진 국민사회에서 자본주의적 발전이 높으면 높을수록, 즉 그 나라의 상태가 자본주의적 생산양식에 더욱 더 적합함에 따라, 자본은 이런 균등화를 더욱 더 넓게 실현하게 된다. 자본주의적 생산이 발전함에 따라 그것의 요구조건도 더욱 많아지며, 그리하여 자본주의적 생산은 생산과정의 모든 사회적 전제조건들을 자기의 독특한 성격과 내재적 법칙들에 종속시키게 된다.

끊임없는 불균등의 끊임없는 균등화는, (1) 자본의 이동능력이 높으면 높을수록, 즉 자본이 한 분야에서 다른 분야로, 한 장소에서 다른 장소로 이동하는 것이 쉬우면 쉬울수록, (2) 노동력이 한 분야에서 다른 분야로, 한 지방생산지에서 다른 지방생산지로 이동하는 것이 빠르면 빠를수록, 더욱 빨리 달성된다. 제(1)항이 요구하는 것은 다음과 같다. 그 사회 안에서 영업의 완전한 자유와, 자연독점 이외의 모든 독점—자본주의적 생산양식 그것에서 생기는 독점—의 철폐. 신용제도[조직되지 않은 대량의 이용가능한 사회적 자본을 집중하여 개별자본가에게 이용하게 한다]의 발달. 각종의 다른 생산분야들이 이미 자본가에게 종속되어 있을 것. 이런 종속은 자본주의적으로 착취되는 모든 생산분야들에서 가치가 생산가격으로 전형되는 것을 연구할 때 이미 전제된 것이다. 그러나 비자본주의적으로 경영되는 다수의 큰 생산분야(예: 소농에 의한 농업경영)가 자본주의적 기업 사이에 끼어들어 그것과 관련을 맺는 경우에는, 이 균등화는 큰 장애에 부닥치게 된다. 마지막으로 인구밀도가 클 것. 제(2)항이 요구하는 것은 다음과 같다. 노동자가 한 생산분야에서 다른 생산분야로, 한 지방생산지에서 다른 지방생산지로 이동하는 것을 방해하는 모든 법률의 철폐. 자기의 노동 내용에 대한 노동자의 무차별. 모든 생산분야의 노동이 가능한 한 단순노동으로 전환될 것. 직업에 대한 노동자의 편견이 사라질 것. 마지막으로 그리고 특별히, 노동자가 자본주의적 생산양식에 종속될 것. 이 문제에 관한 더 이상의 자세한 분석은 경쟁에 관한 특수연구에 속한다.

지금까지 이야기한 것으로부터 알 수 있듯이, 각각의 개별자본가는 [각각의 특수한 생산분야의 자본가 총체와 마찬가지로] 총자본에 의한 총노동자계급의 착취와 착취 수준 결정에 참가하는데, 그들은 일반적인 계급적 공감에 의해서뿐 아니라 직접적인 경제적 이유에서도 그렇게 한다. 왜냐하면 투하된 불변자본 전체의 가치를 포함하여 모든 기타의 조건들이 불변이라면, 평균이윤율은 총자본에 의한 총노동의 착취수준에 달려있기 때문이다.

평균이윤은 100단위의 자본 각각이 생산하는 평균잉여가치와 일치하는데, 잉여가치는 처음부터 우리가 잘 알고 있다. 다만 평균이윤의 경우, 이윤율을 결정하는 계기의 하나로서 투하자본의 가치가 추가될 뿐이다. 사실상 하나의 자본가 또는 특정 생산분야의 자본이 자기가 직접적으로 고용하고 있는 노동자들을 착취하는 것에 특별히 관심을 가지는 것은, 예외적인 과도노동, 임금을 평균 이하로 인하, 또는 예외적인 노동생산성에 의하여 특별이윤[즉 평균이윤을 초과하는 이윤]을 얻으려는 것 때문일 뿐이다. 이 점을 별도로 하면, 자기의 생산분야에서 가변자본을 전혀 사용하지 않는 자본가, 이리하여 노동자를 한 사람도 고용하지 않는 자본가(사실상 극단적인 가정이지만)는, 오직 가변자본만을 사용하는 자본가, 즉 자기의 자본 전체를 임금에 지출하는 자본가(이것도 역시 극단적인 가정이지만)와 마찬가지로, 자본에 의한 노동자계급의 착취에 이해관계를 가지며 불불잉여노동에서 그의 이윤을 끌어낼 것이다. 노동의 착취도는, 노동일이 주어져 있다면 평균적 노동강도에 달려있고, 노동강도가 주어져 있다면 노동일의 길이에 달려있다. 잉여가치율은 노동의 착취도에 달려있으며, 따라서 가변자본량이 주어져 있다면, 잉여가치의 크기 그리고 이윤량도 노동의 착취도에 달려있다. 어떤 분야의 자본[이것은 총자본과 구별된다]이 자기가 직접적으로 고용한 노동자들의 착취에 특별한 관심을 가지는 것은, 개별자본가[자기가 속하는 생산분야의 자본가 전체와 구별된다]가 자기가 직접적으로 고용한 노동자들의 착취에 특별한 관심을 가지는 것과 마찬가지다.

그러나 각 분야의 자본과 각각의 개별자본가는 총자본이 사용하는 사회적 노동의 생산성에는 동일한 이해관계를 가지고 있다. 왜냐하면 이 생산성에 의해 다음의 두 가지가 결정되기 때문이다. 첫째로, 평균이윤이 대표하는 사용가치의 총량. 평균이윤이 새로운 자본을 위한 축적재원과 소비를 위한 수입재원으로 되기 때문에 사용가치의 총량은 중요하다. 둘째로, 총투하자본(불변자본과 가변자본)의 가치액. 이것은, 자본가계급 전체의 잉여가치 또는 이윤의 크기가 주어져 있다면, 이윤율[즉 일정한 자본액에 대한 이윤]을 결정한다. 어떤 특정 분야[또는 이 분야의 어떤 개별사업]의 특별한 노동생산성에 대하여 거기에 직접적으로 참여하는 자본가들이 관심을 가지는 것은, 이 특별한 노동생산성에 의해 그 특정 분야[또는 그 개별자본가]가 총자본[또는 자기의 분야]에 비해 어떤 특별이윤을 얻을 수 있기 때문이다.

그리하여 우리는 여기에서, 상호경쟁에서는 그렇게도 형제답지 않게 행동하는 자본가들이 왜 노동자계급 전체에 대해서는 진정한 비밀결사적인 동맹을 형성하게 되는가에 관한 수학적으로 정확한 증명을 얻게 된다.

생산가격은 평균이윤을 포함한다. 우리가 생산가격이라고 부르는 것은 사실상 애덤 스미스의 '자연가격', 리카도의 '생산가격' 또는 '생산비', 그리고 중농학파의 '필요가격'과 동일한 것이지만, 이들 중 아무도 생산가격과 가치 사이의 차이를 해명하지 못하였다. 우리가 이를 생산가격이라고 부르는 이유는, 그것이 장기에 걸쳐서 보면 각각의 특정한 생산분야에서 상품의 공급조건이며 상품의 재생산조건이기 때문이다.[33] 우리는 또한 상품의 가치가 노동시간[즉 그 상품에 체현된 노동량]에 의하여 결정된다는 것을 반대하는 바로 그 경제학자들이 왜 생산가격을 시장가격의 변동의 중심으로서 항상 이야기하고 있는가를 이해할 수 있다. 그 이유는, 생산가격이 상품가치의 완전히 외면화된 명백히 비합리적인 형태 — 경쟁에서 나타나며, 그리하여 세속적인 자본가의 의식에, 따라서 또 속류경제학자의 의식에 들어있는 형태 — 이기 때문이다.

＊   ＊   ＊

이상의 논의에서 알 수 있듯이, 시장가치(이것에 관해 말한 모든 것은, 필요한 수정을 가한다면, 생산가격에도 적용된다)는 각각의 특정 생산분야에서 가장 좋은 조건에서 생산하는 사람들에게 초과이윤을 준다. 공황과 과잉생산 일반의 경우를 제외한다면, 위의 사실은, 시장가격이 시장가치 또는 시장생산가격에서 아무리 벗어나 있더라도, 모든 시장가격에

---

33) 맬더스, 1820: 77~78.

도 타당하다. 시장가격의 개념이 의미하는 것은, 같은 종류의 모든 상품들—그들이 매우 다른 개별적 조건에서 생산되고 그리하여 매우 다른 비용가격을 가진다 하더라도—에게 동일한 가격이 지불된다는 것이다. (여기에서는 보통 의미의 독점—인위적 독점이든 자연적 독점이든—때문에 생기는 초과이윤에 대해서는 언급하지 않는다.)

그러나 또한 초과이윤은, 어떤 생산분야가 자기의 상품가치가 생산가격으로 전환되는 것을 피할 수 있는 위치에 있는 경우, 따라서 자기의 이윤이 평균이윤으로 감소되는 것을 피할 수 있는 위치에 있는 경우, 생길 수 있다. 지대의 편〔제6편〕에서는 위와 같은 두 가지 형태의 초과이윤〔더 나은 생산조건에서 생기는 것과 평균이윤의 형성에 참가하지 않음으로써 생기는 것〕을 고찰할 것이다.

제11장
임금의 일반적 변동이 생산가격에 미치는 영향

    사회적 자본의 평균구성이 80c+20v이며 이윤율이 20%라고 가정하자. 이 경우 잉여가치율은 100%이다. 임금의 일반적 상승은, 기타의 모든 조건들이 불변이라면, 잉여가치율의 하락을 의미한다. 평균자본 [사회적 총자본의 평균구성을 가진 자본] 의 경우에는 이윤과 잉여가치는 일치한다. 임금이 25% 상승한다고 하자. 동일한 노동량을 운동시키는 데 종전에는 20원이 들었는데 이제는 25원이 든다. 그러면 80c+20v+20s 대신에 80c+25v+15s라는 회전가치 [1회전시간에 생산된 가치] 를 가지게 된다. 가변자본에 의해 운동되는 노동은 여전히 40이라는 가치액을 창조한다. 그러나 v가 20에서 25로 증가하기 때문에 초과분 s 또는 p는 이제 15일 뿐이다. 105에 대한 이윤 15는 $14\frac{2}{7}$%이며, 이것이 새로운 평균이윤율이다. 평균자본에 의해 생산되는 상품의 생산가격은 가치와 일치하기 때문에, 이 상품의 생산가격은 변동하지 않을 것이다. 그러므로 임금의 상승은 이윤의 감소를 수반하지만, 상품의 가치나 생산가격을 변동시키지는 않는다.

    이전에는 평균이윤율이 20%이었으므로, 1회전시간에 생산된 상품들의 생산가격은 비용가격+이것에 대한 20%의 이윤과 동등하였다. 즉 k+

$kp'=k+\frac{20}{100}k$. k는 여기에서 변동할 수 있는데, 상품에 들어가는 생산수단[과 노동력]의 가치에 따라, 그리고 생산에 사용되는 고정자본이 생산물에 이전시키는 마멸분에 따라 달라진다. 임금의 상승 이후에는 생산가격은 이제 $k+\frac{14\frac{2}{7}K}{100}$가 될 것이다.

먼저 사회적 평균자본의 최초 구성 80c+20v(물론 지금 이것은 [80c+25v로 되었기 때문에] 백분율로 따지면 $76\frac{4}{21}$c+$23\frac{17}{21}$v로 변화하였다)보다 낮은 구성, 예컨대 50c+50v를 가진 자본을 살펴보자. 단순화를 위하여, 고정자본 전체가 마멸분으로서 연간 생산물에 들어가며 회전시간이 앞의 경우와 동일하다고 가정한다면, 임금 상승 이전의 연간 생산물의 생산가격은 50c+50v+20s=120이었을 것이다. 25%의 임금상승 때문에 동일한 노동량에 대한 가변자본이 50에서 $62\frac{1}{2}$로 증가한다. 연간 생산물이 이전의 생산가격 120에 팔린다면, 50c+$62\frac{1}{2}$v+$7\frac{1}{2}$p가 되어 이윤율은 $6\frac{2}{3}$%가 될 것이다. 그런데 새로운 평균이윤율이 $14\frac{2}{7}$%이고 기타의 모든 조건이 불변이라고 가정하고 있으므로, 우리의 자본 50c+$62\frac{1}{2}$v도 이런 이윤을 얻어야만 한다. 자본 $112\frac{1}{2}$은 $14\frac{2}{7}$%의 이윤율에서는 $16\frac{1}{14}$의 이윤을 얻게 된다. 그리하여 이 자본에 의하여 생산되는 상품의 생산가격은 이제 50c+$62\frac{1}{2}$v+$16\frac{1}{14}$p=$128\frac{8}{14}$이 된다. 25%의 임금상승의 결과로, 동일한 양의 동일한 상품의 생산가격은 120에서 $128\frac{8}{14}$로 7% 이상이나 상승하였다.

다음으로 평균자본보다 높은 구성, 예컨대 92c+8v를 가진 생산분야를 살펴보자. 최초의 평균이윤이 여기에서도 20이며, 따라서 고정자본 전체가 연간 생산물에 들어가며 회전시간이 위의 두 경우들과 동일하다고 가정한다면, 이 상품의 생산가격도 역시 120이다.

25%의 임금상승으로 말미암아, 동일한 노동량에 대한 가변자본은 8에서 10으로 증가하며, 따라서 상품의 비용가격은 100에서 102로 증가하는데, 평균이윤율은 20%에서 $14\frac{2}{7}$%로 저하한다. 100:$14\frac{2}{7}$=102:$14\frac{4}{7}$이므

로, 자본 102에 돌아오는 이윤은 $14\frac{4}{7}$이고, 총생산물은 k+kp′=102+$14\frac{4}{7}$ =$116\frac{4}{7}$에 판매된다. 다시 말해 생산가격이 120에서 $116\frac{4}{7}$로 $3\frac{3}{7}$만큼 하락했다.

25%의 임금상승의 결과는 다음과 같다.

(Ⅰ) 사회적 평균구성의 자본의 경우, 상품의 생산가격은 불변이다.

(Ⅱ) 더 낮은 구성의 자본의 경우, 생산가격은 이윤의 감소와 동일한 비율은 아니지만 상승한다.

(Ⅲ) 더 높은 구성의 자본의 경우, 생산가격은 이윤의 감소와 동일한 비율은 아니지만 하락한다.

평균자본에 의해 생산되는 상품의 생산가격은 불변으로 가치와 동등하므로, 모든 자본의 생산물들의 생산가격 총액도 불변이고 총자본에 의해 생산된 가치총액과 동등하다. 한편의 상승과 다른 한편의 하락이 사회 총자본의 차원에서는 상쇄되어 사회적 평균자본의 경우와 같게 되는 것이다.

상품의 생산가격이 Ⅱ의 경우에는 상승하고 Ⅲ의 경우에는 하락한다면, 잉여가치율의 하락 또는 일반적인 임금상승에 의해 일어난 이 상반되는 영향 하나만 보더라도, 임금등귀에 의하여 생기는 손실을 가격인상을 통해 보상할 수 없다는 것을 알 수 있다. 왜냐하면 Ⅲ의 경우에는 생산가격의 하락이 자본가에 대해 이윤의 감소를 보상할 수 없고, Ⅱ의 경우에도 가격의 상승은 여전히 이윤의 감소를 방지하지 못하기 때문이다. 오히려 가격이 오르든 내리든, 이윤율은 가격이 불변인 평균자본의 경우와 동일하며, Ⅱ와 Ⅲ의 경우 모두 $5\frac{5}{7}$%포인트의 평균이윤율의 저하(이전의 이윤율과 비교하면 25% 조금 넘는 저하다)가 일어나고 있다. 따라서 가격이 Ⅱ의 경우에 올라가지 않고 Ⅲ의 경우에 떨어지지 않았더라면, Ⅱ의 상품은 새로운 더 낮은 평균이윤율 이하로 판매되었을 것이고, Ⅲ의 상품은 그 이상으로 판매되었을 것이다. 자본 100단위마다 노동에 지출되는 것이 50이냐 25냐 10이냐에 따라, 임금상승이 자본가에게 매우 다른 영향을 미친다는 것은 분명하다. 자본이 사회적 평균보다 낮은 구성을 가지는가 높은 구성을 가지는가에 따라 한편에서는 생산가격이 상승하고 다른 한편에서는 생산가격이 하락하는 것은, 오직 새로운 더 낮은 평균이윤율로 균등화하는 과정을 통해 달성된다.

그러면 사회적 평균구성에서 벗어나는 자본들에 의해 생산된 상품의 생산가격은, 일반적인 임금하락과 이에 따른 이윤율[그리고 평균이윤]의 일반적 상승에 의해 어떤 영향을 받는가? 위의 예를 그저 거꾸로 하기만 하면 된다(리카도는 이것을 연구하지 않았다).

I. 평균자본 80c+20v=100; 잉여가치율 100%; 생산가격=가치=80c+20c+20p=120; 이윤율 20%. 임금이 25% 하락한다면, 동일한 불변자본은 20v가 아니라 15v에 의하여 운동될 수 있을 것이다. 그러면 상품가치는 80c+15v+25p=120이다. v에 의해 운동되는 노동량은 여전히 동일하지만, 그 노동이 창조하는 새로운 가치는 자본가와 노동자 사이에서 다르게 분배된다. 잉여가치는 20에서 25로 증가하였고, 잉여가치율은 $\frac{20}{20}$에서 $\frac{25}{15}$로(즉 100%에서 $166\frac{2}{3}$%로) 상승하였다. 이윤은 이제 95에 대하여 25이며, 따라서 이윤율은 $26\frac{6}{19}$%이다. 새로운 백분율 자본구성은 $84\frac{4}{19}$c+$15\frac{15}{19}$v=100이다.

II. 평균 이하의 구성. 최초에는 앞과 같이 50c+50v. 25%의 임금인하는 v를 $37\frac{1}{2}$로 감축하며 따라서 총투하자본은 50c+$37\frac{1}{2}$v=$87\frac{1}{2}$이다. 여기에 새로운 이윤율 $26\frac{6}{19}$%를 적용하면 $100:26\frac{6}{19}=87\frac{1}{2}:23\frac{1}{38}$이 된다. 이전에는 120이었던 동일한 상품량이 이제는 $87\frac{1}{2}+23\frac{1}{38}=110\frac{10}{19}$을 요구하고 있고, 거의 10만큼 가격이 하락한다.

III. 평균 이상의 구성. 최초에는 92c+8v=100이었다. 25%의 임금인하는 8v를 6v로 감축시키며, 총투하자본은 98이 된다. $100:26\frac{6}{19}=98:25\frac{15}{19}$. 이전에 100+20=120이었던 생산가격은 임금인하 뒤에는 $98+25\frac{15}{19}$

$=123\frac{15}{19}$ 로 되며 거의 4만큼 상승한다.

이처럼 이전과 같은 전개를 거꾸로 하여 필요한 변경을 가하기만 하면 되는데, 그 결론은 다음과 같다. 즉 일반적인 임금하락은, 잉여가치와 잉여가치율의 일반적 상승, 그리고 [기타의 조건들이 불변이면] 이윤율의 일반적 상승—비록 그 비율은 다르지만—을 일으키며, 그리고 평균구성보다 낮은 자본의 상품생산물의 생산가격을 하락시키며 평균구성보다 높은 자본의 상품생산물의 생산가격을 상승시킨다. 일반적인 임금상승의 경우와는 정반대의 결과다.[34] 임금의 상승과 하락의 경우 모두에서, 노동일과 모든 필요생활수단의 가격이 불변이라고 가정되고 있다. 따라서 여기에서 임금의 하락이 가능한 것은, 임금이 이전에는 노동[력]의 정상가격 이상이었든지, 아니면 임금을 지금 정상가격 이하로 인하하려고 하든지, 둘 중의 한 경우뿐이다. 임금의 상승 또는 하락이 노동자의 소비에 일상적으로 들어가는 상품들의 가치[따라서 또 생산가격]의 변동 때문에 생기는 경우에, 사태가 어떻게 영향 받는가에 대해서는 부분적으로는 지대에 관한 편에서 더욱 연구될 것이다. 그러나 다음과 같은 점은 여기에서 분명히 지적하여 두고 싶다.

임금의 상승이나 하락이 필요생활수단의 가치변동에서 생긴다면, 위에서 분석한 과정은, 그런 상품들[이것의 가격변동이 가변자본을 증감시킨다]이 또한 불변자본의 구성요소들로 들어가고 따라서 임금에만 영향을 미치는 것이 아닐 때에만 수정된다. 만약 상품들이 임금에만 영향을 미친다면 위의 논의는 그대로 적용된다.

---

34) 리카도[그는 가치가 생산가격으로 전환되는 것을 이해하지 못하였기 때문에 그의 접근방법은 우리의 것과 다르다]가 이 둘째의 가능성을 한 번도 고찰하지 않고 첫째의 경우[임금상승과 그것이 생산가격에 미치는 영향]만을 고찰한 것은 매우 이상하다.〔참조. CW 31: 421~422〕 그리고 그의 후계자들인 맹목적인 모방자들은 이 매우 자명하고 사실상 동어반복적인 응용조차 하지 못하였다.

이 장 전체에서 우리가 가정한 것은, 일반적 이윤율과 평균이윤의 형성, 따라서 가치의 생산가격으로의 전환은 주어진 사실이라는 점이다. 따라서 문제로 된 것은, 임금의 일반적 상승 또는 하락이 상품의 생산가격[미리 주어져 있다고 가정했다]에 어떤 영향을 미치는가 하는 것뿐이었다. 그러나 이 문제는, 이 편에서 취급된 다른 중요한 사항들에 비하면 매우 부차적이다. 그러나 이 문제만이 이 편에 속하는 문제들 중에서 리카도가 취급한 유일한 것이고, 나중에 보게 될 것이지만 [CW 32: 52~103] 그는 이것을 일면적이고도 불충분하게 취급하고 있다.

제1절 생산가격을 변동시키는 원인들

상품의 생산가격은 다음과 같은 두 가지 이유에 의해서만 변동할 수
있다.

(1) 일반적 이윤율의 변동. 이것이 가능한 것은, 평균잉여가치율 그것
이 변하는 경우, 또는 평균잉여가치율이 주어져 있다면 잉여가치 취득총
액과 사회적 총투하자본 사이의 비율이 변하는 경우뿐이다.

잉여가치율의 변동이 임금을 정상수준 아래로 낮추거나 정상수준 위
로 높이는 것[이런 종류의 운동은 상하 진동으로 고찰되어야 한다]에 근
거하지 않는다면, 그 변동은 노동력의 가치가 저하하거나 상승하기 때문
이다. 그런데 노동력의 가치 변동은 생활수단을 생산하는 노동의 생산성
에 변동이 있어야만[즉 노동자가 소비하는 상품들의 가치에 변동이 있어
야만] 가능하다.

잉여가치의 취득총액과 사회적 총투하자본 사이의 비율 변화는 잉여
가치율로부터 발생하는 것이 아니므로 총자본[더욱이 그것의 불변부분]
에서 나올 수밖에 없다. 이 불변부분의 양은, 기술적으로 보면, 가변자본

에 의해 구매되는 노동력에 비례하여 증감하며, 불변부분의 가치는 불변부분 그것의 양의 증감에 따라 증감한다. 따라서 불변자본의 양은 또한 가변자본의 가치총액에 비례하여 증감한다. 동일한 노동량이 더 많은 불변자본을 운동시킨다면 그 노동은 더 생산적으로 되고, 그 반대인 경우에는 그 반대다. 어느 경우에나 노동생산성이 변동한 것이며, 일정한 상품의 가치가 변동하였음에 틀림없다.

따라서 위의 두 경우에는 다음의 법칙이 적용된다. 한 상품의 생산가격이 일반적 이윤율의 변동 때문에 변화한다면, 상품 그 자체의 가치는 불변일 수 있지만, 기타 상품들에 대한 그 상품의 상대적 가치는 변화했음에 틀림없다.

(2) 일반적 이윤율이 불변인 경우.   이 경우에는 상품의 생산가격은 그것의 가치가 변해야만 변동할 수 있다. 이 가치의 변동은 그 상품을 최종형태로 생산하는 노동의 생산성이든, 그 상품의 생산에 들어가는 상품들을 생산하는 노동의 생산성이든, 이 노동생산성의 변동으로 말미암아 상품 그것을 재생산하는 데 필요한 노동이 증감하기 때문이다. 면사의 생산가격이 하락하는 것은, 면화가 더 값싸게 생산되기 때문이든지 아니면 방적노동이 더 좋은 기계 덕택으로 더 생산적으로 되기 때문이다.

생산가격은 이미 본 바와 같이 k+p, 즉 비용가격+[평균]이윤이다. 이것은 k+kp′과 동등한데, 비용가격 k는 생산분야마다 그 크기가 제 각각이고 상품의 생산에 소비된 불변자본과 가변자본의 가치의 합과 동등하며, p′은 백분율로 나타낸 평균이윤율이다. k=200이고 p′=20%라면, 생산가격은 k+kp′=200+200 × $\frac{20}{100}$ =200+40=240이다. 상품의 가치가 변하여도 생산가격은 불변일 수 있다는 것은 명백하다.

상품 생산가격의 모든 변동은 결국 가치의 변동 때문이라고 말할 수 있지만, 상품가치의 모든 변동은 반드시 생산가격을 변동시키지는 않는다. 왜냐하면 생산가격은 문제의 특정 상품의 가치에 의해서만 규정되는 것이 아니라 오히려 모든 상품들의 총가치에 의하여 규정되기 때문이다. 따라서 상품 A의 가치변동은 상품 B의 반대방향의 가치변동에 의해 상쇄되어 〔가치와 생산가격 사이의〕 일반적 관계는 불변일 수 있다.

제2절   평균적 자본구성의 상품의 생산가격

이미 본 바와 같이 생산가격이 가치에서 벗어나는 것은 다음과 같은 이유 때문이다.

(1) 상품의 비용가격에 첨가되는 것이 그 상품에 포함되어 있는 잉여가치가 아니라 평균이윤이기 때문이다.

(2) 이처럼 가치에서 벗어난 생산가격이 다른 상품의 비용가격에 하나의 요소로서 들어가기 때문이다. 다시 말해 상품의 비용가격이 이 상품을 위해 소비된 생산수단의 가치에서 이미 벗어나고 있는데, 이것은 평균이윤과 잉여가치 사이의 차이 때문에 생기는 것과는 전혀 다르다.

그렇기 때문에 평균구성의 자본에 의해 생산되는 상품의 경우에도, 그것의 비용가격은 이 부분(생산가격 중 비용가격에 해당하는 부분)의 구성요소들의 가치총액과 다를 수가 있다. 평균구성이 80c+20v라고 하자. 이런 구성을 가진 현실의 개별자본 중에는 80c가 불변자본의 가치보다 클 수도 작을 수도 있다. 왜냐하면 불변자본을 구성하는 상품들의 생산가격이 가치와 다르기 때문이다. 마찬가지로, 임금의 소비지출에 들어가는 상품들의 생산가격이 가치와 다른 경우 20v는 그 가치와 다를 수 있다. 즉 필요생활수단의 생산가격이 가치와 일치하는 경우와 비교하여, 노동자들은 이 상품들을 다시 구매하기 위하여(보충하기 위하여) 더 길거나 더 짧은 노동시간 동안 일해야만 하며, 따라서 더 많거나 더 적은 필요노동을 수행하여야만 한다.

그러나 이런 가능성이 있다고 하더라도 평균구성의 상품에 대하여 말한 명제들이 옳다는 것에는 전혀 변화가 없다. 이 상품에 할당되는 이윤량은 그 상품에 포함되어 있는 잉여가치량과 동등하다. 예컨대 80c+20v의 구성을 가진 위의 자본의 경우, 잉여가치의 규정에서 중요한 것은 이 숫자들이 진정한 가치를 표현하느냐 않느냐가 아니라 이 숫자들 사이의 비율—v는 총자본의 $\frac{1}{5}$이고 c는 총자본의 $\frac{4}{5}$이다—이다. 이 비율이 사회적 평균과 같다면, v가 생산하는 잉여가치는 평균이윤과 동등하다. 다른 한편 잉여가치가 평균이윤과 동등하기 때문에, 생산가격=비용가격+〚평균〛이윤=k+p=k+s이며 생산가격은 사실상 상품의 가치와 동등하게 된다. 이 경우 임금의 등락은, 그것이 상품의 가치를 변동시키지 않는 것과 마찬가지로, k+p를 변동시키지 않으며, 이윤율에만 그 반대의 변동(즉 하락 또는 상승)을 일으킬 뿐이다. 임금의 등락이 이 경우 상품의 〚생산〛가격에 영향을 미친다면, 이 평균구성의 생산분야의 이윤율은 다른 분야의 이윤율보다 낮거나 높게 될 것이다. 평균구성의 생산분야의 이윤율이 다른 분야와 같은 수준을 유지하게 되는 것은, 평균구성의 상품들의 〚생산〛가격이 변동하지 않기 때문일 따름이다. 따라서 평균구성분야의 생산물들은 마치 그 현실의 가치대로 판매되는 것과 같은 사태가 실제로 발생한다. 왜냐하면 상품이 그 현실의 가치대로 판매된다면, 기타의 조건들이 불변인 경우, 임금의 등락은 상품의 가치에는 아무런 변동도 일으키지 않고 그것에 따른 이윤의 감소나 증가만을 일으킨다는 것, 그리고 어떤 사정에서도 임금의 등락은 상품의 가치에는 영향을 미칠 수 없으며 오직 잉여가치의 크기에만 영향을 미칠 수 있다는 것은 명백하기 때문이다.

제3절 자본가가 내세우는 보상의 근거들

이미 말한 바와 같이, 경쟁은 서로 다른 생산분야들 사이에서 이윤율을 균등화시켜 평균이윤율을 형성하고 이리하여 각종 분야의 생산물의 가치를 생산가격으로 전환시킨다. 더욱이 이것은 자본이 한 분야에서 다른 분야(당분간 평균 이상의 이윤을 얻고 있는 분야)로 끊임없이 이동함으로써 달성된다. 그러나 일정한 생산분야에서 일정한 기간에 걸쳐 나타나는 이윤이 많은 해와 적은 해의 순환과, 이로 말미암은 이윤율의 변동은 별도의 고찰을 필요로 한다. 다른 생산분야들 사이로 자본이 끊임없이 이동함에 따라 이윤율의 상하운동이 발생하는데, 이 운동들은 다소간 상쇄되어 이윤율을 어디에서나 동일한 공동의 일반적 수준으로 만드는 경향을 가진다.

이런 자본의 이동은 먼저 시장가격의 수준[이것이 이윤율을 한 곳에서는 일반적 평균수준 이상으로, 다른 곳에서는 그 이하로 만든다]에 의해 일어난다. 우리는 당분간 상업자본을 고려하지 않을 것이지만[왜냐하면 우리는 아직 상업자본을 도입하지 않았기 때문이다], 이 상업자본은 어떤 유행품에 대한 투기의 발작에서 보듯이 대량의 자본을 하나의 사업부문에서 매우 빠른 속도로 빼내어 다른 사업부문에 갑자기 투입할 수 있다. 그러나 현실적 생산의 모든 분야—공업·농업·광업 등—에서는 한 분야에서 다른 분야로 자본이동은, 특히 고정자본의 존재 때문에 매우 어렵다. 더욱이 한 생산분야(예: 면공업)가 어느 때는 매우 높은 이윤을 얻는다면, 다른 때는 매우 낮은 이윤을 얻든지 심지어 손실을 보게 되며, 따라서 몇 년에 걸친 일정한 순환에서는 평균이윤이 다른 분야들과 거의 동일해진다는 것을 경험은 보여주고 있다. 자본은 이런 경험을 곧 [상품가격의 결정에서] 고려하게 된다.

경쟁은 생산의 운동을 규제하는 것이 가치라는 점을 보여주지 않으며, 생산가격의 배후에서 생산가격을 궁극적으로 규정하는 것이 가치라는 점을 보여주지도 않는다. 오히려 경쟁은 다음과 같은 것을 보여준다. (1) 평균이윤은 각종 생산분야의 자본의 유기적 구성과 독립적이며, 따라서 주어진 착취분야에서 취득한 살아있는 노동량과는 무관하다는 것. (2) 임금수준의 변동에 따라 생산가격이 상승하거나 하락한다는 것 ─ 이 현상은 처음 보기에는 상품의 가치관계와는 전적으로 모순되는 것 같다. (3) 시장가격이 변동하여 일정한 기간의 평균시장가격을 시장가치에 돌아가게 하는 것이 아니라 시장생산가격(이것은 시장가치를 벗어나며 그것과 매우 다른 종류다)에 돌아가게 한다는 것. 이런 모든 현상들은 노동시간에 의하여 가치가 규정된다는 것과, 잉여가치는 불불잉여노동으로 구성되어 있다는 것과 모순되는 것처럼 보인다. 이리하여 경쟁에서는 모든 것이 거꾸로 되어 나타난다. 표면에 나타나고 있는 경제관계들의 완성된 모습은, 그 관계들의 현실적 존재에서나, 그리고 그 관계들의 실행자·당사자가 그 관계를 이해하려고 하는 관념에서도, 그 관계들의 본질적인 그러나 은폐되어 있는 내부핵심의 모습 및 그 핵심에 적합한 개념과 전혀 다를 뿐 아니라, 사실상 그것과 정반대다.

더욱이 자본주의적 생산이 일정한 발전수준에 도달하면 개별 분야의 다른 이윤율들이 균등화되어 일반적 이윤율이 형성되는데, 이것은 오직 시장가격에 의한 자본의 흡수와 축출을 통해서만 이루어지는 것은 아니다. 평균가격과 그것에 알맞는 시장가격이 일정 기간 고정되어 있다면, 개별자본가들은 이 균등화 과정에서 일정한 차이들이 서로 상쇄된다는 것을 의식하게 되며, 따라서 그들 상호간의 계산에서 이런 차이들을 미리 고려하게 된다. 다시 말해 이런 차이들은 자본가들의 관념 속에서 적극적인 역할을 하며, 그들에 의하여 보상의 근거로서 [상품가격의 결정에서] 계산에 넣게 된다.

이 경우 기본적인 관념은 평균이윤 그 자체인데, 이는 동일한 크기의
자본은 동일한 기간에 동일한 이윤을 낳아야 한다는 것이다. 또한 이 관
념의 바탕에는, 각 개별 생산분야의 자본은 사회적 총자본이 노동자들로
부터 착취한 총잉여가치의 분배에 자본의 크기에 따라 참가하여야 한다
는 관념, 또는 각 특수한 자본은 단순히 총자본의 한 조각에 불과하다고
보아야 하며 각각의 자본가는 사실상 전체의 사회적 기업의 주주—자기
지분의 크기에 따라 총이윤의 분배에 참가한다—로 여겨야 한다는 관념
이 놓여 있다.

이런 관념에 의거하여 자본가의 계산이 행해진다. 예컨대 상품이 더
오랫동안 생산과정에 머물든가 상품이 더 먼 시장에서 판매되든가 하여
회전이 더 느린 자본은, 이로 말미암아 잃게 될 이윤을 보상하기 위하여
가격을 인상한다. 또는 해운업처럼 더 큰 위험에 직면하는 자본투하는
가격인상을 통하여 보상을 받는다. 자본주의적 생산이 발달하고 그것과
함께 보험업이 발달한다면, 위험은 사실상 모든 생산분야에서 같아진다
[코르베트 [1841: 100~102] 를 참조하라]. 왜냐하면 위험성이 더 높은 생
산분야는 더 높은 보험료를 지불하고 이것을 자기의 상품가격에 포함시
켜 회수하기 때문이다. 실제로 이 모든 것은 다음과 같은 사태를 일으킨
다. 즉 어떤 자본투자의 이윤을 더 작게 하고 다른 자본투자의 이윤을
더 많게 하는 어떤 사정도—여기에서는 일정한 한계 안에서 모든 자본투
자가 마찬가지로 필요하다고 여긴다—보상받을 정당한 근거로 취급된다
는 것이며, 따라서 이런 사정 또는 요인을 자본가의 계산에 포함시키는
것의 정당성을 증명하기 위하여 경쟁 활동을 끊임없이 반복할 필요가 없
다는 것이다. 다만 자본가가 잊고 있는 것(또는 경쟁이 보여주지 않기 때
문에 보지 못하고 있는 것)은, 서로 다른 생산분야의 상품가격들의 상호
계산에서 자본가들이 상호간에 주장하는 이런 모든 보상은, 그들이 모두

공동의 노획물[총잉여가치]에 대하여 자기들의 자본에 비례한 동등한 청구권을 가지고 있다는 사실에 의거할 뿐이라는 점이다. 그런데 그들의 눈에 보이는 것은, 그들이 취득하는 이윤은 그들이 착취하는 잉여가치와 다른 종류라는 것이고, 보상 근거들은 총잉여가치에 대한 분배몫을 균등화시키는 것이 아니라 이윤 그것을 실제로 창조한다는 것이다. 왜냐하면 이윤이 단순히 비용가격에 이러저러한 근거로 첨가한 것에서 생기는 것처럼 보이기 때문이다.

  잉여가치의 원천에 관한 자본가의 관념에 대하여 제7장에서 언급한 것은 평균이윤에도 그대로 적용된다. 그러나 지금의 경우가 다르게 보일 수 있는 것은, 시장가격과 노동착취도가 주어져 있으므로 비용가격의 절약은 오직 개별자본가의 재능이나 주의력 따위에 달려있기 때문이다.

제3편
이윤율 저하경향의 법칙

제 13 장 법칙 그 자체

제 14 장 상쇄요인들

제 15 장 법칙의 내적 모순들의 전개

법칙 그 자체

임금과 노동일이 주어져 있다면, 가변자본(예컨대 100)은 일정한 수의 취업노동자를 대표한다. 즉 가변자본은 노동자 수의 지표이다. 100원이 노동자 100명의 1주일 임금이라고 하자. 이 100명이 수행하는 필요노동과 잉여노동이 동등한 크기라고 하면(그들이 매일 자기 자신을 위하여 [즉 임금의 재생산을 위하여] 노동하는 시간과, 자본가를 위하여 [즉 잉여가치의 생산을 위하여] 노동하는 시간이 동등하다고 하면), 그들의 총가치생산물은 200원이 될 것이며, 그들이 생산하는 잉여가치는 100원이 될 것이다. 잉여가치율 $\frac{s}{v}$는 100%일 것이다. 그러나 우리가 이미 본 바와 같이, 이 잉여가치율은 불변자본 c 그리고 총자본 C의 크기에 따라 매우 다른 이윤율로 표현될 것이다. 왜냐하면 이윤율은 $\frac{s}{C}$이기 때문이다. 잉여가치율이 100%이고:

$$c= 50, \quad v=100이면, \quad p' =\frac{100}{150} =66\frac{2}{3}\%$$

$$c=100, \quad v=100이면, \quad p' =\frac{100}{200} =50\%$$

$$c=200, \quad v=100이면, \quad p' =\frac{100}{300} =33\frac{1}{3}\%$$

$$c=300, \qquad v=100\text{이면}, \qquad p'=\frac{100}{400}=25\%$$

$$c=400, \qquad v=100\text{이면}, \qquad p'=\frac{100}{500}=20\%$$

이처럼 동일한 잉여가치율 그리고 불변의 노동착취도가 저하하는 이윤율로 표현되는데, 이것은 불변자본의 물량이 증가함에 따라 [비록 동일한 비율은 아닐지라도] 불변자본의 가치, 따라서 총자본의 가치가 증가하기 때문이다.

더욱이 자본구성의 이런 점진적인 변화가 어떤 개별 생산분야의 특징이 아니라 거의 모든 생산분야 또는 적어도 결정적인 생산분야에서 일어나며, 따라서 그 변화가 그 사회의 총자본의 평균 유기적 구성을 변화시킨다고 가정한다면, 가변자본에 대비한 불변자본의 이런 점차적 증가는 ─잉여가치율 또는 자본의 노동착취도가 불변이라면─ 필연적으로 일반적 이윤율의 점차적인 저하를 일으킬 것임에 틀림없다. 그런데 자본주의적 생산양식의 발달과 더불어 불변자본에 비하여, 따라서 또 운동되는 총자본에 비하여 가변자본이 상대적으로 감소한다는 것은 이미 본 바와 같이 자본주의적 생산양식의 하나의 법칙이다. 이것은 단순히 다음을 의미할 뿐이다. 즉 일정한 가치의 가변자본이 고용하는 동일한 수의 노동자 또는 동일한 양의 노동력이, 자본주의적 생산의 내부에서 발달하는 독특한 생산방법의 결과로, 동일한 기간에 점점 더 증대하는 양의 노동수단(기계와 각종의 고정자본)과 원료·보조재료를 운동시키고 가공하며 생산적으로 소비한다는 것이다. 다시 말해 동일한 수의 노동자들이 점점 더 증대하는 규모의 불변자본을 처리한다는 것이다. 이처럼 불변자본에 비하여 따라서 또 총자본에 비하여 가변자본이 점점 더 감소한다는 것은, 사회적 총자본의 평균 유기적 구성이 점점 더 고도화한다는 것과 동일하다. 이것은 또한 노동의 사회적 생산성이 점점 더 발달한다는 것을 달리 표현한 것에 불과한데, 이 점은 기계와 고정자본을 점점 더 많이 사용함으로써 동일한 수의 노동자들이 동일한 시간에 일반적으로 더 많은 원료와 보조재료를 생산물로 전환시키고 있다는 사실에 의해 증명된다. 이와 같은 불변자본 가치량의 증대—이것은 불변자본을 소재적으로 구성하는 사용가치의 현실적인 양의 증대를 그대로 표현하는 것은 아니다—에 대응하여 생산물이 점점 더 값싸게 된다. 각 개별 생산물은 그 자체로 보면 생산의 더 낮은 발달단계—여기에서는 노동에 지출되는 자본이 생산수단에 지출되는 자본보다 훨씬 큰 비중을 차지한다—에서보다 더 적은 노동량을 포함하고 있다. 그러므로 이 장의 첫 부분에서 제시한 가상적인 순서는 자본주의적 생산의 현실적 경향을 표현한다. 자본주의적 생산은 불변자본에 비해 가변자본을 점점 더 감소시킴과 함께 총자본의 유기적 구성을 점점 더 고도화시키는데, 이것의 직접적인 결과로 [잉여가치율이나 노동의 착취도가 불변이거나 심지어 증대하는 경우에도] 일반적 이윤율은 계속 하락한다. (이 하락이 왜 이와 같은 절대적 형태로 나타나지 않고 오히려 누진적 하락의 경향으로 나타나는가에 대해서는 뒤에서 〖제14장에서〗 설명할 것이다.) 따라서 일반적 이윤율의 누진적 저하경향은 노동의 사회적 생산성의 누진적 발달의 표현—자본주의적 생산양식에 특유한 표현—에 불과하다. 물론 이윤율이 기타의 이유 때문에 일시적으로 저하하지 않을 수도 있지만, 여기에서 말하는 것은, 자본주의적 생산양식이 발달함에 따라, 일반적인 평균 잉여가치율이 일반적 이윤율의 저하로 표현될 수밖에 없는 것이 자본주의적 생산양식 그것의 본질로부터 파생되는 하나의 자명한 필연성이라는 점이다. 살아있는 노동의 사용량이 이것에 의해 운동되는 대상화된 노동량—즉 생산적으로 소비되는 생산수단의 양—에 비하여 점점 더 감소하기 때문에, 이 살아있는 노동 중 지불되지 않고 잉여가치로 대상화되는 부분도 총투하자본의 가치에 비하여 그 비율이 점점 더 감소하지 않을 수 없다. 그런데 잉여가치량과 총투하자본 사이의 비율이 이윤율을 나타내므로 이윤율도 점차로 저하하게 되는 것이다.

위의 논의에 따르면 이 법칙은 매우 단순하게 보이지만, 뒤에서 언급하는 바와 같이 [『잉여가치학설사』 CW 32: 170~174] 이전의 경제학자는 아무도 이 법칙을 발견하지 못하였다. 그들은 이 현상 [이윤율의 누진적 저하] 을 보고 그것을 해명하려고 온갖 모순적인 시도를 하면서 고민하였다. 그런데 이 법칙은 자본주의적 생산에 대하여 큰 중요성을 가지고 있으므로, 애덤 스미스 이래의 정치경제학 전체는 이 수수께끼의 해결을 목표로 삼고 있었다고 말할 수 있을 것이며, 애덤 스미스 이래의 각종 학파들 사이의 차이는 이것의 해결을 위한 시도의 차이에 있다고 말할 수 있을 것이다. 그런데 종래의 정치경제학은 불변자본과 가변자본을 구별하기 위하여 어설픈 노력을 하였지만 그 구별을 분명히 하지 못하였으며, 종래의 정치경제학은 잉여가치를 이윤과 구분되는 어떤 것으로 제시하지를 못하였고, 또한 이윤의 각종 구성부분들(이것들은 산업이윤·상업이윤·이자·지대의 형태로 서로 자율적인 지위를 차지하고 있었다)과는 구별되는 순수형태의 이윤 일반을 제시하지도 못하였으며, 종래의 정치경제학은 자본의 유기적 구성의 차이를 실질적으로 분석해 본 적도 없으며, 따라서 일반적 이윤율의 형성을 분석하지도 못하였다. 만약 이런 사실들을 고려한다면 지금까지의 정치경제학이 이 수수께끼 [이윤율의 저하] 를 해결할 수 없었던 것은 전혀 이상하지 않다.

이윤이 (서로 자율적인) 각종의 범주들로 분할되는 것을 서술하기 이전에, 우리는 일부러 이 법칙을 먼저 제시한다. 이윤이 각종의 부분들(각기 다른 범주의 개인들에게 돌아간다)로 분할되는 것과는 독립적으로 이법칙을 서술할 수 있다는 것은, 이 법칙이 그 일반성에서는 그런 분할과는 무관하며 그리고 그 분할에서 생기는 이윤의 범주들 사이의 상호관계와도 무관하다는 것을 처음부터 드러내고 있다. 여기에서 우리가 이야기하고 있는 이윤은 잉여가치의 다른 이름에 불과한데, 다만 잉여가치를 그것의 원천인 가변자본과의 관계에서 본 것이 아니라 총자본과의 관계에서 본 것에 불과하다. 그러므로 이윤율의 저하는 총투하자본에 대한 잉여가치 그것의 비율 저하를 표현하며, 따라서 이것은 잉여가치가 각종 범주들로 분할되는 것과는 전혀 상관이 없다.

이미 본 바와 같이, 자본의 구성 c:v가 50:100인 자본주의적 발전 어느 단계에서는 100%의 잉여가치율은 $66\frac{2}{3}$%의 이윤율로 표현되며, c:v가 400:100인 더 높은 발전단계에서는 동일한 잉여가치율이 오직 20%의 이윤율로 표현된다. 한 나라에서 잇달아 일어나는 다른 발전단계들에 대하여 말할 수 있는 것은, 같은 시대의 다른 발전단계에 있는 다른 나라들에 대해서도 말할 수 있다. 자본구성이 평균적으로 첫 번째와 같은 저개발국에서는 일반적 이윤율이 $66\frac{2}{3}$%일 것이고, 훨씬 높은 발전단계의 나라에서는 일반적 이윤율이 20%일 것이다.

이 두 개의 국민적 이윤율의 차이는 다음과 같은 사정에 의하여 없어질 수도 있고 더욱이 역전될 수도 있다. 저개발국에서는 노동의 생산성이 더 낮아[즉 더 큰 노동량이 더 적은 양의 동일한 상품으로 표현되고 더 큰 교환가치가 더 적은 사용가치로 표현된다], 노동자가 자기 자신의 생활수단(또는 이것의 가치)을 재생산하기 위하여 자기 시간의 더 큰 부분을 지출하고 잉여가치를 생산하기 위하여 자기 시간의 더 작은 부분을 지출해야만 하기 때문에, 더 적은 잉여노동을 제공함으로써 잉여가치율이 더 낮은 경우가 그것이다. 예컨대 저개발국의 노동자가 노동일의 $\frac{2}{3}$를 자기 자신을 위하여 그리고 $\frac{1}{3}$을 자본가를 위하여 일한다면, 위 예의 가정에서 이 노동자는 $133\frac{1}{3}$을 지불받고 $66\frac{2}{3}$의 잉여만을 제공할 것이다. $133\frac{1}{3}$의 가변자본에 50의 불변자본이 대응할 것이다. 잉여가치율은 이제 $66\frac{2}{3}:133\frac{1}{3}$=50%일 것이며, 이윤율은 $66\frac{2}{3}:183\frac{1}{3}$, 즉 약 $36\frac{1}{2}$%일 것이다.

지금까지 우리는 이윤이 분할되는 각종의 구성부분들을 연구하지 않았고 따라서 그것들은 아직 우리의 관심사가 아니지만, 오직 오해를 피하기 위하여 다음을 미리 지적하여 둔다. 다른 발전단계에 있는 나라들을 비교하는 경우, 특히 자본주의적 생산이 발달한 나라와, 노동자가 사실상 자본가에 의하여 착취되고 있지만 노동이 아직 자본에 의하여 형식적으로도 포섭되지 않은 나라[예컨대 인도에서 라이야트는 독립적인 농민으로서 활동하며 그의 생산은 아직 자본에 포섭되고 있지 않지만, 고리대금업자는 이자의 형태로 그의 잉여노동 전체뿐 아니라 그의 임금—자본주의적으로 표현하면—의 일부까지도 수탈한다]를 비교하는 경우, 국민적 이윤율을 국민적 이자율 수준에 의하여 측정하려고 하는 것은 매우 잘못된 것이다. 인도와 같은 저개발국의 경우 이자는 이윤 전체와 함께 그 이상의 것을 포함하고 있지만, 자본주의적 생산이 발달한 나라에서 이자는 생산된 잉여가치[또는 이윤]의 일부를 표현할 뿐이다. 더욱이 인도와 같은 저개발국의 경우 이자율은 주로 이윤과는 아무런 관련도 없으며, 오히려 지대 중 어느 정도를 고리대금업자가 차지하는가 하는 관계들(지대취득자인 대토지소유자에게 고리대금업자가 행하는 대부)에 의해 규정된다.

자본주의적 생산의 발전단계가 다르며 따라서 자본의 유기적 구성이 다른 나라들에서는, 잉여가치율(이윤율을 규정하는 하나의 요인)은 표준 노동일이 긴 나라에서보다도 짧은 나라에서 더 높을 수가 있다. 첫째로, 영국의 10시간 노동일이 더 높은 노동강도 때문에 오스트리아의 14시간 노동일과 동등하다면, 노동일의 분할이 동일한 경우, 영국의 5시간 잉여노동은 세계시장에서 오스트리아의 7시간 잉여노동보다 더 높은 가치를 표현할 수 있다. 둘째로, 영국에서는 오스트리아에서보다도 노동일의 더 큰 부분이 잉여노동을 형성할 수 있다.

동일한 잉여가치율 또는 심지어 상승하는 잉여가치율을 표현하는 이윤율의 저하법칙은 다른 말로 하면 다음을 의미한다. 즉 어느 일정량의 사회적 평균자본(예: 100의 자본)을 살펴볼 때, 이것의 점점 더 큰 부분이 생산수단으로 표현되고 점점 더 작은 부분이 살아있는 노동으로 표현된다는 것이다. 생산수단에 첨가되는 살아있는 노동의 총량이 생산수단의 가치에 비하여 감소하므로, 불불노동과 이것을 표현하는 가치부분도 총투하자본의 가치에 비하여 감소한다. 바꾸어 말해, 총투하자본 중 점점 더 작은 부분이 살아있는 노동으로 전환되며, 따라서 노동사용량 중 지불부분에 대한 불불부분의 비율이 증가하더라도 총자본은 그것의 크기에 비하여 점점 더 적은 잉여노동을 흡수한다는 것이다. 가변자본과 불변자본이 모두 절대적으로 증가하지만, 상대적으로는 가변자본이 감소하고 불변자본이 증가하는 것은, 이미 본 바와 같이, 노동생산성의 향상을 나타내는 다른 표현에 불과하다.*

[선진국] 100의 자본은 80c+20v로 구성되고 20v가 20명의 노동자를 표현한다고 하자. 잉여가치율이 100%로서 노동자는 노동일의 반은 자기를 위하여 일하고 노동일의 다른 반은 자본가를 위하여 일한다고 하자. 저개발국 [후진국] 에서는 100의 자본은 20c+80v이고 80v는 80명의 노동자를 대표한다고 하고, 이 노동자들은 노동일의 $\frac{2}{3}$는 자기 자신을 위하여 일하고 $\frac{1}{3}$만을 자본가를 위하여 일한다고 하자. 기타의 모든 사정이 동등하다고 하면, 선진국의 노동자들은 40의 가치를 생산 [창조] 하며, 후진국의 노동자들은 120의 가치를 생산 [창조] 한다. 선진국의 자본은 80c+20v+ 20s=120을 생산하고 이윤율은 20%이며, 후진국의 자본은 20c+80v+40s=140을 생산하며 이윤율은 40%이다. 잉여가치율에서는 선진국(100%)이 후진국(50%)의 두 배지만, 이윤율에서는 후진국(40%)이

---

* 연간이윤율(p′)$=\dfrac{s}{c+v}=\dfrac{\frac{s}{v}}{\frac{c}{v}+1}=\dfrac{1}{\frac{c}{s}+\frac{v}{s}}$

선진국(20%)의 두 배다. 왜냐하면 동등한 크기의 자본이 선진국에서는 불과 20명의 잉여노동을 취득하는데 반하여 후진국에서는 80명의 잉여노동을 취득하기 때문이다.

이윤율의 누진적 저하의 법칙[또는 살아있는 노동이 운동시키는 대상화된 노동의 총량에 비하여 취득되는 잉여노동이 상대적으로 감소하는 것]은, 사회적 자본이 운동시키고 착취하는 노동의 절대량, 그리고 또 사회적 자본이 취득하는 잉여노동의 절대량이 증가하는 것을 결코 제외하지 않으며, 또한 마찬가지로 이 법칙은 개별 자본가의 통제 아래에 있는 자본들이 증대하는 노동량 따라서 또 잉여노동량을 처분하는 것[잉여노동량은 노동자 수의 증가 없이도 증가한다]을 제외하지도 않는다.

노동인구가 예컨대 200만 명이고, 평균노동일의 길이·강도 그리고 임금이 주어져 있으며, 따라서 또 필요노동과 잉여노동 사이의 비율이 주어져 있다고 가정하면, 이 200만 명의 노동자의 총노동은 항상 동일한 크기의 가치를 생산[창조]하며, 그들의 잉여노동 — 잉여가치로 표현된다 — 도 항상 동일한 크기의 가치를 생산[창조]한다. 그러나 이 노동이 운동시키는 불변자본(고정적인 것과 유동적인 것)의 양이 증대함에 따라, 잉여가치량과 불변자본의 가치[불변자본의 양과 동일한 비율로는 증가하지 않는다 하더라도 증가한다] 사이의 비율은 저하한다. 이 비율 그리고 또 이윤율은, 자본이 여전히 동일한 양의 살아있는 노동을 지배하고 동일한 양의 잉여노동을 흡수하더라도 저하한다. 이 비율이 변동하는 것은 살아있는 노동의 양이 감소하기 때문이 아니라 오히려 살아있는 노동이 운동시키는 이미 대상화된 노동의 총량이 증가하기 때문이다. 이 감소는 절대적인 것이 아니라 상대적인 것이며, 따라서 사용되는 노동의 절대량이나 잉여노동의 절대량이 감소하는 것을 결코 의미하지 않는다. 이윤율의 저하는 총자본 중 가변적 구성부분의 절대적 감소로부터 발생하는 것이 아니라 상대적 감소 — 즉 불변적 구성부분에 대한 가변적 구성부분의 상대적 감소 — 에서 생긴다.

　노동량과 잉여노동량이 불변인 경우에 타당한 것은, 노동자의 수가 증가하고 이에 따라 — 주어진 가정에서는 — 자본의 지휘 아래에 있는 노동량 일반, 특히 그것의 불불부분[즉 잉여노동]이 증가하는 경우에도 타당하다. 노동인구가 200만에서 300만으로 증가하고, 임금에 지출되는 가변자본도 200만 원에서 300만 원으로 증가하는데, 불변자본은 400만 원에서 1,500만 원으로 증가한다면, 주어진 전제(노동일과 잉여가치율은 불변)에서는 잉여노동량[과 잉여가치량]은 200만 원에서 300만 원으로 50%만큼 증가한다. 그러나 잉여노동[잉여가치]의 절대량이 이와 같이 50% 증대하는데도, 불변자본에 대한 가변자본의 비율은 2:4로부터 3:15로 저하하며, 총자본에 대한 잉여가치의 비율은 다음과 같이 될 것이다 (단위: 백만 원). [$p' = \dfrac{s}{c+v} = \dfrac{\frac{s}{v}}{\frac{c}{v}+1}$]

Ⅰ.　$4c+2v+2s$; C= 6,　$p'=33\frac{1}{3}\%$ [$= \dfrac{\frac{2s}{2v}}{\frac{4c}{2v}+1}$]

Ⅱ.　$15c+3v+3s$; C=18,　$p'=16\frac{2}{3}\%$ [$= \dfrac{\frac{3s}{3v}}{\frac{15c}{3v}+1}$]

　잉여가치량은 50% 증가하였지만, 이윤율은 이전의 50%로 저하하였다. 그런데 이윤은 사회적 자본의 입장에서 본 잉여가치에 불과하며, 따라서 이윤량[이윤의 절대량]은 사회적으로 보면 잉여가치의 절대량과 동일하다. 그러므로 이윤의 절대량(그것의 총량)은, 이것과 총투하자본 사이의 비율[즉 일반적 이윤율]이 크게 감소했지만, 50%나 증가한 것이다. 자본이 고용하는 노동자의 수(즉 자본이 운동시키는 노동의 절대량), 그리고 또 자본이 흡수하는 잉여노동의 절대량(즉 자본이 생산하는 잉여가치의 양), 이리하여 자본이 생산하는 이윤의 절대량은, 이윤율의 누진적인 저하에도 증가할 수 있으며 그리고 누진적으로 증가한다. 이것은 자본주의적 생산의 바탕 위에서는 가능할 뿐 아니라 [일시적인 변동을 제외한다면] 그렇게 되지 않을 수 없다.

　자본주의적 생산과정은 본질적으로 축적과정이기도 하다. 우리가 이미 밝힌 바와 같이, 자본주의적 생산이 발달함에 따라 단순히 재생산되고 유지되어야 할 가치량은 [사용되는 노동력이 불변인 경우에도] 노동생산성의 상승에 따라 증대한다. 노동의 사회적 생산성이 증대함에 따라 생산되는 사용가치의 양은 더욱 크게 증대하며 그 중에는 생산수단도 포함된다. 이 추가적 부가 자본으로 재전환되기 위해 흡수해야 하는 추가적 노동은, 이런 생산수단(생활수단도 포함)의 가치에 달려있는 것이 아니라 그것의 양에 달려있다. 왜냐하면 노동자가 생산과정에서 상대하는 것은 생산수단의 가치가 아니라 그것의 사용가치이기 때문이다. 그런데 자본의 축적 그것과 이것에 수반하는 자본의 집적은 생산성을 향상시키는 하나의 물질적 수단에 불과하다. 그리고 생산수단의 이런 증가는 노동인구의 증가를 수반한다. 즉 과잉자본에 대응하는 노동인구의 창조 또는 심지어 과잉자본의 일반적 요구를 초과하는 과잉노동인구의 창조를 수반한다. 과잉자본이 노동인구에 비하여 일시적으로 너무 많아지는 것은 이중의 영향을 미칠 것이다. 한편에서는 이 과잉자본이 임금을 인상시켜 노동자의 자녀들을 일찍 사망하게 하는 요인들을 완화하고 결혼을 더욱 쉽게 함으로써 노동인구를 점차로 증가시킬 것이고, 다른 한편에서는 이 과잉자본은 상대적 잉여가치를 생산하는 방법들(기계의 도입과 개량)을 사용함으로써 인위적인 상대적 과잉인구를 더 급속하게 만들어낸다. 그런데 상대적 과잉인구는 또한 인구의 급속한 증가의 온상이기도 하다. 왜냐하면 자본주의적 생산에서는 빈궁이 인구를 대량생산하기 때문이다. [참조. CW 34: 165] 그러므로 자본으로 전환할 생산수단의 양적

증대는 그것에 대응하는 증가한, 심지어 과잉의 착취가능한 노동인구를
항상 발견하게 된다는 것은, 자본주의적 축적과정(이것은 자본주의적 생
산과정의 한 측면에 불과하다)의 성질 그것으로부터 나온다. 이리하여
생산과정과 축적과정이 진행함에 따라, 취득가능한 그리고 실제로 취득
되는 잉여노동의 양, 이리하여 사회적 자본이 취득하는 이윤의 절대량은
증가하지 않을 수 없다. 그러나 생산과 축적의 위와 같은 법칙들 그것이
불변자본의 양과 함께 그것의 가치를, 살아있는 노동으로 전환되는 가변
자본부분의 가치보다 더욱 더 급속하게 누진적으로 증대시킨다. 이리하
여 동일한 법칙들이 사회적 자본에 대하여 이윤량의 절대적 증대와 이윤
율의 저하를 모두 일으키게 된다.

자본주의적 생산이 발달하고 이에 따라 사회적 노동의 생산성이 발달
하며 생산분야와 생산물이 다양하게 됨에 따라, 동일한 가치량이 대표하
는 사용가치의 양과 향락수단의 양이 누진적으로 증대한다는 사실을 여
기에서는 전적으로 무시한다.

자본주의적 생산과 축적이 발달함에 따라 점점 더 큰 규모의 노동과정
이 요구되며 각 개별사업에 점점 더 큰 규모의 자본투하가 요구된다. 그
러므로 자본이 점점 더 집적되는 것(그리고 동시에 더 낮은 증가율이기
는 하지만 자본가 수의 증가)은 자본주의적 생산과 축적의 물질적 조건
의 하나이기도 하며, 또한 그것이 낳은 결과의 하나이기도 하다. 이 집적
과 더불어 이 집적에 발맞추어 직접적 생산자들에 대한 수탈이 누진적으
로 진행된다. 이리하여 개별자본가들이 점점 더 큰 노동자집단을 지휘하
게 되며(가변자본이 불변자본에 비하여 상대적으로 아무리 감소하더라
도), 그들이 취득하는 잉여가치량[따라서 또 이윤량]은 이윤율의 저하와
함께 그리고 그 저하에도 불구하고 증대한다. 개별자본가의 지휘 아래
대규모 노동자집단을 집적시키는 바로 그 원인들이, 사용하는 고정자본
의 양과 원료·보조재료의 양을 살아있는 노동의 사용량에 비하여 점점

더 큰 비율로 증가시킨다.

여기에서 한마디 언급할 필요가 있는 것은, 노동인구가 주어져 있는 경우 잉여가치율이 증가하면 [노동일의 연장이나 강화에 의해서든, 노동 생산성 발달에 의한 임금가치의 저하에 의해서든] 잉여가치량[따라서 이윤의 절대량]은, 불변자본에 비하여 가변자본이 상대적으로 감소하더라도, 증대하게 된다는 점이다.

사회적 노동의 생산력 발달―이것은 총자본에 비한 가변자본의 상대적 감소와 이에 따른 축적의 가속화(이것은 반작용하여 생산성의 더욱 큰 발달과 가변자본의 더욱 큰 상대적 감소의 새로운 출발점이 된다)라는 법칙들로 표현되고 있다―이 이번에는 (일시적인 변동을 도외시하면) 노동력 사용총량의 점진적인 증대와, 잉여가치(따라서 이윤)의 절대량의 점진적인 증대로 표현되고 있다.

그러면 동일한 원인들로부터 이윤율의 저하와 절대적 이윤량의 증대가 동시에 생긴다는 이율배반적인 법칙―이 법칙은, 주어진 조건에서는 취득되는 잉여노동량[따라서 잉여가치량]이 증대한다는 사실, 그리고 총자본을 전체로 보면 또는 개별자본을 총자본의 단순한 일부로 보면 이윤과 잉여가치는 동일한 크기라는 사실에 근거하고 있다―은 어떤 형태로 나타나는가?

이윤율을 계산하는 기초로서 자본의 일정한 부분(예컨대 100)을 택하여 보자. 이 100은 총자본의 평균구성, 예컨대 80c+20v를 나타낸다고 하자. 제2편에서 본 바와 같이, 각종 생산분야들의 평균이윤율은 어느 특정한 자본구성에 의하여 규정되는 것이 아니라 그 분야 자본의 사회적 평균구성에 의하여 규정된다. 가변자본이 불변자본에 비하여, 따라서 또 총자본 100에 비하여 상대적으로 감소함에 따라, 이윤율은―노동의 착취도가 불변이거나 상승한다 하더라도―저하하며 잉여가치의 상대적 크기(즉 총투하자본 100에 대한 잉여가치의 비율)는 감소한다. 그러나 감소하는 것은 이런 상대적 크기만이 아니다. 총자본 100이 흡수하는 잉여가치(또는 이윤)의 크기도 절대적으로 감소한다. 잉여가치율이 100%라면, 60c+40v라는 자본은 40의 잉여가치량(따라서 이윤량)을 생산하며, 70c+30v라는 자본은 30이라는 이윤량을 생산하고, 80c+20v라는 자본의 경우 이윤은 20으로 감소한다. 이런 감소는 잉여가치량(따라서 이윤량)에 관련된 것이며, 그리고 이런 감소가 발생하는 것은, 총자본 100이 더욱 적은 살아있는 노동 일반을 운동시키므로, 만약 노동의 착취도가 불변이라면, 그것이 더욱 적은 잉여노동을 운동시키며 따라서 또 더욱 적은 잉여가치를 생산하기 때문이다. 잉여가치를 측정하는 기준으로서 사회적 자본의 어떤 일정한 부분을 택하더라도, 즉 사회적 평균구성의 자본에서 어떤 일정한 부분을 택하더라도 — 이윤계산에서는 항상 이렇게 한다 — 잉여가치의 상대적 감소는 항상 절대적 감소와 일치한다. 위의 경우 이윤율이 40%에서 30%로 그리고 20%로 저하하는 것은, 동일한 자본에 의해 생산되는 잉여가치량(따라서 이윤량)이 절대적으로 40에서 30으로 그리고 20으로 감소하기 때문이다. 잉여가치를 측정하는 자본의 가치량이 100으로 주어져있기 때문에, 이 불변량에 대한 잉여가치의 비율 저하는 잉여가치(또는 이윤)의 절대량 감소를 나타내는 다른 표현일 수밖에 없다. 이것은 사실상 동어반복이다. 그러나 이미 밝힌 바와 같이 이런 감소의 원인은 자본주의적 생산과정의 발전의 성질에 있다.

그런데 다른 한편에서는 주어진 자본에 대하여 잉여가치(따라서 이윤)의 절대적 감소, 그리하여 또 백분율로 계산한 이윤율의 절대적 감소를 초래하는 동일한 원인들이 사회적 자본(즉 자본가 전체)이 취득하는 잉여가치(따라서 이윤)의 절대량 증대를 일으킨다. 우리는 이것을 어떻게 설명해야 하는가? 이 외관상의 모순에는 어떤 조건들이 포함되어 있는가?

사회적 자본의 일정한 부분인 100(따라서 사회적 평균구성을 가진 100의 자본)은 하나의 주어진 크기이며, 따라서 이 자본의 경우에는 이윤율의 저하가 절대적 이윤량의 감소와 일치한다고 하면(왜냐하면 이윤율이나 이윤량의 계산기준으로 되는 자본이 불변의 크기이기 때문이다), 이와는 반대로 사회적 총자본의 크기나 개별 자본가의 수중에 있는 자본의 크기는 변할 수 있으며, 그것의 크기는, 우리가 전제한 조건들[이윤율의 저하와 이윤량의 증대]을 충족시키기 위해서는, 그것의 가변자본부분의 감소에 반비례하여 변동하여야만 한다. 앞의 예에서 백분율 구성이 60c+40v이었을 때 100에 대한 잉여가치 또는 이윤은 40, 따라서 이윤율은 40%이었다. 이런 구성에서 총자본이 100만 원이었다고 가정하면, 총잉여가치와 총이윤은 40만 원이었을 것이다. 그 뒤 구성이 80c+20v로 된다면 각각의 100에 대한 잉여가치 또는 이윤은—착취도가 불변이라면—20일 것이다. 그런데 이윤율이 저하해도(즉 각각의 100의 자본이 생산하는 잉여가치가 감소해도) 잉여가치(또는 이윤)의 절대량이 예컨대 40만 원에서 44만 원으로 증대한다면, 이것은 새로운 구성 [80c+20v] 의 총자본이 220만 원 [176c+44v] 으로 증가할 때만 가능하다. 사용되는 총자본의 양은 이전의 220%로 증가하였는데, 이윤율은 이전의 반으로 떨어졌다. 만약 자본이 2배로 증가하였다면, 그 자본이 20%의 이윤율로 생산할 수 있는 잉여가치량(또는 이윤량)은 이전의 자본 100만 원이 40%의 이윤율로 생산하였던 것과 동일하였을 것이다. 자본이 2배 이하로 증가하였다면, 이 자본은 자본 100만 원이 이전에 생산하였던 것보다 작은 잉여가치 또는 이윤을 생산하였을 것이다. 물론 이전의 자본구성 [60c+40s] 에서는 잉여가치를 40만 원에서 44만 원으로 증대시키기 위해서는 자본은 100만 원에서 110만 원 [66c+44v] 으로 증가하기만 하면 되었을 것이다.

여기에서 보는 것은 이전에 이미 전개된 [제1권 제25장 2절] 법칙인데, 이것에 따르면 가변자본의 상대적 감소, 따라서 노동의 사회적 생산성의 발달에 따라 동일한 양의 노동력을 운동시키고 동일한 양의 잉여노동을 흡수하기 위해서는 점점 더 큰 총자본량이 필요하다는 것이다. 그러므로 자본주의적 생산의 발달에 정비례하여 상대적으로 과잉의 노동인구가 나타날 가능성도 발달하는데, 이것은 사회적 노동의 생산성이 감퇴하기 때문이 아니라 오히려 증대하기 때문이며, 따라서 노동인구와 생활수단(또는 생활수단을 생산하는 수단) 사이의 절대적 불균형 때문이 아니라 오히려 노동의 자본주의적 착취에서 생기는 불균형[즉 자본의 누진적 증대와 자본이 필요로 하는 인구 증대의 상대적 감소 사이의 불균형] 때문이다.

이윤율이 50%만큼 저하한다면, 이윤율이 이전의 반이 되는 것이며, 따라서 이윤량이 이전과 동일하려면 자본은 2배로 되어야 한다. 일반적으로, 이윤율이 저하하더라도 이윤량은 불변이기 위해서는, 총자본의 증가비율이 이윤율의 감소비율의 역수와 같아야만 한다. 예컨대 이윤율 [$p' = \frac{s}{c}$] 이 40%에서 20% [$\frac{1}{2}$] 로 저하한다면 이윤량이 같아지기 위해서는 총자본은 40:20의 비율 [2배] 로 증가해야 한다. 이윤율이 40%에서 8% [$\frac{1}{5}$] 로 저하했다면 자본은 40:8의 비율, 즉 5배로 증가해야 할 것이다. 100만 원의 자본이 40%의 이윤율에서 40만 원의 이윤을 생산하고, 500만 원의 자본은 8%의 이윤율에서 동일한 40만 원의 이윤을 생산한다. 이윤량이 불변이기 위해서는 자본은 이렇게 증가해야만 한다. 다른 한편 이윤량이 증가하기 위해서는, 자본은 이윤율이 저하하는 것보다 더 높은 비율로 증가해야만 한다. 바꾸어 말해, 총자본 중 가변적 구성부분이 ― 총자본 중 백분율에서는 감소하더라도 ― 절대량에서 불변이지 않고 증가하기 위해서는, 총자본은 가변자본의 백분율이 감소하는 것보다 더 높은 비율로 증가해야만 한다. 총자본은, 새로운 자본구성에서 노동력의 구매에 이전의 가변자본량보다 더 많은 양을 투하할 수 있게끔 증가하여야 한다. 자본 100의 가변적 부분이 40 [60c+40v] 에서 20 [80c+20v] 으로 감소한다면, 40 이상의 가변자본을 사용할 수 있기 위해서는 총자본은 200 이상으로 증가하여야 한다.

착취당하는 노동인구의 크기가 불변이고 노동일의 길이와 강도만이 증가하는 경우에도, 사용되는 자본량은 증대하여야 한다. 왜냐하면 자본 구성이 변하면, 이전과 동일한 착취조건에서 같은 양의 노동을 사용하는 데에도 더 큰 자본사용량이 필요하기 때문이다.

요컨대 노동의 사회적 생산성의 발달은, 자본주의적 생산의 진전에 따라, 한편에서는 이윤율의 누진적 저하경향으로 표현되고, 다른 한편에서는 취득되는 잉여가치(또는 이윤) 절대량의 끊임없는 증대로 표현된다. 따라서 대체로 보아 가변자본과 이윤의 상대적 감소는 이 두 개의 절대적 증가와 나란히 나아가고 있다. 이런 이중의 효과는, 이미 설명한 바와 같이 총자본의 증가가 이윤율의 저하보다 더욱 급속히 진행되는 경우에만 나타날 수 있다. 더 높은 구성(즉 불변자본의 상대적으로 급속한 증대)에서 절대적으로 증가한 가변자본을 사용하기 위해서는, 총자본은 구성의 고도화보다 더 빠르게 증가하여야 한다. 이 결과로, 자본주의적 생산양식이 발달하면 할수록 동일한 수의 노동력을 고용하기 위해서는 점점 더 큰 자본량이 필요하게 된다(물론 증대하는 노동력을 고용하는 경우에는 더욱 그러하다). 그러므로 노동생산성의 상승은 자본주의적 기초 위에서는 필연적으로 영구적인 외관상의 과잉노동인구를 만들어낸다. 가변자본이 이전처럼 총자본의 $\frac{1}{2}$을 차지하지 않고 $\frac{1}{6}$만을 차지한다면, 동일한 수의 노동력을 고용하기 위해 총자본은 3배 증가해야만 하며, 만약 이전의 두 배의 노동력을 고용하려면 자본은 6배 증가하여야 한다.

이윤율의 저하 법칙을 설명할 수 없었던 이전의 경제학자들은 이윤량의 증가(즉 이윤의 절대량 증가)—개별 자본가에 대해서건 사회적 총자본에 대해서건—를 일종의 위안으로 삼았는데, 그러나 그 근거도 단순한 상식과 허구적 가능성뿐이었다.

이윤량이 두 요인—첫째로는 이윤율 그리고 둘째로는 이 이윤율로 투하되는 자본량—에 의하여 결정된다고 말하는 것은 동어반복에 불과하다. 그러므로 이윤율이 저하해도 이윤량이 증가할 수 있다는 사실도 이 동어반복의 표현에 불과하며 조금도 사태를 해명하지 못한다. 왜냐하면 이윤량의 증대 없이도 자본은 증가할 수도 있으며, 나아가 자본이 증가하는데도 이윤량은 감소할 수도 있기 때문이다. 예컨대 100에 대한 25%는 25이지만, 400에 대한 5%는 20에 불과하다.35) 그러나 이윤율을 저하시키는 동일한 원인들이 축적(즉 추가자본의 형성)을 촉진한다면, 그리고 모든 추가자본이 추가적인 노동을 운동시켜 추가적인 잉여가치를 생산한다면, 또한 다른 한편 이윤율의 저하라는 사실 그것이 불변자본 따라서 또 이전의 총자본이 증대했다는 것을 의미한다면, 위의 과정 전체는 전혀 신비로운 것이 아니게 된다. 이윤율은 저하하지만 이윤량은 증가할 수 있다는 가능성을 제외하기 위하여 어떤 고의적인 계산왜곡을 하

---

35) "토지에 대한 자본축적과 임금상승의 결과로 자본의 이윤율이 아무리 저하하더라도, 이윤총액은 증가하리라고 우리는 또한 기대할 수 있다. £100,000의 축적이 반복될 때마다 이윤율이 끊임없이 저하하여 20%에서 19%, 18%, 17%로 된다고 가정하여도, 이들 자본의 차례차례의 소유자들이 받는 이윤총액은 항상 증대할 것이라는 것, 이윤총액은 자본이 £100,000일 때보다 £200,000일 때가 더 클 것이고, £300,000일 때는 더욱 클 것이며, 이윤총액은 자본의 증가에 따라 증가한다—증가율은 체감하지만—는 것을 기대할 수 있다. 그러나 이런 증가는 일정한 기간에만 가능하다. 예컨대 £200,000에 대한 19%는 £100,000에 대한 20%보다 크며, £300,000에 대한 18%는 £200,000에 대한 19%보다 크다. 그러나 자본이 대규모로 축적되고 이윤율이 저하한 어느 시점 이후에는, 그 이상의 축적은 이윤총액을 감소시킬 것이다. 예컨대 축적이 £1,000,000에 이르고 이윤율이 7%로 저하하였다고 가정하면 이윤총액은 £70,000일 것이다. 그런데 지금 £100,000의 추가자본이 투하되어 이윤율이 6%로 저하한다면, 자본총액은 £1,000,000에서 £1,100,000으로 증가하지만 이 자본의 소유자가 받는 이윤은 £66,000로 이전보다 £4,000가 감소할 것이다."(리카도, 『정치경제학 및 과세의 원리』 제6장: 193~194) 그런데 여기에서는 자본이 £1,000,000에서 £1,100,000으로 10% 증가하였는데, 이윤율은 [7%에서 6%로] $14\frac{2}{7}$%나 저하한다고 가정하고 있다. 바로 이 점 때문에 이윤량이 감소하게 된 것이다.

였는가는 나중에 [『잉여가치학설사』. CW 32: 170~174] 밝혀질 것이다.

이미 밝힌 바와 같이 일반적 이윤율의 저하 경향을 낳는 그 원인들이 또한 자본의 가속적 축적, 따라서 또 자본에 의하여 취득되는 잉여노동(잉여가치, 이윤) 절대량(또는 총량)의 증대를 가져온다. 경쟁에서는, 따라서 또 경쟁 당사자의 의식에서는 모든 것이 거꾸로 나타나는 것처럼, 이 법칙—겉보기에 모순적인 두 현상들 사이의 필연적인 내적 관련—도 거꾸로 나타난다. 위의 예들을 보면, 대자본을 경영하는 자본가가 외관상 높은 이윤 ['이윤율'이 옳은 것 같다] 을 얻고 있는 소자본가보다 절대량에서는 더 큰 이윤을 얻는 것은 명백하다. 그리고 경쟁을 매우 피상적으로 고찰하더라도 알 수 있듯이, 공황기와 같은 일정한 조건에서 대자본가가 시장점유율을 높이고 소자본가를 추방하려고 한다면, 대자본가는 위의 이점을 실제로 이용하여 일부러 자기의 이윤율을 낮춤으로써 소자본가들을 그 분야에서 추방한다. 특히 상업자본(이것에 대해서는 나중에 [제4편에서] 더욱 자세히 논의할 것이다)은, 이윤을 인하하여 사업의 확장, 따라서 또 자본의 확장을 도모하는 것으로 보이게끔 하는 현상들 [예: 상품에 이윤을 적게 붙여 판매하니 판매량이 증가한다는 박리다매] 을 만들어내고 있다. 이 그릇된 관념에 대한 참으로 과학적인 표현은 나중에 제시할 것이다. 이와 비슷한 피상적인 관찰은, 특정 생산분야의 이윤율—그 분야가 자유경쟁체제인가 독점체제인가에 따라 달라진다—을 비교하는 것에서도 보인다. 경쟁 당사자의 머릿속에 있는 전적으로 천박한 관념은 로셔의 주장 [1858: 192] [이런 이윤율의 인하는 '더욱 현명하고 더욱 인간적'이다]에서도 볼 수 있다. 여기에서는 이윤율의 저하가 대자본가의 타산—이윤율을 인하함으로써 더 큰 이윤량을 얻을 수 있다—의 결과로 나타난다. 이 모든 관념(애덤 스미스는 예외인데 그에 관해서는 나중에 [『잉여가치학설사』. CW 31: 439~457; CW 33: 92~93, 103, 108~109] 언급할 것이다)은, 일반적 이윤율이 도대체 무엇인가에 대한 완전한 몰이해와, 가격은 상품의 현실적 가치에 대체로 자의적인 이윤부분을 첨가함으로써 결정된다는 유치한 견해에 근거하고 있다. 이런 관념들은 비록 유치하기는 하지만, 자본주의적 생산의 내재적 법칙들이 경쟁 중에서 거꾸로 나타난다는 사실로부터 필연적으로 생기는 것이다.

* * *

생산성의 발달에 의해 생기는 이윤율의 저하에는 이윤량의 증가가 동반한다는 법칙은, 자본이 생산하는 상품들의 가격 저하에는 이윤량(상품들에 포함되어 있으며 그것들의 판매에 의해 실현되는 이윤량)의 상대적 증가가 동반한다는 것으로도 표현된다.

생산성의 발달과 이것에 대응하는 자본구성의 고도화는 점점 더 증대하는 생산수단량을 점점 더 감소하는 노동량에 의하여 운동시키므로, 총생산물의 일정한 부분의 각각(또는 각각의 개별상품, 각각의 특수상품 그룹)은 더 적은 살아있는 노동을 흡수하며 그리고 또한 더 적은 대상화된 노동 — 사용되는 고정자본의 마멸분과, 소비되는 원료·보조원료 — 을 포함한다. 그러므로 각각의 개별상품은 생산수단에 대상화되어 있는 노동과, 생산과정에서 새로 첨가되는 노동의 합계를 더 적게 포함하게 된다. 따라서 개별상품의 가격은 하락한다. 그럼에도 개별상품에 포함되어 있는 이윤량은, 절대적 또는 상대적 잉여가치의 비율이 상승한다면, 증가할 수 있다. 개별상품에 포함되어 있는 새로 첨가된 노동은 더 적지만, 이 노동의 불불부분은 지불부분에 비하여 증대한다. 그러나 이것은 일정한 범위 안에서만 가능하다. 생산의 발달과정에서 개별상품에 새로 첨가되는 살아있는 노동의 절대량이 크게 감소한다면, 그 상품에 포함되어 있는 불불노동도 [지불노동에 비하여 상대적으로 아무리 크게 증가하더라도] 절대적으로 감소한다. 상품 한 개당 이윤량은 노동생산성의 발달에 따라, 잉여가치율이 상승하더라도 크게 감소할 것이다. 이 감소는, 이윤율 저하의 경우와 마찬가지로, 제1편에서 언급된 불변자본 요소들의 저렴화와 기타의 사정들[이것들은 잉여가치율이 불변이거나 저하하는 경우에도 이윤율을 상승시킨다]에 의해서만 완화된다.

개별상품들[이것의 합계가 자본의 총생산물을 구성한다]의 가격이 하락한다는 것은, 일정한 노동량이 더 큰 상품량으로 실현되어 각각의 개별상품이 이전보다 적은 노동을 포함하는 것을 가리킬 뿐이다. 불변자본의 일부인 원료 등의 가격이 등귀하더라도 위와 같은 일이 일어날 수 있다. 예외적인 경우(예컨대 노동생산성의 발달이 불변자본과 가변자본의 요소들 모두를 균등하게 싸게 하는 경우)를 제외하면, 잉여가치율이 상승하더라도 이윤율은 저하할 것이다. 왜냐하면 (1) 새로 첨가되는 노동총량이 더 적어지면 이 총량 중 더 큰 부분이 불불노동이라고 하더라도, 이 불불노동은 이전의 더 큰 노동총량의 더 작은 불불부분보다 더 적어질 것이기 때문이며, (2) 자본구성의 고도화는, 개별상품의 경우 상품가치 중 새로 첨가되는 노동을 표시하는 부분이 원료·보조재료·고정자본의 마멸분을 표시하는 가치부분에 비하여 감소하는 것으로 표현되기 때문이다. 개별상품 가격의 각종 구성부분들 사이의 비율이 변동한다는 것, 즉 가격 중 새로 첨가되는 살아있는 노동을 대표하는 부분은 감소하고 이미 대상화되어 있는 노동을 대표하는 부분은 증가한다는 것 ─ 이것은 불변자본에 대비한 가변자본의 감소가 개별상품의 가격에 표현되는 형태다. 이 감소는 일정한 자본량(예: 100)에 대해서는 절대적인 것과 마찬가지로, [재생산되는 자본의 일정한 부분인] 각각의 개별상품에 대해서도 절대적이다. 그러나 개별상품의 가격 요소들에 근거하여 계산되는 이윤율은 현실의 이윤율과는 다르게 표현될 것이다. 그 이유는 다음과 같다.

{엥겔스: 이윤율은 총투하자본에 대해 일정한 기간(보통 1년)에 걸쳐 계산된다. 1년동안 생산되고 실현된 잉여가치(또는 이윤)와 총자본 사이

의 비율을 백분율로 표시한 것이 이윤율이다. 따라서 이 이윤율은 1년이 아닌 해당자본의 회전시간을 계산의 기초로 삼은 이윤율과 반드시 일치하지는 않는다. 이 자본이 1년에 한 번 회전할 때에만 두 개의 이윤율은 일치한다.

이것을 달리 표현하면 다음과 같다. 1년동안 얻는 이윤은 1년동안 생산되고 판매되는 상품들에 포함되어 있는 이윤의 합계다. 지금 이윤을 상품들의 비용가격에 대해 계산한다면, 이윤율은 $\frac{p}{k}$(p는 1년에 실현된 이윤이고, k는 1년에 생산되고 판매되는 상품들의 비용가격의 합계다)로 된다. 이 이윤율 $\frac{p}{k}$가 현실적인 이윤율 $\frac{p}{C}$(이윤량을 총자본으로 나눈 것)와 일치할 수 있는 것은 k=C인 경우—즉 자본이 1년에 한 번만 회전하는 경우— 뿐이라는 것은 명백하다.

어떤 산업자본의 세 가지 가능한 상태를 살펴보자.

Ⅰ. 8,000원의 자본이 연간 5,000개의 상품을 생산하여 한 개에 1.5원으로 판매하면, 이 자본의 연간 회전액은 7,500원이다. 상품 1개에 대하여 0.5원의 이윤을 얻는다면 연간의 총이윤은 2,500원이다. 따라서 상품 1개는 1원의 자본사용액과 0.5원의 이윤을 포함하며, 따라서 1개당 이윤율은 $\frac{0.5}{1}$=50%이다. 연간 회전액 7,500원 중 5,000원은 자본사용액이고 2,500원은 이윤이며, 따라서 연간 회전액에 대한 이윤율(즉 $\frac{p}{k}$)도 50%이다. 그러나 총투하자본을 기초로 계산하면, 이윤율 $\frac{p}{C}$는 $\frac{2,500}{8,000}$=$31\frac{1}{4}$%이다.

Ⅱ. 자본이 10,000원으로 증가한다고 하자. 노동생산성의 증대로 이 자본은 연간 10,000개의 상품을 1개당 1원의 비용가격으로 생산할 수 있으며, 또한 이 자본은 상품 1개에 0.2원의 이윤을 붙여 1.2원에 이 상품들을 모두 판매한다고 하자. 그러면 연간 생산물의 가격은 12,000원이 되고, 이 중 10,000원은 자본사용액이고 2,000원은 이윤이다. $\frac{p}{k}$는 1개당으로는 $\frac{0.2}{1}$이고 연간 회전액으로는 $\frac{2,000}{10,000}$이므로, 모두 20%이다. 그런데 총투하자본이 비용가격의 합계(즉 10,000원)와 동등하므로 현실적

이윤율 $\frac{p}{C}$ 도 역시 20%이다.

Ⅲ. 자본이 15,000원으로 증대하고 노동생산성이 계속 상승하여, 이제 이 자본은 연간 30,000개의 상품을 1개당 0.65원의 비용가격으로 생산하고, 이것에 0.1원의 이윤을 붙여 0.75원에 판매한다고 하자. 그러면 연간 회전액은 0.75원×30,000=22,500원이며, 이 중 19,500원은 자본사용액이고 3,000원은 이윤이다. 따라서 $\frac{p}{k}$ 는 $\frac{0.1}{0.65} = \frac{3,000}{19,500} = 15\frac{5}{13}$%인데, $\frac{p}{C}$ 는 $\frac{3,000}{15,000} = 20$%이다.

이상에서 본 바와 같이, 자본회전액이 총투하자본과 동등한 Ⅱ의 경우에만 상품 1개당 이윤율 또는 연간 회전액에 대한 이윤율이 총투하자본에 대해 계산된 이윤율과 동일하다. 연간 회전액이 총투하자본보다 적은 Ⅰ의 경우에는 상품의 비용가격에 대해 계산된 이윤율[또는 상품 1개당 이윤율]은 총투하자본에 대해 계산된 현실적 이윤율보다 높으며, 연간 회전액이 총투하자본보다 많은 Ⅲ의 경우에는 상품 1개당 이윤율이 현실적 이윤율보다 낮다. 이것은 일반적으로 타당하다.

상업상의 관행에서는 회전은 대체로 대충 계산된다. 실현된 상품가격의 총액이 총투하자본액에 도달할 때 자본은 1회전한 것으로 여긴다. 그러나 실제로는 실현된 상품들의 비용가격의 총액이 총투하자본액과 동등하게 될 때만 비로소 자본은 완전한 1회전을 완료할 수 있다.}

여기에서도 또 명백한 것처럼, 자본주의적 생산에서는 개별상품 또는 어느 특정기간의 상품생산물을 따로 고립시켜 단순한 상품으로 고찰해서는 안되며, 투하자본의 생산물로서 그리고 이 상품을 생산하는 총자본과 관련시켜 고찰하는 것이 중요하다. [참조. CW 34: 355~384]

이윤율은, 생산되어 실현된 잉여가치량을 소비된 자본부분(이것은 상품에 다시 나타난다)에 대해 계산하는 것이 아니라, 그 잉여가치량을 소비된 자본부분과 [소비되지 않고 생산에서 사용되며] 계속 기능하고 있는 자본부분의 합계에 대해 계산해야 하지만, 이윤량은 상품들에 실제로 포함되어 판매에 의해 실현된 이윤량[또는 잉여가치량]과 동등할 수밖에 없다.

산업의 생산성이 향상하면 개별상품의 가격은 저하한다. 개별상품에 포함되어 있는 노동 — 불불노동과 지불노동 — 은 더 적어진다. 동일한 노동이 예컨대 3배의 생산물을 생산하면, 이에 따라 생산물 1개당 필요한 노동은 $\frac{2}{3}$만큼 감소한다. 이윤은 개별상품에 포함되어 있는 노동의 일부에 지나지 않으므로 상품 1개당 이윤은 감소하는데, 이것은 일정한 한도 안에서는 잉여가치율이 증가하는 경우에도 그러하다. 그러나 총생산물에 대한 이윤은, 자본이 이전과 동일한 수의 노동자를 동일한 착취도에 의해 계속 고용하고 있는 한, 이전의 이윤량 이하로 감소하지는 않는다. (이전보다 적은 노동자들을 더 높은 착취도에 의해 고용할 때도 위와 같을 수 있다.) 왜냐하면 상품 1개당 이윤이 감소하는 비율과 동일한 비율로 생산물의 총량이 증가하기 때문이다. 이윤총량은 불변인데, 그것이 상품총량에 분배되어 상품 1개에 포함되는 이윤이 달라질 따름이다. 그렇다고 하여 새로 첨가되는 노동에 의해 창조되는 가치량이 노동자와 자본가 사이에 분배되는 비율이 변하지는 않는다. 이윤량이 증가하려면, 동일한 수의 노동자를 고용할 때는 불불잉여노동이 증가해야 하며, 또는 동일한 노동착취도 아래에서는 노동자의 수가 증가해야 하는데, 노동자의 수와 노동착취도가 동시에 변동하면서 이윤량을 증가시킬 수도 있다. 이 모든 경우에—우리의 가정에 따르면 가변자본에 대한 불변자본의 증대와 총투하자본의 증대가 여기에 내포되어 있다—개별상품은 이전보다 적은 이윤을 포함하고 있으며, 또 저하하는 이윤율은 상품 1개당으로 계산해도 역시 저하한다. 주어진 양의 새로 첨가되는 노동은 더 많은 양의 상품으로 표현되며 개별상품의 가격은 하락한다. 추상적으로 고찰하면, 생산성의 증가로 개별상품의 가격이 저하하는데도, 또 동시에 값싼 상품의 수량이 증가하는데도, 이윤율은 불변일 수 있다. 예컨대 생산성의 증가가 상품의 모든 구성부분들 [c와 v와 s]에 대하여 균등하게 그리고 동시에 영향을 미쳐서, 노동생산성이 증가한 비율과 동일한 비율로 상품의 총가격이 하락하는 반면 상품가격의 각종 구성부분들 사이의 비율이 불변인 경우 이윤율은 불변일 수 있다. 잉여가치율의 상승이 불변자본(특히 고정자본)요소들의 현저한 가치감소와 결부되는 경우에는, 이윤율이 도리어 상승할 수도 있다. 그러나 실제로는 이윤율은 우리가 이미 본 바와 같이 장기적으로는 저하할 것이다. 어떤 경우에도 개별상품의 가격하락 그것만으로는 이윤율에 관해 결론을 내릴 수가 없다. 모든 것은 생산에 참가하는 총자본의 크기에 달려있다. 예컨대 1미터 직물의 가격이 3원에서 $1\frac{2}{3}$원으로 하락한다고 하자. 가격하락 이전에 그 직물의 가격은 불변자본 $1\frac{2}{3}$원, 임금 $\frac{2}{3}$원 그리고 이윤 $\frac{2}{3}$원으로 구성되어 있었고, 가격하락 이후에는 불변자본 1원, 임금 $\frac{1}{3}$원 그리고 이윤 $\frac{1}{3}$원으로 구성되어 있다는 것을 우리가 알고 있다 하더라도, 우리는 이윤율이 불변인지 아닌지를 알 수가 없다. 이윤율의 변동은, 총투하자본이 증가하였는가 또 얼마나 증가하였는가, 그리고 주어진 기간에 직물을 얼마나 더 많이 생산하는가에 달려있다.

자본주의적 생산양식의 성질로부터 생기는 현상들—즉 노동생산성의 증가에 따라 개별상품(또는 일정한 상품량)의 가격은 하락하고 상품의 수량은 증가한다는 것, 그리고 개별상품에 포함된 이윤량과 상품총량의 이윤율은 저하하지만 상품총량에 포함된 이윤량은 증가한다는 것 — 이 표면에 나타나는 형식은 오직 개별상품의 이윤량 감소, 개별상품의 가격하락, 그리고 사회적 총자본(또는 개별자본가의 총자본)이 생산하는 증가한 상품총량에 포함된 이윤량 증가다. 그리하여 이 현상은 다음과 같이 잘못 이해되고 있다. 즉 자본가는 자발적으로 개별상품에 대하여 이윤을 더 적게 붙이지만, 자기가 생산하는 상품의 수량이 증대하기 때문에 보상을 받는다는 것이다. 이 견해는 상업자본의 입장에서 비롯되는 양도이윤 [자본가는 상품을 가치 이상으로 팔아 이윤을 얻는다] 의 관점에 근거하고 있다. [참조. CW 34: 368~370]

우리가 이미 제1권의 제4편 ['상대적 잉여가치의 생산'] 과 제7편 ['자본의 축적과정'] 에서 본 바와 같이, 노동생산성의 증가에 따른 상품량의 증가와 개별상품의 저렴화는 이 상품들이 노동력의 가격을 결정하는 데 들어가지 않는 한, 가격이 하락해도 개별상품에서 지불노동과 불불노동 사이의 비율에는 영향을 미치지 않는다.

경쟁에서는 모든 것이 그릇되게—사실상 거꾸로—나타나기 때문에, 개별자본가는 다음과 같이 잘못 생각할 수도 있다. 즉 (1) 그는 개별상품의 가격을 인하함으로써 개별상품에 대한 자기의 이윤을 감소시키지만 자기의 상품판매량이 증대하기 때문에 더 큰 이윤을 얻게 된다. (2) 그는 개별상품의 가격을 결정하고 그 다음에 곱셈에 의하여 총생산물의 가격을 결정한다. 그런데 사실상 최초의 과정은 나눗셈의 과정이며(『자본론』 제1권 제12장) [개별상품에 대한 이윤은 총잉여가치를 상품총량으로 나눈 것이며, 개별상품의 가격은 총가치를 상품총량으로 나눈 것이다], 곱셈은 다만 2차적인 것으로 그 나눗셈을 전제해야만 정당하다. 속류경제학자는 경쟁에 사로잡힌 자본가들의 독특한 관념들을 겉보기에는 더 이론적이고 일반적인 말로 번역하여 그 관념들의 정당성을 증명하려고 애쓰는 일 이외에는 하는 일이 없다.

사실상 상품가격의 하락과, 값싼 상품의 양적 증대에 근거한 이윤량의 증가는, 이윤량이 증가하는 동시에 이윤율이 저하한다는 법칙이 달리 표현된 것에 불과하다.

이윤율의 저하가 어느 정도까지 가격의 상승과 동시에 일어날 수 있는가에 관한 연구는, 상대적 잉여가치와 관련하여 제1권 제12장에서 언급한 사항 [특별잉여가치] 과 마찬가지로 여기에 속하지 않는다. 개량된 그러나 아직 보편화되지 않은 생산방법을 사용하는 자본가는 시장가격 이

하로, 그러나 자기의 개별생산가격 이상으로 판매하며, 이리하여 그의
이윤율은 경쟁에 의해 균등화될 때까지 상승한다. 이 균등화가 진행되는
동안에 투하자본의 증대가 이루어지며, 이 증대의 정도에 따라 자본가는
이전에 고용하고 있던 노동자들의 일부를, 경우에 따라서는 그 전부 또
는 더 많은 노동자들을 새로운 조건에서 고용할 수 있을 것이며, 이리하
여 동일한 이윤량 또는 더 많은 이윤량을 생산할 수 있을 것이다. [참조.
CW 33: 35~36]

제14장
상쇄요인들

지난 30년 동안 [1835~1865년] 사회적 노동의 생산성이 이전의 모든 시대에 비해 뚜렷하게 발달한 것을 고려한다면, 그리고 특히 사회적 생산과정 총체에 작용하는 고정자본—진정한 의미의 기계 이외에도—의 거대한 규모를 고려한다면, 지금까지 경제학자들을 괴롭힌 문제—즉 이윤율의 저하를 설명하는 문제—대신에 그 반대의 문제[즉 왜 이 저하가 더 크고 더 급속하지 않는가를 설명하는 문제]에 직면하게 된다. 상쇄요인들이 작용하여 그 일반법칙의 효과를 억제하고 취소하여 그 법칙에 하나의 경향일 뿐이라는 성격을 부여하고 있음에 틀림없는데, 그렇기 때문에 우리는 일반적 이윤율의 저하를 하나의 저하경향이라고 부른 것이다. 이런 상쇄요인들 중 가장 일반적인 것은 다음과 같다.

제1절 노동착취도의 증가

노동의 착취도, 잉여노동과 잉여가치의 취득은 노동일의 연장과 노동

289

강도의 강화에 의하여 증대될 수 있다. 이것에 관해서는 제1권에서 절대
적 잉여가치와 상대적 잉여가치의 생산과 관련하여 자세히 논의한 바 있
다. 노동의 강화에는 가변자본에 비한 불변자본의 증가, 이리하여 이윤
율의 저하를 내포하는 측면들이 많은데, 예컨대 한 노동자가 더 많은 수
의 기계를 돌봐야 하는 경우가 그렇다. 이 경우에는─그리고 상대적 잉
여가치의 생산에 기여하는 대부분의 방식에서 그런 것처럼─잉여가치율
을 증대시키는 바로 그 원인들이 또한, 총자본사용액이 주어져 있다면,
잉여가치량의 감소를 내포할 수 있다. 그러나 노동의 강화에는 예컨대
기계 속도의 증가처럼 위와는 다른 측면들도 있다. 기계의 속도가 증가
하면 동일한 시간에 더 많은 원료가 소비되지만, 고정자본에 관한 한, 기
계가 더 빨리 마멸된다는 사실 그것은 기계를 운동시키는 노동의 가격에
대한 기계 가치의 비율을 전혀 변경시키지 않는다. 그러나 특히 근대산
업의 발견인 노동일의 연장은, 노동력의 고용량과 이것에 의해 운동되는
불변자본 사이의 비율을 근본적으로 변경시키지 않으면서 잉여노동의 취
득량을 증가시키므로, 사실상 불변자본을 상대적으로 감소시키는 경향
이 있다. 더욱이, 상대적 잉여가치를 생산하는 방식들은 대체로 주어진
노동량 중 될 수 있는 대로 많은 부분을 잉여가치로 전환시키는 것, 그리
고 투하자본에 비하여 될 수 있는 대로 적은 노동을 사용하는 것에 근거
하기 때문에, 노동의 착취도를 증대시켜주는 바로 그 원인들이 동일한
총자본으로서는 이전과 동일한 노동량을 착취하는 것을 불가능하게 한다
는 것은 이미 지적한 것인데, 이것이 이윤율 저하경향의 진정한 비밀을
형성한다. 이런 서로 반대되는 경향들은 잉여가치율을 증대시키는 동시
에 주어진 자본이 생산하는 잉여가치량을 감소시키고 따라서 이윤율을
저하시킨다. 여기에서는 여성노동과 아동노동의 대규모 채용에 관해서
도 언급해야 한다. 왜냐하면 일가족 전체가 받는 임금총액이 증가한다
─이것은 결코 일반적인 현상은 아니다─할지라도, 일가족 전체가 자본

에게 제공하는 잉여노동의 양은 더욱 증가하지 않을 수 없기 때문이다.

〚 참조. CW 30: 332~335; CW 33: 123~124; CW 34: 24~25 〛

자본투하량에는 변화가 없이 생산방식의 단순한 개량에 의하여—예컨대 농업에서처럼—상대적 잉여가치의 생산을 촉진하는 모든 것은 위와 동일한 효과를 나타낸다. 이 경우 불변자본 사용액이 가변자본[고용된 노동자 수의 지표로 여긴다]에 비하여 증대하지 않는데도, 생산량은 노동력의 고용량에 비하여 증대한다. 이와 동일한 효과를 나타내는 또 다른 경우는, 노동(이것의 생산물이 노동자의 소비에 들어가든 불변자본의 요소로 들어가든 상관없다)의 생산성이 교통상의 장애들이나 [시간이 경과함에 따라 장애물로 전환되어 버린] 자의적인 제한들이나 각종의 일반적인 구속들로부터 해방되어 발달하면서도, 불변자본과 가변자본 사이의 비율에는 직접적으로 영향을 미치지 않는 경우다.

여기에서 다음과 같은 질문이 나올 수도 있다. 즉 이윤율의 저하를 저지하는 위와 같은 요인들—물론 그것들도 결국은 이윤율의 저하를 더욱 촉진할 것이지만—은, 예컨대 발명 등이 보편화되기 전에 그것을 이용하는 자본가는 일시적이지만 끊임없이 반복되는 잉여가치의 증대—때로는 이 생산분야에서 때로는 저 생산분야에서 나타나며 일반적 수준을 초과한다—를 얻게 되는 경우를 포함하는가 포함하지 않는가 하는 질문이다. 이 질문에 대해서는 그렇다고 대답해야 한다.

주어진 크기의 자본이 생산하는 잉여가치량은 두 요소—잉여가치율과 이 율로 고용되는 노동자의 수—를 곱한 것과 같다. 잉여가치량은, 잉여가치율이 주어져 있으면 노동자의 수에 달려있고, 노동자의 수가 주어져 있으면 잉여가치율에 달려있다. 그러므로 일반적으로 잉여가치량은 가변자본의 절대량과 잉여가치율의 곱에 달려있다. 그런데 이미 본 바와 같이, 상대적 잉여가치율을 증가시키는 바로 그 요인들이 일반적으로 노동력의 평균 고용량을 감소시킨다. 그러나 이 두 개의 대립적인 운동이 어떤 특정한 비율로 진행되는가에 따라 그 결과에 차이가 생긴다는 것, 그리고 이윤율의 저하 경향은 특히 노동일의 연장에 의한 절대적 잉여가 치율의 증대에 의해 약화된다는 것은 명백하다.

이윤율에 관해 우리는, 총투하자본량의 증대 때문에 이윤율의 저하는 일반적으로 이윤량의 증대를 동반한다는 것을 알았다. 사회의 총가변자 본을 고찰하면, 그것에 의해 생산되는 잉여가치는 그것에 의해 생산되는 이윤과 같다. 잉여가치의 절대량뿐 아니라 잉여가치율도 증대하는데, 전 자는 사회에 의해 고용되는 노동력의 양이 증가하였기 때문이며, 후자는 노동의 착취도가 증대하였기 때문이다. 그러나 일정한 규모(예: 100)의 자본에 대해 말한다면, 잉여가치량은 평균적으로 감소하면서도 잉여가 치율은 증대할 수 있다. 왜냐하면 잉여가치율은 자본의 가변부분이 증식 하는 비율에 의하여 결정되는 데 반하여, 잉여가치량은 총자본 중 가변 자본이 차지하는 비중에 의하여 결정되기 때문이다.

잉여가치율의 증대는—특히 이것은 위에서 지적한 바와 같이 불변자 본이 전혀 증가하지 않거나 가변자본에 비하여 상대적으로 증가하지 않 는 사정에서도 일어날 수 있으므로—잉여가치량을 결정하고 따라서 또 이윤율을 결정하는 데 공헌하는 하나의 요인이다. 그렇지만 이 요인은 일반법칙 [이윤율의 저하] 을 폐기하지는 못하며, 그 법칙을 하나의 경향 으로서, 즉 그것의 절대적인 관철이 상쇄요인들에 의하여 저지되고 지연 되며 약화되는 법칙으로서 작용하게 만든다. 잉여가치율을 증대시키는 바로 그 요인들—노동일의 연장 그것도 대규모 공업이 초래한 결과의 하나다—이 주어진 자본이 고용하는 노동력의 양을 감소시키는 경향을 가지므로, 그 요인들은 이윤율을 저하시키면서 이 저하과정을 느리게 하 는 경향을 가지고 있다. 1명의 노동자가 2명의 노동자가 수행해야 마땅 한 작업을 강요당하며 또한 이것이 1명의 노동자가 3명을 대체한 사정에 서 발생한다고 하자. 그러면 지금 1명의 노동자는 이전에 2명이 제공한

만큼의 잉여노동을 제공할 수 있으며 그리고 이 한도까지는 잉여가치율이 증대한다. 그러나 이 1명의 노동자는 이전에 3명이 제공한 만큼의 잉여노동을 제공할 수 없을 것이며 따라서 잉여가치량은 감소하게 된다. 잉여가치량의 감소는 잉여가치율의 증대에 의해 보상되거나 제한되고 있다. 증가한 잉여가치율로 인구전체가 고용된다면, 잉여가치량은—인구가 불변이라도—증가할 것이다. 인구가 증가하는 경우에는 더욱 증가할 것이다. 이 인구증가가 총자본의 크기에 대비한 취업노동자 수의 상대적 감소와 결부되어 있다 할지라도, 이 취업노동자 수의 감소는 잉여가치율의 증대에 의해 완화 또는 보상된다.

다음의 논점으로 넘어가기 전에 다시 한번 강조해야 할 것은, 자본의 크기가 주어져 있다면 잉여가치량은 감소하더라도 잉여가치율은 증대할 수 있으며, 그 거꾸로도 가능하다는 점이다. 잉여가치량은 잉여가치율과 노동자의 수 ['임금총액'이 더 정확하다]를 곱한 것과 같지만, 잉여가치율은 결코 총자본에 대해 계산되는 것이 아니라 가변자본—사실상 하루의 노동일—에 대해서만 계산된다. 그런데 자본가치의 크기가 주어져 있다면, 이윤율의 상승 또는 하락은 잉여가치량의 증대 또는 감소 없이는 결코 일어날 수 없다.

제2절　노동력의 가치 이하로 임금을 인하

이 점은 여기에서 경험적 사실로서만 지적하여 둔다. 왜냐하면 이 점은 상쇄요인으로서 나열될 수도 있는 기타의 많은 요인들과 마찬가지로, 자본의 일반적 분석과는 관련이 없으며 경쟁의 서술—이 책에서는 다루지 않는다—에 속하기 때문이다. 그러나 이 점은 이윤율의 저하 경향을 저지하는 가장 중요한 요인들 중의 하나다.

제3절 불변자본 요소들의 저렴화

잉여가치율은 불변인 채 이윤율을 상승시키는 요인들, 또는 잉여가치율과는 관계없이 이윤율을 상승시키는 요인들에 관하여 제3권 제1편에서 말한 것은 모두 여기에 해당한다. 특히 총자본을 고찰할 때 불변자본의 가치는 불변자본의 소재량과 동일한 비율로는 증가하지 않는다는 사실이 여기에 해당한다. 예컨대 1명의 유럽 방적공이 근대적 공장에서 가공하는 면화량은 1명의 유럽 방적공이 종전에 물레로서 가공하던 양에 비하면 엄청나게 증가하였지만, 가공된 면화의 가치는 면화량과 동일한 비율로 증가하지는 않았다. 기계와 기타의 고정자본의 경우도 마찬가지다. 다시 말해 가변자본에 비해 불변자본의 양을 증대시키는 바로 그 발전이, 노동생산성의 증대에 의해 불변자본 요소들의 가치를 감소시키며, 그리하여 불변자본의 〔총〕가치가, 비록 끊임없이 증가하기는 하지만, 그것의 소재량(즉 동일한 수의 노동력이 운동시키는 생산수단의 소재량)과 동일한 비율로 증가하는 것을 저지한다. 어떤 경우에는, 불변자본 요소들의 양은 증가하면서도 그것들의 총가치는 불변이거나 심지어 감소하기도 한다.

위에서 말한 것과 관련하여, 산업의 발달에 따라 나타나는 기존자본—그것의 소재적 요소들—의 가치감소가 있다. 이것도 끊임없이 작용하면서 이윤율 저하를 저지하는 요인인데, 어떤 상황에서는 이 가치감소가 이윤을 낳는 자본량을 파괴함으로써 이윤량을 감소시킬 수도 있다. 여기에서도 또다시 이윤율의 저하 경향을 낳는 그 요인들이 또한 그 경향의 실현을 완화한다는 것을 알 수 있다.

제4절   상대적 과잉인구

상대적 과잉인구의 창조는 이윤율의 저하로 표현되는 노동생산성의 발전과 분리시킬 수 없으며 또 이것에 의하여 촉진된다. 한 나라에서 자본주의적 생산양식이 발달하면 할수록, 상대적 과잉인구는 더욱 더 뚜렷하게 나타난다. 이 때문에 많은 생산분야에서는 노동의 자본에 대한 다소 불완전한 종속[형식적 포섭]이 존속하며, 그리고 이 불완전한 종속은 발전의 일반적 수준에 적합하지 않을 정도로 오랫동안 존속한다. 이것은 이용가능한 또는 해고된 임금노동자가 값싸게 많이 존재하기 때문이며, 그리고 약간의 생산분야가 그 성질상 손노동을 기계제 생산으로 전환하는 것에 더욱 크게 저항하기 때문이다. 다른 한편으로 새로운 생산분야들[특히 사치재 생산 분야]이 건설되는데, 이 분야들은 다른 생산분야들에서 불변자본의 증가 때문에 풀려난 과잉인구에 기초를 두고 있다. 이 새로운 분야들은 살아있는 노동이 우세한 상태로 시작하며 점차적으로 다른 생산분야들과 같은 경로를 밟는다. 위의 두 경우들에서 가변자본은 총자본의 큰 비중을 차지하고 임금은 평균 이하여서, 잉여가치율과 잉여가치량은 매우 높다. 일반적 이윤율은 각종 특수한 생산분야들의 이윤율의 균등화에 의하여 형성되므로, 여기에서도 또 이윤율의 경향적 저하를 낳는 바로 그 원인들이 또한 그 경향의 실현을 다소 마비시키는 상쇄요인을 만들어내고 있다.

제5절 대외무역

대외무역이 불변자본 요소들과 필요생활수단들[가변자본이 이것들로
전환된다]을 값싸게 하는 한, 대외무역은 잉여가치율을 높이고 불변자본
의 가치를 떨어뜨림으로써 이윤율의 상승에 기여한다. 또한 대외무역은,
그것이 생산규모의 확장을 가능하게 하는 한, 대체로 이윤율의 상승에
공헌한다. 이리하여 대외무역은 축적을 촉진하게 되는데, 반면에 이것은
또한 불변자본에 비한 가변자본의 감소를 촉진하고 따라서 이윤율의 저
하를 촉진한다. 대외무역의 확대는 자본주의적 생산양식의 유년기에는
이 생산양식의 기초였지만, 이 생산양식이 발달함에 따라 이 생산양식의
내적 필연성과 점점 확대되는 시장에 대한 요구에 의하여 대외무역은 이
생산양식 자체의 결과로 되었다. 여기에서도 앞에서 본 것과 같은 작용
의 이중성을 발견하게 된다. (리카도는 대외무역의 이런 측면을 전혀 보
지 못하였다.)

또 하나의 문제―이것의 특수성 때문에 우리의 연구범위를 넘어선다
―는 대외무역에 투하된 자본, 특히 식민지무역에 투하된 자본이 얻는
더 높은 이윤율에 의하여 일반적 이윤율이 상승하는가 하는 것이다.

대외무역에 투하된 자본은 더 높은 이윤율을 얻을 수 있다. 왜냐하면
먼저 덜 발달된 생산설비를 가진 타국들이 생산하는 상품들과 경쟁하므
로, 선진국은 경쟁국들보다 싸게 판매하더라도 그 상품의 가치 이상으로
판매하기 때문이다. 선진국의 노동이 더 높은 가치를 가진 노동으로 실
현되는 한 이윤율은 상승한다. 왜냐하면 [국내에서는] 질적으로 더 높은
노동으로 지불받지 못하던 노동이 [대외무역에서는] 그런 것으로 판매되
기 때문이다. 선진국이 상품을 주고받는 상대국에 대해서도 동일한 관계

가 성립할 수 있다. 즉 그 상대국은 자기가 받는 것보다 큰 대상화된 노
동을 현물로 제공한다—비록 자기가 스스로 그 해당상품을 생산하는 것
보다 싸게 얻기는 하지만. 이것은, 새로운 발견이 보편화되기 전에 이 발
견을 이용하는 제조업자는 경쟁자들보다 싸게 판매하면서도 자기 상품의
개별가치 이상으로 판매하여, 자기가 고용하는 노동의 특별히 높은 생산
성을 잉여노동으로 전환시켜 초과이윤을 실현하는 것과 마찬가지다. 그
러나 식민지 등에 투하된 자본에 관하여 말한다면, 그 자본이 더 높은
이윤율을 얻을 수 있는 이유는, 거기에서는 발전수준이 낮아 일반적으로
이윤율이 더 높기 때문이고, 노예와 쿨리[하층노동자] 등을 고용하므로
노동착취도도 더 높기 때문이다. 이처럼 [식민지의] 일정한 생산분야에
투하된 자본이 생산하여 본국에 가져오는 더 높은 이윤율이—독점에 의
해 방해받지 않는 한—본국에서 일반적 이윤율의 균등화에 참가하여 그
것만큼 일반적 이윤율을 상승시키지 못할 이유가 없다.[36] 문제의 [식민
지의] 자본투하분야들이 자유경쟁의 법칙에 종속되고 있는 경우에는 특
히 그러하다. 그런데 리카도가 생각하는 것은 다음과 같다. 즉 외국에서
더 높은 가격으로 판매하고, 그 화폐로 외국에서 상품을 구매하여 본국
에 송부하고, 이 상품들이 본국에서 판매되기 때문에, 이 유리한 생산분
야는 다른 분야에 비하여 기껏해야 일시적인 특별이익을 얻을 수 있을
뿐이라는 것이다. 그러나 이런 환상은 화폐형태를 무시하면 곧 깨져버린
다. 이 유리한 나라는 교환에서 더 적은 노동을 주고 더 많은 노동을 받
는다—비록 이 차이[잉여]는 자본과 노동 사이의 교환에서처럼 특정계
급에 의해 취득되지만. 식민지에 투하된 자본이 더 높은 이윤율을 얻는

---

36) 이 점에서는 리카도에 비하여 스미스가 옳다. 리카도는 다음과 같이 말한다.
"그들의 주장은 이윤의 균등화가 이윤의 일반적 증대에 의해 초래된다는 것이
고, 나의 의견은 유리한 생산분야의 이윤이 급속히 일반적 수준으로 저하한다
는 것이다."(리카도, 『정치경제학 및 과세의 원리』: 200)

이유가 식민지에서는 일반적으로 이윤율이 높기 때문이라고 한다면, 이 높은 이윤율은 식민지의 혜택받은 자연조건에서는 더 낮은 상품가격과 나란히 나타날 수 있다. 물론 이윤율의 균등화가 일어날 것이지만 리카도가 생각하듯이 종전 수준으로의 균등화는 아니다.

대외무역은 국내에서는 자본주의적 생산양식을 발달시키고 따라서 불변자본에 비한 가변자본의 감소를 촉진하고, 해외시장과 관련하여 과잉생산을 유발하기도 하므로, 장기적으로 이윤율을 저하시키는 영향을 미친다.

지금까지 일반적으로 밝힌 바와 같이, 일반적 이윤율의 저하를 일으키는 바로 그 원인들이 이 저하를 저지하고 지연시키며 부분적으로는 마비시키기까지도 하는 반대효과를 불러온다. 이 반대효과는 그 법칙을 폐기하지는 못하지만 그것의 효과를 약화시킨다. 이런 반대효과가 없었다면, 일반적 이윤율의 저하 그것이 아니라 오히려 그 저하의 상대적 완만성을 이해할 수 없었을 것이다. 따라서 그 법칙은 오직 경향으로 작용하며, 그 법칙의 효과는 어떤 상황에서만 그리고 장기에 걸쳐서만 뚜렷하게 나타나게 된다.

앞으로 더 나가기 전에, 오해를 피하기 위하여 이미 여러 번 전개된 두 개의 명제를 다시 한 번 반복한다.

첫째로, 자본주의적 생산양식의 발달과정에서 상품을 값싸게 만드는 바로 그 과정이, 상품생산에 투하되는 사회적 자본의 유기적 구성을 변화시키고 이리하여 이윤율을 저하시킨다. 그러므로 개별상품의 상대적 비용의 감소[이 비용 중 기계의 마멸분을 표현하는 부분의 감소를 포함]를 가변자본에 비한 불변자본의 가치증대와 동일시해서는 안된다. 물론 거꾸로, 불변자본의 상대적 비용의 감소 — 불변자본의 소재적 요소들의 양이 불변이거나 증가하는 경우 — 는 이윤율을 상승시키는 작용, 즉 점점 감소하는 비율로 사용되는 가변자본에 비하여 불변자본의 가치를 그만큼 감소시키는 작용을 한다.

둘째로, 개별상품(이것의 총체가 자본의 생산물을 구성한다)에 포함되어 있는 살아있는 노동이 그것에 포함되어 있는 원료와 그것의 생산에 소비된 노동수단에 비하여 감소하고 있다는 사실[즉 사회적 생산성의 발달에 따라 상품들의 생산에 더 적은 노동이 필요하기 때문에 점점 감소하는 양의 살아있는 노동이 상품들에 대상화된다는 사실]은, 상품에 포함되어 있는 살아있는 노동이 지불노동과 불불노동으로 분할되는 비율에 영향을 미치지 않는다. 상품에 포함되어 있는 살아있는 노동의 총량은 감소하더라도, 불불부분은―지불부분의 절대적 감소나 상대적 감소에 의하여―지불부분에 비하여 증대한다. 왜냐하면 상품에 포함되는 살아있는 노동의 총량을 감축시키는 생산방식 그것이 절대적·상대적 잉여가치의 증대를 가져오기 때문이다. 이윤율의 저하경향은 잉여가치율―즉 노동착취도―의 상승경향과 결부되어 있다. 그러므로 임금률의 등귀를 가지고 이윤율의 저하를 설명하는 것―예외적으로 이런 일이 있을 수 있다 하더라도―보다 더욱 불합리한 것은 없다. 이윤율을 형성하는 관계들이 올바로 이해될 때 비로소 통계에 의하여 다른 시기, 다른 나라의 임금률을 올바르게 분석할 수 있다. 노동이 덜 생산적으로 되기 때문에 이윤율이 저하하는 것이 아니라, 노동이 더 생산적으로 되기 때문에 이윤율이 저하하는 것이다. 잉여가치율의 증가와 이윤율의 저하는 노동생산성의 증대가 자본주의적으로 표현되는 특수한 형태에 지나지 않는다.

제6절   주식자본의 증가

위의 다섯 개의 논점에 추가하여 다음의 것을 지적할 수 있는데, 이것에 관해서는 여기에서 더 깊게 들어갈 수 없다. 축적의 가속화를 수반하는 자본주의적 생산의 발달에 따라, 자본 [사회적 총자본] 의 일부는 이자 낳는 자본으로만 여겨지고 사용된다. 이것은, 자본을 대부하는 자본가는 누구나 이자의 취득에 만족하는 반면 산업자본가는 기업가이득의 취득에 만족한다는 뜻은 아니다. 또한 이 사실은 일반적 이윤율의 수준에는 전혀 영향을 미치지 않는다. 왜냐하면 일반적 이윤율에서 이윤은 이자+각종의 이윤+지대와 같으므로, 이윤이 이런 특수범주들로 분배되는 것은 일반적 이윤율과는 전혀 상관이 없기 때문이다. 위의 명제가 의미하는 것은, 사회적 총자본의 일부인 이자낳는 자본은 사실, 비록 그것이 대규모의 생산적 사업에 투하되어 있다 할지라도, 모든 비용을 공제한 뒤 '배당'이라고 불리는 이자—크든 작든—만을 낳는다는 것이다. 예컨대 철도에 투하된 자본이 그렇다. 이런 자본은 평균보다 낮은 이윤율을 낳고 있으므로 일반적 이윤율의 균등화에 참가하지 않는다.* 만약 이런 자본이 이윤율의 균등화에 참가한다면 평균이윤율은 훨씬 더 낮아질 것이다. 이론적으로는 이런 자본도 [평균이윤율의 계산에] 넣을 수 있겠지만, 그 때는 자본가의 행동을 현실적으로 규정하는 외관상의 이윤율보다 더 낮은 이윤율이 도출될 것이다. 왜냐하면 바로 이런 사업에서는 가변자본에 대한 불변자본의 비율이 최대의 수준에 이르고 있기 때문이다.

---

* 주식을 구매하는 사람은, 투기적 매매차익을 무시하면, 자기의 주식매입자금(=주식가격=주식자본)에 대하여 연간의 은행이자 수입에 상당하는 배당을 받으면 만족한다. 주식가격= $\frac{연간 배당}{연간 이자율}$ 이므로, 평균이윤율보다 낮지만 연간 이자율과 같은 수준의 이윤율을 얻고 있는 주식회사는 순조롭게 성장할 수 있다. 김수행, 2006: 제6장 3절 참조.

제15장

법칙의 내적 모순들의 전개

제1절 개관

제1편에서 본 바와 같이, 이윤율은 항상 잉여가치율을 그 실제의 크기보다 낮게 표현하고 있다. 그리고 지금 본 바와 같이, 잉여가치율의 증가까지도 이윤율의 저하로 표현되는 경향이 있다. 이윤율과 잉여가치율이 일치하는 것은 c=0일 경우—즉 총자본이 오직 임금에만 투하되는 경우—뿐이다. 이윤율의 저하가 잉여가치율의 저하를 표현하는 경우는, 불변자본의 가치와 불변자본을 운동시키는 노동력의 양 사이의 비율이 불변인 경우, 또는 이 노동력의 양이 불변자본의 가치에 비례하여 증대한 경우뿐이다.*

리카도는 이윤율을 고찰한다고 하면서 사실상 잉여가치율을 고찰하고 있으며, 이것도 노동일이 내포적·외연적으로 불변의 크기라는 가정 위에서 고찰하고 있다. [참조. CW 32: 44, 51~52, 60~67]

---

* 다음의 공식을 참조하라.

$$p' = \frac{s}{c+v} = \frac{\dfrac{s}{v}}{\dfrac{c}{v}+1}$$

이윤율의 저하와 축적의 가속화는, 두 개 모두가 생산성의 발달을 표현하는 한, 동일한 과정의 다른 표현에 불과하다. 축적에 따라 노동자들이 대규모로 집적되면서 자본의 [유기적] 구성이 고도화되는 한, 축적은 이번에는 이윤율의 저하를 촉진한다. 다른 한편으로, 이윤율의 저하는 또한 자본의 집적을 촉진하며, 그리고 소자본가들의 수탈과 최후로 남은 직접적 생산자들[그들에게 아직도 수탈당할 것이 남아 있다면]의 수탈을 통하여 자본의 집중을 촉진한다. 이리하여 축적의 양에 관한 한, 축적은 가속화한다[비록 이 축적률은 이윤율의 저하와 함께 저하하지만].*

그런데 총자본의 가치증식률[즉 이윤율]은 자본주의적 생산을 촉진하는 요인이기 때문에(자본의 가치증식이 자본주의적 생산의 유일한 목적인 것과 마찬가지로), 이윤율의 저하는 새로운 독립적인 자본의 형성을 느리게 하여 자본주의적 생산과정의 발달을 위협하는 것으로 나타난다. 이윤율의 저하는 과잉생산·투기·공황을 촉진하며, 과잉인구와 과잉자본의 병존을 일으킨다. 이리하여 리카도처럼 자본주의적 생산양식을 절대적 생산양식으로 여기는 경제학자들은 이윤율의 저하에서, 이 생산양식이 자기 자신에 대하여 하나의 한계를 설정한다는 것을 느끼며, 이 한계의 원천을 생산 그것에서 찾지 않고 자연에서 찾고 있다(지대론의 형태로). 이윤율의 저하에 대한 그들의 공포에서 중요한 것은, 자본주의적 생산양식이 생산력의 발전에서 하나의 한계(이 한계는 부의 생산 그 자체와는 아무런 상관도 없다)에 부닥친다는 느낌이다. 그런데 이 독특한 한계는 사실상 자본주의적 생산양식의 제한성, 그리고 그것의 역사적이고 일시적인 성격을 증명하는 것이며, 자본주의적 생산양식이 부의 생산

---

* 제1권 제7편의 용어법에 따르면, 축적은 잉여가치를 다시 자본으로 추가하는 것이므로, 축적률은 $\frac{\Delta c + \Delta v}{s}$ 이다. 만약 잉여가치가 모두 자본으로 추가된다면, 축적률은 100%이고, 이윤율($\frac{s}{c+v}$)은 자본팽창률($\frac{\Delta c + \Delta v}{c+v}$)과 같게 된다. 일반적으로 말해, 이윤율은 자본팽창률의 최대값이다.

을 위한 절대적 생산양식이 아니라 일정한 단계에서는 부의 더욱 큰 발전과 충돌한다는 것을 증명하는 것이다. [참조. CW 33: 114]

물론 리카도와 그의 학파는 이자를 포함하는 산업이윤만을 고찰하고 있다. 그러나 지대율도, 비록 지대의 절대량은 증가하며 또 산업이윤에 비하여 증가할 수도 있지만, 저하경향을 가진다. [리카도보다 먼저 지대의 법칙을 전개한 웨스트 [1815. CW 31: 344~345] 를 참조하라.] 사회적 총자본을 C라 하고, 이자와 지대를 공제한 뒤의 산업이윤을 p_1, 이자를 i, 그리고 지대를 r이라고 한다면, $\frac{s}{C} = \frac{p}{C} = \frac{p_1 + i + r}{C} = \frac{p_1}{C} + \frac{i}{C} + \frac{r}{C}$ 이다. 이미 본 바와 같이, 자본주의적 생산의 발달에 따라 s(잉여가치 총액)는 계속 증대하면서도 $\frac{s}{C}$ 는—C가 s보다 더욱 급속히 증대하기 때문에—점차적으로 저하한다. $\frac{s}{C} (= \frac{p}{C})$ 와 그것의 구성부분들인 $\frac{p_1}{C}$, $\frac{i}{C}$, $\frac{r}{C}$ 이 점점 더 작아지는데도, p_1, i, r이 각각 증대할 수 있다는 것은 전혀 모순이 아니며, 그리고 p_1이 i에 비해 증가하든지, r이 p_1 또는 p_1과 i의 합계에 비해 증가하는 것도 모순이 아니다. 총잉여가치 또는 이윤[s=p]은 증가하지만 동시에 이윤율[$\frac{s}{C} = \frac{p}{C}$]은 저하하는 조건에서 s(=p)가 분할되는 부분들인 p_1, i, r 사이의 비율은, 총액 s에 의해 주어진 범위 안에서—따라서 s나 $\frac{s}{C}$ 의 크기를 변경시키지 않고 — 마음대로 변동할 수 있다.

p_1, i, r의 상호간의 변동은 이들 항목으로 s를 분배하는 것의 변동에 지나지 않는다. 따라서 일반적 이윤율($\frac{s}{C}$)이 저하하더라도 $\frac{s}{C}$ 나 $\frac{i}{C}$ 나 $\frac{r}{C}$ —총자본에 대한 산업이윤·이자·지대의 비율을 가리킨다—은 다른 비율에 비해 상승할 수 있으며, 유일한 요구조건은 세 비율의 합계가 $\frac{s}{C}$ 이어야 한다는 것이다. 잉여가치율이 예컨대 100%인 조건에서 자본구성이 50c+50v에서 75c+25v로 변동하기 때문에 이윤율이 50%에서 25%로 저하한다면, 종전에는 1,000의 자본이 500의 이윤을 얻지만 지금은 4,000의 자본이 1,000의 이윤을 얻을 것이다. s 또는 p는 2배로 증가하였지만 p′은 반으로 저하하였다. 만약 처음의 50% 중에서 200은 진정한 산

업이윤, 100은 이자, 그리고 200은 지대였다면, $\frac{p_1}{C}$=20%, $\frac{i}{C}$=10%, 그리고 $\frac{r}{C}$=20%이었을 것이다. 그런데 이윤율이 25%로 저하한 뒤에도 이 비율이 불변이라면, $\frac{p_1}{C}$=10%, $\frac{i}{C}$=5%, 그리고 $\frac{r}{C}$=10%일 것이다. 만약 $\frac{p_1}{C}$이 지금 8%로 저하하고 $\frac{i}{C}$가 4%로 저하한다면, $\frac{r}{C}$은 13%로 상승할 것이다. r의 상대적 크기는 p_1과 i에 비해 증대하였지만, p'은 여전히 변동이 없다. 위의 두 가정에서 p_1과 i 및 r의 합계는 증대했을 것이다. 왜냐하면 종전보다 4배나 큰 자본에 의해 그 합계가 생산되기 때문이다. 더욱이 산업이윤(과 이자)이 원래 전체 잉여가치를 차지했다는 리카도의 가정은 역사적으로도 이론적으로도 그릇된 것이다. 오히려 자본주의적 생산의 발달에 따라, 비로소 1) 전체 이윤이 먼저 산업자본가와 상업자본가의 수중에 들어가서 나중에 분배되며, 2) 지대는 이윤을 넘는 초과분으로 된다. 이 자본주의적 기초 위에서 지대가 또 다시 증대하는데, 이 지대는 이윤(잉여가치를 〔 가변자본의 산물이 아니라 〕 총자본의 산물이라고 본 것)의 일부이지만, 자본가가 취득하는 특수한 부분은 아니다.

필요한 생산수단─즉 충분한 자본축적─을 전제하면, 잉여가치의 창조는, 잉여가치율(즉 노동착취도)이 주어져 있는 경우에는 노동인구 이외의 어떤 한계도 알지 못하며, 노동인구가 주어져 있는 경우에는 노동착취도 이외의 어떤 한계도 알지 못한다. 그리고 자본주의적 생산과정은 기본적으로 잉여가치(이것은 생산된 상품 중 불불노동이 대상화된 부분 또는 잉여생산물로 표현된다)의 생산이다. 우리가 결코 잊어서는 안될 것은, 이 잉여가치의 생산─그리고 잉여가치의 일부를 자본으로 재전환시키는 것[즉 축적]은 잉여가치 생산의 없어서는 안될 부분을 이룬다─이 자본주의적 생산의 직접적 목적이자 결정적 동기라는 점이다. 그러므로 자본주의적 생산을 사실과는 다른 어떤 것으로, 즉 소비를 직접적인 목적으로 하는 생산이라든가 자본가를 위한 향락수단의 생산을 직접적인 목적으로 하는 생산으로 묘사해서는 안된다. 이렇게 묘사하는 경우는,

자본주의적 생산의 내부 핵심에 표현되고 있는 그 특수성을 전혀 보지 못하게 될 것이다.

이 잉여가치의 창조가 직접적 생산과정을 형성하며, 이 과정에서는 위에서 언급한 제한 이외에는 어떤 제한도 없다. 착취될 수 있을 만큼의 잉여노동량이 상품들에 대상화되면, 잉여가치는 생산된 것이다. 그러나 이런 잉여가치의 생산은 자본주의적 생산과정의 제1막에 지나지 않으며, 이것의 완수는 직접적 생산과정 그것을 끝내는 것일 뿐이다. 자본은 지금까지 일정한 불불노동량을 흡수한 것이다. 이윤율의 저하로 표현되는 자본주의적 생산과정의 발달에 따라, 이처럼 생산되는 잉여가치량은 엄청난 규모에 달한다. 이제 제2막이 오른다. 총상품량(총생산물) ―불변자본과 가변자본을 보충하는 부분과 잉여가치를 표시하는 부분― 은 판매되어야만 한다. 그것이 판매되지 않든가 오직 일부만 판매되든가 생산가격보다 낮은 가격으로만 판매된다면, 노동자는 분명히 착취당했지만 이 착취는 자본가를 위하여 그대로 실현되지는 않으며, 착취된 잉여가치가 전혀 실현되지 않든가 부분적으로만 실현되며, 심지어 자본가의 자본이 부분적으로 또는 전부 상실될 수도 있다. 직접적 착취의 조건들과 이 착취의 실현의 조건들은 동일하지 않다. 두 조건들은 시간과 공간에서 일치하지 않을 뿐 아니라 개념에서도 일치하지 않는다. 전자는 사회의 생산력에 의해서만 제한되며, 후자는 여러 생산분야들 사이의 비례관계와 사회의 소비능력에 의해 제한되고 있다. 그런데 사회의 소비능력은 절대적인 생산능력이나 절대적인 소비능력에 의해 결정되는 것이 아니라, 적대적인 분배관계―이것은 사회의 대다수 민중의 소비를 최저수준으로 감소시켜 다소 좁은 범위 안에서만 변동할 수 있게 한다―에 근거한 소비능력에 의해 결정된다. 또한 사회의 소비능력은 축적충동―자본을 확대하여 더욱 큰 규모로 잉여가치를 생산하려는 욕구―에 의해 더욱 제한되고 있다. 이 축적충동은 자본주의적 생산을 규제하는 법칙인데,

이 축적충동은 생산방법 그것의 끊임없는 혁명, 이 혁명과 항상 결부되어 있는 기존자본의 가치감소 [그리고 사용가치의 상실도 포함하는 기존자본의 폐기], 전반적인 경쟁전, 그리고 몰락의 위협 속에서 다만 존속하기 위한 수단으로서 생산을 개량하고 규모를 확대해야할 필요성 따위로부터 생기는 것이다. 그러므로 시장은 끊임없이 확대되지 않을 수 없으며, 이리하여 시장 상호의존 관계들과 이것들을 규제하는 조건들이 [생산자들로부터 독립하여 작용하는] 자연법칙의 모습을 점점 더 취하게 되며 점점 더 통제할 수 없게 된다. 자본주의적 생산의 내적 모순은 생산의 외부영역을 확대함으로써 해결을 구한다. 그러나 생산력이 발달하면 할수록, 생산력은 소비조건들이 입각하고 있는 좁은 기초와 더욱 더 충돌하게 된다. 이런 모순에 찬 토대 위에서는, 자본의 과잉이 증대하는 인구과잉과 공존한다는 것은 전혀 모순이 아니다. 왜냐하면 이 둘을 결합한다면 생산되는 잉여가치량은 증대할 것이지만, 이것은 동시에 이 잉여가치가 생산되는 조건들과 그것이 실현되는 조건들 사이의 모순을 더욱 증대시킬 것이기 때문이다.

일정한 이윤율이 주어진다면, 이윤총량은 항상 투하자본의 크기에 달려있다. 그러나 축적은 이 이윤총량 중 자본으로 재전환되는 부분에 의하여 결정된다. 이 부분은 이윤총량에서 자본가에 의해 소비되는 수입을 뺀 것과 같으므로, 이 부분은 이윤총량의 가치에 달려있을 뿐 아니라 자본가가 이것으로 구매할 수 있는 상품들 — 일부는 그의 소비, 즉 그의 수입에 들어가고, 일부는 그의 불변자본에 들어간다 — 의 저렴성에 달려 있다. (여기에서 임금은 주어진 것으로 전제한다.)

자본량 — 노동자가 이것을 운동시키며 이것의 가치를 자기의 노동에 의해 유지하고 생산물에 다시 나타나게 한다 — 은 노동자가 첨가하는 가치 ['잉여가치'를 가리킨다] 와는 전혀 다르다. 자본량이 1,000이고 첨가된 노동이 100이라면, 재생산된 자본은 1,100이 된다. 자본량이 100이고 첨가된 노동이 20이라면, 재생산된 자본은 120이 된다. 이윤율은 전자의 경우에는 10%이고 후자의 경우에는 20%이다. 그렇지만 20보다는 100으로부터 더욱 많은 것이 축적될 수 있다. 그러므로 자본의 흐름(생산성의 발달에 따라 생기는 자본의 가치감소는 무시한다) 또는 자본축적은 이윤율에 비례하는 것이 아니라 자본이 이미 가지고 있는 힘에 비례하여 진행된다. 높은 이윤율은, 잉여가치율이 높고 노동일이 매우 길다면 노동이 덜 생산적이더라도 가능하다. 또한 노동자의 필요생활수단이 매우 적으며 평균임금이 매우 낮다면 노동이 덜 생산적이더라도 높은 이윤율은 가능하다. 낮은 임금수준에는 노동자 측의 활력 부족이 대응하므로, 이윤율은 높지만 자본축적은 느리다. 인구는 정체되고 노동자에게 지불되는 임금은 매우 작지만, 생산물에 드는 노동시간은 매우 크다. 〖참조. CW 32: 434~435〗

이윤율은, 노동자가 덜 착취되기 때문이 아니라 오히려 투하자본에 비해 더 적은 노동이 일반적으로 사용되기 때문에 저하한다.

이미 밝힌 바와 같이 이윤율의 저하가 이윤량의 증대와 동시에 일어난다면, 연간 노동생산물의 더 큰 부분이 자본이라는 항목으로 [소비된 자본의 보충으로서] 자본가에 의해 취득되고, 상대적으로 작은 부분이 이윤이라는 항목으로 취득된다. 여기로부터 차머즈 목사의 다음과 같은 환상이 나온다. 〖1832: 88~92〗 즉 자본가들이 연간 생산물 중 자본으로 지출하는 분량이 작으면 작을수록 자본가들은 더욱 큰 이윤을 획득하게 되며, 이 점에서 볼 때 영국국교회는 잉여생산물의 큰 부분이 자본화되지 않고 소비되도록 하여 자본가를 크게 도와주고 있다는 것이다. 이 목사는 원인과 결과를 혼동하고 있다. 어쨌든, 이윤율이 저하하더라도 이윤량은 투하자본의 크기가 증대함에 따라 증가한다. 그러나 이것이 가능하기 위해서는 자본의 집적이 동시에 진행되어야 한다. 왜냐하면 이제는 생산조건들이 자본의 대규모 사용을 요구하기 때문이다. 그리고 또한 자본의 집중―대자본가가 소자본가를 집어삼켜 소자본가의 자본을 수탈하는 것 ― 이 진행되어야 한다. 자본의 집중은 생산자로부터 노동조건을 분리하는 것을 더욱 강화한 것에 지나지 않는다. 왜냐하면 소자본가들의 경우에는 자기 자신의 노동이 아직도 일정한 역할을 담당하므로 그들은 여전히 생산자에 속하는 것으로 여겨지기 때문이다. 자본가의 노동은 일반적으로 그의 자본의 크기―그가 자본가인 정도―에 반비례한다. 사실상 노동조건과 생산자 사이의 분리가 자본의 개념을 형성하는데, 이 분리는 시초축적(제1권 제8편 제26~27장)과 함께 시작하여, 그 다음으로는 자본의 축적과 집적에서 끊임없는 과정으로 나타나며, 지금 여기에서 마지막으로 소수인의 수중으로 기존자본의 집중과 다수인의 자본 상실로 표현되고 있다. 이 과정은, 만약 이런 구심력과 나란히 상쇄요인들이 집중을 제거하는 방향 [자본의 분열, 새로운 독립자본의 탄생 따위] 으로 끊임없이 작용하지 않는다면, 자본주의적 생산을 곧 붕괴시킬 것이다.

제2절 생산확대와 가치증식 사이의 충돌

노동의 사회적 생산성의 발달은 두 가지 방법으로 표현된다. 첫째로, 이미 생산된 생산력의 크기에, 새로운 생산을 개시하기 위한 생산조건의 규모(가치와 양 모두의 크기)에, 그리고 이미 축적된 생산자본의 절대적 크기에 표현된다. 둘째로, 총자본 중 임금에 투하되는 부분이 상대적으로 적다는 것에, 즉 일정한 자본의 재생산과 가치증식 그리고 대량생산에 필요한 살아있는 노동이 상대적으로 적다는 것에 표현된다. 노동의 사회적 생산성의 발달은 동시에 자본의 집적을 전제한다.

사용되는 노동력에 관해서도 생산성의 발달은 또한 이중의 형태를 취한다. 첫째로 잉여노동이 증대한다. 즉 노동력의 재생산에 필요한 시간 인 필요노동시간이 단축된다. 둘째로 일정한 자본을 운동시키기 위해 고용되는 노동력의 총량(노동자의 수)이 감소한다.

이 두 개의 운동들은 동시에 진행될 뿐 아니라 서로 제약하며, 동일한 법칙을 표현하는 현상들이다. 그러나 그들은 이윤율에 대해서는 서로 반대되는 영향을 미친다. 이윤의 총량은 잉여가치의 총량과 동등하며, 이윤율은 $\frac{s}{C} = \frac{\text{잉여가치}}{\text{총투하자본}}$ 이다. 그런데 잉여가치의 총량을 결정하는 것은 잉여가치율과 이 율로 동시에 사용되는 노동의 양(같은 말이지만, 가변자본의 크기)이다. 이 두 요소 중 잉여가치율은 증대하고 노동자의 수는— 상대적으로 또는 절대적으로—감소한다. 생산성의 발달은, 사용되는 노동의 지불부분을 감소시키는 한, 잉여가치율을 상승시킴으로써 잉여가치를 증대시키지만, 일정한 자본에 의해 사용되는 노동의 총량을 감소시키는 한, 잉여가치량을 산출하기 위해 잉여가치율에 곱해야하는 요소 [즉 노동자의 수]를 감소시킨다. 하루에 12시간을 노동하는 2명의 노동자는—공기만을 마시고 살 수 있고 따라서 자기 자신을 위해 전혀 노동할 필요가 없다 하더라도—하루에 각각 2시간만을 노동하는 24명의 노동자가 제공하는 것과 동일한 분량의 잉여노동을 제공할 수 없다. 그러므로 이 점에서 보면 노동자 수의 감소를 노동착취도의 증대에 의해 보상하는 것에는 넘을 수 없는 일정한 한계가 있다. 따라서 이런 보상은 이윤율의 저하를 저지할 수는 있지만 그것을 제거할 수는 없다.

자본주의적 생산양식이 발달함에 따라 이윤율은 저하하지만 이윤량은 사용자본량이 증대함에 따라 증가한다. 이윤율이 주어지면 자본증대의 절대량은 자본의 현재 크기에 달려있다. 그러나 자본의 크기가 주어지면 자본이 증대하는 비율—즉 자본팽창률—은 이윤율에 달려있다. 생산성의 증가(이것은 이미 언급한 바와 같이 기존자본의 가치감소 [와 폐기]를 항상 수반한다)가 직접적으로 자본의 가치량을 증대시킬 수 있는 것은, 그것이 이윤율을 상승시킴으로써 연간 생산물의 가치 중 자본으로 재전환되는 부분을 증가시키는 경우뿐이다. 노동생산성(이것은 기존자본의 가치와는 아무런 직접적 관련이 없다)의 측면에서 볼 때, 자본의 가치량이 증대할 수 있는 것은 그것에 의하여 상대적 잉여가치가 증대하거나 불변자본의 가치가 감소하는 경우뿐이다. 다시 말해 노동력의 재생산에 들어가거나 불변자본의 요소들로 들어가는 상품들을 싸게 하는 경우뿐이다. 그러나 이 두 경우는 모두 기존자본의 가치감소를 내포하며, 불변자본에 비한 가변자본의 감소를 수반한다. 이 두 경우는 이윤율의 저하를 일으키면서 동시에 그것을 느리게 한다. 더욱이 이윤율의 상승이 노동에 대한 수요의 증대를 일으키는 한, 노동생산성의 상승은 노동인구 — 자본을 비로소 자본으로 만드는 착취재료—를 증대시키는 작용을 한다.

그러나 간접적으로 노동생산성의 발달은 기존자본가치의 증대에 공헌한다. 왜냐하면 그 발달은 동일한 교환가치가 대표하는 사용가치의 양과 다양성을 증가시키기 때문인데, 이 사용가치들은 자본의 소재적 실체(물적 요소) — 이것은 불변자본을 직접적으로 구성하며 가변자본을 적어도 간접적으로 구성한다—를 형성한다. 동일한 자본과 동일한 노동이 자본으로 전환될 수 있는 사물들을—이것들의 교환가치는 별도의 문제로 하고—더 많이 생산하게 된다. 이런 사물들은 추가노동을, 따라서 또 추가적 잉여노동을 흡수하는 데 기여할 수 있으며, 이리하여 추가자본의 형성에 기여할 수 있다. 자본이 지휘할 수 있는 노동량은 자본의 가치에 달려있는 것이 아니라, 자본을 구성하는 재료와 보조재료의 양, 기계와 고정자본 요소들의 양, 그리고 생활수단의 양—이것들의 가치가 어떻든—에 달려있다. 사용되는 노동의 양, 따라서 또 잉여노동의 양이 증대하기 때문에, 재생산되는 자본의 가치와 새로 추가되는 잉여가치도 또한 증대한다.

축적과정에 포함되어 있는 이런 두 개의 측면들ㅣ생산성의 발전이 직접적으로 가치에 미치는 영향과 간접적으로 사용가치에 미치는 영향] 은 조용히 병존하고 있는 것—리카도가 이렇게 취급하고 있다—으로 고찰해서는 안된다. 그들은 모순을 포함하고 있으며, 이 모순은 모순되는 경향들과 현상들을 만들어낸다. [참조. CW 32: 167~174, 158] 이런 서로 반대되는 요인들이 동시에 서로 작용한다.

노동인구를 현실적으로 증가시키는 자극들—이것들은 사회적 총생산물 중 자본으로 기능하는 부분의 증가에서 나온다—과 동시에, 단순히 상대적 과잉인구를 창조하는 요인들도 있다.

이윤율의 저하와 동시에 자본량은 증대하고, 또 이것과 나란히 기존자본의 가치감소가 일어나는데, 이 가치감소는 이윤율의 저하를 저지하고 자본가치의 축적을 가속화하는 자극을 준다.

생산성의 발달과 동시에, 자본구성의 고도화, 불변자본 부분에 비한 가변자본 부분의 상대적 감소가 진행된다.

이런 각종의 영향들은 때로는 주로 공간적으로 서로 나란히 작용하며, 때로는 시간적으로 서로 뒤를 이어 작용한다. 때때로 적대적 요인들의 충돌은 공황에서 출구를 찾는다. 공황은 항상 기존 모순들의 일시적 폭력적 해결에 지나지 않으며, 교란된 균형을 순간적으로 회복시키는 강력한 폭발에 지나지 않는다.

가장 일반적으로 표현하면, 이 모순은 다음과 같은 점에 있다. 즉 자본주의적 생산양식은, 가치와 이것에 포함되어 있는 잉여가치에 상관하지 않고, 그리고 심지어 자본주의적 생산이 진행되는 사회적 조건에도 상관하지 않고, 생산력을 절대적으로 발달시키는 경향을 포함하고 있는데, 다른 한편으로 이 생산양식은 기존의 자본가치를 유지하고 그것의 최고도의 증식(즉 이 가치의 가장 급속한 증대)을 추진하는 것을 목적으로 하고 있다는 점에 있다. 이 생산양식의 독특한 성격은, 기존의 자본가치를 수단으로 사용하여 이 가치를 가능한 최고도로 증식시키려고 한다는 점이다. 이 목적을 달성하는 방법들이 이윤율의 저하, 기존자본의 가치감소, 그리고 이미 창조된 생산력을 희생으로 하는 노동생산력의 발달돌 내포하고 있다.

기존자본의 주기적인 가치감소 — 이것은 이윤율의 저하를 저지하고, 새로운 자본의 형성에 의해 자본가치의 축적을 촉진하기 위한 [자본주의적 생산양식에 내재하는] 수단 중 하나다 — 는 자본의 유통과정과 재생산과정이 진행되는 주어진 조건들을 교란시키고, 따라서 생산과정의 갑작스러운 중단과 공황을 수반한다.

불변자본에 비한 가변자본의 상대적 감소 — 이것은 생산력의 발달과 병행한다 — 는 노동인구의 증가를 자극하지만, 동시에 끊임없이 인위적인 과잉인구를 만들어낸다. 가치의 관점에서 본 자본의 축적은 이윤율의 저하에 의해 느리게 되지만 사용가치의 축적을 더욱 촉진하게 되며, 이 사용가치의 축적은 이번에는 가치의 관점에서 본 축적을 또한 촉진하게 된다.

자본주의적 생산은 이런 내재적인 한계들을 극복하려고 끊임없이 노력하는데, 그것들을 극복하는 수단들은 이 한계들을 더욱 거대한 규모로 새로 설정할 뿐이다.

자본주의적 생산의 진정한 한계는 자본 그것이다. 왜냐하면 자본과 자본의 자기증식이 생산의 출발점이자 종점, 동기이자 목적으로 나타나기 때문이며, 생산은 오직 자본을 위한 생산에 불과하며, 따라서 생산수단이 생산자들의 사회를 위해 생활과정을 끊임없이 확대하기 위한 수단이 아니기 때문이다. 생산자 대중의 수탈과 빈곤화에 의거하는 자본가치의 유지와 증식이 그 내부에서만 운동할 수 있는 한계들은, 자본이 자기의 목적을 달성하기 위하여 사용하지 않을 수 없는 생산방법들[생산의 무제한적인 증가, 생산을 위한 생산, 노동의 사회적 생산력의 무조건적 발달로 돌진하는 생산방법]과 끊임없이 충돌한다. 수단 — 사회적 생산력의 무조건

적 발달 — 이 제한된 목적[기존자본의 가치증식]과 끊임없이 충돌하게
된다. 그러므로 자본주의적 생산양식이 물질적 생산력을 발달시키고 이
생산력에 적합한 세계시장을 창조하기 위한 역사적 수단이라고 한다면,
자본주의적 생산양식은 동시에 자기의 역사적 과업과 자기의 사회적 생
산관계 사이의 끊임없는 충돌이라고 할 수 있다. [참조. CW 28: 23; CW
34: 24~25]

제3절 과잉인구와 나란히 존재하는 과잉자본

이윤율의 저하와 함께, 노동을 생산적으로 사용하기 위해 개별자본가
가 가져야 할 자본의 최소한도도 증대한다. 이 최소한도의 자본은 노동
의 착취 일반을 위해서도 그리고 상품의 생산에 지출되는 노동시간이 사
회적으로 필요한 평균노동시간을 넘지 않도록 하기 위해서도 필요하다.
동시에 [자본의] 집적도 증가한다. 왜냐하면 어느 일정한 한계를 넘어서
면 이윤율이 낮은 대자본이 이윤율이 높은 소자본보다 더 빠르게 축적하
기 때문이다. 이 집적의 증가는 어느 일정한 수준에 달하면 다시 이윤율
의 새로운 저하를 일으킨다. 그리하여 소규모로 분할된 많은 자본들은
모험적인 길에 들어서지 않을 수 없게 되어 투기·신용사기·주식사
기·공황이 발생하게 된다. 이른바 자본이 너무 많은 것[과다]은 언제나
기본적으로 이윤율의 저하를 이윤량에 의해 보상하지 못하는 자본 — 새
로 형성되는 젊은 자본분파들은 항상 이렇다 — 이 너무 많다는 것을 가리
키거나, [참조. CW 33: 112] 스스로 행동할 능력이 없어 신용의 형태로
대기업의 지도자들에게 그 처분이 위임되는 자본이 많은 것을 가리킨다.
이런 자본의 과다는 상대적 과잉인구를 낳는 바로 그 원인들로부터 생기

며 따라서 상대적 과잉인구를 보완하는 현상이다―비록 이 둘은 한편에
서는 놀고있는 유휴자본, 다른 한편에서는 실업노동인구의 형태로 반대
의 끝에 서있기는 하지만.

개별상품들의 과잉생산이 아닌 자본의 과잉생산―이것도 항상 상품의
과잉생산을 포함하지만―은 단순히 자본의 과잉축적이다. 이 과잉축적
이 무엇인가를 이해하기 위해서는―자세한 것은 뒤에 나온다―그것을
절대적인 것으로 가정하면 좋다. 자본의 과잉생산은 언제 절대적인가?
여기에서 말하는 절대적 과잉생산은, 이러저러한 생산분야 또는 몇 개의
주요한 생산분야에서만 일어나는 과잉생산이 아니라, 그 범위에서 절대
적인 [즉 모든 생산분야들을 포괄하는] 과잉생산이다.

자본주의적 생산을 위하여 투하되는 추가자본이 0이 될 때 자본의 절
대적 과잉생산이 있게 될 것이다. 자본주의적 생산의 목적은 자본의 가
치증식―즉 잉여노동의 취득, 잉여가치(이윤)의 생산―이다. 그러므로
자본이 노동인구에 비해 너무나 크게 증가하여 이 노동인구가 공급하는
절대적 노동시간이나 상대적 잉여노동시간이 증가할 수 없다면(상대적
잉여노동시간은 노동에 대한 수요가 너무 강하여 임금이 등귀하는 경향
이 있는 경우에는 어쨌든 증가할 수 없다), 따라서 증가한 자본이 생산하
는 잉여가치량이 증가 이전과 동일하거나 심지어 더 적다면, 자본의 절
대적 과잉생산이 생긴 것이다. 즉 증대한 자본 C+ΔC가 생산하는 이윤
이 [ΔC만큼 증가하기 이전의] 자본 C가 생산한 것보다 많지 않거나 심
지어 적을 때, 자본의 절대적 과잉생산이 생긴다. 어느 경우에나 일반적
이윤율의 격심하고 갑작스런 저하가 일어날 것인데, 이 저하는 이번에는
자본구성의 변동―생산성의 발달 때문이 아니라 가변자본의 화폐가치의
증대(임금 상승) 때문이다―과 그것에 대응하는 필요노동에 대한 잉여
노동의 비율 감소 때문에 일어난다.

현실에서는 사태가 다음과 같은 형태를 띨 것이다. 즉 자본의 일부는

완전히 유휴하든지 부분적으로 유휴할 것이고(왜냐하면 자본이 가치증식하기 위해서는 먼저 이미 기능하고 있는 자본을 그 지위로부터 몰아내어야 하기 때문이다), 다른 일부는 유휴 또는 반유휴 자본의 압력 때문에 더 낮은 이윤율로 증식할 것이다. 추가자본의 일부가 옛 자본을 대신하며, 이리하여 옛 자본이 추가자본 사이에 있다는 사실은 여기에서는 전혀 문제가 되지 않는다. 왜냐하면 한쪽에는 옛 자본 총액이 있고 다른 한쪽에는 추가자본 총액이 있을 것이기 때문이다. 이윤율의 저하는 이번에는 이윤량의 절대적 감소를 수반할 것이다. 왜냐하면 우리의 가정에서는 노동력의 고용량은 증가할 수 없고 잉여가치율도 증가할 수 없으므로, 잉여가치량도 역시 증가할 수 없기 때문이다. 그리고 감소된 이윤량은 증대된 총자본에 대해 계산되어야 할 것이다. 옛 자본은 계속 종전의 이윤율로 증식되어 이윤 총량이 이전과 같다고 가정하더라도, 이 이윤 총량은 증대된 총자본에 대해 계산될 것이며 이에 따라 이윤율은 저하할 것이다. 총자본 1,000이 이윤 100을 낳았는데 1,500으로 증가된 뒤에도 여전히 이윤 100을 낳는다면, 후자의 경우에는 1,000이 $66\frac{2}{3}$를 낳는 데 불과하다. 옛 자본의 가치증식은 절대적으로 감소한 것이다. 자본 1,000은 새로운 조건에서는 이전에 자본 $666\frac{2}{3}$가 낳은 것보다 더 많이 낳지는 못할 것이다.

그러나 옛 자본의 이런 사실상의 가치감소는 투쟁 없이 일어날 수 없다는 것, 그리고 추가자본 ΔC는 투쟁을 통하지 않고서는 자본으로 기능할 수 없다는 것은 분명하다. 자본의 과잉생산에서 일어나는 경쟁이 이윤율의 저하를 일으키는 것은 아니다. 오히려 그 반대다. 이윤율의 저하와 자본의 과잉생산이 동일한 원인에서 생기기 때문에 지금 경쟁전이 시작되는 것이다. 이미 기능하고 있는 자본가들은, 자기들의 최초자본의 가치를 자기 스스로 감소시키지 않기 위하여, 그리고 생산분야에서 최초자본의 지위를 좁히지 않기 위하여, ΔC 중 이미 자기의 수중에 있는 부분을 다소 쉬게 할 것이다. 또는 추가자본이 쉬게 되는 것을 새로운 침입자나 자기의 경쟁상대 일반에게 전가시키기 위하여 일시적 손실을 무릅쓰고라도 자기의 추가자본을 사용할 수도 있다.

ΔC 중 새로운 자본가들의 수중에 있는 부분은 옛 자본을 희생으로 자기 자리를 차지하려고 한다. 그들 중 일부는 이 시도에 성공하여, 옛 자본의 일부를 쉬게 하든가 옛 자본으로 하여금 자리를 양보하고 완전히 쉬거나 부분적으로 쉬는 추가자본의 지위로 물러나도록 강요한다.

옛 자본의 일부는, 자본으로 기능하고 가치증식되어야 하는 속성에서 볼 때, 어떤 사정에서도 쉬지 않을 수 없다. 옛 자본의 어떤 부분이 이런 쉬는 상태에 놓이게 되는가는 경쟁전에서 결정된다. 만사가 순조롭게 진행되는 동안에는, 일반적 이윤율의 균등화에서 본 것과 같이, 경쟁은 자본가계급의 우애의 실천으로 작용하여 자본가들은 각자가 투입한 몫에 따라 공동의 노획물을 나누어 가진다. 그러나 문제가 이제 이윤의 분배가 아니라 손실의 분배로 되면, 각자는 될 수 있는 대로 이 손실의 자기 몫을 줄이고 그것을 타인에게 전가시키려고 한다. 손실은 계급 전체로서는 피할 수 없다. 그러나 각자가 얼마를 부담하여야 하는가—각자가 분담해야 할 크기—는 이제 힘과 술책의 문제로 되며, 경쟁은 이제 반목하는 형제들 사이의 투쟁으로 된다. 각 개별자본가의 이해관계와 자본가계급 전체의 이해관계 사이의 대립이, 이전에는 이런 이해관계의 동일성이 경쟁에 의해 실천적으로 관철되었던 것처럼, 표면에 뚜렷이 나타난다.

이 충돌이 어떻게 해소되어 자본주의적 생산의 '건전한' 운동에 대응하는 관계들이 회복될 것인가? 해소의 방식은 해소되어야 할 충돌에 관해 말한 것 중에 이미 포함되어 있다. 그 방식은 추가자본 ΔC의 전부 또는 일부의 가치액만큼 자본이 쉬든가 심지어 부분적으로 파괴되어야 한다는 것이다. 이 손실은, 충돌을 묘사할 때 밝힌 바와 같이, 결코 모든 개별자본가들 사이에 균등하게 분배되지 않는다. 이 분배는 경쟁전에 의해 결정되는데, 이 경쟁전에서는 특수한 우월성 또는 이미 차지한 지위

에 따라 손실이 매우 불균등하게 매우 다른 형태로 분배된다. 이리하여
한 자본은 쉬고, 다른 자본은 파괴되며, 또 다른 자본은 오직 상대적인
손실 또는 일시적인 가치감소만을 겪는다는 따위다.

그러나 어떤 사정에서도 균형은, 크거나 작은 범위로 자본의 퇴출과
심지어 파멸에 의해 회복될 것이다. 이것은 부분적으로는 자본의 소재적
실체에까지 미칠 것이다. 즉 생산수단—고정자본과 유동자본—의 일부
는 자본으로 기능하지도 작용하지도 않을 것이고, 이미 개시한 생산업체
의 일부는 정지할 것이다. 이 과정이 진행되는 동안, 시간의 흐름은 모든
생산수단(토지는 제외)을 손상시키지만, 기능의 정지는 생산수단을 매우
심하게 현실적으로 파괴한다. 여기에서 말하는 주요한 파괴는 **이런** 생산
수단이 생산수단으로 활동하지 않게 된다는 것, 그리고 생산수단으로서
의 기능이 길거나 짧은 기간에 걸쳐 중단된다는 것이다.

주요한 파괴, 그리고 가장 급격한 성질의 파괴는 가치의 속성을 지닌
자본에서, 자본가치에서 일어날 것이다. 자본가치 중 단순히 잉여가치와
이윤에 대한 장래 청구권의 형태[예컨대 생산에 대한 각종형태의 채권증
서]로 존재하는 부분은, 이 가치부분의 계산의 기초가 되는 수입들의 감
소와 함께 곧 가치가 감소한다. 현금인 금과 은의 일부는 쉬고 자본으로
기능하지 않는다. 시장에 있는 상품의 일부는 가격의 폭락에 의해서만
[즉 그것이 대표하는 자본의 가치감소를 통해서만] 유통과 재생산의 과
정을 끝마칠 수 있다. 고정자본의 요소들도 마찬가지로 다소간 가치가
감소한다. 또한 추가로 언급해야 할 것은, 일정한 가격관계가 재생산과
정에 가정되어 있고 재생산과정을 규정하기 때문에, 일반적인 가격하락
은 재생산과정을 정체와 혼란에 빠뜨린다는 사실이다. 이 정체와 혼란은
지불수단으로서의 화폐의 기능—이것은 자본의 발달과 함께 촉진되며,
전제된 가격관계에 의거하고 있다—을 마비시킨다. 특정한 지불일이 붙
어있는 지불의무의 연쇄는 여러 곳에서 끊어지는데, 이것은 신용제도(자

본과 함께 발전하여 왔다)의 동시적 붕괴에 의해 더욱 격화된다. 이 모든 것들이 격렬하고 첨예한 공황, 갑작스럽고 강력한 가치감소, 재생산과정의 현실적 정체와 교란, 따라서 또 재생산의 현실적 축소를 일으킨다. 〔 참조. CW 32: 127~128 〕

그러나 다른 요인들도 동시에 작용한다. 생산의 정체는 노동자계급의 일부를 해고시키며, 그리하여 취업노동자로 하여금 임금의 인하, 심지어 평균수준 이하로 인하[이것은 임금이 평균수준이었을 때 절대적 또는 상대적 잉여가치가 증대한 것과 같은 효과를 자본에게 준다]를 감수하지 않을 수 없는 처지에 놓이게 한다. 호황기는 노동자들에게 더 많은 결혼을 하게 하고, 자녀들의 사망률을 감소시킨다. 이런 요인들이 인구의 실질적 증가를 어느 정도 가져온다 하더라도 실제로 노동하는 인구의 증가를 가져오지는 않는다. 그러나 자본에 대한 노동의 관계에서는 마치 직장을 구하는 노동자의 수가 실제로 증가한 것과 같은 영향을 미친다. 다른 한편으로, 가격의 저하와 경쟁전은 각각의 자본가로 하여금 새로운 기계, 새로운 개선된 노동방법, 그리고 혁신을 채택하여 자기 생산물의 개별가치를 그것의 일반적 가치 [시장가치] 이하로 감축시키도록 강요한다. 다시 말해 가격의 저하와 경쟁전은 각각의 자본가에게 주어진 노동량의 생산성을 증대시키고 불변자본에 대한 가변자본의 비율을 감소시키며, 이리하여 노동자들을 해고하고 인위적인 과잉인구를 창조하게끔 한다. 더욱이 불변자본 요소들의 가치감소는 이윤율의 상승을 내포하고 있다. 불변자본의 사용량은 가변자본에 비해 증대하지만 그 가치는 감소하였을 수도 있다. 그 동안의 생산정체는 그 뒤의 생산확대를 위한 기초를 자본주의적 한계 안에서 준비한다.

이리하여 순환 전체가 또 다시 새로 시작된다. 기능 정지에 의해 감가된 자본의 일부는 이제 옛 가치를 회복할 것이다. 어쨌든 생산조건의 확대, 시장의 확대, 그리고 생산성의 증대를 기초로 동일한 결함 많은 순환이 또 다시 진행된다.

우리가 한 것과 같은 가장 극단적인 가정에서조차, 자본의 절대적 과
잉생산은 절대적 과잉생산 일반이 아니며 생산수단의 절대적 과잉생산도
아니다. 그것이 생산수단의 과잉생산인 것은 생산수단이 자본으로서 기능
하는 한에서만 그럴 뿐이며, 따라서 또 생산수단이 그 양과 함께 증가한
가치에 비례하여 잉여가치를 생산해야만 하는 한에서[즉 그것의 가치를
증식시켜야만 하는 한에서] 그럴 뿐이다.

그러나 그것이 과잉생산인 이유는, 자본이 자본주의적 생산과정의 '건
전하고' '정상적인' 발달에 필요한 착취도[이 착취도에서는 자본사용량의
증대에 따라 적어도 이윤량이 증가하며, 따라서 이윤율이 자본의 증대와
동일한 비율로 또는 그보다 더 큰 비율로 저하하는 사태는 배제된다]에
서 노동을 착취할 수 없기 때문이다.

자본의 과잉생산은 자본으로서 기능할 수 있는—즉 어느 주어진 착취
도에서 노동의 착취에 사용될 수 있는—생산수단(노동수단과 생활수단)
의 과잉생산 이외에 아무것도 아니다. 어느 주어진 착취도라고 말하는
것은, 착취도가 일정한 수준 이하로 저하하면 이 때문에 자본주의적 생
산과정의 교란과 정체·공황·자본의 파괴가 발생하기 때문이다. 이런
자본의 과잉생산이 크거나 작은 상대적 과잉인구를 수반하는 것은 아무
런 모순도 아니다. 노동생산성을 증가시키고 상품생산물의 양을 증가시
키며 시장을 확대하고 자본의 축적(양과 가치의 두 가지 면에서)을 촉진
하며 그리고 이윤율을 저하시킨 바로 그 원인들이, 상대적 과잉인구를
창조하였으며 끊임없이 계속 창조하고 있다. 상대적 과잉인구는 과잉자
본에 의해 고용되지 않는 노동자의 과잉인구인데, 이처럼 고용되지 않는
이유는 노동착취도가 낮기 때문이거나 또는 적어도 주어진 착취도에서
얻을 이윤율이 낮기 때문이다.

자본이 해외로 보내진다면, 그 이유는 그 자본이 국내에서 절대적으로

사용될 수 없기 때문은 아니다. 오히려 그 자본이 해외에서 더 높은 이윤율로 사용될 수 있기 때문이다. 그러나 이 자본은 본국 일반에 대해서 그리고 취업노동인구에 대해서는 절대적으로 과잉인 자본이다. 이 과잉자본은 〔자본수출의 형태로〕 상대적 과잉인구와 나란히 존재한다. 이것은 과잉자본과 과잉인구가 어떻게 나란히 존재하며 서로를 규정하는가를 보여주는 하나의 예다.

다른 한편으로, 축적과 결부된 이윤율의 저하는 필연적으로 경쟁전을 일으킨다. 이윤율의 저하를 이윤량의 증대로 보상하는 것은 사회적 총자본과 이미 기반을 확립한 대자본가에게만 가능하다. 독립적으로 활동하는 새로운 추가자본은 이런 보상조건을 지니고 있지 못하므로 이 보상조건을 싸워 얻어야만 한다. 그러므로 이윤율의 저하가 자본 사이의 경쟁전을 일으키는 것이지, 그 거꾸로는 아니다. 더욱이 이 경쟁전은 임금의 일시적 상승을 수반하며, 이로 말미암아 이윤율의 더 큰 일시적 저하를 수반하게 된다. 같은 현상이 상품의 과잉생산과 시장의 과잉공급에서도 나타난다. 자본의 목적은 필요의 충족이 아니라 이윤의 생산이므로, 그리고 자본은 생산량을 생산규모에 적응시키는 방법—생산규모를 필요한 생산량에 적응시키는 방법이 아니라—을 통해 이 목적을 달성하기 때문에, 자본주의의 제한된 소비규모와, 이런 내재적 제한들을 끊임없이 돌파하려는 생산 사이에는 끊임없는 불일치가 있을 수밖에 없다. 더욱이 자본은 상품으로 구성되어 있으며 따라서 자본의 과잉생산은 상품의 과잉생산을 의미한다. 그러므로 상품의 과잉생산을 부정하는 바로 그 경제학자들이 자본의 과잉생산을 인정한다는 것은 괴상한 현상이다. 만약 일반적 과잉생산은 존재하지 않으며 단순히 각종 생산분야들 안에서 불균형이 존재한다고 주장한다면, 이 주장은 자본주의적 생산에서는 개별 생산분야의 균형은 불균형으로부터 끊임없는 과정을 통해 나타나게 된다는 것을 의미할 뿐이다. 왜냐하면 자본주의적 생산에서 생산 전체의 상호관련은 맹목적 법칙으로서 〖사후적으로〗 생산 당사자들에게 강요되는 것이지, 이 상호관련을 그들의 집단적 이성이 이해하여 하나의 법칙을 만들고 이 법칙에 따라 생산과정을 그들의 공동관리 아래 두는 것은 아니기 때문이다. 〖또한 위의 주장은 예컨대 상품의 수출을 과잉상품의 수출로 파악하고 있으므로〗 자본주의적 생산양식이 발달하지 않은 나라들도 자본주의적 생산양식이 발달한 나라들에 적합한 수준으로 소비하고 생산해야 한다는 것을 요구하는 것과 같다. 과잉생산이 오직 상대적이라고 말한다면 이것은 완전히 옳다. 그러나 자본주의적 생산양식 전체가 바로 상대적인 생산양식이며, 그것의 제한들은 절대적인 것이 아니지만, 자본주의적 생산양식에 대해서는 절대적이다. 그렇지 않다면, 대중이 필요로 하는 바로 그 상품들에 대한 수요가 부족하다는 것이 도대체 어떻게 있을 수 있으며, 또 국내의 노동자에게 평균정도의 필요생활수단을 지불하려고 이 수요를 멀리 떨어진 해외시장에서 찾지 않으면 안 된다는 것이 어떻게 있을 수 있는가? 이렇게 되는 이유는 이 특수한 자본주의적 상황 때문인데, 여기에서는 과잉생산물이 소유자를 위해 자본으로 재전환되는 경우에만 그 소유자가 그것을 소비할 수 있기 때문이다. 〖자기의 생산물을 팔아 화폐를 가져야 다른 상품을 구매할 수 있다〗 끝으로, 자본가들이 자기들 사이에서 상품을 교환하고 소비해 버리면 된다고 주장한다면, 이 주장은 자본주의적 생산의 성격 전체를 잊어버리는 것이며, 문제의 핵심은 자본의 소비가 아니라 자본의 가치증식이라는 것을 잊어버리고 있다. 요컨대 과잉생산이라는 명백한 현상에 대한 반론들(이 반론들에도 불구하고 그 현상은 계속 나타나고 있다)은 결국, 자본주의적 생산에 대한 제한들은 생산 일반에 대한 제한들이 아니며, 따라서 또한 이 특수한 자본주의적 생산양식에 대한 제한들도 아니라는 것이다. 그런데 이 자본주의적 생산양식의 모순은, 이 생산양식이 생산력을 절대적으로 발전시키려는 경향을 가지고 있는데, 이 생산력의 발전은 이 생산양식의 특수한 생산조건[자본이 이 안에서 운동하며 운동할 수밖에 없다]과 끊임없이 충돌한다는 점이다.

현재의 인구에 비해 너무나 많은 생활수단이 생산되는 것은 아니다. 그 반대다. 총인구의 필요를 충분히 그리고 인간답게 충족시키기에는 생산되는 것이 너무나 적다.

잠재적 노동인구를 고용하는 데 필요한 것보다 더 많은 생산수단이 생산되는 것도 아니다. 그 반대다. 첫째로 인구의 매우 큰 부분은 사실상 일자리를 구할 수 없다. 이 때문에 그들은 타인 노동의 착취에 의존하거나 [남에게 얹혀살거나], 비참한 생산방식 [예: 소상품생산] 에서만 노동이라고 여길 수 있는 그런 노동에 종사하고 있다. 둘째로 잠재적 노동인구의 전체가 가장 생산적인 조건에서 노동하는 것에 충분한 생산수단, 이리하여 불변자본의 양과 효율성에 의해 그들의 절대적 노동시간을 단축할 만큼 많은 생산수단이 생산되는 것도 아니다.

그러나 어느 일정한 이윤율로 노동자를 착취하는 수단으로 기능하기에는 너무나 많은 노동수단과 생활수단이 때때로 생산된다. 상품의 가치와 잉여가치가 자본주의적 생산에 특유한 분배·소비조건에서 실현되어 새로운 자본으로 재전환하기에는 너무나 많은 상품들이 생산된다. 즉 이 과정을 반복되는 폭발 없이 계속하기에는 너무나 많은 상품들이 생산된다.

너무나 많은 부가 생산되는 것이 아니라, 자본주의적인 적대적인 형태로 부가 때때로 너무나 많이 생산된다.

자본주의적 생산양식의 한계들은 다음과 같이 나타난다.

(1) 노동생산성의 발달은 이윤율의 저하에서 하나의 법칙을 창조하는데, 이 법칙은 어느 일정한 시점에서 생산성의 발달 그 자체와 적대적으로 충돌하며 따라서 공황에 의하여 끊임없이 극복되어야만 한다는 것.

(2) 생산의 확장 또는 축소를 결정하는 것은, 생산과 사회적 필요[사회적으로 발달한 인간의 욕구] 사이의 비율이 아니라, 불불노동의 취득과,

이 불불노동과 대상화된 노동 일반 사이의 비율 — 이것을 자본주의적으로 표현하면, 이윤[의 취득]과, 이 이윤과 자본투하액 사이의 비율(즉 어떤 일정한 이윤율) — 이라는 것. 따라서 자본주의적 생산양식에서는 사회적 필요를 충족시키기에는 아주 부족한 수준의 확장에서 이미 생산에 대한 한계들이 나타난다. 다시 말해 생산은 사회적 필요가 충족되는 수준에서 중단되는 것이 아니라 이윤의 생산과 실현이 명령하는 수준에서 중단된다.

이윤율이 저하하면, 한편에서는 개별자본가들이 더 나은 방법을 사용함으로써 자기 상품의 개별가치를 사회적 평균가치 이하로 인하하여 주어진 시장가격에서 초과이윤을 얻으려고 노력하게 되며, 다른 한편에서는 어떤 종류의 특별이윤[일반적 평균과는 독립적이면서 이것보다 높은 것]이라도 얻기 위하여 새로운 생산방법, 새로운 자본투하 및 새로운 모험 등을 앞뒤 가리지 않고 시도하기 때문에 투기와 투기의 일반적 촉진이 나타난다.

이윤율 — 즉 자본증식의 비율 — 은 독립적인 지위를 차지하려는 신생 자본분파에게는 특별히 중요하다. 그리고 이윤량의 증대로 이윤율의 저하를 보상하는 소수의 기존 대자본의 수중에서만 자본형성이 행해진다면, 생산의 활력은 사라져 버리고 말 것이다. 이윤율은 자본주의적 생산의 추진력이며, 이윤을 낳는 것만이 생산될 뿐이다. 이 때문에 영국의 경제학자들은 이윤율의 저하를 걱정한 것이다.[참조. CW 33: 112] 리카도가 이윤율 저하의 단순한 가능성에도 불안을 느낀 것은 그가 자본주의적 생산의 조건들을 깊이 이해하고 있다는 것을 증명하고 있다. 리카도가 비난받고 있는 점, 즉 그가 자본주의적 생산을 고찰할 때 '인간'을 고려하지 않고 오직 생산력의 발달 — 이것이 얼마나 큰 인간과 자본가치를 희생하여 얻어진다 하더라도 — 에 주의를 집중하였다는 점, 이것이 오히려 그의 중요한 공헌이다.[참조. CW 33: 114] 사회적 노동의 생산력 발

달은 자본의 역사적 사명이며 자본을 정당화하는 근거다. 바로 이것에
의하여 자본은 무의식적으로 더 높은 생산형태를 위한 물질적 조건들을
창조한다. 리카도를 불안하게 만든 것은, 자본주의적 생산의 자극제이며
축적의 조건이고 추진력인 이윤율이 생산의 발달 그것에 의해 위협을 받
는다는 점이었다. 그리고 그에게는 양적 관계가 전부였다. 이것의 바탕
에는 사실상 더 깊은 그 무엇이 있는데도 그는 이것을 다만 어렴풋이 느
낄 뿐이었다. 자본주의적 생산의 제한들, 그것의 상대성―즉 그것은 절
대적 생산양식이 아니라 물질적 생산조건들의 특수한 발전단계에 대응하
는 하나의 역사적인 생산양식일 뿐이라는 사실―은 리카도의 경우에는
순수히 경제학적 방식으로 [즉 부르주아적 입장에서, 자본가적 이해력의
한계 안에서, 자본주의적 생산 그것의 입장에서] 표현되고 있다.

제4절   보충설명

　노동생산성의 발전은 각종의 산업분야들 사이에서 매우 불균등하며,
그리고 [불균등한 정도가 아니라] 가끔 반대의 방향을 나타내기도 하기
때문에, 평균이윤(=잉여가치)의 양은 가장 선진적인 산업분야의 생산성
발달에서 예상되는 수준보다 훨씬 낮을 수밖에 없다. 그런데 서로 다른
산업분야들에서 생산성의 발달이 매우 다른 비율로 진행될 뿐 아니라 반
대의 방향으로도 진행한다는 사실은, 단순히 경쟁의 무정부성과 부르주
아적 생산양식의 특성에서만 나오는 것은 아니다. 노동생산성은 자연조
건과도 결부되어 있는데, 생산성이 사회적 조건들에 의존하는 한, 생산
성의 발달에 따라 자연조건의 풍요로움이 감소하는 수도 자주 있다. 이
리하여 서로 다른 산업분야들에서 서로 반대되는 운동―여기에서는 진

보, 저기에서는 퇴보—이 일어난다. 예컨대 계절—원료의 대부분은 이
것에 의존한다—의 영향이라든가, 삼림이나 석탄·철 광산의 고갈 등을
생각해 보면 된다.

불변자본의 유동부분(원료 등)은 노동생산성에 비례하여 양적으로 증
가하지만, 고정자본—건물·기계·조명시설·난방시설 따위—의 경우
는 그렇지 않다. 기계류는 그 대수의 증가에 따라 절대적으로는 비싸게
되지만 상대적으로는 더 값싸게 된다. 예컨대 5명의 노동자가 이전의 10
배나 되는 상품량을 생산한다 하더라도, 그 때문에 고정자본에 대한 자
본투하가 10배로 증가하는 것은 아니다. 불변자본의 고정부분의 가치가
생산성의 발달과 함께 증가한다 하더라도 결코 동일한 비율로 증가하지
는 않는다. 이미 여러 번 강조한 바와 같이, 이윤율의 저하로 표현되는
불변자본:가변자본의 비율과, 노동생산성의 발달에 따라 개별상품의 가
격에 표현되는 불변자본:가변자본의 비율은 서로 다르다.

{엥겔스: 상품의 가치는 그것에 포함되어 있는 총노동시간—과거노동
의 시간과 살아있는 노동의 시간—에 의해 결정된다. 노동생산성의 증
대는, 살아있는 노동의 비중이 감소하고 과거노동의 비중이 증가하지만
상품에 포함되어 있는 노동의 총량은 감소한다는 것, 다시 말해 살아있
는 노동이 과거노동의 증가보다 크게 감소하는 것에 지나지 않는다.* 개

---

* '노동생산성의 상승'은 '상품의 단위당 가치(B)'를 저하시키므로,

$$B = \frac{c+v+s}{Q} = \frac{\dfrac{c}{v+s}+1}{\dfrac{Q}{v+s}}$$

위 식에서 B가 저하하려면, 첫째로 총생산량(Q)에 대상화되어 있는 총노동량
(c+v+s)이 감소해야 한다. 다시 말해 상품 1단위를 만드는 데 필요한 노동량이
감소해야 한다. 또는 거꾸로 총노동량이 생산하는 총생산량이 증가해야 한다.
둘째로 분모인 (총생산량 Q / 살아있는 노동 v+s)(이것을 E라고 부르자)이 증
가해야 한다. 다시 말해 노동자들이 하루의 노동시간(=지불노동 + 불불노동)

별상품의 가치에 포함되어 있는 과거노동—자본의 불변부분—은 부분적으로는 고정자본의 마멸로 구성되고 부분적으로는 [그 전체가 상품 속에 들어가는] 유동불변자본(원료와 보조재료)으로 구성된다. 개별상품의 가치 중 원료와 보조재료로 구성되는 부분은 노동생산성의 증대에 따라 감소하여야 한다. 왜냐하면 노동생산성의 증대는 개별상품에 포함되는 이런 소재의 가치가 감소하였다는 그 사실로 표현되기 때문이다. 그러나 불변자본의 고정부분은 급격한 증대를 겪고 이리하여 그 가치 중 마멸로서 상품에 이전되는 부분도 또한 급격히 증대한다는 것이 바로 노동생산성 증대의 특징이다. 새로운 생산방법에 의해 생산성을 실제로 증대시키는 것을 증명하기 위해서는, 그 생산방법이 고정자본의 마멸로 개별상품에 추가적으로 이전시키는 가치부분이 살아있는 노동의 절약에 의해 감소되는 가치부분보다 적어야만 한다. 다시 말해 그 생산방법이 개별상품의 가치를 저하시켜야 한다. 몇몇 경우에서 볼 수 있듯이, 상품의 가치 형성에 고정자본의 마멸로서 추가되는 것 이외에, 더 많은 또는 더 비싼 원료(또는 보조재료)의 가치가 추가되는 경우에도 마찬가지로 새로운 생산방법은 개별상품의 가치를 저하시켜야 한다. 이 모든 추가적인 가치는

중 더 많은 상품을 생산해야 한다. 이 E가 '살아있는 노동의 생산성'이다. 셋째로 분자인 (죽은 노동 c / 살아있는 노동 v+s)(이것을 F라고 부르자)이 감소해야 한다. 그런데 더욱 많은 기계가 도입되고 이에 따라 가공되는 원료도 더욱 많아지면서 노동자의 수는 감소하는 현실에서는, F가 감소하는 것은 사회 전체로서는 불가능할지도 모른다. 그러므로 F의 증가는 오히려 상품 1단위의 가치를 상승시키는 요소로 될 수가 있다. 넷째로 E의 증가율이 F의 증가율보다 큰 경우에는 상품 1단위의 가치는 저하한다. 기계화·컴퓨터화로 말미암아 불변자본 요소들이 노동자들의 수에 비해, 소재와 가치 모두에서, 상대적으로 대폭 증가하는 현실에서, 상품 1단위의 가치를 저하시키는 방법은, 살아있는 노동이 기계화·컴퓨터화의 도움을 받아 총생산량을 더욱 크게 증가시키는 것이다. 이것에 바로 '살아있는 노동의 생산성 상승'으로 상품 1단위의 가치를 감소시킨다는 비밀이 숨어있다.

살아있는 노동의 감소로 말미암은 가치감소보다 적어야 한다.

이리하여 상품에 들어가는 노동총량의 감축은, 어떤 사회적 조건에서 생산이 진행되더라도 노동생산성 증가의 기본 특징인 것처럼 보인다. 생산자들이 미리 세운 계획에 따라 자기들의 생산을 규제하는 사회에서나 단순상품생산에서까지도, 노동생산성은 사실상 변함없이 이 기준에 의해 측정될 것이다. 그러나 자본주의적 생산에서는 어떠한가?

어떤 자본주의적 생산분야가 다음과 같은 조건에서 그 상품의 표준품 1개를 생산한다고 가정하자. 고정자본의 마멸분 $\frac{1}{2}$원, 원료와 보조재료 $17\frac{1}{2}$원, 임금 2원, 그리고 잉여가치율이 100%여서 잉여가치가 2원, 이리하여 총가치는 22원이다. 논의를 단순하게 하기 위하여, 이 생산분야의 자본은 사회적 평균구성을 가지고 있으며, 따라서 상품의 생산가격은 이것의 가치와 일치하며 자본가의 이윤은 그가 만들어 내는 잉여가치와 일치한다고 가정하자. 그러면 상품의 비용가격은 $\frac{1}{2}+17\frac{1}{2}+2$=20원이고, 평균이윤율은 $\frac{2}{20}$=10%이며, 상품의 생산가격은 그것의 가치 22원과 동일하다.

이제 어떤 기계가 발명되었는데, 이 기계는 상품 1개에 드는 살아있는 노동을 $\frac{1}{2}$로 감소시키는 대신 고정자본의 마멸에 해당하는 가치부분을 3배 증대시킨다고 가정하자. 그러면 사태는 다음과 같이 된다. 마멸 $1\frac{1}{2}$원, 원료와 보조재료 $17\frac{1}{2}$원, 임금 1원, 그리고 잉여가치 1원, 이리하여 총가치는 21원이 된다. 상품의 가치가 이제 1원만큼 저하하였으므로 새로운 기계는 분명히 노동생산성을 상승시켰다. 그러나 자본가의 입장에서 보면, 비용가격은 이제 마멸분 $1\frac{1}{2}$원, 원료와 보조재료 $17\frac{1}{2}$원, 그리고 임금 1원, 합계 20원으로서 이전과 동일하다. 이윤율은 단순히 이 새로운 기계의 도입에 의해 변경되지 않으므로, 자본가는 이 비용가격보다 10%—즉 2원—더 많이 받으려고 한다. 그러므로 생산가격은 22원으로 불변이다—비록 그 가치보다 1원이 높기는 하지만. 자본주의적 조건에서 생산하는 사회에서는 그 상품은 싸지지 않았으며, 그 새로운 기계는 아무런 개량도 아니다. 이에 따라 자본가는 그 새로운 기계의 도입에 관심을 가지지 않는다. 그리고 새로운 기계의 도입은 아직까지 완전히 마멸되지 않은 종래의 기계를 단순히 쓸모없게 만들어 낡은 쇠 이외에 아무 것도 아닌 것으로 전환시키며, 이에 따라 그는 적극적인 손실을 사실상 입을 것이므로 그는 이와 같은 어리석은 짓을 하지 않으려 한다.

따라서 자본에 대해서는 노동생산성 증가의 법칙이 무조건적으로 타당한 것은 아니다. 자본에 대해서는 노동생산성이 증가하는 것은 [살아있는 노동 일반의 절약이 과거노동의 추가보다 큰 경우가 아니라] 살아있는 노동의 지불부분의 절약이 과거노동의 추가보다 큰 경우뿐인데, 이것에 대해서는 이미 제1권 제15장 2절에서 간단히 지적한 바 있다. 이 점에서 자본주의적 생산양식은 하나의 새로운 모순에 빠진다. 왜냐하면 이 생산양식의 역사적 사명은 인간노동의 생산성을 무자비하게 기하급수적으로 증대시키는 것인데, 여기에서 본 것처럼 이 생산양식이 생산성의 발달을 저해하기 시작함으로써 자기의 사명에 충실하지 못한 것으로 되기 때문이다. 이것이 또 다시 증명하는 것은, 자본주의적 생산양식이 노쇠해지고 있으며, 점점 더 자기의 수명을 넘어 연명하고 있다는 점이다.}37)

*   *   *

생산성의 증가에 따라 하나의 독립적인 산업기업을 성공적으로 경영하는 데 필요한 자본의 최소한도가 증대한다는 것은 경쟁에서는 다음과 같은 형태를 취한다. 더 값비싼 새로운 설비가 일반적으로 도입되면 소자본들은 앞으로 이 업종에서 배제된다. 각종 생산분야에서 기계발명이

---

37) {엥겔스: 이상의 것을 괄호 안에 넣은 이유는, 비록 그것이 원래의 원고 중의 주를 재편한 것이지만, 어떤 부분에서는 원래의 것을 넘어서고 있기 때문이다.}

그 초기에 있을 때만, 소자본들은 독립적으로 기능할 수 있다. 다른 한편으로, 철도와 같이 불변자본의 비율이 매우 높은 대규모 기업들은 평균이윤율을 낳는 것이 아니라 오직 그것의 일부인 이자를 낳는다. 만약 그렇지 않다면 일반적 이윤율은 더욱 저하할 것이다 [제14장 6절 참조]. 그러나 거대한 자본의 집적은 소자본들에게 주식의 형태로 가치증식할 수 있는 기회를 준다.

자본의 증대(즉 자본의 축적)가 이윤율의 저하를 일으키는 것은, 이 증대가 자본의 유기적 구성부분들 사이의 비율을 변동시키기 때문일 뿐이다. 그런데 생산방식의 끊임없는 매일의 변혁에도 불구하고 [사회적] 총자본 중 이러저러한 크거나 작은 부분은 주어진 평균적인 구성비를 바탕으로 일정한 기간 축적을 계속하므로, 이런 자본의 증대는 유기적 구성의 변동을 포함하지 않으며 따라서 이윤율의 저하를 일으키지 않는다. 옆에서는 새로운 방법이 이미 도입되고 있음에도, 낡은 방법에 의거한 자본의 끊임없는 증대와 생산의 확장이 순조롭게 진행되고 있다는 것은, 이윤율이 사회적 총자본의 증대와 동일한 비율로 저하하지 않는 이유의 하나이기도 하다.

임금에 지출되는 가변자본이 상대적으로 감소하더라도 노동자의 절대수가 증가하는 것은, 모든 생산분야에서 일어나는 것도 아니며 일어나는 분야들에서도 균등하게 일어나는 것도 아니다. 농업에서는 살아있는 노동이라는 요소가 절대적으로 감소할 수 있다.

어쨌든, 임금노동자 수의 상대적인 감소에도 불구하고 그것이 절대적으로 증가해야 하는 것이 자본주의적 생산양식의 필요조건이기는 하다. 이 생산양식에서는 노동력을 매일 12~15시간 취업시킬 필요가 더 이상 없게 되자마자 노동력은 남아돌게 된다. 노동자의 절대수를 감소시키는 생산력의 발달—즉 국민 전체가 더 짧은 시간에 총생산을 실제로 달성할 수 있게끔 하는 생산력의 발달 — 은 이 생산양식에서는 혁명을 일으킬 것이다. 왜냐하면 이런 생산력의 발달은 인구의 다수를 실업자로 만들어 버릴 것이기 때문이다. 여기에서 우리는 또 다시 자본주의적 생산의 특징적인 한계를 보게 되며, 자본주의적 생산은 결코 생산력의 발달이나 부의 생산을 위한 절대적 형태가 아니라 오히려 일정한 점에 달하면 이 발전과 충돌하게 된다는 것을 알게 된다. 부분적으로 이런 충돌은 주기적 공황으로 나타나는데, 공황은 노동인구의 이러저러한 부분이 자기의 종래의 직업에서 불필요하게 될 때 생긴다. 자본주의적 생산의 한계는 노동자의 잉여노동시간이며, 사회가 얻는 절대적 여가시간은 자본주의적 생산에서는 중요하지 않다. 자본주의적 생산에 대하여 생산성의 발달이 중요한 것은, 그것이 노동자계급의 잉여노동시간을 증가시키기 때문이지 물질적 생산에 필요한 노동시간 일반을 감축시키기 때문은 아니다. 이리하여 자본주의적 생산은 모순 속에서 진행된다. [참조. CW 33: 141~142]

　이미 본 바와 같이 자본축적의 증대는 집적의 증대를 포함한다. 이리하여 자본의 힘이 증대한다. 다시 말해, 현실적 생산자들 [노동자들] 에 대립하는 사회적 생산조건들—이는 자본가로 인격화되어 있다—의 자립화가 점점 더 강화된다. 자본은 점점 더 사회적 힘[이 힘의 행사자는 자본가다]으로 나타나는데, 이 사회적 힘은 어느 개인의 노동이 창조할 수 있는 것과는 이미 어떤 관련도 없다. 그러나 이 사회적 힘은 사물[자본가의 힘의 원천인 사물]로서 사회에 대립하는, 소외되고 자율적인 사회적 힘이다. 자본이 형성하고 있는 일반적 사회적 힘과, 이런 사회적 생산조건들에 대한 개별 자본가들의 사적 힘 사이의 모순은 점점 더 화해할 수 없게 되지만, 또한 문제의 해결책을 포함하고 있다. 왜냐하면 이 모순은 동시에 생산조건들을 일반적 · 공동적 · 사회적 조건들로 전환시키는 것을 암시하고 있기 때문이다. 이런 전환은 자본주의적 생산에서 생산력의 발달에 의하여, 그리고 이런 발달이 이루어지는 방식과 수단에 의하여 달성된다.

* * *

새로운 생산방법이 아무리 생산적이라 하더라도, 또는 그것이 아무리 잉여가치율을 올린다 하더라도, 만약 그것이 이윤율을 저하시킨다면 그 방법을 자발적으로 사용할 자본가는 아무도 없다. 그러나 이런 종류의 새로운 생산방법은 어느 것이나 상품을 싸게 하며, 따라서 자본가는 처음에는 그 상품을 그것의 생산가격보다 높게, 아마도 그것의 가치보다 높게 판매할 수 있다. 그는 자기 상품의 생산비 ['비용가격'을 가리킨다] 와, [더 높은 생산비로 생산되는] 다른 상품들의 시장가격 사이의 차액을 취득한다. 이것이 가능한 것은, 후자의 상품들을 생산하는 데 드는 사회적으로 필요한 평균적인 노동시간이 새로운 생산방법에서 드는 노동시간보다 크기 때문이다. 다시 말해 그의 생산방법이 사회적 평균보다 우수하기 때문이다. 그러나 경쟁은 이 새로운 생산방법을 보편화하고 이것을 일반적 법칙에 복종시킨다. 이 때 비로소 이윤율의 저하가 일어난다. 이 저하는 아마도 이 생산분야에서 먼저 나타나고 나중에 다른 분야들을 균등하게 한다. 그러므로 이윤율의 저하는 자본가들의 의도와는 전혀 관련이 없다.

이 점에 관하여 또한 지적하여야 할 것은, 이 동일한 법칙이 다음과 같은 생산분야들—즉 그 생산물이 직접적으로나 간접적으로 노동자들의 소비나 그들의 생활수단의 생산조건에 들어가지 않는 생산분야들, 다시 말해 그 상품의 저렴화가 상대적 잉여가치의 증대와 노동력의 저렴화를 일으킬 수 없는 생산분야들—도 지배한다는 점이다. (물론 이런 생산분야들에서 불변자본의 저렴화는, 노동착취도가 불변이라면, 이윤율을 상승시킬 수 있다.) 새로운 생산방법이 보급되기 시작하여 상품들이 더 값싸게 생산될 수 있다는 증거가 실제로 나타나기 시작하면, 낡은 생산조건에서 활동하는 자본가들은 자기의 생산물을 그것의 완전한 생산가격 이하로 판매하여야 한다. 왜냐하면 이 상품의 가치[시장가치]는 이미 저하하였고, 그들이 이 상품을 생산하는 데 필요한 노동시간은 사회적으로 필요한 노동시간보다 크기 때문이다. 결국 그들도—경쟁의 결과이긴 하지만— 새로운 생산방법(이것은 불변자본에 대한 가변자본의 비율을 감소시킨다)을 도입하지 않을 수 없다. [참조. CW 33: 144~149]

기계의 사용은 여러가지 요인에 의하여 [이 기계로 생산하는] 상품의 가격을 저하시키는데, 그 요인들은 결국 각각의 개별 상품이 흡수하는 [살아있는] 노동의 양을 감소시키는 것과, 기계의 마멸분으로서 개별 상품에 들어가는 가치부분을 감소시키는 것으로 돌아온다. 기계의 마멸이 느리면 느릴수록, 그 마멸분은 점점 더 많은 상품들에 분산되며, 그 기계는 자기의 재생산기간에 이르기까지 점점 더 많은 살아있는 노동을 대체한다. 어느 경우에도 가변자본에 비하여 고정불변자본의 양과 가치는 증가한다.

"기타의 조건들이 모두 불변이라면, 한 국민이 자기의 이윤에서 저축하는 힘은 이윤율에 따라 변동하는데, 이윤율이 높으면 그 힘이 크고 이윤율이 낮으면 그 힘이 작다. 그러나 이윤율이 저하하면 기타의 조건들이 모두 불변일 수가 없다…낮은 이윤율은 일반적으로 인구 수에 비해 급속한 축적률을 수반하며[예: 영국]…높은 이윤율은 인구 수에 비해 더 낮은 축적률을 수반한다[예: 폴란드, 러시아, 인도 등]."(존스, 1833: 50 이하)

존스는 정당하게도 이윤율이 저하하더라도 '축적의 유인과 편의'가 증가한다는 점을 강조하고 있다. [참조. CW 33: 336] 그것이 증가하는 이유는, 첫째로 상대적 과잉인구가 증대하기 때문이고, 둘째로 노동생산성의 증가에 따라 동일한 교환가치가 대표하는 사용가치(즉 자본의 소재적 요소)의 양이 증대하기 때문이며, 셋째로 생산분야의 다양성이 증대하기 때문이고, 넷째로 신용제도 · 주식회사 등의 발달과, 이로 말미암아 화폐소유자가 산업자본가로 되지 않고서도 그 화폐를 자본으로 전환시키는 것이 쉬워지기 때문이며, 다섯째로 욕망과 치부욕이 증대하기 때문이고, 여섯째로 고정자본의 투하량이 증가하기 때문이다.

* * *

자본주의적 생산의 세 가지 주요한 사실:

(1) 몇몇 사람의 손 안에 생산수단이 집적된다. 따라서 생산수단은 직접적 노동자의 소유로서 나타나지 않게 되며, 그 반대로 사회적 생산능력으로 전환된다 — 비록 처음에는 생산수단은 자본가의 사적 소유였지만. 자본가는 부르주아 사회의 수탁자이지만, 이 수탁의 모든 과실을 혼자 취득한다.

(2) 노동 그것을 협업, 분업 및 노동과 자연과학의 결합을 통해 사회적 노동으로 조직한다.

위의 두 측면에서 볼 때 자본주의적 생산양식은 사적 소유와 사적 노동을, 비록 모순적인 형태들을 통해서이긴 하지만, 철폐한다. [참조. CW 33: 342~343]

(3) 세계시장의 형성.

자본주의적 생산양식에서 발달하는 인구에 비한 거대한 생산력, 그리고 이것과 동일한 비율은 아니더라도 인구보다 훨씬 더 빨리 증가하는 자본가치(이것의 소재적 실체뿐 아니라)는, [부의 증대에 비해 점점 더 좁아지고 있으며, 그리고 이 거대한 생산력이 작용하는] 기초와 모순하게 되며, 그리고 또 이 증대하는 자본의 가치증식조건들과 모순하게 된다. 이리하여 공황이 생긴다.

제4편
상품자본과 화폐자본이 상인자본
(상품거래자본과 화폐거래자본)으로 전환

제 16 장   상품거래자본

제 17 장   상업이윤

제 18 장   상업자본의 회전. 가격

제 19 장   화폐거래자본

제 20 장   상인자본의 역사적 고찰

제16장
상품거래자본

상인자본 또는 거래자본은 상품거래자본과 화폐거래자본이라는 두 형태 또는 아종sub-species으로 분할된다. 이 둘에 대해서는, 자본의 기본적 내부구조의 분석에 필요한 범위 안에서 더 자세히 구별할 것이다. 그런데 이런 구별이 점점 더 필요하게 되는 이유는 근대경제학 그리고 그 최고의 대표자들까지도 상인자본과 산업자본을 무분별하게 혼합하여 상인자본의 특징적인 속성을 사실상 전적으로 빠뜨리고 있기 때문이다. [참조. CW 33: 63~64]

*　*　*

상품자본의 운동은 제2권 [제3장]에서 분석된 바 있다. 사회의 총자본을 고찰하면, 그것의 일부는 항상 상품으로서―비록 서로 다른 요소들로 구성되고 그 크기도 변동하지만―시장에 있으며 화폐로 전환되기 위해 대기하고 있다. 또 다른 일부는 화폐로서 시장에 있으며 상품으로 전환되기 위해 대기하고 있다. 자본은 항상 이런 이행 운동, 이런 탈바꿈 과정 중에 있다. 유통과정에 있는 자본의 이런 기능[상품자본이 화폐자본

337

으로 전환되는 것과 화폐자본이 상품자본으로 전환되는 것]이 특수한 자본의 특수한 기능으로 독립하고 분업에 의해 특수한 종류의 자본가의 기능으로 고정된다면, 상품자본은 상품거래자본 또는 상업자본으로 된다.

운수업이나 분배가능한 형태에 있는 상품들의 보관이나 배달을 어느 정도까지 유통과정 안에서 계속되는 생산과정으로 보아야 하는가에 대해서는 이미 설명한 바 있다(제2권 제6장 '유통비용' 2절과 3절). 상품자본의 유통에 수반하는 이런 업무들은 때때로 상인자본 또는 상품거래자본의 고유한 기능들과 혼동되고, 때때로 이 자본의 고유하고도 특수한 기능들과 사실상 결부되어 있지만, 사회적 분업의 발달에 따라 상인자본의 기능도 순수한 형태로—즉 위와 같은 실질적 기능 [운수 · 보관 · 배달 등] 과는 분리되어 그것과는 독립적으로—발달한다. 이 특수한 형태의 자본의 독특한 차이를 규정하려는 우리의 목적에 비추어 볼 때, 위와 같은 실질적인 기능들은 적합하지 않다. 오직 유통과정에서만 기능하는 자본, 특히 상업자본이 위의 기능들을 부분적으로 자기 자신의 고유한 기능들과 결합시키고 있는 한, 이 자본은 순수한 형태로 나타나지는 않는다. 위의 실질적 기능들을 떼어버리고 제거할 때 비로소 우리는 그 순수한 형태를 얻을 수 있다.

우리가 이미 본 바와 같이, 상품자본으로서 자본의 존재와, 자본이 유통영역(시장)에서 상품자본으로서 겪는 탈바꿈—판매와 구매, 즉 상품자본이 화폐자본으로 전환하고 화폐자본이 상품자본으로 전환하는 것—은 산업자본의 재생산과정, 따라서 그 총생산과정의 한 단계를 형성하고 있다. 그러나 동시에 산업자본은 유통자본 [상품자본과 화폐자본] 의 기능에서는 생산자본의 기능과 구별된다. 유통자본과 생산자본은 동일한 자본이 두 개로 분리된 다른 존재형태들이다. 사회적 총자본의 일부는 항상 유통자본의 형태로 시장에 존재하며 이 탈바꿈 과정 중에 있다. 그런데 개별 자본의 경우에는 상품자본으로서 자본의 존재와 상품자본으로서

자본의 탈바꿈은 끊임없이 소멸하고 끊임없이 갱신되는 하나의 통과점
―즉 자본의 생산과정을 계속하기 위한 하나의 통과단계―을 형성하는
것에 불과하며, 이리하여 시장에 있는 상품자본의 요소들은 [끊임없이
시장에서 끌려 나오며 또한 생산과정의 새로운 생산물로 끊임없이 다시
시장에 들어가기 때문에] 끊임없이 변동하고 있다.

상업자본은 이런 유통자본의 일부―항상 시장에서 탈바꿈 과정 중에
있으며 유통영역에 계속 묶여 있다―가 전환된 것에 지나지 않는다. 여
기에서 일부라고 말하는 이유는, 상품매매의 다른 일부는 항상 산업자본
가들 사이에서 직접적으로 행해지기 때문이다. 유통자본의 이와 같은 다
른 일부는 지금의 연구에서는 완전히 무시될 것이다. 왜냐하면 이 부분
은 상인자본의 개념규정 또는 그것의 특성을 이해하는 데 조금도 기여하
지 않으며, 더욱이 제2권에서 충분히 논의되었기 때문이다.

상품거래업자 [상업자본가] 는 다른 자본가와 마찬가지로 먼저 일정한
화폐액의 대표자로서 시장에 나타나서, 그 화폐액을 자본가로서 투하한
다. 즉 그는 x(최초의 가치)를 x+Δx(최초의 가치+그것에 대한 이윤)로
전환시키려고 한다. 그는 자본가일 뿐 아니라 상품거래업자이기 때문에,
그의 자본은 최초에 화폐자본의 형태로 시장에 나타나야 한다는 것은 자
명하다. 왜냐하면 그는 어떤 상품도 스스로 생산하지 않으며 오직 상품
들을 거래하고 그들의 운동을 매개할 따름이며, 그리고 상품들을 거래하
기 위해 그는 먼저 상품들을 구매해야 하며, 따라서 화폐자본의 소유자
이어야 하기 때문이다.

상품거래업자가 3,000원을 소유하고 이것을 거래자본으로서 가치증식
시킨다고 가정하자. 그는 이 3,000원을 사용하여 예컨대 아마포 생산자
로부터 1미터당 0.1원으로 30,000미터의 아마포를 구매한다고 하자. 그
는 뒤에 이 30,000미터를 다시 판매한다. 연간 평균이윤율이 10%이어서
모든 부대비용을 뺀 뒤 10%의 연간이윤을 얻는다면, 그는 연말에 3,000

원을 3,300원으로 전환시키게 된다. 그가 어떻게 이윤을 얻는가는 나중에 가서 취급할 문제이며, 여기에서는 먼저 그의 자본의 운동형태만을 고찰하려고 한다. 그는 이 3,000원을 가지고 아마포를 끊임없이 구매하고 또 그것을 끊임없이 판매한다. 그는 판매를 위한 구매라는 활동, M−C−M'[자본의 단순한 형태]을 끊임없이 반복한다. 이 형태에서는, 자본이 완전히 유통과정에 국한되어 있으며 생산과정[이것은 자본 자신의 운동·기능의 외부에 있다]에 의해 중단되지 않는다.

그러면 산업자본의 단순한 존재형태로서의 상품자본과 상품거래자본 사이의 관계는 어떠한가? 아마포 생산자에 대해 말한다면, 그는 상인의 화폐에 의해 아마포의 가치를 실현하였고, 이리하여 그의 상품자본의 탈바꿈의 첫 단계—즉 그것의 화폐로 전환—를 완수하였으며, 그리고 기타의 사정이 불변이라면, 그는 지금 이 화폐를 다시 실·석탄·임금 따위로, 그리고 자기 수입의 소비를 위해 생활수단으로 전환시킬 수 있다. 따라서 수입의 지출을 무시할 때, 그는 재생산과정을 계속할 수 있다.

그러나 아마포의 생산자 측에서 보면 아마포의 화폐로의 탈바꿈[즉 판매]이 이미 행해졌지만, 아마포 그것은 아직 이 탈바꿈을 수행하지 못하고 있다. 다시 말해 아마포는 이전과 마찬가지로 상품자본으로서 여전히 시장에 있으며, 그것의 첫 번째 탈바꿈을 수행해야 할—즉 판매되어야 할—운명에 있다. 이 아마포에게 일어난 일이란 그 소유자의 변경뿐이다. 아마포 자신의 기능이나 재생산과정에서 그것의 위치로 본다면, 아마포는 여전히 상품자본(판매되는 상품)이며, 유일한 차이는 그것이 지금은 생산자의 수중에 있지 않고 상인의 수중에 있다는 점뿐이다. 아마포를 판매하는 기능—아마포 탈바꿈의 첫째 단계를 매개하는 기능—이 이전에는 생산자가 그것을 생산하는 기능을 수행한 뒤 또한 수행해야 할 기능으로 남아 있었는데, 지금은 그 기능이 생산자로부터 상인에게 옮겨가서 상인의 특수업무로 전환되고 있다.

아마포 생산자가 새로 3,000원어치의 아마포 30,000미터를 시장에 내놓는 데 걸리는 시간에 상인이 자기의 30,000미터를 판매하지 못하였다고 가정하자. 상인은 판매되지 않은 30,000미터를 아직도 재고로 가지고 있으며 그것을 화폐자본으로 재전환시키지 못하였으므로, 그는 이 새로운 30,000미터를 구매할 수 없다. 그리하여 정체가 일어나며 재생산의 중단이 일어난다. 아마포 생산자가 추가적인 화폐자본을 가지고 있어, 이 30,000미터의 판매와는 무관하게 이 화폐자본을 생산자본으로 전환시켜 재생산과정을 계속할 수가 있을 것이다. 그러나 이렇게 가정하더라도 사태는 조금도 변하지 않는다. 이전의 30,000미터에 투하된 자본에 관한 한, 그것의 재생산과정은 중단되었고 여전히 중단되고 있다. 따라서 여기에서 사실상 명확하게 되는 것은, 상인의 활동이란 생산자의 상품자본을 화폐로 전환시키기 위해서는 반드시 수행되어야 하는 활동—즉 유통과 재생산과정에서 상품자본의 기능을 완수시키는 활동 — 이외에 아무 것도 아니라는 점이다. 독립적인 상인 대신 생산자의 단순한 사무원이 이 판매와 구매에 전적으로 종사한다면, 위와 같은 관련은 조금도 은폐되지 못할 것이다.

상품거래자본 [상업자본] 은 생산자의 상품자본 — 즉 화폐로 전환하는 과정을 통과하여야 하며 시장에서 상품자본의 기능을 수행해야만 하는 상품자본 — 이외에 아무 것도 아니다. 다만 이 기능이 생산자 자신의 부수적인 업무가 아니라, 이제는 특수한 종류의 자본가인 상인의 전문적인 업무로 등장하며 특수한 자본투하분야로 독립하였을 뿐이다.

이런 사실은 상품거래자본 특유의 유통형태에서도 분명히 나타난다. 상인은 상품을 구매하고 그 다음에 그것을 판매한다[M−C−M′]. 단순상품유통에서는, 또는 산업자본의 유통과정으로 나타나는 상품유통 C′−M−C에서까지도, 유통은 각각의 화폐조각이 두 번 주인을 바꿈으로써 완수된다. 아마포 생산자는 자기 상품인 아마포를 판매하여 그것을 화폐로 전환시키며, 그의 수중으로 구매자의 화폐가 들어온다. 바로 이 화폐로 아마포 생산자는 실·석탄·노동력 등을 구매한다. 즉 아마포의 가치를 그것의 생산요소를 이루는 상품들로 재전환시키기 위하여 그 동일한 화폐를 다시 지출한다. 그가 구매하는 상품은 그가 판매하는 상품과 동일한 상품, 또는 동일한 종류의 상품이 아니다. 그는 생산물을 판매하였으며 생산수단을 구매하였다. 그러나 상인자본의 운동에서는 사정은 다르다. 아마포 상인은 3,000원으로 30,000미터의 아마포를 구매하고, 동일한 30,000미터를 판매해 화폐자본(3,000원+이윤)을 유통영역에서 회수한다. 여기에서는 동일한 화폐조각이 아니라 동일한 상품이 두 번 장소를 바꾼다. 즉 동일한 상품이 판매자의 수중에서 구매자의 수중으로 이동한 다음 이 구매자(지금은 판매자로 되어 있다)의 수중에서 다른 구매자의 수중으로 이동한다. 동일한 상품이 두 번 판매되는 셈인데, 만약 일련의 상인들이 개입하는 경우에는 더욱 여러 번 판매될 수 있다. 그런데 동일한 상품의 이와 같은 판매의 반복 — 두 번의 장소 변경 — 에 의해 비로소 첫 번째의 구매자가 상품구매에 투하한 화폐가 자기에게로 되돌아온다. C′−M−C의 경우에는, 동일한 화폐가 두 번 장소를 변경함으로써 상품은 한 형태로서 판매되고 다른 형태로서 다시 취득된다. 그런데 M−C−M′의 경우에는 동일한 상품이 두 번 장소를 변경함으로써 투하자본이 유통에서 다시 회수된다. 이 모든 것이 분명히 밝히는 바와 같이, 상품이 생산자의 수중에서 상인의 수중으로 이동하더라도 상품은 아직 최종적으로 판매된 것은 아니며, 상인은 오직 판매활동을 계속하고 있을 뿐이며 상품자본의 기능을 매개하고 있을 뿐이다. 이것이 또한 보여주는 것은, 생산에 종사하는 자본가에게는 C−M인 것[즉 그의 자본이 상품자본이라는 일시적인 모습에서 수행하는 단순한 기능]이 상인에게는 M−C−M′, 즉 그가 투하한 화폐자본의 특수한 가치증식이라는 점이다. 상품탈바꿈의 한 단계가 지금 상인에 대해서는 M−C−M′으로서, 즉 하나의 특수한 종류의 자본의 전개로서 나타난다.

상인은 최종적으로 그 상품 아마포를 소비자에게―생산적 소비자(예: 표백업자)이든 아마포를 자기 자신의 개인적 사용을 위해 소비하는 개인적 소비자이든―판매한다. 이리하여 그가 투하한 자본은 그에게로 (이윤과 함께) 되돌아오며 그는 그 활동을 다시 시작할 수 있다. 만약 아마포의 구매에서 화폐가 다만 지불수단으로서 기능한다면, 그는 상품을 인수하고 예컨대 6주 뒤에 지불하면 좋을 것이고, 그가 6주가 되기 전에 판매한다면 그는 자기 스스로 어떤 화폐자본도 투하하지 않고서도 아마포 생산자에게 지불할 수 있을 것이다. 그가 그 아마포를 판매하지 못한다면, 아마포가 그에게 인도되었을 때가 아니라 지불기일에 3,000원을 투하하여야 할 것이다. 그리고 그가 그 아마포를 시장가격의 하락 때문에 구매했을 때의 가격보다 낮게 판매한다면, 그는 그 부족분을 자기 자신의 자본에서 보충해야 한다.

그러면 상업자본[상품거래자본]에게 하나의 독립적으로 기능하는 자본의 성격을 주는 것은 무엇인가? 이렇게 묻는 이유는, 이 자본은 직접 판매행위를 행하는 생산자의 수중에서는 그의 자본이 재생산과정의 특수한 단계에서―즉 유통영역에 체류하는 동안―취하는 하나의 특수한 형태에 불과한 것이 명백하기 때문이다.

첫째로, 상품자본은 생산자와는 다른 담당자의 수중에서 화폐로 최종적 전환―따라서 그것의 첫 번째 탈바꿈[즉 시장에서 상품자본의 기능]―을 수행한다는 사실, 그리고 상품자본의 이 기능이 상인의 활동[그에 의한 구매와 판매]에 의해 매개되며, 이리하여 이 활동은 산업자본의 기타 기능과 분리된 [따라서 독자적인] 특수한 사업으로 된다는 사실. 이것은 사회적 분업의 하나의 특수한 형태로서 여기에서는 자본의 재생산과정의 특수한 단계―여기에서는 유통단계―에서 수행되어야 할 기능의 일부가 생산자와는 다른 특수한 유통담당자의 전문적 기능으로 나타난다. 그렇다고 하여 이 특수한 업무가 반드시 특수한 자본—재생산과정을 통과하고 있는 산업자본과는 다른 독립적인 자본—의 기능으로 나타나야 한다는 것은 아니다. 예컨대 상품거래가 산업자본가의 외판원이나 기타의 직접적 대리인에 의해 수행되는 경우에는 사실상 그렇게 되지 않는다. 그러므로 둘째의 이유가 추가되어야만 한다.

독립적인 유통담당자인 상인이 화폐자본(자기 자신의 것이든 차입한 것이든)을 자기의 입장에서 투하함으로써 둘째의 측면이 나타난다. 즉 재생산과정 중에 있는 산업자본에 대해서는 단순히 C−M(즉 상품자본이 화폐자본으로 전환, 또는 단순한 판매)인 것이, 상인에게는 M−C−M′[즉 동일한 상품의 구매와 판매, 이리하여 상인이 구매할 때 투하한 화폐자본이 판매를 통하여 자기에게로 환류하는 것]으로서 나타난다는 점이다.

상인이 생산자로부터 상품을 구매하기 위해 자본을 투하하는 한, 상인에 대해 M−C−M′으로 나타나는 것은 언제나 C−M(즉 상품자본이 화폐자본으로 전환)이며, 상품자본의 첫 번째 탈바꿈이다. 물론 이 동일한 행위가 생산자 또는 재생산과정 중의 산업자본에 대해서는 M−C[즉 화폐가 상품(생산수단)으로 재전환, 다시 말해 탈바꿈의 둘째 단계]로 나타날 수도 있다. 아마포 생산자에게 C−M은 첫 번째의 탈바꿈, 즉 그의 상품자본이 화폐자본으로 전환하는 것이지만, 이 행위는 상인에게는 M−C, 즉 그의 화폐자본이 상품자본으로 전환하는 것을 나타낸다. 이 상인이 표백업자에게 아마포를 판매한다면, 이 행위는 표백업자에게는 M−C [화폐자본이 생산자본으로 전환], 즉 표백업자의 상품자본의 두 번째 탈바꿈 [표백업자는 자기가 표백한 아마포를 판매하여 얻은 화폐로 아마포를 구매한다는 의미. 즉 C′−M′−C이기 때문이다] 을 나타내지만, 상인에게는 C−M, 즉 그가 구매하였던 아마포의 판매다. 이제야 비로소 아마포 생산자가 생산한 상품자본이 최종적으로 판매된 것이며, 상인의 M−C−M은 두 생산자들 [아마포 생산자와 표백업자] 사이의 C−M을 위한 매개과정을 표시할 뿐이다. 또는 아마포 생산자는 자기가 판매한 아마포 가치의 일부를 가지고 실 상인으로부터 실을 구입한다고 가정하자. 아마포 생산자에게는 이것은 M-C이지만, 실을 판매하는 상인에게는 이것은 C-M[실의 재판매]이며, 상품자본으로서 실 그것에게는 이것은 최종적 판매를 의미한다. 이리하여 실은 유통영역에서 소비영역으로 넘어가며, 실의 첫 번째 탈바꿈이 끝난다. 그러므로 상인이 산업자본가로부터 구매하든 그에게 판매하든, 상인의 M-C-M(즉 상인자본의 순환)은, 재생산되고 있는 산업자본의 일시적 형태로서의 상품자본 그것에 관하여 말한다면, 다만 C-M[그것의 첫 번째 탈바꿈의 완료]을 표현할 따름이다. 상인자본의 M-C는 산업자본가에게는 C-M이지만, 산업자본가가 생산한 상품자본에게는 C-M이 아니다. 왜냐하면 이것은 상품자본이 산업자본가의 수중에서 유통담당자의 수중으로 이동한 것에 불과하며, 그리고 기능하고 있는 상품자본의 최종적 C-M은 상인자본의 C-M을 통해서만 가능하기 때문이다. M-C-M은 동일한 상품자본에 의해 수행되는 두 개의 C-M에 불과하며, 그것은 두 개의 순차적인 판매들로 구성되고 있는데, 이 두 개의 판매들은 이 상품자본의 최후의 결정적인 판매를 매개하는 데 불과하다.

이처럼 상인이 화폐자본을 투하함으로써 상품자본은 상품거래자본으로서 하나의 독립된 종류의 자본형태를 취하게 되는데, 이 화폐자본이 자본으로서 증식되고 자본으로서 기능하는 것은, 오로지 그 화폐자본이 상품자본의 탈바꿈[상품자본의 상품자본으로서의 기능, 즉 상품자본이 화폐로 전환]을 매개하는 일에 전념하기 때문이며, 그 화폐자본은 이 일을 상품의 끊임없는 매매를 통해 수행한다. 이 일이 상인의 화폐자본의 전문적인 업무이며, 산업자본의 유통과정을 매개하는 이 활동이 상인의 화폐자본의 전문적인 기능이다. 이 기능에 의해 상인은 그의 화폐를 화폐자본으로 전환시키고, 자기의 M을 M-C-M′으로 만들며, 이 동일한 과정에 의해 그는 상품자본을 상품거래자본[상업자본]으로 전환시킨다.

상품거래자본이 상품자본의 형태로 존재하는 한, 또는 상품자본의 형태로 존재하는 동안은, 상품거래자본은—사회적 총자본의 재생산과정에서 보면—산업자본 중 아직 시장에서 탈바꿈과정을 통과하고 있는 부분(즉 지금 상품자본으로서 존재하고 기능하고 있는 부문)에 지나지 않는다. 따라서 자본의 총재생산과정과 관련하여 지금 고찰해야 할 것은, 상인이 투하하는 화폐자본[매매에만 전념하는 화폐자본으로서 상품자본과 화폐자본의 형태 이외의 어떤 형태 즉 생산자본의 형태를 결코 취하지 않으며, 항상 자본의 유통영역에 처박혀 있는 화폐자본]뿐이다.

생산자인 아마포 제조업자는 30,000미터의 아마포를 상인에게 3,000원으로 판매한 뒤, 이렇게 얻은 화폐를 자기가 필요로 하는 생산수단의 구매에 사용하며, 이리하여 그의 자본은 생산과정에 다시 들어간다. 그의 생산과정은 계속되며 중단없이 진행된다. 그에 관한 한, 그의 상품은 이미 화폐로 전환되었다. 그러나 이미 본 바와 같이, 아마포 그것에 관해서는 이런 전환은 아직 달성되지 않고 있다. 다시 말해, 아마포는 아직 최종적으로 화폐로 재전환되지 않았으며, 사용가치로서 생산적 소비나 개인적 소비에 들어간 것은 아니다. 지금 시장에서는 아마포 상인이 이전에 거기에서 아마포 생산자가 대표하고 있었던 바로 그 상품자본을 대표하고 있다. 아마포 생산자에게는 그 탈바꿈과정이 단축되었지만 이는 상인의 수중에서 계속되고 있을 뿐이다.

만약 아마포 생산자가 자기의 아마포가 진실로 상품이 아니게 될 때까지—즉 그것이 최종 구매자인 생산적 소비자나 개인적 소비자에게 옮겨갈 때까지—기다려야만 한다면, 그의 재생산과정은 중단될 것이다. 또는 그것을 중단시키지 않기 위해 그는 자기 생산규모를 축소하여, 자기의 아마포의 더 작은 부분을 실·석탄·노동력 따위(즉 생산자본의 요소들)로 전환시키고 더 큰 부분을 화폐준비금으로 보유해야만 할 것이다.

이렇게 해야만, 자기 자본의 일부가 상품으로 시장에 있을 동안 다른 부분은 생산과정을 계속할 수 있으며, 후자가 상품으로 시장에 등장할 때 전자는 다시 화폐형태로 환류할 수 있는 것이다. 그의 자본의 이런 분할은 상인의 개입에 의해 제거되는 것은 아니지만, 상인의 개입이 없다면 유통자본[유통영역에 존재하는 상품자본과 화폐자본] 중 화폐준비금의 형태로 존재하는 부분은 생산자본의 형태로 사용되는 부분에 비해 커질 수밖에 없으며 따라서 재생산규모는 제한될 것이다. 상인의 개입에 의해, 이제 생산자는 자기 자본의 더 작은 부분을 화폐준비금으로 보유하고 더 큰 부분을 현실의 생산과정에 규칙적으로 사용할 수 있는 것이다.

위와 같은 이유 때문에 사회적 자본의 일부가 상인자본의 형태로 유통영역 안에 항상 존재하게 된다. 이 부분은 항상 상품의 매매에만 사용된다. 따라서 현상적으로는 이 자본의 소유자만이 변경된 것같이 보인다.

상인이 3,000원을 아마포의 구매(재판매를 위한)에 사용하지 않고 자기 스스로 그 화폐를 생산적으로 사용한다면, 사회의 생산자본은 그만큼 증가할 것이다. 그러나 이제 아마포 생산자는 자기 자본의 더 큰 부분을 화폐준비금으로 보유하여야 할 것이고, 산업자본가로 전환한 상인도 마찬가지일 것이다. 이와 반대로 상인이 상인으로서 남아 있는 경우에는, 생산자는 판매에 필요한 시간을 절약하여 생산과정의 감독에 사용할 수 있으며 상인은 자기의 시간 전부를 판매에 사용할 것이다.

상업자본이 어떤 필요한 비율[산업자본이 필요로 하는 상업자본의 규모]을 초과하지 않는다면, 우리는 다음과 같은 것을 인정할 수 있다.

(1) 분업의 결과로, 구매와 판매에 전문적으로 종사하는 자본(여기에는 상품을 구입하기 위한 화폐 이외에도, 상인의 업무를 수행하는 데 필요한 노동이나 창고·운수 등 상인의 불변자본에 지출되는 화폐도 포함된다)은, 산업자본가가 자기 사업의 상업적 부분 전체를 스스로 운영해야 하는 경우의 그것보다 작다.

(2) 상인은 전문적으로 이 업무에 종사하기 때문에, 생산자에게는 그의 상품이 더 빨리 화폐로 전환될 뿐 아니라 상품자본 그것도 생산자의 수중에 있는 경우보다 더 빨리 탈바꿈을 수행한다.

(3) 상업자본 전체를 산업자본과 대비시켜 보면, 상업자본의 1회전은 한 생산분야에 있는 여러 자본의 회전들을 대표할 뿐 아니라 다양한 생산분야들에 있는 여러 자본의 회전들을 대표할 수 있다. 전자의 경우는, 예컨대 아마포 상인이 3,000원으로 어떤 한 생산자의 생산물을 구매하고 이 생산자가 동일한 상품량을 시장에 다시 출하하기 전에 그 생산물을 판매함으로써 다른 아마포 생산자 또는 다수의 다른 아마포 생산자의 생산물을 구매하여 다시 판매하는 경우인데, 이 경우 아마포 상인은 동일한 생산분야에 있는 다른 자본들의 회전들을 매개하게 된다. 후자의 경우는, 예컨대 상인이 아마포를 판매한 뒤 견직물을 구매함으로써 다른 분야에 있는 자본의 회전을 매개하는 경우다.

일반적으로 다음과 같이 말할 수 있다. 산업자본의 회전은 유통시간에 의해서뿐 아니라 생산시간에 의해서도 제한된다. 상업자본의 회전은, 이 상업자본이 하나의 특정 종류의 상품을 거래하는 한, 한 산업자본의 회전에 의해 제한되는 것이 아니라 동일한 생산분야에 있는 모든 산업자본의 회전에 의해 제한된다. 상인은 한 생산자의 아마포를 구매하여 판매한 뒤, 이 생산자가 다시 상품을 시장에 출하하기 전에 다른 생산자의 아마포를 구매하여 판매할 수 있다. 이처럼 동일한 상업자본은 하나의 생산분야에 투하된 각종 자본들의 다른 회전들을 차례차례 매개할 수 있다. 그러므로 상업자본의 회전은 개별 산업자본의 회전과 같지 않으며, 따라서 상업자본은 오직 개별 산업자본가가 스스로 보유해야 하는 화폐준비금만을 대체하는 것도 아니다. 물론 한 생산분야에서 상업자본의 회전은 이 분야의 총생산에 의해 제한된다. 그러나 상업자본의 회전은 이 생산분야의 개별 자본의 생산의 한계나 회전시간(이것은 생산시간에 의해서도 규정되고 있다)에 의해 제약되지는 않는다. A가 생산시간 3개월인 상품을 공급한다고 가정하자. 상인은 이것을 구매하여 예컨대 1개월 안에 판매한 뒤 다른 생산자의 동일한 상품을 구매하여 판매할 수 있다. 또는 그는 한 차지농업가의 밀을 판매한 뒤 동일한 화폐로 제2, 제3, 제4 따위의 차지농업가의 밀을 구매하여 판매할 수 있다. 상인자본의 회전은 그가 일정한 기간(예: 1년)에 차례차례 구매하여 판매할 수 있는 밀의 양에 의해 제약되고 있는데, 차지농업가의 자본의 회전은 ― 유통시간을 제외하더라도 ― 1년간 계속되는 생산시간에 의해 제약되고 있다.

그러나 동일한 상업자본의 회전은 각종 생산분야들의 자본들의 회전도 이와 마찬가지로 쉽게 매개할 수 있다.

동일한 상업자본이 각각의 회전에서 각종의 상품자본들을 차례차례 화폐로 전환시키는 기능을 하는 한, 즉 그 상품자본들을 차례차례 구매하여 판매하는 기능을 하는 한, 이 상업자본이 화폐자본으로서 상품자본에 대해 수행하는 기능은, 화폐가 일반적으로 일정한 기간에 수차례에 걸쳐 유통한 결과로 상품에 대해 수행하는 기능과 동일하다.

상업자본의 회전은 동등한 크기의 산업자본의 회전 또는 1회의 재생산과 동일한 것이 아니라, 오히려 그와 같은 여러 자본―동일한 생산분야이든 다른 생산분야이든 ― 의 회전의 총계와 동일하다. 총화폐자본 중 상업자본으로 기능하는 부분은, 상업자본의 회전이 빠르면 빠를수록 작아지고 느리면 느릴수록 커진다. 생산의 발전 정도가 낮으면 낮을수록, 상업자본의 총액은 유통에 일반적으로 투입되는 상품총액에 비해 그만큼 더 커지지만, 절대금액에서는 또는 더 발달된 상태의 상업자본 총액에 비해서는 그만큼 더 작아진다. 생산의 발전 정도가 높으면 높을수록 그 반대가 된다. 이리하여 생산의 저개발상태에서는 진정한 화폐자본의 더욱 큰 부분이 상인의 수중에 있으며, 상인의 재산은 타인들의 재산과 비교해 더욱 화폐재산으로 구성되어 있다.

상인이 투하하는 화폐자본의 유통속도는, (1) 생산과정이 갱신되는 속도와 서로 다른 생산과정들이 결합되는 속도, 그리고 (2) 소비의 속도에 달려있다. [참조. CW 33: 57~58]

위에서 말한 회전을 달성하기 위하여, 상업자본이 그 전체를 처음에는 상품의 구매에 사용하고, 그 다음으로 그 상품을 판매하는 것은 아니다. 오히려 상인은 그 두 개의 운동을 동시에 수행한다. 그의 자본은 두 개의 부분으로 분할되어, 한 부분은 상품자본으로 구성되어 있고 다른 부분은 화폐자본으로 구성되어 있다. 그는 한 곳에서는 구매하여 그의 화폐를 상품으로 전환시키고, 다른 곳에서는 판매하여 상품자본의 다른 부분을 화폐로 전환시킨다. 이리하여 한편에서 그의 자본은 화폐자본으로 그에게 환류하고 다른 한편에서 그는 상품자본을 다시 얻는다. 하나의 형태로 존재하는 부분이 크면 클수록 다른 형태로 존재하는 부분은 그만큼 작아진다. 이런 크기는 변동하면서 평균적인 크기로 된다. 유통수단으로서 화폐의 사용이 지불수단으로서 화폐의 사용과 이것에 근거하여 발달하는 신용제도와 결부된다면, 상업자본의 화폐자본 부분은 이 상업자본이 수행하는 거래량에 비해 훨씬 더 감소할 것이다. 내가 3,000원어치의 포도주를 3개월의 신용 [외상] 으로 구매하여 3개월 이전에 현금으로 판매한다면, 나는 이 거래를 위해 한 푼도 투하할 필요가 없다. 이 경우 명백한 것은, 여기에서 상업자본의 기능을 하는 화폐자본은 화폐자본의 형태에 있는 (또는 화폐형태로 환류하고 있는) 산업자본 그것 이외에 아무 것도 아니라는 점이다. (3,000원어치의 상품을 3개월 신용으로 판매한 생산자가 상인의 약속어음을 은행에서 할인받을 수 있다는 것은, 사태를 조금도 변경시키지 않으며 상업자본과는 아무런 관련도 없다.) 상품의 시장가격이 그 사이에 예컨대 $\frac{1}{10}$ 만큼 하락한다면, 상인은 이윤을 전혀 얻지 못할 뿐 아니라 3,000원 대신에 2,700원을 회수할 수 있을 뿐이다. 그는 지불하기 위해 300원을 보충해야 할 것이다. 이 300원은 오직 가격 차이를 보충하기 위한 준비금으로 기능한다. 그러나 생산자도 이 점에서는 마찬가지다. 만약 그가 3,000원짜리를 2,700원에 판매했다면, 그도 300원의 손실을 보았을 것이고, 준비자본이 없다면 동일한 규모로 생산을 재개할 수 없을 것이다.

아마포 상인이 3,000원으로 아마포를 아마포 생산자로부터 구매하며, 아마포 생산자는 이 3,000원 중 예컨대 2,000원을 실의 구매에 지출하여 실 상인으로부터 이 실을 구매한다고 하자. 아마포 생산자가 실 상인에게 지불하는 화폐는 아마포 상인의 화폐가 아니다. 왜냐하면 아마포 상인은 교환에서 이 금액만큼의 상품을 받았기 때문이다. 그 화폐는 아마포 생산자 자신의 자본의 화폐형태다. 이 2,000원은 실 상인의 수중에서는 지금 환류한 화폐자본인 것처럼 보인다. 그런데 이 2,000원은 어느 정도까지 환류한 화폐자본[이것은 아마포가 벗어버리고 실이 취한 화폐형태로서의 2,000원과 구별된다]인가? 실 상인이 신용으로 구입하여 자기의 지불기한 이전에 현금으로 판매한다면, 이 2,000원에는 산업자본 그것이 자기의 순환과정에서 취하는 화폐형태와는 구별되는 상업자본은 한 푼도 들어 있지 않다. 그러므로 상품거래자본이 [상품자본 또는 화폐자본의 형태로 상인의 수중에 있는] 산업자본의 한 형태가 아닌 한, 상품거래자본은 화폐자본 중 상인 자신의 것으로서 상품의 매매에 사용되는 부분일 수밖에 없다. 이 부분은, 생산을 위해 투하된 자본 중 화폐준비금·구매수단으로서 항상 산업자본가의 수중에 존재하여 그의 화폐자본으로서 유통해야만 하는 부분을 축소된 규모에서 대표하고 있다. 이 부분은 지금 축소되어 상인자본가의 수중에 존재하며 항상 유통과정에서 그런 것으로서 기능한다. 이 부분은 총자본 중 재생산과정의 계속성을 유지하기 위해 구매수단으로서 [수입의 지출은 도외시한다] 끊임없이 시장에서 유통해야만 하는 부분이다. 이 부분은, 재생산과정이 빠르면 빠를수록, 지불수단으로서 화폐의 기능이 발달하면 할수록[즉 신용제도가

발달하면 할수록], 총자본에 대한 비율에서는 그만큼 더 작아진다.[38]

상업자본은 유통영역에서만 기능하는 자본이다. 유통과정은 총재생산 과정의 한 단계다. 그러나 유통과정에서는 가치도 잉여가치도 생산되지 않는다. 동일한 가치가 단순히 형태변화만을 겪는다. 상품의 탈바꿈 이외에 아무 것도 일어나지 않으며 이 탈바꿈 그것은 가치의 창조나 변동과는 아무런 관련도 없다. 생산된 상품의 판매에 의해 잉여가치가 실현된다면, 그것은 잉여가치가 이미 그 상품 속에 존재하였기 때문이다. 두

---

38) 상업자본을 생산자본으로 분류할 수 있도록 하기 위해, 람지는 상업을 운수업과 혼동하여 상업을 '한 장소에서 다른 장소로 상품을 운수하는 것'이라고 부르고 있다.(1836: 19) 이와 동일한 혼동은 이미 베리(1804: 32)와 세(1826, 제1권: 14, 15)에서도 볼 수 있다. 뉴먼(1835: 174)은 다음과 같이 말한다. "사회의 현재의 경제제도에서는, 상인이 수행하는 행위 그것—즉 생산자와 소비자의 중간에 서서, 전자에게는 자본을 투하하여 그 대신 생산물을 받고, 후자에게는 이 생산물을 넘겨주고 그 대신 자본을 회수하는 것—은 사회의 경제과정을 부드럽게 하는 거래일 뿐 아니라 이 행위의 대상인 생산물에 가치를 첨가하는 거래다." 이리하여 생산자도 소비자도 상인의 개입에 의해 시간과 화폐를 절약하게 된다. 이런 서비스에는 자본과 노동의 투하가 필요하며 보수가 주어져야 한다. "왜냐하면 이 서비스는 생산물에 가치를 첨가하기 때문인데, 그 이유는 동일한 생산물이라 하더라도 소비자의 수중에 있을 때가 생산자의 수중에 있을 때보다 값이 더 큰 까닭이다." 이리하여 세와 마찬가지로 뉴먼에게도 상업이 '엄밀한 의미에서 하나의 생산행위'(175)로 나타난다. 그런데 뉴먼의 견해는 근본적으로 잘못된 것이다. 물론 상품의 사용가치는 생산자의 수중에서보다 소비자의 수중에서 더욱 크다. 왜냐하면 상품의 사용가치는 소비자의 수중에서 비로소 실현되기 때문이다. 상품의 사용가치는 그 상품이 소비영역에 들어가야 비로소 실현되고 기능하게 된다. 생산자의 수중에서는 그 사용가치는 다만 잠재적인 형태로 존재할 뿐이다. 그러나 사람들은 상품에 대하여 두 번—처음에는 그것의 교환가치에 대해, 그리고 그 다음에는 그것의 사용가치에 대해 추가적으로—지불하지는 않는다. 나는 그것의 교환가치를 지불하고 그 대신 그것의 사용가치를 취득하는 것이다. 상품이 생산자나 중개자의 수중에서 소비자의 수중으로 옮겨간다는 사실에 의해서는 그것의 교환가치는 조금도 증가하지 않는다. [참조. CW 33: 239]

번째의 행위—화폐자본을 상품(생산요소들)으로 재전환시키는 것—에서 구매자는 어떤 잉여가치도 실현하지 않는다. 그는 화폐를 생산수단·노동력과 교환함으로써 잉여가치의 생산을 준비할 따름이다. 이런 탈바꿈에 유통시간—이 시간에는 자본은 아무 것도 생산하지 않으며 따라서 어떤 잉여가치도 생산하지 않는다—이 드는 한, 이 시간은 가치의 창조를 제한하며, 이윤율에서 나타나는 잉여가치는 유통시간의 길이에 반비례할 것이다. 그러므로 상업자본은 적어도 직접적으로는 가치도 잉여가치도 생산하지 않는다. 상업자본이 유통시간의 단축에 기여하는 한, 상업자본은 산업자본가가 생산하는 잉여가치의 증대에 간접적으로 공헌한다. 상업자본이 시장의 확대에 기여하고 자본들 사이의 분업을 촉진하며 이리하여 자본으로 하여금 더 큰 규모로 활동할 수 있게 하는 한, 상업자본의 기능은 산업자본의 생산성과 축적을 촉진한다. 상업자본이 유통시간을 단축시키는 한, 상업자본은 투하자본에 대한 잉여가치의 비율—즉 이윤율 —을 상승시킨다. [제1편 제4장 참조] 그리고 상업자본이 자본의 더 작은 부분을 화폐자본으로서 유통영역에 처박아 두는 한, 상업자본은 자본 중 생산에 직접적으로 사용되는 부분을 증대시킨다. [참조. CW 33: 58~63]

제17장
상업이윤

제2권 [제5장 '유통시간'] 에서 본 바와 같이, 유통영역에서 자본의 순수한 기능—산업자본가가 첫째로 자기 상품의 가치를 실현하고 둘째로 이 가치를 상품의 생산요소들로 재전환시키기 위해 수행해야 할 업무, 상품자본의 탈바꿈 C'−M−C를 매개하는 업무, 즉 판매행위와 구매행위—은 가치도 잉여가치도 창조하지 않는다. 오히려 이런 업무에 소요되는 시간은 [객체적으로는] 상품의 생산에 기여하지 않으므로, 그리고 [주체적으로는] 자본가의 시간을 생산 이외의 일에 빼앗기 때문에 가치와 잉여가치의 형성에 제약을 가한다는 것이 밝혀졌다. 상품자본의 탈바꿈 그것에 적용되는 위의 것은 상품자본의 일부가 상품거래자본의 형태를 취하는 경우에나, 상품자본의 탈바꿈을 매개하는 업무가 특수한 부류의 자본가들의 특수한 사업으로서 또는 화폐자본의 한 부분의 전문적인 기능으로서 등장하는 경우에도 물론 전혀 변경되지 않는다. 상품의 구매와 판매[상품자본의 탈바꿈 C'−M−C는 이것이다]가 산업자본가 자신에 의해 행해질 때 가치나 잉여가치를 창조하지 않는다면, 그 업무들이 다른 사람들에 의해 행해지더라도 가치나 잉여가치를 창조할 수는 없다. 더욱이 재생산과정이 유통과정에 의하여 중단되지 않고 연속적으로 되기 위해서는, 사회적 총자본의 일부가 항상 화폐자본으로 존재해야 하며, 그리고 이 화폐자본은 가치도 잉여가치도 창조하지 않는다고 하면, 이 화폐자본이 [산업자본가에 의해서가 아니라] 특별한 부류의 자본가에 의해 동일한 기능을 수행하기 위해 끊임없이 유통에 투입된다 하더라도 가치나 잉여가치를 창조하는 성질을 획득할 수는 없다. 상업자본이 어느 정도까지 간접적으로 생산적일 수 있는가에 대해서는 이미 지적한 바 있지만 뒤에 가서 더 상세히 언급할 것이다.

그러므로 상품거래자본 [상업자본] 은, 이것과 결부될 수 있는 모든 잡다한 기능들[예컨대 보관 · 발송 · 운수 · 분류 · 소매]을 벗겨버리고 이것의 진정한 기능[판매를 위한 구매]에 국한시킨다면, 가치도 잉여가치도 창조하지 않고 다만 그것들의 실현을 매개하며 그와 동시에 상품들의 현실적 교환, 한 사람으로부터 다른 사람으로의 상품의 이전, 사회의 물질대사를 매개할 뿐이다. 그러나 산업자본의 유통단계도 생산단계와 마찬가지로 재생산과정의 한 단계이기 때문에, 유통과정에서 독립적으로 기능하는 자본도 각종의 생산분야에서 기능하는 자본과 마찬가지로 연간 평균이윤을 얻어야만 한다. 상업자본이 산업자본보다 높은 평균이윤을 얻는다면 산업자본의 일부는 상업자본으로 전환할 것이고, 더 낮은 평균이윤을 얻는다면 그 반대과정이 일어날 것이다. 상업자본보다 쉽게 그 기능과 용도를 변경시킬 수 있는 자본종류는 없다.

상업자본은 스스로는 어떤 잉여가치도 생산하지 않으므로, 평균이윤의 형태로 상업자본에게 돌아가는 잉여가치는 생산자본 전체에 의해 생산된 잉여가치의 일부라는 것은 명백하다. 이제 문제로 되는 것은 상업자본은 생산자본에 의해 생산된 잉여가치(또는 이윤) 중 자기의 몫으로 될 부분을 어떻게 끌어오는가 하는 것이다. [참조. CW 33: 64~68]

상업이윤은 단순한 추가이고, 상품의 가치 이상으로 가격을 명목적으로 인상한 것이라는 것은 겉모양에 불과하다.

상인은 자기의 이윤을 오직 자기가 판매하는 상품의 가격에서 얻을 수 있다는 것은 명백하며, 또한 그가 자기 상품의 판매에 의해 얻는 이 이윤은 자기의 구매가격과 판매가격 사이의 차액과 같아야 하며, 구매가격을 넘는 판매가격의 초과분과 같아야 한다는 것도 명백하다.

상품을 구매하여 판매하기까지 추가비용(유통비용)이 상품에 들어갈 수도 있고 들어가지 않을 수도 있다. 이런 비용이 들어간다면 구매가격을 넘는 판매가격의 초과분은 순수한 이윤만을 대표하지 않는다는 것은 명백하다. 분석을 단순화하기 위해 먼저 이런 비용이 들어가지 않는다고 가정한다.

산업자본가의 경우, 그의 상품의 판매가격과 구매가격 사이의 차액은 상품의 생산가격과 비용가격 사이의 차액과 같고, 또는 사회적 총자본의 경우, 그 차액은 상품들의 가치와 자본가의 비용가격 사이의 차액과 같으며, 이 차액은 또한 상품들에 대상화되어 있는 총노동량과 지불노동량 사이의 차이가 된다. 산업자본가가 구매하는 상품들이 판매용 상품으로 시장에 다시 등장하기 전에, 그것들은 생산과정을 통과하며 이 생산과정에서 상품가격 중 나중에 이윤으로 실현될 구성부분이 비로소 생산된다. 그런데 상품거래업자 [상인] 의 경우는 그렇지 않다. 그는 상품들이 유통과정에 있을 동안에만 그것들을 가지고 있다. 그는 생산적 자본가가 개시한 상품의 판매[그 가격의 실현]를 속행할 따름이며, 따라서 상품들은 새로운 잉여가치를 흡수할 수 있는 어떤 중간과정도 통과하지 않는다. 산업자본가는 이미 생산된 잉여가치(또는 이윤)를 유통에서 다만 실현할 뿐인데, 상인은 유통에서 그리고 유통을 통해 자기의 이윤을 실현할 뿐 아니라 먼저 이윤을 만들어 내야한다. 이것은 다음과 같은 경우에만 가능한 것처럼 보인다. 즉 산업자본가가 상인에게 생산가격(총상품자본의 입장에서는 가치)으로 판매한 상품을 상인이 생산가격보다 높게 판매함으로써 생산가격에 명목적인 추가를 행하는 것(총상품자본의 입장에서는 상품들을 가치보다 높게 판매함으로써 상품들의 명목가치와 실질가치 사이의 차액을 획득하는 것)인데, 이것은 결국 상품들을 제값보다 비싸게 파는 것이다.

이런 추가의 방법은 이해하기 매우 쉽다. 예컨대 아마포 1미터가 2원이라고 하자. 내가 이것을 다시 판매함으로써 10%의 이윤을 얻으려고 한다면, 나는 이 가격에다 $\frac{1}{10}$을 추가하여 1미터를 2.2원에 판매해야 한다. 이 경우 상품의 현실적 생산가격과 판매가격 사이의 차액은 0.2원이며 이것은 2원에 대한 10%의 이윤이다. 이렇게 되면 나는 사실상 구매자에게 1미터의 아마포를 1.1미터의 아마포의 가격으로 판매하는 셈이다. 또는 같은 이야기지만, 이것은 마치 내가 구매자에게 $\frac{10}{11}$미터만을 2원에 판매하고 $\frac{1}{11}$미터를 나에게 남겨 둔 것과 마찬가지다. 1미터의 가격을 2.2원으로 계산한다면 사실상 나는 0.2원으로 $\frac{1}{11}$미터를 되살 수 있다. 이것은 상품가격의 명목적인 인상을 통해 잉여가치와 잉여생산물의 분배에 참가하는 우회로에 지나지 않을 것이다.

이것은 상품의 가격인상에 의한 상업이윤의 실현인데, 상업이윤은 첫눈에는 이런 형태로 나타난다. 사실상 이윤이 상품가격의 명목적인 인상에서, 또는 상품을 그 가치 이상으로 판매하는 것에서 생긴다는 관념은 모두 상업자본의 관점에서 나온 것이다.

그러나 좀 더 자세히 보면 이것은 환상에 불과하다는 것이 곧 드러난다. 또 자본주의적 생산양식을 지배적인 생산양식으로 전제하면, 상업이윤은 이런 방법으로는 실현되지 않는다는 것도 곧 알게 된다. (우리가 여기에서 취급하는 것은 항상 평균이지 개별적인 경우들은 아니다.) 상인이 자기의 상품을 예컨대 그것의 생산가격보다 10% 높게 판매함으로써 10%의 이윤만을 실현할 수 있다고 가정한 이유는 무엇인가? 그 이유는 이 상품의 생산자인 산업자본가(그는 산업자본의 인격화로서 바깥 세상에 대해서는 항상 '생산자'로 나타난다)가 그 상품을 상인에게 그것의 생

산가격으로 판매하였다고 우리가 가정하였기 때문이다. 상인이 상품에
대해 지불하는 구매가격이 상품의 생산가격(결국은 가치)과 같고, 따라
서 상품의 생산가격(결국은 가치)이 상인에 대한 비용가격을 표현한다
면, 그의 구매가격을 넘는 판매가격의 초과분—이 차액이 그의 이윤의
유일한 원천이다—은 상품의 생산가격을 넘는 상업가격의 초과분일 수
밖에 없으며, 결국 상인은 모든 상품을 가치 이상으로 판매하는 것으로
된다. 산업자본가가 상인에게 상품을 그것의 생산가격으로 판매한다고
가정한 이유는 무엇인가? 또는 오히려 이 가정에는 무엇이 전제되고 있
는가? 그것은 상인자본(여기에서는 아직 상품거래자본 또는 상업자본만
으로서의 상인자본을 취급하고 있다)이 일반적 이윤율의 형성에 참가하
지 않는다는 것이다. [제2편에서] 일반적 이윤율을 설명할 때는 어쩔 수
없이 이 전제로부터 출발하였는데, 그 이유는 첫째로 상인자본 그것이
그 때에는 우리에게 아직 존재하지 않았기 때문이고, 둘째로 평균이윤
따라서 일반적 이윤율은 먼저 서로 다른 생산분야들의 산업자본들에 의
해 현실적으로 생산되는 이윤(또는 잉여가치)의 균등화로서 전개되어야
만 하였기 때문이다. 그런데 상인자본의 경우에는 이윤의 생산에는 참가
하지 않으면서도 이윤의 분배에는 참가한다는 점이 문제다. 따라서 이제
종전의 서술을 보충할 필요가 있다.

　연간에 투하된 총산업자본이 720c+180v=900(단위는 예컨대 백만원)
이고 s′=100%라고 가정하자. 그러면 생산물은 720c+180v+180s이다. 이
생산물 또는 생산된 상품자본을 C라고 부른다면, 그것의 가치 또는 생산
가격—상품전체의 입장에서는 두 개가 일치한다—은 1,080이고 총자본
900에 대한 이윤율은 20%이다. 이 20%는 이미 설명한 바와 같이 평균이
윤율이다. 왜냐하면 여기에서 우리는 잉여가치를 특수한 자본구성을 가
진 이러저러한 자본에 대해 계산하는 것이 아니라 평균구성을 가진 총산
업자본에 대해 계산하고 있기 때문이다. 그리하여 C=1,080이고 이윤율

은 20%이다. 그런데 이제 이 900의 산업자본 이외에 100의 상인자본이 있고 이 상인자본도 자기의 크기에 비례하여 이윤을 분배받는다고 가정하자. 우리의 가정에 따르면 상인자본은 총자본 1,000의 $\frac{1}{10}$이며, 따라서 총잉여가치 180의 $\frac{1}{10}$을 얻고 이윤율은 18%이다. 총자본의 나머지 $\frac{9}{10}$사이에서 분배될 이윤은 지금 162에 불과하지만 이윤율은 자본 900에 대해서도 역시 18%이다. 이리하여 C가 산업자본 900의 소유자에 의해 상인에게 판매되는 가격은 720c+180v+162s=1,062이다. 상인이 자기의 자본 100에 대해 18%의 평균이윤을 추가하려고 하면, 그는 상품을 1,062+18=1,080, 즉 상품의 생산가격(또는 상품자본 전체의 입장에서는 상품의 가치)으로 판매하게 된다—비록 상인은 자기의 이윤을 오직 유통에서, 유통을 통해 얻고 있으며, 그리고 또 그의 구매가격을 넘는 판매가격의 초과분에 의해서만 얻고 있지만. 그런데 상인은 상품을 그것의 가치 또는 생산가격 이상으로 판매하는 것은 아니다. 왜냐하면 그는 상품을 산업자본가로부터 그것의 가치 또는 생산가격 이하로 구매하였기 때문이다.

이리하여 상업자본은 총자본 중 자기가 차지하는 비율에 비례하여 일반적 이윤율의 형성에 참가한다. 지금 우리가 고찰하는 경우에 평균이윤율이 18%이지만, 총자본의 $\frac{1}{10}$이 상업자본이 아니고 따라서 일반적 이윤율이 $\frac{1}{10}$만큼 저하하지 않았더라면 평균이윤율은 20%였을 것이다. 이리하여 우리는 생산가격의 더 정확하고 엄격한 정의를 얻게 된다. 생산가격은 여전히 상품의 비용[가격](즉 상품에 포함되어 있는 불변자본과 가변자본의 가치)+이것에 대한 평균이윤과 같은 상품가격이지만, 이 평균이윤은 이제 다르게 결정된다. 평균이윤은 총생산자본[산업자본]이 생산하는 총이윤에 의해 결정되지만, 오직 총생산자본[산업자본]에 대해 계산되는 것 — 위의 경우 총생산자본[산업자본]이 900이고 이윤이 180이어서 평균이윤율이 $\frac{180}{900}$=20%가 되는 것 — 이 아니라, 총생산자본[산업자본]과 상업자본의 합계에 대해 계산되는 것 — 생산자본[산업자본]이 900이고 상업자본이 100이므로 평균이윤율은 $\frac{180}{1,000}$=18%가 되는 것—이다. 그러므로 생산가격은 k(비용)+20%가 아니라 k+18%이다. 평균이윤율은 총이윤 중 상업자본에 돌아갈 부분을 이미 고려하고 있다. 총상품자본의 진정한 가치[또는 생산가격]는 k+p+m(m은 상업이윤)이다. 따라서 산업자본가가 산업자본가로서 판매하는 생산가격 또는 가격은 상품의 진정한 생산가격보다 작다. 또는 상품 전체를 고찰하면, 산업자본가 계급이 그것을 판매하는 가격은 그것의 가치보다 작다. 그리하여 위의 예에서는 900+900에 대한 18%, 즉 900+162=1,062이다. 이제 상인은 자기에게 100의 비용을 들게 하는 상품을 118에 판매하므로 그는 18%를 실제로 첨가하는 셈이다. 그러나 그가 100에 구매한 상품은 118의 가치를 가지고 있으므로 그는 상품을 그것의 가치 이상으로 판매하는 것은 아니다. 앞으로는 지금 전개된 더 엄밀한 의미로 '생산가격'이라는 표현을 사용할 것이다. 이제 분명한 것은 산업자본가의 이윤은 자기 상품의 비용가격을 넘는 생산가격의 초과분과 같고, 이런 산업이윤과는 달리 상업이윤은 상품의 생산가격(이것은 상인에게는 상품의 구매가격이다)을 넘는 판매가격의 초과분과 같은데, 상품의 진정한 가격은 상품의 생산가격+상업이윤과 같다는 점이다. 산업자본이 상품의 가치에 잉여가치로서 이미 포함되어 있는 이윤을 실현할 뿐인 것과 마찬가지로, 상업자본이 이윤을 실현하는 것은 산업자본에 의해 실현되는 상품가격에는 아직 잉여가치(또는 이윤)의 전부가 실현되고 있지 않기 때문일 따름이다.[39] 상인의 판매가격이 자기의 구매가격보다 높은 것은 판매가격이 총가치를 초과하기 때문이 아니라 구매가격이 총가치 이하이기 때문이다.

이처럼 상업자본은 잉여가치의 생산에는 참가하지 않는데도 잉여가치가 평균이윤으로 균등화하는 것에는 참가한다. 그러므로 일반적 이윤율

---

39) 벨러즈(1699: 10).

은 잉여가치 중 상업자본에 속할 부분을 **빼는 것**, 즉 산업자본의 이윤에서 **빼는 것**을 이미 계산하고 있다. 〔참조. CW 33: 154〕

이상의 논의로부터 다음과 같이 말할 수 있다.

(1) 산업자본에 대한 상업자본의 비율이 크면 클수록 산업이윤율은 그만큼 더 작아진다. 반대의 경우는 그 반대다.

(2) 제1편에서 밝힌 바와 같이, 이윤율은 항상 현실적 잉여가치율보다 낮게 표현된다. 즉 이윤율은 노동의 착취도를 항상 과소평가한다. 예컨대 위에서 본 720c+180v+180s의 경우에는 100%의 잉여가치율이 오직 20%의 이윤율로 표현되고 있다. 이런 차이는 평균이윤율 자체가 상업자본에 돌아가는 몫 때문에 그만큼 더욱 작아지는 한(예컨대 위의 경우 20%가 18%로 되었다) 더 커진다. 이리하여 직접적으로 착취하는 자본가의 평균이윤율은 이윤율을 실제보다 낮게 표현한다.

기타의 모든 사정이 동일하다고 가정하면, 상업자본(소매상은 하나의 잡종이므로 예외로 한다)의 상대적 크기는 그것의 회전속도에 반비례하며, 따라서 재생산과정의 전반적인 활력에 반비례한다. 과학적 분석과정에서 일반적 이윤율의 형성은 산업자본들과 그들 사이의 경쟁에서 출발하여 뒤에 가서 비로소 상업자본의 개입에 의해 정정되고 보충되며 수정되는 것으로서 나타난다. 그러나 역사적 발달과정에서는 사정은 정반대다. 상품의 가격을 다소 그것의 가치에 따라 맨처음 결정하는 것은 상업자본이고, 일반적 이윤율이 맨처음 형성되는 곳은 재생산과정을 매개하는 유통영역에서다. 최초에는 상업이윤이 산업이윤을 결정한다. 자본주의적 생산양식이 지배적으로 되고 생산자 자신이 상인으로 될 때 비로소 상업이윤은 총잉여가치 중 상업자본—사회적 재생산과정에 종사하는 총자본의 일부로서 상업자본 — 에게 돌아가는 일부로 축소된다.

상업자본의 개입에 의한 이윤의 추가적인 균등화에서 분명해진 것은, 상인이 투하하는 화폐자본은 상품의 가치에 어떤 요소도 추가하지 않는다는 점과, 가격에 대한 첨가―이것에 의해 상인이 자기의 이윤을 얻는 다―는 상품가치 중 생산자본이 상품의 생산가격에 넣지 않고 남겨둔 부분과 같다는 점이다. 이 화폐자본은 산업자본가의 고정자본―아직 소 비되지 않아서 그것의 가치가 상품가치의 요소를 구성하지 않는 한에서 의 고정자본―과 사정이 같다ㅣ상품가치를 구성하지 않으면서 이윤율을 규정한 다는 의미ㅣ. 상인은 상품자본의 구매가격에 의해 상품자본의 생산가격 (=M)을 화폐로 보상한다. 그의 판매가격은 위에서 분석한 바와 같이 M+ΔM인데, ΔM은 상품가격에 대한 첨가분―이것은 일반적 이윤율 에 의해 결정된다―을 나타낸다. 그가 상품을 판매하면 상품의 구매를 위해 투하한 최초의 화폐자본은 이 ΔM과 함께 자기에게로 되돌아온다. 여기에서도 또 다시 명백하게 되는 것은, 상인의 화폐자본은 산업자본가 의 상품자본이 화폐자본으로 전환된 것에 불과하다는 점, 그리고 상인의 화폐자본이 이 상품자본의 가치에 영향을 미칠 수 없는 것은, 이 상품자 본이 상인에게 판매되지 않고 최종소비자에게 직접적으로 판매되었을 경 우 상품자본의 가치가 변경되지 않는 것과 마찬가지라는 점이다. 상인의 화폐자본은 사실상 최종소비자에 의한 지불을 미리 대신할 뿐이다. 그렇 지만 이상에서 말한 것은, 우리가 지금까지 가정해 온 바와 같이 상인이 어떤 비용도 들이지 않는 경우, 즉 상인은 상품을 생산자로부터 구매하 기 위해 투하한 화폐자본 이외에는 어떤 자본도―유동자본이든 고정자 본이든―상품의 탈바꿈(즉 매매) 과정에 투하할 필요가 없는 경우에만 타당하다. 그러나 우리가 유통비용(제2권 제6장)에서 본 바와 같이 위와 같은 경우는 사실상 없다. 그리고 이 유통비용은 부분적으로는 상인이 다른 유통담당자로부터 청구할 수 있는 비용으로 나타나고, 부분적으로 자신의 특수한 업무로부터 직접 생기는 비용으로 나타난다.

이 유통비용이 어떤 종류의 것이든―즉 순전히 상인의 업무에서 발생 해 상인의 특수한 유통비용에 속하든, 또는 유통과정 내부에서 수행되는 보충적인 생산과정(예: 발송·운수·보관 등)에서 발생하는 비용에 속하든—이런 유통비용은 상인 측에 대하여 [상품구입에 투하되는 화폐자본 이외에] 위와 같은 유통에 필요한 수단들의 구매와 지불에 투하되는 추가자본을 요구한다. 이 비용요소가 유동자본으로 구성되어 있다면 그 전부가 추가적인 요소로서 상품의 판매가격에 들어가며, 이 비용요소가 고정자본으로 구성되어 있다면 마멸정도에 따라 추가적 요소로서 상품의 판매가격에 들어간다. 이런 비용요소가, 순수한 상업적 유통비용과 마찬가지로 상품의 가치에 대해 어떤 실질적 추가분을 형성하지 않는 경우에도, 명목적 가치를 형성하는 하나의 요소로서 상품들의 판매가격에 들어간다. 그러나 이 추가자본 전체는, 유동자본이든 고정자본이든, 일반적 이윤율의 형성에 참가한다.

순수한 상업적 유통비용(따라서 발송·운수·보관 등의 비용은 제외)은 상품의 가치를 실현하기 위하여—상품을 화폐로 전환시키거나 화폐를 상품으로 전환시켜 상품의 교환을 매개하기 위하여—필요한 비용이다. 여기에서는 유통과정 중에서도 계속될 수 있는—그리고 상인의 업무와는 완전히 분리될 수 있는—생산과정은 전적으로 무시된다. 예컨대 현실의 운수업과 배달업은 상업과 전혀 다른 산업부문일 수 있으며 사실상 그렇다. 매매될 상품이 부두나 기타의 공공장소에 보관될 수 있는데, 여기에서 발생하는 비용은—상인이 부담해야 하는 한—제3자에 의해 상인에게 부과되고 있을 뿐이다. 진정한 도매상업에서는 상업자본은 가장 순수하게 다른 기능들과 거의 혼합되지 않은 채 나타난다. 운수업자·철도경영자·선박소유자는 '상인'이 아니다. 우리가 여기에서 고찰하는 비용은 구매와 판매의 비용이다. 이미 지적한 바와 같이, 이 비용은 회계·부기·마케팅·통신 등으로 분류된다. 이것들에 필요한 불변자본은 사무실·종이·우편요금 등이고, 기타의 비용은 상업노동자에 투하된 가변자본에 속한다. (발송비·운수비·관세 등은 부분적으로 상품의 구매시에 상인에 의해 투하되며, 따라서 상인의 구매가격에 들어간다고 여길 수 있다.)

모든 이런 비용들은 상품의 사용가치 생산에 드는 것이 아니라 상품의 가치 실현에 드는 것이며, 따라서 순수유통비용이다. 이 비용들은 직접적 생산과정에는 들어가지 않지만 유통과정에는 들어가며 따라서 재생산의 총과정에 들어간다. 이 비용들 중에서 지금 우리의 관심사로 되는 유일한 부분은 가변자본으로 투하되는 부분이다. (그 밖에도 다음과 같은 것이 연구되어야 한다. 첫째, [사회적으로] 필요한 노동만이 상품의 가치를 결정한다는 법칙은 유통과정에서 어떻게 적용되는가? 둘째, 축적은 상업자본의 경우에는 어떻게 나타나는가? 셋째, 상업자본은 사회의 현실적인 총재생산과정에서 어떻게 기능하는가?)

이 비용들은 생산물이 상품이라는 경제적 형태를 취하기 때문에 생긴다. [참조. CW 33: 157~158]

산업자본가 자신들이 자기들의 상품을 상호간에 판매하기 위해 허비하는 노동시간—즉 객관적으로 말하면 상품의 유통시간—이 이들 상품에 어떤 가치도 첨가하지 않는다면, 이 노동시간이 산업자본가 대신에 상인에게 맡겨진다 하더라도 그 성격이 달라지지 않는 것은 명백하다. 상품(생산물)이 화폐로 전환하는 것과 화폐가 상품(생산수단)으로 전환하는 것은 산업자본의 필요한 기능이며, 따라서 자본가[그는 사실상 인격화한 자본, 즉 자기 자신의 의식과 의지를 가진 자본에 불과하다]의 필수적 업무다. 그러나 이런 기능은 가치를 증가시키지도 않으며 잉여가치를 창조하지도 않는다. 생산자본가 [산업자본가] 가 자본의 기능을 수행한 뒤에 상인이 유통영역에서 이런 업무를 수행하여 자본의 기능을 속행한다는 점에서 상인은 단순히 산업자본가를 대신할 뿐이다. 이런 업무들에 드는 노동시간은 자본의 재생산과정에 필요한 업무들에 사용되고 있지만, 그 노동시간은 아무런 가치도 첨가하지 않는다. 만약 상인이 이런 업무들을 수행하지 않는다면(그리하여 또 그것들에 필요한 노동시간을 지출하지 않는다면), 그는 산업자본의 유통담당자로서 자기의 자본을 사용하지 않는 것으로 될 것이고, 그는 산업자본가가 중단한 기능을 속행하지 않는 것으로 될 것이며, 따라서 그는 자본가로서, 자기의 투하자본에 비례하여, 산업자본가계급에 의해 생산되는 이윤량을 분배받지도 못할 것이다. 그러므로 상업자본가는 이 잉여가치량을 분배받기 위해, 즉 자기의 투하자금을 자본으로 증식시키기 위해, 굳이 임금노동자를 고용할 필요는 없다. 그의 사업과 자본이 작은 규모일 경우에는 자기 자신이 유일한 노동자여도 좋다. 상업자본가에게 지불되는 것은 이윤 중 상품의 구매가격과 상품의 진정한 생산가격〔상품의 비용가격+생산자본과 상업자본에 대한 평균이윤〕사이의 차액에서 생기는 부분이기 때문이다.

그러나 다른 한편에서는 상인에 의해 투하된 자본이 작은 규모인 경우 그가 실현하는 이윤은 보수가 높은 숙련노동자의 임금보다 많지 않을 수도 있으며 심지어 적을 수도 있다. 그런데 실제로 상인 이외에도 생산자본가〔산업자본가〕의 직접적 상업담당자들—구매담당자·판매담당자·출장판매원—이 기능하고 있는데, 이들은 임금의 형태이거나 판매마다 얻는 이윤의 일정한 몫(수수료·비례제)의 형태로 상인과 동등한 또는 더 높은 수입을 얻고 있다. 그러나 상인은 독립적인 자본가로서 상업이윤을 얻지만, 산업자본가의 직접적 상업담당자에게는 이윤—이 경우 산업자본가는 산업이윤과 상업이윤 모두를 차지한다—의 일부가 임금의 형태이거나 산업자본가의 이윤에 비례하는 몫의 형태로 지불된다. 그렇지만 어느 경우에도, 유통담당자 자신에게는 자기의 수입이 단순한 임금(즉 그가 수행한 노동에 대한 지불)으로 나타난다 할지라도, 그리고 임금의 형태가 아닌 경우 유통담당자의 이윤의 크기가 보수가 높은 노동자의 임금과 거의 같다고 할지라도, 이 수입은 오직 상업이윤에서 생기는 것이다. 이것은 그의 노동이 가치를 창조하는 노동이 아니라는 사실에 근거하고 있다. 유통활동이 연장된다는 것은 산업자본가에 대해서는, (1) 그가 생산과정의 지휘자로서 자기 자신의 기능을 수행하지 못하는 한에서는 개인적 시간손실을 의미하며, (2) 그의 생산물이 화폐형태 또는 상품형태로 유통과정[그의 생산물이 가치증식되지 않으며 직접적 생산과정이 중단되는 과정]에 체류하는 기간이 연장되는 것을 의미한다. 유통활동이 연장되는데도 직접적 생산과정이 중단되지 않기 위해서는, 생산규모가 축소되든지 아니면 생산과정이 동일한 규모로 진행될 수 있게 추가적 화폐자본이 투하되어야만 한다. 결국 종전의 자본으로는 더 적은 이윤을 얻으며, 종전의 이윤을 얻기 위해서는 추가적 화폐자본이 투하되어야 한다는 것이다. 이런 사정은 상인이 산업자본가를 대신하더라도 마찬가지다. 산업자본가는 이제 유통과정에 더 많은 시간을 지출하지 않아도 되지만 그 대신 상인이 그것을 지출하며, 산업자본가는 이제 유통을 위하여 추가적 화폐자본을 투하할 필요가 없게 되지만 그 대신 상인이 그것을 투하한다. 또는 똑같은 이야기지만, 종전에는 산업자본의 큰 부분이 끊임없이 유통과정에 들어가고 거기로부터 나오고 하였지만 이제는 상업자본이 유통과정에 영원히 묶여 있으며, 종전에는 산업자본가가 [유통과정의 연장 때문에] 더 적은 이윤을 얻었지만 이제 그는 자기 이윤의 일부를 완전히 상인에게 주지 않으면 안 된다. 상업자본이 그 필요한 범위 안에 제한되어 있는 한, 구별은 다만 다음과 같다. 즉 자본기능의 이런 분할에 의해 유통과정에 전적으로 묶여있는 시간이 더 적어지고 유통과정에 투하되는 추가자본이 더 적어지며, 이리하여 총이윤의 감소분(이것은 이제 상업이윤의 형태를 취한다)이 이 분할이 이루어지지 않은 경우에 비해 더 적어진다는 것이다. 위의 예에서는 720c+180v+180s가 상업자본 100과 더불어, 산업자본가에게 162(즉 18%)의 이윤을 줌으로써 18의 이윤을 빼내었다면, 상업자본의 독립적인 활동이 없는 경우에는 필요한 추가자본은 200일 수 있으며, 그리하여 산업자본가의 총투하자본은 900이 아

니라 1,100이 될 것이며, 잉여가치 180은 다만 $16\frac{4}{11}$%의 이윤율을 나타
내게 될 것이다.

자기 자신이 상인이기도 한 산업자본가가 [유통 중에 있는 자기 생산
물이 화폐로 전환되기 전에 새로운 상품들[생산수단들]을 구매하는 데
사용하는 추가자본 이외에] 자기의 상품자본의 가치를 실현하기 위하여
[즉 유통과정을 위하여] 자본(사무실 비용과 상업노동자의 임금)을 더욱
투하하였다면, 이 자본은 확실히 추가자본이기는 하지만 잉여가치를 형
성하지는 않는다. 그러나 이 자본은 상품의 가치에서 보충되어야만 한
다. 왜냐하면 비록 이것에 의해 추가적 잉여가치가 형성된 것은 아니지
만, 상품가치의 일부는 이런 유통비용으로 다시 전환되어야 하기 때문이
다. 이것이 사회적 총자본에 대해 가지는 의미는, 사회적 총자본의 일부
는 가치증식과정의 일부가 아닌 부차적 활동을 위해 필요하며 이 부분은
이 목적을 위해 끊임없이 재생산되어야만 한다는 것이다. 이 때문에 개
별자본가나 산업자본가계급 전체의 이윤율은 저하하는데, 이것은 [동일
한 양의 가변자본을 운동시키는 데 추가자본이 필요한 한에서] 추가자본
이 첨가될 때마다 생기는 결과이다.

유통업무 그것과 결부되어 있는 이런 추가비용을 상인이 산업자본가
대신 떠맡는다 하더라도, 이윤율의 이런 감소는 여전히 일어날 것인데
다만 그 정도가 작고 그 경로가 다를 뿐이다. 이제 사태는 다음과 같이
전개된다. 상인은 이런 비용이 존재하지 않는 경우에 필요한 것보다 많
은 자본을 투하한다는 것, 그리고 이 추가자본에 대한 이윤은 상업이윤
총액을 증가시키므로 더 큰 규모의 상업자본이 산업자본과 함께 평균이
윤율의 균등화에 참가하며 따라서 평균이윤이 감소한다는 것이다. 위의
예에서 상업자본 100 이외에 문제의 유통비용을 위해 50의 추가자본이
더 투하된다면, 180의 총잉여가치는 이제 생산자본 900과 상업자본 150,
합계 1,050 사이에 분배될 것이며, 평균이윤율은 $17\frac{1}{7}$%로 저하할 것이

다. 산업자본가는 그 상품을 상인에게 $900+154\frac{2}{7}=1,054\frac{2}{7}$ 로 판매하며, 상인은 그것을 1,130(=1,080+50. 이 50은 상인이 회수해야 하는 비용이다)에 판매한다.* 그러나 상업자본과 산업자본 사이의 분업은 유통비용의 집중과 이에 따른 감축을 내포하고 있다는 것을 인정해야만 한다.

이제 문제는 상업자본가(여기에서는 상품거래업자)가 고용하는 상업노동자의 사정에 관한 것이다.

한 측면에서 보면 상업노동자는 기타 노동자와 마찬가지로 임금노동자다. 첫째로, 그의 노동력이 상인의 가변자본에 의해 구매되며 수입으로 지출되는 화폐에 의해 구매되지 않는 한, 다시 말해 상업노동자의 노동력이 개인적 서비스를 위해 구매되는 것이 아니라 그것의 구매에 투하되는 자본의 가치증식을 위해 구매되는 한, 상업노동자는 임금노동자이다. 둘째로, 그의 노동력의 가치, 따라서 그의 임금이 기타의 모든 임금노동자의 경우와 마찬가지로 그의 노동의 생산물에 의해 결정되는 것이 아니라 이 독특한 노동력의 생산비와 재생산비에 의해 결정되는 한, 상업노동자는 임금노동자이다.

그러나 상업노동자와 [산업자본에 의해 직접적으로 고용되는] 노동자

---

* 이 계산 실례는 마르크스의 주장들―"순수유통비용은 총잉여가치로부터 보충되어야 한다"(제2권 제6장)와 "상인이 최종소비자에게 판매하는 상품의 가격은 상품의 가치와 같다"―에 적합하지 않다. 위의 주장들에 의거해 사회적 평균이윤율, 산업자본가의 생산가격, 상업가격을 다시 계산하면, 다음과 같다. 이 계산은 新日本出版社 『資本論』 제3권(2002): 495에도 나온다.

평균이윤율: $\dfrac{180-50}{900+100+50}=12\frac{8}{21}\%$

산업자본가가 상인에게 파는 가격:

$900+900\times12\frac{8}{21}\%\,(111\frac{3}{7}:\ \text{산업이윤})=1,011\frac{3}{7}$

상인이 최종소비자에게 파는 가격:

$1,011\frac{3}{7}+50+(100+50)\times12\frac{8}{21}\%\,(18\frac{4}{7}:\ \text{상업이윤})=1,080(=\text{상품의 가치})$

사이에는 산업자본과 상업자본 사이의 차이, 따라서 산업자본가와 상인 사이의 차이와 같은 차이가 있을 수밖에 없다. 상인은 단순한 유통대리 인이어서 아무런 가치도 잉여가치도 생산하지 않으므로(왜냐하면 그가 자기의 지출에 의해 상품에 첨가하는 추가가치는 이전부터 존재하는 가 치를 첨가하는 것으로 되기 때문이다—비록 그가 자기의 불변자본의 가 치를 어떻게 유지하고 보존하는가 하는 문제는 여전히 남아 있지만). 상 인에 의해 동일한 기능에 고용되는 상업노동자도 상인을 위해 직접적으 로 잉여가치를 창조할 수는 도저히 없다. 여기에서도 우리는 생산적 노 동자의 경우와 마찬가지로 다음과 같은 것을 가정하고 있다. 즉 임금은 노동력의 가치에 의해 결정되기 때문에 상인이 임금의 삭감에 의해 치부 하는 것은 아니라는 것, 따라서 상인이 비용계산에서 노동에 대한 투자 를 전액 기입한 뒤 일부만 지불하는 것은 아니라는 점이다. 다시 말해 상인이 자기의 사무원 등을 속여 치부하지는 않는다.

상업노동자와 관련해서 생기는 곤란한 문제는, 그들이 직접적으로 잉 여가치를 생산하지 않는데도 어떻게 그들의 고용주를 위해 직접적으로 이윤(이것은 잉여가치의 전환형태에 불과하다)을 생산하는가를 설명하 는 문제가 결코 아니다. 이 문제는 사실상 상업이윤의 일반적 분석에서 이미 해결된 것이다. 산업자본은 상품 속에 이미 포함되어 실현되어 있 는 [불불] 노동—이것에 대해 산업자본은 아무런 등가도 지불하지 않았 다—을 판매함으로써 이윤을 얻는데, 이것과 마찬가지로 상업자본은 상 품 속에 이미 포함되어 있는 불불노동(이 상품의 생산에 투하된 자본이 총산업자본의 일부로서 기능하는 한)의 전부에 대해 산업자본에게 지불 하지 않고, 상품을 판매할 때는 [아직 상품 속에 포함되어 있지만 상인이 산업자본에게 지불하지 않은 불불노동의] 그 부분에 대해 구매자로부터 지불받음으로써 이윤을 얻는다. 잉여가치에 대한 상업자본의 관계는 산 업자본의 그것과는 다르다. 산업자본은 타인의 불불노동을 직접적으로 취득함으로써 잉여가치를 생산하지만, 상업자본은 이 잉여가치의 일부를 산업자본으로부터 자기에게로 이전함으로써 그 일부를 취득한다.

상업자본은 오직 상품가치를 실현한다는 자기의 기능에 의해서만 재생산과정에서 자본으로 기능하며 그리하여 총자본에 의해 생산되는 잉여가치의 분배에 기능하는 자본으로 참가하게 된다. 개별 상인에 대해 말한다면, 그의 이윤량은 그가 이 과정에서 사용할 수 있는 자본량에 달려 있으며, 그의 사무원들의 불불노동이 크면 클수록 그는 그만큼 더 많은 자본을 매매에 사용할 수 있다. 상업자본가의 화폐를 자본으로 만들어 주는 기능 그것은 주로 그의 노동자에 의해 수행된다. 상업노동자의 불불노동은 비록 잉여가치를 창조하지는 않지만, 상업자본가로 하여금 잉여가치를 취득할 수 있게 해주며, 따라서 이 자본에 관한 한 상업노동자의 불불노동은 결과적으로 이윤의 원천이다. 만약 그렇지 않다면 상업은 결코 대규모로 자본주의적으로 운영될 수 없었을 것이다. [참조. CW 33: 156, 165~166]

[산업] 노동자의 불불노동이 생산자본 [산업자본] 을 위해 직접적으로 잉여가치를 창조하는 것과 마찬가지로, 상업노동자의 불불노동은 상업자본을 위해 그 잉여가치의 일정한 몫을 확보해 준다.

곤란한 문제는 오히려 다음과 같다. 바로 상인 자신의 노동시간과 노동은 가치창조노동이 아니므로(물론 그것이 이미 생산된 잉여가치의 일정한 몫을 자기에게 확보해 주지만), 상인이 상업노동력의 구입에 투하하는 가변자본은 어떻게 되는가 하는 점이다. 이 가변자본은 지불되는 비용으로 상인의 투하상업자본에 포함되어야 하는가? 만약 포함되지 않는다면, 이윤율의 균등화 법칙과 모순되는 것 같으며, 오직 100이 투하자본으로 인정되는 마당에 어떤 자본가가 150을 투하할 것인가? 그러나 만약 포함된다면, 상업자본의 성격 그것과 모순되는 것 같다. 왜냐하면 상업자본이 자본으로 기능하는 것은 산업자본처럼 타인의 노동을 운동시키는 것에 의해서가 아니라 그 자체가 활동하는 것[즉 매매의 기능을 수행하는 것]에 의해서이며, 또 바로 이렇게 하는 것에 의해서만 상업자본은 산업자본에 의해 창조된 잉여가치의 일부를 자기에게 이전시키기 때문이다.

(그러므로 다음과 같은 점들이 연구되어야 한다. 상인의 가변자본. 유통영역에서 〖사회적으로〗 필요한 노동의 법칙. 상인은 어떻게 그의 불변자본의 가치를 유지하는가? 총재생산과정에서 상업자본의 기능. 끝으로, 한편에서는 상품자본과 화폐자본으로의 분할과, 다른 한편에서는 상품거래자본과 화폐거래자본으로의 분할.)

만약 각각의 상인이 자기 자신의 노동에 의해 회전시킬 수 있는 자본량만을 가지고 있다면 상업자본의 무한한 세분화가 생겨날 것이며, 이런 세분화는 자본주의적 생산양식의 발달에 따라 필연적으로 증가할 것이고 생산자본 〖산업자본〗이 점점 더 큰 규모로 생산하고 점점 더 큰 양을 취급함에 따라 비례적으로 더욱 증가할 것이다. 그리하여 두 형태의 자본 사이의 불비례는 더욱 심화될 것이다. 왜냐하면 자본이 생산영역에서 집중되는 것과 동일한 정도로 유통영역에서는 분산될 것이기 때문이다. 이리하여 산업자본가의 순수상업적 업무와 순수상업적 지출은 무한히 확대될 것이다. 왜냐하면 그는 예컨대 100명의 상인을 상대하는 것이 아니라 1,000명의 상인을 상대하여야 할 것이기 때문이다. 이렇게 되면 상업자본의 자립화에서 생기는 이익의 대부분은 상실될 것이며, 순수상업비용 이외에도 기타의 유통비용(선별·발송 등)도 증대할 것이다. 이것은 산업자본에 미치는 영향이다. 이제 상업자본 측을 고찰해 보자. 먼저 진정한 상업업무를 보자. 큰 수의 계산이 작은 수의 계산보다 시간이 더 들지는 않는다. 100원씩 구매를 10번 하는 것은 1,000원의 구매를 한 번 하는 것보다 10배의 시간이 든다. 10명의 작은 상인과 통신하는 데는 한 명의 큰 상인과 통신하는 것에 비해 10배의 통신·종이·우편요금이 든다. 상인 사무실의 잘 조직된 분업—A는 부기를, B는 출납을, C는 통신을, D는 구매를, E는 판매를, F는 외판을 담당하는 따위—은 노동시간을 크게 절약하며, 이리하여 도매업에 고용되는 노동자의 수는 결코 영업규모에 비례하지 않는다. 동일한 기능이—대규모로 수행되든 소규모로 수행되든—동일한 노동시간을 요구하는 것은 사실상 산업에서보다 상업에서 훨씬 더 심하다. 이 때문에 집적은 역사적으로 산업의 작업장에서보다 상업에서 더욱 먼저 나타난다. 그 다음으로 불변자본에 대한 지출을 보자. 100개의 소규모 사무소들은 한 개의 대규모 사무소보다, 100개의 소규모 창고들은 한 개의 대규모 창고보다 훨씬 더 비용이 든다. 운수비용—적어도 투하되어야 할 비용으로서 상업과 관련되어 있는—도 이런 세분화에 따라 증대한다.

산업자본가는 자기 사업의 상업적 부분에 더욱 많은 노동과 유통비용을 지출해야만 할 것이다. 동일한 규모의 상업자본도, 다수의 소상인들 사이에 분할되어 있다면, 이 분할 때문에 그 기능을 수행하기 위해 훨씬 더 많은 노동자들을 필요로 할 것이고, 동일한 상품자본을 회전시키기 위해 더 큰 상업자본이 필요하게 될 것이다.

상품의 매매에 직접적으로 투하되는 총상업자본을 B라 하고, 상업보조원의 임금에 투하되는 가변자본을 b라고 하자. 그러면 B+b는, 각각의 상인이 아무런 보조원도 없이 매매업무를 수행하며 따라서 b에 투하되는 부분이 없는 경우의 총상업자본 B보다는 반드시 적어야 할 것이다. [상업보조원을 고용하면 상품매매를 더욱 효율적으로 수행할 수 있기 때문이다.] 그러나 아직도 우리는 이 곤란한 문제를 해결한 것은 아니다.

상품의 판매가격은 (1) (B+b)에 대한 평균이윤을 지불하는 데 충분하여야 한다. 이것은 이미 B+b가 항상 최초의 B를 감축시킨다는 사실, B+b는 b가 없는 경우에 필요하게 될 상업자본(B)보다 적다는 사실에 의해 해명되었다. 그리고 상품의 판매가격은 또한 (2) b에 대한 추가적 이윤

이외에도 지불된 임금 즉 상인의 가변자본(=b)을 보충하는 데 충분하여야 한다. 이것이 곤란을 야기하는 문제다. b가 가격의 새로운 구성부분을 형성하는가, 아니면 (B+b)에 의해 얻는 이윤의 일부—상업노동자에 대해서만 임금으로 나타나고, 상인 자신에 대해서는 자기의 가변자본의 보충분으로서 나타나는 이윤의 일부— 인가? 후자의 경우에는, 상인이 자기의 투하자본 B+b에 대해 얻는 이윤은 일반적 이윤율에 따라 B에게 돌아오는 이윤에 b를 더한 것과 같게 될 것이며, 따라서 b는 상인에 의해 임금의 형태로 지불되지만 아무런 이윤도 낳지 않게 될 것이다.

따라서 문제는 b의 극한(수학적 의미에서)을 찾는 것으로 되어 버린다〔왜냐하면 B+b를 투하하면서도 B에 대한 이윤만을 얻기 때문이다〕. 우리는 먼저 이 곤란한 문제를 좀더 정확하게 규정하여야 한다. 상품의 매매에 직접적으로 투하되는 자본을 B라 하고, 이 기능을 위해 사용되는 불변자본(물적 거래비용)을 K, 상인이 투하하는 가변자본을 b라 하자.

B의 보충은 전혀 아무런 곤란을 제기하지 않는다. B는 상인의 입장에서는 실현된 구매가격 또는 생산자의 생산가격에 불과하다. 상인은 이 가격을 지불하며, 재판매에 의해 그의 판매가격의 일부로서 B를 회수한다. 또 B 이외에 이미 설명한 바와 같이 B에 대한 이윤을 얻는다. 예컨대 상품의 구입에 100원이 들고 이것에 대한 이윤이 10%라면, 상품은 110원에 판매된다. 상품은 이미 이전부터 100원이었으므로 100원의 상업자본은 이것에 다만 10원을 첨가할 따름이다.

이제 K를 보면, 이것은 아무리 크다 하더라도 생산자가 판매와 구매를 위해 필요로 하는 불변자본과 같을 것이며(사실상은 그보다 작지만), 이것은 물론 [생산자가 생산에서 직접적으로 사용하는] 불변자본에 대한 추가분을 이룬다. 어쨌든 이 부분은 끊임없이 상품의 가격으로부터 보충되어야 한다. 또는 같은 이야기지만, 사회적 총자본의 입장에서 보면 상품 중 이것에 상당하는 부분은 끊임없이 K의 형태로 소비되고 재생산되어야 한다. 투하불변자본의 이 부분은 생산에 직접적으로 투하된 모든 불변자본과 마찬가지로 이윤율을 저하시키는 작용을 한다. 산업자본가가 자기 사업의 상업부분을 상인에게 맡기는 한, 그는 이 자본부분을 투하할 필요가 없다. 그 대신 상인이 이것을 투하한다. 그러나 상인은 자기가 사용하는 불변자본(그의 물적 비용)을 생산하지도 못하며 재생산하지도 못하므로, 이런 불변자본의 투하는 사실상 이름뿐인 투하에 불과하다. 이런 불변자본의 생산은 일정한 산업자본가의 독자적인 사업, 또는 적어도 그 사업의 일부로 나타나며, 이리하여 이 산업자본가는 생활수단의 생산자에게 불변자본을 공급하는 것과 마찬가지로 상인에게 불변자본을 공급한다. 상인은 첫째로 이 불변자본의 보충분을 얻으며, 둘째로 이 불변자본에 대한 이윤을 얻는다. 이 두 개로 말미암아 산업자본가의 이윤은 감소한다. 그러나 분업에 따르는 집중과 절약 때문에 이 감소의 정도는 산업자본가가 스스로 이 자본을 투하해야만 하는 경우보다 작다. 이윤율의 감소도 더 작다. 왜냐하면 분업 때문에 투하불변자본이 더 작아지기 때문이다.

지금까지 말한 바에 따르면, 판매가격은 B+K+(B+K에 대한 이윤)으로 구성되며, 이는 아무런 곤란도 제기하지 않는다. 그러나 이제 b―상인이 투하하는 가변자본―가 판매가격에 들어온다.

이제 판매가격은 B+K+b+(B+K에 대한 이윤)+(b에 대한 이윤)으로 된다.

B는 구매가격을 보충할 따름이고 B에 대한 이윤 이외에는 아무것도 이 가격에 첨가하지 않는다. K는 K에 대한 이윤뿐 아니라 K 그것도 첨가한다. 그러나 K+(K에 대한 이윤), 즉 유통비용 중 불변자본의 형태로 투하된 부분+이것에 대한 평균이윤은 상업자본가의 수중에서보다는 산업자본가의 수중에서 더욱 클 것이다. 이 평균이윤의 감소는 다음과 같은 형태를 취한다. 즉〔산업자본가에 대한〕완전한 평균이윤은 투하산업

자본에서 (B+K)를 공제한 뒤에 계산되는데, 이 평균이윤의 공제분—즉 (B+K)에 대한 이윤—은 상인에게 지불되며 이 공제분이 상업자본이라는 특수한 자본의 이윤으로 나타난다.

그러나 b+(b에 대한 이윤)에 관해서는, 즉 이윤율이 10%라고 가정되고 있는 우리의 경우 b+$\frac{1}{10}$b에 관해서는 사정이 다르다. 그리고 여기에 진정한 곤란이 있다.

우리의 가정에 따르면, 상인이 b를 가지고 구매하는 것은 오직 상업노동, 즉 자본유통의 기능(C-M과 M-C)을 수행하는 데 필요한 노동이다. 그런데 상업노동은 자본이 상업자본으로서 기능하는 데—상품을 화폐로 전환시키고 화폐를 상품으로 전환시키는 것을 매개하는 데—일반적으로 필요한 노동이다. 가치를 실현하지만 아무런 가치도 창조하지 않는 노동이다. 그리고 어떤 자본이 이 기능을 수행하는 한[즉 어떤 자본가가 자기의 자본으로 이 업무와 이 노동을 수행하는 한], 그 자본은 상업자본으로 기능하고 일반적 이윤율의 결정에 참가하며 총이윤에서 자기 몫을 얻어낸다. 그런데 b+(b에 대한 이윤)에서는, 첫째로 상인 자신이 당연히 수행해야 할 노동이 지불받고 있는 것처럼 보이고(산업자본가가 상인에게 상인 자신의 노동에 대해 지불하든 상업노동자의 노동에 대해 지불하든 마찬가지이므로), 둘째로 상인 자신이 당연히 수행해야 할 노동에 대한 지불에 대해 이윤을 지불하고 있는 것처럼 보인다. 상업자본은 첫째로 b를 상환받고 둘째로 b에 대한 이윤을 받는 것처럼 보인다. 이런 현상은, 상업자본은 첫째로 자기 자신을 상업자본으로서 기능하게 하는 노동에 대해 대가를 받으며, 둘째로 자기 자신이 자본으로서 기능하여—즉 기능자본으로서 이윤을 얻는 업무를 수행하여—이윤을 얻기 때문에, 생기게 된다. 이것이 우리가 해결해야 할 문제다.

B=100, b=10, 그리고 이윤율=10%라고 하자. K=0이라고 두는데, 이것은 판매가격 중 이미 취급했으며 여기에서는 문제가 되지 않는 요소를

불필요하게 다시 도입하는 것을 피하기 위해서다. 그러면 판매가격은 (B+B에 대한 이윤)+(b+b에 대한 이윤)=B+Bp′+b+bp′(p′은 이윤율)= 100+10+10+1=121이 될 것이다.

그러나 만약 상인이 이 b를 임금에 투하하지 않는다면(왜냐하면 b는 오직 상업노동──산업자본이 시장에 내놓는 상품자본의 가치를 실현하는 데 필요한 노동──에 대하여 지불될 따름이므로), 사태는 다음과 같이 될 것이다. B=100으로 매매하기 위해 상인은 그의 시간을 쏟을 것인데, 이 시간이 그가 사용할 수 있는 시간의 전부라고 가정하자. b=10에 의해 대표되는 상업노동이 임금이 아니라 이윤에 의해 지불된다면, 또 하나의 상업자본 100의 존재를 전제해야 할 것이다. 왜냐하면 이것의 10%는 10(=b)이기 때문이다. 이 제2의 B=100은 상품의 가격에 추가적으로 들어가지 않을 것이지만, 그 10%는 상품의 판매가격에 첨가될 것이다. 그러므로 100씩을 가진 두 개의 활동이 수행되며 상품을 200+20=220으로 구매하게 ['판매하게'가 옳다] 될 것이다.

상업자본은 [유통과정에서 기능하는] 산업자본의 일부가 자립화한 형태에 불과하기 때문에, 상업자본에 관한 모든 문제는 다음과 같이 제기되어야 한다. 즉 상업자본에 특유한 현상이 아직 독립적으로 나타나지 않고 여전히 산업자본과 직접적으로 관련되어 있는 형태로──즉 상업자본이 산업자본의 하나의 가지로서──먼저 문제가 제기되어야 한다. 상업자본은 작업장이 아니라 사무실을 가지고 유통과정에서 계속 기능하므로, 여기에서 문제가 되고 있는 b도 먼저 산업자본가 자신의 상업사무실에서 조사되어야만 한다. [참조. CW 33: 159]

처음부터 이 사무실은 산업작업장에 비하면 엄청나게 작다. 그러나 생산규모가 팽창함에 따라 산업자본의 유통을 위해 끊임없이 수행되어야 할 상업활동들──상품자본의 형태로 생산물을 판매하는 것, 그 대금을 다시 생산수단으로 전환시키는 것, 이 전체과정에 대한 회계를 하는 것

에 관련된 상업활동들—도 증대하는 것은 명백하다. 가격계산·부기·
자금관리·통신은 모두 여기에 속한다. 생산규모가 증대하면 할수록 산
업자본의 상업활동, 그리고 가치와 잉여가치를 실현하기 위한 노동과 기
타의 유통비용은 비록 비례적으로는 아니더라도 그만큼 더 증대한다. 이
리하여 상업노동자들의 고용이 필요하게 되고 그들이 진정한 상업사무실
을 구성하게 된다. 이들에 대한 지출은, 비록 임금형태로 실시되지만, 생
산적 노동의 구매에 투하되는 가변자본과는 구별된다. 그 지출은 잉여가
치를 직접적으로 증가시키지 않으면서 산업자본가의 지출, 투하해야 할
자본의 양을 증대시킨다. 왜냐하면 그 지출은 이미 창조된 가치를 실현
하는 데만 사용되는 노동에 대한 지출이기 때문이다. 동일한 종류의 기
타 지출과 마찬가지로 이 지출도 이윤율을 저하시킨다. 왜냐하면 투하자
본은 증가하면서 잉여가치는 증가하지 않기 때문이다. 잉여가치 s는 불
변이지만 투하자본 C는 C+ΔC로 증대하기 때문에, 이윤율 $\frac{s}{C}$는 더 낮
은 이윤율 $\frac{s}{C+\Delta C}$로 대체된다. 그러므로 산업자본가는, 불변자본에 대해
지출할 때와 마찬가지로 이 유통비용을 최소한도로 제한하려고 한다. 산
업자본과 상업노동자 사이의 관계는 산업자본과 생산적 임금노동자 사이
의 관계와 같지는 않다. 생산적 임금노동자가 더욱 많이 고용될수록, 기
타의 모든 사정이 불변이라면, 생산은 그만큼 더욱 거대화하고 잉여가치
또는 이윤은 그만큼 더욱 커진다. 그러나 반대로 생산규모가 크면 클수
록, 그리고 실현되어야 할 가치와 잉여가치가 크면 클수록, 그리하여 생
산되는 상품자본이 크면 클수록, 상업사무실 비용은 상대적으로는 아니
라 하더라도 절대적으로는 그만큼 더욱 증가하며, 이리하여 특정의 분업
에 대한 동기를 주게 된다. 이윤이 얼마나 이런 지출의 전제조건인가는
무엇보다도 상업직 급여의 증대에 따라 그 급여의 일부가 때때로 이윤의
일정한 비율로서 지불되고 있다는 사실에 의해 확인된다. 가치의 계산이
나 가치의 실현이나 실현된 화폐를 생산수단으로 재전환하는 등 매개적

인 활동만을 담당하는 노동, 따라서 생산되어 실현되기를 기다리는 가치
량에 의해 그 규모가 결정되는 노동―이런 종류의 노동은, 직접적으로
생산적인 노동과는 달리 이런 가치의 크기나 양의 원인으로 작용하는 것
이 아니라 그 결과라는 것은 당연한 일이다. 기타의 유통비용도 사정은
비슷하다. 많은 것을 계량하고 포장하고 수송하기 위해서는 먼저 많은
상품이 존재해야만 한다. 포장노동이나 수송노동 등의 양이 그 활동의
대상인 상품의 양에 의해 결정되는 것이지 그 거꾸로는 아니다.

　상업노동자는 직접적으로 잉여가치를 생산하지는 않는다. 그러나 그의
노동의 가격은 그의 노동력의 가치[즉 그것의 생산비]에 의해 결정되며,
이 노동력의 사용―노동력의 지출·소모―은 기타의 임금노동자의 경
우와 마찬가지로 그의 노동력의 가치에 의해 제한되지는 않는다. 그러므
로 그의 임금은 그의 도움으로 자본가가 실현하는 이윤량과는 어떤 필연
적인 관계도 없다. 그가 자본가에게 지불하게 하는 것 [지불노동] 과 그가
자본가에게 가져다주는 것 [총노동] 은 다른 크기다. 그가 노동하는 한(그
것의 일부는 불불노동이다), 그가 하는 일은 직접적으로 잉여가치를 창조
하는 기능이 아니라, 잉여가치의 실현비용을 줄여주는 도움이다. 진정한
상업노동자는 임금노동자 중 보수가 높은 부류에 속하며, 평균노동 이상
의 숙련노동을 수행하는 부류에 속한다. 그러나 그의 임금은, 자본주의적
생산양식의 발달에 따라 평균노동에 비교하더라도 하락하는 경향이 있다.
왜냐하면 첫째로 상업사무실의 분업에 의해 노동능력의 일면적인 발달만
이 가능하게 되며, 이 노동능력을 키우는 비용의 대부분은 자본가에게 아
무런 부담도 주지 않기 때문이며(그 이유는 노동자의 숙련은 기능 그것에
의하여 발달하며, 그 기능이 분업에 따라 일면적으로 되면 될수록 노동자
의 숙련은 그만큼 더 빨리 발달하기 때문이다), 둘째로 자본주의적 생산
양식이 교육방법 등을 실무위주로 하면 할수록, 기초기능·상업지식·언
어지식 등은 과학과 국립교육의 발달에 따라 그만큼 더욱 빨리 쉽게 전반

적으로 그리고 더욱 값싸게 재생산되기 때문이다. 국립교육의 전반적 확대는 이 종류의 노동자들을 종래에는 이런 직업에서 제외되어 더 낮은 생활수준에 익숙하였던 계급들로부터 보충할 수 있게 한다. 국립교육의 전반적 확대는 또한 이런 상업노동자의 공급을 증대시키고 따라서 경쟁을 격화시킨다. 그러므로 약간의 예외는 있지만, 이런 사람들의 노동력은 자본주의적 생산의 발달에 따라 감가되며, 그들의 노동능력은 증대하는데 그들의 임금은 저하한다. 자본가는 실현해야 할 가치와 이윤을 더 많이 가지게 되므로 이런 노동자의 수를 증가시킨다. 이런 노동의 증가는 항상 잉여가치 증가의 결과이며 결코 그 원인은 아니다.[39][a]

* * *

이리하여 일정한 중복이 생긴다. 한편에서는 상품자본과 화폐자본의 기능(더욱 나아가 규정하면 상인자본의 기능)은 산업자본의 일반적인 형태규정이다. 다른 한편에서는 특수한 자본들 따라서 특수한 부류의 자본가들이 이런 기능들에 전적으로 종사하며, 이리하여 그 기능들이 자본증식의 특수영역으로 발달한다.

상업기능과 유통비용은 오직 상업자본과 더불어 자립성을 획득한다. 산업자본 중 유통에 속하는 측면은 산업자본이 끊임없이 상품자본과 화폐자본의 형태로 존재한다는 것뿐 아니라 작업장과 나란히 상업사무실이

---

[39][a] {엥겔스: 상업프롤레타리아트의 운명에 관한 이 1865년의 예측이 그 뒤 어떻게 실증되었는가는 수백명의 독일인 사무원의 경우가 그 예를 제공하고 있다. 그들은 모든 상업활동들과 3~4개국 언어에 통달하고 있으면서도, 런던의 시티the city〔금융중심지〕에서 주 25실링—숙련기계공의 임금보다 훨씬 낮다—으로 일자리를 구해도 일자리를 구할 수가 없다. 초고에 있는 두 쪽의 공백은 이 점을 더욱 전개하려고 한 것을 암시하고 있다. 또한 제2권 제6장 '유통비용'을 참조하라. 거기에는 이미 이 점에 관해 여러가지를 언급하고 있다.}

존재한다는 것에서도 나타난다. 그러나 이 측면은 상업자본과 함께 독립
한다. 상업자본에게는 상업사무실이 유일한 작업장이다. 유통비용의 형
태로 사용되는 자본부분은 도매상의 경우가 산업자본가의 경우보다 훨씬
크게 나타난다. 왜냐하면 각각의 산업작업장과 연결되어 있는 자기 자신
의 사무실 이외에도, 산업자본가계급 전체에 의해 유통비용으로 사용되
어야만 하는 자본부분이 지금은 한 줌도 안 되는 상인들의 수중에 집중
되어 있기 때문이다. 상인들은 유통기능을 떠맡으면서 또한 거기에서 생
기는 유통비용도 떠안는다.

산업자본가에게는 유통비용은 비생산적 비용으로 나타나며 또 실제로
도 그렇다. 그러나 상인에게는 유통비용은 자기 이윤의 원천으로서 나타
나며, 이 이윤은—일반적 이윤율이 주어져 있다면—유통비용의 크기에
비례한다. 그러므로 상업자본에 관한 한, 유통비용을 위한 지출은 생산
적 투자이며, 상업자본이 구매하는 상업노동도 상업자본에 대해서는 직
접적으로 생산적이다.

제18장

상업자본의 회전. 가격

산업자본의 회전은 생산시간과 유통시간의 통일이며, 따라서 **전체** 생산과정을 포괄한다. 그러나 상업자본의 회전은 사실상 상품자본의 운동이 자립화한 것에 불과하므로 상품탈바꿈의 제1국면 C－M을 하나의 특수한 자본의 자기환류운동으로서 표시할 따름이다. M－C, C－M은 상인의 관점에서는 상업자본의 회전이다. 상인은 구매하여 자기의 화폐를 상품으로 전환시키고, 그 다음에 판매하여 그 동일한 상품을 다시 화폐로 전환시키며, 이런 일을 끊임없이 반복한다. 유통영역에서는 산업자본의 탈바꿈은 항상 C_1-M-C_2로 나타난다. C_1(생산된 상품)의 판매로 얻는 화폐는 C_2(새로운 생산수단)의 구매에 사용된다. 이것은 사실상 C_1과 C_2의 교환이며, 따라서 동일한 화폐가 두 번 그 소유자를 바꾼다. 이 화폐의 운동은 두 개의 다른 종류의 상품들—C_1과 C_2—의 교환을 매개한다. 그러나 상인의 경우에는 M－C－M′에서 두 번 소유자를 바꾸는 것은 동일한 상품이며, 이 상품은 상인의 화폐가 상인에게 환류하는 것을 매개할 따름이다.

상인자본이 예컨대 100원이고, 상인은 이 돈으로 상품을 구매하여 뒤에 110원에 판매한다면, 그의 자본 100원은 1회전한 것이며, 연간 회전수는 이 운동 M−C−M′이 일년 동안 얼마나 자주 반복되는가에 달려있다.

여기에서는 구매가격과 판매가격 사이의 차이를 일으키는 비용들은 완전히 무시하고 있다. 왜냐하면 이런 비용들은 우리가 먼저 고찰해야 할 형태를 조금도 변경시키지 않기 때문이다.

이리하여 일정한 상업자본의 회전수는 단순한 유통수단으로서 화폐의 유통 반복과 전적으로 비슷하다. 10번 유통하는 동일한 100원짜리 동전이 자기 가치의 10배나 되는 상품을 구매하는 것과 마찬가지로, 상인의 동일한 화폐자본 예컨대 100원이 10회 회전한다면, 자기 가치의 10배의 상품을 구매하며, 자기 가치의 10배인 1,000원의 총상품자본을 실현한다. 그러나 거기에는 다음과 같은 차이가 있다. 유통수단으로서 화폐의 유통에서는 동일한 화폐조각이 다른 사람들의 수중을 통과하며, 이리하여 동일한 기능을 되풀이해 수행하고 유통화폐량을 유통속도에 의해 보충한다. 그러나 상인의 경우에는 동일한 화폐자본, 동일한 화폐가치 — 어떤 화폐조각으로 구성되어 있든 상관없다—가 그 가치액만큼의 상품자본을 되풀이해 구매하고 판매하며, 이리하여 동일한 소유자에게 동일한 출발점에, 반복하여 M+ΔM으로서, 가치+잉여가치로서 환류한다. 〔참조. CW 33: 48~49〕 이것이 자본의 회전으로서 상업자본의 회전을 특징짓는다. 상업자본은 유통에 투입하는 것보다 많은 화폐를 항상 유통에서 끌어낸다. 물론 상업자본의 회전이 빨라지면(신용제도의 발달에 따라 화폐의 지불수단 기능이 우세하게 되면 그렇게 된다) 동일한 화폐량의 유통도 빨라진다는 것은 말할 것도 없다.

그러나 상업자본의 회전 반복은 구매와 판매의 반복 이외에 아무것도 아니지만, 산업자본의 회전 반복은 전체 재생산과정(소비과정을 포함)의 주기성과 갱신을 표현한다. 그런데 산업자본의 회전 반복은 상업자본에게는 외부조건일 뿐이다. 상업자본의 급속한 회전이 계속될 수 있기 위해서는 산업자본은 끊임없이 상품을 시장에 투입하고 다시 그것을 시장

에서 끌어내어야만 한다. 재생산과정이 일반적으로 느리면 상품자본의
회전도 느려진다. 상업자본은 확실히 생산자본[산업자본]의 회전을 돕
지만, 이것은 오직 생산자본의 유통시간을 단축시키는 한에서다. 상업자
본은 생산시간(이것도 산업자본의 회전시간에 대해 하나의 제한을 구성
한다)에 대해서는 직접적인 영향을 미치지 못한다. 위의 사실은 상업자
본의 회전에 대한 첫 번째 제한이다. 그러나 둘째로 재생산적 소비에 의
해 형성되는 제한을 무시하면, 상업자본의 회전은 결국 개인적 소비 전
체의 속도와 규모에 의해 제한된다. 왜냐하면 상품자본 중 소비재원에
들어가는 부분 전체가 이 속도와 규모에 달려있기 때문이다.

  상업세계 내부의 회전—상인 상호간에 동일한 상품을 매매하는 것으
로 투기시기에 매우 번창하는 유통형태다—을 완전히 무시한다면, 상업
자본은 첫째로 생산자본을 위해 C−M 국면을 단축시킨다. 둘째로 근대
적 신용제도에서는 상업자본은 사회의 총화폐자본의 큰 부분을 마음대로
사용할 수 있으므로 자기가 이미 구매한 것을 최종적으로 판매하기 전에
자기의 구매를 되풀이할 수 있다. 이 경우 상인이 최종소비자에게 직접
적으로 판매하든, 두 사람 사이에 12명이나 되는 다른 상인들이 끼어 있
든 전혀 상관이 없다. 재생산과정의 비상한 탄력성(재생산과정은 언제나
어떤 주어진 제한을 넘어 추진될 수 있다) 때문에 상인은 생산 그것의
어떤 제한도 보지 못하거나 매우 탄력적인 제한만을 보게 된다. 이리하
여 상품의 성질에서 유래하는 C−M과 M−C의 분리 이외에도 지금 가
공적인 수요가 창조된다. 상업자본의 운동은, 이것의 자립화에도 불구하
고, 유통영역 안에서 산업자본의 운동일 따름이다. 그러나 이 자립화 때
문에 상업자본은 일정한 범위 안에서는 재생산과정의 한계들과 독립하여
운동하고, 이리하여 또 이 재생산과정을 그 한계들을 넘어서까지 추진시
킨다. 내적인 의존성과 외적인 자립성은 상업자본을 그 내적 관련이 공
황에 의해 폭력적으로 회복되는 지점까지 몰고 간다.

그렇기 때문에 공황이 먼저 출현하여 폭발하는 곳은 직접적 소비에 관계하는 소매업이 아니라 도매업과 은행(사회 전체의 화폐자본을 도매업에 사용하도록 한다)의 분야라는 현상이 생기는 것이다.

제조업자는 수출업자에게 실제로 판매하며, 수출업자는 해외고객에게 실제로 판매하며, 수입업자는 원료를 제조업자에게 판매하고, 제조업자는 자기의 생산물을 도매상인에게 판매한다. 따위. 그러나 어디엔가 보이지 않는 지점에 상품은 판매되지 않은 채로 쌓여 있다. 또는 생산자와 중개상인의 재고가 점차로 과잉이 된다. 바로 이 시점에서는 소비가 일반적으로 왕성한데, 그 이유는 부분적으로는 하나의 산업자본가가 일련의 다른 자본가들을 활동시키기 때문이며, 부분적으로는 그들에 의해 고용되는 노동자들이 완전히 고용되어 평소보다 더 많이 지출할 수 있기 때문이다. 자본가의 지출도 자기의 수입과 함께 증가한다. 이 밖에도 우리가 이미 본 바와 같이(제2권 제3편), (가속되는 축적은 무시하더라도) 불변자본과 불변자본 사이에 끊임없는 유통이 일어나는데, 이 유통은 개인적 소비에는 결코 들어가지 않기 때문에 처음에는 개인적 소비와는 독립하고 있지만, 결국은 개인적 소비에 의해 제한된다. 왜냐하면 불변자본은 결코 그 자체를 위해 생산되는 것이 아니라, 개인적 소비에 들어가는 생산물을 공급하는 생산분야에서 더 많은 불변자본을 요구하여 생산되기 때문이다. 그러나 불변자본의 생산도 당분간은 예상수요에 자극되어 아주 평온하게 계속될 수 있으며, 이리하여 이 산업분야에서는 상인도 산업자본가도 경기가 매우 좋다. 그러나 멀리 떨어진 시장에 판매하는 상인들(또는 국내에 재고를 쌓아둔 상인들)의 자금회수가 너무 느리고 소규모여서 은행이 대출의 상환을 촉구하자마자, 또는 구매한 상품은 아직 판매되지 않았는데 그 상품을 근거로 발행된 어음이 지불만기가 되자마자, 공황이 일어난다. 이 때 투매가 시작되고 채무상환을 위한 판매가 시작된다. 이제 파국이 오며, 이것은 겉모양의 번영을 갑자기 중단시켜 버린다.

상업자본의 회전의 피상적이고 불합리한 성질은, 동일한 상업자본의 회전이 다수의 생산자본들의 회전을 동시에 또는 차례차례 촉진할 수 있기 때문에 더욱 심화된다.

상업자본의 회전은 서로 다른 산업자본들의 회전을 촉진할 뿐 아니라 상품자본 탈바꿈의 반대국면들을 매개할 수도 있다. 상인은 예컨대 제조업자로부터 아마포를 구매하여 표백업자에게 판매할 수 있다. 이 경우 동일한 상업자본의 회전(사실상은 아마포의 실현인 C-M)은 두 개의 다른 산업자본의 두 개의 반대국면을 표현한다. 즉 상인이 생산적 소비를 위해 판매한다면, 그의 C-M은 한 산업자본의 M-C를 표현하며, 그의 M-C는 다른 산업자본의 C-M을 표현하기 때문이다.

이 장에서처럼 우리가 유통비용 K(상인이 상품의 구매에 투하하는 금액 이외에 투하하는 자본부분)를 무시한다면, 이 추가자본에 대해 상인이 얻는 추가이윤 ΔK도 무시하여야 한다. 이와 같은 방식은 상업자본의 이윤과 회전이 가격에 미치는 영향을 고찰하는 경우에는 매우 논리적이고 수학적으로 올바른 방식이다.

설탕 1그램의 생산가격이 1원이라면, 상인은 100원으로 100그램의 설탕을 구매할 수 있다. 이것이 그가 일년동안 매매하는 양이고 연간 평균 이윤율이 15%이라면, 그는 이 100원에 15원을 첨가할 것이고 1그램의 생산가격 1원에 0.15원을 첨가할 것이다. 이리하여 그는 설탕 1그램을 1.15원에 판매할 것이다. 설탕 1그램의 생산가격이 0.05원으로 하락한다면, 상인은 이제 100원으로 2,000그램을 구매할 것이며, 1그램을 0.0575원에 판매할 것이다. 이 설탕 매매업에 투하된 자본 100원에 대한 연간 이윤은 이전과 마찬가지로 여전히 15원일 것이다. 그러나 상인은 전자의 경우에는 100그램을 판매하여야 하고 후자의 경우에는 2,000그램을 판매하여야 한다. 생산가격의 높고 낮음은 이윤율과는 아무런 관련도 없지만, 설탕 1그램의 판매가격 중 상업이윤으로 돌아가는 일정한 부분[설탕 1그램당 상업이윤], 또는 상인이 일정량의 상품(생산물)에 첨가하는 가격추가가 얼마나 큰가에는 결정적인 영향을 미친다. 상품의 생산가격이 낮으면, 상인이 일정량의 상품의 구매가격으로 투하하는 총액은 적을 것이고, 주어진 이윤율에서는 상인이 이 값싼 상품의 일정량에서 얻는 이윤량도 적을 것이다. 또는 똑같은 이야기이지만, 상인은 예컨대 100원이라는 주어진 자본으로 대량의 이 값싼 상품을 구매할 수 있으며, 그가 이 100원에서 얻는 총이윤 15원은 이 상품량의 하나하나에 조금씩 분산된다. 그리고 그 반대의 경우에는 반대로 된다. 상품의 생산가격은 상인이 거래하는 상품을 생산하는 산업자본의 생산성이 높은가 낮은가에 전적으로 달려있다. 예컨대 지난날의 네덜란드 동인도회사의 경우처럼 상인이 독점상인임과 동시에 생산도 독점하고 있는 경우를 제외한다면, 다음과 같은 통속적인 견해—즉 개별상품에 작은 이윤을 붙여 많은 상품을 판매할 것인가, 아니면 개별상품에 큰 이윤을 붙여 적은 상품을 판매할 것인가는 상인에 의해 결정된다는 견해—는 엉터리에 지나지 않는다. 상인의 판매가격을 결정하는 두 개의 제한은, 한편에서는 상품의 생산가격—이것에 대해 상인은 어떤 통제력도 없다—이고, 다른 한편에서는 평균이윤율—이것에 대해서도 상인은 어떤 통제력도 없다—이다. 상인이 결정할 수 있는 유일한 것은—물론 여기에도 그의 가용자본의 규모와 기타의 사정들이 개입하게 되지만—그가 고가품을 거래하고자 하는가 저가품을 거래하고자 하는가 하는 것뿐이다. 그러므로 상인의 태도는 전적으로 자본주의적 생산양식의 발달 정도에 의존하는 것이며 상인 자신의 의향에 의존하는 것은 아니다. 지난날의 네덜란드 동인도회사와 같이 생산의 독점권을 가진 순수한 상업회사만이, 기껏해야 자본주의적 생산의 초기에 합당하였던 방법을 완전히 변화한 사정에서도 여전히 사용할 수 있다는 망상을 품을 수 있었다.40)

위에서 언급한 통속적인 편견은, 이윤 따위에 관한 그릇된 견해와 마찬가지로, 상인적 선입견 또는 상업만을 관찰하는 것에서 생기는데, 다음과 같은 사정들은 그런 편견을 강화하고 있다.

첫째로, 경쟁의 현상들인데, 이 현상들은 사실상 상업이윤 [전체] 이 개별 상인들 — 총상업자본의 주주들 — 사이에 분할되는 것과 관련을 가질 뿐이다. 예컨대 어느 상인이 경쟁 상대를 몰아내기 위해 더 싸게 판매하는 경우.

둘째로, 판매가격이 변화한 것은 현실적인 생산방식 변혁의 결과가 아니라 '분별과 인간성' 때문이었다고 망상하는, 라이프치히의 로셔 [1858: 192] 와 같은 경제학자가 아직도 있다.

셋째로, 생산가격이 노동생산성 증가의 결과로 하락하고 이에 따라 판매가격도 하락한다면, 때때로 수요는 공급보다 더욱 빨리 증가하여 시장가격이 상승하고 이리하여 판매가격은 평균이윤 이상의 이윤을 올리게 된다.

넷째로, 상인이 자기의 사업에서 더 큰 자본을 더 빨리 회전시키기 위해 판매가격을 인하할 수도 있다(그런데 이것은 그가 가격에 첨가하는 보통의 이윤을 삭감하는 것을 의미할 뿐이다).

위의 모든 것들은 오직 상인들 상호간의 경쟁에 관한 것들이다.

---

40) "이윤은 일반원칙에서는 가격이 어떻든 항상 동일하며, 파도치는 바다 위에 떠있는 물체처럼 자기의 위치를 지킨다. 그러므로 물가가 상승하면 상인은 가격을 올리고, 물가가 하락하면 상인은 가격을 내린다."(코르베트, 1841: 20) 본문 전체를 통해 그런 것과 마찬가지로, 여기에서도 문제로 삼는 것은 투기가 아니라 일반적인 상업뿐인데, 투기의 고찰은 상업자본의 분할 [진정한 상업자본과 투기자본으로의 분할] 에 관련된 모든 것과 함께 우리의 논의 밖에 있다. "상업이윤은 자본에 첨가되는 가치이며 이 가치는 가격과는 독립적이다. 둘째의 이윤"(투기이윤)"은 자본의 가치 또는 가격 그것의 변동에 근거하고 있다."(같은 책: 128)

제1권에서 이미 밝힌 바와 같이, 상품가격의 높고 낮음은 주어진 자본이 생산하는 잉여가치의 양을 결정하지도 않으며 잉여가치율을 결정하지도 않는다. 오히려 주어진 노동량이 생산하는 상품의 상대적인 양에 따라 개별상품의 가격, 그리고 또 이 가격의 잉여가치 구성부분은 증감한다. 상품의 단위가격은, 가치와 일치하는 한, 이 상품에 대상화되어 있는 노동의 총량에 의해 결정된다. 적은 노동이 많은 상품에 대상화되면, 개별상품의 가격은 낮을 것이며 개별상품에 포함되어 있는 잉여가치도 적을 것이다. 그러나 상품에 체현되어 있는 노동이 어떻게 지불노동과 불불노동으로 분할되는가, 이리하여 또 이 가격 중 얼마가 잉여가치를 대표하는가 하는 것은 이 노동총량 즉 상품의 가격과는 아무런 관련도 없다. 잉여가치율은 개별상품의 가격에 포함되어 있는 잉여가치의 절대량에 달려있는 것이 아니라, 잉여가치의 상대적 크기―즉 그 상품에 포함되어 있는 임금에 대한 잉여가치의 비율―에 달려있다. 그러므로 잉여가치율은 각 개별상품의 잉여가치 절대량이 적더라도 높을 수 있다. 각 개별상품의 잉여가치 절대량은, 1차적으로는 노동생산성에 달려있고, 오직 2차적으로만 노동이 지불노동과 불불노동 사이로 분할되는 것에 달려있다.

상인의 판매가격에 관한 한, 생산가격은 외부에서 주어진 전제다.

이전의 시대에 상인의 판매가격이 높았던 것은 다음과 같은 이유 때문이었다. (1) 생산가격이 높은 것, 즉 노동생산성이 낮은 것. (2) 일반적 이윤율이 존재하지 않은 것. 상인자본은 잉여가치 중에서, 자본의 일반적 이동이 가능한 조건에서 자기에게 돌아올 것보다 훨씬 큰 부분을 취득하였다. 위의 두 상황이 없어진 것은 자본주의적 생산양식이 발달한 결과다.

상업분야가 다르면, 상업자본의 회전에도 길고 짧은 차이가 있고 이리하여 연간의 회전수에도 많고 적은 차이가 있다. 같은 상업분야 안에서도 회전은 경제순환의 국면에 따라 빠르고 느린 차이가 있다. 그러나 경험에 의해 발견되는 평균 회전수가 있다.

이미 본 바와 같이, 상업자본의 회전은 산업자본의 회전과 다른데, 이것은 상업자본의 회전이 가지는 성질에서 나온다. 산업자본의 회전에서 하나 하나의 국면은 독립적인 상업자본 또는 그 일부의 완전한 회전으로 나타난다. 또한 이윤과 가격의 결정에 대한 회전의 관계도 상업자본과 산업자본은 다르다.

산업자본의 경우에는, 회전은 한편에서는 재생산의 주기성을 표현하며, 일정한 기간에 시장에 출하되는 상품량은 회전에 달려있다. 다른 한편에서는 유통시간이 하나의 장애물 — 비록 탄력적인 장애물이지만 — 이 되는데, 유통시간은 생산과정의 규모에 영향을 미침으로써 가치와 잉여가치의 창조를 다소 제한한다. 이리하여 회전은 연간에 생산되는 잉여가치량을, 따라서 일반적 이윤율의 형성을 결정하는 요소[긍정적 요소가 아니라 제한하는 요소]로 기능한다. 이와는 반대로 상업자본의 경우에는 평균이윤율은 하나의 주어진 크기다. 상업자본은 이윤 또는 잉여가치의 창조에 직접적으로 참여하지는 않지만, 총자본 중 차지하는 비율에 따라 산업자본이 생산하는 이윤량에서 자기의 배당을 끌어내기 때문에, 상업자본은 일반적 이윤율의 형성에 참가한다.

제2권 제2편['자본의 회전']에서 전개된 조건에서는 산업자본의 회전수가 크면 클수록, 그 자본이 창조하는 이윤량은 그만큼 더욱 커진다. 그런데 일반적 이윤율이 성립하면, 이 총이윤이 다른 자본들 사이에 분배되는 것은, 각각의 자본이 이윤의 생산에 직접적으로 참가한 비율에 따라 행해지지 않고, 각각의 자본이 총자본에서 차지하는 비율에 따라 — 즉 각각의 크기에 비례해 — 행해진다. 그렇지만 이것은 문제의 핵심을 조금도 변경시키지 않는다. 총산업자본의 회전수가 크면 클수록, 연간에 생산되는 이윤량(또는 잉여가치량)은 그만큼 더욱 커지며, 따라서 기타의 사정들이 불변이라면 이윤율도 그만큼 더욱 상승한다. 그러나 상업자본의 경우는 그렇지 않다. 상업자본에게는 이윤율은 주어진 크기인데, 그 크기는 한편에서는 산업자본이 생산하는 이윤량에 의해 규정되고, 다른 한편에서는 총상업자본의 상대적 크기—즉 생산과정과 유통과정에 투하된 총자본 중 총상업자본이 차지하는 양적 비율—에 의해 규정된다. 그러나 총상업자본의 회전수는 총자본에 대한 총상업자본의 비율—즉 유통에 필요한 상업자본의 상대적 크기—에 결정적인 영향을 미친다. 왜냐하면 필요한 상업자본의 절대량과 그것의 회전속도는 반비례하는 것이 분명하기 때문이다. 그런데 총상업자본의 상대적 크기—즉 총자본에서 차지하는 비율—는 기타의 모든 사정이 불변이라면 총자본의 절대량에 의해 규정된다. 예컨대 총자본이 10,000원이고 상업자본이 총자본의 $\frac{1}{10}$이라면, 상업자본은 1,000원일 것이다. 총자본이 1,000원이라면, 그것의 $\frac{1}{10}$은 100원일 것이다. 이렇게 보면, 상업자본의 상대적 크기는 동일하더라도 그것의 절대적 크기는 총자본의 크기에 따라 달라진다. 여기에서는 상업자본의 상대적 크기가 예컨대 총자본의 $\frac{1}{10}$로 주어져 있다고 가정한다. 그런데 이 상대적 크기 자체는 또 회전에 의해 규정된다. 회전이 빠르면, 상업자본의 절대량은 예컨대 전자에서는 1,000원일 수 있으며 후자에서는 100원일 수 있고, 이리하여 그것의 상대적 크기는 $\frac{1}{10}$ [$\frac{1,000}{10,000}$, $\frac{100}{1,000}$]이다. 그러나 회전이 더욱 느리면, 그것의 절대량은 전자에서는 2,000원, 후자에서는 200원이 될 수 있고, 이리하여 그것의 상대적 크기는 총자본의 $\frac{1}{10}$에서 $\frac{1}{5}$ [$\frac{2,000}{10,000}$, $\frac{200}{1,000}$]로 증대하게 될 것이다. 상업자본의 평균회전시간을 단축시키는 사정들—예컨대 운수수단의 발달—은 동등한 비율로 상업자본의 절대량을 감축시키며, 이리하여 일반적 이윤율을 상승시킨다. 그 반대인 경우에는 그 반대다. 발달한 자본주의적 생산양식은 그 이전의 상태에 비교하면 상업자본에 대해 다음과 같은 이중의 영향을 미치고 있다. 한편에서는, 동일한 상품량이 현실로 기능하는 더 적은 양의 상업자본에 의해 유통되고 있으며, 상업자본의 더 급속한 회전과 이것의 근거인 재생산과정의 더 빠른 속도 때문에 산업자본에 대한 상업자본의 비율은 감소하고 있다. 다른 한편에서는, 자본주의적 생산양식의 발달과 함께 모든 생산이 상품생산이 되고, 이리하여 생산물 전체가 유통담당자의 수중으로 들어온다. 이와 관련하여 덧붙이고 싶은 말은, 소규모로 생산하고 있었던 이전의 생산양식에서는, 생산자 자신이 현물로 직접적으로 소비한 생산물의 총량과 현물로 지불한 서비스의 총량을 제외하면, 생산자의 대부분은 자기의 생산물을 직접적으로 소비자에게 판매하거나 소비자의 개인적 주문에 따라 작업하였다는 점이다. 따라서 이전의 생산양식에서는 상업자본은 자기가 회전시키는 상품자본에 비해 더 크다고 하더라도:

(1) 상업자본은 절대량에서는 더욱 작다. 왜냐하면 총생산물 중 비교도 안 될 만큼 작은 부분이 상품으로 생산되어 상인의 수중에 들어가서 상품자본으로 유통하기 때문이다. 그러나 동시에 상업자본은 자기가 회전시키는 상품량에 비해 상대적으로 더 크다. 왜냐하면 상업자본의 회전속도가 더 느리기 때문일 뿐 아니라, 더 낮은 노동생산성(이리하여 동일한 가치가 더 적은 양의 상품으로 표현된다)의 결과로 이 상품총량의 가격, 따라서 그것을 위해 투하되어야 할 상업자본이 자본주의적 생산에 비해 더욱 크기 때문이다.

(2) 자본주의적 생산양식의 기초 위에서는 더 큰 상품량이 생산될 뿐 아니라(이 경우 이 상품총량의 가치가 감소한 것을 고려해야 한다), 동일한 양의 생산물(예컨대 밀)이 더 큰 양의 상품을 형성한다[즉 생산물 중 점점 더 큰 부분이 상업의 대상이 된다]. 이 때문에 상업자본의 양이 증가할 뿐 아니라 유통[예컨대 해운·철도·전신 따위]에 투하되는 모든 자본이 또한 증가한다.

(3) 그러나 자본주의적 생산양식의 발달에 따라, 그리고 소매상업에

진입하는 것이 쉬워짐에 따라, 그리고 투기의 발달과 유휴자본의 과잉에 따라, 기능하지 않는 상업자본 또는 부분적으로만 기능하는 상업자본이 증가한다. 물론 이것은 '자본들 사이의 경쟁'에서 논의되어야 할 것이다.

그러나 총자본에 비한 상업자본의 상대적 크기가 주어져 있다면, 각종의 상업분야들 사이의 회전의 차이는 상업자본의 몫으로 돌아오는 총이윤의 크기에도, 일반적 이윤율에도 영향을 미치지 않는다. 상인의 이윤은, 자기가 회전시키는 상품자본량에 의해서가 아니라 이 회전을 매개하기 위해 자기가 투하하는 화폐자본량에 의해 결정된다. 연간의 일반적 이윤율이 15%이고 상인이 100원을 투하하는 경우, 그의 자본이 연간 한 번 회전한다면 그는 자기의 상품을 115원에 판매할 것이다. 그의 자본이 연간 다섯 번 회전한다면, 그는 구입가격 100원의 상품자본을 103원으로 연간 다섯 번 판매할 것이며, 이리하여 1년 동안에 500원의 상품자본을 515원으로 판매하게 될 것이다. 이렇게 되면 그는 이전과 마찬가지로 투하한 자본 100원에 대하여 15원의 연간 이윤을 얻게 될 것이다. 만약 이렇지 않다면, 상업자본은 그 회전수에 비례해 산업자본보다 훨씬 높은 이윤을 얻게 될 것이고, 이것은 일반적 이윤율의 법칙에 모순될 것이다.

그러므로 각종 상업분야에서 상업자본의 회전수는 상품의 상업가격 〖상인의 판매가격〗에 직접적인 영향을 미친다. 상인이 가격에 추가하는 것의 크기—즉 주어진 자본의 상업이윤 중 개별상품의 생산가격에 할당하는 부분의 크기—는 각각의 상업분야에 있는 상업자본의 회전수 또는 회전속도에 반비례한다. 어떤 상업자본이 연간 다섯 번 회전한다면, 이 상업자본이 동등한 가치의 상품자본에 추가하는 금액은, 연간 한번 회전하는 다른 상업자본이 동등한 가치의 상품자본에 추가하는 금액의 $\frac{1}{5}$ 에 불과하다.

각종의 상업분야에서 자본의 평균회전시간이 판매가격에 미치는 영향은 다음과 같은 것으로 된다. 즉 동등한 상업이윤총량[이것은 상업자본의 크기가 주어져 있다면 연간의 일반적 이윤율에 의해 결정되며, 이리하여 이 자본의 상업활동의 특수성과는 독립적으로 결정된다]이 동등한 가치의 상품량에 배분되는 비율은 회전속도에 따라 상이하다는 것, 예컨대 1년간에 5회전하는 경우에는 상품가격에 $\frac{1}{5}$=3%가 추가되는 데 반하여 연1회전의 경우에는 상품가격에 15%가 추가된다는 것이다.

따라서 서로 다른 상업분야에서 상업이윤율은 같다 하더라도, 상품가치에 대한 상품 판매가격의 비율은 다를 뿐 아니라 각각의 상업자본의 회전시간에 정비례하여 높아진다.

이와는 반대로, 산업자본의 경우 회전시간은 생산되는 개별상품의 가치 크기에는 결코 영향을 미치지 않는다[비록 회전시간은 주어진 자본이 주어진 기간에 생산하는 가치와 잉여가치의 양에 대해서는 착취되는 노동량을 통해 영향을 미치지만]. 이 사실은 생산가격에만 주목하는 경우에는 은폐되며 그렇지 않은 것처럼 보인다. 왜냐하면 각종 상품들의 생산가격은 이미 전개된 법칙들에 따라 자기의 가치와 다르기 때문이다. 그러나 생산과정 전체와 산업자본에 의해 생산되는 상품량 전체를 고찰한다면, 일반법칙은 곧 확증된다.

이처럼 산업자본의 경우 회전시간이 가치형성에 미치는 영향을 더 세밀하게 고찰하면, 상품의 가치는 그것에 포함되어 있는 노동시간에 의해 결정된다는 정치경제학의 일반법칙과 기초로 되돌아오게 된다. 그러나 상업자본의 회전이 상업가격에 미치는 영향은, 매개항목들에 관한 깊은 분석이 없는 경우에는, 가격이 순전히 자의적인 결정—즉 자본이 1년간에 일정량의 이윤을 얻으려고 결심하였다는 사실만에 의한 가격결정—을 전제하는 것처럼 보이는 현상들을 나타낸다. 특히 회전의 이런 영향으로 말미암아, 마치 유통과정 그것이 일정한 한계 안에서는 생산과정과는 독립적으로 상품의 가격을 결정하는 것처럼 보인다. 재생산의 총과정에 관한 모든 피상적이고 전도된 견해는 상업자본의 고찰에서 나오며,

상업자본의 독특한 운동이 유통담당자의 머리 속에 만들어 내는 관념에서 생긴다.

자본주의적 생산과정의 진정한 내적 관련들의 분석은 매우 복잡한 일이고 매우 힘든 일이다. 독자들은 이런 사실을 인정하면서 실망할 것이다. 그러나 눈에 보이는 단순히 현상적인 운동을 진정한 내적 운동으로 환원시키는 것이 과학의 임무의 하나다. 물론 자본주의적 생산·유통의 담당자의 머리 속에는 생산의 법칙에 관한 다음과 같은 관념—즉 생산의 진정한 법칙들로부터는 완전히 벗어난 관념이며, 겉모양의 운동이 의식에 표현된 것에 불과한 관념—이 생겨나지 않을 수 없다는 것은 자명하다. 상인·주식거래인·은행가의 관념은 필연적으로 완전히 전도되어 있다. 제조업자의 관념은 유통행위(그의 자본은 이것에 종속되어 있다)와 일반적 이윤율의 균등화에 의해 왜곡된다.[41] 경쟁도 필연적으로 그들의 머리 속에서는 완전히 거꾸로 된 기능을 수행한다. 가치와 잉여가치의 한계가 주어져 있다면, 자본들 사이의 경쟁이 어떻게 가치를 생산가격으로 그리고 더 나아가 상업가격으로 전환시키며, 잉여가치를 평균이윤으로 전환시키는가를 쉽게 파악할 수 있다. 그러나 이런 한계가 없다면, 경쟁이 왜 일반적 이윤율을 저런 한계가 아니라 이런 한계에 부닥치게 하는가, 예컨대 1,500%가 아니라 15%로 되게 하는가를 전혀 파악할 수가 없다. 경쟁은 기껏해야 일반적 이윤율을 하나의 수준으로 돌아가게 할 수는 있다. 그러나 이 수준 자체를 결정할 수 있는 요소는 결코 경쟁 안에는 없다.

상업자본의 입장에서 보면, 회전 그것이 가격을 결정하는 것 같다. 그

---

41) 다음과 같은 관찰은, 비록 매우 소박하지만, 동시에 매우 정확하다. "그러므로 동일한 상품이 매우 다른 가격으로 다른 판매자로부터 얻을 수 있다는 사실도 그 원인은 부정확한 계산에 있는 경우가 매우 많다."(펠러와 오더만, 1859: 451) 이것은 가격의 결정이 얼마나 순수이론적인—즉 추상적인—것으로 될 수밖에 없는가를 보여준다.

런데 산업자본의 회전속도는, 주어진 자본으로 하여금 더 많은 또는 더 적은 노동을 착취할 수 있게 해주는 한, 이윤량 그리고 일반적 이윤율에 대하여 규정적인 영향을 미치지만, 상업자본에게는 이윤율은 외부에서 주어지며 이 이윤율과 잉여가치의 형성 사이의 내적 관련은 완전히 소멸되어 있다. 동일한 산업자본이—기타의 모든 조건들 특히 유기적 구성이 불변인 채—연간에 두 번이 아니라 네 번 회전한다면, 그 산업자본은 두 배의 잉여가치(따라서 이윤)를 생산한다. 이런 가속적인 회전을 가능하게 하는 개량된 생산방법을 이 자본이 독점한다면, 그리고 또 독점하고 있는 동안은, 위와 같은 사실이 매우 분명히 나타난다. 이것과는 반대로 서로 다른 상업분야에서 다른 회전시간은 다음과 같은 법칙—즉 일정한 상품자본의 1회전에서 얻는 이윤은 이 상품자본을 회전시키는 화폐자본의 회전수에 반비례한다—으로 자신을 드러낸다. 박리다매는 특히 소매상에게는 자기가 수긍하는 원리에서 나온 원칙인 것처럼 보인다. [그러나 옳지 않다.]

물론 자명한 일이지만, 각각의 상업분야에 있는 상업자본의 회전에 관한 이 법칙은—더 빠른 회전과 더 느린 회전이 교대로 나타나 상쇄되는 것을 무시하면—그 분야에 투하된 상업자본 전체의 평균회전에만 타당하다. B와 동일한 분야에서 상행위하는 자본 A의 회전수는 평균보다 많을 수도 적을 수도 있지만, 다른 자본들의 회전수가 평균보다 적든가 많음으로써, 이 분야에 투하된 상업자본 전체의 회전에는 아무런 변동도 일어나지 않는다. 그렇지만 회전수가 평균보다 많은 것은 개개의 상인 또는 소매상에게는 결정적으로 중요하며, 이 경우 그는 초과이윤을 얻게 되는데, 이것은 산업자본가가 평균조건보다 유리한 조건에서 생산하는 경우 초과이윤을 얻는 것과 마찬가지다. 경쟁이 강요한다면, 그는 자기의 이윤을 평균 이하로 저하시키지 않으면서 경쟁자보다 싼 가격으로 판매할 수 있다. 더 빠른 회전을 가능하게 해주는 조건들이 구매할 수 있는 것—예컨대 상점의 위치—이라면, 그는 이 조건에 대해 특별한 임대료 rent를 지불할 수 있을 것이며, 다시 말해 그의 초과이윤의 일부가 지대 ground-rent로 전환될 것이다.

제19장
화폐거래자본

산업자본과 상업자본(지금 우리가 여기에 상업자본을 추가할 수 있는 이유는 상업자본이 산업자본의 유통운동 일부를 자기 자신의 독특한 운동으로 떠맡고 있기 때문이다)의 유통과정에서 화폐가 수행하는 순수기술적 운동이 [이 운동을 그리고 오직 이 운동만을 자기의 독특한 활동으로 담당하는] 어떤 특수한 자본의 기능으로 자립하면, 이 자본은 화폐거래자본으로 전환된다. 산업자본의 일부 그리고 더 직접적으로 상업자본의 일부는 화폐자본 일반으로서뿐 아니라 이런 기술적 기능을 행하는 화폐자본으로서, 끊임없이 화폐형태로 존재한다. 이제 총자본의 일정한 부분이 화폐자본의 형태로 분리되어 자립하는데, 이 부분의 자본주의적 기능은 오직 이런 기술적 활동을 산업자본가와 상업자본가 계급 전체를 위해 수행한다는 점에 있다. 상업자본의 경우와 마찬가지로, 산업자본 중 화폐자본의 형태로 유통과정에 있는 일부가 분리되어 나머지 자본 전체를 위해 재생산과정의 위와 같은 활동을 수행하는 것이다. 그러므로 이 화폐자본의 운동도 재생산과정 중에 있는 산업자본의 자립화한 일부의 운동에 지나지 않는다.

자본이 새로 투하되는 경우에만—축적의 경우에도 그렇지만—화폐형

태의 자본이 운동의 출발점과 종착점으로 나타난다. 그러나 이미 자기
자신의 과정을 밟고 있는 자본의 경우에는 출발점과 종착점은 단순히 통
과점으로 나타날 뿐이다. 산업자본이 생산영역에서 나와서 다시 거기로
들어갈 때까지 탈바꿈 C′ − M − C를 통과해야 하는 한, 단순상품유통에
서 이미 밝힌 바와 같이, M은 사실상 이 탈바꿈의 한 국면의 결과이면서
도 곧 이 국면을 보충하는 반대국면의 출발점으로 되게 마련이다. 상업
자본의 경우에는 산업자본의 C − M은 항상 M − C − M으로 나타난다 하
더라도, 상업자본이 실제로 기능하기 시작하자마자 그 현실적 과정은 역
시 C − M − C의 연속이다. 그러나 상업자본은 C − M과 M − C라는 두 행
위를 동시에 수행한다. 즉 하나의 자본이 C − M 국면에 있을 때 다른 자
본은 M − C 국면에 있을 뿐 아니라, 동일한 자본이 생산과정의 연속성
때문에 끊임없이 구매함과 동시에 끊임없이 판매하며, 따라서 동일한 자
본이 끊임없이 두 개의 국면에 동시에 존재한다. 동일한 자본의 한 부분
이 나중에 상품으로 재전환하기 위해 화폐로 전환하는 사이에, 동시에
다른 부분은 화폐로 재전환하기 위해 상품으로 전환하고 있다.

화폐가 여기에서 유통수단으로 기능하는가, 지불수단으로 기능하는가
는 상품교환의 형태에 달려있다. 어느 경우에도 자본가는 끊임없이 많은
사람들에게 화폐를 지불해야 하며, 또 많은 사람들로부터 화폐를 지불받
아야 한다. 화폐지불과 화폐수납이라는 단순히 기술적인 활동이 그 자체
노동이며, 이 노동은 화폐가 지불수단으로 기능하는 경우에는 차액계산
과 결제행위를 필요로 한다. 이 노동은 하나의 유통비용이며 가치를 창
조하는 노동은 아니다. 이 노동은 특수한 부류의 대리인 또는 자본가에
의해 자본가계급 전체를 위해 수행됨으로써 단축된다.

자본의 일정한 부분은 항상 퇴장화폐, 잠재적 화폐자본 — 구매수단과
지불수단의 준비금, 사용을 기다리는 화폐형태의 유휴자본 — 으로 존재
해야 하며, 또 자본의 일부는 끊임없이 이 형태로 환류한다. 화폐수납,

화폐지불, 부기 이외에도 퇴장화폐의 보관이 필요하게 되는데, 이것도 하나의 특수한 활동이다. 사실상 퇴장화폐는 끊임없이 유통수단과 지불수단으로 전환되며, 또 판매에서 받는 화폐와 만기가 된 지불로 다시 형성된다. 자본기능 그것과 분리된 [화폐로 있는] 자본부분의 이런 끊임없는 운동, 이 순수기술적인 활동이 특수한 노동과 비용—유통비용—을 발생시키는 것이다.

자본의 기능들에 의해 필요하게 된 이런 기술적 활동들이, 가능한 한, 자본가계급 전체를 위해 특수한 부류의 대리인 또는 자본가에 의해 전문적인 기능으로서 수행되며 그리고 그들의 수중에 집중된다는 것은, 분업의 발달에 의한 것이다. 여기에서도 상업자본의 경우와 마찬가지로 이중의 의미에서 분업이 있다. 그것은 특수한 사업으로 되며, 계급 전체의 화폐적 기구를 위해 수행되기 때문에, 그것은 집중되며 대규모로 운영된다. 다른 한편으로 이 특수한 사업 안에서도 분업이 전개된다. 상호 독립적인 각종 분야로 분할되고 각 분야 안에서 작업의 분담(큰 사무실, 다수의 회계직원과 출납직원, 세분화된 분업)이 일어난다. 화폐의 지불과 수납, 차액의 결제, 당좌계정의 운영, 화폐의 보관 따위가 이런 기술적 활동을 필요하게 하는 행위로부터 분리되어 자립할 때, 이런 활동에 투하되는 자본은 화폐거래자본이 된다. [참조. CW 33: 166~168]

각종의 활동들(이 활동들이 특수한 사업으로서 자립하는 것에 의해 화폐거래업이 발생한다)은 화폐 그것의 각종 목적에서 나오며, 그리고 [또 자본이 화폐자본의 형태에서 수행해야 할] 화폐기능들에서 나온다.

이전에 이미 내가 지적한 바와 같이, 화폐 일반은 서로 다른 공동체들 사이의 생산물 교환에서 최초로 발달한 것이다.42)

그러므로 화폐거래업—화폐상품을 취급하는 상업—도 먼저 국제무역

---

42)『정치경제학 비판을 위하여』.[CW 29: 282~283;『자본론』제1권 제2장]

에서 발달한다. 서로 다른 국민적 주화가 등장하게 되자, 해외에서 구매하는 상인은 자국주화를 현지주화로 전환시켜야 하거나(그 반대의 경우에는 반대로 된다), 각종의 주화를 세계화폐인 주조되지 않은 순은이나 순금으로 전환시켜야 한다. 여기에서 환전업이 발생하는데, 이것은 근대적 화폐거래업의 자연발생적 기초의 하나로 여겨야 한다.[43] 이로부터 환은행이 발달하였는데, 여기에서는 은(또는 금)이 유통주화와는 구별되는 세계화폐―은행화폐 또는 상업화폐라고 불린다―로 기능한다. 한 나라의 환전상이 다른 나라의 환전상으로 하여금 여행자에게 지불하라는 지시서만을 취급하는 환거래는, 이미 로마와 그리스에서 현실의 환전업무

---

43) "주화가 무게·품질에서나 주조권을 가진 다수의 군주와 도시들의 각인에서나 매우 다양하였으므로, 어떤 하나의 주화에 의한 결제가 필요하였던 상업에서는 언제나 현지주화를 사용할 필요가 생긴 것이다. 상인은 외국시장에 여행할 때 현금지불을 위하여 주조되지 않은 순은(또는 순금까지도)을 가져갔으며, 본국으로 돌아올 때는 받은 현지주화를 주조되지 않은 은 또는 금으로 바꾸었다. 이리하여 환전업―주조되지 않은 귀금속을 현지주화로 바꾸는 일과 그 반대로 바꾸는 일―은 매우 널리 보급된 수익성 있는 사업으로 되었다."(휠만, 1826: 437~438) "환은행이라는 명칭은…환어음의 교환에서 유래하는 것이 아니라 다른 종류의 화폐들의 교환에서 유래한다. 1609년의 암스테르담환은행의 설립 훨씬 이전에 이미 네덜란드의 상업도시에서는 환전상과 환전소가 있었고 환은행까지도 있었다…환전상의 업무는 외국상인이 국내에 가져온 다수의 다른 주화를 법정통용력이 있는 현지주화로 교환해주는 것이었다…이들 환전상의 활동범위는 점차 확대되었다…그들은 당시의 현금출납업자와 은행업자로 되었다. 그러나 암스테르담 정부는 현금출납업과 환전업의 결합이 위험하다고 생각하였고, 이 위험에 대처하기 위해 출납업과 환전업을 공권력이 담당하는 큰 기관을 설립하기로 결정했다. 이것이 유명한 1609년의 암스테르담환은행이었다. 베네치아, 제노바, 스톡홀름 및 함부르크의 환은행들도 각종 화폐를 끊임없이 환전해야 할 필요 때문에 생긴 것이다. 이들 은행 중에서 함부르크은행만이 지금도 아직 남아있다. 왜냐하면 이 상업도시에서는 자기 자신의 주화를 주조하지 않아서 아직도 이런 기관이 필요하다고 느끼기 때문이다."(비세링, 1860~1861: 247~248)

로부터 발달하고 있었다.

상품으로서 금은(사치품 생산을 위한 원료)의 거래는 지금[금덩이]거래업—세계화폐로서 화폐의 기능들을 중개하는 상업—의 자연발생적 기초를 형성한다. 이 기능들은 이미 설명한 바(제1권 제3장 3절 c)와 같이 두 가지 종류다. 첫째는 국제적 지불의 결제를 위하여, 그리고 이자낳는 자본의 이동을 위해, 다수의 국민적 유통영역 사이에 금은이 출입하는 것이고, 둘째는 귀금속 생산지에서 세계시장으로 금은이 이동하며, 이 금은의 공급이 다수의 국민적 유통영역으로 분배되는 것이다. 영국에서는 금세공업자가 17세기의 대부분을 통해 여전히 은행업자로서 기능하고 있었다. 우리가 여기에서 당분간 완전히 무시하는 것은, 국제적 지불의 결제가 환거래 따위에 의해 어떻게 더욱 발달하고 있는가 하는 것과 유가증권의 거래에 관한 모든 것—다시 말해 우리가 아직 연구하고 있지 않는 신용제도의 모든 특수한 형태들—이다.

세계화폐로서 국민적 화폐는 국지적 성격을 벗어버린다. 하나의 국민적 화폐는 다른 국민적 화폐로 표현되며, 이리하여 모든 국민적 화폐들은 그들의 금은함유량으로 환원된다. 그러나 두 상품 금과 은은 모두 세계화폐로 유통하므로, 그것들도 또한 그들 상호간의 가치비율로 환원되어야 하는데, 이 비율은 끊임없이 변동한다. 이 중개의 기능을 화폐거래업자는 자기 자신의 특수한 사업으로 삼는다. 이처럼 환전업과 금덩이거래업은 화폐거래업의 시초 형태며 화폐의 이중의 기능—국민적 주화로서 기능과 세계화폐로서 기능—에서 유래하는 것이다.

자본주의적 생산과정에서는 상업일반(심지어 전자본주의적 생산양식의 기초 위에서 상업도 포함)에서와 마찬가지로 다음과 같은 것이 생긴다.

첫째로, 퇴장화폐로서 화폐의 축적, 즉 오늘날에는 자본 중 구매수단과 지불수단의 준비금으로 항상 화폐형태로 존재해야 하는 부분의 축적. 이것은 퇴장화폐의 제1형태다. 왜냐하면 이것은 일반적으로 상인자본의 발달과 함께 ― 적어도 상인자본의 목적을 위하여 ― 형성되며 자본주의적 생산양식에서도 다시 나타나기 때문이다. 이 퇴장화폐는 국내유통에서도 국제유통에서도 발생하며, 끊임없이 유통으로 흘러들어가고 또 유통에서 빠져나오면서 끊임없이 운동하고 있다. 퇴장화폐의 제2형태는 당분간 운용되지 않고 있는 화폐형태의 유휴자본인데, 새로 축적되었으나 아직 투하되지 않은 화폐자본도 여기에 속한다. 이런 퇴장화폐의 형성이 필요로 하는 기능들은 주로 퇴장화폐의 보관이나 부기 따위다.

둘째로, 자본주의적 생산과정과 상업일반은 구매에서 화폐지불, 판매에서 화폐수납, 채무의 상환과 채권의 회수, 지불들의 결제 따위와 결부되어 있다. 모든 이런 서비스를 화폐거래업자는 먼저 상인들과 산업자본가들의 단순한 현금출납인으로서 수행한다.[44]

---

44) "현금출납인제도가 네덜란드의 상업도시에서만큼 순수한 형태로 자기의 최초의 독립적인 성격을 유지하고 있는 곳은 없을 것이다."(암스텔담에서 현금출납업의 기원에 관해서는 류자크, 1782, 제3권을 보라.) "현금출납인의 기능은 부분적으로는 옛날 암스테르담환은행의 기능과 일치한다. 현금출납인은 자기의 서비스를 이용하는 상인들로부터 일정한 금액의 화폐를 받아 그들 계정의 '대변'에 기록한다. 그리고 상인들이 그에게 채권증서를 보내오면 그는 그들을 위해 채권을 회수하고 그들 계정의 대변에 기록한다. 반면에 그는 상인들의 어음에 대해 지불하며 그 금액을 그들의 당좌계정의 차변에 기록한다. 이런 입금과 출금에 대해 현금출납인은 약간의 수수료를 징수하여 자기의 노동에 적합한 보수를 얻게 되는데, 이 보수의 수준은 그가 중개하는 당사자들 사이의 거래액의 크기에 달려 있다. 동일한 현금출납인을 사용하고 있는 두 상인들 사이에서 지불들이 결제되어야 하는 경우에는, 그들의 계정에 기입함으로써 매우 간단히 처리되며, 현금출납인은 상인들 사이의 상호 청구액을 매일 결제하고 있다. 결국 이런 지불들의 중개가 본래의 현금출납업이며, 따라서 현금출납업은 산업투자, 투기 및 당좌대월을 배제한다. 왜냐하면 현금출납인은 자기의 고객에 대해 그 고객의 대변잔액을 넘는 지불을 하지 않는 것이 여기에서는 규칙으로 되어 있기 때문이다."(비세링, 앞의 책: 243~244) 베네치아의 현금출납인 조합에 대해서는 다음과 같이 말할 수 있다. "베네치아의 필요에 의하여, 그리고 현금을 이리저리 운반하기가 다른 곳에서보다 어려운 베네치아의 지형 때

화폐거래업은, 비록 그 시초단계에서라도, 그것의 원래의 기능에 대부·차입의 기능과 신용거래가 결부되면, 충분히 발달하게 된다. 이것에 대해서는 이자낳는 자본을 다루는 다음 편에서 언급할 것이다.

금덩이거래 그것―한 나라에서 다른 나라로 금 또는 은의 이전―은 상품거래의 결과에 불과하며, 그것은 각국 시장에서 국제수지와 이자율의 상태를 표현하는 환율에 의해 규정된다. 금덩이거래업자는 그 결과들을 매개할 따름이다.

화폐를 논하면서 화폐의 운동들과 형태적 특징들이 단순상품유통에서 어떻게 발전하는가를 고찰할 때 본 바와 같이(제1권 제3장), 구매수단과 지불수단으로 유통하는 화폐량의 운동은 상품탈바꿈의 규모와 속도에 의해 결정된다. 그리고 지금 우리가 아는 바와 같이, 이 탈바꿈 그것은 총재생산과정의 하나의 측면에 불과하다. 화폐재료(금과 은)를 그것의 생산지로부터 얻는 것에 관해 말하면, 이것은 직접적 상품교환―상품으로서 금은과 기타 상품과의 교환―의 결과로 여길 수 있으며, 따라서 철이나 기타 금속을 얻는 것과 마찬가지로 상품교환의 하나의 측면이다. 그러나 세계시장에서 귀금속의 운동에 관해 말하면(여기에서는 상품자본의 형태로도 행해지는 대부자본의 이전을 표현하는 귀금속의 운동은 제외된다), 그것은 국제적 상품교환에 의해 완전히 결정되는데, 이것은 국내적 구매수단과 지불수단으로서 화폐의 운동이 국내적 상품교환에 의해 결정되는 것과 마찬가지다. 하나의 국민적 유통영역에서 다른 하나의 국민적

문에, 베네치아의 상인들은 적당한 보호·감독·관리를 갖춘 현금출납조합을 설립하였다. 이런 조합의 구성원은 그 조합에 일정한 금액을 예탁하고 이것을 근거로 자기의 채권자에게 어음을 발행하는데, 지불된 금액은 비치된 장부 중의 채무자 계정에서 공제되고 채권자의 계정에 첨가된다. 이것이 이른바 우편환은행의 시초다. 이 조합들은 물론 오래된 것이다. 그러나 이 조합들의 기원을 12세기에서 찾는다면, 그것은 이 조합을 1171년에 설립된 국채인수기관과 혼동하는 것이 된다."(휠만, 앞의 책: 453~454)

유통영역으로 귀금속이 들어가거나 나오거나 하는 것은, 그것이 단순히 국내주화의 가치감소나 복본위제도에 의해 일어나는 한, 진정한 화폐유통의 범위 밖에 있으며, 자의적인 국가정책에 의해 생긴 왜곡의 단순한 정정이다. 끝으로, 퇴장화폐의 형성에 관해 말하면, 이 퇴장화폐가 국내상업 또는 대외무역을 위한 구매수단과 지불수단의 준비금을 대표하는 한에서는, 그리고 또 그것이 일시적으로 유휴하고 있는 자본의 형태인 한에서도, 퇴장화폐는 유통과정의 필연적인 침전물에 불과하다.

화폐유통 전체가 그 범위·형태·운동에서 상품유통의 단순한 결과라면―상품유통 그것은 자본주의적 관점에서 보면 자본의 유통과정(수입의 지출이 소매업에서 행해지는 한, 자본과 수입 사이의 교환과 수입과 수입 사이의 교환을 포함하고 있다)을 표현할 따름이다―화폐거래업은 [상품유통의 단순한 결과이며 현상형태인] 화폐유통을 매개할 뿐이라는 것은 아주 명백하다. 이 화폐유통 그것은 상품유통의 하나의 계기로서 화폐거래업에 대해서는 미리 주어져 있다. 화폐거래업이 매개하는 것은 화폐유통의 기술적 조작에 국한되어 있는데, 이 조작을 화폐거래업이 집중하고 단축하고 단순화시킨다. 화폐거래업은 퇴장화폐를 형성하는 것이 아니라, 이 퇴장화폐의 형성이 자발적인 한(이리하여 퇴장화폐가 유휴자본의 표현이나 재생산과정의 교란의 표현이 아닌 한), 퇴장화폐를 그 경제적 최소한도로 축소하기 위한 기술적 수단을 제공한다. 왜냐하면 구매수단과 지불수단을 위한 준비금은 자본가계급 전체를 위해 관리되는 경우에는, 각 자본가에 의해 따로 따로 관리되는 경우만큼 그렇게 클 필요가 없기 때문이다. 화폐거래업은 귀금속을 구매하는 것이 아니라, 상품거래업이 귀금속을 구매한 뒤에 그것의 분배를 매개할 따름이다. 화폐거래업은 화폐가 지불수단으로 기능하는 경우에는 차액결제를 쉽게 하며, 이 결제의 인위적 메커니즘에 의하여 결제에 필요한 화폐량을 감소시킨다. 그러나 화폐거래업은 이런 상호간 지불들의 관련이나 크기를 결

정하지 않는다. 예컨대 은행과 어음교환소에서 상호간에 교환되는 어음
과 수표는 완전히 독립적인 거래를 표현하며 이미 행해진 업무의 결과들
이므로, 남은 문제는 오직 이 결과들의 결제를 기술적으로 개선하는 것
뿐이다. 화폐가 구매수단으로 유통하는 한, 매매의 규모와 빈도는 화폐
거래업과는 전혀 무관하다. 화폐거래업은 이런 매매에 수반되는 기술적
활동을 단축할 수 있을 뿐이며, 이리하여 매매의 회전에 필요한 현금의
양을 감소시킬 수 있을 뿐이다.

따라서 여기에서 고찰하는 순수한 형태의 화폐거래업—즉 신용제도와
는 분리된 화폐거래업—은 상품유통의 하나의 계기인 화폐유통의 기술
적 측면과, 이 화폐유통에서 발생하는 각종의 화폐기능에 관련하고 있을
뿐이다.

이 점이 화폐거래업을 상품거래업과 본질적으로 구별하는 것인데, 후
자는 상품의 탈바꿈과 상품교환을 매개하고 심지어 상품자본의 이 과정을
산업자본과는 독립된 자본의 과정으로 나타나게까지 한다. 그러므로 상품
거래자본 [상업자본] 은 C—M—C(여기에서는 화폐가 두 번 소유자를 바
꿈으로써 상품의 교환을 매개한다)와는 반대로 M—C—M (여기에서는
상품이 두 번 위치를 바꿈으로써 화폐의 환류를 일으킨다)이라는 특수한
유통형태를 나타내지만, 화폐거래자본의 경우는 이런 특수한 형태를 보일
수 없다.

특수한 부류의 자본가가 화폐자본을 화폐유통의 이 기술적 매개에 투
하한다면—그런데 이 화폐자본은 상인과 산업자본가들이 스스로 이 목
적을 위해 투하해야 할 추가자본을 축소된 규모로 표현한다—여기에서
도 M—M′이라는 자본의 일반공식이 나타나게 된다. M의 투하에 의해
M+ΔM이 투하자를 위해 생긴다. 그러나 M과 M′ 사이의 매개는 탈바
꿈의 소재적 측면을 내포하는 것이 아니라 탈바꿈의 기술적 측면만을 내
포한다.

화폐거래업자가 취급하는 화폐자본의 양은 상인과 산업자본가가 유통 시키는 화폐자본과 동등하다는 것, 그리고 화폐거래업자가 수행하는 활동은 상인과 산업자본가의 활동을 매개하는 것에 불과하다는 것은 아주 명백하다.

또 화폐거래업자의 이윤은 잉여가치에서 빼낸 것에 불과하다는 것도 명백하다. 왜냐하면 화폐거래업자는 이미 실현된 가치[채권의 형태로 실현되어 있을 뿐인 경우에도]를 취급하고 있을 뿐이기 때문이다.

상품거래업에서와 마찬가지로 여기에서도 기능의 중복이 생긴다. 왜냐하면 화폐유통에 결부된 기술적 활동들의 일부는 상품거래업자와 상품 생산자들 자신에 의해 수행되어야 하기 때문이다.

제20장

상인자본의 역사적 고찰

상업자본과 화폐거래자본에 의해 화폐가 축적되는 특수한 형태는 다음 편에서 고찰될 것이다.

이미 전개된 바에 의해 명백해진 것은, 상인자본(상품거래자본의 형태이든 화폐거래자본의 형태이든)은 광업·농업·축산업·제조업·운수업 따위[이들은 사회적 분업에 의해 생긴 산업자본의 분야들이며, 따라서 산업자본의 특수한 투하영역들이다]과 마찬가지로 산업자본의 하나의 특수한 종류라고 생각하는 것만큼 더욱 불합리한 것은 없다는 점이다. 어떤 산업자본도 그 재생산과정의 유통국면에서는 상품자본과 화폐자본으로서, 상인자본의 두 형태의 전문적 기능으로 나타나는 바로 그 기능을 수행하고 있다는 점을 단순히 관찰하더라도, 위와 같은 거친 견해는 불가능할 것이다. 오히려 상품거래자본과 화폐거래자본의 경우에는, 생산자본으로서 산업자본과 유통영역에 있는 산업자본 사이의 구별이 다음과 같은 방식으로 자립성을 얻고 있다. 즉 산업자본이 유통영역에서 일시적으로 취하는 특수한 형태와 기능이 [산업자본에서 분리되어 유통영역에 전적으로 처박혀 있는] 산업자본 일부의 독립적 형태와 기능으로 나타나게 된다는 것이다. 그러므로 산업자본의 전환형태 [상인자본] 와,

생산분야들의 서로 다른 성격 때문에 다른 방식으로 투하되고 있는 생산
자본들의 소재적 구별 [광업 · 농업 · 제조업 등] 은 전혀 별개의 것이다.

경제학자들이 항상 형태의 구별에 별다른 신경을 쓰지 않는다는 점[왜
냐하면 그들은 사실상 실제적인 면에만 관심을 가지고 있기 때문이다] 이
외에도, 위와 같은 혼동을 일으키는 두 가지 이유가 속류경제학자의 경우
에는 더 있다. 첫째는 상업이윤과 그것의 특성을 설명할 능력이 그에게
는 없기 때문이다. 둘째는 자본주의적 생산양식(이것은 상품유통, 따라
서 화폐유통을 그 기초로 전제한다)이라는 특수한 형태에서 생기는 상품
자본과 화폐자본이라는 형태를, 그리고 더욱 나아가 상품거래자본과 화
폐거래자본이라는 형태를, [초역사적인] 생산과정 그것에서 필연적으로
나오는 형태로 도출하려는 속류경제학자들의 변호론적 노력 때문이다.

상업자본 · 화폐거래자본이 곡물재배와 구별되는 것이, 곡물재배가 축
산업 · 제조업과 구별되는 것과 조금도 차이가 없다면, 생산과 자본주의
적 생산은 완전히 일치한다는 것, 그리고 특히 사회구성원 사이에서 사
회적 생산물의 분배(생산적 소비를 위해서든 개인적 소비를 위해서든)는
영원히 상인과 은행업자에 의해 매개되어야 한다는 것 ― 이것은 마치 쇠
고기의 소비가 축산업에 의해 그리고 의류의 소비가 그것의 제조업에 의
해 영원히 매개되지 않을 수 없듯이 ― 은 매우 분명하다.[45]

---

45) 현명한 로셔가 머리에서 짜낸 바에 따르면, 어떤 사람이 상업을 생산자와 소
   비자 사이의 '매개'로서 특징짓는다면, '사람'은 이와 마찬가지로 생산 그것을
   소비의 '매개'(누구와 누구 사이의 매개인가?)로 특징지울 수 있다는 것이다.
   이것에서 자연스럽게 상업자본은 농업자본이나 공업자본과 마찬가지로 생산자
   본의 일부라는 결론이 나온다. 그런데 인간은 생산에 의해서만 자기의 소비를
   매개할 수 있다든가(인간은 라이프치히의 교육을 받지 않더라도 이렇게 할 수
   밖에 없다), 또는 자연을 취득하기 위해서는 노동이 필요하다고 (이것을 '매개'
   라고 부를 수는 있을 것이다) 말할 수 있으므로, 이것으로부터 당연하게도 생
   산의 특수한 사회적 형태에서 발생하는 사회적 '매개'도 ― 이것이 매개라는 바

스미스, 리카도 등과 같은 위대한 경제학자들도 자본의 기본형태로 산업자본으로서 자본을 고찰하고, 유통자본(화폐자본과 상품자본)을 모든 자본의 재생산과정의 한 국면으로 고찰했기 때문에, 상인자본이 하나의 독자적인 종류라는 것에는 당황하였다. 산업자본의 고찰에서 직접적으로 도출한 가치형성·이윤 따위에 관한 명제는 상인자본에는 직접적으로 적용되지 않는다. 그러므로 그들은 상인자본을 완전히 무시하고 그것을 오직 산업자본의 한 종류로서 언급하고 있을 뿐이다. 그들이 특별히 상인자본을 취급하는 경우에는— 리카도가 대외무역과 관련하여 하고 있는 것처럼 [참조. CW 32: 70~72] —그들은 상인자본이 어떤 가치도 (따라서 어떤 잉여가치도) 창조하지 않는 것을 증명하려고 노력한다. 그러나 대외무역에 타당한 것은 국내상업에도 타당하다.

*　*　*

지금까지 우리는 상인자본을 자본주의적 생산양식의 입장에서 그리고 이 생산양식의 범위 안에서 고찰하였다. 그러나 상업만이 아니라 상인자본도 자본주의적 생산양식보다 오래된 것이며, 상인자본은 사실상 자본이 독립적으로 존재하게 된 가장 오래된 역사적 형태다.

이미 본 바와 같이 화폐거래업과 이것에 투하된 자본이 발달하기 위해서는 대규모 상업의 존재, 나아가 상품거래자본의 존재 이외에는 아무것도 필요하지 않으므로, 우리가 여기에서 취급해야 할 것은 오직 상품거

로 그 이유 때문에—동일한 절대적 필연적 성격, 동일한 지위를 가지게 된다. 매개라는 단어가 모든 것을 해결하고 있다. 그렇지만 상인은 생산자와 소비자 (여기에서는 생산하지 않는 소비자는 당분간 무시한다) 사이의 매개자가 아니라, 이 생산자들 사이에서 생산물의 교환을 매개한다. 다시 말해 상인은 교환의 중개자에 불과하며 상인 없이도 교환은 얼마든지 진행될 수 있다.

래자본뿐이다.

상업자본은 유통영역에 묶여 있으며 또 그것의 기능은 오로지 상품의 교환을 매개하는 것이기 때문에, 그것이 존재하기 위해서는—직접적인 물물교환에서 생기는 미발달한 형태들을 제외하면—상품과 화폐의 단순한 유통에 필요한 조건들 이외에 다른 어떤 조건도 필요하지 않다. 또는 상품과 화폐의 단순한 유통이 바로 상업자본의 존재조건이라고 말할 수 있다. 유통하는 생산물이 어떤 생산양식(원시공동체, 노예제 생산, 소농민적·소부르주아적 생산, 자본주의적 생산)에서 생산되든, 이것으로 말미암아 그 생산물의 상품으로서 성격은 조금도 변경되지 않으며, 그 생산물은 상품으로서 유통과정과 이것에 따른 형태변화를 통과해야만 한다. 상업자본에 의해 매개되는 두 끝 [상품들] 은 상업자본에 대해서는 주어져 있는데, 이것은 이 두 끝이 화폐와 화폐의 운동에 대해 주어져 있는 것과 마찬가지다. 오직 필요한 조건은 이 두 끝이 상품으로서 존재해야 한다는 것인데, 이 경우 생산이 전면적인 상품생산이든, 또는 생산자가 자기 자신의 직접적 욕구를 충족시키고 남는 잉여분을 시장에 출하하든 전혀 상관이 없다. 다만 상업자본은 자기에게 주어진 전제조건인 이 두 끝—즉 상품들—의 운동을 매개할 따름이다.

생산물이 상업에 들어가서 상인의 수중을 거치는 범위는 생산양식에 따라 다른데, 그 범위는 자본주의적 생산—여기에서는 생산물은 오직 상품으로서 생산되며 직접적 생활수단으로서는 생산되지 않는다—이 완전히 발달할 때 최대한도에 도달한다. 다른 한편으로 어떤 생산양식에서도 상업은 교환에 들어가는 잉여생산물의 생산을 촉진하며—왜냐하면 이것은 생산자(여기에서는 생산물의 소유자를 가리킨다)의 향락 또는 퇴장화폐를 증가시켜 주기 때문이다—따라서 상업은 생산에 점점 더 교환가치를 위한 생산이라는 성격을 부여한다. [참조. CW 29: 233~234, 480~481]

상품들의 탈바꿈—상품들의 운동—은, (1) 소재에서는 다른 상품들 상호간의 교환으로 이루어지고 있으며, (2) 형태에서는 상품들이 화폐로 전환하고[판매], 화폐가 상품들로 전환하는 것[구매]으로 이루어지고 있다. 그리하여 상업자본의 기능은 이런 기능들—즉 판매와 구매를 통한 상품들의 교환—로 돌아온다. 따라서 상업자본은 상품들의 교환을 매개할 따름인데, 이 교환은 단순히 직접적 생산자들 사이의 교환이라고는 처음부터 생각해서는 안 된다. 노예관계·농노관계·공납관계([아시아적] 공동체의 경우)에서는, 생산물의 소유자 따라서 생산물의 판매자는 노예소유주·봉건영주·공납을 받는 국가[417쪽에는 '동양의 전제군주'를 예로 들고 있다]다. 상인은 많은 사람들을 위해 매매한다. 판매와 구매는 상인의 수중에 집중되며, 이리하여 매매는 구매자(상인으로서)의 직접적 필요와 결부되지 않게 된다.

그러나 생산영역들—이들의 상품교환을 상인이 매개한다—의 사회적 조직이 어떻든, 상인의 재산은 항상 화폐재산으로 존재하며 그의 화폐는 항상 자본으로 기능한다. 이 자본의 형태는 항상 M−C−M′이며, 화폐—교환가치의 자립적 형태—가 출발점이고 교환가치의 증식이 독자적인 목적이다. 상품교환 그것과 이것을 매개하는 활동들(생산에서 분리되어 생산자가 아닌 사람들에 의해 수행된다)은 부—단순한 부가 아니라 교환가치라는 일반적 사회적 형태를 띠는 부—를 증가시키는 수단일 따름이다. 여기에서 추진적 동기와 규정적 목적은 M을 M+ΔM으로 전환시키는 것이며, 행위 M−M′을 매개하는 M−C와 C−M′이라는 행위들은 M을 M+ΔM으로 전환시키는 과도적 계기로 나타날 뿐이다. 상업자본의 특징적 운동인 M−C−M′은 생산자들 사이의 상품거래(이것의 궁극적 목적은 사용가치의 교환이다)인 C−M−C와 구별된다.

생산이 덜 발달하면 할수록, 화폐재산은 그만큼 더욱 상인의 수중에 집중하여 상인재산의 특수한 형태로 나타난다.

자본주의적 생산양식 안에서는—즉 자본이 생산 그것을 지배하고 생산에 완전히 변화된 특수한 형태를 부여하게 되면—상업자본은 하나의 특수한 기능을 하는 자본으로 나타날 따름이다. 그러나 이전의 모든 생산양식에서는 상업자본은 자본의 기능을 가장 잘 대표하는 것으로 나타나며, 이것은 생산이 직접적으로 생산자의 생활수단을 위한 생산일수록 더욱 그러하다.

따라서 자본이 생산 그것을 자기에게 종속시키기 훨씬 전에 왜 상업자본이 자본의 역사적 형태로 나타나는가를 이해하는 것은 조금도 어렵지 않다. 상업자본의 존재와 그것의 일정한 정도까지의 발달은 자본주의적 생산양식의 발달을 위한 역사적 전제조건이기도 하다. 왜냐하면 (1) 그것은 화폐재산의 집적을 위한 전제조건이기 때문이며, (2) 자본주의적 생산양식은 상업을 위한 생산—개별 고객을 상대하는 것이 아니라 대량판매를 위한 생산—을 전제하며, 따라서 상인—자기의 개인적 필요를 충족시키기 위해 구매하는 것이 아니라 많은 사람의 구매행위를 자기의 구매행위로 집중시킨다—을 전제하기 때문이다. 다른 한편으로 상업자본의 발달은 생산에 점점 더 교환가치를 위한 생산이라는 성격을 부여하며 생산물을 점점 더 상품으로 전환시킨다. 그렇지만 상업자본의 발달은 그것만으로는 하나의 생산양식에서 다른 생산양식으로 이행하는 것을 설명하기에 충분하지 않은데, 이것에 대해서는 곧 자세히 살펴볼 것이다.

자본주의적 생산의 테두리 안에서는 상업자본은 이전의 독립적 존재에서 격하되어 자본투하 일반의 하나의 특수한 계기로 되며, 이윤의 균등화는 상업자본의 이윤율을 일반적 평균수준으로 저하시킨다. 상업자본은 이제 생산자본 [산업자본] 의 대리자로서 기능할 뿐이다. 상업자본의 발달과 함께 형성되는 특수한 사회상태는 이제 더 이상 결정적인 역할을 하지 않으며, 그와는 반대로 상업자본이 우세한 곳은 시대에 뒤떨어진 사회상태가 지배한다. 이것은 한 나라 안에서도 그런데, 예컨대 순수한 상업도시는 공업도시에 비해 훨씬 더 과거와의 유사성을 나타내고 있다.46)

자본이 상업자본의 형태로 독립적으로 우세하게 발달한다는 것은 생산이 자본에 종속되어 있지 않다는 것—즉 자본과는 무관한 사회적 생산형태 위에서 자본이 발달하고 있다는 것—과 같은 의미다. 그러므로 상업자본의 독립적인 발달은 사회의 일반적인 경제적 발달과 반비례 관계에 있다.

독립적인 상업적 부가 자본의 지배적 형태라면, 이것은 유통과정이 그두 끝[교환을 행하는 생산자 자신들]에 대해 독립성을 획득하고 있다는것을 의미한다. 이 두 끝은 유통과정에서 독립하여 있고, 또 유통과정은이 두 끝에서 독립하여 있다. 여기에서는 생산물은 상업을 **통해 상품**으로 된다. 즉 상업이 생산물을 상품으로 전환시키고 있으며, **생산된** 상품의 운동이 상업을 형성하는 것은 아니다. 이리하여 여기에서는 자본은 먼저 유통과정에서 자본으로 등장한다. 이 유통과정에서 화폐가 자본으로발전한다. 생산물이 처음으로 교환가치로, 상품과 화폐로 발전하는 것은유통에서다. 자본이 유통과정의 두 끝—유통에 의해 매개되는 각종의생산분야들—을 지배하기 전에, 자본은 유통과정에서 형성될 수 있으며또 거기에서 형성되어야만 한다. 화폐유통과 상품유통은 [그 내부구조로보아 아직도 주로 사용가치의 생산을 지향하고 있는] 매우 다양한 조직을 가진 생산영역들을 매개할 수 있다. 유통과정이 이처럼 독립함으로써생산영역들이 제3자에 의해 상호연결된다면, 이것은 다음과 같은 두 가

---

46) 키셀바하(1860)는 상업자본이 자본 일반의 형태인 세계의 관념들에 아직도사로잡혀 있다. 그는 자본의 현대적 의미를 전혀 모르고 있는데, 이것은 몸젠이『로마사』[2판. 전3권. 베를린 1856~1857]에서 '자본'과 자본의 지배를 이야기하고 있을 때 그랬던 것과 마찬가지다. 영국의 근대사에서는 진정한 상인신분과상업도시는 정치적으로도 반동적으로 토지귀족·금융귀족과 동맹하여 산업자본에 대항하는 것으로 나타난다. 예컨대 맨체스터와 버밍엄에 대비한 리버풀의정치적 기능을 참조하라. 곡물관세의 폐지[1846년] 이래 비로소 영국의 상업자본과 금융귀족은 산업자본의 완전한 지배를 인정하게 되었다.

지 사태를 표현한다. 즉 한편에서는 유통이 아직 생산을 지배하지 않고 자기에게 주어진 전제조건으로서 생산과 관련맺고 있다는 점이며, 다른 한편에서는 생산과정이 아직 유통을 자기의 단순한 하나의 요소로서 흡수하지 못하고 있다는 점이다. 그러나 자본주의적 생산에서는 사태가 전혀 다르다. 즉 생산과정은 완전히 유통에 근거하고 있으며, 유통은 생산의 단순한 하나의 계기, 하나의 통과국면—상품으로서 생산되는 생산물의 실현과, 그 생산물의 생산요소들(이것들도 상품으로 생산된다)의 보충—일 따름이다. 유통에서 직접적으로 발생하는 자본형태[즉 상업자본]는 이제 재생산운동에 있는 자본의 형태들의 하나로서 나타날 뿐이다. [참조. CW 33: 14~15]

상업자본의 독립적 발달이 자본주의적 생산의 발달 수준에 반비례한다는 법칙은 베네치아 사람, 제노바 사람, 네덜란드 사람 따위에 의해 수행된 중개무역의 역사에서 가장 잘 나타나고 있는데, 중개무역의 경우에는 가장 큰 이윤이 자국 생산물의 수출에 의해 얻어진 것이 아니라, 상업적으로 (그리고 경제 일반에서) 미발달한 공동체들 사이의 생산물 교환을 매개함으로써, 그리고 쌍방의 생산국들을 수탈함으로써 얻어진 것이다.[47] 여기에서 우리는 상업자본의 순수한 형태—상업자본에 의해 매개되는 두 끝의 생산영역들과 상업자본이 완전히 분리되어 있다—를 보게된다. 중개무역은 상업자본이 형성되는 주요한 원천의 하나다. 그러나 중개무역의 이런 독점과 상업 그것은 이 독점에 의해 수탈당하던 국민들

---

47) "상업도시의 주민들은 더 부유한 나라의 개량된 제조품과 값비싼 사치품을 수입함으로써 대지주의 허영심을 만족시켰다. 대지주들은 그런 물건들을 자기 토지의 대량의 천연생산물로 열심히 사들였다. 따라서 그 당시 유럽 대부분의 상업은 주로 자신의 천연생산물을 더 문명화된 민족의 제조품과 교환하는 것이었다…이렇게 즐기고 좋아하는 것이 일반화되어 상당한 수요를 유발하게 되었을 때, 상인들은 운송비를 절약하기 위해 자연히 자신의 나라에 동일한 종류의 제조업을 설립하려고 노력했다."(스미스, 『국부론』 제3편 제3장: 493~494)

―이들의 미발달이 이런 독점이 생겨난 바탕이었다―이 경제적으로 발달함에 따라 쇠퇴하여 간다. 중개무역의 경우 이 쇠퇴는 상업의 하나의 특수한 분야의 쇠퇴로 나타날 뿐 아니라, 순수한 상업국민들의 지배력의 쇠퇴와 그들의 상업적 부 일반[이것은 중개무역에 근거하고 있었다]의 쇠퇴로 나타난다. 이것은 자본주의적 생산이 점진적으로 발달함에 따라 상업자본이 산업자본에 종속되어 가는 것을 나타내는 하나의 특수한 형태에 불과하다. 그런데 상업자본이 생산을 직접적으로 지배하는 곳에서 상업자본이 어떤 방식과 형태로 활동하는가에 관해서는, 식민지무역 일반(이른바 식민제도), 특히 네덜란드 동인도회사의 활동이 적절한 실례를 제공한다.

상업자본의 운동은 M―C―M′이므로, 상인의 이윤은 첫째로 유통과정 내부에서만 진행되는 행위―즉 구매와 판매라는 두 가지 행위―에 의해 얻어지며, 둘째로 상인의 이윤은 최종행위인 판매에 의해 실현된다. 따라서 상인의 이윤은 '양도이윤'이다. 첫눈에는, 순수하고 독립적인 상업이윤은 생산물이 그 가치대로 판매되는 한 불가능한 것처럼 보인다. "값싸게 구매하여 비싸게 판매한다."는 것이 상업의 법칙인데, 이것은 등가물들의 교환이 아니다. 여기에 가치의 개념이 끼어들게 되는 것은, 각종의 상품들이 모두 가치이고 따라서 화폐이며, 그리고 질적으로 보면 한결같이 사회적 노동을 표현하고 있다는 의미에서뿐이다. 그러나 각종의 상품들이 동등한 가치량은 아니다. 생산물들이 교환되는 양적 비율은 처음에는 완전히 우연적이다. 생산물들이 상품의 형태를 취하는 것은 그것들이 교환될 수 있는 한―즉 그것들이 동일한 제3자를 표현하고 있는 한―에서다. 연속되는 교환과, 교환을 위한 더 규칙적인 재생산은 이 우연성을 점차로 제거한다. 그러나 이런 제거는 처음에는 생산자와 소비자를 위해서가 아니라 두 사람 사이의 매개자―화폐가격을 비교하여 그 차액을 취득하는 상인―를 위해서다. 상인은 자기 자신의 운동에 의해 등가관계를 확립한다.

상업자본은 처음에는 자기가 지배하지 않는 두 끝 사이의, 그리고 자기가 창조하지 않는 전제조건들 사이의 매개운동에 불과하다.

단순한 상품유통의 형태 C-M-C에서 화폐가 가치척도와 유통수단으로서뿐 아니라 상품의 절대적 형태, 따라서 부의 절대적 형태―퇴장화폐―로서 생겨나고, 그리하여 화폐의 유지와 증대가 목적 그 자체로 되듯이, 상업자본의 단순한 유통형태 M-C-M′에서 화폐와 퇴장화폐는 단순한 양도에 의해 유지되고 증식되는 것으로 발달한다. [참조. CW 33: 9~10]

고대의 상업민족들은 서로 다른 세계들 사이의 공간에 있는 에피쿠로스의 신들처럼, 또는 폴란드 사회의 빈틈에 끼여 사는 유태인들처럼 존재하였다. 최초의 독립적인 고도로 번영한 상업도시와 상업민족의 상업은 순수한 중개무역으로서 [그들이 매개한] 생산하는 민족들의 미개상태에 근거를 두고 있었다.

자본주의 사회의 이전 단계들에서는 상업이 산업을 지배하였다. 그러나 근대사회에서는 그 반대다. 공동체 상호간에 행해지는 상업은 당연히 크든 적든 공동체에 반작용을 미친다. 상업은 향락과 생활유지가 생산물의 직접적 사용보다는 판매에 점점 더 의존하게 만들어, 생산을 점점 더 교환가치의 생산에 종속시킨다. 이리하여 상업은 낡은 관계를 해체하고 화폐유통을 증가시킨다. 상업은 이제 더이상 생산의 잉여분만을 장악하는 것이 아니라, 생산 그것에 점차로 파고 들어가서 생산분야 전체를 자기에 의존시킨다. 그러나 이런 분해작용은 생산을 행하는 공동체의 성격에 크게 좌우된다. [참조. CW 33: 20]

상업자본이 저개발 공동체들 사이의 생산물 교환을 매개하는 한, 상업이윤은 사기와 기만의 형태를 띨 뿐 아니라 사실상 주로 이것으로부터 발생한다. 상업자본이 각국의 생산가격들 사이의 차액을 취득한다는 사실(이리하여 이 점에서는 상업자본은 상품가치의 균등화와 확립에 기여한다는 것) 이외에도, 이런 발달하지 않은 생산양식에서는 상업자본이 잉여생산물의 대부분을 자기의 것으로 취득하게 된다. 왜냐하면 첫째로 그 공동체들에서 생산은 아직도 기본적으로 사용가치의 생산을 지향하고 있으며, 따라서 생산물 중 유통에 들어가는 부분의 판매, 그리고 생산물을 그 가치대로 판매한다는 것은 이들 경제조직에서는 부차적인 중요성을 가지고 있을 뿐인데, 상업자본이 이런 공동체들 사이의 중개자 구실을 하기 때문이며, 둘째로 이런 자본주의 이전의 생산양식에서는 잉여생산물의 주요한 소유자들[상인은 이들과 거래한다], 즉 노예소유주·봉건영주·국가(예: 동양의 전제군주)는 향락적 부의 대표자들인데, 이 향락적 부에 대해 상인이 덫을 치기 때문이다[애덤 스미스는 봉건시대에 관한 앞의 인용문 [주 47] 에서 이 점을 올바르게 파악하고 있다]. 이리하여 상업자본은, 그것이 지배적인 위치를 차지하는 어느 곳에서나, 약탈제도를 대표하게 되는데,[48] 사실상 상업자본의 발달은 고대·근대의 상업민

---

48) "지금 상인들 사이에는 귀족이나 강도에 대한 불평이 매우 높다. 왜냐하면 상인들은 큰 위험을 무릅쓰고 거래하여야만 하며, 또한 납치·구타·공갈·강도의 위협에 시달려야 하기 때문이라는 것이다. 그러나 상인들이 정의를 위해 그런 것을 당한다고 하면, 그들은 성자일 것이다…그러나 그것과 동일한 불의와 비기독교적 도둑질과 강도질이 상인들에 의해 세계 전체에 걸쳐 심지어 그들 상호간에도 행해지고 있으므로, 부정하게 얻은 그렇게 큰 재산이 다시 상실되거나 강탈되며 또한 상인들 자신이 구타를 당하고 체포되도록 신이 정해 놓았다고 하여 무엇이 이상한가?…그리고 군주로서는 이런 부정한 상거래를 합당한 벌칙에 의해 처벌하고 자기의 신민들이 상인들에 의해 그렇게 파렴치하게 농락당하지 않도록 보호하는 것이 당연하다. 그런데 군주들이 그렇게 하지 않기 때문에, 신이 기사와 강도로 하여금 상인들의 불법을 처벌하는 것이다. 이것은 신이 악마를 이용하여 이집트와 세계 전체에 고통을 주며, 또는 적을 이용하여 세계 전체를 멸망시키는 것과 마찬가지다. 이처럼 신은 하나의 악인으로 하여금 다른 악인을 처치하게 하는데, 그렇다고 하여 기사가 상인보다 작은 강도라는 것은 아니다―비록 상인은 매일 세계 전체를 강탈하는 데 반하여 기사는 일년에

족의 경우 폭력적 약탈 · 해적 · 노예납치 · 식민지 정복 등과 직접적으로
결부되어 있다. 예컨대 카르타고와 로마, 그리고 그 뒤에는 베네치아 사
람, 포르투갈 사람, 네덜란드 사람 따위도 그러하였다.

　상업과 상업자본의 발달은 어디에서나 교환가치를 지향하는 생산을
발달시키고 그것의 범위를 확대하며 그것을 다양화함과 함께 그것에 세
계적 성격을 부여하여 화폐를 세계화폐로 발전시킨다. 그러므로 상업은
어디에서나 기존의 생산조직들—형태는 다양하지만 주로 사용가치의 생
산을 지향하고 있다—을 많든 적든 분해시키는 작용을 한다. 그러나 어
느 정도까지 상업이 낡은 생산양식을 해체시키는가는 먼저 낡은 생산양
식 그것의 견고성과 내부구성에 달려있다. 그리고 이 해체과정에서 무엇
이 나타나는가, 즉 낡은 생산양식 대신에 어떤 새로운 생산양식이 나타
나는가는 상업에 의해서가 아니라 낡은 생산양식 그것의 성격에 의해 결
정된다. 고대세계에서는 상업의 영향과 상업자본의 발달은 항상 노예경
제를 낳았으며, 출발점 여하에 따라서는 생활수단의 직접적 생산을 지향
하는 가부장적 노예제도가 잉여가치의 생산을 지향하는 노예제도로 전환
되는 수도 있었다. 그런데 근대세계에서는 그것은 자본주의적 생산양식
을 낳는다. 이렇게 볼 때, 이런 결과 그것은 상업자본의 발달과는 전혀

　한두 번 한두 사람만을 강탈할 뿐이지만."“너희들의 군주가 도둑과 한무리가
된다는 이사야의 예언﹝이사야 1: 23﹞에 주목하라. 군주들은 한 푼이나 반 푼을
훔친 도둑은 교수형에 처하면서, 세계를 약탈하며 그 누구보다 도둑질을 많이
한 사람과는 한 패가 되고 있으니, 이것은 큰 도둑이 작은 도둑을 교수형에 처
한다는 옛날의 속담을 확인시켜 주고 있다. 또는 로마의 원로원 의원 카토가
말한 바와 같이, '좀도둑은 칼을 쓰고 옥에 갇혀 있으나 국민의 도둑은 황금과
비단을 감고 다닌다.' 신은 이것에 대해 최후로 어떻게 말할 것인가? 신은 에스
겔에게 말한 바와 같이﹝에스겔 22: 18~22﹞행할 것이다. 즉 신은 군주와 상인
을, 하나의 도둑과 다른 하나의 도둑을, 납과 철처럼 융합시켜, 도시가 불탈 때
어느 것도 남기지 않을 것이다."(루터,『상거래와 고리대에 관하여』. 1524)

다른 사정들에 의해 규정되고 있음을 알 수 있다.

진정한 도시적인 공업이 농업으로부터 분리되자마자, 그것의 생산물은 처음부터 상품이며 따라서 그것의 판매가 상업의 매개를 필요로 한다는 것은 매우 당연하다. 상업이 도시의 발달에 의존하며, 또한 도시의 발달이 상업에 의존한다는 것은 자명하다. 그러나 산업의 발달이 어느 정도까지 상업과 손을 맞잡고 나아가는가는 전혀 별개의 문제다. 고대 로마에서는 이미 공화정 후기에 상업자본은 이전에 볼 수 없었던 높은 수준으로 발달하였지만 수공업은 조금도 발달하지 않았다. 반면에 [유럽과 소아시아의] 코린트나 그 밖의 그리스 도시에서는 상업의 발전은 고도로 발달한 수공업을 동반하였다. 다른 한편으로 상업정신과 상업자본의 발달은, 도시 발달의 결과이거나 그것의 조건이 되기는커녕, 그와는 정반대로 비정착적 유목민족에 고유한 것인 경우도 가끔 있다.

16세기와 17세기에 지리상의 발견들과 함께 상업에서 일어난 대혁명들—이것들은 상업자본의 발전을 급속히 촉진하였다—이 봉건적 생산양식에서 자본주의적 생산양식으로 이행을 촉진한 하나의 주요한 계기가 되었다는 것은 조금도 의심할 여지가 없다. 그러나 바로 이 사실이 전적으로 그릇된 견해들을 낳았다. 세계시장의 갑작스런 확대, 유통하는 상품들의 비상한 증대, 아시아의 생산물과 아메리카의 금은을 획득하려는 유럽 각국 사이의 경쟁, 식민제도 따위, 이 모든 것은 생산에 대한 봉건적 족쇄들을 타파하는 데 근본적으로 기여하였다. 그렇지만 근대적 생산양식의 제1시기인 매뉴팩처 [공장제 수공업] 시대는 이것을 위한 조건들이 이미 중세에 창조되어 있었던 곳에서만 발달하였다. 예컨대 네덜란드와 포르투갈을 비교해 보라.[49] 그리고 16세기와 부분적으로는 17세기에도

---

49) 무엇보다도 어업·매뉴팩처·농업이 네덜란드 발달의 토대 구축에 얼마나 큰 기능을 하였는가는 이미 18세기 저술가들에 의해 해명되었다. 예컨대 매시 [175 0] 를 참조하라. 이전의 견해가 아시아적 · 고전고대적 · 중세적 상업의 규모와

상업의 갑작스런 확대와 새로운 세계시장의 창조가 낡은 생산양식의 몰락과 자본주의적 생산양식의 발전에 지대한 영향을 미쳤지만, 상업의 확대와 새로운 세계시장의 창조는 거꾸로, 이미 있던 자본주의적 생산양식을 기초로 달성된 것이다. 〔물론〕세계시장 그것은 자본주의적 생산양식의 기초를 이룬다. 다른 한편으로, 점점 더 큰 규모로 생산하려는 이 생산양식의 내재적 필연성은 세계시장의 끊임없는 확대를 강요하게 되며, 이리하여 상업이 산업을 변혁시키는 것이 아니라 산업이 끊임없이 상업을 변혁시키게 된다. 더욱이 상업상 지배권도 이제는 대공업을 위한 조건들의 크거나 작은 우세와 결부된다. 예컨대 영국과 네덜란드를 비교해 보라. 지배적 상업국으로서 네덜란드의 몰락사는 상업자본이 산업자본에 종속되어 가는 역사다. 전자본주의적 국민적 생산양식의 내부적 견고성과 조직이 상업의 분해작용에 대항해 내세운 장애물들은 인도와 중국에 대한 영국의 무역에서 매우 잘 드러나고 있다. 인도와 중국에서는 생산양식의 광범한 기초가 소규모 농업과 가내공업의 통일에 의해 형성되어 있고, 그 위에 인도에서는 토지의 공동소유에 근거한 촌락공동체의 형태[중국에서도 옛날에는 이러했다]가 추가되고 있다. 인도에서 영국인은 지배자와 지대취득자로서 직접적인 정치적·경제적 권력을 사용하여 이 작은 경제적 공동체를 분쇄하려고 하였다.[50] 영국인의 상업이 인도의

의의를 과소평가한 것과는 반대로, 지금은 그것을 지나치게 과대평가하고 있다. 이런 견해에서 벗어나기 위해서는 18세기 초 영국의 수출입과 지금의 그것을 비교하면 될 것이다. 그런데 전자는 이전의 어떤 상업국의 수출입과도 비교할 수 없을 정도로 큰 것이었다.(A. 앤더슨, 1764, 제2권: 261 이하)

[50] 성공하지 못한, 그리고 참으로 바보같은 (실제로는 악명 높은) 경제적 실험의 역사가 있다고 한다면, 그 대표적인 예는 영국인에 의한 인도경영의 역사다. 벵골에서 그들은 영국식 대토지소유의 희극을 창조하였고, 남동인도에서는 분할지소유의 희극을 창조하였으며, 북서인도에서는 토지의 공동소유를 지닌 인도의 경제적 공동체를 파괴하기 위해 온 힘을 쏟아 그 공동체의 희극적 형태를 만들어

생산양식에 혁명적인 영향을 미쳤다고 한다면, 그것은 영국상품의 낮은 가격에 의해 방적업과 직포업—이것들은 공업생산과 농업생산의 통일의 아주 오래된 구성요소다—이 파멸되고, 이리하여 공동체가 파괴되었다는 것뿐이다. 이 경우에도 이 분해작용은 매우 점진적으로만 진행되고 있을 따름이다. 그런데 직접적 정치적 권력의 도움을 받지 못하는 중국에서는 상업의 분해작용은 더욱 보잘것없다. 여기에서는 농업과 가공업의 직접적 결합에서 생기는, 시간의 큰 효율적 사용과 절약이 대공업의 생산물에 대해 매우 완강한 저항력이 되고 있다. 왜냐하면 대공업 생산물의 가격에는 대공업에는 필연적인 유통과정의 쓸모없는 비용이 포함되어 있기 때문이다. 그런데 영국인의 상업과는 반대로 러시아인의 상업은 아시아적 생산의 경제적 기초에는 조금도 손을 대지 않고 있다.[51]

봉건적 생산양식으로부터 이행하는 데는 두 가지 다른 길이 있다. 하나의 길은 생산자가 상인 겸 자본가가 되어 농촌의 자연경제에 대항하고 중세도시의 길드에 묶인 수공업에 대항하는 것이다. 이것은 참으로 혁명적인 길이다. 다른 하나의 길은 상인이 생산을 직접적으로 장악하는 것이다. 후자의 길이 역사적으로 디딤돌의 기능을 아무리 많이 한다 하더라도[예컨대 17세기 영국의 직물상인은 종전에는 독립적이었던 직포공들을 자기의 지배 아래에 두어 그들에게 양모를 판매하고 그들의 직물을 구매하였다], 후자의 길은 그 자체로서는 낡은 생산양식을 타도할 수 없고 오히려 낡은 생산양식을 자기 자신의 전제조건으로 보존하고 유지한다. 예컨대 19세기 중엽에 이르기까지도, 프랑스 비단공업의 제조업자나 영국 양말공업·레이스공업의 제조업자는 명목상으로만 제조업자이지

냈다.

[51] {엥겔스: 러시아가 오로지 국내시장과 인접 아시아시장에만 의존하는 자기 자신의 자본주의적 생산을 발달시키려고 미친 듯이 노력하고 있으므로, 이 사정도 변화하기 시작하고 있다.}

사실상은 상인이었는데, 그들은 직포공들로 하여금 옛날의 분산된 방식으로 작업을 계속하게 하였으며 상인으로서만 그들을 통제하였을 뿐이다. 직포공들은 사실상 상인을 위해 노동하고 있었던 것이다.[52] 이런 방식은 어디에서나 진정한 자본주의적 생산양식의 진보를 방해하며, 따라서 자본주의적 생산양식이 발달함에 따라 소멸하게 된다. 이런 방식은 생산양식을 변혁함이 없이 직접적 생산자들의 상태를 악화시킬 따름이며, 그들을 [자본에 직접적으로 종속되어 있는 노동자들보다] 나쁜 조건의 단순한 임금노동자와 프롤레타리아트로 전환시키고, 그들의 잉여노동을 낡은 생산양식의 기초 위에서 취득한다. 약간 변형되기는 하였지만 동일한 관계가 런던의 가구제조업—이것은 부분적으로 수공업적으로 수행되고 있다—에서도 발견된다. 특히 타워 함레트 [런던의 동부] 에서 그러하다. 가구생산 전체는 매우 많은 독립된 분야들로 분할되어 있으며, 어떤 기업은 의자만을, 다른 기업은 식탁만을, 제3의 기업은 옷장만을 만든다. 따위. 그런데 이 기업들 자체는 하나의 장인과 약간의 직인들에 의해 대체로 수공업적으로 운영된다. 그럼에도 생산은 너무나 대규모여서 직접적으로 개별 고객을 상대할 수는 없다. 구매자들은 가구점의 소유자들이다. 토요일에 장인은 이들 가구점들을 찾아가서 자기의 생산물을 판매하는데, 그 때 가격에 대한 흥정은 전당포에서 이러저러한 물품에 대한 대출금 흥정과 마찬가지로 벌어진다. 이들 장인들은 다음 주에 원료를 다시 구매하고 임금을 지불하기 위해서라도 매주 판매할 필요가 있다. 이런 사정에서는 이들 장인들은 사실상 상인과 자기 자신의 노동자들 사이의 중개자에 불과하다. 상인이 잉여가치의 대부분을 획득해가는 진짜

---

52) {엥겔스: 이것은 라인지방의 리본·끈 생산자와 비단직포공에게도 타당하다. 크레펠트에는 이런 농촌 손직포공과 도시 '매뉴팩처 주인' 사이의 교통을 위해 특별철도까지 부설되었는데, 그 뒤 기계직포업에 의해 모든 손직포공들이 해고되고 철도도 유휴상태에 놓이게 되었다.}

자본가다.[53] 이와 비슷한 현상은 이전에 수공업적으로 운영되었거나 농촌공업의 부업으로 운영되었던 분야들이 매뉴팩처로 이행하는 과정에서도 나타난다. 대공업으로 이행은 소규모 소유자 경영업체의 기술적 발전에―이 업체가 수공업적 작업을 할 수 있는 기계를 이미 채용하고 있는 곳에서는―달려있다. 기계는 손에 의해서가 아니라 증기에 의해 운전되는데, 이것은 예컨대 최근 영국의 양말 제조업에서 일어나고 있는 바와 같다.

따라서 자본주의로 이행은 세 가지 형태를 취할 수 있다. 첫째, 상인이 직접적으로 산업가로 된다. 이것은 상업에 기초를 둔 공업의 경우로 특히 상인이 원료와 노동자 모두를 외국에서 수입하는 사치품공업[예컨대 15세기에 콘스탄티노플 [이스탄불] 에서 이탈리아로 수입된 사치품공업처럼]에서 그렇다. 둘째, 상인이 작은 장인들을 자기의 중개자로 삼거나 또는 직접적으로 독립적 생산자로부터 구매한다. 상인은 생산자를 명목상으로는 독립시켜 놓고 그의 생산방식을 그대로 유지하게 한다. 셋째, 산업가가 상인으로 되어 시장을 위해 직접적으로 대규모로 생산한다.

중세에는 상인은, 폽페 [1807: 70] 가 올바르게 지적하고 있듯이, 상품―길드에 의해 생산되었든 농민에 의해 생산되었든―을 '옮겨주는' 사람에 불과하였다. 그 상인이 이제 산업가로 되든가, 아니면 적어도 수공업자들 특히 농촌의 소생산자들로 하여금 자기를 위해 일하게 한다. 다른 한편으로 생산자가 상인으로 된다. 이전에는 직포장인이 양모를 차례차례 조금씩 상인으로부터 받아 자기의 직인들과 함께 그 상인을 위해 작업하였지만, 이제는 그가 스스로 양모나 면사를 구매하고 그의 직물을 상인에게 판매한다. 생산요소들은 그가 스스로 구매한 상품으로 생산과정에 들어간다. 그리고 그 직포장인은 지금 개별 상인이나 특정 고객을

---

53) {엥겔스: 1865년 이래 이 제도는 더욱 대규모로 발전하였다. 자세한 것은『고한제도에 관한 상원특별위원회 제1차 보고서』, 런던 1888에 있다.}

상대로 생산하는 것이 아니라 상업세계 전체를 상대로 생산하고 있다. 생산자 자신이 상인이다. 상업자본은 지금 유통과정을 담당할 뿐이다. 처음에는 상업은 길드공업·농촌가내공업·봉건적 농업을 자본주의적 사업으로 전환시키기 위한 전제조건이었다. 상업은 생산물을 상품으로 발전시킨다. 그렇게 하는 것은, 부분적으로는 상업이 생산물을 위한 시장을 창조함으로써이고, 또 부분적으로는 새로운 상품등가물을 도입하고 생산을 위해 새로운 원료와 보조재료를 공급하며, 이리하여 처음부터 상업에 근거하는 새로운 생산분야들[국내시장과 세계시장을 위해 생산할 뿐 아니라 세계시장에서 유래하는 새로운 생산분야들]을 개척함으로써이다. 매뉴팩처가 어느 정도 강화되면[대공업의 경우는 더욱 그렇지만], 제조업이 자기의 상품을 통해 시장을 정복함으로써 자기를 위한 시장을 창출한다. 상업은 이제 산업생산의 하수인으로 되며, 시장의 끊임없는 확장은 산업생산의 생존조건의 하나가 된다. 점점 증대하는 대량생산은 기존의 시장을 범람시키고, 이리하여 끊임없이 그것을 확장시키려고 하며 그것의 장벽들을 돌파하려고 한다. 이 대량생산을 제한하는 것은 상업(이것이 현재의 수요를 표현할 뿐인 한)이 아니라 기능하는 자본의 규모와 노동생산력의 발전 정도다. 산업자본가는 끊임없이 세계시장에 직면하며, 그는 자기 자신의 비용가격을 국내의 시장가격과 비교할 뿐 아니라 세계 전체의 시장가격과 비교해야만 한다. 이전에는 이 비교는 거의 전적으로 상인들의 업무였으며, 이리하여 상업자본은 산업자본에 대한 지배를 확보한 것이었다. [참조. CW 32: 465~466]

근대적 생산양식에 관한 최초의 이론적 연구인 중상주의는 필연적으로 상업자본의 운동에서 자립화하고 있는 유통과정의 피상적인 현상들에서 출발하였으며, 이 때문에 겉모양만 파악했을 따름이다. 이렇게 된 이유는, 부분적으로는 상업자본이 자본 일반의 최초의 독립적인 존재형태이기 때문이었으며, 또 부분적으로는 상업자본이 봉건적 생산의 최초의 변혁기, 근대적 생산의 발생기에 미친 압도적인 영향 때문이었다. 근대경제에 관한 진정한 과학은 이론적 고찰이 유통과정에서 생산과정으로 옮겨갈 때 비로소 시작된다. 이자낳는 자본도 자본의 아주 오래된 형태다. 그런데 중상주의가 왜 이것에서 출발하지 않고 이것에 대해 공격적인 태도를 취하게 되었는가에 관해서는 뒤에서 보게 될 것이다.

제5편
이윤이 이자와 기업가이득으로 분할.
이자낳는 자본

제
5
편

제 21 장   이자낳는 자본

제 22 장   이윤의 분할. 이자율. '자연적' 이자율

제 23 장   이자와 기업가이득

제 24 장   이자낳는 자본에서는 자본관계가 피상적인
　　　　　형태로 나타난다

제 25 장   신용과 가공자본

제 26 장   화폐자본의 축적. 이자율에 미치는 영향

제 27 장   자본주의적 생산에서 신용의 역할

제 28 장   유통수단과 자본. 투크와 풀라턴의 견해

― 이상 (상)권 ―

제 29 장   은행자본의 구성부분

제 30 장   화폐적 자본과 현실적 자본 (Ⅰ)

제 31 장   화폐적 자본과 현실적 자본 (Ⅱ)

제 32 장   화폐적 자본과 현실적 자본 (Ⅲ)

제 33 장   신용제도 아래의 유통수단

제 34 장   통화주의와 영국의 1844년 은행법

제 35 장   귀금속과 환율

제 36 장   자본주의 이전의 관계

제21장
이자낳는 자본

일반적 또는 평균 이윤율을 (제2편에서) 처음 고찰하였을 때, 그것은 아직 완성된 형태는 아니었다. 왜냐하면 이윤율의 균등화는 서로 다른 생산분야들에 투하된 산업자본들 사이의 균등화로서만 나타났기 때문이다. 이 점은 제4편에서 보완되었는데, 거기에서는 이 균등화에 상업자본이 참가하는 것과 상업이윤이 논의되었다. 이리하여 일반적 이윤율과 평균이윤은 이전보다 더욱 엄밀히 규정된 좁은 한계를 가지게 되었다. 앞으로의 분석 과정에서 염두에 두어야 할 것은, 지금부터 우리가 일반적 이윤율이나 평균이윤에 관해 말할 때에는 언제나 후자의 의미 — 평균율의 완성형태 — 로 사용한다는 점이다. 이 평균율은 산업자본이나 상업자본에 대해 같기 때문에, 이 평균율만이 문제로 되는 한 산업이윤과 상업이윤을 구별할 필요가 없다. 자본이 생산분야에 산업자본으로 투하되든 유통분야에 상업자본으로 투하되든, 그 자본은 자기의 크기에 비례해 동일한 연간 평균이윤을 얻는다.

자본주의적 생산의 기초 위에서는 화폐 — 실제로 화폐로 존재하거나 상품으로 존재하는 어떤 가치액의 독립적 표현이라고 여겨진다 — 는 자본으로 전환될 수 있으며, 이 전환에 의해 화폐는 주어진 고정적 가치에서 자기 자신을 증식시키고 증가시키는 가치로 된다. 화폐는 이윤을 생산한다. 즉 화폐는 자본가로 하여금 노동자들로부터 일정한 양의 불불노동·잉여생산물·잉여가치를 착취하여 사유화할 수 있게 한다. 이리하여 화폐는 화폐로서 가지고 있는 사용가치 이외에 추가적인 사용가치, 즉 자본으로 기능한다는 사용가치를 얻게 된다. 이 경우 화폐의 사용가치는 그것이 자본으로 전환되어 생산하는 이윤 바로 그것에 있다. 잠재적 자본, 이윤을 생산하는 수단의 속성에서 화폐는 상품이, 그러나 특수한 종류의 상품이 된다. 또는 같은 이야기이지만, 자본으로서 자본 ['화폐'가 더욱 적합한 것 같다] 이 상품이 된다.54)

연간 평균이윤율을 20%라고 하자. 그러면 100원의 가치를 가진 기계를 평균적 조건에서 평균 정도의 지능과 합목적적 활동에 의해 자본으로 사용한다면, 그 기계는 20원의 이윤을 낳을 것이다. 그러므로 100원을 자유롭게 처분할 수 있는 사람은 이 100원을 120원으로 만들 수 있는 힘, 즉 20원의 이윤을 생산할 수 있는 힘을 자기 손 안에 가지고 있다. 그는 잠재적 자본 100원을 소유하고 있는 것이다. 이 사람이 이 100원을 1년 동안 타인에게 맡기고 후자가 그것을 실제로 자본으로 사용한다면, 전자는 후자에게 20원의 이윤 — 후자에게 아무런 비용도 들게 하지 않으며 후자가 아무런 등가도 지불하지 않는 잉여가치 — 을 생산하는 힘을 주는 셈이다. 후자가 연말에 100원의 소유자에게 예컨대 생산된 이윤의 일부인 5원을 지불한다면, 그는 이것에 의해 100원의 사용가치 — 그것의 자본기능, 20원의 이윤을 생산하는 기능 — 에 대한 대가를 지불하는 셈이

---

54) 경제학자들도 사태를 이렇게 파악하고 있다는 몇 개의 구절을 여기에 인용할 수 있을 것이다. "당신"(잉글랜드은행)"은 자본이라는 상품을 거래하는 대규모 상인인가?" [강조는 마르크스의 것] 라고 그 은행의 한 이사는 『은행법특별위원회 보고서』(1857: 104) [이하에서는 『은행법』, 1857로 약칭] 를 위한 증인 심문에서 질문을 받았다.

다. 이윤 중 이렇게 지불되는 부분을 이자라고 부른다. 따라서 이자는 이윤 중 기능자본가가 자기 주머니에 넣지 않고 자본의 소유자에게 지불해야만 하는 부분을 가리키는 특수한 명칭, 특수한 용어에 지나지 않는다.

이 100원의 소유가 이것의 소유자에게 그의 자본이 생산하는 이윤의 일정한 부분인 이자를 끌어오는 힘을 준다는 것은 명백하다. 그가 타인에게 100원을 주지 않는다면, 후자는 이윤을 생산하지 못하거나 이 100원에 관련하여 자본가로서 기능할 수 없을 것이다.[55]

여기에서 길바트처럼 자연적 정의에 대해 이야기하는 것은 무의미한 일이다(주 55 참조). 생산 당사자들 사이에서 행해지는 거래의 공정성은 이 거래가 생산관계의 자연적 귀결인가 아닌가에 달려있다. 법률적 형태들—이 형태에서는 이런 경제적 거래들은 참가자들의 자발적 행위로서, 그들의 공동의지의 표현으로서, 그리고 개개의 당사자들에게 국가가 강제할 수 있는 계약으로서 나타난다—은 단순한 형태들에 불과하며 거래의 내용 그것을 규정할 수는 없다. 그것들은 거래의 내용을 표현할 뿐이다. 그 내용이 생산양식에 알맞고 적합하다면 공정한 것이다. 생산양식과 모순한다면 그 내용은 불공정한 것이 된다. 노예를 부리는 것은 자본주의적 생산양식의 기초 위에서는 불공정하며, 상품의 품질을 속이는 것도 그러하다.

100원이 20원의 이윤을 낳는 것은, 그것이 [산업자본이든 상업자본이든] 자본으로서 기능하기 때문이다. 그러나 이 자본기능의 필수조건은, 그 화폐가 자본으로서 지출된다는 것, 즉 생산수단의 구매(산업자본의 경우) 또는 상품의 구매(상업자본의 경우)에 지출된다는 것이다. 그러나 지출되기 위해서는 먼저 화폐가 존재해야 한다. 100원의 소유자 A가 그

---

55) "이윤을 얻으려는 목적으로 화폐를 차입하는 사람이 대부자에게 이 이윤의 일부를 주어야 한다는 것은 자연적 정의의 자명한 원리다."(길바트, 1834: 163)

화폐를 개인적 소비를 위해 지출하든가 퇴장화폐로서 자기가 보유한다면, 그 화폐는 기능자본가 B에 의해 자본으로서 지출될 수 없을 것이다. B가 지출하는 것은 자기 자신의 자본이 아니라 A의 자본이므로, A의 동의 없이는 B는 A의 자본을 지출할 수 없다. 그러므로 100원을 최초로 자본으로 지출하는 사람은 사실상 A다. 비록 자본가로서 그의 기능은 전적으로 이런 지출행위에 국한되는 것이지만. 이 100원에 관한 한, B가 자본가로서 기능하는 것은, A가 그 100원을 B에게 넘겨주고, 따라서 A가 그 화폐를 자본으로서 지출하기 때문일 따름이다.

먼저 이자낳는 자본의 독특한 유통을 고찰하자. 그 다음에는 이자낳는 자본이 상품으로서 판매되는 독특한 방식, 즉 아주 양도되어 버리는 것이 아니라 대부되는 독특한 방식을 연구하여야 한다.

출발점은 A가 B에게 대부하는 화폐다. 이 대부는 담보가 있거나 없거나 실시될 수 있다. 담보가 있는 대부는 [상품이나 증서(어음·주식 등)를 담보로 하는 것을 제외하면] 더 옛날의 형태다. 이런 특수한 형태들은 여기에서는 문제가 되지 않는다. 우리가 취급해야 하는 것은 보통 형태의 이자낳는 자본이다.

B의 수중에서 화폐는 현실적으로 자본으로 전환되어 $M-C-M'$의 운동을 통과하여, A에게로 M'으로서, $M+\Delta M - \Delta M$은 이자를 표시한다 —으로서 복귀한다. 문제를 단순하게 하기 위해 여기에서는 당분간 자본이 긴 기간에 걸쳐 B의 수중에 남아있고 이자가 일정한 기간마다 지불되는 경우를 무시한다.

그러면 운동은 다음과 같이 된다.

$$M-M-C-M'-M'$$

여기에서 중복되어 나타나는 것은, (1) 자본으로서 화폐의 지출, 그리고 (2) 실현된 자본 — M' 또는 $M+\Delta M$ — 으로서 화폐의 환류다.

상업자본 $M-C-M'$의 운동에서는 동일한 상품이 소유자를 두 번 바꾸며, 또는 상인이 상인에게 판매하는 경우에는 소유자를 여러 번 바꾼다. 그러나 동일한 상품의 이런 위치변화는, 그 상품이 최종적으로 소비에 들어갈 때까지 이 과정이 몇 번이나 반복되더라도 어느 것이나 그 상품의 하나의 탈바꿈, 즉 구매 또는 판매를 표시한다.

다른 한편으로 C—M—C에서는 동일한 화폐가 위치를 두 번 바꾸는데, 여기에서는 상품의 완전한 탈바꿈 — 상품이 먼저 화폐로 전환되고 그 다음에 화폐가 다시 다른 상품으로 전환되는 것 — 이 보인다.

이와는 반대로, 이자낳는 자본의 경우 M의 첫 번째 위치변화는 상품 탈바꿈의 한 계기가 아니며 자본의 재생산의 한 계기도 아니다. M의 위치변화가 그런 계기로 되는 것은 M이 기능자본가의 수중에서 지출될 때 — 즉 기능자본가가 그 화폐를 사용하여 상업을 경영하든지 그 화폐를 생산자본으로 전환시킬 때 — 다. M의 첫 번째 위치변화는 A로부터 B에게 M의 이전 또는 넘겨주는 것 — 이것은 보통 일정한 법률상의 형식과 규정 아래에서 실시된다 — 에 불과하다.

자본으로서 화폐의 이중의 지출 — 그 첫 번째는 A로부터 B에게로 단순한 이전이다 — 에 대해 화폐의 이중의 환류가 대응한다. 화폐는 운동과정을 마치면서 M′ 또는 M+⊿M으로서 기능자본가 B에게로 환류하며, 그 다음에 B는 그 화폐를 다시 A에게 이윤의 일부와 함께, 즉 실현된 자본 — M+⊿M — 으로서 넘겨주는데, 이 경우 ⊿M은 전체 이윤과 동등하지 않고 이자라는, 이윤의 일부에 불과하다. B에게로 화폐가 환류하는 것은, A의 소유인 그 화폐를 B가 기능자본으로서 지출하였기 때문이다. 그러므로 화폐의 환류를 완성시키기 위해서는 B는 그것을 다시 A에게 넘겨주어야 한다. 그러나 B는 자본액 이외에, 자기가 이 자본액으로 얻은 이윤의 일부를 이자라는 명목으로 A에게 넘겨주어야 한다. 왜냐하면 A가 B에게 그 화폐를 준 것은 오로지 자본 — 운동과정에서 자기를 유지할 뿐 아니라 자기의 소유자를 위해 잉여가치를 창조하는 가치 —

으로서 준 것이기 때문이다. 그 화폐는 자본으로 기능하는 동안만 B의 수중에 남아 있다. 그리고 그 화폐는 약속한 날짜에 B에게 돌아오면서 자본으로서 기능하지 않게 된다. 더 이상 기능하지 않는 자본인 그 화폐는 다시 A―여전히 그것의 법률상의 소유자이다―에게로 이전되어야 한다. [결국 A는 이자를 얻는 대부자본가로 되고, B는 이윤을 얻는 산업·상업자본가로 된다.]

이 상품[상품으로서 자본]에 고유한 대부라는 형태―이것은 기타의 거래에서도 판매라는 형태 대신 나타날 수 있다―는, 자본이 여기에서 상품으로서 등장한다는 사실, 또는 자본으로서 화폐가 상품이 된다는 사실로부터 유래하는 것이다.

여기에서는 다음과 같은 구별이 필요하다.

여기에서 간단히 상기해야 할 것은, 우리가 이미 본 바와 같이(제2권 제1장), 자본은 유통과정에서 상품자본과 화폐자본으로 기능한다는 점이다. 그러나 이 두 개의 형태에서 자본은 결코 자본으로서 상품이 되는 것은 아니다.

생산자본이 상품자본으로 전환되자마자, 상품자본은 시장에 출하되어 상품으로서 판매되어야만 한다. 여기에서 상품자본은 단순히 상품으로 기능하며, 자본가는 단순히 상품의 판매자로, 그리고 구매자는 상품의 구매자로 나타날 뿐이다. 상품으로서 그 생산물은 판매에 의해 유통과정에서 자기의 가치를 실현해야 하며, 자기의 전환된 형태 즉 화폐형태를 취해야만 한다. 여기에서는 이 상품이 소비자에 의해 생활수단으로 구매되든, 아니면 자본가에 의해 생산수단―자본의 구성부분―으로 구매되든 전혀 문제가 되지 않는다. 유통행위에서는 상품자본은 단순히 상품으로 기능할 따름이고 자본으로 기능하는 것은 아니다. 그것이 단순한 상품과 구별되는 상품자본인 이유는 다음과 같다. (1) 그것은 이미 잉여가치를 잉태하고 있으며, 따라서 그것의 가치 실현이 동시에 잉여가치의 실현이기 때문이다. 그렇다고 하더라도 이 사실은 상품자본이 상품— 일정한 가격을 지닌 생산물— 으로 단순히 존재한다는 것을 변경시키지는 않는다. (2) 상품자본이 상품으로 기능하는 것은 자본으로서 상품자본의 재생산과정의 한 국면이며, 따라서 상품자본이 상품으로 운동하는 것은 [상품자본의 재생산과정의 부분운동에 불과하며] 동시에 상품자본이 자본으로 운동하는 것이기도 하기 때문이다. 그런데 상품의 운동이 자본의 운동으로 되는 것은, 판매라는 행위 그것 때문이 아니라, 이 판매 행위가 [이 일정한 가치액이 자본의 자격으로 행하는] 총운동과 관련을 맺고 있기 때문이다.

이와 마찬가지로 화폐자본으로서 자본은 사실상 단순히 화폐, 즉 상품(생산요소)의 구매수단으로 작용할 뿐이다. 이 화폐가 동시에 화폐자본[자본의 한 형태]으로 되는 것은 구매 행위—화폐자본이 화폐로서 수행하는 현실적 기능—때문이 아니라, 이 구매 행위가 자본의 총운동과 관련을 맺고 있기 때문이다. 왜냐하면 화폐자본이 화폐로서 수행하는 이 [구매] 행위는 자본주의적 생산과정을 개시하는 것이기 때문이다.

상품자본과 화폐자본이 재생산과정에서 현실적으로 기능하고 현실적으로 자기의 기능을 수행하는 한, 상품자본은 오로지 상품으로서 작용하고 화폐자본은 오로지 화폐로서 작용할 뿐이다. 탈바꿈의 개별 국면들을 하나씩 보면, 자본가는 상품을 구매자에게 자본으로서 판매하는 것이 아니며[물론 그에게는 그 상품은 자본을 대표하지만], 또한 그는 화폐를 판매자[생산수단의 판매자]에게 자본으로서 넘겨주는 것도 아니다. 어느 경우에나 자본가는 상품을 단순히 상품으로서 판매하며, 화폐를 단순히 화폐로서, 상품의 구매수단으로서 넘겨준다.

자본이 유통과정에서 자본으로 등장하는 것은 오로지 전체 과정과 관련을 맺기 때문이며, 출발점이 동시에 복귀점으로서 나타나는 맥락, 즉 $M-M'$ 또는 $C-C'$에서다(반면에 자본이 생산과정에서 자본으로 등장하는 것은 노동자가 자본가에게 종속되고 잉여가치가 생산되기 때문이다).
그러나 이 복귀점에서는 중간의 매개과정은 사라져 버리고, 거기에 있는
것은 M′ 또는 M+ΔM이며(ΔM만큼 증가된 이 가치액이 화폐의 형태로
존재하든 상품이나 생산요소의 형태로 존재하든), 최초에 투하된 화폐액
과 이것을 넘는 초과분(실현된 잉여가치)을 합한 것과 같은 화폐액이다.
그리고 자본이 실현된 자본, 증식된 자본으로서 존재하는 바로 이 복귀점
에서는— 이 복귀점이 상상적이든 현실적이든 쉬고 있는 지점으로 여겨
지는 한—자본은 유통에 들어가는 것이 아니라 유통에서 빠져 나온 것으
로 과정 전체의 결과로 나타난다. 이 실현된 자본이 다시 지출된다면, 그
것은 결코 제3자에게 자본으로서 넘겨주는 것이 아니라, 단순한 상품으로
서 제3자에게 판매되든가 또는 단순한 화폐로서 상품과 교환되어 제3자
에게 지불되는 것이다. 자본은 자기의 유통과정에서는 결코 자본으로 나
타나지 않고 다만 상품 또는 화폐로 나타날 뿐이며, 이것이 또한 타인에
대해 자본이 취하는 유일한 존재형태다. 상품과 화폐가 여기에서 자본인
이유는, 상품이 화폐로 전환되며 화폐가 상품으로 전환된다는 것— 구매
자 또는 판매자에 대한 상품 또는 화폐의 현실적 관계— 때문이 아니라,
(주관적으로 보면) 자본가 자신에 대해 상품 또는 화폐가 가지는 관념적
관계 때문이거나, (객관적으로 보면) 상품 또는 화폐가 재생산과정의 요
소들이기 때문이다. 자본이 현실적으로 운동하는 자본으로서 존재하는 곳
은 유통과정이 아니라 오직 생산과정— 노동력의 착취과정— 일 뿐이다.
  그런데 이자낳는 자본의 경우에는 사정이 다른데, 바로 이것이 이자낳
는 자본의 특수성을 이루고 있다. 화폐를 이자낳는 자본으로서 가치증식
시키려는 화폐소유자는 그 화폐를 타인에게 넘겨주고 그것을 유통에 투
입하며 그것을 자본— 자기 자신에 대해서뿐 아니라 타인에 대해서도 자
본이어야 한다—으로서 상품화한다. 그 화폐는 자기를 넘겨주는 사람에
대해서 자본일 뿐 아니라, 타인에게도 처음부터 자본으로서— 잉여가치

또는 이윤을 창조하는 사용가치를 가진 가치로서, 그리고 운동 중에 자기를 유지하며 기능을 마친 뒤에는 자기의 최초의 지출자(이 경우 화폐소유자)에게로 복귀하는 가치로서—넘겨지게 된다. 다시 말해 그 가치는 소유자로부터 일정한 기간만 떠나는 것이며 오직 일시적으로 소유자의 점유로부터 기능자본가의 점유로 옮겨가는 것인데, 따라서 그 가치는 지불되어 버리는 것도 아니고 판매되어 버리는 것도 아니며 대부될 뿐이다. 즉 그 가치는, 첫째로 일정한 기간 뒤에는 출발점으로 복귀한다는 조건, 그리고 둘째로 실현된 자본으로서—그리하여 잉여가치를 생산하는 그것의 사용가치를 실현한 뒤에—복귀한다는 조건에서만 넘겨지는 것이다.

자본으로서 대부되는 상품은 그것의 속성에 따라 고정자본 또는 유동자본으로 대부된다. 화폐는 어느 형태로든 대부될 수 있는데, 고정자본으로서 대부되는 것은 예컨대 화폐가 연금의 형태로 상환되어 이자와 함께 끊임없이 자본[대부된 화폐]의 일부도 환류하는 경우다. 어떤 상품들은 사용가치의 성질 때문에 오직 고정자본으로 대부될 수 있을 뿐인데, 예컨대 가옥·선박·기계 등이 그렇다. 그러나 모든 대부자본은[그것의 형태가 어떻든, 그리고 그것의 상환이 그 사용가치의 성질에 의해 어떻게 변경되든] 항상 화폐자본의 특수한 형태에 불과하다. 왜냐하면 대부되는 것은 언제나 일정한 화폐액이며, 이 화폐액에 근거하여 이자가 계산되기 때문이다. 대부되는 것이 화폐나 유동자본이 아니라면, 그것은 고정자본이 환류하는 방식으로 상환된다. 대부자는 주기적으로 이자와 함께 고정자본 그것의 소비된 가치부분—주기적인 마멸분에 해당하는 가치—을 받는다. 대부기한이 되면 고정자본의 소비되지 않은 부분은 현물로서 복귀한다[예: 가옥의 임대]. 대부자본이 유동자본이라면, 그것은 유동자본 환류의 일반적 방식에 따라 대부자에게 복귀한다.

따라서 어느 경우에나 환류방식은 자본이 재생산되는 현실적 순환운동과 자본의 특수한 종류들에 의해 결정된다. 그러나 대부자본의 경우에는 그 환류가 상환의 형태를 취한다. 왜냐하면 대부자본을 넘겨주는 것, 즉 선대advance가 대부의 형태를 취하기 때문이다.

이 장에서는 진정한 화폐자본만을 취급할 것인데, 기타 형태[예: 상품형태]의 대부자본은 화폐자본의 대부로부터 유추할 수 있기 때문이다.

대부된 자본은 두 번 환류한다. 즉 재생산과정에서 그것은 기능자본가에게 환류하며, 그 다음에는 대부자—화폐자본가—에게 넘겨져 진정한 소유자에 대한 상환으로서, 그것의 법률상 출발점으로 복귀하는 것으로서, 환류가 또 한 번 일어난다.[M—M—C—M′—M′]

현실의 유통과정에서는 자본은 언제나 상품 또는 화폐로 나타나며, 자본의 운동은 일련의 구매와 판매로 이루어진다. 요컨대 유통과정은 상품의 탈바꿈으로 이루어진다. 그러나 재생산과정 전체를 고찰하면 그렇지 않다. 우리가 화폐에서 출발한다면 일정한 화폐액이 지출되어 일정한 기간 뒤에는 어떤 증가분과 함께 복귀한다(상품에서 출발하더라도 마찬가지다. 왜냐하면 이 경우 상품의 가치에서 출발하게 되며 이리하여 상품을 화폐의 옷차림으로 보기 때문이다). 대부화폐액에 잉여가치가 첨가되어 복귀한다. 그 화폐액은 일정한 순환운동 과정에서 자기를 유지하고 증식시킨 것이다. 그런데 자본으로서 대부되는 화폐는 이처럼 자기를 유지하고 증식시키는 화폐액으로서 대부되며, 이 화폐액은 일정한 기간 뒤에는 추가분과 함께 복귀하며, 또 다시 동일한 과정을 거칠 수 있다. 이 화폐액은 화폐로서 지출되는 것도 아니고 상품으로서 지출되는 것도 아니다. 즉 그 화폐액이 화폐로서 대부되는 경우에는 상품과 교환되는 것도 아니고, 그 화폐액이 상품으로서 대부되는 경우에도 화폐와 교환으로 판매되는 것이 아니다. 그 화폐액은 자본으로서 넘겨지는 것이다. 자본주의적 생산과정을 하나의 전체·총체로서 고찰하는 경우, 자본은 자기 자신에 대한 관계로서—즉 자본은 화폐를 낳는 화폐[M—M′]로서—나타나게 되는데,

이 자기 자신에 대한 관계가 여기에서는 매개적인 중간운동 없이 단순히 화폐의 성질, 화폐의 능력으로서 화폐에 내재하고 있다. 그리고 화폐가 화폐자본으로서 대부되는 경우, 화폐는 이런 능력 때문에 넘겨지는 것이다.

프루동은 화폐자본의 기능에 대해 기묘한 견해를 가지고 있었다(바스티아와 프루동, 『무료신용. 바스티아와 프루동의 논쟁』, 1850). 〖참조. CW 32: 529~530; CW 29: 219~221〗 프루동에 따르면, 대부는 판매가 아니기 때문에 악인데, 이자를 받는 대부는 "판매되는 것에 대한 소유권을 결코 포기하지 않은 채, 동일한 물건을 끊임없이 반복하여 판매하여 끊임없이 반복하여 그것의 가격을 취득하는 능력"(9)이다.

대부의 대상인 화폐·가옥 등은 매매의 경우와는 달리 소유자를 변경시키지 않는다. 그러나 프루동이 보지 못하고 있는 것은, 화폐가 이자낳는 자본으로 넘겨질 때 그것에 대한 등가를 전혀 받지 않는다는 사실이다. 어떤 매매행위에서도 교환과정이 일어날 때는 언제나 대상물은 넘겨진다. 판매되는 대상물의 소유는 항상 넘겨진다. 그러나 그것의 가치는 넘겨지는 것이 아니다. 판매에서는 상품이 넘겨지지만 그것의 가치는 넘겨지지 않으며, 이 가치는 화폐의 형태 또는 어음이나 지불청구권의 형태(화폐의 다른 형태에 불과하다)로 돌아온다. 구매의 경우에는 화폐가 넘겨지지만 그것의 가치는 넘겨지지 않으며, 이 가치는 상품의 형태로 대체된다. 산업자본가는 (잉여가치를 무시하면) 재생산과정 전체를 통해 동일한 가치를 자기의 수중에 보유하고 있는데, 다만 그 가치의 형태가 변화할 따름이다.

교환 즉 물품들의 교환이 진행되는 한, 가치에는 아무런 변동도 없다. 동일한 자본가는 항상 동일한 가치를 자기 수중에 보유한다. 자본가가 잉여가치를 생산하고 있는 동안은 교환이 행해지지 않으며, 교환이 행해질 때는 잉여가치는 이미 상품에 포함되어 있다. 우리가 개개의 교환행위를 고찰하지 않고 자본의 총순환 M-C-M′을 고찰한다면, 일정한 가치액이 끊임없이 투하되고, 이 가치액과 잉여가치(또는 이윤)를 합한 것이 유통영역에서 끊임없이 끌려 나오는 것을 보게 된다. 이 과정의 매개는 단순한 교환행위에서는 보이지 않는다. 자본으로서 M이 겪는 이 과정 바로 그것에 대부화폐자본가의 이자가 근거하며, 그 과정에서 이자가 생기는 것이다.

프루동은 다음과 같이 말한다.

"사실상 모자를 판매하는 모자제조업자는… [모자와 교환으로] 모자의 가치를 받는데, 그것보다 많거나 적게 받지 않는다. 그러나 대부자본가는…자기의 자본을 완전히 그대로 돌려받을 뿐 아니라 이 자본보다 많은 것을, 자기가 교환에 투하한 것보다 많은 것을 받는다. 그는 자본 이외에 이자도 받는다."(69)

여기에서는 모자제조업자는 [대부자본가에 대립하는] 생산적 자본가 [산업 · 상업자본가] 를 대표한다. 어떻게 생산적 자본가는 상품들을 그 가치(생산가격으로 전환을 프루동은 전혀 이해하지 못하고 있으므로 가치와 생산가격을 구별할 필요가 없다)대로 판매하면서도 자기가 유통에 투입한 자본을 초과하여 이윤을 얻을 수 있는가? 이 비밀을 프루동은 해명하지 못한 것이다. 모자 100개의 생산가격이 115원이고 이 생산가격은 모자의 가치와 동등하다고[모자를 생산하는 자본이 사회적 평균구성의 자본이라고] 가정하자. 이윤이 15%라면, 모자제조업자는 상품들을 그 가치 115원으로 판매함으로써 15원의 이윤을 실현한다. 모자를 생산하는 데는 100원의 비용이 든 것이다. 그가 자기 자신의 자본으로 모자를 생산하였다면, 그는 초과분 15원을 전부 차지할 것이다. 그런데 차입자본으로 제조하였다면 아마도 이 초과분 중 5원을 이자로서 포기해야 할 것이다. 이것은 모자의 가치를 조금도 변경시키지 않으며, 오직 모자 속에 이미 포함되어 있는 잉여가치가 다른 사람들 사이에 분배되는 방식을 변경시킬 뿐이다. 모자의 가치는 이자의 지불에 의해 영향 받지 않으므로, 프루동이 다음과 같이 말하는 것은 터무니없다.

"상업에서는 자본에 대한 이자가 노동자의 임금에 추가되어 상품의 가격을 구성하기 때문에, 노동자가 자기 자신의 노동생산물을 되살 수 있다는 것은 불가능하다. '노동하여 생활한다'는 것은 이자가 지배하는 조건에서는 모순을 내포하는 원칙이다."(105)[56]

프루동이 자본의 성질을 얼마나 이해하지 못하고 있는가 하는 것은, 그가 자본 일반의 운동을 이자낳는 자본의 독특한 운동에 의거해 서술하고 있는 다음과 같은 문장에서 폭로되고 있다.

"화폐자본은 교환할 때마다 이자가 붙어 그것의 출발점으로 항상 복귀하므로, 대부는 동일한 인물로 하여금 끊임없이 이윤을 얻도록 해준다."(154)

그러면 이자낳는 자본의 독특한 운동에서 프루동에게 아직 수수께끼로 남아있는 것들은 무엇인가? 구매·가격·대상물의 양도라는 범주들과, 잉여가치가 여기에서 드러내는 직접적인 형태다. 요컨대 여기에서는 자본이 자본으로서 상품이 되어 있고, 이리하여 판매가 대부로 전환하며, 가격이 이윤의 분배 몫[이자]으로 전환하는 현상이다.

자본이 그 출발점으로 복귀한다는 것은 일반적으로 자본이 그 총순환에서 행하는 특징적인 운동이다. 이것은 결코 이자낳는 자본의 특징만은 아니다. 이자낳는 자본을 특징짓는 것은 복귀의 피상적인 형태 —즉 매개하는 순환에서 분리된 복귀 형태 — 이다. 대부자본가는 등가를 받지

---

56) 프루동의 말대로 한다면, '가옥'이나 '화폐' 등은 '자본'으로서 대부되어서는 안되며, '상품으로서…비용가격'(43, 44)으로 대부되어야 한다. 루터는 프루동보다는 약간 뛰어났다. 그는 이윤획득이 대부나 구매의 형태와는 관계 없음을 이미 알고 있었다. "그들은 구매로부터도 고리를 얻고 있다. 그러나 이것까지 한꺼번에 취급하기에는 너무나 벅찬 일이므로, 당분간은 오직 대부에서의 고리를 취급할 수밖에 없다. 이것을 저지한 뒤에 (최후의 심판일 이후에) 우리는 구매에서의 고리에 대해서도 설교할 것이다."(루터, 1540)[강조는 마르크스의 것]

않고 자기의 자본을 넘겨주며 산업자본가에게 그것을 옮겨준다. 그러나 이것은 결코 자본의 현실적인 순환과정 중 하나의 행위가 아니며, 산업자본가가 실행해야 할 이 순환을 준비할 따름이다. 화폐의 이런 첫 번째 위치 변화는 탈바꿈의 어떤 행위[구매나 판매]도 표현하지 않는다. 교환이 행해지는 것도 아니고 등가를 받는 것도 아니기 때문에 소유권이 넘겨지지 않는다. 그 화폐가 산업자본가로부터 대부자본가에게 복귀하는 것은 자본이 넘겨지는 첫 번째 행위를 보충할 따름이다. 자본은 화폐형태로 투하되어 순환과정을 거친 뒤에 다시 화폐형태로 산업자본가에게 복귀한다. 그러나 자본은 투하될 때 산업자본가의 것이 아니었으므로 복귀할 때도 그의 것일 수가 없다. 이 자본은, 그것이 재생산과정을 통과하였다는 사실에 의해 산업자본가의 소유로 전환되는 것은 아니다. 그러므로 그는 그 자본을 대부자에게 돌려주어야 한다. 자본을 대부자로부터 차입자에게 이전시키는 첫 번째 행위는 하나의 법률상 거래인데, 이 거래는 자본의 현실적인 재생산과정과는 아무런 관계없이 오직 이 과정을 도입할 따름이다. 환류한 자본을 다시 차입자로부터 대부자에게 이전시키는 상환은 첫 번째의 법률상 거래를 보충하는 두 번째의 법률상 거래다. 첫 번째의 거래는 현실적 과정이 시작될 수 있게 하며, 두 번째의 거래는 현실적 과정이 끝난 다음의 보충적 행위다. 따라서 대부자본의 출발점과 복귀점, 넘겨줌과 상환은 법률상 거래들에 의해 매개되는 자의적인 운동들로 나타나며, 이 운동들은 자본의 현실적 운동의 앞뒤에서 행해지고 이 현실적 운동 그것과는 아무런 관계도 없다. 물론 자본이 처음부터 산업자본가의 것이고 따라서 그의 소유로서 오직 그에게로 환류한다 하더라도, 자본의 현실적 운동에는 아무런 차이도 생기지 않을 것이다.

첫 번째의 도입행위에서 대부자는 자기의 자본을 차입자에게 넘겨주며, 두 번째의 보충적인 종결행위에서는 차입자가 이 자본을 대부자에게 반환한다. 대부자와 차입자 사이의 거래에 관한 한(당분간 이자는 무시한다), 그리하여 그들 사이에서 대부자본의 운동만을 문제로 삼는 한, 이두 행위(이 행위들은 자본의 현실적 재생산운동이 행해지는 길거나 짧은 시간간격에 의해 분리되지만)는 이 운동 전체를 포괄한다. 그리고 상환을 조건으로 하는 넘겨줌이라는 이 운동은 대부와 차입[화폐나 상품의 오직 조건부 양도라는 이 특수한 형태]의 일반적 운동이다.

  자본 일반의 특징적인 운동 — 즉 화폐가 자본가에게로 복귀하는 것, 자본이 그 출발점으로 복귀하는 것 — 이 이자낳는 자본의 경우에는 [그 내용을 이루는 현실적 운동과는 분리된] 전적으로 피상적인 형태를 취하고 있다. A는 자기의 화폐를 화폐로서가 아니라 자본으로서 넘겨주는데, 여기에서는 그 자본에 아무런 변화도 일어나지 않으며 점유자만 바뀔 뿐이다. 화폐가 자본으로 현실적으로 전환하는 것은 오직 B의 수중에서다. 그러나 A에 대해서는, 그 화폐는 단순히 B에게 넘겨짐으로써 자본으로 되고 있다. 생산과정과 유통과정으로부터 자본의 현실적 환류는 오직 B에게서 일어난다 그러나 A에게 환류는 넘겨줌과 똑같은 형태로 일어난다. 일정 기간 화폐를 대부하는 것, 그리고 이자(잉여가치)와 함께 그것을 회수하는 것 — 이것이 이자낳는 자본 그것에 고유한 운동형태의 전부다. 대부된 화폐가 자본으로서 현실적으로 운동하는 것은 대부자와 차입자 사이의 거래 바깥에 있는 활동이다. 이 거래 그것에는 자본의 현실적 운동이 소멸되어 눈에 보이지 않으며, 직접적으로는 포함되어 있지 않다. 특수한 종류의 상품으로서 자본은 또한 자기의 특유한 양도방식을 가지고 있다. 그러므로 복귀도 일정한 일련의 경제적 과정들의 귀결과 결과로 나타나지 않고, 구매자와 판매자 사이의 특수한 법률상 계약의 결과로 나타난다. 환류의 기간은 재생산과정의 경과에 달려있는데, 이자낳는 자본의 경우에는 자본으로서 그것의 복귀가 대부자와 차입자 사이의 단순한 계약에 의존하는 것처럼 보인다. 그리하여 이 거래에 관한 한, 자본의 환류는 생산과정에 의해 결정된 결과로서 나타나지 않고, 마치 대부자본이 화폐형태를 한 번도 상실한 적이 없는 것처럼 나타난다. 물론 이 거래들은 현실적인 재생산상의 환류에 의해 실제로 결정된다. 그러나 이 사실은 그 거래 자체에서는 분명히 나타나지 않으며, 또한 현실적으로도 반드시 그렇게 되는 것도 아니다. 현실적 환류가 제때 일어나지 않는다면 차입 자는 대부자에 대한 자기의 채무를 상환하기 위해 다른 재원을 찾아야 한다. 자본의 단순한 형태 — A라는 금액으로 인도되어 일정한 기간 뒤에 이 시간간격 이외에는 어떤 매개도 없이 $A+\frac{1}{x}A$라는 금액으로 복귀하는 화폐 — 는 현실적 자본운동의 불합리한 형태에 불과하다.

현실적 자본운동에서 복귀는 유통과정의 하나의 국면이다. 처음에 화 폐는 생산수단으로 전환되고, 생산과정은 생산수단을 상품으로 전환시 키며, 상품의 판매에 의해 상품은 화폐로 재전환된다. 이리하여 그 화폐 는 처음에 화폐형태로 자본을 투하한 자본가의 수중으로 복귀한다. 그러 나 이자낳는 자본의 경우 복귀는 인도와 마찬가지로 자본의 소유자와 제 2의 인물 사이의 법률상 거래의 결과일 뿐이다. 우리에게 보이는 것은 인도와 상환뿐이다. 그 중간에 일어난 모든 것은 지워져 있다.

그러나 자본으로 투하되는 화폐는 그것을 투하하는 사람 — 그것을 자 본으로 지출하는 사람 — 에게로 복귀하는 속성을 가지고 있으므로, 그리 고 $M-C-M'$은 자본운동의 내재적 형태이기 때문에, 화폐소유자는 화 폐를 자본으로서 — 즉 자기의 출발점으로 복귀하는 속성과 더불어 자기 가 행하는 운동 중에 자기의 가치를 유지하고 증식시키는 속성을 가진 것으로서 — 대부할 수 있다. 화폐소유자가 화폐를 자본으로 넘겨주는 것 은 그것이 자본으로 사용된 뒤에 그것의 출발점으로 환류하기 때문이다. 다시 말해 차입자가 일정한 기간 뒤에 그것을 상환할 수 있기 때문인데, 이 역시 그 화폐가 차입자 자신에게로 먼저 환류하기 때문에 가능한 것 이다.

그러므로 자본으로서 화폐의 대부 — 일정한 기간 뒤에 상환된다는 조건으로 화폐를 양도하는 것—는 화폐가 실제로 자본으로 사용되어 실제로 그 출발점에 환류하는 것을 전제하고 있다. 다시 말해 화폐가 자본으로 행하는 현실적 순환운동은 화폐의 차입자가 대부자에게 화폐를 반환해야 한다는 법률상 거래의 전제다. 차입자가 화폐를 자본으로 사용하지 않는다면 그것은 차입자의 문제다. 대부자는 화폐를 자본으로 대부하는 것이며, 자본으로서 화폐는 자본의 기능들—이것들은 화폐의 형태로 자기의 출발점에 복귀할 때까지 화폐자본의 순환을 포괄하고 있다—을 수행하여야 한다.

가치액이 화폐 또는 상품으로 기능하는 유통행위 M−C와 C−M′은, 그 가치액의 총운동의 매개적인 과정들, 총운동의 단순한 국면들에 불과하다. 자본으로서 그 가치액은 총운동 M−M′을 수행한다. 그것은 화폐 또는 이러저러한 형태의 가치액으로 투하되며 가치액으로 복귀한다. 화폐의 대부자는 화폐를 상품의 구매에 지출하는 것이 아니며, 또는 가치액이 상품으로 존재하는 경우 그는 그 상품을 화폐와 교환으로 판매하는 것이 아니다. 그는 그 가치액을 자본으로서, M−M′으로서, 일정한 기간이 지나면 다시 출발점으로 복귀하는 가치로서 투하한다. 그는 판매하거나 구매하는 것이 아니라 대부하는 것이다. 따라서 이 대부는 가치를 화폐나 상품으로서가 아니라 자본으로서 넘겨주는 것에 적합한 형태다. 그렇다고 하여 대부가 자본주의적 재생산과정과는 전혀 상관 없는 거래들의 형태로 될 수 없다는 것은 결코 아니다〖 귀족의 사치를 위해서도 대부될 수 있다〗.

*　*　*

지금까지 우리는 대부자본이 그 소유자와 산업자본가 사이에서 행하는 운동만을 고찰하였다. 이제 우리는 이자를 연구해야 한다.

대부자는 자기의 화폐를 자본으로 지출한다. 그가 타인에게 양도하는 가치액은 자본이며, 그렇기 때문에 그것이 자기에게로 환류하는 것이다. 그러나 이런 복귀만으로는, 대부된 가치액이 자본으로서 환류하는 것이 아니라 대부된 가치액의 단순한 상환일 수가 있다. 자본으로서 환류하기 위해서는, 대부된 가치액은 운동과정에서 자기를 유지할 뿐 아니라 증식시켜야 하며, 이리하여 M+ΔM으로서 잉여가치와 함께 복귀하여야 한다. 이 ΔM이 여기에서는 이자인데, 평균이윤 중 기능자본가의 수중에 남지 않고 화폐자본가에게 돌아가는 부분이다.

화폐가 화폐자본가에 의해 자본으로서 이전된다는 것은, 그 화폐가 M+ΔM으로서 그에게 반환되어야 함을 의미한다. 비교적 오랜 기간의 마지막에 가서 비로소 상환될 때까지, 자본은 환류하지 않고 그 중간의 시기에 이자만이 규칙적으로 환류하는 형태에 관해서는 나중에 고찰하여야 한다.

화폐자본가는 차입자인 산업자본가에게 무엇을 주는가? 그는 실제로 무엇을 차입자에게 넘겨주는가? 화폐의 대부를 자본으로서 화폐의 이전 — 즉 상품으로서 자본의 이전 — 으로 만드는 것은 화폐를 넘겨주는 이 행위뿐이다.

화폐대부자가 자본을 상품으로 대부하는 것, 또는 그가 소유하는 상품이 자본으로서 타인에게 이전되는 것은 오직 이 넘겨줌이라는 과정을 통해서다.

보통의 판매에서는 무엇이 넘겨지는가? 판매되는 상품의 가치는 아니다. 왜냐하면 이 가치는 형태를 바꿀 뿐이기 때문이다. 이 가치는, 화폐의 형태로 판매자의 수중에 현실적으로 이전되기 전에, 가격으로서 관념적으로 상품 속에 존재한다. 동일한 가치와 동일한 가치량이 여기에서는 형태만 바꿀 따름이다. 동일한 가치와 동일한 가치량이 한 번은 상품형태로 존재하고 또 한 번은 화폐형태로 존재한다. 현실적으로 판매자가 양도하는 것, 그리하여 구매자의 개인적 또는 생산적 소비로 이전되는 것은 상품의 사용가치이고 사용가치로서 상품이다.

그러면 화폐자본가가 대부기간에 차입자인 생산적 자본가에게 넘겨주고 건네주는 사용가치는 무엇인가? 그것은, 화폐가 자본으로 전환되어 자본으로 기능함으로써, 자기의 운동에서 자기의 최초 가치를 유지할 뿐 아니라 일정한 잉여가치, 즉 평균이윤(이것보다 크거나 작은 것은 여기에서는 전혀 우연적인 일로 나타난다)을 낳을 수 있다는 사실로 말미암아 화폐가 가지게 되는 사용가치다. 기타의 상품들의 경우에는 사용가치는 결국 소비되며, 이리하여 상품의 실체는 사라지고, 또 그것과 함께 상품의 가치도 사라진다. 이와는 반대로 자본이라는 상품은, 그것의 사용가치를 소비함으로써 그것의 가치와 사용가치가 유지될 뿐 아니라 증가된다는 특성을 가지고 있다.

자본으로서 화폐의 이 사용가치―평균이윤을 낳는 능력―를 화폐자본가는 일정한 기간 산업자본가에게 넘겨주며, 이 기간에는 대부자본의 처분권을 산업자본가에게 건네준다.

이렇게 대부되는 화폐는 이 점에서는 노동력―산업자본가와의 관계에서 본 노동력―과 어느 정도 비슷하다. 그러나 그 차이점은, 산업자본가는 노동력에 대해서는 가치를 지불하지만 대부자본에 대해서는 가치를 상환할 뿐이라는 것이다. 산업자본가에 대해 노동력의 사용가치는, 노동력 그것이 가지고 있는 것보다, 그리고 노동력의 구입에 드는 것보다 더 많은 가치(이윤)를 그것의 사용에서 생산한다는 것이다. 이 가치초과분이 산업자본가에 대한 노동력의 사용가치다. 마찬가지로, 대부되는 화폐자본의 사용가치도 가치를 낳고 증가시키는 그것의 능력이다.

화폐자본가는 사실상 하나의 사용가치를 넘겨주며, 이 때문에 그가 주는 것은 상품으로서 주는 것이다. 이 한도까지는 다른 어떤 상품과도 전적으로 비슷하다. 첫째로 한 사람의 수중에서 다른 사람의 수중으로 이전되는 것은 가치다. 단순한 상품—상품으로서 상품—의 경우에는 구매자와 판매자 모두가 동일한 가치를 보유하며, 그 형태만이 바뀐다. 쌍방이 모두 여전히 자기들이 넘겨준 것과 동일한 가치를, 구매자는 상품형태로, 판매자는 화폐형태로 보유한다. 대부의 경우에 다른 점은, 이 거래에서는 화폐자본가만이 가치를 건네주는데, 그는 이 가치를 장래의 상환에 의해 보존한다는 점이다. 대부에서는 한편만이 가치를 주므로 다른한편은 가치를 얻을 뿐이다. 둘째로, 한편은 현실적 사용가치를 넘겨주며 다른 한편은 그것을 받아 소비한다는 점이다. 그러나 보통의 상품과는 달리 이 사용가치는 그 자체가 가치다. 화폐를 자본으로 사용하는 것에 의해 생기는 가치량이 화폐의 최초 가치량을 넘는 그 초과분, 즉 이윤이 그 사용가치다.

대부되는 화폐의 사용가치는 그것이 자본으로서 기능할 수 있다는 것, 그리하여 평균적인 조건에서는 평균이윤을 생산할 수 있다는 것이다.[57)]

그러면 산업자본가는 무엇을 지불하는가? 대부되는 자본의 가격은 무엇인가? 매시에 따르면,

"사람들이 차입한 것의 사용에 대해 이자로 지불하는 것은, 차입한 것으로 생산할 수 있는 이윤의 일부다."[58)]

보통의 상품을 구매하는 사람이 구매하는 것은 그 상품의 사용가치고, 그가 지불하는 것은 그 상품의 가치다. 마찬가지로 화폐의 차입자가 구매하는 것도 화폐의 자본으로서 사용가치인데, 이것에 대해 그가 지불하

---

57) "이자 취득의 정당성은 차입자가 이윤을 얻는가 아닌가에 달려있는 것이 아니라, 그것"(차입금)"이 올바르게 사용된다면 이윤을 생산할 능력이 있는가 없는가에 달려있다."(『자연적 이자율을 지배하는 원인들에 관한 평론』, 1750: 49. 이 익명 저서의 저자는 매시다.)

58) "부자들은 자기들의 화폐를 스스로 사용하지 않고…타인들에게 빌려주어 그들로 하여금 이윤을 생산하게 하고, 그 이윤의 일부를 소유자를 위해 남겨두게 한다."(같은 책: 23~24)

는 것은 무엇인가? [기타 상품의 경우처럼] 화폐의 가격 또는 가치는 분명히 아니다. 대부자와 차입자 사이에서는 구매자와 판매자 사이와는 달리 가치의 형태변화—이 가치가 한번은 화폐형태로 존재하고 또 한번은 상품형태로 존재하는 것—가 일어나지 않는다. 넘겨주는 가치와 회수되는 가치 사이의 동일성은 여기에서는 전혀 다른 방식으로 표시된다. 즉 가치액—화폐—은 등가없이 넘겨지고 일정한 기간 뒤에 반환된다는 것이다. 대부자는, 이 가치가 자기로부터 차입자에게 이전된 이후에도 여전히 이 가치의 소유자다. 단순한 상품교환의 경우 화폐는 항상 구매자 측에 있지만, 대부의 경우 화폐는 판매자 측에 있다. 판매자는 화폐를 일정한 기간 포기하는 사람이며, 자본의 구매자는 화폐를 상품으로 받는 사람이다. 그러나 이런 것이 가능한 것은 오직 화폐가 자본으로 기능하며 따라서 또 투하되는 한에서다. 차입자가 화폐를 차입하는 것은 자본으로서이며 자기를 증식시키는 가치로서다. 그러나 그 화폐는, 다른 모든 자본이 그 출발점—투하의 순간—에서는 그런 것과 마찬가지로, 아직도 잠재적 자본에 불과하다. 그것은 사용됨으로써 비로소 증식되고 자본으로서 실현된다. 그런데 차입자는 실현된 자본—가치+잉여가치(이자)—으로서 그것을 상환해야 한다. 이자는 차입자가 실현한 이윤의 일부일 수밖에 없으며 그 전부는 아니다. 왜냐하면 차입자에 대한 대부자본의 사용가치는 그에게 이윤을 생산하여 주는 것이기 때문이며, 만약 그렇지 않으면 대부자는 사용가치를 넘겨주지 않았을 것이기 때문이다. 다른 한편으로 이윤 전체가 차입자에게 돌아갈 수는 없다. 만약 이윤 전체가 차입자에게 돌아간다면, 그는 사용가치의 양도에 대해 아무 것도 지불하지 않으며, 대부된 화폐를 대부자에게 단순한 화폐로서 상환할 뿐이지 자본으로서—실현된 자본으로서—상환하는 것이 아니게 될 것이다. 왜냐하면 화폐는 $M + \Delta M$으로서만 실현된 자본이 될 수 있기 때문이다.

대부자와 차입자는 모두 동일한 화폐액을 자본으로 지출한다. 그러나 그 화폐액이 자본으로 기능하는 것은 오직 차입자의 수중에서다. 동일한 화폐액이 두 사람에 대해 자본으로서 [이중으로] 존재한다고 하여, 이윤이 두 배로 되는 것은 아니다. 이 동일한 화폐액이 두 사람 모두에 대해 자본으로서 기능할 수 있는 것은 오직 이윤의 분할에 의해서다. 대부자에게 돌아가는 부분은 이자라고 부른다.

우리의 가정에 따르면 거래 전체는 두 종류의 자본가들, 즉 화폐자본가와 산업자본가(또는 상업자본가) 사이에서 진행된다.

결코 잊어서는 안 될 것은, 여기에서는 자본이 자본으로서 하나의 상품이라는 것, 그리고 우리가 취급하는 상품은 자본이라는 점이다. 그러므로 여기에서 나타나는 모든 관계는, 단순한 상품의 관점에서 보거나 또는 심지어 자본의 관점—자본이 그 재생산과정에서 상품자본으로 기능하는 한—에서 보아도 불합리할 것이다. 판매와 구매가 아니라 대부와 차입이라는 것은 자본이라는 상품의 특수성에서 나오는 구별이며, 지불되는 것이 상품의 가격이 아니라 이자라는 것도 위와 마찬가지의 구별이다. 이자를 화폐자본의 가격이라고 부른다면, 그것은 가격의 불합리한 형태며 상품의 가격이라는 개념과 완전히 모순된다.[59] 여기에서 가격은 사용가치로서 이런저런 방식으로 봉사하는 것에 대해 지불하는 일정한 화폐액을 의미할 따름이며, 따라서 가격은 내용이 전혀 없는 순전히 추상적인 형태로 전락한다. 그런데 가격의 개념에 따르면 가격은 이 사용가치의 가치를 화폐로 표현한 것이다.

이자가 자본의 가격이라는 것은 처음부터 전적으로 불합리한 표현이다. 이 경우 하나의 상품은 두 개의 가치를 가지게 되는데, 첫째로는 가

---

59) "통화에 적용되는 경우 '가치'라는 용어는 세 가지 다른 의미를 지닌다…(2) 뒷날에 받을 같은 금액의 통화에 대비한…지금 실제로 보유하고 있는 통화. 이 경우 통화의 가치는 이자율에 의해 계산되며, 이자율은 대부가능한 자본의 양과 그것에 대한 수요 사이의 비율에 의해 결정된다."(토렌즈, 1847: 5, 6)

치를, 둘째로는 이 가치와 다른 가격[물론 가격은 가치의 화폐적 표현에 불과하지만]을 가지게 된다. 화폐자본은 일정한 화폐액에 지나지 않거나, 일정한 상품량의 가치가 화폐액으로 평가된 것에 지나지 않는다. 상품이 자본으로 대부된다면, 그것은 일정한 화폐액의 위장형태에 불과하다. 왜냐하면 자본으로서 대부되는 것은 몇 킬로그램의 면화가 아니라 면화의 형태 속에 그것의 가치로서 존재하는 일정한 화폐액이기 때문이다. 그러므로 자본의 가격은, 토렌즈가 생각하듯이(주 59 참조) 통화로서 자본은 아니더라도 화폐액으로서 자본에 관련된다. 그렇다면 일정한 가치액이 도대체 어떻게 자기 자신의 가격, 자기 자신의 화폐형태로 표현되는 가격 이외에 다른 가격을 가질 수 있단 말인가? 가격은 결국 상품의 사용가치와 구별되는 상품의 가치이므로(시장가격의 경우에도 마찬가지인데, 시장가격과 가치 사이의 차이는 질적인 것이 아니라 다만 양적인 것이며 가치량에만 관련될 뿐이다), 가치와 질적으로 구별되는 가격이라는 것은 불합리한 모순이기 때문이다.[60]

자본은 자기의 가치증식에 의해 자기가 자본임을 드러낸다. 이 가치증식의 정도는 그것이 자본으로서 실현되는 양적인 정도를 표현한다. 자본에 의해 생산되는 잉여가치 또는 이윤— 이윤율 또는 이윤량— 은 투하자본의 가치와 비교함으로써만 계산될 수 있다. 그리고 또 이자낳는 자본의 가치증식의 크고 작음도 이자액(총이윤 중 이 자본에게 귀속되는 부분)을 투하자본의 가치와 비교함으로써만 계산될 수 있다. 그러므로 가격이 상품의 가치를 표현한다고 하면 이자는 화폐자본의 가치증식을

---

60) "'화폐의 가치' 또는 '통화의 가치'라는 용어가, 상품과 교환될 때의 가치와, 자본으로서 사용될 때의 가치 모두를 표시하기 위해 지금과 같이 무분별하게 사용된다면, 그 용어의 애매함으로 말미암아 끊임없는 혼돈이 생기게 된다." (투크, 1844: 77) 그러나 가치 그것(이자)이 자본의 사용가치로 된다는 주요한 혼동(이것이 이 혼동 중에 내재하고 있다)을 투크는 보지 못하고 있다.

표현하며, 이리하여 그 화폐자본의 대가로 대부자에게 지불되는 가격으로서 나타난다. 이것에서 우리가 알 수 있는 것은, 화폐에 의해 매개되는 교환의 단순한 관계—즉 구매와 판매—를 직접적으로 이 현상들에 적용하려고 하는 것[프루동이 그렇게 한다]이 얼마나 어리석은 일인가 하는 것이다. 기본전제는 바로 화폐가 자본으로서 기능한다는 것, 그리하여 화폐가 자본 그것으로서, 잠재적 자본으로서 제3자에게 넘겨질 수 있다는 것이다.

그러나 자본 그것이 여기에서 하나의 상품으로서 나타나는 것은, 자본이 시장에서 판매되는 것으로 제공되고, 자본으로서 화폐의 사용가치가 실제로 넘겨지는 한에서의 일이다. 자본의 사용가치는 이윤을 낳는 것이다. 자본으로서 화폐[또는 상품]의 가치는 화폐[또는 상품]로서 자기의 가치에 의해 결정되는 것이 아니라, 그것이 그 소유자를 위해 생산하는 잉여가치의 양에 의해 결정된다. 자본의 생산물은 이윤이다. 화폐가 화폐로서 지출되는가, 아니면 화폐가 자본으로서 투하되는가는 자본주의적 생산의 기초 위에서는 화폐의 사용방식의 차이에 불과하다. 화폐 또는 상품은 이미 그 자체로서 잠재적 자본인데, 이것은 노동력이 잠재적 자본인 것과 마찬가지다. 왜냐하면 (1) 화폐는 생산요소들로 전환될 수 있으며, 화폐는 이미 그대로 이런 요소들의 추상적 표현—그것들의 가치로서의 존재—이기 때문이며, (2) 부의 소재적 요소들은 잠재적으로 이미 자본이라는 속성을 가지고 있기 때문인데, 그 이유는 이 요소들의 보완적 대립물—이 요소들을 자본으로 만드는 임금노동—이 자본주의적 생산의 기초 위에서는 항상 존재하기 때문이다.

소재적 부의 대립적인 사회적 성격—부가 임금노동으로서의 노동에 대립한다는 것—은 생산과정을 제쳐놓고라도 이미 자본소유권 그것에 표현되고 있다. 이 특수한 계기인 자본소유권은 자본주의적 생산과정의 항상적인 결과며, 또 그렇기 때문에 그 과정의 항상적인 전제이기도 한데, 이 자본소유권은 자본주의적 생산과정 그것과 분리되더라도 다음과 같은 것을 표현하게 된다. 즉 화폐 그리고 상품은 그 자체로 잠재적·잠세적 자본이라는 것, 따라서 그것들은 자본으로 판매될 수 있다는 것, 그리고 그것들은 잠재적 자본이라는 형태에서 타인의 노동에 대한 지휘권과, 타인의 노동을 취득하는 청구권을 가지게 되며, 따라서 자기를 증식하는 가치라는 것이다. 여기에서 또 타인의 노동을 취득하는 근거와 수단을 제공하는 것은, 바로 이런 관계일 따름이며, 자본가 측에서 등가로 제공한다는 어떤 노동도 아니라는 점이 매우 분명하게 된다.

더욱이 이윤이 이자와 진정한 이윤 [기업가이득] 으로 분할되는 것이, 상품의 시장가격과 마찬가지로 수요와 공급에 의해, 즉 경쟁에 의해, 규제되기 때문에, 자본은 상품인 것처럼 보인다. 그러나 여기에서도 차이점은 유사성만큼이나 뚜렷하다. 만약 공급과 수요가 일치한다면, 상품의 시장가격은 그것의 생산가격과 일치하게 된다. 즉 이 때 상품의 가격이 경쟁과는 관계없이 자본주의적 생산의 내재적 법칙에 의해 규제되는 것으로 나타난다. 왜냐하면 수요와 공급의 변동은 생산가격에서 시장가격이 벗어나는 것 이외에는 아무 것도 설명하지 못하며, 이 차이들은 상호간에 상쇄되어 비교적 장기간에 걸쳐서 보면 평균시장가격은 생산가격과 같게 되기 때문이다. 수요와 공급이 일치하는 경우 이 힘들은 작용하지 않게 되고 상쇄되어 버리며, 이리하여 가격결정의 일반법칙은 개개의 경우에도 적용된다. 이 경우 시장가격은 모든 가격운동들의 평균으로서뿐 아니라 지금 당장의 시장가격 형태에서도 생산가격과 일치하게 된다. 그런데 생산가격은 생산양식 그것의 내재적 법칙에 의해 규제된다. 임금의 경우에도 마찬가지다. 수요와 공급이 일치한다면, 그들의 작용은 상쇄되며 임금은 노동력의 가치와 같게 된다. 그러나 화폐자본에 대한 이자의 경우에는 사정이 다르다. 이 경우 경쟁이 법칙으로부터의 차이를 결정하는 것이 아니라, 경쟁에 의해 강제되는 분할의 법칙 이외에는 어떤 법칙

도 없다. 왜냐하면 우리가 앞으로 보게 되는 바와 같이 어떤 '자연적' 이
자율이 없기 때문이다. 자연적 이자율은 자유경쟁에 의해 확정되는 율을
가리킬 따름이다. 이자율에는 어떤 '자연적' 한계도 존재하지 않는다. 경
쟁이 오로지 차이들과 변동들을 결정하는 것뿐이 아닌 경우, 따라서 경
쟁의 상호작용하는 힘들이 균형을 이루면 일체의 결정이 불가능하게 되
는 경우, 결정되어야 할 것 [예: 이자율]은 그 자체 자의적이고 무원칙적
인 것으로 된다. 이 점에 대해서는 다음 장에서 더 상세하게 서술한다.

　이자낳는 자본의 경우에는 모든 것이 피상적으로 나타난다. 즉 자본의
투하는 대부자로부터 차입자에게로 자본이 단순히 이전하는 것으로 나타
나며, 실현된 자본의 환류는 차입자로부터 대부자에게로 자본이 이자와
함께 단순히 거꾸로 이전하는 것, 즉 상환으로서 나타난다. 또한 자본주
의적 생산양식에 내재하는 다음과 같은 속성 ─ 즉 이윤율은 1회전에서
얻는 이윤과 투하자본가치 사이의 비율에 의해 결정될 뿐 아니라 회전시
간 그것의 길이에 의해서도 결정되며, 따라서 산업자본이 일정한 기간에
생산하는 이윤에 의해서도 결정된다는 것 ─ 도 매우 피상적으로 나타난
다. 이자낳는 자본의 경우에도 전혀 피상적인 형태를 취하게 되는데, 여
기에서는 일정한 기간에 일정한 이자가 대부자에게 지불된다는 형태로
나타난다.

　낭만파의 뮐러(1809: 138)는 사물의 내적 관련에 대한 그의 일상적인
통찰력을 가지고 다음과 같이 말하고 있다.

　"물건의 가격을 결정하는 데는 시간은 문제되지 않지만, 이자를 결정
하는 데는 시간이 주된 요인이다."

　그가 보지 못하는 것은, 생산시간과 유통시간이 상품가격의 결정에 참
가한다는 것, 또 바로 이것들에 의하여 자본의 주어진 회전기간에 대한
이윤율이 결정된다는 것, 그리고 주어진 기간에 대한 이윤의 이런 결정
에 의해 바로 이자도 결정된다는 것이다. 그의 통찰력이라는 것은, 언제

나 그렇지만, 여기에서도 표면의 먼지만을 보고 그 먼지가 무슨 신비스럽고 중요한 것인 양 거만하게 외쳐대는 데 있다.

제22장

이윤의 분할. 이자율. '자연적' 이자율

이 장의 대상도, 뒤에서 취급할 각종의 신용현상들과 마찬가지로, 자세히 연구할 수가 없다. 대부자와 차입자 사이의 경쟁, 그리고 그 결과로 나타나는 화폐시장의 단기적 변동들은 우리의 논의 범위를 벗어난다. 산업순환에서 이자율이 겪는 순환에 관한 서술은 산업순환 그것에 관한 서술을 전제해야 하는데, 이 산업순환에 관한 서술도 여기에서는 할 수 없다. 세계시장에서 이자율이 대체로 균등하게 되는 것에 대해서도 마찬가지다. 우리가 여기에서 관심을 가지고 있는 것은 이자낳는 자본의 독립된 형태와, 이윤에 대한 이자의 자립화뿐이다.

이자는 이윤의 일부—우리가 지금까지 가정해 온 바에 따르면 산업자본가가 화폐자본가에게 지불해야 할 일부—에 불과하므로, 이자의 최대한도는 이윤 그것인 것처럼 보이며 이 경우 기능자본가에게 돌아가는 몫은 0이 될 것이다. 이자가 실제로 이윤보다 커서 이윤에서 지불될 수 없는 특수한 경우들을 무시한다면, 이자의 최대한도는 이윤 전체 중에서 '감독임금'(뒤에서 논의된다)으로 환원될 수 있는 부분을 뺀 것이라고 생각할 수 있다. 그러나 이자의 최소한도는 전혀 결정될 수 없다. 이자는 어떤 낮은 수준까지 하락할 수 있다. 그러나 반작용하는 사정들이 끊임없이 나타나서 이자를 이런 상대적 최저한도 이상으로 인상한다.

"자본의 사용에 대한 지불액과 그 자본 사이의 관계는 화폐로 측정된 이자율을 표현한다…이자율은 (1) 이윤율과 (2) 이윤 전체가 대부자와 차입자 사이에 분할되는 비율에 달려있다."(『이코노미스트』. 1853년 1월 22일) "사람들이 차입한 것의 사용에 대해 이자로 지불하는 것이, 차입한 것으로 생산할 수 있는 이윤의 일부라면, 이자는 항상 그 이윤에 의해 규제될 수밖에 없다."(매시, 1750: 49)

먼저 우리는 총이윤과, 이 중 이자로서 화폐자본가에게 지불되는 부분 사이에 어떤 고정된 비율이 있다고 가정하면, 명백히 이자는 총이윤에 따라 증감할 것이다. 그런데 총이윤은 일반적 이윤율과 그 변동에 의해 결정된다. 예컨대 평균이윤율은 20%이고 이자는 이윤의 $\frac{1}{4}$이라면, 이자율은 5%일 것이며, 이윤이 16%이라면 이자는 4%일 것이다. 이윤율이 20%인 경우 이자는 8%로 상승할 수도 있지만, 이 경우에도 산업자본가는, 이윤율이 16%이고 이자율이 4%인 경우와 동등한 이윤—즉 12%—을 얻을 수 있을 것이다. 만약 이자가 6% 또는 7%까지만 상승한다면, 그는 사실상 이윤의 더 큰 부분 [14% 또는 13%] 을 가지게 될 것이다. 이자가 평균이윤의 어떤 고정된 비율이라면, 일반적 이윤율이 높으면 높을수록 총이윤과 이자 사이의 절대적 차이는 그만큼 더 크게 될 것이고, 따라서 총이윤 중 기능자본가에게 귀속되는 부분은 그만큼 더 크게 될 것이다. 또 반대의 경우는 그 반대로 될 것이다. 이자가 평균이윤의 $\frac{1}{5}$이라고 가정하자. 10의 $\frac{1}{5}$은 2이므로 총이윤과 이자 사이의 차이는 8이다. 20의 $\frac{1}{5}$은 4이므로 그 차이는 16(=20-4)이며, 25의 $\frac{1}{5}$은 5이므로 그 차이는 20(=25-5)이다. 30의 $\frac{1}{5}$은 6이므로 그 차이는 24(=30-6)이며, 35의 $\frac{1}{5}$은 7이므로 그 차이는 28(=35-7)이다. 4%, 5%, 6%, 7%라는 각종의 이자율이 여기에서는 항상 총이윤의 $\frac{1}{5}$(총이윤의 20%)을 표현하고 있을 뿐이다. 이윤율이 변동한다면 다른 이자율이 총이윤의 동일한 부분(또는 총이윤의 동일한 백분율 몫)을 표시하게 될 것이다. 이자가 이처럼 총이윤의 불변의 비율을 차지한다면, 일반적 이윤율이 높으면 높을수록 산업이윤(즉 총이윤과 이자 사이의 차액)은 그만큼 더 클 것이며, 그 반대의 경우에는 반대가 될 것이다.

기타의 모든 사정이 불변이라면, 즉 이자와 총이윤 사이의 비율이 대체로 불변이라면, 기능자본가는 자기의 이윤율의 수준에 정비례해 더 높은 이자 또는 더 낮은 이자를 지불할 수 있을 것이며 또 지불하려고 할 것이다.61) 이미 본 바와 같이, 이윤율의 수준은 자본주의적 생산의 발달에 반비례하기 때문에, 이자율의 높고 낮음이 이윤율의 현실적 높고 낮음을 표현하는 한, 한 나라의 이자율의 높고 낮음은 산업발달의 수준에 반비례하게 된다. 물론 반드시 그렇게 되는 것은 아니라는 것을 뒤에서 볼 것이다. 이런 의미에서 이자는 이윤에 의해, 더 엄밀하게는 일반적 이윤율에 의해 규제된다. 그리고 이런 규제는 이자의 평균수준에도 적용된다.

어쨌든 평균이윤율은 궁극적으로 이자의 최대한도를 결정하는 것으로 여겨야 한다.

이자가 평균이윤과 관련되는 사정에 대해 좀 더 자세히 논의할 것이다. 이윤과 같은 하나의 주어진 전체가 두 개로 분할되는 경우 먼저 문제가 되는 것은 분할되어야 할 전체의 크기인데, 이것 — 이윤의 크기 — 은 평균이윤율에 의해 결정된다. 일반적 이윤율 — 100이라는 주어진 크기의 자본에 대한 이윤의 크기 — 이 주어진다면 이자는 차입자본으로 활동하는 기능자본가의 손에 남는 이윤부분에 반비례해 변동한다. 분할되어야 할 이윤의 크기 — 즉 불불노동의 가치생산물 — 를 규정하는 사정들은, 이 두 종류의 자본가들 사이에서 이윤의 분할을 규정하는 사정들과는 매우 다르며 이따금 전혀 반대의 방향으로 작용한다.62)

---

61) "자연적 이자율은 개개인의 사업이윤에 의해 지배된다."(매시, 1750: 51)
62) {엥겔스: 원고에는 이 지점에 다음과 같은 지적이 있다. "이 장의 진행과정에

근대적 산업이 통과하고 있는 회전순환—불황 · 회복 · 번영 · 과잉생산 · 파국 · 침체 · 불황 따위의 순환으로서 이것들에 관한 상세한 분석은 우리의 연구 범위를 벗어난다— 을 고찰하면, 낮은 수준의 이자는 일반적으로 번영기나 특별히 이윤이 높은 시기에 대응하고, 이자의 상승은 번영과 이것의 붕괴 사이에 나타나며, 이자가 극단적인 고리대의 수준까지 최고한도에 도달하는 것은 공황의 시기에 대응한다는 것을 알 수 있다.[63] 1843년 여름 이후 현저한 번영의 시기에 들어갔다. 1842년 봄에는 아직 $4\frac{1}{2}$%였던 이자율이 1843년 봄과 여름에는 2%로 저하하였으며,[64] 9월에는 $1\frac{1}{2}$%까지 저하하였다(길바트, 1849: 166). 그런데 1847년의 공황 동안 이자율은 8%와 그 이상으로 상승하였다.

그러나 낮은 이자가 침체와 병행할 수도 있고 이자의 적당한 상승이 회복과 병행할 수도 있다.

이자율은 지불하기 위해 어떤 비용이 들더라도 화폐를 차입해야 하는 공황 중에 그 최고 수준에 도달한다. 이자의 상승에 대응해 유가증권의 가격이 하락하므로, 공황기는 이용가능한 화폐자본을 가진 사람들에게 헐값으로 이자낳는 증권들—사태의 정상적인 진행과정에서는 이 증권들은 이자율이 하락하자마자 곧 적어도 평균적인 가격을 다시 회복할 것임

서 볼 때, 이윤의 분할 법칙을 연구하기 전에 먼저 양적 분할이 어떻게 질적 분할로 되는가를 전개하는 것이 좋을 것이다. 앞의 장에서 이 점까지 도달하기 위해서는 이자를 이윤의 일부— 더 이상 자세하게 규정되지 않은 일부— 로 여기기만 하면 된다.}

[63] "불황 직후의 제1시기에는 화폐가 풍부하고 투기는 없다. 제2시기에는 화폐가 풍부하고 투기가 성행한다. 제3시기에는 투기가 쇠퇴하기 시작하고 화폐의 수요가 증대한다. 제4시기에는 화폐가 부족하고 불황이 도래한다."(길바트, 1849: 149)

[64] 투크(1848: 54)는 이런 저하를, "이전의 연도들에서 유리한 투자기회가 부족했던 것에 필연적으로 수반되는 과잉자본의 축적에 의해, 퇴장화폐의 방출에 의해, 그리고 사업의 전망에 대한 자신감의 회복에 의해"설명하고 있다.

에 틀림없다— 을 구입할 절호의 기회를 또한 제공한다.[65]

그러나 이윤율의 변동과는 전혀 독립적으로 이자율이 저하하는 경향도 있다. 그것은 다음과 같은 두 개의 주요한 이유 때문이다.

(1) "생산적 투자 이외의 목적으로는 자본이 차입되는 경우가 없다고 가정하더라도, 이자율은 총이윤율의 변동 없이도 변동할 수 있다고 생각한다. 왜냐하면 한 나라의 부가 증가함에 따라 자기 조상의 노동에 의해 재원을 소유하게 되어 이자만으로도 잘 살 수 있는 계급이 생겨나고 점점 더 증가하기 때문이다. 청년과 장년의 시기에는 사업에 열심히 종사하다가 노년의 시기에는 은퇴해 자기 스스로 축적한 금액의 이자로 조용히 살아가는 사람들도 매우 많다. 이 두 부류의 사람들은 한 나라의 부가 증대함에 따라 증가하는 경향이 있다. 왜냐하면 상당한 크기의 자본을 가지고 시작하는 사람들은 적은 자본을 가지고 시작하는 사람들보다 더욱 빨리 독립할 수 있기 때문이다. 그러므로 오래되고 부유한 나라에서는 스스로 자본을 사용하기를 원하지 않는 사람들이 소유하고 있는 자본의 양이 그 사회의 생산적 자본의 총량에서 차지하는 비율은, 새로 정착하고 빈곤한 지역들에서보다 높다. 총인구에 비해 금리생활자계급의 수가…영국에서는 얼마나 큰가! 금리생활자계급이 증대함에 따라 자본의 대부자계급도 증가한다. 왜냐하면 그들은 동일한 계급이기 때문이다." (람지, 1846: 201~202)

(2) 신용제도가 발달하는 것, 이에 따라 산업가와 상인이 은행업자를 매개로 사회의 모든 계급의 화폐적 저축을 점점 더 지배하게 되는 것, 그리고 이런 저축들이 화폐자본으로 기능할 수 있게끔 점점 더 대규모로

---

65) "어떤 은행업자의 오래 된 고객은 £200,000의 채권을 담보로 한 대출을 거절당하였다. 그가 자기의 지불정지를 통고하기 위해 떠나려 하였을 때, 은행업자는 그에게 그 증권을 £150,000에 팔면 그럴 필요가 없지 않겠느냐고 말했다."(로이, 1864: 80)

집적되어 가는 것 따위도 이자율의 저하에 작용함이 틀림없다. 이에 대해서는 뒤에서 상세히 논의한다.

이자율의 결정에 관해 람지는 다음과 같이 말한다. 이자율은,

"부분적으로는 총이윤율에 의존하고, 부분적으로는 총이윤이 '자본의 이윤'〔이자〕과 '기업의 이윤'〔기업가이득〕으로 분할되는 비율에 의존한다. 이 비율은 다시 자본의 대부자와 차입자 사이의 경쟁에 달려있다. 그리고 이 경쟁은 예상되는 총이윤율에 의해 결코 전적으로 규제되지는 않지만 영향을 받는다.66) 경쟁이 장래의 총이윤율에 의해 전적으로 규제되지는 않는 이유는, 한편으로는 많은 사람들이 생산적 투자를 목적으로 하지 않으면서 차입하기 때문이며, 다른 한편으로는 대부되는 총자본의 크기가 총이윤의 변동과는 관계없이 그 나라의 부에 따라 변동하기 때문이다."(람지, 1846: 206~207)

평균이자율을 발견하기 위해서는, (1) 주요한 산업순환들에 걸쳐 변동하고 있는 이자율의 평균을 계산해야 하며, (2) 자본이 비교적 장기간 대부되는 투자부문에서 이자율을 계산해야 한다.

한 나라에서 지배적인 평균이자율 ─ 끊임없이 변동하는 시장이자율과는 구별되는 것 ─ 은 어떤 법칙에 의해 결정될 수 없다. 경제학자들이 말하는 바와 같은 자연적 이윤율 또는 자연적 임금률과 같은 의미의 자연적 이자율은 존재하지 않는다. 이 점에 관해서는 매시(1750: 46)가 이미 다음과 같이 올바르게 지적한 바 있다.

"이 경우 누구나 물어보고 싶은 유일한 것은, 이 이윤 중 얼마만큼의 비율이 차입자에게 속하고 얼마만큼의 비율이 대부자에게 속하는 것이 정당한가 하는 점이다. 이것에 대해서는 차입자 일반과 대부자 일반의

---

66) 이자율은 대체로 평균이윤율에 의해 결정되기 때문에, 이상하게 왕성한 투기가 낮은 이자율과 병행하는 경우가 자주 있다. 예컨대 1844년 여름의 철도투기의 경우. 잉글랜드은행의 이자율은 1844년 10월 16일에야 3%로 인상되었다.

의견에 의거하는 수밖에는 다른 방법이 없다. 왜냐하면 여기에서는 정당한가 부당한가가 오직 공동의 합의에 의해서만 결정되기 때문이다."

평균이윤율이 주어져 있다고 가정하면, 수요와 공급이 일치해야 한다는 공식은 아무런 의미도 가지지 않는다. 기타의 경우들에서 이 공식에 의거하여 문제를 해결하려고 하면(그리고 이렇게 하는 것이 현실적으로도 타당한 방법이다), 이 공식은 경쟁과는 독립적인 기본법칙들, 오히려 경쟁을 규정하는 기본법칙들(경쟁을 규제하는 한계나 이 한계의 크기)을 발견하기 위한 공식으로 기능한다. 특히 이 공식은, 현실의 경쟁이나 경쟁의 현상들이나 경쟁에서 생기는 관념들에 사로잡혀 있는 사람들에 대해서는, 경쟁에서 나타나는 경제관계들의 내부관련에 관한 어떤 관념—비록 피상적인 것이라 하더라도—을 얻게 해주는 공식으로 기능한다. 이 공식은 경쟁에 수반되는 변동들로부터 그 변동들의 한계에 도달하기 위한 방법이다. 그런데 평균이자율의 경우에는 그렇지 않다. 평균적인 경쟁조건들이나 대부자와 차입자 사이의 [힘의] 균형이 왜 대부자의 자본에 대해 3%, 4%, 5% 따위의 이자를 주게 되는지, 또는 총이윤의 20% 또는 50%라는 일정한 백분율을 주게 되는지, 그 이유가 전혀 없다. 여기에서처럼 모든 것을 결정하는 것이 경쟁 그 자체인 경우에는, 그 결정은 본래 우연적이며 순전히 경험적일 수밖에 없으며, 오직 현학자나 망상가만이 이 우연적인 것을 필연적인 것으로 설명하려고 노력할 뿐이다.[67]

---

67) 예컨대 옵다이크(1851)는 5%라는 이자율의 일반성을 영원한 법칙들에 의해 설명하려는 매우 성과없는 시도를 하고 있다. 그러나 이보다 비교할 수 없을 만큼 더욱 소박한 사람은 아른트(1845)다. 그는 다음과 같이 말한다. "재화생산이 자연적으로 진행되는 경우, 이자율을 어느 정도 규제하는 것처럼 보이는 현상은—적어도 완전히 발달한 나라에서는—오직 하나밖에 없다. 그것은 유럽의 삼림에서 목재량이 해마다의 성장에 의해 증가하는 비율이다. 삼림의 성장은 목재의 교환가치와는 전혀 관계없이 100에 대해 3~4의 비율로 진행되고 있다."(나무들이 자기의 교환가치와는 무관하게 자기의 성장 속도를 조정하다니

은행법과 상업공황에 관한 1857년과 1858년의 의회보고서 중에서 무엇보다도 웃기는 것은, 잉글랜드은행의 이사들, 런던과 지방의 은행업자들, 그리고 전문적인 이론가들이 다음과 같은 평범한 말들—예컨대 "대부자본의 사용에 대해 지불되는 가격은 대부자본의 공급에 따라 변동해야 한다"든가, "높은 이자율과 낮은 이윤율은 영구히 병존할 수 없다"는 따위—이상으로는 한 발짝도 나아가지 않은 채, '현실로 나타난 이자율'에 관해 떠벌리고 있다는 점이다.[68] 관습·법률상의 전통 따위도 경쟁 그것과 마찬가지로 평균이자율—이것이 평균숫자로서뿐 아니라 현실적인 크기로 존재하는 한—의 결정에 개입하고 있다. 평균이자율은 [이자가 고려되어야 할] 수많은 법률상의 소송사건에서는 미리 전제되어야 한다. 왜 평균이자율의 한계가 일반적인 법칙에서 도출될 수 없는가를 묻는다면, 그 대답은 이자의 성질에서 찾을 수 있다. 이자는 평균이윤의 일부일 뿐이다. 동일한 자본이 이중의 자격으로 나타난다. 즉 대부자의 수중에서는 대부자본으로 나타나고, 기능자본가의 수중에서는 산업자본 또는 상업자본으로 나타난다. 그러나 그 자본은 오직 한 번만 기능하며 오직 한 번만 이윤을 생산한다. 생산과정 그것에서는 대부자본으로서 자본의 성격은 아무런 기능도 하지 않는다. 이 이윤에 대한 청구권을 가진

참으로 웃긴다!)"따라서 이에 따르면"(나무들의 교환가치가 아무리 나무들의 성장에 달려있다 할지라도, 나무들의 성장은 그 교환가치와는 전혀 관계없기 때문에)"이자율이 가장 부유한 나라들에서 현재의 수준 이하로 저하하는 것을 기대할 수 없을 것이다."(124~125) 이것은 '원시삼림 이자율'이라고 부를만하며, 이것의 발견자는 같은 저서에서 또한 '개에 대한 세금의 철학자'로서 '우리들의 과학'에 크게 기여하고 있다.(420~421)

68) 잉글랜드은행은 금의 유출과 유입에 따라—물론 항상 공개시장의 지배적인 이자율을 고려하면서—자기의 할인율을 인상하거나 인하한다. "이리하여 잉글랜드은행 할인율의 변경 예상에 의거한 어음할인 투기가 지금은 화폐 중심지"(런던화폐시장)"의 큰손들의 사업의 반을 차지하게 되었다."(로이, 1866: 113)

두 당사자가 이 이윤을 그들 사이에서 어떻게 분할하는가는 그 자체로서는 순전히 경험적인 사실이며 우연의 영역에 속하는 사실인데, 이것은 마치 합명회사의 공동이윤이 각각의 회원들 사이에 다르게 분배되는 것과 마찬가지다. 잉여가치와 임금 사이의 분할─이윤율의 결정은 본질적으로 이것에 달려있다─의 경우에는 노동력과 자본이라는 두 개의 전혀 다른 요소가 개입되어 있다. 이 두 개의 독립변수들의 함수가 잉여가치와 임금 상호간에 한계를 설정한다. 따라서 여기에서는 노동력과 자본이라는 질적인 구별에서 생산된 가치〔가치생산물〕의 양적 분할이 생긴다. 뒤에서 보게 될 것이지만, 잉여가치가 지대와 이윤으로 분할되는 경우에도 동일한 일이 생긴다. 그러나 이자의 경우에는 이런 일이 일어나지 않는다. 곧 알게 될 것이지만 여기에서는 거꾸로 동일한 잉여가치의 순전히 양적인 분할에서 질적인 구별이 생기고 있다.

이상에서 말한 것으로부터 '자연적' 이자율이 결코 존재하지 않는다는 것을 알 수 있다. 그러나 한편에서는 끊임없이 변동하는 시장이자율과 구별되는 평균이자율[또는 중간이자율]은〔일반적 이윤율과는 달리〕일반적 법칙에 의해 그 한계가 확정될 수는 없지만(왜냐하면 여기에서는 서로 다른 자격으로 자본을 소유하는 두 사람 사이에 총이윤을 분할하는 것이 문제이기 때문이다), 다른 한편에서 이자율은─평균이자율이든 그 당시의 시장이자율이든─ 일반적 이윤율과는 전혀 달리 하나의 균일한 확정된 명확한 크기로서〔항상〕나타난다.[69]

---

69) "상품의 가격은 끊임없이 변동한다. 상품은 모두 다른 용도를 가지고 있는데, 화폐는 모든 목적에 봉사한다. 상품들은─동일한 종류의 상품이라 하더라도─품질이 다르다. 현금화폐는 항상 동일한 가치를 가지고 있으며, 또는 적어도 그렇다고 가정되고 있다. 그러므로 화폐의 가격─우리는 이것을 이자라고 부른다─ 은 다른 어떤 물건의 가격보다 더욱 큰 안정성과 균일성을 가지고 있다."(J. 스튜어트, 1789: 27)

이자율과 이윤율 사이의 관계는, 상품의 시장가격과 가치 사이의 관계와 비슷하다. 이자율이 이윤율에 의해 결정되는 한, 이것은 항상 일반적 이윤율을 통해서이지, 특수한 산업분야를 지배하는 특수한 이윤율을 통해서도 아니고 더욱이 개별자본가가 특수한 사업분야에서 얻고 있는 초과이윤을 통해서도 아니다.[70] 그렇기 때문에 사실상 일반적 이윤율은 경험적인 주어진 사실로서 평균이자율에 다시 나타나는 셈이다— 비록 평균이자율이 일반적 이윤율의 순수한 또는 믿을만한 표현은 아니라 하더라도.

물론 이자율 그것은 차입자가 제공하는 담보의 등급에 따라, 그리고 대부기간에 따라 언제나 다르다. 그러나 특정의 담보와 특정의 대부기간에 대해서는 이자율은 어느 주어진 순간에는 균일하다. 그러므로 위와 같은 다름은 이자율의 고정된 균일적인 성격을 훼손하지 않는다.[71]

---

70) "그러나 이런 이윤 분할의 법칙은 각각의 대부자와 차입자에게 개별적으로 적용되는 것이 아니라 대부자와 차입자에게 일반적으로 적용되는 것이다…매우 큰 이득과 매우 작은 이득은 〔차입자의〕 숙련과 지식 부족의 결과인데, 대부자는 이것과는 아무런 관계도 없다. 왜냐하면 대부자는 작은 이득에 의해 손해를 보지 않으므로 큰 이득에 의해 이익을 볼 수도 없기 때문이다. 동일한 사업을 하는 개개의 사람들에 대해 말한 것은, 사업의 각각의 종류에도 적용된다. 만약 어떤 사업분야에 종사하는 상인과 산업가가 자기들의 차입자본에 의해 같은 나라의 다른 상인과 산업가가 얻는 보통의 이윤보다 더 많이 얻는다면, 그 특별이득은—그것을 얻는 데 보통의 숙련과 지식밖에 요구되지 않았다 하더라도—그들의 것이지 화폐를 공급한 대부자의 것은 아니다…왜냐하면 대부자는 〔보통의 이자율을 지불할 수 없을 정도의〕 나쁜 상황에서 사업을 운영하는 사람에게 자기의 화폐를 대부하지 않았을 것이며, 따라서 대부자는 자기의 화폐에 의해 어떤 이득이 얻어진다 하더라도 보통의 이자율 이상을 받을 수 없기 때문이다."(매시, 1750: 50, 51)

71) {엥겔스: 잉글랜드은행 할인율 ································ 5%

시장할인율, 60일짜리 어음 ···························· $3\frac{5}{8}$%

시장할인율, 3개월짜리 어음 ·························· $3\frac{1}{2}$%

평균이자율은 어느 나라에서나 비교적 오랜 기간에 걸쳐서 보면 불변의 크기로 나타난다. 왜냐하면 일반적 이윤율은 특수한 이윤율들의 끊임없는 변동에도 불구하고[한 분야의 변동이 다른 분야의 반대방향의 변동에 의해 상쇄되기 때문에] 장기에 걸쳐서만 변동하기 때문이다. 그리고 일반적 이윤율의 상대적 불변성은 바로 평균적[또는 보통의] 이자율의 이런 대체로 불변적인 성격에 반영되고 있다.

끊임없이 변동하는 시장이자율에 관해 말한다면, 그것은 상품의 시장가격과 마찬가지로 어느 주어진 순간에는 고정된 크기다. 왜냐하면 화폐시장에서는 모든 대부가능한 자본이 항상 총량으로서 기능자본과 대립하고 있으며, 따라서 한편에서는 대부자본의 공급과 다른 한편에서는 대부자본에 대한 수요 사이의 관계가 어느 주어진 시간의 시장이자율을 결정하기 때문이다. 이것은, 신용제도의 발달과 이에 따른 신용제도의 집중이 대부자본에게 일반적인 사회적 성격을 주게 되고, 대부자본을 한꺼번에 동시에 화폐시장에 방출하게 되면 될수록 더욱 그렇게 된다. 이와는 반대로 일반적 이윤율은 언제나 하나의 경향으로서만, 각종의 특수한 이윤율들 사이의 균등화의 운동으로서만 존재할 뿐이다. 여기에서는 자본가들 사이의 경쟁 — 이것 자체가 이런 균등화 운동이다 — 은, 자본가들

시장할인율, 6개월짜리 어음	$3\frac{5}{16}$%
어음중매인에 대한 대부, 1일짜리	1~2%
어음중매인에 대한 대부, 7일짜리	3%
증권중매인에 대한 대부, 14일짜리의 최종률	$4\frac{3}{4}$~5%
예금이자(은행)	$3\frac{1}{2}$%
예금이자(할인상사)	3~$3\frac{1}{4}$%

이것은 1889년 12월 9일 런던화폐시장의 이자율(12월 10일자 『데일리 뉴스』의 금융란에서 인용)인데, 같은 날에도 이자율의 차이가 얼마나 큰가를 보여주고 있다. 최저는 1%이고 최고는 5%이다.}

이 이윤이 오랫 동안 평균 이하인 분야들에서 자본을 점차로 뽑아내어 그것을 이윤이 평균 이상인 분야들에 점차로 투입하는 것을 가리키며, 또는 자본가들이 추가자본을 이런 분야들 사이에 다른 비율로 분배하는 것을 가리킨다. 그러므로 일반적 이윤율의 경우에는 각각의 다른 분야들에 대한 자본의 진입과 철수가 끊임없이 변동할 뿐이지, 이자율의 결정에서와 같은 자본총량의 동시적인 작용 〖 대부자본의 공급과 수요가 화폐시장에서 총량으로서 동시에 작용한다 〗은 결코 일어나지 않는다.

이미 본 바와 같이 이자낳는 자본은 상품과는 절대적으로 다른 범주이지만, 특수한 종류의 상품으로 되며, 이자는 이것의 가격인데, 이 가격은 보통 상품의 시장가격과 마찬가지로 그때그때의 수요와 공급에 의해 확정된다. 그러므로 이자율은 끊임없이 변동하지만 주어진 어느 순간에는, 상품의 그때그때의 시장가격과 마찬가지로, 고정된 균일한 것으로 나타난다. 화폐자본가는 이 상품을 공급하고, 기능자본가는 그것을 구매하며 그것에 대한 수요를 형성한다. 수요와 공급에 의해 이자율을 확정하는 이런 과정은 일반적 이윤율을 낳는 균등화에는 적용되지 않는다. 어느 분야의 상품 가격이 그것의 생산가격보다 낮거나 높다면 (여기에서는 산업순환과 관련된 변동이나 개별 사업에만 관련된 변동은 무시한다), 균등화는 생산의 확대 또는 축소, 즉 이 산업자본이 시장에 출하하는 상품량의 증대 또는 감축에 의해 수행되는데, 이 증감은 이 특수분야에 대한 자본의 유입과 유출에 의해 매개되고 있다. 상품의 평균적인 시장가격이 이처럼 생산가격으로 균등화되는 것에 의해, 특수한 이윤율과 일반적 이윤율(또는 평균이윤율) 사이의 차이가 없어진다. 이 과정에서는 산업자본 또는 상업자본 그것이 이자낳는 자본처럼 구매자에 대해 마치 상품인 것처럼 나타나지도 않으며 나타날 수도 없다. 평균이윤율의 형성과정은 상품의 시장가격의 변동과 그것의 생산가격으로의 균등화 속에서만 나타나며, 평균이윤의 직접적인 확정으로 나타나는 것은 아니다. 사실상 일

반적 이윤율을 결정하는 것은, (1) 총자본이 생산하는 잉여가치, (2) 총
자본의 가치에 대한 이 잉여가치의 비율, (3) 경쟁 — 이 경쟁은 각각의
특수한 생산분야에 투하된 자본들이 그들의 상대적 크기에 비례해 위의
잉여가치에서 균등한 분배 몫을 얻으려는 운동인 한에서 경쟁이다 — 이
다. 그러므로 일반적 이윤율은 시장이자율 — 이것은 수요와 공급에 의해
직접적으로 아무런 매개없이 결정된다 — 과는 전혀 다른 그리고 더욱 복
잡한 방식으로 결정되며, 따라서 일반적 이윤율은 이자율처럼 쉽사리 알
수 있는 주어진 사실이 아니다. 각종 생산분야들의 특수한 이윤율들은
그 자체가 대체로 불확정적인 것이며, 그들이 현실로 나타나는 한에서는
그들의 균일성이 아니라 차이가 눈에 띈다. 일반적 이윤율은 이윤의 최
저한도로서만 나타날 뿐인데, 이것도 경험적이고 직접 눈으로 볼 수 있
는 형태의 현실적 이윤율로서 나타나는 것은 아니다.

　이자율과 이윤율 사이의 이런 구별을 강조할 때, 우리는 지금까지 이
자율의 확정을 유리하게 하는 다음과 같은 두 가지 사정을 무시하고 있
었다. (1) 이자낳는 자본이 역사적으로 먼저 존재했다는 것과, 전통적으
로 계승된 일반적 이자율이 존재한다는 것, (2) 세계시장이 한 나라의 생
산조건과는 독립적으로 이자율의 확정에 미치는 직접적 영향은 세계시장
이 이윤율에 미치는 영향에 비해 훨씬 더 강력하다는 것.

　평균이윤은 직접적으로 주어진 사실로서 나타나는 것이 아니라, 대립
하는 경향들이 균등화하는 최종결과로 결정된다. 그러나 이자율은 그렇
지 않다. 이자율은 적어도 어느 지역 안에서 일반적으로 통용되는 것으로
서는 매일 확정되고, 산업자본과 상업자본에 대해서는 그들의 활동 계산
에서 전제와 요소로까지 기능한다. 2%, 3%, 4%, 5%를 낳는다는 것은
100원이라는 화폐액 어느 것이나 가지고 있는 일반적 속성이 된다. 일기
예보가 기압과 온도의 상태를 표시하는 것보다 더욱 정확하게, 증권거래
소 보고서는 이자율 — 이러저러한 자본에 대한 이자율이 아니라 화폐시

장에 있는 대부자본 일반에 대한 이자율 — 의 상태를 표시하고 있다.

화폐시장에서는 대부자와 차입자가 서로 상대할 뿐이다. 상품은 화폐라는 동일한 형태를 가지고 있다. 여기에서는 자본이 특수한 생산분야나 유통분야에 투하되기 때문에 취하게 되는 모든 특수한 형태들이 소멸되어 있다. 자본은 여기에서는 독립된 가치인 화폐라는 무차별적인 동질의 형태로 존재한다. 특수한 분야들 사이의 경쟁은 여기에서는 존재하지 않고, 모든 분야들은 화폐의 차입자로 일괄되어 있으며, 자본은 그 모든 분야들을 상대할 때 자본 사용의 특수한 방식·방법에는 상관하지 않는다. 여기에서는 자본은 수요와 공급 모두에서 현실적으로 계급의 공동자본으로서 등장하고 있다. 그런데 산업자본이 그렇게 나타나는 것은 특수한 분야들 사이의 운동과 경쟁에서만 그러하다. 다른 한편으로 화폐시장의 화폐자본은 현실적으로 다음과 같은 형태—즉 그것은 그것의 특수한 사용방식과는 전혀 관계없이 각 분야의 생산상의 필요에 따라 각종 분야들 사이에, 자본가계급 사이에 하나의 공동요소로서 분배된다는 형태—를 취하고 있다. 그뿐 아니라 대공업의 발달에 따라 화폐자본은 [그것이 시장에 등장하는 한] 개별자본가(즉 시장에 있는 자본량의 이러저러한 부분의 소유자)에 의해 대표되는 것으로서 등장하는 것이 아니라, 현실적 생산과는 전혀 다른 방식으로 사회적 자본을 대표하는 은행업자의 통제 아래에 있는 집중되고 조직된 덩어리로 등장한다. 그리하여 수요의 형태에서는 한 계급 전체가 대부를 위한 자본과 상대하고 있는 반면, 공급에서는 그 자본은 한 덩어리의 대부자본으로서 나타난다.

이상에서 말한 것은 확정적인 이자율에 비해 일반적 이윤율이 애매모호하게 나타나는 이유 중의 몇 가지다. 이자율은 비록 변동하지만 차입자에 대해서는 언제나 고정되고 주어진 것으로서 상대한다. 왜냐하면 이자율은 차입자 모두에 대해 균일하게 변동하기 때문이다. 이것은 마치 화폐의 가치가 변동하더라도 화폐가 모든 상품에 대해 동일한 가치를 가

질 수 있는 것과 마찬가지며, 또한 상품의 시장가격이 매일 변동하더라
도 그날그날의 보고서에 기록될 수 있는 것과 마찬가지다. 이자율도 '화
폐의 가격'으로서 규칙적으로 기록되고 있다. 왜냐하면 여기에서는 화폐
형태로 있는 자본 그것이 상품으로서 제공되기 때문이며, 따라서 그것의
가격의 확정은 다른 모든 상품의 경우와 마찬가지로 그것의 시장가격의
확정이기 때문이며, 이리하여 이자율은 항상 일반적 이자율로서, 얼마의
화폐에 대해 얼마로서, 양적으로 규정된 것으로서 나타나기 때문이다.
이와는 반대로 이윤율은 동일한 분야 안에서도, 상품의 시장가격이 동일
하더라도 개별자본들이 동일한 상품을 생산하는 조건들이 다름에 따라
변동할 수 있다. 왜냐하면 개별자본의 이윤율은 상품의 시장가격에 의해
결정되는 것이 아니라, 시장가격과 비용가격 사이의 차액에 의해 결정되
기 때문이다. 그리고 이런 다른 이윤율들은 처음에는 동일한 분야 안에
서, 그 다음에는 다른 분야들 사이에서 끊임없는 변동을 통해서만 균등
화될 수 있다.

✳   ✳   ✳

(나중의 논의를 위한 메모) 신용의 하나의 특수한 형태. 우리가 알고
있는 바와 같이, 화폐가 구매수단으로서가 아니라 지불수단으로서 기능
하면, 상품이 먼저 양도되고 그것의 가치는 나중에 실현된다. 그 상품이
재판매된 뒤에야 비로소 지불이 행해진다면, 이 판매는 구매의 결과로서
나타나는 것이 아니라 오히려 판매에 의해 구매가 실현되는 셈이다. 다
시 말해 판매가 구매의 수단으로 된다. 둘째로, 채무증서·어음 등이 채
권자에 대한 지불수단으로 된다. 셋째로, 채무증서들의 상쇄가 화폐를
대체한다.

제23장
이자와 기업가이득

이자는 앞의 두 장에서 본 바와 같이 이윤(즉 잉여가치) 중 기능자본가인 산업가 또는 상인이 [자기가 사용하는 자본이 자기 것이 아니라 차입한 것인 한] 그 자본의 소유자이며 대부자인 사람에게 지불해야 하는 부분에 불과한 것으로 처음 나타나며, 처음부터 그리고 현실적으로도 그러하다. 기능자본가가 자기 자신의 자본만을 사용한다면, 이와 같은 이윤의 분할은 있을 수 없으며 모든 이윤은 자기 자신의 것으로 된다. 자본의 소유자들이 스스로 자기 자본을 재생산과정에서 사용하는 한, 그들은 이자율을 결정하는 경쟁에는 참가하지 않는다. 이미 이 점에서도 이자라는 범주—이것은 이자율의 확정 없이는 있을 수 없다—가 산업자본 그것의 운동 외부에 존재하는 것이 분명하다.

"이자율은 1년 또는 그보다 길거나 짧은 기간에 일정한 금액의 화폐자본의 사용에 대해 대부자가 받으려고 하며 차입자가 지불하려고 하는 금액의 비율이라고 정의할 수 있을 것이다…자본의 소유자가 자기 자본을 적극적으로 재생산에 사용한다면, 그는 다음과 같은 자본가—즉 차입자와의 수적 비율에서 이자율을 결정하게 되는 대부자—에는 속하지 않게 된다."(투크, 1838, 제2권: 355~356)

사실상 자본가가 화폐자본가와 산업자본가로 분리되는 것에 의해서만 이윤의 일부가 이자로 전환되며 이자라는 범주가 창조되는 것이다. 그리고 이 두 종류의 자본가들 사이의 경쟁에 의해서만 이자율이 창조되는 것이다.

자본이 재생산과정에서 기능하고 있는 한, 그 자본이 산업자본가 자신의 것이고 따라서 그가 그것을 대부자에게 상환할 필요가 없다고 가정하더라도, 산업자본가가 개인으로서 마음대로 처분할 수 있는 것은 이 자본 그것이 아니라 그가 수입으로서 지출할 수 있는 이윤뿐이다. 그의 자본이 자본으로 기능하고 있는 한, 그 자본은 재생산과정에 속해 있으며 거기에 묶여 있다. 물론 그는 그 자본의 소유자지만 그것을 노동의 착취를 위한 자본으로 사용하는 한, 그것을 다른 방식으로 처분할 수는 없다. 이것은 화폐자본가의 경우에도 마찬가지다. 즉 그의 자본이 대부되어 화폐자본으로 기능하고 그리하여 자기에게 이윤의 일부인 이자를 가져오는 한, 그는 그 원금을 처분할 수가 없다. 이런 사실은, 그가 자본을 예컨대 1년 또는 몇년 동안 대부하고 일정한 기간마다 이자를 받지만 자본의 상환을 받지 않는 경우에 분명히 나타난다. 그러나 자본의 상환을 받는 경우에도 사정은 전혀 달라지지 않는다. 왜냐하면 그가 자본을 되돌려 받는다 하더라도, 그 자본이 그를 위해 자본— 이 경우에는 화폐자본 [정확하게는 '이자낳는 자본'] — 으로 기능하기 위해서는 그는 그 자본을 항상 새로 대부해야 하기 때문이다. 그 자본이 자기 수중에 있는 한, 어떤 이자도 낳지 않으며 따라서 자본으로서 기능하지 않는다. 그리고 그 자본이 이자를 낳아 자본으로서 기능하는 한, 그 자본은 이미 자기 수중에 있지 않다. 여기에서 자본을 영구히 대부할 가능성이 생긴다. 그러므로 투크가 보상케트를 비판한 다음과 같은 지적은 전적으로 틀린 것이다. 그는 먼저 보상케트(1842: 73)를 인용한다.

"이자율이 1%까지 떨어진다면, 차입자본은 자기자본과 거의 동등한 것으로 될 것이다.”

이것에 대해 투크는 다음과 같이 비판하고 있다.

“이런 이자율 또는 심지어 이보다 낮은 이자율로 차입한 자본이 자기자본과 거의 동등한 것으로 여겨져야 한다는 것은 매우 이상한 주장이며, 만약 이 주장이 그렇게 현명하고 또 주제의 약간의 논점에서는 그렇게 정통한 저자의 입에서 나온 것이 아니라면 신중하게 고려할 가치가 전혀 없을 것이다. 그는 상환이라는 조건이 거기에 전제되고 있다는 사정을 보지 못했거나 그 사정이 중요하지 않다고 생각하고 있는 것이 아닌가?”(투크, 1844: 80)

만약 이자율이 0이라면, 자본을 차입한 산업자본가는 자기 자신의 자본으로 사업을 하는 산업자본가와 동등한 위치에 있을 것이다. 두 사람 모두 동일한 평균이윤을 얻을 것이다. 그리고 그들의 자본은, 차입자본이든 자기자본이든, 이윤을 생산한다는 점에 의해서만 자본으로서 기능하게 된다. 상환되어야 한다는 조건은 이 점을 조금도 변경시키지 못한다. 이자율이 0에 가까워질수록 [예컨대 1%로 인하되면] 차입자본은 점점 더 자기자본과 동등한 위치에 서게 된다. 화폐자본이 계속 화폐자본으로 존재해야 한다면, 그것은 끊임없이 되풀이해서 대부되어야 하고, 더욱이 현행의 이자율로—예컨대 1%로—동일한 산업자본가·상업자본가 계급에게 대부되어야 한다. 산업자본가·상업자본가가 자본가로서 기능하는 한, 차입자본을 가지고 기능하는 자본가와 자기자본을 가지고 기능하는 자본가 사이의 구별은, 전자는 이자를 지불해야 하는데 후자는 그렇지 않다는 것, 후자는 이윤 p 전체를 차지하는데 전자는 p−i(즉 이윤−이자)를 차지한다는 것뿐이다. i가 0에 가까워질수록, p−i는 p에 그만큼 더 가까워지며, 따라서 두 자본가들은 더욱 더 동등한 위치에 서게 된다. 한쪽은 자본을 상환하고 새로 차입해야 하지만, 다른 쪽은 그의 자본이 기능하는 한, 자본을 끊임없이 새로 생산과정에 투하해야 하며 자본을 이 과정과는 무관하게 처분할 수는 없다. 그러나 여전히 남아 있는 유일한 구별은, 후자는 자기 자본의 소유자이고 전자는 그렇지 않다는 자명한 구별뿐이다.

이제 제기되는 질문은 다음과 같다. 이윤이 순net이윤과 이자로 완전히 양적으로 분할되는 것이 어떻게 질적인 분할로 전환되는가? 바꾸어 말해, 차입자본을 사용하지 않고 자기자본만을 사용하는 자본가도 자기의 총이윤의 일부를 이자라는 특수한 범주에 넣어 이자로 따로 계산하는 것은 도대체 어떻게 된 일인가? 더욱이 모든 자본—차입된 것이든 아니든 —이 이자낳는 자본으로서, 순이윤을 가져오는 자본으로서 자기 자신과 구별하는 것은 어찌된 일인가?

이윤의 우연적인 양적 분할이 모두 이처럼 질적 분할로 전환되는 것은 아니다. 예컨대 어떤 산업자본가들은 서로 결합해 하나의 사업을 경영하고 그 이윤을 법률적으로 확정된 협약에 따라 분배하며, 또 어떤 산업자본가는 자기의 사업을 동업자 없이 혼자 경영한다고 하자. 이 경우 후자는 자기의 이윤을 두 개의 범주로 나누어, 한 부분을 개인이윤으로서 계산하고 다른 부분을 [존재하지도 않는] 동업자를 위한 회사이윤으로서 계산하지는 않으므로, 양적 분할이 질적 분할로 전환되지는 않는다. ‖ 양적 분할이나 질적 분할이 없다 ‖ 양적 분할은 소유자가 몇 개의 법률상의 인격들로서 구성되어 있는 경우에만 일어나고, 그렇지 않은 경우에는 일어나지 않는다.

그러므로 위의 질문에 대답하기 위해서는, 이자 형성의 현실적인 출발점을 좀 더 고찰해야 한다. 즉 화폐자본가와 산업자본가는 법률상으로 독립된 인격들일뿐 아니라 재생산과정에서 전혀 다른 역할을 하는 인격들로서, 또는 그들의 수중에서 동일한 자본이 실제로 이중의 전혀 다른 운동을 하게 되는 인격들로서 현실적으로 마주하게 된다는 가정으로부터 출발해야 한다. 한 쪽은 자본을 대부할 따름이며, 다른 쪽은 그것을 생산적으로 사용할 따름이다.

차입자본으로 사업하는 생산적 자본가∥산업·상업자본가∥에게는 총이
윤은 두 부분으로, 즉 그가 대부자에게 지불해야 하는 이자와, 이윤 중
이자를 넘는 초과분으로 자기 자신의 몫을 구성하는 부분으로 분할된다.
일반적 이윤율이 주어져 있다면 후자는 이자율에 의해 결정되며, 이자율
이 주어져 있다면 후자는 이윤율에 의해 결정된다. 더욱이 총이윤(즉 이
윤총액의 현실적 가치량)이 개별적인 경우에 평균이윤에서 아무리 크게
벗어난다 하더라도, 기능자본가에게 귀속하는 부분은 이자에 의해 결정
되고 있다. 왜냐하면 이자는 일반적 이자율에 의해 (어떤 특별한 법률상
의 계약이 있는 경우를 무시하면) 확정되어 있으며, 생산과정이 시작되
기 전에—생산과정의 결과인 총이윤이 획득되기 전에—미리 주어진 크
기로 전제되어 있기 때문이다. 우리가 이미 본 바와 같이, 자본의 진정한
특징적인 생산물은 잉여가치며, 좀 더 나아가서 규정한다면 이윤이다. 그
런데 차입자본으로 사업하는 자본가가 얻는 것은 이윤이 아니라 이윤에서
이자를 뺀 것—즉 이자를 지불한 뒤 자기 손에 남는 이윤부분—이다.
그러므로 이 이윤부분이 필연적으로 그에게는 현실적으로 기능하는 자본
의 생산물로 나타나게 된다. 그리고 이것은 그에게 관한 한 사실이다. 왜
냐하면 그는 오직 기능자본으로서 자본을 대표하기 때문이다. 그는 자본
이 기능하는 한에서 자본의 인격화이며, 자본이 기능하는 것은, 자본이
수익을 위해 산업 또는 상업에 투하되고 그 자본의 사용자가 그 자본을
가지고 해당부문에 필요한 활동을 수행하는 한에서다. 이리하여 총이윤
중 [대부자에게 지불되어야 하는 이자에 대립해] 기능자본가에게 귀속되
는 나머지 이윤부분은 필연적으로 산업이윤 또는 상업이윤의 형태—이
두 개를 포괄하는 독일어 표현인 기업가이득Unternehmergewinn, profit of en-
trepreneur의 형태—를 취하게 된다. 총이윤이 평균이윤과 동등하다면, 이
기업가이득의 크기는 전적으로 이자율에 의해 결정된다. 총이윤이 평균

이윤과 다르다면, 총이윤과 평균이윤 사이의 차액(쌍방에서 이자를 공제한 뒤의 차액)은 이런 일시적인 차이—어느 특정한 생산분야의 이윤율이 일반적 이윤율에서 벗어나는 경우든 또는 개별자본가가 어느 특정한 생산분야에서 얻는 이윤이 그 분야의 평균이윤으로부터 벗어나는 경우든—를 일으키는 온갖 상황들에 의해 결정된다. 그런데 이미 본 바와 같이, 이윤율은 생산과정 그것 안에서까지도 잉여가치에만 달려있는 것이 아니라 다수의 기타 요인들[즉 생산수단의 구매가격, 평균보다 더욱 생산적인 방법, 불변자본의 절약 따위]에도 달려있다. 그리고 생산가격을 무시한다면, 이윤율은 그때그때의 시장상황에 달려 있고 또 각각의 거래에서는 자본가의 교활성과 근면의 정도[즉 자본가가 어느 정도까지 생산가격 이하 또는 이상으로 구매 또는 판매하는가, 이리하여 유통과정 안에서 어느 정도까지 총잉여가치의 더 큰 부분 또는 더 작은 부분을 취득하는가]에 달려있다. 어쨌든 여기에서는 총이윤의 양적 분할이 질적 분할로 전환되고 있다. 더욱이 이 양적 분할 그것이, 무엇이 분할되어야 하는가, 능동적인 자본가가 어떻게 그 자본을 활용하는가, 그리고 그 자본이 기능자본으로서—즉 능동적 자본가인 그의 기능의 결과로서—그에게 얼마나 큰 총이윤을 가져오는가에 달려 있기 때문에, 그 양적 분할은 점점 더 질적 분할로 전환된다. 여기에서는 기능자본가는 자본의 소유자가 아니라는 것이 가정되어 있으며, 자본의 소유는 기능자본가에 대립해 대부자인 화폐자본가에 의해 대표되고 있다. 그러므로 기능자본가가 대부자에게 지불하는 이자는 총이윤 중 자본의 소유 그것에 돌아가는 부분으로 나타난다. 이것과는 대조적으로, 총이윤 중 능동적인 자본가에게 돌아가는 부분은, 그가 재생산과정에서 그 자본을 가지고 수행하는 활동 또는 기능—특히 그가 산업이나 상업에서 기업가로서 수행하는 기능—에서 전적으로 발생하는 것처럼 보이며, 따라서 기업가이득으로서 나타난다. 다른 말로 표현하면, 기능자본가 측에서 보면, 이자는 자본소유의 단순한 과실로서, 즉 '일하지' 않고 기능하지 않는, 자본의 재생산과정과는 분리된 자본 그것의 단순한 과실로서 나타나는 반면, 기업가이득은 전적으로 그가 자본을 가지고 수행하는 기능의 과실로서, 자본의 운동과 기능(화폐자본가는 생산과정에서 활동하지도 않고 참가하지도 않으므로 이것은 이제 자기 자신의 활동으로 보이게 된다)의 과실로서 나타난다. 총이윤이 이처럼 두 부분으로 질적으로 분할되는 것 — 즉 이자는 자본 그것의 과실, 생산과정을 무시한 자본소유의 과실이고, 기업가이득은 실제 과정 중의 자본의 과실, 생산과정에서 활동하는 자본의 과실, 그리하여 자본의 사용자가 재생산과정에서 행하는 능동적 기능의 **과실이라는** 것 — 은, 결코 한편에서는 화폐자본가의, 다른 한편에서는 **산업자본가**의 단순한 주관적 견해가 아니라 객관적 사실에 입각하고 있다. 왜냐하면 이자는 화폐자본가의 수중으로 [즉 자본의 소유자에 불과하며 생산과정 이전에 그리고 생산과정 밖에서 자본소유를 대표할 뿐인 대부자의 수중으로] 흘러 들어가며, 기업가이득은 자본의 소유자가 아니며 기능할 뿐인 자본가의 수중으로 흘러 들어가기 때문이다.

  이리하여 동일한 자본에 대해 그리고 이 자본이 생산하는 이윤에 대해 서로 다른 법률상의 청구권을 가진 두 사람 사이에 총이윤이 단순히 양적으로 분할되던 것이, 차입자본으로 사업하는 산업자본가와 자기의 자본을 스스로 사용하지 않는 화폐자본가에 대해 총이윤이 질적으로 분할되게 된다. 이제 이윤의 한쪽 부분은 하나의 자격에서 자본 그것에 속하는 과실로서, 이자로서 나타나고, 이윤의 다른 쪽 부분은 반대의 자격에서 자본의 독특한 과실로서, 기업가이득으로서 나타난다. 다시 말해 전자는 자본소유의 단순한 과실로서 나타나고, 후자는 자본을 가지고 단순히 기능하는 것의 과실로서, 과정 중의 자본으로서 자본의 과실, 또는 능동적 자본가가 수행하는 기능의 과실로서 나타난다. 그리고 총이윤의 두 부분들이 마치 두 개의 본질적으로 다른 원천에서 생기는 것처럼 상호간에 자립해 화석화되는 것은, 이제는 자본가계급 전체와 자본 전체에게도 확립되지 않을 수 없다. 이리하여 이런 질적 분할은, 능동적 자본가가 사용하는 자본이 차입된 것이든 아니든, 자본을 소유하는 화폐자본가가 그것을 자기 스스로 사용하든 않든, 모든 경우에 적용된다. 어떤 자본의 이윤도 그리고 자본들 사이의 균등화에 근거한 평균이윤도 두개의 질적으로 다른, 상호간에 자립적이고 의존하지 않는 부분들—즉 각각 특수한 법칙들에 의해 결정되는 이자와 기업가이득—로 분할된다. 자기자본으로 사업하는 자본가도, 차입자본으로 사업하는 자본가와 마찬가지로, 자기의 총이윤을 이자[자본의 소유자인 자기에게, 자기 자신의 자본을 대부하여 자기가 얻는 이자]와 기업가이득[능동적으로 기능하는 자본가로서 자기에게 돌아오는 기업가이득]으로 분할한다. 이리하여 질적 분할에 관한 한, 자본가가 총이윤을 실제로 다른 자본가와 나누어 가지는가 그렇지 않는가는 전혀 문제가 되지 않는다. 자본의 사용자는 자기자본으로 사업을 하는 경우에도 두 개의 인격으로—즉 자본의 단순한 소유자와 자본의 사용자로—분열된다. 그의 자본 그것은, 그것이 낳는 이윤 범주들과의 관련에서 볼 때, 그 자체로서 이자를 낳는 자본소유[생산과정 밖에 있는 자본]와 생산과정 안에 있는 자본[과정 중의 자본으로서 기업가이득을 낳는 자본]으로 분열된다.

이자는 이제 산업자본가가 타인의 자본으로 사업하는 경우에만 생기는, 생산과는 관계없는 총이윤의 분할로 나타나지 않는다. 산업자본가가 자기 자신의 자본으로 활동하는 경우에도 그의 이윤은 이자와 기업가이득으로 분할된다. 이리하여 단순히 양적 분할이 질적 분할로 되며, 이 양적 분할은 산업자본가가 자기 자본의 소유자인가 아닌가 하는 우연적인 사정과는 관계없이 일어난다. 이 분할은 다른 인격들에게 분배되는 이윤의 몫일 뿐 아니라 이윤의 두 개의 다른 범주들—이것들은 자본에 대해 서로 다른 관계를 맺고 있으며, 따라서 자본의 다른 자격들 | 자본의 소유

와 기능]에 관련되고 있다 — 이다.

총이윤이 이자와 기업가이득으로 분할되는 것이 일단 질적인 분할로 되자마자, 이 분할이 왜 자본 전체와 자본가계급 전체에 대해서도 이런 질적인 분할이라는 성격을 얻게 되는가는 이제 매우 쉽게 알 수 있다.

첫째로, 그 이유는 다음과 같은 단순한 경험적인 사정 때문이다. 즉 대부분의 산업자본가들은 자기자본과 차입자본 모두를 가지고 — 비록 다른 비율이긴 하지만 — 사업을 하고 있다는 사정, 그리고 자기자본과 차입자본 사이의 비율은 시기에 따라 변동한다는 사정 때문이다.

둘째로, 총이윤의 일부가 이자의 형태로 전환되면 총이윤의 다른 부분은 기업가이득으로 전환된다는 사정 때문이다. 사실상 기업가이득은, 이자가 독자적인 범주로 존재하게 되자마자, 이자를 넘는 총이윤의 초과분이 취하게 된 대립적 형태에 불과하다. 총이윤이 어떻게 이자와 기업가이득으로 분화되는가 하는 질문에 관한 연구 전체는 단순히 총이윤의 일부가 어떻게 일반적으로 이자로서 화석화되고 자립하는가 하는 연구로 돌아온다. 그런데 역사적으로는 자본주의적 생산양식과 그것에 대응하는 자본이나 이윤의 관념이 나타나기 훨씬 이전부터, 이자낳는 자본은 전해 내려온 완성된 형태로 존재하고 있었고 따라서 이자도 자본에 의해 생산되는 잉여가치의 완성된 형태로 존재하고 있었다. 그러므로 통속적인 관념에서는 화폐자본 또는 이자낳는 자본은 여전히 자본 그것으로서, 진정한 의미의 자본으로서 여겨지고 있었다. 이에 따라 다른 한편에서는, 매시 [1750]의 시대까지 유행하였던 견해, 즉 이자가 지불되는 것은 화폐 그것에 대한 것이라는 견해가 나오게 된다. 대부자본은 실제로 자본으로 사용되든 않든 [오직 소비를 위해 차입되는 경우에도] 이자를 낳는다는 사정은, 이 자본형태가 독립적이라는 관념을 확인해 주고 있다. 자본주의적 생산양식의 초기에는 이자가 이윤에 대해 그리고 이자낳는 자본이 산업자본에 대해 독립성을 띠고 나타난다는 가장 좋은 증거는,

이자가 총이윤의 일부에 불과하다는 것이 18세기 중엽에 비로소 발견되었다[매시에 의해, 또 그 뒤 흄[1764]에 의해]는 사실과, 진정 그런 발견이 필요하였다는 사실이 그것이다.

셋째로, 산업자본가가 자기자본으로 사업을 하는가 차입자본으로 사업을 하는가 하는 문제는, 산업자본가에 대해 화폐자본가계급이 하나의 특수한 종류의 자본가로서 대립하고 있으며, 화폐자본이 하나의 자립한 종류의 자본으로서, 그리고 이자가 이 특수한 자본에 알맞는 독립적인 잉여가치 형태로서 대립하고 있다는 사정을 반영하고 있다.

질적으로 보면, 이자는 자본의 단순한 소유가 제공하는 잉여가치, 자본의 소유자는 재생산과정의 외부에 머무르고 있는데도 자본이 스스로 낳는 잉여가치며, 따라서 자본의 재생산과정과 분리된 채 낳는 잉여가치다.

양적으로 보면, 이윤 중 이자를 구성하는 부분은 산업자본·상업자본 그것과 관련되어 있는 것이 아니라 화폐자본과 관련되어 있는 것처럼 보이며, 잉여가치의 이 부분의 율 — 즉 이자율 — 은 이 관계를 확인하고 있다. 왜냐하면 첫째로 이자율은 일반적 이윤율에 의존하는데도 독립적으로 결정되며, 둘째로 이자율은 이해할 수 없는 이윤율과는 반대로, 그리고 상품의 시장가격과 마찬가지로, 모든 변동에도 확정된·명백한·항상 주어진 크기로서 나타나기 때문이다. 모든 자본이 산업자본가의 수중에 있다면 이자와 이자율은 존재할 수 없을 것이다. 총이윤의 양적 분할이 취하는 독립적인 형태가 이런 질적 분할을 낳는 것이다. 산업자본가를 화폐자본가와 비교한다면, 전자와 후자를 구별하는 것은 기업가이득 — 총이윤 중 평균이자(이것은 이자율에 의해 경험적으로 주어진 크기로서 나타난다)를 넘는 초과분 — 뿐이다. 다른 한편으로, 위의 산업자본가를 차입자본에 의존하지 않고 자기자본으로 사업하는 산업자본가와 비교한다면, 후자는 이자를 타인에게 지불하지 않고 자기 자신이 차지하기 때문에 화폐자본가로서 전자와 구별될 뿐이다. 어떤 경우에도 산업자본가에게는 총이윤 중 이자와 구별되는 부분은 기업가이득으로 나타나며, 이자 그것은 자본 그 자체가 낳는 잉여가치, 따라서 자본이 생산적으로 사용되지 않더라도 낳게 될 잉여가치로서 나타난다.

개별자본가의 입장에서 보면 이것은 실제로 옳다. 그는 자기의 자본을 ― 이것이 처음부터 이미 화폐자본으로 존재하든 아니면 먼저 화폐자본으로 전환시켜야 하든 ― 이자낳는 자본으로 대부할 것인가, 아니면 자기 자신이 생산적 자본 [산업·상업자본] 으로 증식시킬 것인가를 선택해야 한다. 그러나 이것 [자본 그것이 스스로 이자를 낳는다는 것] 이 일반적으로 그러하다고 생각하는 것, 즉 이것을 사회적 총자본에 적용시키는 것 ― 몇몇의 속류경제학자들이 그렇게 하고 있으며 심지어 그것이 이윤의 근거로서 제시되기도 한다 ― 은 물론 전적으로 잘못된 것이다. 생산수단들[총자본은, 화폐로서 존재하는 상대적으로 작은 부분을 제외하면, 생산수단들의 형태로 존재한다]을 구매해 가치증식시키는 사람들이 없이, 총자본이 화폐자본으로 전환될 수 있다고 생각하는 것은 전적으로 어리석다. 그러나 이런 관념 속에 숨어있는 더욱 큰 어리석은 생각은, 자본주의적 생산양식의 기초 위에서 자본은 생산적 자본으로서 기능하지 않아도 [즉 이자가 다만 그 일부에 불과한 잉여가치를 창조하지 않아도] 이자를 낳을 수 있다는 생각, 그리고 자본주의적 생산양식은 자본주의적 생산 없이도 진행될 수 있다는 생각이다. 매우 많은 수의 자본가들이 자기의 자본을 화폐자본으로 전환시키려 한다면, 그 결과는 화폐자본의 막대한 가치감소, 즉 이자율의 대규모 하락일 것이며, 이에 따라 많은 자본가들은 이자에 의해 생활할 수 없음을 곧 발견하고 다시 산업자본가로 전환하지 않을 수 없을 것이다. 그러나 위에서 말한 바와 같이 개별자본가의 입장에서 보면 이자의 취득과 기업가이득의 취득은 전혀 별개의 것이다. 따라서 개별자본가는 필연적으로, 자기자본으로 사업을 하는 경우에도, 자기의 평균이윤 중 평균이자와 동등한 부분을― 생산과정을 무시한 채 ― 자기자본 그것의

과실로서 여기게 되며, 그리고 이자로서 독립된 이 부분과 대립시켜 총이
윤 중 이 부분을 넘는 초과분을 단순히 기업가이득으로 여기게 된다.

넷째로 {엥겔스 : 원고에서는 공백}.

이상에서 본 바와 같이 이윤 중 기능자본가가 차입자본의 소유자에게
지불해야 하는 부분은, 모든 자본[차입된 것이든 아니든]이 자본으로서 창
조한 이윤 중 이자라는 이름으로 낳는 한 부분의 독립된 형태로 전환한다.
이 부분이 얼마나 큰가는 평균이자율에 달려 있다. 이 부분의 기원은, 기
능자본가가 자기 자본의 소유자인 한 이자율의 결정에서는 [적어도 적극
적으로는] 경쟁하지 않는다는 사실에 의해서만 폭로되고 있다. 다시 말해
이윤에 대해 서로 다른 법률상의 청구권을 가진 두 사람 사이에 이윤이
순전히 양적으로 분할되는 것이, 자본과 이윤 그것의 성질로부터 유래하
는 것처럼 보이는 질적 분할로 전환되어버린 것이다. 왜냐하면 이미 본 바
와 같이 이윤의 일부가 일반적으로 이자의 형태를 취하자마자, 평균이윤
과 이자 사이의 차액[평균이윤 중 이자를 넘는 초과분]은 이자에 대립하는
형태로, 기업가이득의 형태로 전환되기 때문이다. 이 두 형태—이자와 기
업가이득 — 는 오직 대립물로서 존재한다. 그리하여 그들은 [다른 범
주 · 항목 · 명칭에 따라 구분된] 잉여가치의 부분들인데도 잉여가치와
관련을 맺지 않고 상호간에 관련을 맺고 있다. 이윤의 한 부분이 이자로
전환되었기 때문에 다른 부분이 기업가이득으로 나타나게 되는 것이다.

이윤이라고 말할 때 여기에서는 항상 평균이윤을 의미한다. 왜냐하면
개별이윤이나 서로 다른 생산분야들의 이윤이 평균이윤에서 벗어나는 것
— 즉 경쟁전이나 기타의 사정들에 의해 이윤 또는 잉여가치의 분배가
변동하는 것—은 여기에서는 전혀 중요하지 않기 때문이다. 이 점은 당
면한 연구 전체에 적용된다.

그러면 이자는 람지가 말하는 순이윤이 되는데, 이것은 재생산과정의
외부에 있는 단순한 대부자를 위해서든 자기자본을 스스로 생산적으로

사용하는 소유자를 위해서든, 자본소유 그것이 낳는 것으로 된다. 그러
나 자기자본을 사용하는 자본가를 위해 자본소유가 이 순이윤[이자]을
낳는 것은, 그가 기능자본가이기 때문이 아니라 화폐자본가—즉 자기자
본을 이자낳는 자본으로 기능자본가인 자기 자신에게 대부하는 사람—
이기 때문이다. 화폐와 가치 일반이 자본으로 전환되는 것이 자본주의적
생산과정의 끊임없는 결과인 것과 마찬가지로, 화폐가 자본으로 존재하는
것은 자본주의적 생산과정의 끊임없는 전제다. 화폐는 생산수단으로 전환
될 수 있기 때문에 언제나 불불노동을 지배하며, 따라서 상품의 생산과정
과 유통과정을 화폐소유자를 위한 잉여가치의 생산으로 전환시킨다. 따라
서 이자는 다음과 같은 사실을 표현하고 있을 뿐이다. 즉 현실의 생산과
정에서는 생산수단의 형태를 취하는 가치 일반(일반적·사회적 형태로
있는 대상화된 노동)이 자립적인 힘으로서 살아있는 노동력과 대립해 불
불노동을 취득하는 수단으로 된다는 사실과, 가치 일반이 이런 힘을 가지
게 되는 것은 가치 일반이 타인의 소유로서 노동자와 대립하기 때문이라
는 사실이 그것이다. 그런데 다른 한편으로 이자라는 형태에서는 임금노
동에 대한 이런 대립은 사라지고 있다. 왜냐하면 이자낳는 자본 그것이
자기의 대립물로 삼고 있는 것은 임금노동이 아니라 기능하는 자본이기
때문이다. 대부자본가가 직접적으로 마주하는 사람은, 재생산과정에서
현실적으로 기능하고 있는 자본가이며 임금노동자—그는 바로 자본주의
적 생산에서는 생산수단을 가지지 않는다—가 아니기 때문이다. 이자낳
는 자본은, 기능으로서의 자본에 대립하는 소유로서의 자본이다. 그러나
자본은 기능하지 않는 한, 노동자를 착취하지 않으며 노동과 대립하지도
않는다.

그런데 기업가이득은 임금노동과 대립하는 것이 아니라 이자와 대립
할 뿐이다.

첫째로, 평균이윤이 주어져 있으면 기업가이득률은 임금이 아니라 이자

율에 의해 결정된다. 기업가이득률은 이자율에 반비례해 높거나 낮다.[72]

둘째로, 기능자본가는 기업가이득에 대한 자기의 청구권을, 따라서 기업가이득 그것을 자기의 자본소유에서 끌어내는 것이 아니라 자본의 기능—이것은 자본이 비활동적인 재산으로서만 존재하는 경우의 자격과 대립한다—에서 끌어낸다. 이런 대립은, 그가 차입자본으로 사업하며 따라서 이자와 기업가이득이 서로 다른 두 사람에게 속하는 경우에 직접적으로 분명하게 드러난다. 기업가이득은 재생산과정에서 자본의 기능에서, 즉 기능자본가가 산업자본과 상업자본의 이런 기능들을 매개하는 작업과 활동의 결과로 발생한다. 기능자본의 대표자라는 것은 결코 이자낳는 자본을 대표하는 한가한 자리가 아니다. 자본주의적 생산에서는 자본가는 생산과정과 유통과정을 지휘한다. 생산적 노동의 착취는, 자본가가 스스로 하든 자기의 이름으로 타인에게 시키든 노력을 필요로 한다. 그러므로 그에게는 기업가이득은, 이자와는 달리 자본소유와는 관계없는 것으로서, 그리고 비소유자로서—노동자로서—자기 기능의 결과로서 나타난다.

이리하여 그의 머리 속에는 필연적으로 다음과 같은 관념이 생긴다. 즉 그의 기업가이득은—임금노동과 대립하기는커녕 그리고 타인의 불불노동에 불과한 것이기는커녕—오히려 그 자체가 임금이며 '감독임금'이고 보통 노동자의 임금보다 높은 임금이라는 것이다. 높은 이유는 (1) 그의 노동이 복잡노동이기 때문이며, (2) 그가 자기 자신에게 임금을 지불하기 때문이라는 것이다. 자본가로서 그의 기능은 잉여가치—즉 불불노동—를 가장 경제적인 조건에서 생산하는 데 있다는 것을 완전히 잊어버리게 되는데, 이것을 잊어버리게 되는 것은, 자본가가 자본가로서 아무런 기능을 수행하지 않고 단순한 자본소유자인 경우에도 이자가 그에

---

72) "기업이윤이 자본의 순이윤에 의존하는 것이지, 후자가 전자에 의존하는 것은 아니다."(람지, 1846: 214) 람지가 말하는 순이윤은 항상 이자를 의미한다.

게 돌아가는 반면, 기능자본가가 자기의 기능에 기여하는 자본을 소유하지 않는 경우에도 기업가이득이 그에게 돌아간다고 하는 현저한 차이 때문이다. 이윤(따라서 잉여가치)이 분할되는 이 두 부분들의 현저한 차이 때문에, 이 두 가지 모두 잉여가치 [노동자의 불불노동] 의 부분들에 불과하다는 것과, 이런 분할은 결코 잉여가치의 성질·기원·존재조건을 변경시킬 수 없다는 것이 망각되고 있다.

재생산과정에서 기능자본가는 임금노동자에 대해 타인의 소유인 자본을 대표하며, 화폐자본가는 기능자본가에 의해 대표되는 사람으로서 노동의 착취에 참가한다. 능동적 자본가는 노동자에 대립하는 생산수단의 대표자로서만 자기의 기능―노동자들을 자기를 위해 노동시키거나 생산수단을 자본으로 기능하게 하는 것―을 수행할 수 있다는 사실은, 재생산과정 안에서의 자본기능과 재생산과정 밖에서의 단순한 자본소유 사이의 대립 때문에 망각되고 있다.

사실상 이윤(또는 잉여가치)의 두 부분들이 이자와 기업가이득으로서 취하는 형태는 노동과의 어떤 관련도 표현하지 않는다. 왜냐하면 노동과의 관련은 노동과 이윤 또는 [이자와 기업가이득의 합계·전체·통일인] 잉여가치 사이에 존재할 뿐이기 때문이다. 이윤이 분할되는 비율, 그리고 이 분할의 기준이 되는 서로 다른 청구권은 이윤이 이미 만들어져 있다는 것을 전제하고 있다. 자본가가 자기가 운용하는 자본의 현실적 소유자라면 그는 이윤 또는 잉여가치를 전부 차지한다. 그가 이윤을 전부 차지하든 아니면 그것의 일부를 법률상의 소유자인 제3자에게 지불해야 하든, 이것은 노동자에게는 전혀 상관이 없다. 이리하여 두 종류의 자본가들 사이에 이윤이 분할되는 이유가, 분할되어야 할 이윤 또는 잉여가치―이것은 나중에 어떻게 분할되는가에는 관계없이 자본이 자본으로서 재생산과정에서 이끌어내는 것이지만― 가 존재하게 되는 이유로 둔갑하고 있다. 이자가 기업가이득에 대립하고 기업가이득이 이자에 대립하며,

이리하여 어느 것도 노동에 대립하지 않는다는 사실로부터, 기업가이득과 이자를 합한 것 ― 즉 이윤, 더 나아가서는 잉여가치 ― 은 어디에서 나오는가 하는 문제가 튀어나오고 있다. 그 두 부분들의 대립적 형태로부터! 「 다시 말해 이윤이란 자본 그것의 속성(이자)과 자본가의 노동(기업가이득)에서 생긴다는 견해를 가리킨다 」 그러나 이윤은 분할되기 전에, 그리고 분할이 문제로 되기 전에 생산되어 있다.

  이자낳는 자본이 이자낳는 자본인 것을 실증하는 것은, 대부되는 화폐가 현실적으로 자본으로 전환되어 초과분(이것의 일부가 이자이다)이 생산되는 한에서다. 그러나 이것은 이자낳는 자본이 생산과정과는 독립적으로 이자를 낳는 고유한 속성을 가지고 있다는 것을 제외하지는 않는다. 예컨대 노동력은 노동과정에서 사용되고 실현되는 경우에만 그것의 가치창조적 속성을 증명한다. 그러나 이것은 노동력이 그 자체로서 이미 잠재적으로 가치창조적 활동이라는 것과, 가치창조적 활동이라는 노동력의 속성은 노동과정에서 생기는 것이 아니라 노동과정에 전제되고 있다는 것을 제외하지는 않는다. 노동력은 가치를 창조하는 능력으로 구매된다. 그러나 노동력을 생산적으로 사용하지 않고 순수히 개인적 목적 ― 예컨대 개인적 서비스 ― 을 위해 구매할 수도 있다. 자본의 경우에도 마찬가지다. 자본의 차입자가 자본을 자본으로 사용하는가 않는가 ― 즉 잉여가치를 생산하는 자본의 고유한 속성을 현실적으로 발휘시키는가 않는가 ― 는 차입자에게 달려 있다. 어느 경우에나 그가 지불하는 것은 자본이라는 상품에 가능성으로 고유하게 포함되어 있는 잉여가치에 대해서다. 「 참조. CW 32: 487~489 」

＊ ＊ ＊

  기업가이득을 좀더 자세히 살펴보자.

자본주의적 생산양식에서 자본의 특수한 사회적 속성 — 자본소유는 타인노동을 지배할 수 있는 능력을 가진다—이 확립되고, 이에 따라 이자는 이런 상호관련 속에서 자본이 낳는 잉여가치의 일부로 나타나기 때문에, 잉여가치의 다른 부분인 기업가이득은 필연적으로 자본으로서 자본에서 생기는 것이 아니라, 자본의 특수한 사회적 속성 — 이것은 이미 자본에 대한 이자라는 형태로 특별한 존재방식을 얻고 있다—과는 분리된 생산과정에서 생기는 것처럼 나타나게 된다. 그러나 생산과정은 자본과 분리되면 노동과정 일반이 되어 버린다. 이리하여 자본소유자와 구별되는 산업자본가는, 기능자본[가]으로서 나타나는 것이 아니라, 자본과는 관계없는 직무수행자, 노동과정 일반의 단순한 담당자, 노동자로서, 더욱이 임금노동자로서 나타난다.

이자 그것이 표현하고 있는 것은, 노동조건들이 자본으로 존재한다는 것, 즉 그것들이 노동에 대해 사회적으로 대립하며, 그것들이 노동에 대립해 노동을 지배하는 개인적 힘으로 전환되어 있다는 것이다. 이자는 [타인노동의 생산물을 사유화하는 수단으로서] 단순한 자본소유를 상징하고 있다. 그러나 이자는 이런 자본의 성격을, 생산과정 밖에서 자본이 가지는 어떤 성격, 그리고 이 생산과정 그것의 특수한 자본주의적 규정성의 결과가 결코 아닌 어떤 성격으로서 표현하고 있다. 이자는 자본의 성격을 노동과의 직접적인 대립으로 표현하는 것이 아니라, 그 반대로 노동과는 전혀 관계없이 자본가와 자본가 사이의 관계로서만 표현하고 있다. 즉 자본과 노동 사이의 현실적인 관계에 대해서는 외적이고 아무래도 좋은 규정으로서 자본의 성격을 표현하고 있다. 이리하여 이자[자본의 대립적인 성격이 하나의 독립적인 표현을 얻고 있는 특수한 이윤형태]에서는 이 대립[자본과 노동 사이의 대립]이 완전히 제거되고 있다. 이자는 자본가와 노동자 사이의 관계가 아니라 두 자본가들 사이의 관계다.

다른 한편으로, 이자형태는 이윤의 다른 부분에 대해 기업가이득, 더 나아가서는 감독임금이라는 질적인 형태를 준다. 자본가가 자본가로서 수행해야 하는 특수한 기능들, 그리고 노동자와 구별되고 노동자와 대립하는 사람으로서 자본가에게 속하는 특수한 기능들이 단순한 노동기능으로 표현되고 있다. 그가 잉여가치를 얻는 것은, 그가 자본가로서 노동하기 때문이 아니라 자본가라는 그의 자격은 빼놓고 그도 역시 노동하기 때문이라는 것이다. 그러므로 잉여가치의 이 부분은 결코 잉여가치 [노동자를 착취한 것] 가 아니라, 오히려 이와는 반대로, 자기가 수행한 노동의 등가물로 되어 버린다. 자본의 소외된 성격—노동에 대한 자본의 대립—은 현실적 착취과정의 외부로, 즉 이자낳는 자본에게로 옮겨지므로, 이 착취과정 그것은 단순한 노동과정으로서 나타날 뿐이며, 여기에서는 기능자본가는 노동자의 노동과는 다른 노동을 수행할 뿐인 것으로 나타난다. 착취하는 노동과 착취되는 노동이 모두 노동으로서 동일하다는 것이다. 착취하는 노동은 착취되는 노동과 마찬가지로 노동이라는 것이다. 이리하여 자본의 사회적 형태는 이자에 맡겨지면서 중립적이고 대수롭지 않은 형태로 표현되는 한편, 자본의 경제적 기능은 기업가이득에게 맡겨지면서 이 기능의 특수한 자본주의적 성격이 제거된다.

여기에서도 자본가의 의식 속에는, 평균이윤으로의 균등화와 관련해 제2편 [제12장 3절] 에서 논의된 보상 근거의 경우와 같은 것이 생긴다. 잉여가치의 분할을 결정하게 되는 보상 근거들은 자본가의 사고방식에서 왜곡되어 이윤 그것의 발생과 (주관적인) 정당화의 근거로 전환되고 있다.

기업가이득이 감독노동에 대한 임금이라는 관념은 기업가이득과 이자 사이의 대립에서 생기는 것이지만, 이 관념은 다음과 같은 점에서 더욱 큰 근거를 갖게 된다. 즉 이윤의 일부는 사실상 임금으로 분리될 수 있으며 실제로도 분리되고 있다는 점, 또는 거꾸로 임금의 일부는 자본주의적 생산양식에서는 이윤의 불가결한 구성부분으로 나타난다는 점이 그것이다. 이 부분은 애덤 스미스 [『국부론』 제1편 제6장] 가 이미 정확하게 파악한 바와 같이, 그 규모 따위로 말미암아 분업이 충분히 발달한 사업부문들이 경영자에게 주는 특별한 임금에서 그 순수한 형태를 드러내는데, 경영자의 임금은 이윤(=이자+기업가이득)이나 기업가이득(=이윤-이자)과는 독립적이며 완전히 분리된 것으로 나타난다. 〔참조. CW 32: 495~496〕

감독과 관리〔지휘〕노동은 직접적 생산과정이 독립적인 생산자들의 고립된 노동의 형태가 아니라 결합된 사회적 과정의 형태를 취하는 곳에서는 필연적으로 생긴다.73) 그러나 그 노동은 이중의 성격을 가진다.

한편에서는, 다수의 개인들이 협력하는 모든 노동에서는 과정의 상호 관련과 통일은 필연적으로, 오케스트라의 지휘자와 마찬가지로, 하나의 지휘 의지에, 그리고 부분노동이 아니라 작업장의 전체 활동을 담당하는 기능들에 맡겨진다. 이것은 어떤 결합된 생산방식에서도 수행되어야만 하는 생산적 노동이다.

다른 한편에서는, 상업부문을 무시하면, 이런 감독노동은 직접적 생산자인 노동자와 생산수단의 소유자 사이의 대립에 바탕을 두는 모든 생산양식에서는 필연적으로 생긴다. 이 대립이 크면 클수록 감독노동의 기능은 그만큼 더욱 커진다. 감독노동은 노예제에서 그 최고 수준에 이른다.74) 그리고 감독노동은 또한 자본주의적 생산에서도 필수불가결하다. 왜냐하면 여기에서도 생산과정은 동시에 자본가에 의한 노동력의 소비과정이기 때문이다. 이것은 마치 전제국가에서 정부가 수행하는 감독과 전면적 개입이라는 노동이 두 개의 측면—모든 공동체의 성질에서 생기는 공동사업의 수행과, 정부와 민중 사이의 대립에서 생기는 특수한 기능의

---

73) "감독은 여기에서는"(소농민적 토지소유자의 경우에는)"완전히 없어도 좋다."(케언즈, 1862: 48~49)

74) "노동의 성질이 노동자들을"(즉 노예들을) "광범한 지역에 분산시키는 것을 요구한다면, 감독자의 수 그리하여 감독비용은 비례적으로 증대할 것이다."(같은 책: 44)

수행 — 을 포괄하고 있는 것과 마찬가지다.

노예제도 아래에 있었던 고대 저술가들의 경우에는 감독노동의 이 두 측면들이 (실제로도 그러하였지만) 이론에서도 뗄 수 없게 결합되어 있는데, 이것은 자본주의적 생산양식을 절대적 생산양식으로 여기는 근대 경제학자들의 경우에도 마찬가지다. 다른 한편으로, 내가 곧 하나의 실례를 보여 줄 것이지만, 근대적 노예제도 [미국 남부의 노예제도] 의 변호론자들은 감독노동을 노예제도의 정당화 근거로 이용할 줄 알고 있는데, 이것은 경제학자들이 감독노동을 임금노동제도의 정당화 근거로 이용하는 것과 마찬가지다.

카토 [고대 로마의 정치가] 시대의 농장관리인villicus:

"농장의 노예신분의 정점에는 출납과 매매를 담당하는 농장관리인이 있었다. 그는 주인의 지시를 받고 주인이 없을 때는 명령도 하고 처벌도 한다…농장관리인은 물론 기타의 노예보다 더 자유로웠다. 마고의 책들은 농장관리인에게 결혼도 시키고 아이들을 낳으며 자기 자신의 화폐를 소유하게 하라고 권고하고 있으며, 카토는 관리인을 여성관리인과 결혼시켜야 한다고 말하고 있다. 농장관리인만이 행실이 좋은 경우에는 주인에게서 자유를 얻을 수 있는 전망을 가지고 있었다. 다른 노예들은 모두 하나의 공동세대를 이루고 있었다…관리인을 포함한 모든 노예는 자기의 필수품을 주인의 비용에 의해 일정한 기간마다 고정된 양으로 받았으며 그것으로 살아가야만 했다…그 양은 노동을 기준으로 하였기 때문에 예컨대 기타의 노예들보다 가벼운 노동을 하는 관리인은 더 적은 배급을 받았다."(몸젠, 1856, 제1권: 809~810)

아리스토텔레스:

"왜냐하면 주인은"(자본가는)"노예의 획득"(노동력을 구매하는 힘을 주는 자본의 소유)"에 의해서가 아니라 노예의 사용"(생산과정에서 지금의 임금노동자인 노동자를 사용하는 것)"에 의해 주인인 것을 실증한다…그러나 이 지식은 위대한 것도 아니며 고귀한 것도 아니다. 노예가 수행해야 하는 것이 무엇이든, 주인은 명령할 줄만 알면 된다…주인이 몸소 감독에 애쓸 필요가 없는 경우에는 관리인이 이 영예를 맡아하며 주인은 나라 일이나 철학에 종사한다."(아리스토텔레스, 『정치학』, 제1권 제7장)

아리스토텔레스가 매우 솔직하게 말하고 있는 것은, 지배 — 정치영역에서나 경제영역에서나 — 는 권력자에게 지배하는 기능을 부과하며, 따라서 경제영역에서는 권력자는 노동력을 소비하는 방법을 알아야한다는 것이다. 그리고 그는 덧붙여 말하기를, 이 감독노동은 중요한 것이 아니므로 주인은 충분히 부유하게 되자마자 곧 이 수고의 '영예'를 관리인에게 맡긴다는 것이다.

이런 관리·감독노동이 모든 결합된 사회적 노동의 성질에서 생기는 특수한 기능이 아니라 생산수단의 소유자와 단순한 노동력의 소유자 사이의 대립에서 생기는 한[노예제도에서처럼 노동력이 노동자 자신과 함께 구매되든, 아니면 노동자가 자기 자신의 노동력을 판매하고 이리하여 생산과정이 동시에 자본에 의한 노동력의 소비과정으로 나타나든], 직접적 생산자의 예속에서 생기는 이런 기능이 때때로 이 관계 그것을 정당화하는 근거로 되며, 그리고 또한 타인의 불불노동의 착취와 취득이 때때로 자본소유자가 당연히 받아야 할 임금으로서 설명되고 있다. 이 점에서는 1859년 12월 19일 뉴욕의 어느 집회에서 미국 노예제도의 옹호자인 변호사 오코너가 '남부에 정의justice를'이라는 슬로건 아래 행한 연설에 필적할 만한 것이 없다. 그는 우레와 같은 박수를 받으면서 다음과 같이 말하였다.

"여러분, 흑인을 노예상태로 운명지운 것은 자연이다…그는 체력이 강하며 노동할 힘이 있다. 그러나 그 힘을 준 자연은 그에게 관리할 지능도 일할 의지도 주지 않았다."(박수)"어느 것도 그에게는 주어지지 않았다.

노동할 의지를 그에게 주지 않은 자연은 그 의지를 강요할 주인을 그에게 주었으며…그리하여 그에게 적합한 풍토에서 그 자신과, 그를 관리하는 주인을 위해 그를 유용한 하인으로 만드는 주인을 준 것이다…흑인을 자연이 정해준 상태에 그대로 두는 것, 그에게 자기를 관리할 주인을 주는 것, 이것은 결코 불의가 아니라고 나는 주장한다…그에게 노동을 강요하는 것, 그리하여 그를 관리하며 그를 그 자신과 사회에 유용하도록 만들기 위해 주인이 투하한 노동과 재능에 대한 정당한 보상을 주인에게 주도록 하는 것, 이것은 결코 흑인의 권리를 박탈하는 것이 아니다."〔『뉴욕 데일리 트리뷴』 1859년 12월 20일자〕

이제 임금노동자도 노예와 마찬가지로 자기를 노동시키고 관리할 주인을 가져야만 한다. 그리고 일단 이런 지배와 예속의 관계가 전제된다면, 임금노동자가 자기 자신의 임금 이외에도 감독임금[자기를 지배하고 감독하는 노동에 대한 보상], 또는 "그를 관리하며 그를 그 자신과 사회에 유용하도록 만들기 위해 투하된 노동과 재능에 대한 정당한 보상"을 만들어 내도록 강요되는 것은 매우 당연한 것으로 된다.

감독·관리노동이 자본의 대립적 성격[자본의 노동 지배]에서 생기며 따라서 계급대립에 근거하는 모든 생산양식(자본주의적 생산양식도 포함)에 공통적인 한, 그 노동은 자본주의체제에서도 생산적 기능들[모든 결합된 사회적 노동이 특수한 개인들에게 특수한 노동으로서 부과하는 생산적 기능들]과 직접적으로 뗄 수 없이 혼합된다. 관리인 — 에피트로포스〔고대 그리스의 관리인〕 또는 레지쇠르(봉건시대 프랑스의 관리인) — 의 임금은, 이런 관리인에게 지불할 만큼 사업이 충분히 대규모로 운영되자마자 이윤으로부터 완전히 분리되어 숙련노동에 대한 임금의 형태를 취하게 된다. 비록 우리의 산업자본가는 '나라 일이나 철학에 종사하기'에는 아직도 요원하지만.

'우리의 산업제도의 혼'은 산업자본가가 아니라 산업경영자라고 이미 유어가 말한 바 있다.75) 사업의 상업적 측면에 관한 한, 필요한 모든 것은 이미 제4편에서 언급된 바 있다.

자본주의적 생산 그것은 감독노동을 자본소유로부터 완전히 분리시켜 언제나 이용가능하게끔 만들었다. 따라서 감독노동을 자본가가 수행할 필요는 없게 되었다. 음악지휘자는 그의 오케스트라에서 악기의 소유자일 필요가 전혀 없으며, 또한 기타의 악사들의 '임금' 지불에 관계하는 것도 지휘자로서 그의 기능에 속하지 않는다. 협동조합 공장은 자본가가 생산의 기능자로서는 불필요하게 된 것을 증명하고 있는데, 이것은 자본가 자신이 자기의 우월한 지위에서 내려다 보면서 대토지소유자를 불필요한 존재라고 생각하는 것과 마찬가지다. 자본가의 노동이 단순히 자본주의적 성질의 생산과정에서 생기지 않으며, 따라서 자본의 소멸과 함께 사라지지 않는 한, 또한 자본가의 노동이 타인노동을 착취하는 기능에 국한되지 않는 한, 그리하여 그 노동이 사회적 노동이라는 노동형태에서 생기며 공동의 결과를 달성하기 위한 다수인의 결합과 협업에서 생기는 한, 자본가의 노동은 자본과는 관계가 없는데, 이것은 이 노동형태 그것이 자본주의적 껍질을 벗어버리자마자 자본과 관계없는 것으로 되는 것과 마찬가지다. 이 노동은 자본주의적 노동으로서 필연적으로 자본가의 기능이라고 말하는 것은, 속물 [속류경제학자] 들이 자본주의적 생산양식의 태내에서 발전한 형태들을 그것들의 대립적인 자본주의적 성격에서 분리하고 해방시켜 생각할 줄 모른다는 것을 가리킬 뿐이다. [참조. CW 32: 497~498, 504] 화폐자본가에 비해서는 산업자본가도 노동자이지만, 타인노동의 착취자인 자본가로서 노동자다. 그가 이 노동의 대가로 요구해 얻는 임금은 타인노동의 취득량과 동등하다. 그가 타인노동의 착취를

---

75) 유어,『공장철학』, 프랑스어판. 제1권: 67. 여기에서 이 공장주들의 핀다로스 [서정시인] 는 또한 대부분의 공장주들은 자기들이 사용하는 기계를 조금도 이해하지 못하고 있다고 증언하고 있다. [참조. CW 33: 495, 501]

위해 수고한다 하더라도, 그의 임금은 타인노동의 착취도에 직접적으로 달려 있으며, 그의 수고—이것은 낮은 임금으로 관리인에게 맡길 수 있다—의 크기에 달려 있지 않다. 공황 뒤에는 언제나 영국의 공장지대에서는 이전의 공장주들이 이제는 이전의 자기 자신의 공장들의 관리인으로 새로운 소유자—때때로 그들의 채권자—를 위해 낮은 임금을 받고 감독하는 경우를 많이 볼 수 있다.76)

관리임금은 상업관리인의 경우나 산업관리인의 경우나 모두 기업가이득과는 완전히 분리되어 나타나는데, 이것은 노동자들의 협동조합 공장이나 자본주의적 주식회사에서도 마찬가지다. 관리임금이 기업가이득으로부터 분리되는 것은 다른 경우에서 우연적 현상이지만 여기에서는 항상적 성격을 띤다. 협동조합 공장에서는 감독노동의 대립적 성격이 사라진다. 왜냐하면 관리인은 노동자들에 의해 지불되며, 노동자들에 대립해 자본을 대표하지 않기 때문이다. 주식회사 일반[신용제도와 함께 발달한다]은 기능으로서 이 관리노동을 점점 더 자본소유[자기자본이든 차입자본이든]에서 분리시키는 경향을 가지고 있는데, 이것은 부르주아사회의 발달과 함께 사법기능과 행정기능이 토지소유—위의 기능들은 봉건시대에는 토지소유의 부속물이었다—로부터 분리되는 것과 마찬가지다. 그러나 한편에서는 기능자본가가 자본의 단순한 소유자인 화폐자본가와 대립하고, 그리고 신용의 발달과 더불어 이 화폐자본 그것이 은행에 집중되어 은행에 의해—화폐자본의 직접적 소유자에 의해서가 아니라—대출되어 사회적 성격을 띠기 때문에, 또한 다른 한편에서는 단순한 관리인—대부에 의해서든 다른 어떤 방식에 의해서든 자본소유와는 조금도 관계가 없는 관리인—이 기능자본가 그것에 속하는 모든 실질적인 기능

---

76) {엥겔스: 내가 알고 있는 하나의 경우에는, 1868년의 공황에서 파산한 공장주가 자기 자신의 이전의 노동자들에 의해 고용되었다. 즉 파산한 그 공장은 노동자 협동조합이 인수하고 이전의 공장주를 관리인으로 고용한 것이다.}

을 담당하게 되기 때문에, 오직 기능자만이 남게 되고, 자본가는 불필요한 인물로서 생산과정에서 사라진다.

영국의 협동조합 공장들의 재무제표 발표에 따르면,77)이들 공장은 때때로 개인공장보다 훨씬 높은 이자를 지불하였음에도, [기타 노동자의 임금과 마찬가지로 투하된 가변자본의 일부를 형성하는] 관리인의 임금을 뺀 그들의 이윤은 평균이윤보다 높았다는 것을 알 수 있다. 이윤이 더 높은 원인은 불변자본 사용의 절약이 더 컸다는 것이었다. 여기에서 우리의 관심을 끄는 것은, 평균이윤(=이자+기업가이득)이 사실상 그리고 분명하게 관리임금과는 전혀 상관이 없는 크기로 나타나고 있다는 점이다. 여기에서는 이윤이 평균이윤보다 컸으므로 기업가이득도 다른 곳보다도 컸다.

동일한 사실이 약간의 자본주의적 주식기업, 예컨대 주식회사은행에서도 보인다. 런던 앤드 웨스트민스터 뱅크는 1863년에 30%의 연간배당 〖배당/주식소유〗을 실시하였고, 유니언 뱅크 오브 런던과 기타 은행들은 15%를 배당하였다. 여기에서는 총이윤에서 관리인의 봉급뿐 아니라 예금에 지불되는 이자도 뺀다. 이윤이 높은 것은 예금에 대한 불입자본의 비율이 낮은 것에 의해 설명되고 있다. 예컨대 1863년 런던 앤드 웨스트민스터 뱅크의 경우 불입자본은 £1,000,000, 예금은 £14,540,275였고, 유니언 뱅크 오브 런던의 경우 불입자본은 £600,000, 예금은 £12,384,173이었다.

기업가이득과 감독임금 또는 관리임금 사이의 혼동은 처음에는 이윤 중 이자를 넘는 초과분〖기업가이득〗이 이자에 대해 취하는 대립적인 형태 때문에 생겼다. 이 혼동은, 이윤을 잉여가치(즉 불불노동)로서가 아니

---

77) {엥겔스: 이 본문은 1865년에 쓴 것이므로, 여기에 인용된 재무제표들은 1864년까지의 것뿐이다.}

라 자본가 자신이 수행하는 노동의 대가로 받는 임금으로서 설명하려는 변호론적 의도에 의해 더욱 전개되었다. 이것에 대해 사회주의자들은 이윤을 [이론상 그런 것으로 주장되고 있는 바와 같은] 감독임금의 수준으로 실제로 축소시켜야 한다는 요구를 제기하였다. [참조. CW 32: 497] 그리고 이 요구는 점점 더 위와 같은 이론적 미화에 타격을 가하였다. 왜냐하면 한편에서는 다수의 산업경영자와 상업경영자 층이 형성됨에 따라 감독임금도 모든 기타의 임금과 마찬가지로 점점 더 일정한 수준과 일정한 시장가격을 가지게 되었기 때문이며,[78] 다른 한편에서는 특수훈련을 받는 노동력의 생산비를 저하시키는 전반적인 발달에 따라 감독임금도 숙련노동 일반의 임금과 마찬가지로 점점 더 저하하였기 때문이다.[79] 노동자 측에서 협동조합의 발달, 그리고 자본가 측에서 주식회사의 발달에 따라, 기업가이득과 관리임금을 혼동시키는 최후의 구실마저 유지될 수 없게 되었으며, 이윤은 이론적으로 부정할 수 없었던 것, 즉 단순한 잉여가치—아무런 등가도 지불되지 않은 가치, 실현된 불불노동—로 실제로도 나타나게 되었다. 이리하여 기능자본가는 현실적으로 노동을 착취하며, 그의 착취의 과실은, 그가 차입자본으로 사업하는 경우에는, 이자와 기업가이득(이윤 중 이자를 넘는 초과분)으로 분할된다는 것이 명백하게 되었다.

---

78) "장인은 직인과 마찬가지로 노동자다. 이런 성격에서는 장인의 이해관계는 직인들의 그것과 똑같다. 그러나 장인들은 또한 자본가이거나 자본가의 대리인이다. 이 점에서는 그들의 이해관계는 직인들의 그것과 결정적으로 대립한다."(호지스킨, 1825: 27) "이 나라의 직인기계공 사이에 교육이 광범히 보급됨에 따라 전문지식을 가진 사람들의 수가 증가해, 거의 모든 장인들과 고용주의 노동과 기능skill의 가치가 나날이 저하되고 있다."(같은 책: 30)

79) "인습적인 장벽의 일반적인 완화나 교육기회의 증가는 미숙련노동자의 임금을 인상시키는 것이 아니라 숙련노동자의 임금을 저하시키는 경향이 있다."(J. S. 밀, 1849: 479)

자본주의적 생산의 기초 위에서는 주식회사와 관련해 관리임금에 의한 새로운 사기가 전개된다. 왜냐하면 현실적인 관리인의 상부에 다수의 이사진과 감사진이 등장하는데, 이들의 경우에는 관리와 감독은 사실상 주주들을 약탈해 치부하는 단순한 구실에 지나지 않기 때문이다. 이것에 관해서는 『시티』[런던의 금융중심가] (1845)에 매우 흥미있는 이야기가 있다.

"은행가나 상인이 8~9개의 서로 다른 회사의 중역이 됨으로써 얼마나 벌 수 있는가는 다음의 실례에서 볼 수 있다. 커티스가 파산하였을 때, 파산재판소에 제출된 그의 개인대차대조표에는 중역직이라는 항목에… 매년 £800~£900의 수입이 적혀 있었다. 커티스는 잉글랜드은행과 동인도회사의 중역이었으므로, 어느 주식회사나 그를 중역으로 맞이하는 것을 횡재로 생각하였다."(81, 82)

이런 회사의 중역이 매주 회의에 참석해 받는 보수는 적어도 1기니(21실링)이다. 파산재판소의 심리에 따르면, 감독임금은 대체로 이런 명목상의 중역이 현실적으로 수행하는 감독에 반비례하고 있다.

제24장
이자낳는 자본에서는 자본관계가 피상적인 형태로 나타난다

이자낳는 자본에서 자본관계는 가장 피상적이고 물신적인 형태에 도달한다. 여기에서 우리는 M-M′을 가지게 되는데, 더 많은 화폐를 낳는 화폐—자기 자신을 증식시키는 가치—가 두 끝을 매개하는 과정 없이 나타나기 때문이다. 상업자본 M-C-M′에서는 적어도 자본운동의 일반적 형태가 존재하고 있다. 비록 이 운동은 유통영역에서만 행해지고, 따라서 이윤이 단순한 양도이윤으로서 나타나기는 하지만. 그러나 이윤은 적어도 사회적 관계의 산물로 표시되어 있지, 단순한 사물의 산물로 표시되어 있지는 않다. 상업자본의 형태는 적어도 하나의 과정을, 두 대립국면의 통일을, 하나의 운동(이 운동은 상품의 구매와 판매라는 두 개의 반대되는 절차로 분할된다)을 표현하고 있다. 그런데 이런 것은 이자낳는 자본의 형태인 M-M′에서는 사라지고 있다. 예컨대 1,000원이 자본가에 의해 대부되고 이자율이 5%라면, 1,000원의 1년간의 자본으로서 가치는 C+Ci(여기에서 C는 자본이고 i는 이자율이다)가 되며, $5\% = \frac{5}{100} = \frac{1}{20}$이므로, $1,000 + (1,000 \times \frac{1}{20}) = 1,050$원이다. 바꾸어 말해 자본으로서 1,000원의 가치는 1,050원이다. 즉 자본은 단순한 양이 아니라 양들의 관계이고, 자기증식하는 가치로서의 자기 자신, 또는 잉여가치를 생산하는 원금으로서의 자기 자신에 대한 주어진 가치로서의 원금 사이의 관계이다. 그리고 이미 본 바와 같이, 자본은 이처럼 직접적으로 자기증식하는 가치로서 모든 능동적 자본가들—자기자본을 가지고 기능하든 차입자본을 가지고 기능하든—에게 나타난다.

M−M′. 여기에서 우리는 자본의 시초의 출발점으로 화폐를 가지는데, 이 화폐는 공식 M−C−M′이 두 끝 M−M′(M+ΔM)으로 축소되면서 나타나는 화폐며, 더 많은 화폐를 낳는 화폐. 이 공식은 무의미할 정도로 생략되어버린 자본의 시초의 일반공식이다. [원래] 완성된 형태의 자본은 생산과정과 유통과정의 통일이며, 따라서 일정한 기간에 일정한 잉여가치를 낳는 자본이다. 이자낳는 자본의 형태에서는 이런 형태가 생산과정과 유통과정의 매개 없이 직접적으로 나타난다. 자본은 이자[즉 자기 자신의 증가]의 신비스러운 그리고 자기창조적인 원천으로서 나타난다. 사물(화폐·상품·가치)은 이제 단순한 사물로서 이미 자본이며, 자본은 단순한 사물로서 나타난다. 총재생산과정의 결과[잉여가치]가 사물 그것에 내재하는 속성으로서 나타난다. 화폐—항상 교환할 수 있는 형태로 있는 상품—의 소유자가 그 화폐를 화폐로서 지출하려고 하는가 또는 자본으로서 대부하려고 하는가는 그 소유자의 마음에 달려있다. 그러므로 이자낳는 자본에서는 이 자동적인 물신이 순수한 형태— 즉 자기 자신을 증식시키는 가치, 화폐를 낳는 화폐—로 완성되며, 이 형태에서 자본은 더 이상 자기가 생긴 흔적을 전혀 드러내지 않는다. 사회적 관계가 하나의 사물—즉 화폐—의 자기 자신에 대한 관계로 완성되고 있다. 여기에서는 화폐가 자본으로 현실적으로 전환되는 것이 나타나 있지 않고, 다만 이 전환의 형태—내용이 빠진—가 나타나 있을 뿐이다. 여기에서 화폐의 사용가치는, 노동력의 경우와 마찬가지로 가치를 창조한다는 것, 화폐 자체에 포함되어 있는 가치보다 큰 가치를 창조한

다는 것이다. 화폐 그것은 이미 잠재적으로 자기증식하는 가치이며 그리
고 이런 것으로서 대부─이것은 이 독특한 상품의 판매형식이다─된
다. 이리하여 가치를 창조하는 것, 이자를 낳는 것은 전적으로 화폐의 속
성으로 되어버리는데, 이것은 마치 배를 열리게 하는 것이 배나무의 속
성으로 되어버리는 것과 마찬가지다. 그리하여 화폐대부자는 자기의 화
폐를 이자낳는 사물로서 판매하는 것이다. 그것뿐이 아니다. 이미 본 바
와 같이, 현실적으로 기능하는 자본도 기능자본으로서 이자를 낳는 것이
아니라 자본 그것으로서─즉 화폐자본으로서─이자를 낳는 것처럼 자
기 자신을 표현하고 있다.

　여기에서는 더 심한 왜곡이 나타난다. 이자는 기능자본가가 노동자로
부터 착취하는 이윤 또는 잉여가치의 일부에 지나지 않는데도, 지금 이
자가 자본의 고유한 과실이며 본원적인 것으로 나타나며, 이윤은 기업가
이득의 형태로 재생산과정의 단순한 부속품·부산물로 나타난다. 이리
하여 자본의 물신적 형태와 자본물신의 관념이 여기에서 완성되고 있다.
M─M′에서 우리는 자본의 무개념적인 형태, 생산관계를 최고도로 전도
시키고 사물화하는 것, 자본 자신의 재생산과정에 선행하는 자본의 단순
한 형태인 이자낳는 형태를 보게 된다. 가장 극단적인 형태로 자본을 신
비화하는 것은, 화폐 또는 상품이 재생산과 독립적으로 자기 자신의 가
치를 증식시키는 능력을 가진다는 주장이다.

　자본을 가치와 가치창조의 독립적인 원천이라고 설명하려는 속류경제
학에게 이 형태[M─M′]는 물론 하느님이 주신 선물이다. 왜냐하면 이
형태에서는 이윤의 원천을 더 이상 파악할 수 없으며, 자본주의적 생산
과정의 결과가 과정 그것에서 분리되어 자립적인 존재를 획득하기 때문
이다.

　자본은 화폐자본이 되어야만 비로소 상품으로 되며, 이 상품의 자기증
식 성질은 그때그때의 이자율로 표시되는 일정한 가격을 가진다.

이자낳는 자본에서, 그리고 특히 그것의 직접적 형태인 이자낳는 화폐
자본에서 [여기에서 우리의 관심사가 아닌 기타 형태의 이자낳는 자본은
이 직접적 형태에서 파생된 것이며, 이 형태를 전제하고 있다] 자본은 자
기의 순수한 물신형태인 M—M′을 주체로서, 판매할 수 있는 사물로서
얻고 있다. 첫째로, 자본이 끊임없이 화폐—이 화폐라는 형태에서는 자
본의 모든 특수한 속성들이 사라져 버리고, 자본의 실물적인 요소들은
눈에 보이지 않게 된다—로 존재하기 때문이다. 사실상 화폐형태에서는
서로 다른 사용가치로서 상품들 사이의 구별이 사라지며, 따라서 [이런
상품들과 그 생산조건들로 구성되는] 산업자본들 사이의 구별도 사라진
다. 화폐는 가치—그리고 여기에서는 자본—가 자립적인 교환가치로
존재하는 형태다. 자본의 재생산과정에서 화폐형태는 일시적인 국면이
며 단순한 통과국면이다. 이와는 반대로, 화폐시장에서 자본은 항상 이
화폐형태로 존재한다. 둘째로, 자본에 의해 생산되는 잉여가치도 여기에
서는 화폐형태며, 자본 그것의 속성으로 나타난다. 나무들의 성장이 나
무들의 속성인 것처럼, 화폐를 낳는 것이 화폐자본의 형태로 있는 자본
의 속성인 것처럼 보인다.

　이자낳는 자본에서는 자본운동이 단축되어 있고, 매개과정은 생략되
어 있다. 이리하여 자본 1,000은 그 자체로는 1,000이지만 일정한 기간
뒤에는 1,100으로 전환되는 사물로 묘사되고 있다. 이것은 마치 포도주
가 지하실에서 일정한 시간이 지나면 자기의 사용가치를 개선시키는 것
과 마찬가지다. 자본은 지금 사물이지만 사물로서 자본이다. 화폐는 지
금 사랑에 몸부림치는 사물이다. 화폐가 대부되자마자 또는 재생산과정
에 투하되자마자(이 후자의 경우에는 화폐소유자가 기능자본가의 기업가
이득과는 별도로 이자를 얻는 한에서), 화폐가 잠을 자든 안자든 집에 있
든 여행을 하든 낮이든 밤이든, 화폐에는 이자가 생긴다. 이리하여 이자
낳는 화폐자본(그런데 모든 자본은 그것의 가치표현에서 보면 화폐자본

이며, 또는 모든 자본은 지금 화폐자본의 표현으로 여겨지고 있다)은 화폐퇴장자의 가장 경건한 소망을 실현시키고 있다.

사물로서의 화폐자본에서 이자가 생긴다는 것(자본에 의한 잉여가치 생산이 여기에서는 그렇게 나타나고 있다)에 대해 루터는 매우 큰 관심을 가졌으며, 이것은 그가 고리대를 반대한 소박한 이유였다. 루터는, 특정 기일에 대부의 상환이 행해지지 않음으로써 대부자가 자기 자신의 채무를 갚지 못해 손실을 보게 되는 경우, 또는 대부자가 예컨대 밭을 구매해 얻을 수도 있을 이윤의 기회를 놓치게 되는 경우, 대부자는 이자를 요구할 수 있다고 설명한 뒤, 계속해 다음과 같이 말한다.

"나는 당신에게 100원을 대부하였다. 이로 말미암아 나는 지불할 수도 없고 구매할 수도 없어 두 쪽에서 손해를 입어야 하기 때문에 당신은 나에게 이중의 손해―발생한 손실과 잃어버린 이익―를 끼쳤다…어떤 사람이 100원을 대부함으로써 손실을 입어 이 손실에 대해 정당한 보상을 요구한다는 말을 듣고, 그들은 몰려와서 각각의 100원에 대해 이중의 보상―지불할 수 없어 생긴 손실에 대한 보상과 밭을 구매하지 못해 생긴 손실에 대한 보상―을 요구한다. 이것은 마치 이 100원은 두 배의 이자를 자연적으로 낳는 것 같다. 따라서 그들은 100원을 가지면 그것을 대부하고, 그것에 대해 그들이 입지도 않은 이런 이중의 손해를 요구한다…그렇기 때문에 이 가상적인 손해―사실상 아무도 당신에게 가한 적이 없는 손해, 그리고 당신이 증명할 수도, 계산할 수도 없는 손해―에 대해 이웃의 화폐로 보상받는 당신은 고리대금업자인 것이다. 이런 손해를 법률가들은 실제의 손해가 아닌 가공의 손해라고 부른다. 각자가 제멋대로 꾸며내는 손해…내가 지불할 수도 없었고 구매할 수도 없었기 때문에 그런 손해를 입었을지도 모른다고 말하는 것은 엉터리다. 그것은 우연을 필연으로 만드는 것, 없는 것을 있는 것으로, 불확실한 것을 확실한 것으로 만드는 것이다. 확실히 이와 같은 고리대는 세계 전체를 몇 해 안에

삼켜버릴 것이다…대부자가 불행한 사고를 당해 그것에서 회복할 필요가 있는 경우 그는 보상을 요구할 수 있을 것이다. 그러나 상업에서는 그 사정이 다르며 전혀 그 반대다. 상업에서는 대부자들은 가난한 이웃을 희생해 이익을 얻으려 하며, 근심·위험·손해도 없이 타인의 노동에 의해 부를 축적하여 부자가 되려고 하며, 사치 속에서 게으름을 피우려 한다. 자기는 난로 옆에 앉아서 자기의 100원에게 자기를 위해 부를 증대시키게 하며, 그리고 그 돈이 대부되고 있을 뿐이라는 이유로 아무런 위험이나 근심도 없이 그 돈을 확보하고 있는 것 — 누구인들 이것을 좋아하지 않을까?"(루터, 1540)

자본은 자기 자신을 재생산하며 재생산 중에 자기를 증식시키는 가치이고, 자기의 고유한 속성에 의해 — 즉 스콜라철학자들이 말하는 '숨은 자질'에 의해 — 영원히 존속하고 증대하는 가치라는 관념은, 프라이스의 황당무계한 착상 — 이것은 연금술사의 공상을 무색하게 하고 있다 — 을 낳았는데, 윌리엄 피트는 이 착상을 진지하게 믿어 국채상각기금sinking fund에 관한 그의 법률에서 재정운영의 지주로 삼았다.

"복리를 낳는 화폐는 처음에는 완만하게 증가한다. 그러나 증가율은 계속 빨라지므로 일정한 기간 뒤에는 상상도 할 수 없을 정도로 빨라진다. 예수가 탄생한 해에 5%의 복리로 대부된 1페니는 지금쯤 1억 5,000만 개의 지구에 넣을 수 있는 순금보다 더 큰 금액이 되었을 것이다. 그러나 단리로 대부되었다면, 이 1페니는 동일한 기간에 7실링 $4\frac{1}{2}$ 펜스 [$88\frac{1}{2}$ 펜스] 밖에 되지 않았을 것이다. 지금까지 우리 정부는 첫째 방법에 의해서가 아니라 둘째 방법에 의해 재정을 개선하려고 하였다."[80]

<hr>

80) 프라이스, 1772: 19. 그는 소박하면서 위트있는 말을 하고 있는 셈이다. "화폐를 복리로 증식시키기 위해 단리로 차입한다."(해밀턴, 1814: 133) 이것에 따르면, 차입은 개인들에게도 가장 확실한 치부수단일 것이다. 그러나 내가 예컨대 £100을 연리 5%로 1억년 동안 차입한다 하더라도, 나는 매년 £100을 대부할

프라이스는 『연금지불에 관한 고찰』(1772)에서는 더욱 더 황당무계하다.

"예수가 탄생한 해에"(아마도 예루살렘 사원에서)"6%의 복리로 대부된 1실링은…태양계 전체(토성 궤도의 지름과 동등한 지름을 가진 공으로 가정한다)가 포용할 수 있는 것 [순금]보다 더 큰 금액으로 증대하였을 것이다." "그러므로 국가는 결코 재정난에 빠질 수가 없다. 왜냐하면 국가는 최소의 저축으로 최대의 부채를, 국가의 이해관계가 요구하는 짧은 기간에 상환할 수 있기 때문이다."(13, 14)

영국국채에 대한 얼마나 훌륭한 이론적 안내서인가!

프라이스는 기하급수로부터 생기는 거대한 수에 단순히 현혹되었을 따름이다. 그는 자본을 — 재생산과 노동의 조건들을 고려하지 않고 — 스스로 움직이는 자동기관으로, 스스로 증가하는 단순한 숫자로 여겼기 때문에 [이것은 맬더스(1798)가 인간을 기하급수적으로 증가하는 것으로 본 것과 마찬가지다], $s=c(1+i)^n$ 이라는 공식에서 자본의 성장법칙을 발

수 있을 뿐이고, 또한 매년 £5를 지불해야 한다. £100을 차입하였다는 사실만으로 £105를 대부할 수 있게 되는 것은 아니다. 그러면 나는 어떻게 그 5%를 지불할 수 있는가? 새로운 차입에 의해서다. 또는 내가 국가라면 조세에 의해서다. 산업자본가가 화폐를 차입하며 그의 이윤이 예컨대 15%라면, 그는 5%를 이자로 지불하고 5%를 소비하며(비록 그의 소비욕은 수입 증대에 따라 증가하지만) 5%를 자본화할 것이다. 다시 말해 5%의 이자를 규칙적으로 지불하기 위해서는 15%의 이윤이 이미 전제되고 있는 것이다. 이 과정이 계속된다면, 이미 전개된 이유들 [이윤율 저하경향의 법칙]에 의해 이윤율은 예컨대 15%에서 10%로 저하할 것이다. 프라이스는 5%의 이자는 15%의 이윤율을 전제한다는 것을 완전히 잊고 있으며, 그리고 이 이윤율이 자본축적과 더불어 계속되리라고 믿고 있다. 화폐가 복리로 돌아오기 위해서는, 현실적인 축적과정은 전혀 문제가 되지 않으며, 오직 화폐를 대부하기만 하면 된다고 그는 생각하고 있다. 화폐가 어떻게 복리로 돌아올 수 있는가는 그에게는 전혀 문제가 되지 않고 있다. 왜냐하면 그것은 이자낳는 자본의 고유한 속성이라고 믿기 때문이다.

견하였다고 망상할 수 있었다. 여기에서 s는 자본과 복리의 합계며, c는 투하자본, i는 이자율(백분율로 표현된), n은 이 과정이 진행되는 햇수다.

피트는 프라이스의 비법을 매우 진지하게 받아들였다. 1786년 영국하원은 공익을 위해 £1,000,000을 조달할 것을 결의하였다. 피트가 믿고 있었던 프라이스에 따르면, 이렇게 조달한 금액을 '축적해' 복리의 비법에 의해 국채를 감쪽같이 없애버리기 위해, 국민에게 과세하는 것보다 더 좋은 방법은 없었다. 이 하원 결의에 뒤이어 피트가 기초한 법안이 제출되었는데, 거기에는 "만기가 된 종신연금을 포함해 그 기금이 매년 증대해 £4,000,000으로 될 때까지" £250,000을 축적할 것을 규정하고 있었다.(조지 3세 제26년 [1786]의 법률 제31호)

국채상각기금에 충당할 금액의 증액을 제안한 1792년의 연설에서 피트는 영국의 상업적 제패의 원인으로 기계·신용 따위를 들었는데, 그 중에서도 "가장 광범하고 영속적인 원인"으로는 "축적"을 들었다. 그에 따르면, "이 원리는 천재인 애덤 스미스의 저작에서 완전히 전개되었으며…이런 축적은 적어도 연간이윤의 일부가 저축되어 원금을 증대시키고, 이 원금이 그 다음 해에도 동일한 방식으로 이용되어 계속 이윤을 낳는 것에 의해 달성된다"는 것이다. 이리하여 피트는 프라이스의 도움을 받아 애덤 스미스의 축적이론을 채무의 축적에 의한 국민 치부론으로 전환시키고, 즐겁게 차입의 무한증대, 채무를 상환하기 위한 차입에 도달한 것이다. [참조. CW 33: 223~224]

이미 근대적 은행업의 아버지인 차일드는 다음과 같이 말했다.

"£100은 10%의 복리로 70년이 지나면 £102,400이 된다."(1754: 115. 1669년 집필)

프라이스 박사의 관념이 근대경제학에서 얼마나 널리 무의식 중에 수용되고 있는가는 『이코노미스트』(1851년 7월 19일자)의 다음과 같은 구절에 잘 나타나 있다.

"자본이, 저축된 자본의 각 부분에 대한 복리에 의해 모든 것을 삼켜버릴 정도로 증가함으로써, 수입의 원천인 세계의 모든 부는 이미 오래 전부터 자본의 이자가 되어 버렸다…지금 모든 지대는 이전에 토지에 투하된 자본에 대한 이자의 지불이다."

이자낳는 자본의 속성에서 생산될 수 있는 모든 부는 자본에 속하며, 자본이 지금까지 수취한 모든 것은 자본의 '모든 것을 삼켜버리는' 식욕에 대한 하나의 할부금에 불과하다는 것이다. 인류가 제공할 수 있는 모든 잉여노동은 자본 자체의 내재적인 법칙에 따라 자본에 속한다는 것이다. 자본은 분명히 몰록Moloch ‖ 사람의 목숨을 희생으로 요구하는 신 ‖ 이다.

끝으로 '낭만주의적' 뮐러(1809: 147~149)의 다음과 같은 횡설수설을 보자.

"프라이스 박사가 말하는 복리의 거대한 증가 또는 인간의 자기가속적인 힘의 거대한 증가는, 이런 거대한 효과를 거두기 위해서는, 분열되지도 않고 중단되지도 않는 한결같은 질서를 몇 세기 동안 전제하고 있다. 자본이 몇 개의 독립적으로 성장하는 분야들로 분할되면, 힘들의 축적 전체는 새로 시작한다. 자연은 힘의 누진적 성장이 20~25년 — 각 개별 노동자"(!)"의 평균노동기간 — 마다 일어나게 하였다. 이 기간이 지나면, 이제 노동자는 자기의 경력을 버리고 노동에 대한 복리에 의해 획득된 자본을 하나의 새로운 노동자 — 대부분의 경우 몇 명의 노동자 또는 자식들 — 에게 이전시켜야 한다. 이 후자의 사람들은 자기에게 속하는 자본에서 실제로 이자를 끌어낼 수 있기 전에 먼저 그 자본을 활동시켜 사용하는 것을 배워야 한다. 더욱이 부르주아 사회가 획득하는 거액의 자본은 가장 활동적인 사회에서조차 노동의 확대에 직접적으로 사용되지 않고 많은 햇수에 걸쳐 점차로 축적되고 있다. 그리하여 일정한 크기의 금액에 달하였을 때, 그 금액은 대부의 형태로 다른 개인 · 노동자 · 은행 또는 국가에 이전된다. 이 차입자는 그 자본을 실제로 운용해 복리를 끌어내고, 그리하여 대부자에게 손쉽게 단리를 지불할 수 있게 된다. 끝으로, 생산과 절약의 법칙만이 작용한다면 인간의 힘과 생산물이 더욱 거대하게 누진적으로 증대할 것이지만, 소비와 욕망과 낭비의 법칙이 이에 반작용한다."

이 몇 줄에 가장 바보같은 망상이 요약되어 있다. 노동자와 자본가, 노동력의 가치와 자본의 이자 따위에 관한 웃기는 혼동은 별도로 하더라도, 복리의 취득이 자본이 대부되어 복리를 가져온다는 말 한마디에 의해 설명되고 있을 뿐이다. 이런 뮐러의 방식은 속속들이 낭만파에게 특징적인 것이다. 낭만파의 내용은 사물의 가장 피상적인 외관에서 끌어낸 일상적인 편견들로 구성되어 있는데, 이 바보같은 보잘것없는 내용이 신비한 표현방식에 의해 '격상'되어 숭배받고 있다.

자본의 축적과정은, 이윤(잉여가치) 중 자본으로 재전환되는 부분—즉 새로운 잉여노동의 흡수에 기능하는 부분—을 이자라고 부를 수 있는 한에서만 복리의 축적으로 여겨질 수 있을 것이다. 그러나,

1. 모든 우연적인 교란을 무시하더라도, 기존자본의 대부분은 재생산과정의 진행에서 끊임없이 크든 적든 가치가 감소한다. 왜냐하면 상품가치를 결정하는 것은 그것의 생산에 처음 든 노동시간이 아니라 그것의 재생산에 드는 노동시간이며, 이 후자는 사회적 노동생산성의 발달에 따라 끊임없이 감소하기 때문이다. 그러므로 사회적 생산성의 더 높은 발달단계에서 모든 자본은 오랜 자본축적과정의 결과로서가 아니라 비교적 짧은 재생산기간의 결과로서 나타난다.[81]

2. 제3권 제3편에서 논증한 바와 같이, 이윤율은 자본축적의 증대와

<hr/>

81) J. S. 밀 [1849: 91~92] 과 캐리 [1859: 71~73] 및 이 점에 관한 로셔의 잘못된 주석 [1858. 제45장] 을 보라.

이것에 대응하는 사회적 노동생산성의 증대—이것은 불변자본부분에 대한 가변자본부분의 상대적 감소의 진전에 분명히 표현되고 있다—에 따라 저하한다. 그러므로 동일한 이윤율을 낳기 위해서는, 1명의 노동자에 의해 처리되는 불변자본이 10배가 된다면 잉여노동시간도 10배가 되어야 할 것이며, 이리하여 얼마 안 가서는 노동시간 전체—심지어 하루 24시간 전체—가 자본에 의해 취득되더라도 동일한 이윤율의 유지가 불가능해질 것이다. 이윤율은 저하하지 않는다는 관념이 프라이스의 기하급수적 성장의 바탕을 이루고 있으며, '복리에 의해 모든 것을 삼켜버리는 자본'이라는 일반적인 사고의 바탕을 이루고 있다.[82]

잉여가치와 잉여노동이 동일하다는 사실은 자본축적에 하나의 질적인 한계를 설정하고 있다. 그 한계는 총노동일, 동시에 착취할 수 있는 노동일 수를 제한하는 생산력과 인구의 그때그때의 성장수준이다. 이와는 반대로 잉여가치가 이자라는 무개념적인 형태로 파악된다면, 그 한계는 오직 양적인 것이며 모든 망상이 가능하게 된다.

그런데 이자낳는 자본에서는 자본물신의 관념이 완성되고 있다. 이 관념에 따르면, 축적된 노동생산물—더욱이 화폐형태로 고정되어 있는—은 내재적인 신비한 속성으로 말미암아 순수한 자동기관으로서 잉여가치를 기하급수적으로 생산하는 힘을 가지고 있으며, 그리하여 이 축적된 노동생산물은, 『이코노미스트』가 말하고 있는 바와 같이, 모든 시대의 세계 전체의 부를 정당하게 자기에게 속하는 것으로서 이미 오래 전부터 자기의 이자로 여겨왔다는 것이다. 이 관념에서 과거노동의 생산물[그리

---

82) "어떤 노동·생산력·재능·기술도 복리의 압도적인 요구를 충족시킬 수 없다는 것은 명백하다. 그러나 모든 저축은 자본가의 수입에서 이루어지는 것이므로, 이 요구가 현실적으로 끊임없이 제기되고 있지만 노동생산력은 마찬가지로 끊임없이 이 요구를 충족시키기를 거부하고 있다. 그리하여 일종의 균형이 끊임없이 달성되고 있는 것이다."(호지스킨, 1825: 23)

고 과거노동 그것]은 이미 그 자체로서 현재 또는 미래의 살아있는 잉여
노동의 일부를 잉태하고 있는 셈이다. 그러나 우리가 알고 있는 바와 같
이 과거노동의 생산물의 가치가 유지되고 또한 재생산되는 것은 사실상
그 생산물이 살아있는 노동과 접촉하는 것의 결과에 불과하며, 그리고 과
거노동의 생산물이 살아있는 잉여노동에 대해 지배권을 행사하는 것은
자본관계—과거노동이 독립적이고 우세한 것으로서 살아있는 노동과 대
립하는 특수한 사회관계 — 가 지속하는 동안에만 가능하다.

제25장
신용과 가공자본

신용제도와 이것이 만들어 내는 수단들(신용화폐 등)에 관한 상세한 분석은 우리 플랜의 범위를 넘어선다. 여기에서는 자본주의적 생산양식 일반을 특징지우는 데 필요한 몇 가지 점만을 강조할 것이다. 상업신용과 은행신용만을 취급하려고 하며, 이 신용의 발달과 공공신용의 발달 사이의 관련은 고찰하지 않을 것이다.

지불수단으로서 화폐의 기능과, 이에 따라 상품생산자와 상품거래업자 사이의 채권자와 채무자의 관계가 어떻게 단순상품유통에서 발달하는가는 내가 이미 제1권 제3장 제3절 b에서 밝혔다. 상업과 자본주의적 생산양식—이것은 유통만을 염두에 두고 생산한다—의 발달에 따라 신용제도의 이 자연발생적 기초는 확대되고 일반화되며 완성되어 간다. 대체로 화폐는 지금 지불수단으로서만 기능하고 있다. 즉 상품은 화폐와 교환됨으로써 판매되는 것이 아니라, 일정한 기일에 지불한다는 지불약속서와 교환됨으로써 판매되고 있다. 단순화를 위해, 이런 모든 지불약속서를 환어음이라고 부를 것이다. 환어음은 지불만기일까지는 그 자체가 지불수단으로 유통하며, 이리하여 현실적인 상업화폐를 이룬다. 이 환어음들은 채권과 채무의 차액결제에 의해 마침내 상쇄되는 범위까지는, 비록 그것들이 진정한 화폐로 전환되지 않는다 하더라도, 절대적으로 화폐로서 기능한다. 생산자들과 상인들에 의한 이런 상호대부가 신용의 실질적인 기초를 이루는 것과 마찬가지로, 그 상호대부의 유통수단인 환어음은 진정한 신용화폐—즉 은행권 따위—의 기초를 이루고 있다. 진정한 신용화폐는 화폐유통—금속화폐든 정부지폐든—에 근거하는 것이 아니라 환어음 유통에 근거를 둔다.

요크셔의 은행업자인 리삼은 『통화에 관한 편지』(1840)에서 다음과 같이 말하고 있다.

"내가 보는 바에 따르면, 1839년 전체에 걸친 환어음총액은…£5억2,849만3,842이었고"(그는 외국환어음은 총액의 약 $\frac{1}{5}$ 이라고 추정하고 있다) "같은 해에 동시에 발행된 환어음금액은 £1억3,212만3,460이었다."(56) 환어음은 "유통수단 중 기타의 모든 구성부분의 합계보다 더욱 큰 금액을" 차지하고 있다.(3) "이 환어음이라는 거대한 상부구조는 은행권과 금의 총액으로 구성되는 토대 위에 서 있으며(!), 사태의 진전에 의해 이 토대가 지나치게 축소된다면 환어음의 확실성과 존재 그것이 위험에 빠지게 된다."(8) "통화의 총액"{엥겔스: 그는 은행권의 총액을 가리키고 있다.}"과 잉글랜드은행·지방은행들의 요구불 부채 총액을 합계하면 £1억5,300만으로 추산된다. 이것은 법률에 의해 금으로 태환될 수 있는데, 이 태환청구에 대비한 금은 £1천4백만에 불과하다."(11) "환어음은…화폐과잉을 방지하거나 너무 낮은 이자율과 할인율—이것은 환어음의 일부를 창조하며 환어음의 거대하고 위험한 팽창을 조장한다—을 방지하는 조치 이외에는 어떤 통제도 받지 않는다. 환어음 중 어느 만큼이 진정한 사실상의 거래—예컨대 현실적인 매매—에서 발생한 것인지, 어느 만큼이 가공적이고 단순한 융통어음인지—즉 유통 중인 환어음을 인수하기 위해 새로운 환어음을 발행하며, 이리하여 통화의 창조에 의해 가공자본을 창출하는 것인지—를 분별하는 것은 불가능하다. 이 후자는 화폐가 너무 많고 저렴한 시기에는 방대한 규모에 달한다는 것을 나는 알고 있다."
(43~44)

보상케트는 『금속통화·지폐·신용통화』(1842)에서 다음과 같이 말하고 있다.

"각 영업일에 어음교환소"{엥겔스: 여기에서 런던의 은행업자들은 만기어음과 받은 수표를 교환한다}"를 통해 결제되는 평균지불액은 £3백만을 넘는다. 그런데 이 목적을 위해 필요한 하루의 화폐준비액은 £2십만을 크게 넘지 않는다."(86) {엥겔스: 1889년 어음교환소의 총교환액은 £76억1,875만이었고, 영업일이 약 300일이었으므로 하루 평균교환액은 £2,550만이었다.} "환어음은" 이서에 의해 소유권을 이 사람에게서 저 사람에게로 이전시키는 한에서는 "화폐로부터 독립한 유통수단currency임에 틀림없다."(92) "유통 중의 각각의 환어음은 평균 두 번의 이서를 받으므로…각각의 환어음은 만기가 되기 전에 두 번의 지불을 수행한다고 가정할 수 있다. 이 가정에 따르면, 1839년 중에 환어음은 이서만에 의해 £5억2,800만의 두 배— 즉 £10억5,600만, 하루 평균 £3백만 이상—의 가치의 소유권을 이전시킨 셈이다. 그러므로 예금과 환어음은 화폐의 도움을 받지 않고 소유권을 이 사람에게서 저 사람에게로 이전시킴으로써 매일 적어도 £1천8백만에 달하는 화폐의 기능을 수행하고 있다고 확실히 말할 수 있다."(93)

투크(1844)는 신용 일반에 대해 다음과 같이 말한다.

"신용이란 가장 간단히 말해 신뢰인데, 이 신뢰—확실한 근거가 있든 없든—에 의해 한 사람이 다른 사람에게 일정한 금액의 자본[화폐이든 일정한 화폐가치로 평가된 상품이든]을 맡기게 되며, 이 자본액은 일정한 기간이 지난 뒤에는 상환되어야 한다. 자본이 화폐[은행권이든 당좌대월이든 거래은행 앞 지불명령서이든]로 대부되는 경우 자본 사용에 대한 대가로 상환액에 몇 %가 추가된다. 자본이 상품으로 대부되는 경우

—상품의 화폐가치는 당사자 사이에서 확정되며 판매에 의해 대부가 행해진다— 지불만기까지 자본 사용과 위험에 대한 대가가 상환액에 포함된다. 이런 신용에는 대체로 만기일이 정해진 지불약속서가 교부된다. 이 양도가능한 지불약속서는 대부자가 그것의 만기 이전에 자기의 자본을 사용할 [화폐로 사용하든 상품으로 사용하든] 기회를 가지게 되는 경우 대체로 더 싸게 차입하거나 구매할 수 있는 수단이 된다. 왜냐하면 대부자 자신의 신용이 지불약속서의 다른 서명자의 신용에 의해 강화되기 때문이다."(87)

코클랭(1842)은 다음과 같이 말한다.

"어느 나라에서나 신용거래의 대부분은 산업영역 안에서 행해진다… 원료생산자는 원료를 가공하는 제조업자에게 원료를 대부하고 후자로부터 특정만기일의 지불약속서를 받는다. 이 제조업자는 자기의 작업부분을 수행한 다음에는 자기의 생산물을 더욱 가공해야 하는 다른 제조업자에게 비슷한 조건으로 대부한다. 이리하여 신용은 소비자에 이르기까지 한 사람에게서 다른 사람에게로 점점 더 확대된다. 도매상은 소매상에게 상품을 대부하는데, 그 자신은 제조업자나 중개인으로부터 상품을 대부받는다. 어느 사람이나 한편으로는 차입하고 다른 한편으로는 대부하는데, 때로는 화폐를 그렇게 하지만 그보다 훨씬 잦게는 생산물을 그렇게 한다. 이리하여 산업에서는 대부들—온갖 방향으로 서로 결합되고 교차되고 있다—의 교환이 끊임없이 행해진다. 신용의 발달은 이런 상호대부의 확대와 성장 이외에 아무 것도 아니며, 또한 여기에 신용의 힘의 진정한 근거가 있다."(797)

신용제도의 다른 측면은 화폐거래업의 발달과 결부되어 있는데, 화폐거래업은 자본주의적 생산에서는 상품거래업의 발달과 보조를 같이 하고 있다. 제4편 제19장에서 본 바와 같이 사업가의 준비금의 보관, 화폐의 수납과 지불, 국제적 지불의 기술적 업무, 그리고 또한 금덩이거래는 화

폐거래업자의 수중에 집중된다. 이런 화폐거래업과 나란히, 신용제도의
다른 측면—이자낳는 자본 또는 화폐자본의 관리—이 화폐거래업자의
특수한 기능으로서 발달한다. 화폐의 차입과 대부가 화폐거래업자의 특
수한 업무가 된다. 그는 화폐자본의 진정한 대부자와 차입자 사이의 매
개자로 등장한다. 일반적으로 말해, 이 측면에서 본 은행업자의 업무는
대부가능한 화폐자본을 대량으로 자기 수중에 집중시키는 것이며, 이리
하여 개별적인 화폐대부자를 대신해 은행업자가 모든 화폐대부자의 대표
로 산업자본가와 상업자본가를 상대하는 것이다. 은행업자는 화폐자본
의 일반적 관리자로 된다. 다른 한편에서 그는 산업세계 전체를 위해 차
입하는 한에서 모든 대부자에 대해 차입자를 집중시킨다. 은행은 한편에
서는 화폐자본의 집중, 대부자의 집중을 상징하며, 다른 한편에서는 차
입자의 집중을 상징한다. 일반적으로 말해, 은행의 이윤은 자기가 대부
할 때의 이자율보다 낮게 차입하는 것으로부터 나온다.

    은행이 마음대로 처분할 수 있는 대부자본은 몇 가지 방식으로 은행에
유입된다. 첫째로, 은행은 산업자본가들의 출납인이기 때문에, 각각의 생
산자나 상인이 준비금으로 보유하는 화폐자본이나 그에게 지불금으로 들
어오는 화폐자본이 은행의 수중에 집중된다. 이런 자금들이 대부가능한
화폐자본으로 전환된다. 이리하여 사업계의 준비금은 공동의 준비금으로
집중되기 때문에 필요한 최소한도로 한정되며, 그렇지 않다면 준비금으
로 잠자고 있을 화폐자본의 일부가 이제는 대부되어 이자낳는 자본으로
기능하게 된다. 둘째로, 은행의 대부자본은 화폐자본가들의 예금에 의해
형성되는데 화폐자본가들은 이 예금의 대출을 은행에 맡기는 셈이다. 은
행제도의 발달에 따라 그리고 특히 은행이 예금에 대해 이자를 지불하게
되자, 모든 계급들의 화폐저축과 일시적인 유휴화폐가 은행에 예치된다.
단독으로는 화폐자본으로서 기능할 수 없는 소액들이 결합해 거액으로
되며, 이리하여 하나의 화폐 힘을 형성한다. 소액들을 이렇게 집합시키

는 것은 은행제도의 특수한 기능이지만, 이것은 진정한 화폐자본가와 차입자 사이의 매개인으로서 은행의 기능과는 구별되어야 한다. 끝으로, 점차적으로만 소비되는 수입도 은행에 예금된다.

대부(여기에서는 진정한 상업신용만을 문제로 삼는다)는 어음의 할인 —어음을 만기일 이전에 화폐로 전환시키는 것—에 의해 그리고 다음과 같은 각종 대부에 의해 행해진다. 즉 개인신용에 의한 직접대부, 담보(예: 이자낳는 증권·국채·주식)에 대한 대부, 특히 선하증권·창고증권·기타의 상품소유증서에 대한 대부, 그리고 당좌대월 따위가 그것이다.

그런데 은행업자가 제공하는 신용은 각종 형태를 취할 수 있다. 예컨대 타은행 앞 어음과 수표, 신용거래한도의 설정, 그리고 발권은행인 경우 은행 자신의 은행권. 은행권은 은행업자가 개인어음을 대신해 발행하는 일람불어음에 지나지 않는다. 이 마지막 신용형태인 은행권은 일반인에게는 특히 놀랍고 중요한 것으로 나타난다. 왜냐하면 이 종류의 신용화폐는 상업적 유통으로부터 나와 일반적 유통으로 들어가 여기에서 화폐로서 기능하기 때문이며, 또한 대부분의 나라에서는 은행권을 발행하는 주요은행들은 국립은행과 민간은행의 기묘한 혼합물로서 사실상 국가신용을 그 배후에 가지고 있어서 그들의 은행권은 대체로 법화이기 때문이며, 그리고 은행권은 유통하는 신용상징에 불과하므로 은행업자가 취급하는 것은 신용 그것이라는 것이 명백하게 드러나기 때문이다. 그러나 은행업자는 비록 자기에게 현금으로 예금된 화폐를 대부하는 것이기는 하지만 기타의 각종 형태의 신용도 취급한다. 사실상 은행권은 도매업을 위한 잔돈에 불과하며[도매업에서는 환어음을 사용한다], 예금이 언제나 은행에서 가장 중요한 의의를 가진다. 스코틀랜드의 은행들은 이것에 대한 가장 좋은 증거를 제공한다.

특수한 형태의 은행과 같은 특수한 신용기관들은 우리의 당면한 목적을 위해서는 더 이상 상세히 고찰할 필요가 없다.

"은행업자의 업무는…다음과 같은 두 부문으로 구분될 수 있다…한 부문은 자본을 지금 당장 사용하지 않는 사람들로부터 수집하여, 그것을 지금 당장 사용하려는 사람들에게로 분배하거나 이전시키는 것이다. 다른 부문은 고객들의 수입에서 나오는 예금을 받아 그들이 소비대상에 지출하려는 만큼의 금액을 그들에게 지불하는 것이다…전자는 자본의 유통이고 후자는 통화〖유통수단으로서 화폐〗의 유통이다."…전자는 "한편에서는 자본의 집중, 다른 한편에서는 자본의 분배와 관련되어 있고, 후자는 그 지방의 지역적 목적을 위한 통화관리와 관련되어 있다."(투크, 1844: 36, 37)

{엥겔스: 우리는 제28장에서 위의 구절을 다시 취급할 것이다.}

『상업불황에 관한 비밀위원회 제1차 보고서』, 1848. (이하에서는『상업불황, 1847~1848』로 약칭.) 증언기록. 1840년대에는 런던의 환어음 할인에서는 은행권 대신에 한 은행이 다른 은행 앞으로 발행한 21일짜리 어음이 때때로 할인되었다.(지방은행업자 피즈의 증언, 제4636호와 제4645호) 위의 보고서에 따르면, 은행업자들은 화폐가 부족할 때에는 거의 언제나 이런 종류의 어음을 고객들에게 제공하는 것이 관습화되어 있었다. 고객들이 은행권을 희망한다면 그들은 이 어음을 다시 할인받아야 하였다. 이것은 은행들에게는 화폐를 만드는 특권과 같았다. 존스 로이드은행은 화폐가 부족하고 이자율이 5%를 넘을 때에는 언제나 이런 방식으로 '훨씬 이전부터' 지불해왔다. 고객들은 이런 은행업자의 어음을 기꺼이 받았다. 왜냐하면 고객들은 자기 자신의 어음보다 존스 로이드은행의 어음을 훨씬 쉽게 할인받을 수 있기 때문이었다. 은행업자의 어음들은 때때로 20~30명의 손을 경유하기도 하였다.(같은 책: 제901~905호, 제992호) 이런 형태들은 모두 지불청구권을 이전할 수 있게 한다.

"신용이 제공되는 형태는 어느 것이나 때때로 화폐기능을 수행하도록 요구되지 않는 경우가 거의 없다. 그 형태가 은행권이든 환어음이든 은행

수표이든, 과정은 본질적으로 동일하며 결과도 본질적으로 동일하다."(풀라턴, 1845: 38) "은행권은 소액 잔돈의 신용이다."(51)

다음은 길바트(1834)로부터 인용한 것이다.

"은행의 운용자본은 두 개의 부분, 즉 투하자본과 차입은행자본으로 분할될 수 있다."(117) "은행자본 또는 차입자본을 조달하는 방법에는 세 가지가 있다. 첫째 예금을 받는 것, 둘째 은행권의 발행, 셋째 어음의 발행. 만약 어떤 사람이 나에게 무상으로 100원을 대부하고 내가 이 100원을 다른 사람에게 4%의 이자로 대부한다면, 나는 한 해 동안 이 거래에 의해 4원의 이익을 얻을 것이다. 또한 어떤 사람이 나의 '지불약속'("나는 지불할 것을 약속한다"라는 것이 영국은행권의 보통의 형식이다)을 받고 연말에 그것을 나에게 반환하면서 4%를—마치 내가 그에게 100원을 대부한 것과 마찬가지로— 지불한다면, 나는 이 거래에서 4원의 이익을 얻게 될 것이다. 그리고 또한 지방의 어떤 사람이 나에게 100원을, 내가 21일 뒤에 그 금액을 런던의 제3자에 지불한다는 조건으로 가져온다면, 내가 이 21일 동안 그 화폐로 얻을 수 있는 모든 이자는 나의 이윤이 될 것이다. 이상의 것은 은행업무를 공정하게 표현한 것이며, 예금·은행권·어음에 의해 은행자본이 창조되는 방식을 공정하게 표현한 것이다."(117) "은행업자의 이윤은 일반적으로 자기의 은행자본 또는 차입자본의 금액에 비례한다…은행의 진정한 이윤을 확정하기 위해서는 투하자본에 대한 이자는 총이윤에서 공제되어야 하며, 그 잔액이 은행의 이윤이다."(118) "은행업자가 자기 고객들에게 제공하는 대부는 타인의 화폐로 행해진다."(146) "은행권을 발행하지 않는 은행업자들은 바로 어음할인에 의해 은행자본을 조성한다. 그들은 할인업무를 예금증대에 봉사하게 만든다. 런던의 은행업자들은 자기들에게 예금계좌를 가지고 있는 상사들에 대해서만 할인을 해준다."(119) "거래은행에서 어음을 할인받고, 그 어음금액 전체에 대해 이자를 지불한 상사들은 이 금액의 일부를 무이자로 거래은행에 남겨 두어야 한다. 이런 방법으로 은행업자는 현실적으로 대부한 화폐에 대해 현행이자율보다 높은 이자율을 받으며, 자기의 수중에 남은 잔액만큼 은행자본을 조달하게 되는 것이다."(119~120)

준비금의 절약이나 예금이나 수표에 관해.

"예금은행은 유통수단의 사용을 절약하는 데 기여한다. 이것은 예금계좌 사이의 이체원리에 의해 행해진다…이리하여 예금은행은…소액의 현금화폐로 거액의 거래를 결제할 수 있게 된다. 이렇게 풀려난 화폐는 고객에 대한 은행의 대부—할인 또는 기타의 방법—에 사용된다. 그러므로 예금계좌 사이의 이체 원리는 예금제도에 대해 추가적인 효율성을 제공한다."(123) "서로 거래하는 당사자들이 동일한 은행에 예금계좌를 가지고 있든 다른 은행에 예금계좌를 가지고 있든, 이것은 전혀 문제가 되지 않는다. 왜냐하면 은행들은 어음교환소에서 수표들을 상호 교환하기 때문이다…이리하여 예금제도는 계좌 사이의 이체에 의해 금속화폐의 사용을 완전히 몰아낼 정도로 발달할 수 있을 것이다. 만약 모든 사람이 은행에 예금계좌를 가지며 수표로 모든 지불을 행한다면 수표가 유일한 유통수단이 될 것이다. 그러나 이 경우에도 화폐가 은행의 수중에 있다는 것이 전제되어야 하며, 그렇지 않으면 수표는 아무런 가치도 가지지 못할 것이다."(124)

지방의 거래가 은행의 수중으로 집중되는 것은 다음과 같이 행해진다. (1) 은행지점에 의해. 지방은행은 자기 지방의 소도시들에, 런던의 은행들은 런던의 각 지역에 지점들을 가지고 있다. (2) 대리점에 의해.

"각 지방은행은 런던에 대리점을 가져 자기의 은행권이나 어음에 대해 지불하게 하며…그리고 런던의 거주자가 지방거주자의 계좌에 불입하는 화폐를 받아들인다."(127) "각 은행업자는 다른 은행업자들의 은행권을 받아들이지만, 그것을 재발행하지는 않는다. 모든 대도시에서 은행업자들은 한 주에 한두 번 만나서 자기들의 은행권을 교환한다. 그 차액은 런던 앞 어음에 의해 지불된다."(134) "은행업의 목적은 거래를 쉽게 하도록 하는 것이며, 거래를 쉽게 하는 것은 온갖 투기도 쉽게 만든다. 거래와 투기는 어떤 경우에는 매우 밀접하게 결부되어 있기 때문에, 어디에서 거래가 끝나고 투기가 시작되는지를 정확히 말하는 것은 불가능하다…은행이 있는 곳에서는 어디에서나 더 손쉽게 그리고 더 낮은 이자율로 자본을 얻을 수 있다. 자본이 싼 것은 투기를 조장하게 되는데, 이것은 마치 쇠고기와 맥주가 싼 것이 폭식과 술주정을 조장하는 것과 마찬가지다."(137, 138) "자기 은행권을 발행하는 은행들은 항상 이 은행권으로 지급하므로, 그들의 할인업무는 전적으로 은행권의 발행에 의해 얻은 자본으로 수행되는 것처럼 보일지 모르지만, 사실은 그렇지 않다. 은행업자는 자기가 할인하는 모든 어음에 대해 자기 자신의 은행권을 발행할 수 있지만, 자기 수중에 있는 어음의 $\frac{9}{10}$ 는 현실의 자본을 대표할 수 있다. 이 어음에 대해 먼저 자기 자신의 은행권이 지급된다 하더라도, 이 은행권들은 어음의 만기일까지 유통에 남아있지 않을 수도 있기 때문이다. 어음은 만기일까지 3개월이 남아 있을 수 있지만 은행권은 3일이 지나서 [현금화폐와 교환하기 위해] 돌아올 수도 있기 때문이다."(172) "당좌대월은 일상적인 일이며 이 대월은 사실상 당좌예금계좌가 제공되는 목적이기도 하다…당좌대월은 개인보증에 의거해 제공될 뿐 아니라 유가증권의 예탁에 의해서도 제공된다."(174, 175) "상품을 담보로 대부되는 자본은 어음할인에 의해 대부되는 자본과 마찬가지 결과를 낳는다. 어떤 사람이 자기 상품을 담보로 100원을 차입한다면, 이것은 그가 자기 상품을 100원의 어음을 받고 판매하며 그 어음을 은행에서 할인받는 것과 같다. 물론 그는 상품담보대부를 받음으로써 시장상황이 호전될 때까지 그 상품을 보유할 수 있으며, 그렇지 않다면 긴급하게 필요한 화폐를 조달하는 과정에서 입었을 희생을 회피하게 된다."(180~181)

『통화이론 검토』(익명의 저자. 1845: 62, 63)에서 인용.

"당신이 오늘 A에게 예금하는 1,000원이 내일 재발행되어 B에게 예금된다는 것은 의심할 바 없는 사실이다. 모레는 그것이 B에서 다시 발행되어 C에게 예금되며…이리하여 무한히 진행될 수 있다. 따라서 동일한 1,000원의 화폐는 일련의 이전에 의해 절대로 확정될 수 없는 예금액을 창출할 수 있다. 그러므로 영국 총예금의 $\frac{9}{10}$ 는 은행업자들 ─ 각각 총예금에 대해 책임을 진다 ─ 의 장부상의 기록 이외에는 어떤 실체도 가지지 않을 수 있다…이리하여 예컨대 스코틀랜드에서는 통화"(이것도 거의 대부분 지폐다)"는 £3백만을 초과한 적이 없는데 은행예금은 £2천7백만으로 추산되고 있다…전반적인 예금인출소동이 발생하지 않는다면, 위에서 말한 동일한 1,000원은 반대의 경로를 거쳐 확정될 수 없는 거액을 마찬가지로 쉽게 결제할 수 있을 것이다. 당신이 오늘 어느 사업가에 대한 채무를 결제한 그 1,000원이 내일에는 어떤 상인에 대한 그 사업가의 채무를 결제하며 모레에는 은행에 대한 그 상인의 채무를 결제한다는 식으로 끝없이 진행될 수 있으므로, 그 1,000원이 이 사람 손에서 저 사람 손으로, 은행에서 은행으로 돌아 다니면서 거대한 예금액을 결제할 수 있는 것이다."

{엥겔스: 우리가 본 바와 같이, 길바트는 1834년에 이미 다음과 같은 것을 알고 있었다. 즉 "거래를 쉽게 하는 것은 모두 투기도 쉽게 한다. 거래와 투기는 어떤 경우에는 매우 밀접하게 결부되어 있기 때문에 어디에서 거래가 끝나고 투기가 시작되는지를 정확히 말하는 것은 불가능하다." 아직 판매되지 않은 상품을 담보로 대부를 받는 것이 쉬우면 쉬울수록 이런 대부를 그만큼 더욱 많이 받게 되며, 그리고 단순히 화폐대부를 받기 위해 상품을 제조하거나 이미 제조된 상품을 먼 시장에 투매하려는 시도가 그만큼 더욱 성행하게 된다. 어떻게 한 나라의 사업계 전체가 이런 투기에 사로잡힐 수 있는가, 그리고 이런 투기는 무엇을 초래하는가에 대해서는, 1845~1847년의 영국 상업사가 적절한 실례를 제공하고 있

다. 그것은 신용이 무엇을 달성할 수 있는가를 우리에게 보여준다. 다음의 실례를 설명하기 위해 몇 가지의 예비적인 언급이 필요하다.

1837년 이래 거의 계속된 영국산업의 불황은 1842년 말에 완화되기 시작하였다. 그 뒤 2년 동안 영국 공산품에 대한 수출수요는 한층 증대하였으며, 1845~1846년은 최고의 번영기였다. 1843년에 아편전쟁은 영국무역을 위해 중국을 개방하였다. 이 새로운 시장은 공업, 특히 면공업의 더욱 큰 확장에 새로운 자극을 주었다. "어떻게 생산이 과잉으로 될 수 있겠는가? 우리는 [중국의] 3억 인구를 입혀야만 한다."고 맨체스터의 한 공장주는 그 당시 나 [엥겔스] 에게 말했다. 그러나 공장건물 · 증기기관 · 방적기 · 직기 따위를 아무리 신설하더라도, 대량으로 유입되는 랭커셔의 잉여가치를 흡수하기에는 불충분하였다. 생산을 증대시킨 바로 그 열정이 철도건설로 향하였다. 여기에서 공장주들과 상인들의 투기욕은 1844년 여름 비로소 만족되었다. 주식은 완전히—즉 제1회의 불입을 감당할 화폐가 있는 한껏—인수되었다. 그 나머지의 불입에는 또 방법이 있을 것이라고 믿고서! 그러나 그 다음의 불입시기가 닥쳐 왔을 때에는—『상업불황, 1848~1857』질문 제1059호에 따르면 1846~1847년에 철도에 투하된 자본은 £7천5백만에 달하였다—신용에 의거하지 않을 수 없었으며, 그들의 본업 [면공업] 은 대체로 희생당할 수밖에 없었다.

그런데 이 본업도 대부분의 경우 이미 과중한 부담을 걸머지고 있었다. 높은 이윤에 유혹되어 영업이 이용가능한 유동성자산의 허용범위를 넘어서 확장되어 있었다. 그러나 신용은 손쉽게 얻을 수 있었고 또한 쌌다. 잉글랜드은행 할인율은 낮았다. 1844년에는 $1\frac{3}{4}$~$2\frac{3}{4}$%이었고, 1845년 10월까지는 3% 이하이었다가 짧은 기간에 5%까지 상승한 뒤(1846년 2월), 다시 1846년 12월에는 $3\frac{1}{4}$%로 저하하였다. 잉글랜드은행은 자기 금고에 이제까지 들어본 적이 없는 거액의 금준비를 가지고 있었다. 국내의 모든 주식시세는 미증유의 높은 수준에 있었다. 왜 이 절호의 기회를 놓칠 것인가? 왜 재빨리 사업에 착수하지 않을 것인가? 왜 영국제품을 갈 망하고 있는 해외시장에 제조할 수 있는 한도까지 모든 상품을 보내지 않을 것인가? 그리고 왜 공장주는 극동에서 자기의 면사와 면포를 판매 하는 것과 그 대신에 얻은 상품을 영국에서 판매하는 것에서 생기는 이 중의 이윤을 취득하면 안된다는 것인가?

이리하여 대부를 받아 인도와 중국에 대량으로 위탁판매하는 제도가 생겨났는데, 이 제도는 다음에서 자세히 묘사하는 것처럼 단순히 대부를 받기 위한 위탁판매제도로 발전하였으며, 또 필연적으로 시장의 대규모 범람과 파국을 초래할 수밖에 없었다.

파국은 1846년의 흉작에 의해 폭발하였다. 잉글랜드 그리고 특히 아일 랜드는 식량, 그 중에서도 밀과 감자의 대규모 수입을 필요로 하였다. 그 런데 이것들을 공급한 나라들에게 영국의 공산품으로 지불할 수 있는 것 은 매우 작은 부분에 불과하였다. 귀금속으로 지불해야만 하였다. 적어 도 £9백5십만의 금이 해외로 유출되었다. 이 중 £7백5십만이 잉글랜드은 행의 금준비에서 나왔으므로 화폐시장에서 잉글랜드은행의 행동의 자유 는 크게 손상되었다. 기타의 은행들—이들의 금준비는 잉글랜드은행에 예치되어 있으며 사실상 잉글랜드은행의 금준비와 동일한 것이었다—도 마찬가지로 이제는 화폐의 융통 [신용제공]을 제한해야 하였다. 신속하 고 원활하게 진행되던 지불들의 흐름이 처음에는 여기저기에서 나중에는 전반적으로 정체에 빠졌다. 1847년 1월에는 아직도 $3\sim3\frac{1}{2}$%이었던 잉글 랜드은행 할인율은 제1차 공황이 발발한 4월에는 7%로 상승하였다. 여 름에는 일시적이고 미약한 완화($6\frac{1}{2}$%, 6%)가 있었으나, 새로운 작물이 또한 흉작이었기에 공황은 새롭게 그리고 더 격렬하게 발발하였다. 잉글 랜드은행의 공정최저할인율은 10월에 7%로, 11월에는 10%로 상승하였 으므로, 대부분의 어음은 만약 할인될 수 있다고 한다면 굉장히 높은 이 자율로 할인될 수밖에 없었다. 지불들의 일반적 정체는 몇몇의 주요기업과 수많은 중소기업체를 파산시켰으며, 잉글랜드은행 자신도 교활한 1844년의 은행법과 이것이 부과한 제한들 때문에 붕괴의 위험에 빠졌다. 〖이것에 관해서는 제34장 '통화주의와 영국의 1844년 은행법'을 참조하라 〗 정부는 일반적인 요구에 굴복해 〖1847년 〗 10월 25일 은행법을 정지시키고, 그리 하여 잉글랜드은행에 부과된 불합리한 법적 규제를 풀었다. 잉글랜드은 행은 이제 아무런 장애 없이 자기의 은행권을 유통에 방출할 수 있게 되 었다. 잉글랜드은행권의 신용은 사실상 국민의 신뢰에 의해 보증되어 있 고 따라서 손상받지 않았으므로, 화폐부족은 결정적으로 완화되었다. 물 론 절망상태에 빠져 있던 다수의 기업들[크든 작든]은 여전히 파산하였 지만, 공황의 정점은 극복되었고, 잉글랜드은행 할인율은 12월에 다시 5%로 하락하였다. 1848년 중에는 사업활동의 부활이 전개되기 시작하였 고, 이 사업활동은 1849년에는 유럽대륙의 혁명운동을 좌절시키면서 1850년대에는 이제까지 들어보지 못한 산업번영을 초래하였는데, 이것 은 또 다시 1857년의 파국에서 종결되었다.〗

(1) 1847년의 공황 중에 국채나 주식이 크게 감가한 것에 대해서는 1848년 상원이 발행한 하나의 문서가 해명하고 있다. 이 문서에 따르면, 1847년 2월의 가치에 비교한 1847년 10월 23일의 수준은 다음의 금액만 큼 하락하였다.

영국국채	£ 93,824,217
부두 · 운하주식	£ 1,358,288
철도주식	£ 19,579,820
합계	£114,762,325

(2) 동인도 〖지금의 인도 〗 와의 거래에서 사기[상품이 판매되었기 때문 에 어음이 발행되는 것이 아니라, 할인가능하고 화폐로 전환될 수 있는

어음을 발행하기 위해 상품을 판매하는 것]에 관해서는 『맨체스터 가디언』이 1847년 11월 24일에 다음과 같은 기사를 싣고 있다.

런던의 A는 B를 통해 맨체스터의 제조업자 C로부터 동인도의 D에게 보낼 상품을 구매하게 한다. B는 C가 B 앞으로 발행한 6개월짜리 어음으로 C에게 지불한다. B는 이미 A 앞으로 발행한 6개월짜리 어음으로 지불을 받았다. 상품이 선적되자마자 A는 선하증권을 근거로 D 앞으로 6개월짜리 어음을 발행한다.

"이리하여 상품의 판매자와 하주 [발송자] 는 모두 상품의 대금을 실제로 받기 몇 개월 전에 자금을 얻게 되었다. 그리고 이런 어음은 만기가 되면 이와 같은 '장기거래'에서는 회수에 시간을 줄 필요가 있다는 구실로 갱신되는 일이 보통이었다. 그런데 유감스럽게도 이런 거래에서 손실이 생기면 이런 거래가 축소되기는커녕 오히려 확대된다. 당사자들이 가난하게 되면 될수록, 그들은 이전의 투기에서 잃은 자본을 새로운 대부에 의해 보충하기 위해 그만큼 더욱 많이 구매해야 하였던 것이다. 이제 구매는 수요와 공급에 의해 조절되는 것이 아니라 곤경에 빠진 기업의 금융조작의 가장 중요한 부분으로 된다. 그러나 이것은 사태의 한 측면에 불과하다. 국내에서 상품의 수출과 관련해 생긴 것이 해외에서도 생산물의 구입과 선적에서 생기고 있다. 자기의 어음을 할인받을 만큼의 신용을 가진 인도상사들은 설탕·인디고·비단·면화를 구매하였다. 그런데 이 구매의 이유는, 런던의 가격(이것도 지난 번의 육상우편에 의해 알게 된 것이다)에 비해 인도 현지의 가격이 이윤을 약속하였기 때문이 아니라, 런던상사 앞으로 발행한 이전의 어음이 곧 만기가 되어 지불해야만 하였기 때문이었다. 한 뱃짐의 설탕을 구매하고 그 대가를 런던상사 앞 10개월짜리 어음으로 지불하며, 그 선하증권을 육상우편으로 런던에 보내는 것만큼 쉬운 일이 어디 있겠는가? 그러나 2개월이 채 못되어, 공해상에 있는 그 상품, 또는 아마도 후그리만 [아프리카의 동부에 있는 지

명] 도 통과하지 못하였을 그 상품이 롬바드가 [런던의 금융중심지] 에서
담보로 되었으며, 이리하여 런던상사는 이들 상품에 대해 발행된 어음이
만기가 되기 8개월 전에 화폐를 얻을 수 있었다. 할인상사bill-broker들이
콜자금을 충분히 가지고 있어서 선하증권과 창고증권에 대해 대부하며,
그리고 인도의 상사들이 민싱 레인 [런던 시티에 있는 거리이름으로 식민지 상
품의 도매거래 중심지] 에 있는 이름난 기업 앞으로 발행한 어음을 무제한
으로 할인할 수 있었던 동안은, 만사가 중단이나 곤란없이 진행되었다."

{엥겔스: 이런 사기적인 방법은 상품들이 희망봉을 거쳐 인도를 가거
나 인도로부터 오는 동안에만 성행할 수 있었다. 그런데 이제는 상품들
이 수에즈운하를, 더욱이 기선으로 통과하기 때문에 가공자본을 조성하
는 이런 방법은 그 바탕—상품의 긴 여행기간—을 잃어 버렸다. 그리고
전신에 의해 영국사업가는 인도의 시장상황을, 그리고 인도상인은 영국
의 시장상황을 그날 중에 알게 되었으므로 이런 방법은 전혀 불가능하게
되었다.}

(3) 다음의 것은 이미 인용된 『상업불황, 1847~1848』에서 뽑은 것이다.
"1847년 4월의 마지막 주에 잉글랜드은행은 로얄 뱅크 오브 리버풀에
게 앞으로는 할인업무를 절반의 금액으로 감축하겠다고 통보하였다. 이
통보는 매우 큰 곤란을 일으켰다. 왜냐하면 리버풀에 대한 지불은 최근
에는 현금보다 훨씬 많이 어음에 의해 행해졌으며, 그리고 평소에는 자
기의 인수어음을 지불하기 위해 다액의 현금을 그 은행에 가져왔던 상인
들이 최근에는 어음—자기들의 면화나 기타의 생산물의 대가로 받은 어
음—만을 가져올 수 있었으며, 그리고 시장상황이 악화됨에 따라 이런
현상이 더욱 급속하게 증가하였기 때문이다…그 은행이 상인들을 위해
지불해야 했던 인수어음은 주로 외국에서 그들 앞으로 발행된 것들이었
는데, 상인들은 종래에는 그들의 생산물의 대가로 받은 것에 의해 그것
들을 결제했던 것이다…상인들이 종전의 현금 대신에 가져온 어음들은

유효기간이나 종류가 각양각색이었다. 3개월짜리 은행어음이 상당수 있었고 대다수는 면화어음이었다. 이 환어음들은 은행어음인 경우에는 런던의 은행업자들이나 상인들— 브라질·미국·캐나다·서인도 등과 거래하는 상인들—에 의해 인수되었다…리버풀의 상인들은 상호간에 어음을 발행하지는 않았으며, 그들로부터 생산물을 구입한 국내 고객들이 그 지불을 런던은행 앞 어음 또는 런던상사 앞 어음 또는 어떤 누구 앞의 어음으로 행한 것이었다. 잉글랜드은행의 위와 같은 통보는 외국생산물의 판매에 바탕을 둔 어음의 만기—종전에는 3개월을 넘는 경우가 많았다—를 단축시키게 되었다."(26, 27)

영국의 1844~1847년의 번영기는, 위에서 본 바와 같이, 최초의 대규모 철도투기와 결부되어 있었다. 이 투기가 사업 일반에 미친 영향에 대해 『상업불황, 1847~1848』은 다음과 같이 말하고 있다.

1847년 4월에 "거의 대부분의 상사들은 자기들의 상업자본의 일부를 철도에 투하함으로써 자기들의 사업을 다소간 굶주리게 하기 시작하였다."(42) "철도주를 담보로 개인·은행업자·보험회사는 예컨대 8%라는 높은 이자율로 대부하였다."(66) "상사들이 이렇게 큰 금액을 철도에 투자하였으므로, 그들은 자기의 상업활동을 지속하기 위해서는 어음할인을 통해 은행에 크게 의존하지 않을 수 없었다."(67) "질문: 철도주식에 대한 불입이 1847년 4월과 10월의 화폐시장 핍박에 큰 영향을 미쳤다고 말하는 것인가? 답: 4월의 핍박을 일으키는 데는 전혀 영향을 미치지 않았다고 생각한다. 4월까지는, 아마도 여름까지도 철도주식 불입은 어떤 면에서는 은행업자들의 힘을 약화시키기보다는 오히려 강화시켰다고 생각한다. 왜냐하면 철도에서 현실적인 지출은 그 불입만큼 빨리 행해지지 않았고, 이에 따라 대부분의 은행들은 연초에는 거액의 철도자금을 수중에 가지고 있었기 때문이다."(이것은 『상업불황, 1848~1857』에 있는 은행업자들의 수많은 증인에 의해 확인된다.) "이 철도자금은 여름에 점차로 줄어들기 시작해 12월 31일에 뚜렷하게 감소하였다. 10월 핍박의 하나의 원인은 은행업자의 수중에 있던 철도자금의 점진적인 감소였는데, 4월 22일~12월 31일에 우리 수중에 있던 철도자금 잔액은 $\frac{1}{3}$만큼 감소하였다. 철도주식 불입도 영국 전체에 걸쳐 이런 영향을 미쳤는데, 그 불입은 은행예금을 점차로 고갈시키고 있었다.”(43, 44)

사뮤엘 거니(악명높은 오브렌드 거니상사의 사장)도 역시 그렇게 말하고 있다.

“1846년 중에는 철도건설을 위한 자본의 수요가 상당히 컸다…그러나 화폐의 가치〔이자율〕를 상승시키지는 않았다…소액의 자금들이 모여 거액이 되었고, 이 거액의 자금들이 우리의 시장에서 사용되었다. 그리하여 전체로 볼 때 시티의 화폐시장에 투입된 화폐가 인출된 화폐보다 더욱 컸다.”(159)

리버풀 조인트스톡 뱅크의 이사인 호지슨은 어느 정도까지 은행의 준비금이 환어음으로 구성될 수 있는가를 보여주고 있다.

“우리가 받은 예금 전체의 적어도 $\frac{9}{10}$와 우리가 타인으로부터 받은 화폐 전부를 매일 매일 차례로 만기가 되는 어음으로 보유하는 것이 우리의 관습이었다…그리하여 예금인출 소동의 기간에는 매일 만기가 되는 어음금액이 매일의 예금지불 청구금액과 거의 동등할 정도였다.”(53)

투기어음:

“제5092호. 이런 어음(판매된 면화에 대해 발행된 것)은 일반적으로 누구에 의해 인수되었는가?”{엥겔스: 이 책에서 자주 인용된 면공장주 가드너는 다음과 같이 대답한다.}“상품브로커에 의해서다. 상인은 면화를 구매해 브로커의 손에 넘겨주고 브로커 앞으로 어음을 발행해 그 어음을 할인받는다.”“제5094호. 그 어음을 리버풀의 은행에 가지고 가서 할인받는가? — 그렇다. 그리고 다른 곳에서도 할인받는다…이와 같은 할인혜택 그리고 주로 리버풀의 은행들에 의한 할인이 없었다면, 면화가격은 지난해에 파운드lb.당 $1\frac{1}{2}$~2펜스나 상승하지는 못하였을 것이다."
"제600호. 당신은 투기업자들이 리버풀의 면화브로커 앞으로 발행한 거
액의 어음이 유통되었다고 말하였다. 면화 이외의 식민지 생산물에 대한
어음을 담보로 한 당신의 대부에 관해서도 같은 말을 할 수 있는가?"(리
버풀의 은행업자인 호지슨은 다음과 같이 대답한다.)"모든 종류의 식민
지 생산물에 대해 그렇게 말할 수 있으며, 특히 면화가 그렇다.""제601
호. 당신은 은행업자로서 그런 종류의 어음을 될 수 있는 대로 억제하려
고 하는가?—그렇지 않다. 우리는 그런 어음이 적당한 분량이라면 매우
정당한 어음으로 여긴다. 그런 어음은 자주 갱신된다."

1847년 동인도시장과 중국시장의 사기: 찰스 터너 (리버풀에 있는 일류
동인도상사의 사장)는 다음과 같이 말하고 있다. "모리셔스섬과의 무역
과, 이와 비슷한 종류의 무역과 관련해 발생한 사건들을 우리는 잘 알고
있다. 브로커들은 상품이 도착한 뒤에 그 상품에 대해 발행한 어음을 지
불하기 위해 그 상품을 담보로 대부를 받거나—이것은 전적으로 정당하
다—선하증권을 담보로 대부를 받는다…그러나 그것뿐 아니라 그들은
상품이 선적도 되기 전에, 몇몇의 경우에는 상품이 제조되기도 전에 그
상품을 담보로 대부를 받았다. 나 자신도 어느 특수한 경우에 캘커타에
서 £6,000~7,000어치의 어음을 구매한 적이 있다. 이 어음의 대금은
모리셔스로 가서 설탕재배에 사용되었다. 그 어음이 영국에 왔을 때 그
절반 이상은 인수를 거절당했다. 왜냐하면 이 어음의 지불에 충당해야
할 설탕이 실려왔을 때 그 설탕은…선적되기도 전부터, 아니 사실상은
거의 제조되기도 전부터 제3자에게 담보로 잡혀있었기 때문이다."(78)
"지금 제조업자들은 현금을 요구하고 있지만 그것은 대수롭지 않은 일이
다. 왜냐하면 구매자가 런던에서 약간의 신용이라도 가지고 있다면, 그
는 런던 앞으로 어음을 발행해 할인받을 수 있기 때문이다. 구매자는 지
금 할인율이 낮은 런던에 가서 어음을 할인받아 그 현금으로 제조업자에

게 지불한다…상품의 선적자가 인도로부터 대금을 회수하는 데는 적어
도 12개월이 걸린다…£10,000~15,000을 가진 사람은 인도와의 무역을
할 수 있을 것인데, 그는 런던의 상사 [할인상사] 와 상당한 금액에 달하
는 신용거래를—1%를 주고—개설할 수 있다. 그가 이 런던의 상사 앞
으로 어음을 발행할 때에는 인도로 수출되는 상품의 대금은 그 상사로
들어간다는 조건이 붙어있다. 그러나 런던의 상사가 현금대부를 할 필요
가 없다는 것—다시 말해 그 어음은 상품의 대금이 회수될 때까지 갱신
된다는 것—을 당사자들은 잘 알고 있다. 그 어음들은 리버풀이나 맨체
스터나…런던에서 할인되며…그 다수는 스코틀랜드의 은행의 수중에 있
다."(79) "제786호. 최근 런던에서 파산한 한 회사가 있는데, 그의 업무
감사에서 다음과 같은 종류의 거래가 행해졌음이 밝혀졌다. 이 회사는
맨체스터와 캘커타에 각각 하나의 지사를 가지고 있는데, 그들은 런던상
사와 £2십만의 신용계좌를 개설하고 있었다. 맨체스터 지사는 글래스고
와 맨체스터로부터 캘커타 지사에 위탁판매상품을 보내고 런던상사 앞으
로 £2십만에 달하는 금액의 어음을 발행할 수 있었으며, 캘커타 지사도
런던상사 앞으로 £2십만에 달하는 금액의 어음을 발행할 수 있었다. 그
리고 캘커타에서 팔린 상품의 대금으로 캘커타 지사는 다른 어음들을 구
매해 런던상사에 보내어 글래스고에서 발행된 처음의 어음을 지불하게
하였다…결국 이 하나의 거래에 의해 £6십만어치의 어음이 창출될 수
있었다." "제971호. 현재에는 캘커타 지사가 영국으로 가는 뱃짐을 구매
하고 런던의 거래은행 앞 자기자신의 어음으로 지불하며 그리고 그 선하
증권을 영국본사로 보낸다면, 본사는 이 선하증권을 가지고 곧 롬바드가
에서 대부받을 수 있으며, 이리하여 캘커타 지사가 지불하기 전 8개월
동안 그 화폐를 사용할 수 있게 된다."

  (4) 1848년에 상원의 한 비밀위원회는 1847년 불황의 원인을 조사하기
시작하였다. 그러나 이 위원회에서의 증언은 1857년까지 공표되지 않았

다.(『상업불황에 관한 상원비밀위원회 보고서』, 1848. 이하에서는 『상업불황, 1848~1857』로 약칭.) 여기에서 유니언 뱅크 오브 리버풀의 이사인 리스터는 다음과 같은 증언을 하고 있다.

"제2444호. 1847년 봄에는 신용의 이상한 팽창이 있었다…왜냐하면 사업가들이 자본을 자기의 사업에서 철도로 이전시켰으며, 그러면서도 사업을 종전의 규모로 속행하려고 하였기 때문이다. 그들은 아마도 처음에는 철도주식을 팔아 이윤을 얻고 그리하여 사업자금을 보충할 수 있다고 생각한 것 같다. 그렇게 될 수 없다는 것을 발견하고, 그들은 종전에 현금을 납입하던 곳에서 신용을 얻은 것이다. 이리하여 신용의 팽창이 일어났다."

"제2500호. 인수한 은행들에게 손실을 준 이 어음들은 주로 곡물이나 면화에 대한 것들이었는가?―그것들은 각종의 생산물, 즉 곡물·면화·설탕·기타의 각종 외국생산물에 대한 것이었다. 아마도 석유를 제외하고는 가격이 하락하지 않은 것이 거의 없었다.""제2506호. 어음인수업자는 가격하락에 대한 충분한 보상을 받지 않고서는 어음을 인수하지 않는다."

"제2512호. 생산물에 대해 발행되는 어음은 두 종류다. 첫째 종류는 해외에서 수입상인 앞으로 발행되는 최초의 어음이다…생산물에 대해 발행되는 어음들은 그 생산물이 도착하기 이전에 만기가 되는 경우가 자주 있다. 그러므로 수입상인은―상품이 도착하더라도 자기가 충분한 자본을 가지고 있지 않은 경우에는―그 생산물을 팔 수 있을 때까지 그것을 브로커에게 담보로 넣어야만 한다. 이리하여 리버풀의 수입상인은 그 생산물을 담보로 브로커 앞으로 새로운 종류의 어음을 발행하게 되는 것이다…브로커가 그 생산물을 가지고 있는가, 그리고 그가 그것에 대해 얼마만큼 대부하였는가를 브로커로부터 확인하는 것은 은행업자의 일로 된다. 은행업자는 손실을 보게 될 때 보상받을 수 있을 만큼의 담보를 브로커가 가지고 있는가를 확인해야 한다.”

“제2516호. 우리는 또한 외국으로부터 어음을 받는다…어떤 사람이 영국 앞으로 발행된 어음을 해외에서 매입해 그것을 영국의 한 상사에 보낼 수 있다. 우리는 그 어음이 사리에 맞게 발행된 것인지 아닌지, 그 어음이 생산물에 대해 발행된 것인지 아닌지를 알 수가 없다.”

“제2533호. 당신은 거의 모든 외국생산물이 큰 손실을 보면서 판매되었다고 말했다. 그 이유가 그 생산물에 대한 부당한 투기 때문이었다고 생각하는가?─그 이유는 대규모의 수입 때문이었으며, 그리고 그 수입을 처분할 만한 소비가 없었기 때문이었다. 소비가 크게 감소한 것 같다.”“제2534호. 10월에는 생산물은 거의 판매될 수 없었다.”

파국의 정점에서는 “각자 자기 몸을 돌보라.”가 어떻게 일반적으로 전개되는가에 대해서는, 같은 보고서에서 최고의 권위자이며 위신있고 노련한 퀘이커교도 사뮤엘 거니(오브렌드 거니상사의 사장)가 다음과 같이 진술하고 있다.

“제1262호. 공황상태panic에 빠지면 사업가는 자기의 은행권을 어느만큼 유리하게 투자할 수 있는가, 또는 자기의 국고증권이나 3% 국채*를 팔면 1% 손실을 볼 것인가 2% 손실을 볼 것인가에 대해 관심이 없다. 일단 공포에 사로잡히면 이윤이나 손실에는 관심이 없다. 다른 사람들이야 어떻게 되든 자기의 안전만을 도모하게 된다.”

(5) 두 시장 [영국시장과 인도시장] 이 서로 상대방 시장을 포화상태로 만드는 것에 대해, 동인도와 무역하고 있는 상인 알렉산더는 『은행법특별위원회 보고서』, 1857(『은행법, 1857』로 약칭)에서 다음과 같이 말하고 있다.

---

* 1751년에 영국정부는 이미 발행한 국채 9종류를 통합정리하여, 이자를 무기한 연금형태로 지불할 수 있는 3% 통합연금국채consolidated 3% annuities or stock (약칭 콘솔consol)를 발행했다.

"제4330호. 현재에는 내가 맨체스터에서 6실링을 투자하면 인도에서 5실링을 회수하며, 인도에서 6실링을 투자하면 런던에서 5실링을 회수하는 상황이다."

결국 인도시장은 영국에 의해, 그리고 영국시장은 인도에 의해 과잉으로 공급된 것이다. 그리고 이것은 1847년의 혹독한 경험을 겪은 뒤 10년도 채 되지 못한 1857년 여름의 일이었다!

제26장

화폐자본의 축적. 이자율에 미치는 영향

"영국에서는 추가적 부가 꾸준히 축적되고 있으며, 이 부는 결국 화폐형태를 취하는 경향이 있다. 그러나 화폐를 획득하려는 욕망 다음으로 절실한 욕망은, 이자나 이윤을 낳을 어떤 종류의 투자를 위해 화폐를 다시 방출하려는 욕망이다. 왜냐하면 화폐 그것은 화폐로서는 아무것도 낳지 않기 때문이다. 그러므로 과잉자본이 끊임없이 유입됨과 동시에 그것의 운용영역이 점차적으로 충분히 확장되지 않는다면, 투자처를 찾는 화폐가 주기적으로 퇴적—사정에 따라 클 수도 작을 수도 있다—되지 않을 수 없다. 많은 햇수에 걸쳐 국채는 영국의 남아 도는 부를 흡수하는 큰 수단이었다…1816년에 국채가 최대한도에 달해 더 이상 흡수수단으로 작용하지 못하게 되자, 매년 적어도 £2천7백만이 다른 투자대상을 구할 수밖에 없었다. 거기에다가 각종의 자본상환이 행해졌다…대규모 자본을 필요로 하며 때때로 과잉 유휴자본의 출구를 만드는 사업들은… 적어도 우리나라에서는 절대적으로 필요하다. 왜냐하면 그 사업들은 보통의 투자영역에서는 운용의 여지를 찾을 수 없는 과잉의 사회 부의 위와 같은 주기적 퇴적을 처분하기 때문이다."(『통화이론 검토』, 1845: 32~34)

1845년에 대하여 위의 익명의 저자 [잉글랜드의 한 은행업자] 는 다음과 같이 말한다.

"매우 최근에 물가는 불황의 최저점에서 반등하였다…콘솔 [3% 영구 국채] 은 거의 액면가격과 같은 시세다…잉글랜드은행의 금고에 있는 금은…창립 이래 최대 금액이다. 각종 주식의 가격은 평균적으로 사상 최고수준이며, 이자율은 거의 이름뿐인 수준으로 떨어졌다. 이것들은 유휴하고 있는 부의 또 한 번의 거대한 퇴적이 지금 영국에 있다는 증거, 그리고 또 한 번의 투기과열의 시기가 임박하고 있다는 증거가 아닌가?"(36)

"비록…금수입이 해외무역의 이익을 나타내는 확실한 지표는 아니라 하더라도, 다른 설명요인이 없는 경우에는 그것은 명백히 그 이익의 일부를 대표한다."(허바드, 1843: 40~41) "가령 호황이 계속되며 물가는 유리하고 화폐유통은 원활한 시기에, 흉작때문에 곡물이 수입되고 £5백만의 금이 수출된다고 하자. 통화"{엥겔스: 곧 알게 되겠지만, 유통수단을 가리키는 것이 아니라 유휴화폐자본을 가리키고 있다.}"가 동일한 금액만큼 감소할 것임은 물론이다. 개인들은 여전히 동일한 양의 통화를 가지고 있을지 모르지만, 상인들의 은행예금이나 화폐브로커에 대한 은행의 대부잔액, 은행금고의 준비금은 모두 감소할 것이다. 유휴자본액의 이런 감소는 직접적으로 이자율을 [예컨대 4%에서 6%로] 인상시킬 것이다. 사업은 건전하므로 신뢰는 흔들리지 않을 것이지만 신용은 더 높게 평가될 것이다."(같은 책: 42) "그러나 물가가 전반적으로 하락한다고 가정해 보자…불필요하게 된 통화는 예금의 증가라는 형태로 은행에 환류하며, 유휴자본의 과잉은 이자율을 최저수준으로 저하시킨다. 이런 상태는 물가의 상승이나 사업의 활발화가 유휴통화를 동원하게 될 때까지, 또는 그 유휴통화가 외국주식이나 외국상품에 대한 투자에 의해 흡수될 때까지 계속된다."(68)

다음은 영국의 의회보고 『상업불황, 1847~1848』에서 다시 따온 것이
다. 1846~1847년의 흉작과 기근 때문에 대규모의 식량수입이 필요하게
되었다.

"이 때문에 수입은 수출을 크게 초과하게 되었고…큰 금액의 화폐가
은행에서 유출하였으며, 할인상사에 대한 어음할인 신청이 증대하였다
…할인상사들은 어음을 세밀하게 검토하기 시작하였다…회사의 자금사
정은 매우 심각하게 악화되기 시작하였고, 약한 회사들은 파산하기 시작
하였다. 신용에 의존하였던 회사들은…쓰러졌다. 이로 말미암아 이미 이
전부터 느껴왔던 불안이 증가하였다. 은행업자 등은 자기들의 채무를 상
환하기 위해 자기들의 어음과 기타의 유가증권을 은행권으로 전환시키는
것이 종전과 같이 확실하게 기대할 수는 없다는 것을 느꼈으며, 이리하
여 그들은 융자를 더욱 제한하였고 융자를 거절하는 일도 잦았다. 그들
은 많은 경우 자기 자신의 채무를 상환하기 위해 은행권을 꽉 쥐고는 내
놓으려 하지 않았다…불안과 혼란은 나날이 증대하였으며, 존 러셀
〔1846~1852년의 영국 수상〕이…잉글랜드은행에게 편지를 쓰지 않았더라
면 전반적인 파산이 있었을 것이다."(74~75)

러셀의 편지는 은행법을 정지시켰다. 위에서 말한 터너는 다음과 같이
증언하고 있다.

"약간의 회사들은 대규모 자산을 가지고 있었지만 그 자산은 유동성이
없었다. 그들의 자본 전부가 모리셔스의 농장이나 인디고 공장이나 설탕
공장에 잠겨 있었다. 그들은 이미 £5십만~6십만의 채무를 지고 있었으
므로 자기의 어음을 지불할 유동성 자산을 가지고 있지 못하였다. 그리
하여 자기의 어음을 지불하기 위해서는 그들은 전적으로 신용에 의존할
수밖에 없다는 것이 결국 판명되었다."(81)

위에서 본 거니는 다음과 같이 말한다.

"〔제1664호.〕현재(1848년) 거래의 축소와 화폐의 대규모 과잉이 보인

다."제1763호. 이자율이 이렇게 높게 상승한 것은 자본의 부족 때문이 아니라 공포 때문이었다고 생각한다."

1847년에 영국은 식량수입을 위해 적어도 £9백만의 금을 해외에 지불하였다. 그 중 £7백5십만은 잉글랜드은행에서, 그리고 £1백5십만은 기타의 원천에서 나왔다.(301) 잉글랜드은행 총재 모리스는 말한다.

"공채나 운하주식과 철도주식은 1847년 10월 23일까지 이미 총액 £114,752,225만큼 감가하였다."(312)

상원의원 벤팅크의 질문과 모리스의 대답.

"각종의 주식과 생산물에 투하된 모든 자본이 동일하게 감가하였다는 것, 원면·생사·양모가 마찬가지의 헐값으로 유럽대륙에 수송되었다는 것…그리고 설탕·커피·차가 투매로 처분되었다는 것을 당신은 알지 못하는가?―식량의 대량수입 때문에 생긴 금유출에 대처하기 위해 국민이 상당한 희생을 하는 것은 불가피하였다.""이런 희생을 치르면서 금을 회수하려고 노력하기보다는 잉글랜드은행의 금고에 있는 £8백만에 손을 대는 것이 더 좋았으리라고 생각하지 않는가?―결코 그렇게 생각하지 않는다."

이 영웅적 정신에 대한 평가. 디즈렐리는, 잉글랜드은행의 이전 총재이자 현재의 이사인 코튼을 심문한다.

"잉글랜드은행 주주들에게 준 배당률은 1844년에 몇 %였는가?―7%였다.""1847년에는 몇 %인가?―9%이다.""잉글랜드은행은 금년에 주주를 대신해 소득세를 지불하는가?―그렇다.""1844년에도 그렇게 하였는가?―하지 않았다."[83] "그렇다면 이 1844년의 은행법은 주주들에

---

83) {엥겔스: 다시 말해 종전에는 먼저 배당이 확정되고, 그 다음에 개별 주주들에게 배당을 지불할 때 소득세를 공제하였다. 그런데 1844년 이후는 잉글랜드은행이 먼저 총이윤에서 소득세를 지불하고, 그 다음에 배당은 '소득세 면제'로 지불되었다. 그러므로 명목상의 %는 같더라도 후자의 경우는 소득세 지불액만

게 매우 유리하게 작용한 것이 아닌가? 그 은행법이 통과된 이래 주주에 대한 배당은 7%에서 9%로 상승하였고, 그 법 이전에는 주주가 지불하였던 소득세를 지금은 잉글랜드은행이 지불하는 결과로 된 것이 아닌가? — 바로 그렇다."(제4356~61호)

1847년의 공황 중 은행에 의한 화폐퇴장에 관해 지방은행업자 피스는 말한다.

"제4605호. 잉글랜드은행이 이자율을 점점 더 인상시키지 않을 수 없었으므로, 모든 사람들은 불안을 느끼게 되었다. 지방은행업자들은 수중에 있는 금량을 증가시켰고 은행권 준비를 증가시켰으며, 아마도 몇 백 파운드 스털링어치의 금·은행권밖에는 보유하지 않는 것이 관습이었던 우리의 다수는 곧 몇 천 파운드 스털링을 퇴장하였다. 할인에 대한 불안이나 우리의 어음이 시장에서 유통될 것인가에 대한 불안 때문에 일반적인 화폐퇴장이 나타난 것이다."

위원회의 한 의원은 지적하였다.

"제4691호. 지난 12년간의 원인이 무엇이었든, 그 결과는 생산적 계급 일반에 유리하였다기 보다는 유태인 [고리대금업자] 과 화폐거래업자에 유리하였다."

투크도 화폐거래업자가 공황시기를 어떻게 잘 이용하는가를 설명하고 있다.

"워릭셔와 스태퍼드셔의 금속제조업은 1847년에 많은 수의 상품주문을 받지 않았다. 왜냐하면 제조업자가 자기의 어음할인에 지불해야 할 이자율이 자기의 모든 이윤을 삼키는 것보다 높았기 때문이다."(제5451호)

또 다른 의회보고서 『은행법특별위원회 보고서』, 1857(이하에서는 『은행법, 1857』로 약칭)을 살펴보자. 여기에서는 잉글랜드은행의 이사이며

큼 높다.}

통화주의의 주요한 대변인인 노먼이 다음과 같은 심문을 받고 있다.

"제3635호. 당신은 이자율이 은행권의 양에 달려있는 것이 아니라 '자본'의 수요와 공급에 달려있다고 말하였는데, '자본'에는 은행권과 주화 이외에 당신은 무엇을 포함시키는가?—나는 '자본'의 일반적 정의는 생산에서 사용되는 상품이나 서비스라고 생각한다.""제3636호. 당신이 이자율에 관해 말할 때 '자본'이라는 말에 모든 상품들을 포함시킨다는 의미인가?—생산에 사용되는 모든 상품들을 포함시킨다.""제3637호. 당신이 이자율을 규정하는 것이 무엇인가에 대해 말할 때, 그 모든 상품들을 '자본'이라는 말에 포함시킨다고?—그렇다. 면공장주가 자기 공장을 위해 면화를 필요로 한다고 가정하면, 그는 아마도 자기의 은행업자로부터 대부를 받고, 그리하여 얻은 은행권을 가지고 리버풀에 가서 면화를 구매할 것이다. 그가 원하는 것은 면화이며 은행권 또는 금은 면화를 얻는 수단으로서만 그에게 필요할 뿐이다. 또는 그는 노동자에게 지불할 수단이 필요할 것이다. 그러면 그는 다시 은행권을 차입해 그 은행권으로 노동자의 임금을 지불한다. 노동자는 식량과 주거를 필요로 하며 그 화폐는 그것들을 지불하기 위한 수단이다.""제3638호. 그런데 그 화폐에 대해 이자가 지불되는 것이 아닌가?—그렇다. 1차적으로는 그렇다. 그러나 다른 예를 들어보자. 가령 그가 대부를 받기 위해 은행에 가지 않고 면화를 신용[외상]으로 구매한다면, 현금가격과 신용가격 사이의 차액이 이자의 척도이다. 화폐가 전혀 없는 경우에도 이자는 존재하게 되는 것이다."

이 우쭐대는 엉터리 이야기는 이 통화주의 대변자에게는 전적으로 적합하다. 먼저, 은행권이나 금은 무엇을 구매하기 위한 수단이라는, 그리하여 사람들은 은행권이나 금을 그것 자체 때문에 차입하지는 않는다는 천재적인 발견. 이런 가정에서는 이자율은 무엇에 의해 규제되는가? 상품의 수요와 공급에 의해서다. 그런데 우리는 상품의 수요와 공급은 상품의 시장가격을 규제한다고 항상 들었다. 따라서 여기에서의 문제는 상품의 시장가격은 불변이라 하더라도 이자율은 매우 다를 수 있다는 점이다. 이 점에서 그의 교활성이 나타난다. 그는 정당한 지적, 즉 "그런데 그 화폐에 대해 이자가 지불되는 것이 아닌가?"에 직면한 것이다. 이 지적은 물론 다음과 같은 질문을 내포하고 있다. 즉 전혀 상품을 거래하지 않는 은행업자가 받는 이자가 이 상품들과 무슨 관련을 가지고 있단 말인가? 제조업자들은 차입한 화폐를 매우 다른 시장들—생산에 사용되는 상품들의 수요와 공급 사이의 관계가 매우 다른 시장들— 에 투자한다 하더라도 동일한 이자율로 화폐를 차입하는 것이 아닌가? 이런 질문에 대해 우리의 유명한 천재는 대답하기를, 만약 제조업자가 신용으로 면화를 구매한다면 "현금가격과 신용가격 사이의 차액이 이자의 척도"라는 것이다. 그러나 정반대다. 현행 이자율— 이것을 규제하는 것을 설명하는 것이 우리의 천재 노먼의 과제다— 이 현금가격과 신용가격 사이의 차액의 척도다. 먼저 첫째로 면화는 현금지불의 경우에는 그 가격대로 판매되는데, 이 현금가격은 시장가격에 의해 규정되며 시장가격은 수요와 공급의 상태에 의해 규제된다. 가격이 1,000원이라고 하자. 그러면 제조업자와 면화브로커 사이의 거래는, 판매와 구매에 관한 한, 이 가격으로 종결된다. 그런데 제2의 거래가 첨가된다. 이것은 대부자와 차입자 사이의 거래다. 1,000원의 가치가 면화로 제조업자에게 대부되며, 그는 예컨대 3개월 안에 그것을 화폐로 상환해야 한다. 1,000원에 대한 3개월 동안의 이자—이것은 시장이자율에 의해 규정된다—가 현금가격 위에 추가되는 것이다. 면화의 가격은 수요와 공급에 의해 규정되지만 면화가치 1,000원의 3개월 동안의 대부 가격은 이자율에 의해 규정된다. 그리고 면화 그것이 이런 방식으로 화폐자본으로 전환된다는 이 사정이 노먼에게는 화폐가 존재하지 않더라도 이자는 존재할 수 있다는 것을 증명하고 있는 셈이다. 〔그러나〕 화폐가 없다면 일반적 이자율이 존재할 수 없다는 것은 명백하다.

먼저 지적해야 할 것은 자본을 '생산에 사용되는 상품들'이라고 보는 속류적 견해다. 이런 상품들이 자본으로 나타나는 한, 자본으로서 그것들의 가치는 — 상품으로서 그것들의 가치와는 달리 — 그것들을 생산적(또는 상업적)으로 사용함으로써 얻어지는 이윤으로 표현된다. 그리고 필연적으로 이윤율은 구매된 상품들의 시장가격이나 그것들의 수요 · 공급과 어떤 관련을 가지고 있다 — 비록 전혀 다른 요인들에 의해 결정되지만. 그리고 이자율이 일반적으로 이윤율을 자기의 한계로 삼는다는 것은 의심할 여지가 없다. 그러나 노먼이 우리에게 말해야 하는 것은 이 한계가 어떻게 결정되는가 하는 것이다. 이 한계는 기타의 자본형태들과 구별되는 화폐자본의 수요와 공급에 의해 결정된다. 그러면 화폐자본의 수요와 공급은 어떻게 결정되는가 하는 질문이 제기될 수 있을 것이다. 물적 자본의 공급과 화폐자본의 공급 사이에는 은밀한 관련이 있다는 것은 의심할 수 없으며, 또한 산업자본가의 화폐자본 수요는 현실적 생산의 사정에 의해 규정되는 것이 명백하다. 노먼은 이런 주제를 해명하지 않고 화폐자본에 대한 수요는 화폐 그것에 대한 수요와 동일하지 않다는 명언을 우리에게 제공하고 있다. 이런 명언이 나오게 된 이유는, 그와 오브스톤 및 기타의 통화주의자들이 인위적인 법적 개입에 의해 유통수단 그것으로부터 자본을 만들어 내려고 하며, 그리고 이자율을 인상시키려고 노력하는 불순한 생각을 항상 품고 있기 때문이다.

이제 로드 오브스톤 — 본명은 사뮤엘 존스 로이드 — 에게로 넘어가서, 국내에 '자본'이 그렇게 부족하기 때문에 그는 자기의 '화폐'에 대해 10%를 받는다는 논리를 들어보자.

"제3653호. 이자율의 변동은 다음의 두 원인 중 하나로부터 생긴다. 즉 자본의 가치가 변동하거나"(훌륭하다! 자본의 가치는 일반적으로 말해 바로 이자율이다! 그러므로 이자율의 변동은 이자율의 변동에서 생긴다고 말하는 셈이다. '자본의 가치'는, 이미 밝힌 바와 같이, 이론에서는 다른 어떤 것도 의미하지 않는다. 또는 그렇지 않고, 오브스톤이 자본의 가치를 이윤율이라고 이해한다면, 이 심오한 사상가는 이자율은 이윤율에 의해 규제된다는 사실로 되돌아가는 셈이 된다!)"또는 국내의 화폐량이 변동하는 것이 그것이다. 이자의 모든 큰 변동들―그 지속기간이나 변동폭에서 볼 때 큰 것들― 은 분명히 자본 가치의 변동으로 환원될 수 있다. 이 사실을 가장 잘 실증하는 예가 1847년의 이자율 상승과 지난 2년 동안(1855~1856)의 이자율 상승이다. 화폐량의 변화로부터 발생하는 이자율의 소규모 변동은 폭과 지속기간이 작다. 이런 변동은 **잦으며**, 이런 변동이 급속하고 잦을수록 그만큼 자기의 목적"(즉 **오브스톤과** 같은 은행업자들을 치부하게 하는 것)"을 더욱 효과적으로 달성할 수 있다."

친구[퀘이커교도는 서로를 '친구'라고 부른다] 사뮤엘 거니는 이것에 관해 상원위원회에서 매우 솔직하게 말하고 있다. 『상업불황, 1848~1857』.

"제1324호. 당신은 지난 해에 발생한 이자율의 큰 변동이 은행업자나 화폐거래업자에게 유리하다고 생각하는가 불리하다고 생각하는가?―화폐거래업자에게 유리하다고 생각한다. 사업상의 모든 변동은 전문가에게는 유리한 법이다.""제1325호. 높은 이자율은 우수한 고객을 궁핍하게 만들기 때문에 은행업자는 결국 손해를 입을 것이 아닌가?―그렇지 않다. 그런 영향이 눈에 띌 정도로 나타난다고는 생각하지 않는다."

바로 이것이 그가 말하고 싶은 것이었다.

현존하는 화폐액이 이자율에 미치는 영향의 문제로 되돌아가자. 먼저 여기에서도 오브스톤은 혼동하고 있다는 것을 지적해야 한다. 1847년에는 화폐자본에 대한 수요는 (10월 이전에는 화폐부족 또는 그가 말한 '현존하는 화폐량'에 대한 우려는 없었다) 각종의 이유 때문에 증가하였다. 곡물가격과 면화가격의 상승, 과잉생산에 의한 설탕의 판매 불능, 철도 투기와 파국, 해외시장에서 면제품 범람, 위에서 말한 바와 같은 환어음

투기를 목적으로 하는 인도에 대한 강력한 수출입거래. 이런 모든 것들이 즉 공업의 과잉생산과 농업의 과소생산, 따라서 전혀 다른 원인들이 화폐자본에 대한 수요—신용과 화폐에 대한 수요—를 증대시켰다. 화폐자본에 대한 수요 증대는 생산과정 그것의 진행 때문이었다. 그러나 이자율[화폐자본의 가치]을 상승시킨 것은 화폐자본에 대한 수요[그 원인이 무엇이든]이었다. 오브스톤이 화폐자본의 가치 [이자율] 가 상승한 것은 화폐자본의 가치가 상승하였기 때문이라고 말하려고 한다면, 그것은 동어반복이다. 그러나 그가 '자본의 가치'를 말하면서 이윤율의 상승이 이자율 상승의 원인이라고 주장한다면, 이 명제의 오류는 곧 판명될 것이다. 화폐자본에 대한 수요, 따라서 '자본의 가치'는 이윤이 감소하더라도 증가할 수 있으며, 화폐자본의 공급이 상대적으로 감소하면 화폐자본의 '가치'는 상승한다. 오브스톤이 증명하려고 하는 것은, 1847년의 공황과 이에 따른 높은 이자율은 현존하는 '화폐량'과는 아무런 관계도 없었으며, 따라서 그가 제안한 1844년 은행법의 규정들과는 아무런 관계도 없었다는 것이다. 그러나 잉글랜드은행 준비금(이것은 오브스톤이 창설한 것이다)의 고갈에 대한 공포가 1847~1848년 공황에 화폐공황을 첨가한 한에서는, 사실상 1847년의 공황과 이자율의 상승은 은행범과 일정한 관계가 있었다. 그러나 이 점은 여기에서는 문제가 되지 않는다. 어쨌든 그 당시에는 화폐자본의 부족이 있었는데, 이 부족이 발생한 것은 가용자금에 비해 과대한 영업활동 때문이었으며, 이 부족이 악화된 것은 재생산과정의 교란—이것은 흉작, 철도에 대한 과잉투자, 특히 면제품의 과잉생산, 인도무역·중국무역에서의 투기, 설탕 따위에 대한 투기와 과잉수입의 결과였다—때문이었다. 곡물을 쿼터당 120실링으로 구매한 사람이 그 가격이 60실링으로 하락하였을 때 입게 되는 손실은, 그가 60실링을 초과지불하였다는 것과 그가 곡물담보대부로 얻을 수 있을 60실링의 신용을 얻지 못하게 되었다는 것이다. 그가 자기의 곡물을 이전의 가격 120실링에서 화폐로 전환시키지 못하게 된 것은 결코 은행권의 부족 때문은 아니었다. 너무 많은 설탕을 수입해 그것이 판매 불능으로 된 사람들의 경우도 마찬가지다. 또 자기의 유동자본을 철도에 묶어두고 자기의 '본업'을 위한 유동자본을 조달하기 위해 신용에 의존한 사람들의 경우도 마찬가지다. 이 모든 것은 오브스톤에게는 '화폐가치 상승이 품고 있는 도덕적 의미'이다. 그러나 이런 화폐자본의 가치 상승은 실물자본(상품자본과 생산자본)의 화폐가치 감소에 직접적으로 대응한 것이었다. 한 형태의 자본 가치가 증대한 것은 다른 형태의 자본 가치가 감소하였기 때문이었다. 그런데 오브스톤은 서로 다른 두 종류 자본의 두 가치를 자본 일반의 단일가치로 동일시하려고 하며, 더욱이 그것도 이 두 가치를 유통수단—즉 현존 화폐—의 부족에 대립시킴으로써 동일시하려고 한다. 그러나 유통수단의 양은 매우 다르더라도 동일한 금액의 화폐자본이 대부될 수 있다.

그가 제시한 1847년의 실례를 보자. 잉글랜드은행의 공정할인율은 다음과 같았다. 1월 $3\sim3\frac{1}{2}$%, 2월 $4\sim4\frac{1}{2}$%, 3월 대체로 4%, 4월(공황) $4\sim7\frac{1}{2}$%, 5월 $5\sim5\frac{1}{2}$%, 6월 대체로 $5\frac{1}{2}$%, 7월 5%, 8월 $5\sim5\frac{1}{2}$%, 9월 5%이었으나 $5\frac{1}{4}$%, $5\frac{1}{2}$%, 6% 등 소규모로 변동하였고, 10월 5%, $5\frac{1}{2}$%, 7%, 11월 $7\sim10$%, 12월 $7\sim5$%. 여기에서 보면, 이자율이 상승한 것은 이윤이 감소하고 상품의 화폐가치가 크게 하락했기 때문이다. 따라서 오브스톤이 이것을 보고 1847년에 이자율이 상승한 것은 자본의 가치가 상승했기 때문이라고 말한다면, 그가 이야기하는 자본의 가치는 화폐자본의 가치를 의미할 수 있을 뿐인데, 화폐자본의 가치는 바로 이자율 외에 아무것도 아니다. 물론 뒤에 가면 그는 이런 말장난을 포기하고 자본의 가치를 이자율과 동일시하게 된다.

1856년의 높은 이자율에 관해 말한다면, 오브스톤은 이것이 부분적으로는 [자기의 이윤에서 이자를 지불하지 않고 타인의 자본에서 이자를

지불하는] 신용사기꾼이 전면에 대두하고 있는 징조라는 것을 사실상 모
르고 있었으며, 그리하여 1857년 공황 몇 개월 전까지만 해도 그는 "사
업은 매우 건전하다."고 주장했다.

계속해서 그는 다음과 같이 증언한다. [『은행법, 1857』]

"제3722호. 사업의 이윤이 이자율 상승에 의해 소멸된다는 생각은 대
단히 잘못된 것이다. 첫째로 이자율 상승은 오랫동안 계속되는 일이 드
물며, 둘째로 만약 그것이 장기간이고 대규모라면, 그것은 사실상 자본
가치의 상승을 가리킨다. 왜 자본의 가치가 상승하는가? 이윤율이 상승
하기 때문이다."

여기에서 우리는 드디어 '자본의 가치'가 무엇을 의미하는가를 알게
된다. 또한 이윤율은 장기간 계속 높은 수준을 유지하지만, 이자율이 상
승하고 기업가이득은 감소함으로써 이자가 이윤의 대부분을 삼켜버릴 수
도 있다.

"제3724호. 이자율의 상승은 우리나라 사업의 대규모 확장과 이윤율
의 큰 상승의 결과였다. 이자율의 상승이 자기 자신의 원인이었던 위의
두 가지를 파괴한다고 불평하는 것은 일종의 논리적 모순이며 이 모순을
해결할 사람은 아무도 없다."

이것은 그가 다음과 같이 말하는 것과 동일한 논리다. 즉 이윤율의 상
승은 투기에 의한 상품가격 상승의 결과였는데, 가격의 상승이 자기자신
의 원인이었던 투기를 파괴한다고 불평하는 것은 일종의 논리적 모순이라
는 것이다. 어떤 사물이 자기 자신의 원인을 궁극적으로 파괴할 수 있다
는 것은, 높은 이자율에 홀린 고리대금업자에게만 논리적 모순이다. 로마
인의 위대함은 그들이 행한 정복의 원인이었으며, 그 정복이 거꾸로 로마
인의 위대함을 파괴한 것이다. 부는 사치의 원인이지만 사치는 부를 파
괴한다. 이 잘난 체하는 녀석! 백만장자인 이 똥통 같은 귀족의 '논리'가
영국에서 받고 있는 존경을 보면 현재의 부르주아 세계의 백치성을 무엇

보다도 더욱 잘 알 수 있다. 더욱이, 높은 이윤율과 사업확장이 높은 이자율의 원인일 수 있다고 하더라도, 이것은 결코 높은 이자율이 높은 이윤율의 원인이라는 것을 의미하지 않는다. 그러므로 문제는 높은 이윤율이 사라진 이후에 높은 이자가 지속되었는가(공황에서는 실제로 그렇다), 더욱이 그 이후에 이자율이 정점에 도달하였는가를 밝히는 일이다.

"제3718호. 할인율의 큰 상승에 관해 말한다면, 이것은 전적으로 자본의 가치 증대에서 생기는 것이고, 이 자본가치의 증대 원인은 누구라도 매우 분명히 발견할 수 있다고 생각한다. 이미 언급한 바와 같이 은행법이 실시되고 있었던 지난 13년 동안 우리나라의 무역 [수출] 은 £4천5백만에서 £1억2천만으로 증대하였다. 이 간단한 사실에 포함되어 있는 모든 사건들을 돌이켜 생각해 보라. 이런 거대한 무역증대를 이루기 위한 거대한 자본수요를 생각해 보라. 그리고 이 거대한 자본수요를 충족시키는 자연적인 원천—즉 우리나라의 연간저축—이 지난 3~4년 동안 무익한 전쟁비용으로 소비된 것도 동시에 생각해 보라. 고백하건대, 나는 이자율이 지금보다 훨씬 더 높게 상승하지 않은 것에 놀라고 있다. 바꾸어 말해 이런 거대한 사업을 수행하는 것에서 발생하는 자본부족이 지금보다 훨씬 더 격심하지 않은 것에 놀라고 있다."

우리의 고리대금업자 논객의 놀랄만한 용어혼동을 보라! 그는 여기에서도 자본의 가치 증대를 논하고 있다! 그가 생각하고 있는 바에 따르면, 한편에서는 재생산과정의 거대한 확장—즉 실물자본의 축적—이 있었고, 다른 한편에서는 거대한 무역증대를 이루기 위해 '거대한 수요'가 생긴 어떤 '자본'이 있었다는 것이다! 그러면 이런 거대한 생산증가 그것은 자본의 증가가 아니었던가? 그리고 만약 그 생산증가가 화폐자본에 대한 수요를 창조하였다면, 그것은 동시에 화폐자본의 공급을, 그리고 또한 화폐자본의 공급 증가를 창조한 것이 아니었던가? 이자율이 매우 높은 수준으로 상승하였다면, 이것은 단순히 화폐자본에 대한 수요가 그 공급

보다 더욱 빨리 증대하였기 때문일 뿐이며, 그리고 이것은 산업생산이
증대함에 따라 산업생산이 더 큰 규모로 신용에 의지해 이루어졌다는 것
을 가리킨다. 다시 말해 현실의 산업팽창이 '융자'에 대한 수요 증대를
일으킨 것인데, 이 융자에 대한 수요 그것이 바로 그가 말하는 '자본에
대한 거대한 수요'이다. 그러나 수출을 £4천5백만으로부터 £1억2천만
으로 증대시킨 것은 단순히 자본〔융자〕에 대한 수요의 증대 때문만이
아닌 것은 분명하다. 그리고 더욱이 오브스톤이 크리미아전쟁에 의해 탕
진된 연간저축이 이 거대한 수요를 충족시켰을 자연적 원천을 이룬다고
말할 때, 그가 의미하는 것은 무엇인가? 첫째로, 그렇다면 영국은 1792
~1815년—소규모의 크리미아전쟁과는 전혀 다른 차원의 전쟁 시기〔엄
청난 규모의 나폴레옹-전쟁〕—에 어떻게 축적할 수 있었는가? 둘째로, 그
자연적인 원천이 고갈하였다면, 자본은 도대체 어떤 원천에서 흘러나왔
는가? 모두가 아는 바와 같이 영국은 타국에서 차입하지 않았다. 만약
자연적인 원천 이외에 인위적인 원천이 있다면, 전쟁에서는 자연적인 원
천을 이용하고 사업에서는 인위적인 원천을 이용하는 것이 가장 좋은 방
법일 것이다. 그러나 만약 옛부터 내려온 화폐자본이 있을 뿐이라면, 높
은 이자율에 의해 그 화폐자본의 효과를 두 배로 증대시킬 수 있겠는가?
오브스톤은 우리나라의 연간저축(여기에서는 탕진되었다고 주장하고 있
다)이 오직 화폐자본으로 전환될 뿐이라고 굳게 믿고 있다. 그러나 만약
실물적 축적—즉 생산의 증대와 생산수단의 증가—이 일어나지 않는다
면, 이 생산에 대한 화폐형태의 채권을 축적하는 것이 무슨 쓸모가 있겠
는가?

높은 이윤율 때문에 생기는 '자본의 가치'의 상승을, 오브스톤은 화폐
자본에 대한 수요 증대 때문에 생기는 '자본의 가치'의 상승과 혼동하고
있다. 화폐자본에 대한 수요는 이윤율과는 전혀 상관없는 원인들로 말미
암아 증가할 수 있다. 그 자신도 실례로 들고 있듯이 1847년의 화폐자본

에 대한 수요는 실물자본의 감가 때문에 증가한 것이다. 그는 자기에게 편리한대로 자본의 가치를 실물자본에 관련시키기도 하고 화폐자본에 관련시키기도 한다.

우리의 은행귀족의 부정직성과 좁은 은행업자적 견해는 — 그는 이것을 교수풍으로 극단화한다 — 다음에서도 또 나타난다.

"제3728호. (질문) 당신은 할인율이 상인에게 실질적으로는 중요하지 않다고 말하였다. 당신은 무엇이 보통의 이윤율이라고 생각하는지를 말해 줄 수 있는가?"— 이것에 대답하는 것은 '불가능'하다고 오브스톤은 선언한다. "3729호. 평균이윤율이 예컨대 7~10%라고 가정하면, 할인율이 2%에서 7~8%로 상승함에 따라 이윤율이 실질적으로 영향을 받는 것은 틀림없지 않은가?"(질문 그 자체는 기업가이득률과 이윤율을 혼동하고 있으며, 이윤율이 이자와 기업가이득의 공동원천이라는 사실을 보지 못하고 있다. 이자율은 이윤율에는 영향을 미치지 않을 수 있지만 기업가이득에는 영향을 미치지 않을 수 없다. 오브스톤의 대답은 다음과 같다.)

"첫째로 사업가들은 자기의 이윤을 심각하게 훼손하는 할인율을 지불하지 않을 것이다. 그들은 오히려 자기의 사업을 중단할 것이다."(물론 그들이 파멸하지 않고 그렇게 할 수 있다면 그렇게 한다. 그들이 할인료를 지불하는 것은, 그들의 이윤이 높을 때에는 할인을 원하기 때문이며, 이윤이 낮을 때에는 할인을 받아야만 하기 때문이다.)"할인의 의미가 무엇인가? 왜 사람들은 어음을 할인받는가?…더욱 큰 자본을 얻으려고 하기 때문이다."(잠깐만! 사람들이 어음을 할인받는 것은, 자기의 묶인 자본이 화폐로 환류하는 것을 앞당기고, 자기의 사업이 정지하지 않기를 원하며, 만기된 채무를 지불해야 하기 때문이다. 사람들이 더욱 큰 자본을 필요로 하는 것은, 사업이 순조롭게 진행되는 경우이든가, 사업이 순조롭지 못하더라도 타인의 자본으로 투기하는 경우뿐이다. 할인은 단순히 사업을 확장하기 위한 수단은 결코 아니다.)

"그러면 왜 더욱 큰 자본을 얻기를 원하는가? 그 자본을 사용하기를 원하기 때문이다. 왜 그 자본을 사용하기를 원하는가? 그렇게 하는 것이 이윤을 낳기 때문이다. 만약 할인료가 이윤을 삼켜 버린다면, 그렇게 하는 것은 이윤을 낳지 못할 것이다."

이 뻔뻔스러운 논객은, 어음은 오직 사업의 확장을 위해서만 할인된다는 것, 그리고 사업은 이윤이 나기 때문에 확장된다는 것을 가정하고 있다. 첫 번째 가정은 거짓이다. 보통의 사업가가 어음을 할인받는 것은 자기의 자본의 화폐형태를 앞당김으로써 재생산과정의 진행을 유지하기 위해서다. 자기의 사업을 확장하거나 추가자본을 조달하기 위한 것이 아니라, 자기가 주는 신용을 자기가 받는 신용에 의해 상쇄하기 위한 것이다. 만약 그가 신용에 의해 사업을 확장하려 한다면, 환어음을 할인 받는 것은 아무런 소용도 없다. 왜냐하면 할인은 이미 자기 수중에 있는 화폐자본을 한 형태[환어음]에서 다른 형태[현금]로 전환시키는 것에 불과하기 때문이다. 그는 오히려 장기의 고정대부를 받으려고 할 것이다. 물론 신용사기꾼은 자기의 사업을 확장하기 위해 그리고 하나의 부실한 사업을 다른 부실한 사업으로 메우기 위해 자기의 융통어음을 할인받는다. 이 경우 이윤을 얻기 위해서가 아니라 타인의 자본을 자기 것으로 만들기 위해 할인받는다. 오브스톤은 할인을, 자본을 대표하는 환어음을 화폐로 전환시키는 것과 동일시하지 않고 추가자본의 차입과 동일시한 뒤에, 답변에 난처하게 되자 곧 후퇴하고 있다.

"제3730호. 상인들은 일단 사업에 종사하게 되면 할인율의 일시적인 상승에도 불구하고 자기의 사업을 계속할 수밖에 없는 것이 아닌가? — (오브스톤:)"어느 특정한 거래에서 사람이 높은 이자율이 아니라 낮은 이자율로 자본을 얻을 수 있다면, 사태를 이런 제한된 관점에서 볼 때에는, 그것은 분명히 그 사람에게 유리하다."

그런데 오브스톤이 이제 갑자기 오직 자기의 은행자본만을 '자본'이라고 생각하고, 어음을 할인받는 사람은 자본을 가지지 않는 사람이라고 여기는 것 — 왜냐하면 이 사람의 자본은 상품형태로 존재하기 때문에, 또는 이 사람의 자본의 화폐형태는 어음이며 이 어음을 오브스톤이 다른 화폐형태〔현금〕로 전환시키기 때문이다 — 은 결코 사태에 대한 제한된 관점이 아니라고 자신은 믿고 있다.

"제3732호. 1844년의 은행법에 관한 것인데, 평균이자율과 잉글랜드은행의 금준비액 사이에는 어떤 관계가 있다고 당신은 말할 수 있는가? 금준비액이 약 £9백만~1천만이었을 때는 이자율이 6~7%이었고, 금준비액이 £1천6백만이었을 때는 이자율이 예컨대 3~4%이었던 것은 사실이 아닌가?"(질문자는 잉글랜드은행의 금준비액에 의해 영향받는 이자율을 자본의 가치에 의해 영향받는 이자율을 근거로 설명해 보라고 그에게 강요한 것이다.) "나는 그렇다고 생각하지 않는다…만약 그렇다면 1844년의 은행법에 의해 채택된 것보다 더욱 엄격한 정책을 취해야 한다고 생각한다. 왜냐하면 금준비가 크면 클수록 이자율이 그만큼 더 낮아지는 것이 사실이라면, 우리는 그런 견해에 따라 일에 착수해 금준비를 무한한 금액으로까지 증대시켜야 할 것이고, 그리하면 이자를 0으로까지 인하시킬 수 있게 될 것이기 때문이다."

질문자 케일리는 이런 졸렬한 농담에 의해 흔들리지 않고 계속 질문한다.

"제3733호. 만약 그렇다고 한다면, £5백만의 금이 잉글랜드은행으로 반환되면, 다음 6개월 사이에 금준비액은 예컨대 £1천6백만으로 될 것이고, 이에 따라 이자율은 3~4%로 하락하게 될 것이다. 이 경우 이자율의 하락은 사업의 대규모 감소 때문에 생긴 것이라고 어떻게 주장할 수 있겠는가? — 내가 말한 것은 이자율의 하락이 아니라 이자율의 최근 상승이 사업의 대규모 확장과 밀접히 결부되고 있다는 것이었다."

그러나 케일리가 말한 것은 다음과 같은 것이었다. 만약 금준비의 축소에 따르는 이자율의 상승이 사업확장의 증거라면, 금준비의 증대에 따르는 이자율의 하락은 사업축소의 증거라고 보아야 할 것이 아닌가 하는 것이었다. 오브스톤은 이것에 대해 아무런 대답도 하지 않는다.

"제3736호. 화폐는 자본을 얻기 위한 도구라고 당신은 말하고 있는 것 같다."(화폐를 도구로 생각하는 것은 착오다. 화폐는 자본의 한 형태다.) "잉글랜드은행의 금준비가 감소하면 거꾸로 자본가들이 화폐를 얻는 데 큰 곤란이 생기는 것이 아닌가?" — (오브스톤:)"그렇지 않다. 화폐를 얻기를 원하는 사람들은 자본가들이 아니라 비자본가들이다. 그러면 왜 그들은 화폐를 얻으려고 하는가?…왜냐하면 그들은 화폐에 의해 자본가들의 자본에 대한 지배를 획득해 자본가가 아닌 사람들의 사업을 경영하려고 하기 때문이다."

여기에서 오브스톤은 제조업자와 상인은 자본가가 아니라는 것, 그리고 자본가의 유일한 자본은 오직 화폐자본뿐이라는 것을 솔직하게 설명하고 있다.

"제3737호. 환어음을 발행하는 사람들은 자본가가 아닌가? — 자본가일 수도 있고 아닐 수도 있다." 그는 여기에서 말문이 막히고 만다.

그 다음에 그에게 물은 것은 상인의 환어음은 상인이 판매하였거나 선적한 상품을 대표하는 것이 아닌가 하는 것이었다. 이런 어음은, 은행권이 금을 대표하는 것과 마찬가지로 상품의 가치를 대표한다는 것을 그는 부인한다(제3740, 3741호). 이것은 좀 낯뜨거운 이야기다.

"제3742호. 화폐를 얻는 것이 상인의 목적이 아닌가? — 그렇지 않다. 화폐를 얻는 것은 어음을 발행할 때의 목적은 아니다. 화폐를 얻는 것은 어음을 할인할 때의 목적이다."

환어음을 발행하는 것은 상품을 신용화폐의 한 형태로 전환시키는 것이며, 어음을 할인받는 것은 이 신용화폐를 다른 신용화폐 — 즉 은행권

―로 전환시키는 것이다. 어쨌든 오브스톤은 여기에서 할인의 목적이 화폐를 얻는 것이라는 점을 인정하고 있다. 그는 이전에는 할인은 자본을 한 형태에서 다른 형태로 전환시키기 위한 것이 아니라, 오직 추가자본을 얻기 위한 것이라고 주장하였다.

"제3743호. 당신의 말대로 1825년, 1837년, 1839년에 일어난 공황의 압박 아래에서 사업계의 큰 소원은 무엇인가? 그들의 목적은 자본을 얻는 것인가 법정화폐를 얻는 것인가?― 그들의 목적은 사업을 계속하기 위해 자본에 대한 지배를 얻는 것이다."

그들의 목적은 자기 앞으로 발행된 만기어음을 결제하기 위한 지불수단을 얻는 것이다. 왜냐하면 신용의 부족이 나타나기 시작하고 있으며, 자기의 상품을 적당한 가격 이하로 투매하지 않기 위해서는 지불수단을 확보해야 하기 때문이다. 만약 그들 자신이 전혀 자본을 가지고 있지 않다면, 그들은 지불수단과 동시에 자본을 얻는다. 왜냐하면 이 경우 그들은 등가 없이 가치를 얻기 때문이다. 화폐 그것에 대한 수요는 언제나 가치를 상품이나 채권의 형태로부터 화폐의 형태로 전환시키려는 욕구에 불과하다. 그러므로 공황을 별도로 하더라도 자본차입과 할인 사이에는 큰 구별이 있는데, 할인은 화폐채권을 한 형태에서 다른 형태[즉 현실의 화폐 그것]로 전환시키는 것에 불과하다.

{엥겔스: 편집자로서 나는 여기에서 한마디 하고 싶다.

노먼과 오브스톤의 견해에 따르면, 은행업자는 항상 '자본을 대부하는' 사람이고, 그의 고객은 그로부터 '자본'을 요구하는 사람이다. 그러므로 오브스톤은 말하기를, 어음을 할인받는 것은 "자본을 얻기를 원하기 때문이며"(제3729호), 그리고 "낮은 이자율로 자본에 대한 지배를 얻을 수 있다면" 차입자에게 유리하다(제3730호)는 것이다. 그리고 "화폐는 자본을 얻기 위한 도구이며"(제3736호), 공황시기에 사업계 전체의 간절한 소원은 "자본에 대한 지배를 얻는 것"(제3743호)이라는 것이다. 자

본이 무엇인가에 관한 오브스톤의 모든 혼동에도 불구하고 다음의 것만
은 분명하다. 즉 그가 자본이랍시고 부른 것은, 은행업자가 고객에게 주
는 것이며, 고객이 종전에는 소유하지 않았던 것이며, 고객이 이제까지
마음대로 처분하고 있었던 것에 추가적으로 대부되는 것이다.

　은행업자는 화폐형태로 있는 이용가능한 사회적 자본의 분배자(대부
를 통해 분배한다)로 기능하는 것에 너무나 익숙해 있으므로, 그는 화폐
를 내어주는 기능 모두를 대부라고 생각한다. 그가 지불하는 모든 화폐
는 그에게는 대부로 나타나게 된다. 만약 화폐가 직접적으로 대부로 나
간다면 이것은 문자 그대로 옳다. 그리고 화폐가 어음할인에 사용된다면
그 화폐는 사실상 그에게는 어음의 만기까지 대부되는 것이다. 이리하여
그의 머릿속에는 자기가 행하는 어떤 지불도 대부라는 관념이 강화된다.
더욱이 이 대부라는 것도, 단순히 [이자나 이윤을 얻으려는 모든 화폐투
하는 경제학에서는 개인자격의 화폐소유자가 기업가 자격의 자기 자신에
게 행하는 대부로 여긴다는 의미에서의] 대부만이 아니라, 은행업자가
고객에게 대부의 형태로 일정한 금액을 이전시키며 그리하여 고객의 수
중에 있는 자본을 그만큼 증대시킨다는 정확한 의미에서의 대부도 포함
하고 있다.

　이런 관념이 은행사무실에서 정치경제학으로 옮아와서, 은행업자가
현금으로 고객에게 제공하는 것이 자본인가 아니면 단순한 화폐(유통수
단 또는 '통화')인가 하는 혼란스러운 논쟁을 일으킨 것이다. 이 기본적
으로 단순한 문제를 해결하기 위해서는 우리는 은행고객의 입장에 서야
만 한다. 문제는 고객이 요구하고 얻는 것이 무엇이냐는 것이다.

　은행이 고객에게 담보를 받지 않고 그의 개인적 신용에만 의거해 대부
를 허용한다면 사태는 명백하다. 고객은 자기가 종래에 사용하던 자본에
추가해 일정한 가치액의 대부를 조건 없이 받는다. 그는 그 대부를 화폐
형태로 받는다. 그는 단순히 화폐를 받을 뿐 아니라 화폐자본도 받는 셈

이다.

그러나 유가증권 따위를 담보로 대부를 받는다면, 이것은 상환을 조건으로 화폐가 그에게 지불된다는 의미에서는 대부이지만, 이것은 자본의 대부는 아니다. 왜냐하면 이런 유가증권도 자본을 표현하고 있고, 더욱이 그 대부보다 더욱 큰 금액을 표현하고 있기 때문이다. 화폐수령자는 자기의 담보가치액보다 적은 자본가치를 얻게 되며, 따라서 이것은 결코 그에게는 추가자본의 획득이 아니다. 그가 이런 거래를 하는 것은 자본이 필요하기 때문이 아니라—그는 이미 자본을 유가증권으로 가지고 있다—화폐가 필요하기 때문이다. 따라서 이 경우 화폐의 대부는 있지만 자본의 대부는 없다.

대부가 어음할인에 의해 행해진다면, 대부라는 형태까지도 사라진다. 여기에는 단순한 판매와 구매만이 있다. 어음은 이서를 통해 은행의 소유로 되며, 화폐는 고객의 소유로 된다. 고객 측의 상환문제는 없다. 고객이 어음이나 비슷한 신용수단으로 현금을 구매하는 것은, 그가 자기의 기타의 상품인 면화·철·곡물로 현금을 구매하는 것과 마찬가지로 대부가 아니다. 그리고 더욱이 이것은 자본의 대부라고도 부르지 않는다. 상인 상호간의 모든 매매는 자본의 이전이다. 그러나 자본의 이전이 상호간에 진행되는 것이 아니라 일방적으로 일정한 기간에 진행되는 경우에만 대부가 나타난다. 그러므로 자본대부가 어음할인에 의해 생길 수 있는 것은 그 어음이 판매된 상품을 대표하지 않은 융통어음일 경우뿐인데, 어떤 은행업자도 융통어음이라는 것을 알면서 인수하지는 않을 것이다. 따라서 정상적인 할인거래에서는 은행고객은 어떤 대부—자본으로든 화폐로든—도 받지 않으며 자기가 판매한 상품〔여기에서는 어음〕에 대해 화폐를 받는다.

이와 같이 고객이 은행에서 자본을 요구해 얻는 경우는, 그가 은행으로부터 단순히 화폐를 대부받거나 은행에서 〔어음을 팔고〕 화폐를 구매하는 경우와는 아주 명백하게 구별된다. 그리고 특히 오브스톤은 담보 없이 자기의 자금을 대부하는 일이 거의 없었으므로(그는 맨체스터에 있는 나의 기업 [Ermen and Engels firm] 의 거래은행업자였다), 관대한 은행업자들이 거액의 자본을 어려운 처지에 빠진 공장주에게 대부한다는 그의 미사여구는 전혀 터무니없는 거짓말이라는 것도 역시 명백하다.

제32장 ['화폐적 자본과 현실적 자본(Ⅲ)'] 에서 마르크스는 기본적으로 같은 이야기를 하고 있다. "상인과 생산자가 확실한 담보를 제공할 수 있는 한, 지불수단에 대한 수요는 단순히 화폐로의 전환에 대한 수요다. 이런 담보가 없어서 지불수단의 대부가 화폐형태를 줄 뿐 아니라 그들이 지불을 위해 필요로 하는 등가물—형태는 어떻든—을 주는 한, 지불수단에 대한 수요는 화폐자본에 대한 수요다." 제33장 ['신용제도 아래의 유통수단'] 에서 마르크스는 다음과 같이 말한다. "신용제도가 발달해 화폐가 은행의 수중에 집중되면, 은행은 적어도 명목상으로는 화폐를 대부한다. 이 대부는 오직 유통 중에 있는 화폐와 관련될 뿐이다. 이 대부는 통화 [유통수단] 의 대부이지, [그것에 의해 유통되는] 자본의 대부는 아니다." 이것을 알고 있을 것에 틀림없는 챕만도 할인업무의 위와 같은 해석을 확인하고 있다.(『은행법, 1857』) "은행업자는 어음을 가지고 있다. 은행업자는 어음을 구매했다."(증언, 질문 제5139호)

제28장에서 이 문제들을 다시 다룰 것이다.}

"제3744호. 당신은 '자본'이라는 용어로 무엇을 실제로 가리키는지를 말해줄 수 있는가?"—(오브스톤:)"자본은 사업을 경영하기 위해 사용되는 각종 상품들로 구성되어 있다. 고정자본이 있고 유동자본이 있다. 선박·부두·선창wharf은 고정자본이고, 식량·의복 따위는 유동자본이다."

"제3745호. 금유출로 우리나라는 압박을 받는가?—그 단어의 합리적인 의미에서는 그렇지 않다."(이어서 낡은 리카도식 화폐이론이 나타나고 있다. 〔참조. CW 29: 400~409〕)…"사물의 자연적 상태에서는 세계의 화폐는 세계 각국에 일정한 비율로 분배되며, 이 비율은 이런 화폐의 분배 아래에서는 어느 한 나라와 나머지 세계 전체 사이의 교역을 물물교환으로 만들어 버리는 그런 비율이다. 그러나 교란적 요인들이 그 분배에 영향을 미칠 수 있으며, 교란적 요인들이 발생하면 어느 한 나라의 화폐의 일부가 다른 나라들로 유출한다.""제3746호. 당신은 지금 '화폐'라는 용어를 사용하고 있다. 그런데 당신은 앞에서 화폐의 유출은 자본의 상실이라고 말하지 않았는가?—내가 무엇을 자본의 상실이라고 불렀다는 것인가?""제3747호. 금의 유출을 당신은 그렇게 불렀는데?—아니다. 나는 그렇게 말하지 않았다. 당신이 금을 자본으로 취급한다면, 금유출은 틀림없이 자본의 상실이다. 금유출은 세계의 화폐를 구성하는 귀금속의 일정한 부분을 방출하는 것이다.""제3748호. 당신은 할인율의 변경은 자본의 가치 변동을 단순히 표현하는 것이라고 말한 적이 있는데?—그렇다.""제3749호. 그리고 할인율은 일반적으로 잉글랜드은행의 금준비상태에 따라 변동한다고 말한 적이 있는가?—그렇다. 그러나 내가 이미 말한 바와 같이, 한 나라의 화폐량"(그가 의미하는 것은 현실적으로 존재하는 금의 양이다)"의 변동으로 말미암아 일어나는 이자율의 변동은 보잘것없는 크기다."

"제3750호. 그러면 당신은 할인율이 평상시보다 계속적으로 그러나 일시적으로 상승하는 경우에는 자본의 감소가 일어났다고 말하려고 하는가?—자본 감소라는 단어의 어떤 의미에서는 그렇다. 자본과 그것에 대한 수요 사이의 비율이 변동한 것이다. 그러나 그것은 아마도 수요의 증가에 의한 것이며 자본량의 감소에 의한 것은 아닐 것이다."(그런데 이 자본이라는 것이 지금은 화폐 또는 금인데, 조금 전에는 이자율의 상승은 〔사업 또는 자본의 축소에 의해서가 아니라 그것의 확장에 의해 발생한〕 높은 이윤율로 설명되었다.)

"제3751호. 당신이 여기에서 특히 염두에 두고 있는 자본이란 무엇인가?—그것은 각자가 원하는 자본이 무엇인가에 전적으로 달려있다. 그것은 국민이 사업을 경영하기 위해 자기의 지배 아래 두고 있는 자본인데, 사업이 두 배로 되면 그 사업을 수행하기 위해 자본에 대한 수요가 크게 증대하지 않을 수 없다."(이 교활한 은행업자는 먼저 사업활동을 두 배로 해 놓고, 그 다음에 그것을 두 배로 하기 위해 필요한 자본에 대한 수요를 두 배로 만든다. 그가 보고 있는 것은 오로지 그의 고객—자기의 사업을 두 배로 만들기 위해 오브스톤에게 더 큰 자본을 요구하는 고객 — 뿐이다.) "자본은 다른 어떤 상품과도 동일하며"(그러나 오브스톤은 이전에 자본은 상품들의 총체에 불과하다고 말한 바 있다.) "자본은 수요와 공급에 따라 그 가격이 변동한다."(그러므로 상품은 두 번 가격이 변동한다. 한 번은 상품으로서 또 한 번은 자본으로서.)

"제3752호. 일반적으로 할인율의 변경은 잉글랜드은행의 금고에 있는 금량의 변동과 결부되어 있다. 이것이 당신이 말하는 자본인가?—아니다." "제3753호. 당신은 잉글랜드은행에 대규모의 자본적립이 있으면서 동시에 할인율이 높았던 실례를 들 수 있는가?—잉글랜드은행은 자본을 예치하는 곳이 아니라 화폐를 예치하는 곳이다." "제3754호. 당신은 이 자율은 자본량에 달려있다고 말하였다. 당신은 어떤 자본을 의미하는지, 그리고 잉글랜드은행에 대규모의 금준비가 있으면서 동시에 이자율이 높았던 실례를 들 수 있는지 말해보라. — 잉글랜드은행의 금 축적과 낮은 이자율이 병존하는 것은 매우 가능하다."(정말인가!) "왜냐하면 자본에 대한 수요가 감소하는 시기는"(여기에서 말하는 자본은 화폐자본이고, 언급되고 있는 시기인 1844년과 1845년은 번영기다.) "자본을 지배하는 수단이나 도구가 축적될 수 있는 시기이기 때문이다." "제3755호. 그러면 할인율과 잉글랜드은행의 금고에 있는 금량 사이에는 어떤 관련도 없다고 생각하는가?—관련이 있을지 모르지만 그것은 원리적인 관련은 아니다.”(그런데 1844년의 그의 은행법은 잉글랜드은행의 금보유량에 따라 이자율을 규제하는 것을 잉글랜드은행의 원칙으로 삼은 것이다.)“때때로 동시에 변동하는 경우도 있을 것이다.”“제3758호. 당신은 화폐가 핍박한 시기에 높은 할인율로 말미암아 이 나라의 상인들이 처하고 있는 곤란은 자본을 얻는 데 있는 것이고 화폐를 얻는 데 있는 것이 아니라고 말하려는 것인가? — 당신은 두 개를 혼합시키고 있지만 나는 그렇게 하지 않는다. 그들의 곤란은 자본을 얻는 데 있으며 또한 화폐를 얻는 데도 있다…화폐를 얻는 곤란과 자본을 얻는 곤란은 동일한 곤란을 그 진행의 두 가지 다른 단계에서 파악한 것이다.”

여기에서 고기는 다시 어망에 잡혀버린다. 상인이 처한 첫 번째의 곤란은 어음을 할인받는 것, 또는 상품을 담보로 대부를 받는 것의 곤란이다. 이것은 자본 또는 자본의 상업적 가치상징 [예: 어음] 을 화폐로 전환시키는 것의 곤란이다. 그리고 이 곤란은 특히 높은 이자율로 표현된다. 그러나 일단 화폐를 받고 나면 두 번째의 곤란은 어디에 있는가? 지불만이 문제라면 자기의 화폐를 방출하는 것에 곤란을 느끼는 사람이 어디에 있겠는가? 그리고 구매가 문제라면 공황기에 구매에 곤란을 느낀 사람이 어디에 있겠는가? 그리고 또 곡물·면화 따위의 가격이 등귀하고 있는 특수한 경우와 관련시켜 보더라도, 이 곤란은 화폐자본의 가치 — 즉 이자율 — 에 나타날 수 있는 것이 아니라 오히려 상품의 가격에 나타날 것이며, 그리고 이 곤란은 그 사람이 이제는 상품을 구매하는 데 필요한 화폐를 가지고 있기 때문에 이미 해결되고 있는 것이다.

“제3760호. 그러나 높은 할인율은 화폐를 얻는 곤란이 증대하는 것을 가리키는 것이 아닌가? — 그것은 화폐를 얻는 곤란이 증대한 것이지만, 그것은 당신이 화폐를 가지기를 원하기 때문에 그렇게 되는 것은 아니다. 높은 할인율은 화폐를 얻는 곤란의 증대가 문명사회의 복잡한 관계들에 따라 자신을 표현하는 형태에 불과하다.”(그런데 이 형태는 은행업자의 주머니에 이윤을 가져다준다.)

"제3763호. (오브스톤의 대답:) 은행업자는 한편으로는 예금을 받아들이고, 다른 한편으로는 그 예금을 자본의 형태로 타인의 수중에 맡김으로써 그것을 사용하는 중개자다."

여기에서 드디어 우리는 그가 무엇을 자본이라고 생각하는가를 알게 된다. 그는 화폐를 '맡김으로써' — 덜 완곡하게 표현하면 이자를 받고 대부함으로써 — 화폐를 자본으로 전환시키고 있다.

오브스톤은 할인율의 변경은 잉글랜드은행의 금준비액의 변동이나 현존하는 화폐량의 변동과는 본질적인 관련은 없고 기껏해야 때때로 동시에 변동하는 것일 뿐이라고 이전에 말한 바 있는데, 그 뒤에 그는 계속 이 말을 반복한다.

"제3805호. 국내의 화폐가 유출에 의해 감소하면 화폐의 가치는 상승하므로 잉글랜드은행은 이 화폐의 가치변동에 적응해야 하는데, 이것을 전문적인 용어로 이자율의 인상이라고 한다."(여기에서 말하는 화폐의 가치는 자본으로서 화폐의 가치 — 즉 이자율 — 를 가리킨다. 왜냐하면 상품과 비교한 화폐로서 화폐의 가치는 불변이기 때문이다.)

"제3819호. 나는 이 둘을 결코 혼동하지 않는다."(즉 화폐와 자본을 혼동하지 않는다는 이야기인데, 그것은 그가 이 둘을 구별한 적이 없기 때문이다.)

"제3834호. 이 나라의 생활필수품"(1847년에 곡물)"의 공급을 위해 지불해야 하였던 막대한 금액은 사실상 자본이었다."

"제3841호. 할인율의 변동은 의심할 여지없이 잉글랜드은행의 금준비 상태와 매우 밀접한 관련을 가지고 있다. 왜냐하면 금준비상태는 국내의 화폐량 증감의 지표이기 때문이며, 화폐량의 증감에 따라 그 화폐의 가치는 감소 또는 증가하고 그리고 잉글랜드은행의 할인율은 화폐가치의 변동에 적응할 것이기 때문이다."

오브스톤은 자기가 제3755호에서 단호하게 부인한 것을 여기에서는 인정하고 있다.

"제3842호. 둘 사이에는 밀접한 관련이 있다."즉 그는 잉글랜드은행 발권부의 금량과 은행부의 은행권준비 [잉글랜드은행이 영업에 대비하기 위해 보유하고 있는 은행권] 사이의 관련을 이야기하고 있다. 여기에서 오브스톤은 이자율의 변동을 화폐량의 변동에 의해 설명하고 있는데, 그의 이야기는 틀렸다. 국내의 유통화폐량이 증가하기 때문에 은행권준비가 감소하는 경우도 있을 수 있다. 국민들의 수중에 있는 은행권이 증가할 때 [발권부의] 금속준비가 감소하지 않는다면 그렇게 된다. 그러나 이 경우에도 이자율은 올라간다. 왜냐하면 잉글랜드은행의 은행자본은 1844년의 은행법에 의해 제한되고 있기 때문이다. 그러나 오브스톤은 이것을 이야기할 수가 없다. 왜냐하면 이 은행법에 따르면, 잉글랜드은행의 발권부와 은행부는 전혀 상호관련이 없기 때문이다.

"제3859호. 높은 이윤율은 항상 자본에 대한 수요를 증대시키며, 자본에 대한 큰 수요는 자본의 가치를 상승시키게 될 것이다."

여기에서 비로소 오브스톤이 생각하고 있는 높은 이윤율과 자본 수요 사이의 관련을 우리가 알 수 있게 된다. 예컨대 1844~45년에는 면공업의 이윤율은 높았는데, 이것은 면제품에 대한 수요는 컸는데도 면화가 계속 쌌기 때문이었다. 자본의 가치(오브스톤이 앞에서 말한 바에 따르면, 자본은 각자가 자기의 사업에서 필요로 하는 것이다) — 여기에서는 면화의 가치 — 는 제조업자들에게는 증대하지 않았다. 그런데 높은 이윤율은 다수의 면제품 제조업자들로 하여금 자기의 사업을 확장시키도록 했을 것이므로, 화폐자본에 대한 그들의 수요가 증대한 것이지, 그 이외의 것에 대한 수요가 증대한 것이 아니다.

"제3889호. 금은 화폐일 수도 있고 아닐 수도 있다. 종이가 은행권일 수도 있고 아닐 수도 있는 것처럼."

"제3896호. 당신은, 잉글랜드은행권의 유통량[잉글랜드은행의 밖에 있는 은행권] 의 변동은 금준비량의 변화에 따라야 한다는 1840년에 적용한 논리를 지금 포기하려고 하는가? — 내가 그 논리를 포기하는 것은… 우리가 지금 가지고 있는 지식에 따르면, 유통하고 있는 은행권에는 잉글랜드은행의 은행준비로 있는 은행권[은행부의 은행권준비] 도 추가되어야 하는 한에서다."

이것은 최상급의 엉터리다. 잉글랜드은행은 금준비액에 £1천4백만을 추가한 금액만큼의 은행권을 인쇄할 수 있을 뿐이라는 자의적인 규정은, 당연히 잉글랜드은행의 은행권 발행은 금준비액에 따라 변동한다는 것을 가리키는 것이다. 그러나 "우리가 지금 가지고 있는 지식"에 따르면, 잉글랜드은행이 발행할 수 있는 (그리고 발권부에서 은행부로 넘겨주는) 은행권의 양 — 잉글랜드은행의 두 부서 사이의 유통으로서 금준비액의 변동에 따라 변동한다 — 은 잉글랜드은행 문 밖에서 일어나는 은행권 유통의 변동을 결정하지 않는다는 것이 명백하므로, 이제는 은행당국으로서는 후자인 현실적인 유통은 전혀 중요하지 않고 잉글랜드은행의 두 부서 사이의 유통[이 유통과 현실적인 유통 사이의 차이는 [은행부의] 은행권준비에 나타나고 있다]만이 결정적으로 중요하게 된다. 이 은행 내부의 유통이 외부세계에 대해 중요한 것은, 잉글랜드은행이 그 은행권 발행액의 법정최고한도에 얼마나 접근하고 있는가, 그리하여 잉글랜드은행의 고객들이 앞으로 얼마만큼 은행부로부터 받을 수 있는가를 그 은행권준비가 가리켜주는 한에서일 뿐이다.

다음은 오브스톤의 불성실성을 나타내는 대표적인 예다.

"제4243호. 자본의 양이, 우리가 최근 몇 해 동안 할인율의 변동에서 본 바와 같은 방식으로 자본의 가치를 변동시킬 정도로, 매월 변동하고 있다고 생각하는가? — 자본의 수요·공급 관계는 의심할 바 없이 짧은 기간에도 변동할 수 있다…프랑스가 거액을 차입하겠다고 내일이라도 발표한다면, 그것은 의심할 바 없이 곧 영국의 화폐의 가치, 즉 자본의 가치에 큰 변동을 일으킬 것이다."

"제4245호. 프랑스가 갑자기 어떤 목적을 위해 £3천만어치의 상품을 필요로 한다고 발표한다면, [더 과학적이고 더 간결한 용어를 사용하자면] 자본에 대한 큰 수요가 생길 것이다."

"제4246호. 프랑스가 그 차입에 의해 구매하려는 자본과 프랑스가 이 자본을 구매하기 위해 사용하는 화폐는 전혀 다른 것이다. 가치가 변동하는 것은 화폐인가? ─ 우리는 또 이전의 문제로 되돌아 가고 있는데, 그 문제는 이 위원회 회의실보다는 학자의 연구실에 더욱 적합한 문제라고 생각한다."

이렇게 말하면서 그는 퇴장하는데 연구실로 간 것은 아니다.84)

---

84) {엥겔스: 자본에 관한 오브스톤의 개념 혼동에 대해서는 제32장 끝에서 더욱 지적될 것이다.}

제27장
자본주의적 생산에서 신용의 역할

신용제도에 관해 우리가 이제까지 행해온 일반적 관찰은 다음과 같다.

Ⅰ. 자본주의적 생산 전체의 기초를 이루는 이윤율의 균등화[또는 이 균등화의 운동]를 매개하기 위해 신용제도가 필연적으로 형성된다는 것.

Ⅱ. 유통비용을 절감시킨다는 것.

1) 주요한 유통비용의 하나는, 화폐가 그 자체 가치인 한, 화폐 그것이다. 화폐는 신용에 의해 다음과 같은 3가지 방식으로 절약된다.

A. 거래의 큰 부분에서 화폐가 전혀 사용되지 않는 것에 의해.

B. 유통수단의 유통이 가속화되는 것에 의해.[85] 이것은 부분적으로

---

[85] "프랑스은행의 은행권 평균유통액은 1812년에는 1억653만8천프랑, 1818년에는 1억120만5천프랑이었는데, 화폐유통액—즉 모든 수취와 지불의 연간 총액— 은 1812년에는 28억3,771만2천프랑, 1818년에는 96억6,503만프랑이었다. 따라서 프랑스에서는 1818년의 통화활동성은 1812년의 그것에 비해 3:1이었다. 유통속도의 큰 조절자는 신용이다…화폐시장의 격심한 핍박이 일반적으로 높은 유통속도와 일치하는 이유는 이것에 의해 설명된다."(『통화이론 검토』: 65) "1833년 9월~1843년 9월에 영국에서는 거의 300개의 은행이 발권은행에 추가되었다. 그 결과 은행권 유통액이 £2백5십만만큼 감소하였다. 은행권 유통액은 1833년 9월 말에는 £3,603만5,244이었는데 1843년 9월 말에는 £3,351만

아래 Ⅱ의 2)에서 말할 것과 같다. 한편에서 이 가속화는 기술적인 것이다. 즉 소비를 매개하는 현실의 상품거래의 양과 수가 불변인 조건에서 더 작은 양의 화폐 또는 화폐상징이 동일한 기능을 하게 된다는 것이다. 이것은 은행업의 기술에 관련된 것이다. 다른 한편에서 신용은 상품탈바꿈의 속도를 가속화시키며, 이에 따라 화폐유통의 속도를 가속화시킨다.

C. 금화를 지폐로 대체하는 것에 의해.

2) 신용은 유통[또는 상품탈바꿈]의 개개의 국면을 가속화시키며, 자본탈바꿈 따라서 재생산과정 일반을 가속화시킨다. (다른 한편으로 신용은 또한 구매행위와 판매행위를 오랫동안 서로 분리시킬 수 있으며, 이리하여 투기의 토대로 기능한다.) 준비금을 축소시키는 것은 한편에서는 유통수단의 감축으로서, 그리고 다른 한편에서는 자본 중 항상 화폐형태로 존재해야만 하는 부분의 감축으로서 고찰될 수 있다.86)

Ⅲ. 주식회사의 형성. 이것에 의하여,

1) 생산규모와 기업이 거대하게 팽창하였는데, 이것은 개인자본으로서는 불가능한 일이었다. 동시에 종전의 정부기업들이 회사기업*으로 된다.

2) 자본―이것은 내재적으로 생산의 사회적 방식에 근거하고 있으며, 생산수단과 노동력의 사회적 집중을 전제하고 있다― 은 이제 사적 자본에 대립하는 사회적 자본(직접적으로 연합한 개인들의 자본)의 형태를 취하며, 이런 자본의 기업은 사적 기업에 대립하는 사회적 기업으로 등

8,544이었다."(같은 책: 53) "스코틀랜드에서는 유통이 매우 활발하기 때문에, 잉글랜드에서는 £420을 필요로 하는 화폐적 거래의 양이 £100에 의해 처리되고 있다."(같은 책: 55. 이것은 활동의 기술적 측면만을 언급한 것이다.)

86) "은행이 설립되기 이전에는…유통수단의 기능을 위해 필요한 자본액은 현실의 상품유통에 필요한 것보다 언제나 컸다."(『이코노미스트』, 1845: 238)

* 독일어 주식회사Aktiengesellschaft의 Gesellschaft는 '사회'와 '회사'의 두 가지 의미를 가지므로, 여기에서는 '정부기업'에 대한 '회사기업'의 의미와 함께, '개인기업' 또는 '사적 기업'에 대한 '사회적 기업'의 의미도 가지고 있다.

장한다. 이것은 자본주의적 생산양식 그것의 한계 안에서 사적 소유로서
의 자본을 철폐하는 것이다.

3) 현실의 기능자본가가 타인의 자본을 관리하는 단순한 경영자로 전
환하며, 자본소유자는 단순한 소유자인 화폐자본가로 전환한다. 배당이
이자와 기업가이득 즉 총이윤을 포함하고 있다 할지라도(왜냐하면 경영
자의 봉급은 일종의 숙련노동에 대한 임금에 불과하거나 불과할 수밖에
없으며, 이 노동력의 가격은 기타의 모든 노동력의 가격과 마찬가지로 노
동시장에서 규제되기 때문이다), 이 총이윤은 오직 이자의 형태로서만,
즉 자본소유에 대한 단순한 보상으로서만 취득된다. 이 자본소유는 이제
는 현실의 재생산과정상의 기능과는 완전히 분리되어 있는데, 이것은 경
영자라는 인물에 속하는 이 기능이 자본소유와 분리되고 있는 것과 마찬
가지다. 이리하여 이윤의 일부, 즉 차입자의 이윤에 의해 정당화되고 있
는 이자뿐 아니라 모든 이윤은 오로지 타인의 잉여노동을 취득한 것으로
나타나는데, 잉여노동은 생산수단이 자본으로 전환되는 것 — 즉 생산수
단이 실제의 생산자로부터 분리되어 타인의 소유로서 [경영자로부터 최
하의 일용노동자에 이르기까지] 현실적으로 생산에서 활동하는 모든 개
인에 대립하게 되는 것에서 생긴다. 주식회사에서 자본기능은 자본소유
와 분리되고, 이리하여 노동도 생산수단·잉여노동의 소유와 완전히 분
리된다. 자본주의적 생산의 최고의 발전이 낳는 이런 결과는 자본을 생
산자들의 소유, 그러나 이제는 개별생산자들의 사적 소유로서가 아니라,
연합한 생산자들의 소유 또는 직접적으로 사회적 소유로 재전환시키기
위한 필연적인 통과점 [이행단계] 이다. 더욱이 이런 결과는 재생산과정
에서 자본소유와 결부되어 있던 모든 기능들을 연합한 생산자들의 단순
한 기능으로, 사회적 기능으로 전환시키기 위한 통과점이다.

앞으로 나아가기 전에 다음과 같은 경제학적으로 중요한 사실을 지적
해 두고 싶다. 이윤이 여기에서는 오직 이자의 형태를 취하므로, 이자만

을 낳는 기업들도 존속할 수 있다는 점이다. 그리하여 이것은 일반적 이
윤율의 저하를 저지하는 원인의 하나다. 왜냐하면 불변자본이 가변자본에
비해 거대한 비율을 이루고 있는 이런 주식회사들은 일반적 이윤율의 균
등화에 반드시 참가하는 것은 아니기 때문이다 [제3편 제14장 6절 참조].

{엥겔스: 마르크스가 이상의 것을 쓴 이래, 잘 알려진 바와 같이, 주식
회사를 제곱 세제곱한 것 같은 새로운 형태의 산업조직이 발달하였다.
오늘날 모든 대공업분야에서 생산은 매일 점점 더 빠른 속도로 증가할
수 있지만, 이것과는 반대로 이 증가한 생산물을 위한 시장은 점점 더
느리게 확대하고 있다. 생산이 몇 개월 동안 제조하는 것을 시장은 몇
년에 걸쳐 흡수할 수 있을 뿐이다. 그 위에 보호주의정책이 추가되어, 각
각의 공업국은 타국에 대해―특히 영국에 대해―장벽을 세우고 국내생
산능력을 인위적으로 더욱 증대시키고 있다. 그 결과는 일반적인 만성적
과잉생산, 가격하락, 이윤감소 ― 심지어 이윤의 완전소멸 ― 이다. 간단
히 말해 오랫동안 찬미되어 온 경쟁의 자유는 종말을 고하고 있으며 자
기 자신의 명백하고 수치스러운 파산을 고백하지 않을 수 없다. 그리고
어느 나라에서나 일정한 산업분야의 대기업가들은 생산을 조절하기 위해
카르텔을 결성하기 때문에 더욱 그러하다. 카르텔위원회는 각 기업의 생
산량을 결정하고 주문을 분배한다. 약간의 경우 예컨대 영국과 독일의
철생산자들 사이에서처럼 일시적인 국제 카르텔까지도 결성되었다. 그
러나 이런 형태의 생산의 결합도 여전히 충분하지 못하였다. 개별기업들
사이의 이해 대립은 이런 형태를 너무나 자주 파괴하였고 경쟁을 부활시
켰다. 그리하여 그 다음 단계는 [생산규모가 이것을 허용하는 몇몇 분야
에서는] 그 산업분야의 총생산을 통일적인 경영기구를 가진 하나의 큰 주
식회사로 집중시키는 것이었다. 미국에서는 이것이 이미 여러 분야에서
달성되었고, 유럽에서는 이제까지 최대의 실례는 유나이티드 알칼리 트
러스트 [48개 화학회사가 1890년 합병했다] 인데, 이것은 영국의 알칼리생산

전체를 단일회사의 수중에 집중시켰다. 30개 이상 개별공장들의 이전 소
유자들은 그들의 공장전체의 평가액을 주식으로 받았는데, 이것은 총액
약 £5백만에 달하였고 트러스트의 고정자본을 대표한다. 기술적 경영은
종전과 같은 사람들의 수중에 남아 있지만, 금융적 통제는 이사회에 집
중되어 있다. 약 £1백만에 달하는 유동자본은 공모되었다. 이리하여 총
자본은 £6백만이다. 이리하여 영국에서는 화학산업 전체의 기초를 이루
는 이 분야에서 경쟁이 독점으로 대체되었고, 이리하여 사회전체, 국민
이 빼앗기에 가장 만족스러운 형태가 준비되고 있다.}

주식회사는 자본주의적 생산양식 그것 안에서 자본주의적 생산양식을
철폐하는 것이며 따라서 자기를 철폐하는 모순인데, 주식회사는 명백히
새로운 생산형태로 가는 단순한 이행단계를 대표한다. 주식회사는 현상
에서도 그런 모순으로서 나타나고 있다. 주식회사는 한편에서는 일정한
분야에서 독점을 낳고 이리하여 국가의 개입을 불러일으킨다. 다른 한편
에서는, 주식회사는 새로운 금융귀족을 재생산하고, 회사발기인 · 투기
꾼 · 명목만의 임원의 형태로 새로운 종류의 기생충을 재생산하며 회사
창립 · 주식발행 · 주식거래와 관련된 투기 · 사기의 제도 전체를 재생산
한다. 결국 주식회사는 사적 소유가 통제할 수 없는 사적 생산이다.

Ⅳ. 주식회사제도[이것은 자본주의체제 그것의 기초 위에서 자본주의
적 사적 산업을 철폐하는 것이며, 이것이 확산되어 새로운 생산분야를
장악함에 따라 그만큼 더 사적 산업을 파괴하게 된다]와는 별도로, 신용
은 개별자본가[또는 자본가로 될 수 있는 사람]에게 일정한 한계 안에서
타인의 자본과 소유, 그리하여 타인의 노동에 대한 절대적인 지배력을
제공한다.[87] 자기자본이 아니라 사회자본에 대한 처분권은 자본가에게

---

87) 예컨대 『더 타임즈』[1857년 12월 3일, 5일, 7일자] 에서 1857년과 같은 공황연
   도의 파산자명단을 보고 파산자들의 자기자산과 부채액을 비교해 보라. "참으
   로 자본과 신용을 가진 사람들의 구매력은, 투기시장을 실제로 잘 알지 못하는

사회적 노동에 대한 지배력을 준다. 어떤 사람이 실제로 소유하고 있는
자본[또는 세상사람들이 그가 소유하고 있다고 생각하는 자본]은 신용이
라는 상부구조를 위한 토대가 될 뿐이다. 이것은 특히 도매업[사회적 생
산물의 대부분이 이것을 통과하고 있다]에서 그러하다. 모든 척도들[자
본주의적 생산양식 안에서 대체로 정당화되었던 모든 변명의 근거들]이
지금은 사라져버린다. 투기하는 도매상이 도박에 걸고 있는 것은 자기
자신의 소유가 아니라 사회적 소유다. 자본의 기원이 저축이라는 이야기
도 역시 불합리하기 짝이 없다. 왜냐하면 투기꾼은 바로 타인들이 자기를
위해 저축해 줄 것을 요구하고 있기 때문이다. {엥겔스: 최근 프랑스 전
체는 파나마운하 사기꾼들을 위해 15억 프랑을 저축한 셈이 되었다. 파
나마운하 사기가 일어나기 20년 전에 그것이 여기 [『자본론』]에 정확히
지적되고 있다고 볼 수 있다.} 또 하나 절욕이라는 문구도 자본가의 사치
—이것이 이제는 신용을 얻는 수단으로 되고 있다—에 의해 완전히 반
박되고 있다. 자본주의적 생산이 덜 발달한 상태에서는 아직도 일정한
의미를 지녔던 관념들이 이제는 전혀 무의미한 것으로 된다. 성공이나
실패 모두가 자본의 집중을 일으키며, 이리하여 최대의 규모에서 수탈*
을 일으킨다. 수탈이 이제는 직접적 생산자들로부터 중소자본가들 자신

사람들이 상상할 수 있는 것을 훨씬 능가하고 있다."(투크, 1844: 79). "자기의
본업을 위해 충분한 자본을 가지고 있다는 평판을 얻고 있으며 자기의 사업에
서 큰 신용을 얻고 있는 사람은, 자기가 거래하는 상품의 가격상승에 대한 확
실한 전망을 가지고 있으며 자기의 투기의 시초와 도중에서 운수가 좋다면, 자
기자본에 비해 실로 거대한 금액에 달하는 구매를 할 수 있다."(같은 책: 136)
"상인이나 제조업자 따위는 자기 자신의 자본을 훨씬 능가하는 사업들을 하고
있다…자본은 상사의 거래에 대한 한계를 규정하는 것이 아니라 두터운 신용
이 그 위에 세워지는 토대가 되고 있다."(『이코노미스트』, 1847: 1333)
* 수탈expropriation은 소유나 재산을 빼앗는 것이고, 착취exploitation는 잉여노동
  을 사유화하는 것이다.

에까지도 미치고 있다. 수탈은 자본주의적 생산양식의 출발점이며, 자본
주의적 생산양식의 목표는 수탈을 완성단계에까지 진행시켜 결국에는 모
든 개인들로부터 생산수단을 수탈하는 것이다.* 즉 생산수단은 사회적
생산의 발달에 따라 사적 생산의 수단이나 생산물이기를 멈추며, 연합한
생산자들의 사회적 소유로서 [생산수단이 그들의 사회적 생산물인 것과
마찬가지로] 그들의 수중에 있을 수밖에 없다. 그러나 자본주의체제 그
것 안에서는 이런 수탈은 소수인에 의한 사회적 소유의 사유화라는 반대
의 형태를 취해 나타난다. 그리고 신용은 이 소수인에게 순전히 사기꾼
의 성격을 점점 더 부여하고 있다. 소유는 이제 주식의 형태로 존재하기
때문에 소유의 동향과 이전은 증권거래소의 투기의 결과일 따름인데, 증
권거래소에서는 작은 고기들은 상어의 밥이 되고 양들은 거래소 이리들
의 밥이 된다. 주식회사에서는 사회적 생산수단들이 개인적 소유로서 나
타난다는 낡은 형태와의 대립이 존재한다. 그러나 주식이라는 형태로의
전환은 아직도 자본주의적 한계 안에 붙들려 있다. 이리하여 주식회사는
사회적 부로서 부의 성격과 사적 부로서 부의 성격 사이의 대립을 극복
하기는커녕 이 대립을 새로운 형태로 전개시키고 있을 뿐이다.

　　노동자들 자신이 운영하는 협동조합 공장들은, 비록 모든 경우 그들의
현재 조직에서는 기존제도의 모든 결함을 재생산하며 또 재생산하지 않
을 수 없지만, 낡은 형태 내부에서 새로운 형태가 출현하는 최초의 실례
다. 여기에서는 자본과 노동 사이의 대립이 철폐되고 있다. 비록 처음에
는 오직 조합의 노동자들이 자기 자신의 자본가라는 형태 — 즉 그들이
자기 자신의 노동을 가치증식시키기 위해 생산수단을 사용한다는 형태
— 로서이긴 하지만. 이런 공장들은 물질적 생산력과 이것에 대응하는 사

---

* 제1권 제32장 '자본주의적 축적의 역사적 경향'에 있는 다음 문장을 상기하라.
　"자본주의적 사적 소유의 조종이 울린다. 수탈자가 수탈당한다. [소수의 대자본
　가가 재산을 빼앗긴다.] "(『자본론』 I : 1046)

회적 생산형태의 일정한 발전단계에서 어떻게 새로운 생산양식이 낡은 생산양식으로부터 자연적으로 발전하고 형성되는가를 보여준다. 협동조합 공장은, 자본주의적 생산양식에서 생기는 공장제도 없이는 발달할 수 없었을 것이며, 또한 자본주의적 생산양식으로부터 생기는 신용제도 없이는 발달할 수 없었을 것이다. 이 신용제도는 자본주의적 개인기업을 자본주의적 주식회사로 점차적으로 전환시키기 위한 주요한 기초를 이루는 것과 마찬가지로, 협동조합기업을 다소간 국민적 규모로 점차 확장시키기 위한 수단을 제공한다. 자본주의적 주식회사도 협동조합 공장과 마찬가지로 자본주의적 생산양식에서 연합한 생산양식으로 가는 이행형태로 여겨져야 하는데, 다만 전자에서는 그 대립 [자본과 노동 사이의 대립]이 소극적으로 철폐되고 후자에서는 적극적으로 철폐되고 있다.

우리는 이제까지 신용의 발달―그리고 이것에 포함되어 있는 자본소유의 잠재적 철폐―을 주로 산업자본과의 관련에서 고찰하였다. 다음의 장들에서는 신용을 이자낳는 자본 그것과의 관련에서 고찰할 것이다. 즉 신용이 이자낳는 자본에 미치는 영향과 그 때 신용이 취하는 형태를 고찰할 것이다. 그리고 일반적으로는 약간의 더욱 특별한 경제학적 비판을 제기할 것이다.

그러나 먼저 다음의 것을 말하고 싶다.

신용제도가 과잉생산과 상업의 지나친 투기의 주요한 지렛대로 나타난다면, 그것은 다만 그 성질상 탄력적인 재생산과정이 여기에서 그 극한까지 강행되기 때문이다. 그리고 이렇게 강행되는 것은, 사회적 자본의 큰 부분이 그것의 소유자가 아닌 사람들에 의해 사용되기 때문이다. 자본의 소유자는 자기의 사적 자본을 스스로 사용할 때 그것의 한계를 소심하게 타산하는 데 반하여, 이 비소유자들은 소유자들과는 전혀 다른 방식으로 사물을 처리하기 때문이다. 이것은 다음과 같은 사실을 명백하게 할 뿐이다. 즉 자본주의적 생산의 대립적 성격에 바탕을 둔 자본의 가치증식은 [생산력의] 현실적인 자유로운 발전을 오직 일정한 점까지만 허용하며, 이리하여 실제로 생산에 대한 내재적인 속박과 한계로 작용하는데, 이 속박과 한계가 신용제도에 의해 끊임없이 돌파된다는 것이다.[88] 따라서 신용제도는 생산력의 물질적 발전과 세계시장의 창조를 촉진하는데, 이런 것들을 새로운 생산형태의 물질적 기초로서 일정한 수준에까지 끌어올리는 것이 자본주의적 생산양식의 역사적 사명이다. 동시에 신용은 이 모순의 격렬한 폭발[즉 공황]과 낡은 생산양식을 해체하는 요소들을 촉진한다.

신용제도에 내재하는 이중적 성격 — 한편에서는 자본주의적 생산의 동기[타인노동의 착취에 의한 치부]를 가장 순수하고 가장 거대한 도박·사기의 제도로까지 발전시키고, 이미 소수인 사회적 부의 수탈자의 수를 점점 더 제한하며, 다른 한편에서는 새로운 생산양식으로 가는 이행형태를 구성한다는 성격 — 은 로로부터 페레르에 이르는 신용의 주요한 주창자들에게 사기꾼이자 예언자라는 복합적인 성격을 주고 있다.

---

88) 차머즈, 1832: 제5장.

제**28**장

유통수단과 자본.
투크와 풀라턴의 견해

투크,[89] 윌슨 따위가 하고 있는 바와 같은 통화와 자본 사이의 구별

---

[89] 제25장에 인용되고 있는 투크의 이야기 [1844: 36, 37] 를 빼지 않고 그대로 옮기면 다음과 같다. "은행업자의 업무는, 요구불 약속어음의 발행을 무시하면, 애덤 스미스가 구분한 상인과 상인 사이의 거래와, 상인과 소비자 사이의 거래에 대응하여, 다음과 같은 두 부문으로 구분될 수 있다. 한 부문은 자본을 지금 당장 사용하지 않는 사람들로부터 수집하여, 그것을 지금 당장 사용하려는 사람들에게 분배하거나 이전시키는 것이다. 다른 부문은 고객들의 수입에서 나오는 예금을 받아 그들이 소비대상에 지출하려는 만큼의 금액을 그들에게 지불하는 것이다…전자는 자본의 유통이고 후자는 통화 [유통수단으로서 화폐] 의 유통이다."(36) 전자는 "한편에서는 자본의 집중, 다른 한편에서는 자본의 분배"이고, 후자는 "그 지방의 지역적 목적을 위한 통화관리"이다.(37)

키니어(1847: 3~4)는 다음 문장에서 올바른 개념에 훨씬 더 접근하고 있다. "화폐는…본질적으로 서로 다른 두 개의 업무를 수행하기 위해 사용된다…상인과 상인 사이의 교환수단으로서 화폐는 자본의 이전을 달성하는 수단이다. 즉 화폐로서 일정액의 자본과, 상품으로서 같은 금액의 자본 사이의 교환이다. 그러나 임금의 지불이나 상인과 소비자 사이의 매매에 사용되는 화폐는 자본이 아니라 수입이다. 즉 사회의 수입 중 일상적 지출에 사용되는 부분이다. 이 화폐는 끊임없는 일상적 사용에서 유통하며, 따라서 이 화폐만을 엄밀한 의미

─그들은 화폐로서의 유통수단, 화폐자본 일반으로서의 유통수단, 그리고 이자낳는 자본(영어로는 monied capital이라고 함)으로서의 유통수단 사이의 구별을 뒤죽박죽 혼동하고 있을 뿐이다─ 은 다음과 같은 두 가지의 주장으로 돌아온다.

한편으로 유통수단은 수입의 지출─즉 개별소비자와 소매상 사이의 거래─을 매개하는 한, 주화coin(화폐)로서 유통한다는 것이다. 이 소매상이라는 범주에는 생산적 소비자나 생산자와는 구별되는 개인적 소비자에게 판매하는 모든 상인들이 포함된다. 여기에서 화폐는 비록 끊임없이 자본을 보충하지만, 주화의 기능으로 유통한다. 한 나라의 화폐의 일정한 부분은 항상 이 기능에 충당되고 있다─비록 이 부분을 구성하는 개개의 화폐조각들은 끊임없이 변동하고 있지만. 그러나 다른 한편으로 화폐가 구매수단(유통수단)으로서든 지불수단으로서든 자본의 이전을 매개하는 한, 이 화폐는 자본이라는 것이다. 따라서 이 화폐를 주화로부터 구별하는 것은 구매수단의 기능도 아니며 지불수단의 기능도 아니다. 왜냐하면 상인 상호간에도 그들이 현금으로 구매하는 한 화폐는 구매수단으로 기능할 수 있으며, 또 상인과 소비자 사이에도 신용이 제공되어 수입이 먼저 소비되고 뒤에 지불이 행해지는 한, 화폐는 지불수단으로서 기능할 수 있기 때문이다. 따라서 차이는 둘째의 경우〔자본의 이전의 경우〕에는 이 화폐가 한 쪽[판매자]을 위해 자본을 보충할 뿐 아니라, 다른 쪽[구매자]에 의해 자본으로서 지출되고 투하된다는 점이다. 결국 구별은 사실상 수입의 화폐형태와 자본의 화폐형태 사이의 구별이며, 통화와 자본 사이의 구별은 아니다. 왜냐하면 일정한 화폐량이 상인과 소비자 사이의 거

에서 통화〔유통수단〕라고 부를 수 있다. 자본의 대부는 전적으로 은행과 기타 자본소유자의 의지에 달려있다. 왜냐하면 차입자는 언제나 있기 때문이다. 그러나 유통수단의 금액은, 화폐가 일상적 지출을 위해 그 안에서 유통하는 공동체의 필요에 달려 있다."

래뿐 아니라 상인 상호간의 거래에서도 유통하고 있으며, 따라서 화폐는 두 기능 모두에서 동등하게 통화이기 때문이다. 그런데 투크의 견해는 여러가지 방식으로 이 문제에 혼란을 야기한다.

(1) 기능상의 특성들을 혼동하는 것에 의해.

(2) 두 기능 모두를 가지면서 유통하는 화폐의 총량에 관한 문제를 도입하는 것에 의해.

(3) 두 기능을 각각 가지면서 유통하는, 따라서 재생산과정의 두 국면 각각에서 유통하는 유통수단량의 상대적 비율에 관한 문제를 도입하는 것에 의해.

(1) 화폐는 하나의 형태에서는 통화[유통수단]이고 다른 하나의 형태에서는 자본이라고 말함으로써, 기능상의 특성들을 혼동한 것에 대해. 화폐가 수입의 실현을 위해서든 자본의 이전을 위해서든 어느 하나의 기능에서 기능하는 한, 화폐는 매매 또는 지불에서 구매수단 또는 지불수단으로서 기능하며 따라서 넓은 의미에서 유통수단으로 기능한다. 화폐가 지출자 또는 수취자의 계정에서 가지는 더욱 구체적인 특성—즉 화폐가 그에게 자본을 상징하는가 수입을 상징하는가—은 위의 이야기를 결코 변경시키지 않는데, 이것도 또 두 가지 방식으로 설명될 수 있다. 두 영역[수입의 지출 영역과 자본의 이전 영역]에서 유통하는 화폐종류는 다르다 하더라도, 예컨대 5,000원짜리 은행권이라는 동일한 화폐조각은 한 영역에서 다른 영역으로 이동하며 두 개의 기능을 차례차례 수행한다. 이것은, 소매상은 자기의 구매자로부터 받는 주화의 형태로서만 자기의 자본에게 화폐형태를 줄 수 있을 뿐이라는 사실 때문에 불가피하다. 보조주화의 유통은 주로 소매업에 집중되어 있다고 가정할 수 있다. 소매상은 거스름돈을 주기 위해 보조주화를 끊임없이 사용하며, 그리고 고객들에 의한 지불로부터 그것을 끊임없이 회수하고 있다. 그러나 소매상은 가치의 척도로 기능하는 금속으로 만든 주화(예컨대 영국의 £1 금화인

소브린)도 받으며 은행권[특히 £5와 £10짜리 소액은행권]까지도 받는
다. 소매상은 이런 금화·은행권·과잉의 보조주화를 매일 또는 매주 은
행에 예금하고, 자기의 은행예금에 대한 수표로 자기의 구매를 지불한
다. 그러나 이 동일한 금화와 은행권은 소비자인 일반 대중에 의해 수입
의 화폐형태로 은행에서 직접적으로 또는 간접적으로(예컨대 공장주가
임금을 지불하기 위해 소액주화로) 끊임없이 인출되고 있으며, 또한 그
화폐들은 소매상에게로 끊임없이 환류함으로써 소매상을 위해 그의 자본
의 일부와 동시에 그의 수입의 일부를 〔상품은 자본가치와 잉여가치를 포함하
므로〕 새로 실현하고 있다. 이 마지막 사정이 중요한데, 투크는 이것을
전혀 보지 않고 있다. 화폐가 재생산과정의 시작에서 화폐자본으로 투하
될 때만(제2권 제1편), 자본가치는 순수하게 자본가치로서 존재한다. 왜
냐하면 생산된 상품은 자본가치뿐 아니라 잉여가치도 포함하기 때문이
다. 그 상품은 자본 자체일 뿐 아니라 이미 가치증식된 자본이며, 수입원
천이 합쳐 있는 자본이다. 따라서 소매상이 자기에게 환류하는 화폐에
대해 교환으로 내놓는 것[즉 그의 상품]은 그에 대해서는 자본+이윤이
며, 자본+수입이다.

 더욱이 유통하는 화폐는 소매상에게 환류함으로써 그의 자본의 화폐
형태를 회복시켜 준다.

 그러므로 수입의 유통으로서 유통과 자본의 유통으로서 유통 사이의
구별을 통화〔유통수단〕와 자본 사이의 구별로 전환시키는 것은 전적으
로 잘못된 것이다. 투크의 경우에는 이런 표현방식은 그가 은행업자—
자기 자신의 은행권을 발행하는 은행업자—의 견해를 취하고 있기 때문
에 생긴 것이다. 국민의 수중에 항상 있으며 그리고 유통수단으로 기능
하는 은행권의 금액(이것을 구성하는 은행권의 종류는 언제나 다르다 할
지라도)은, 은행업자에게는 종이와 인쇄비용 이외에는 어떤 비용도 들게
하지 않는다. 은행권은 자기 앞으로 발행된 유통하는 채무증서(환어음)

이지만, 은행권은 자기에게 화폐를 가져다 주며 그리하여 자기의 자본을
증식시키는 수단으로서 기능한다. 그러나 은행권은 자본—자기자본이든
차입자본이든—과는 다르다. 이리하여 은행업자로서는 통화[유통수단]
와 자본을 구별할 필요가 생긴 것인데, 이 구별은 그것들의 개념을 규정
하는 것과는 아무런 관련이 없으며 더욱이 투크의 개념규정과도 아무런
관련이 없다.

　화폐가 수입의 화폐형태로서 기능하는가 자본의 화폐형태로서 기능하
는가 하는 것은 먼저 유통수단으로서 화폐의 성격에 영향을 미치지 않는
다. 화폐는 어느 기능을 수행하더라도 이 성격을 간직한다. 물론, 화폐가
수입의 화폐형태로 나타나는 경우에는 진정한 의미의 유통수단(주화·구
매수단)으로서 더욱 많이 기능하게 된다. 왜냐하면 판매와 구매가 분할되
어 행해지기 때문이며, 수입지출자의 다수를 차지하는 노동자들은 신용으
로 구매하는 일이 비교적 거의 없는 편이기 때문이다. 그 반면에, 유통수
단이 자본의 화폐형태인 사업계의 거래에서는, 부분적으로는 거래의 집중
으로 말미암아 그리고 부분적으로는 신용제도로 말미암아 화폐는 주로 지
불수단으로서 기능한다. 그러나 지불수단으로서 화폐와 구매수단(유통수
단)으로서 화폐 사이의 구별은 화폐 그것 안의 구별이며 화폐와 자본 사
이의 구별은 아니다. 소매업에서는 동전과 은화가 더 많이 유통하고 도매
업에서는 금화가 더 많이 유통한다고 하여, 동전·은화와 금화 사이의 구
별이 통화[유통수단]와 자본 사이의 구별로 되는 것은 아니다.

　(2) 두 기능 모두를 가지고 유통하는 화폐량의 문제를 도입하는 것에
대해. 화폐가 구매수단으로서든 지불수단으로서든 유통하는 한 [두 분야
의 어느 분야에서든 관계없이, 그리고 그 기능이 수입을 실현하는 것이
든 자본을 실현하는 것이든 관계없이], 유통화폐량에 대해서는 이전에
단순상품유통을 고찰할 때 전개된 법칙들(제1권 제3장 제2절 b)이 여전
히 적용된다. 유통속도(주어진 기간에 동일한 화폐조각이 구매와 지불의

수단으로서 동일한 기능을 반복하는 회수), 동시에 행해지는 구매와 판매 또는 지불의 양, 유통하고 있는 상품들의 가격총액, 끝으로 동일한 시간에 결제되어야 할 지불들의 차액 — 이런 것들이 어느 경우 Ⅰ 수입의 유통이나 자본의 유통 Ⅰ에도 유통화폐량[통화량]을 결정한다. 이렇게 기능하는 화폐가 지불자 또는 수취자에게 자본을 상징하는가 수입을 상징하는가 하는 것은 유통화폐량과는 아무런 관련도 없다. 유통화폐량은 다만 구매수단과 지불수단으로서 화폐의 기능에 의해 결정될 뿐이다.

(3) 두 기능을 각각 가지고 유통하는, 따라서 두 분야 각각에서 유통하는 유통수단량의 상대적 비율이라는 문제에 대해. 두 개의 유통분야는 내적 관련을 가지고 있다. 왜냐하면 한편으로 지출되는 수입액은 소비규모를 표현하며, 다른 한편으로 생산과 상업에서 유통하는 자본액은 재생산과정의 규모와 속도를 표현하기 때문이다. 그럼에도 동일한 요인들이 두 기능 또는 두 분야의 유통화폐량(영국의 은행용어로는 통화량)에 미치는 영향은 다를 뿐 아니라 정반대일 수도 있다. 이것 때문에 투크는 통화 Ⅰ유통수단Ⅰ와 자본을 또한 어리석게 구분한 것이다. 통화주의자들이 두 개의 전혀 다른 사물을 혼동하고 있다는 사실은, 결코 그 사물들을 개념의 구별로서 제시하는 것에 대한 정당화가 될 수가 없다.

재생산과정이 크게 촉진되어 활력에 넘치는 번영기 또는 큰 팽창기에는 노동자들이 완전히 고용된다. 대부분의 경우 임금의 인상도 일어나는데, 이것은 산업순환의 다른 국면에서 일어나는 임금의 하락 — 평균수준 아래로 하락 — 을 어느 정도 보상한다. 동시에 자본가들의 수입도 크게 늘어난다. 소비는 일반적으로 증대한다. 상품가격은 적어도 몇 개의 결정적인 산업분야에서는 틀림없이 올라간다. 이 결과로 유통화폐량은 적어도 일정한 한계 안에서는 — 왜냐하면 유통속도의 증가가 유통화폐량의 증가를 제한하기 때문에 — 늘어난다. 사회의 수입 중 임금부분은 원래 산업자본가에 의해 가변자본의 형태로, 그리고 항상 화폐의 형태로 투하

되기 때문에, 임금부분은 번영기에는 자기의 유통을 위해 더 많은 화폐
를 필요로 한다. 그러나 우리는 이것을 두 번─즉 한 번은 가변자본을
유통시키는 데 필요한 화폐로, 다른 한 번은 노동자의 수입을 유통시키
는 데 필요한 화폐로─계산해서는 안 된다. 노동자에게 임금으로 지불
된 화폐는 소매업에서 지출되어 [각종의 중간거래를 매개한 뒤에] 매주
규칙적으로 소매상의 예금으로 은행에 환류한다. 번영기에는 화폐의 환
류가 산업자본가에게는 매끄럽게 행해진다. 따라서 화폐융통에 대한 산
업자본가들의 요구는 그들이 임금으로 더 많이 지불해야 한다는 사정─
그들의 가변자본의 유통을 위해 더 많은 화폐가 필요하다는 것─에 의
해서는 증가하지 않는다.

총괄적인 결과는, 번영기에는 수입의 지출에 사용되는 유통수단의 양
이 결정적으로 증대한다는 것이다.

자본의 이전─자본가들 상호간의 거래─에 필요한 유통수단에 관해
말한다면, 호황기는 또한 신용이 가장 탄력적이고 쉬운 시기다. 자본가
들 상호간의 유통의 속도는 직접적으로 신용에 의해 규제되며, 지불결제
와 현금구매에 필요한 유통수단량은 상대적으로 줄어든다. 그 양은 절대
적으로는 증가할지 모르지만 상대적으로는─재생산과정의 팽창에 비교
하면─언제나 줄어든다. 한편으로 더 큰 규모의 지불들이 화폐의 개입
없이 결제되며, 다른 한편으로 재생산과정의 활력 때문에 동일한 화폐량
이 구매수단과 지불수단으로 더 빨리 운동하게 된다. 동일한 화폐량이
더 많은 수의 개별자본의 환류를 매개한다.

전체로 볼 때, 번영기에는 화폐유통은─비록 Ⅱ분야(자본의 이전)에
서는 적어도 상대적으로 수축하고, Ⅰ분야(수입의 지출)에서는 절대적으
로 팽창하기는 하지만─'풍성한' 것으로 나타난다.

환류는 상품자본이 화폐로 재전환하는 것, 즉 M-C-M′을 표현하는
데, 이것은 이미 제2권 제1편에서 재생산과정을 고찰할 때 본 것이다.

신용 때문에 산업자본가와 상인은 현실의 환류시점과는 다르게 화폐형태로 환류하는 것을 본다. 그들은 신용으로 판매하며, 따라서 그의 상품은 자기에게 화폐로 재전환되기 전에―자기에게 화폐형태로 환류하기 전에 ―넘겨지는 것이다. 다른 한편으로 그는 신용으로 구매하며, 따라서 자기 상품의 가치는 현실적으로 화폐로 전환되기 전에―상품가격이 만기가 되어 지불되기 전에―이미 그를 위해 생산자본이나 상품자본 [상인의 경우] 으로 재전환되고 있다. 이와 같은 번영기에는 환류는 순조롭고 쉽게 진행된다. 소매상은 도매상에게, 도매상은 제조업자에게, 그리고 제조업자는 원료수입상에게 따위로 확실하게 지불한다. 급속하고 확실한 환류라는 외관은, 그런 환류가 사실상 끝난 뒤에도 이미 주어진 신용에 의해 얼마동안 지속되기 마련이다. 왜냐하면 신용의 환류가 현실적인 환류를 대체하고 있기 때문이다. 은행은 자기의 고객들이 화폐보다 환어음을 더욱 많이 예금하자마자 위험을 냄새맡기 시작한다. 앞에서 [제25장에서] 인용한 리버풀은행 [유니언 뱅크 오브 리버풀] 이사 [리스터] 의 증언을 참조하라.

내가 이전에 지적한 것을 여기서 반복한다. "신용팽창의 시기에는 통화의 유통속도가 상품의 가격보다 더욱 빠르게 증가하며, 그와 반대로 신용수축의 시기에는 통화의 유통속도가 상품의 가격보다 급속히 감소한다."(『정치경제학 비판을 위하여』. CW 29: 340)

공황기에는 사태가 정반대다. Ⅰ분야 [수입의 지출] 의 화폐유통은 축소하고 가격은 하락하며 임금도 하락한다. 취업노동자의 수는 감소하고 거래량도 감소한다. 이와는 반대로 Ⅱ분야 [자본의 이전] 의 유통에서는 신용의 감소에 따라 화폐용통의 요구가 증대하는데, 이에 대해서는 곧 더 자세히 논의할 것이다.

재생산과정의 정체와 동시에 나타나는 신용감퇴에 따라, 수입의 지출 [Ⅰ분야]에 필요한 통화량은 감소하지만 자본의 이전[Ⅱ분야]에 필요한

통화량은 증가한다는 것은 전혀 의문의 여지가 있을 수 없다. 그러나 이
사실이 풀라턴 등이 제출한 다음과 같은 주장과 얼마나 일치하는가는 검
토할 필요가 있다.

"대부자본에 대한 수요와 추가 유통수단에 대한 수요는 전혀 다른 것
이며, 함께 결합되는 일도 드물다."(풀라턴, 『통화조절론』: 82, 제5장의
제목)[90]

---

90) "화폐융통에 대한 수요"(즉 자본의 대부에 대한 수요)"가 추가유통수단에 대
한 수요와 동일하다고 생각하는 것, 또는 이 둘이 자주 결합된다고 생각하는
것은 참으로 큰 오류다. 각각의 수요는 각자의 독특한 사정과 서로 매우 다른
사정에서 생긴다. 모든 것이 호황을 나타내며 임금은 높고 물가는 상승하며 공
장들이 분주할 때는, [더 큰 금액의 지불과 더 많은 수의 지불을 해야할 필요성
과 결부되어 있는] 추가적 기능들을 수행하기 위해 통화의 추가공급이 일반적
으로 필요하게 된다. 이와는 반대로 산업순환의 더 진전된 단계에서 곤란이 나
타나기 시작하고 시장이 공급과잉의 상태에 빠지며 환류가 지연될 때는, 이자
율이 상승하며 자본의 대부를 받으려는 압력이 잉글랜드은행에 가해진다. 잉글
랜드은행은 은행권 이외에는 자본을 대부하는 수단이 없다는 것, 따라서 은행
권을 거부하는 것은 융자를 거부하는 것을 의미한다는 것은 옳다. 그러나 융자
가 일단 주어진다면, 모든 것은 스스로 시장의 필요에 적응한다. 즉 대부는 그
대로 남아 있을 것이고 필요없게 된 통화는 발행자에게로 되돌아 올 것이다.
이리하여 의회보고서를 수박 겉핥기식으로 검토하기만 해도 누구나 확신할 수
있듯이, 잉글랜드은행의 유가증권 보유액은 잉글랜드은행권 유통액과 동일한
방향으로 변동하기보다는 반대의 방향으로 변동하는 일이 더욱 잦으며, 따라서
이 큰 은행 [잉글랜드은행] 의 예는 지방은행업자들이 강하게 주장하는 학설—
은행권 유통액이 이미 은행권 유통의 보통의 목적을 충족시키는 데 적합한 경
우에는 어떤 은행도 그 유통액을 증가시킬 수 없다는 것, 그러나 그 한도를 초
과하면 그 은행의 어떤 추가적 대부도 그 은행의 자본에서 행해져야 하며, 은
행보유 유가증권의 일부를 매각하거나 유가증권에 대한 더 이상의 투자를 삼
감으로써 공급되어야만 한다는 학설—에 대한 예외는 아니다. 1833~1840년의
의회보고서로부터 작성한 표—내가 앞 페이지에서 언급한 바 있다—는 이
진리에 대한 연속적인 예증을 제공하는데, 그 중 두 개는 너무나 뛰어나서 그
것을 언급하는 것만으로 충분하다. 즉 1837년 1월 3일, 신용을 유지하고 화폐

먼저 위의 둘 [번영기와 공황기] 중 앞의 경우, 유통수단의 양이 증대하
지 않을 수 없는 번영기에는 그것에 대한 수요가 증가한다는 것은 명백
하다. 그러나 마찬가지로 명백한 것은, 제조업자가 더 많은 자본을 화폐
형태로 지출해야 하기 때문에 자기의 은행예금에서 더 많은 금이나 은행
권을 인출한다 하더라도, 이것 때문에 자본에 대한 그의 수요가 증대하
는 것이 아니라 자본을 지출하기 위한 이 특수한 형태에 대한 수요가 증
대할 뿐이라는 점이다. 이 수요는 다만 그가 자기의 자본을 유통에 투입
하는 기술적 형태와 관련되고 있을 뿐이다. 이것은, 신용제도의 발달정

시장의 핍박에 대처하기 위해 잉글랜드은행의 재원이 극한에까지 이용되었을
때, 대부와 할인에 의한 선대advance는 £1,702만2천이라는 거액에 달하였는데,
이것은 전쟁 [1793~1815년] 이래 최대이며, 은행권 발행총액—이것은 그동안
변동없이 £1,707만6천이라는 낮은 수준에 머무르고 있었다—과 거의 동등한
금액이었다! 다른 한편으로 1833년 6월 4일에는 은행권 유통액은 £1,889만2천
이고, 민간유가증권 보유액은 £97만2천—이 금액은 지난 반세기 동안 최저의
수준은 아니라 하더라도 거의 그것에 가깝다—을 넘지 못하였다."(폴라틴, 앞
의 책: 97, 98)

  '화폐융통에 대한 수요'가 금(윌슨, 투크 따위가 자본이라고 부르는 것)에 대
한 수요와 결코 동일할 필요가 없다는 것은 잉글랜드은행 총재 웨겔린의 다음
과 같은 증언에서도 알 수 있다. "그 정도로"(3일 동안 연속해 매일 £1백만)
"어음을 할인하는 것은, 만약 국민이 더 큰 금액의 은행권 유통액을 요구하지
않는다면, 은행권 준비액을 감소시키지 않을 것이다. 어음할인에 의해 발행된
은행권은 은행업자를 통해, 그리고 예금을 통해 환류할 것이기 때문이다. 이
거래들이 금의 수출을 목적으로 하지 않는 한, 그리고 국내에 공황이 발생하여
국민이 은행권을 은행에 예치하지 않고 움켜쥐는 사태가 일어나지 않는다면…
은행권 준비액은 그런 크기의 거래에 의해서도 영향받지 않을 것이다." "잉글
랜드은행은 매일 £1백5십만을 할인할 수 있으며, 이것은 은행권 준비액에 조금
도 영향을 미치지 않고 계속 진행되고 있다. 은행권은 예금으로 되돌아오고 있
으며, 유일한 변동은 한 계좌에서 다른 계좌로 단순한 이체이다."(『은행법,
1857』, 증언 제241호와 제500호) 그러므로 은행권은 여기에서는 신용이체의
수단 노릇을 할 뿐이다.

도가 다르면 동일한 가변자본 또는 동일한 임금액이라도 나라에 따라 다른 양의 유통수단을 필요로 하는 것과 마찬가지다. 예컨대 스코틀랜드보다 잉글랜드에서, 그리고 잉글랜드보다 독일에서 더 많은 유통수단이 필요하다. 농업에서도 재생산과정에서 활동하는 동일한 자본은 계절이 다르면 그 기능을 수행하기 위해 다른 화폐량을 필요로 한다.

그러나 풀라틴이 들고 있는 대비는 옳지 않다. 경기후퇴기를 번영기로부터 구분하는 것은 그가 주장하듯이 대부에 대한 강한 수요가 결코 아니며, 그보다는 이 수요의 충족이 번영기에는 쉽고 경기후퇴기에는 어렵다는 점이다. 사실상 번영기에는 신용제도가 거대하게 발달한다는 것, 그리고 대부자본에 대한 수요가 격증하며 이 수요가 공급에 의해 쉽게 충족된다는 것—이런 것들이 경기후퇴기의 신용핍박을 일으킨다. 그러므로 두 시기를 구분하는 것은 대부에 대한 수요의 크고 작음이 아니다.

이미 앞에서 지적한 바와 같이 두 시기를 구분하는 것은, 먼저 번영기에는 소비자와 상인 사이에서 유통수단에 대한 수요가 우세하고, 경기후퇴기에는 자본가들 사이에서 유통수단에 대한 수요가 우세하다는 사실이다. 경기후퇴기에는 전자의 수요는 감소하고 후자의 수요는 증가한다.

그런데 풀라틴과 기타의 사람들의 눈에 결정적으로 중요하게 보인 것은, 잉글랜드은행의 유가증권 보유액이 증가하는 시기에는 잉글랜드은행권 유통액이 감소하고 반대의 시기에는 그 반대로 되는 현상이었다. 그러나 유가증권 보유액은 화폐융통의 크기—즉 할인된 환어음의 크기나 시장성 있는 유가증권을 담보로 한 대부의 크기—를 표현하는 것이다. 그리하여 풀라틴은 앞의 주 90에서 다음과 같이 말하고 있다. 즉 잉글랜드은행의 유가증권 보유액은 일반적으로 그 은행권 유통액과 반대 방향으로 변동하며, 이것은 개인은행들의 오래된 원칙—어떤 은행도 그 고객의 수요에 의해 결정되는 일정한 금액을 초과해 은행권 발행을 증가시킬 수 없다—을 확인하고 있다는 것이다. 만약 은행이 이 금액을 초과해 대부하려고 한다면, 그 은행은 자기 자신의 자본에서 이것을 실시할 수밖에 없으며, 따라서 유가증권을 매각하든지 또는 유가증권에 투자하였을 예금을 이용해야 한다는 것이다.

여기에서 우리는 풀라턴이 말하는 자본의 의미를 알 수 있다. 그에 따르면, 잉글랜드은행이 자기 자신의 은행권 — 이것은 자기자신의 지불약속이며 자기에게 아무런 비용도 들게 하지 않는다 — 으로 더 이상 대부할 수 없을 때 자본이 개입한다는 것이다. 그러면 잉글랜드은행은 이 경우 무엇으로 대부하는가? "보유 유가증권" — 즉 국채 · 주식 · 기타의 이자낳는 증서 — 의 매각대금에 의해. 그런데 잉글랜드은행은 유가증권을 판매해 무엇을 얻는가? 화폐, 즉 금과 은행권(이 은행권이 잉글랜드은행권과 마찬가지로 법화인 한)을 얻는다. 그러므로 잉글랜드은행이 대부하는 것은 어떤 사정 아래에서도 화폐다. 그런데 이 화폐는 이제 잉글랜드은행의 자본의 일부를 구성한다. 잉글랜드은행이 금을 대부하는 경우 이 점은 분명하다. 잉글랜드은행이 은행권을 대부하는 경우에도 이제는 이 은행권은 자본을 표시한다. 왜냐하면 잉글랜드은행은 은행권을 얻기 위해 현실적인 가치 — 즉 이자낳는 유가증권 — 를 양도했기 때문이다. 개인은행의 경우에는 유가증권의 매각에 의해 그 은행으로 들어오는 은행권은 대부분 잉글랜드은행권이거나 자기 자신의 은행권일 수밖에 없다. 왜냐하면 기타의 은행권은 유가증권의 지불대금으로 거의 용납되지 않기 때문이다. 그런데 잉글랜드은행의 경우에는 자기가 회수하는 자기 자신의 은행권이 자기에게 자본 — 즉 이자낳는 증권 — 을 들게 한다는 것이다. 더욱이 잉글랜드은행은 자본을 지출하면서 자기 자신의 은행권을 유통에서 끌어낸다는 것이다. 따라서 잉글랜드은행이 이 은행권을 재발행하든가 또는 그 대신 같은 금액의 새로운 은행권을 발행한다면, 그 은행권은 이제는 자본을 대표하게 된다. 더욱이 이처럼 은행권이 자본을 대표하게 되는 것은, 그것이 자본가에 대한 대부에 사용되는 경우이거나 이런 화폐융통에 대한 수요가 감퇴해 은행권이 유가증권에 대한 새로운 투자에 사용되는 경우이거나 모두 마찬가지다. 이 모든 사정에서 자본이라는 용어는 은행업자의 의미로 사용될 뿐인데, 자본은 은행업자가 자기의 신용보다 더 많은 것을 대부하지 않을 수 없게 된 것을 의미하고 있다.

모두가 알고 있는 바와 같이, 잉글랜드은행은 자기 자신의 은행권으로 모든 대부를 행한다. 그럼에도 잉글랜드은행권 유통액이 자기보유의 할인어음과 담보—즉 자기의 대부액—가 증가함에 따라 감소한다면, 유통에 투입된 은행권은 어떻게 되며 그것은 어떻게 잉글랜드은행으로 환류하는가?

먼저 화폐융통에 대한 수요가 국제수지 적자 때문에 생기며 따라서 금 유출을 매개한다면 사태는 매우 간단하다. 어음이 은행권으로 할인되고, 이 은행권은 잉글랜드은행의 발권부에서 금과 교환되며 이 금이 수출된다. 이것은 마치 잉글랜드은행이 어음할인에서 은행권의 매개 없이 금을 직접적으로 지불한 것과 마찬가지다. 이런 종류의 수요증대—경우에 따라서는 £7백만~1천만에 달한다—는 당연히 국내유통에 단 한 장의 £5 은행권도 추가하지 않는다. 이 경우 잉글랜드은행은 통화를 대부하는 것이 아니라 자본을 대부하는 것이라고 말한다면, 이것은 다음과 같은 두 가지 의미를 가질 것이다. 첫째, 잉글랜드은행은 신용을 대부하는 것이 아니라 현실적인 가치—자기 자신의 자본의 일부 또는 자기에게 예금된 자본의 일부—를 대부한다는 의미다. 둘째, 잉글랜드은행은 국내유통을 위한 화폐를 대부하는 것이 아니라 국제유통을 위한 화폐—즉 세계화폐—를 대부한다는 의미다. 그리고 이 목적을 위해서는 화폐는 언제나 퇴장화폐의 형태로, 금속상태로 존재해야만 한다. 이 형태에서는 화폐는 가치형태일 뿐 아니라 자기의 가치는 그 금속의 가치와 동등하다. 이 금은 이제 잉글랜드은행과 금수출상에게는 자본—은행자본 또는 상업자본 — 을 표현한다 할지라도, 금에 대한 수요는 자본으로서 금에 대해서가 아니라 화폐자본의 절대적 형태인 금에 대해 생긴 것이다. 그 수요는 해외시장이 실현불가능한 영국의 상품자본으로 꽉차있는 바로 그 순간에 생긴다. 따라서 요구되고 있는 것은 자본으로서 자본이 아니라 화폐로서 자본 — 이 형태에서는 화폐가 세계시장의 일반적인 상품이다 — 인데, 이것은 귀금속이라는 화폐의 시초형태다. 금유출은 풀라턴, 투크 따위가 이야기하는 바와 같은 '단순히 자본의 문제'가 아니라 '화폐의 문제' — 비록 특수한 기능을 수행하는 화폐의 문제이기는 하지만 — 다. 그것이 통화주의자들이 주장하듯이 국내유통 [국내적 유통수단] 의 문제가 아니라는 사실은, 풀라턴 따위가 생각하고 있듯이, 그것이 단순히 '자본의 문제'라는 것을 증명하는 것은 결코 아니다. 그것은 화폐가 국제적 지불수단의 형태를 취하고 있는 '화폐의 문제'다.

"이 자본을"(흉작 이후 국내로 수입된 수백만 쿼터의 곡물 구매대금을) "상품으로 보내는가 금으로 보내는가는, 거래의 성격에는 아무런 영향도 미치지 않는 사정이다."(풀라턴, 1845: 131)

그러나 그것은 금유출이 생기는가 않는가에 대해서는 매우 분명한 영향을 미친다. 그 자본 [곡물구매대금] 을 귀금속의 형태로 보내는 것은, 상품의 형태로는 전혀 보낼 수 없거나 매우 큰 손실을 보지 않고서는 불가능하기 때문이다. 근대적 은행제도가 금유출에 대해 느끼는 불안은, 귀금속이 유일한 진정한 부라고 생각한 중금주의가 그것에 대해 몽상했던 모든 것을 능가하고 있다. 예컨대 잉글랜드은행의 총재 모리스가 1847~1848년의 공황에 관한 의회위원회에서 행한 다음과 같은 증언을 들어보자. [『상업불황, 1847~1848』]

"제3846호. (질문) 내가 주식과 고정자본의 감가에 대해 말하였을 때, 각종의 주식과 생산물에 투하된 모든 자본이 동일하게 감가하였다는 것, 원면 · 생사 · 원모가 마찬가지의 헐값으로 유럽대륙에 수송되었다는 것,

그리고 설탕·커피·차가 투매로 처분되었다는 것을 당신은 알지 못하는
가?—식량의 대량수입 때문에 생긴 금유출에 대처하기 위해 국민이 상
당한 희생을 하는 것은 불가피하였다.'"제3848호. 이런 희생을 치르면
서 금을 회수하려고 노력하기보다는 잉글랜드은행의 금고에 있는 £8백
만에 손을 대는 것이 더 좋았으리라고 생각하지 않는가?—결코 그렇게
생각하지 않는다.'"

여기에서는 금이 유일한 진정한 부라고 여겨지고 있다.

풀라턴이 인용하고 있는 투크의 발견—"하나 또는 두 개의 예외, 그리
고 완전히 설명할 수 있는 예외를 제외하면, 금유출을 일으킨 **뚜렷한** 환
율하락(지난 반세기 동안에 일어난 것)은 모두 유통수단이 **상대적**으로
적은 상태와 일치하였고 반대의 경우에는 그 반대였다."(풀라턴, 1845:
121)—은 다음의 것을 증명하고 있다. 즉 이런 금유출이 생기는 것은 대
부분의 경우 활황과 투기의 시기 이후의 일이며, "이미 시작한 붕괴의 신
호로서…시장의 포화상태, 우리 생산물에 대한 해외수요의 중단, 환류의
지연의 지표로서, 그리고 이 모든 것의 필연적 결과로서 상업상 불신, 공
장폐쇄, 노동자의 굶주림, 산업과 기업의 일반적 침체 따위의 지표"(129)
로서 금유출이 생긴다는 것이다.

이것은 물론 통화주의자들의 주장—"유통수단이 충분하면 금덩이를
몰아내며 그것이 부족하면 금덩이를 끌어들인다"—에 대한 가장 훌륭한
반박이기도 하다.

이 주장과는 반대로, 잉글랜드은행은 일반적으로 번영기에 거대한 금
준비를 보유하고 있지만, 이 금준비는 항상 격동기 다음의 불황기에 형
성된다.

금유출에 관한 위와 같은 모든 이야기는 결국 다음의 것으로 된다. 즉
국제적인 유통수단과 지불수단에 대한 수요는 국내적인 유통수단과 지불
수단에 대한 수요와 다르다는 것(따라서 당연히 풀라턴이 자기의 책 112

쪽에서 말하고 있듯이 "금유출의 존재는 반드시 유통수단에 대한 국내수요의 감퇴를 의미하지는 않는다"는 것), 그리고 귀금속의 국외수출—귀금속을 국제유통에 투입하는 것—은 은행권이나 주화를 국내유통에 투입하는 것과 동일하지는 않다는 것이다. 더욱이, 내가 이미 이전에 밝힌 바와 같이 [『정치경제학 비판을 위하여』, CW 29: 382~384], 국제지불을 위한 준비금으로 집중하고 있는 퇴장화폐의 운동은 유통수단으로서 화폐의 운동과는 아무런 관계도 없다는 점이다. 그러나 내가 화폐의 성질에서 이끌어낸 퇴장화폐의 다른 기능들—국내의 만기된 지불을 위한 지불수단의 준비금, 유통수단의 준비금, 끝으로 세계화폐의 준비금으로서 기능들—이 모두 단일한 준비금에 부과되면 문제는 조금 복잡하게 된다. 그리하여 사정에 따라서는 잉글랜드은행으로부터 국내로의 금유출이 해외로의 금유출과 결부될 수도 있다. 더욱 문제가 복잡하게 되는 것은 이 퇴장화폐에 대해 전혀 제멋대로 부과된 추가적인 기능—즉 신용제도와 신용화폐가 발달한 나라에서는 이 퇴장화폐가 은행권의 태환에 대한 보증준비로 역할한다는 것—때문이다. 끝으로 이 모든 것 이외에도, (1) 하나의 중앙은행으로 전국의 준비금이 집중된다는 것, (2) 될 수 있는 한 최저한도로 이 준비금을 축소한다는 것이 추가된다. 이 때문에 풀라턴의 다음과 같은 불평이 나온다.

"영국에서는 잉글랜드은행의 금준비가 고갈될 듯이 보일 때마다 열병과도 같은 불안과 경악의 사태가 발생하는 데 비해, 유럽대륙에서는 환율의 변동은 일반적으로 매우 평온하게 지나가는 것을 볼 때, 금속통화가 가지고 있는 큰 우월성을 느끼지 않을 수 없다."(143)

이제 금유출을 무시하면, 은행권을 발행하는 은행, 예컨대 잉글랜드은행은 은행권 발행액을 증가시키지 않고 어떻게 자기가 제공하는 화폐융통액 [대부]을 증가시킬 수 있는가?

잉글랜드은행 밖에 있는 모든 은행권은 [실제로 유통하고 있든 개인의 금고 안에서 잠자고 있든] 은행 자신의 입장에서 보면 유통 중에 있다. 즉 자기의 보유 밖에 있다. 따라서 은행이 할인업무와 유가증권 담보대부를 확장한다면, 그 때문에 발행된 은행권은 그 은행으로 다시 환류하여야 하며, 그렇지 않다면 은행권 유통액이 증가할 것인데, 이것은 일어나지 않는다고 가정한 것이다. 환류는 두 가지 방식으로 일어날 수 있다.

첫째로, 잉글랜드은행은 유가증권을 받고 A에게 은행권을 지불하고, A는 B에게 이 은행권으로 만기어음을 결제하며, B는 이 은행권을 잉글랜드은행에 다시 예금한다는 방식이다. 이 은행권의 유통은 종결되지만 대부는 그대로 남는다.("대부는 그대로 남아 있을 것이고 필요없게 된 통화는 발행자에게로 되돌아올 것이다." 풀라턴: 97)

은행이 A에게 대부한 은행권은 지금 자기에게로 되돌아왔다. 그런데 은행은 A 또는 [A가 할인받은] 어음의 발행자에 대해서는 채권자이며, B에 대해서는 이 은행권의 가치액만큼 채무자인데, B는 이리하여 은행자본 중 이 가치액에 해당하는 부분을 자유롭게 처분할 수 있게 된다.

둘째로, A는 B에게 지불하고, B 또는 C(B로부터 은행권을 지불받는 사람)가 만기어음을 지불하기 위해 직접적으로 또는 간접적으로 은행에 그 은행권을 납입하는 방식이다. 이 경우 은행은 자기 자신의 은행권으로 지불받는 셈이며, 이리하여 거래는 완결된다(A가 은행에 상환하는 것을 남겨둔 채).

그러면 A에 대한 은행의 대부는 어느 정도까지 자본의 대부로 간주되어야 하고, 어느 정도까지 지불수단의 대부로 간주되어야 하는가?[91]

{엥겔스: 이것은 대부 그것의 성질에 달려 있다. 세 가지 경우를 검토해 볼 필요가 있다.

첫째 경우. A는 아무런 담보도 제공하지 않고 자기의 개인신용에 의거

---

91) {엥겔스: 이 다음의 문장은 원고에서는 이해불가능하였으므로, 편집자가 새로 썼다. 그 요점은 이미 제26장에서 다른 맥락에서 언급된 바 있다.}

해 은행으로부터 대부를 빌는다. 이 경우 그는 지불수단의 대부를 받을 뿐 아니라 의심할 여지없이 새로운 자본의 대부도 받는데, 그는 상환할 때까지 이 자본을 자기 사업에서 추가자본으로 사용해 증식시킬 수 있다.

둘째 경우. A는 유가증권—국채나 주식—을 담보로 제공하고, 예컨대 그 담보시가의 $\frac{2}{3}$에 해당하는 현금대부를 받았다. 이 경우 그는 필요한 지불수단을 받았지만 추가자본을 받은 것은 아니다. 왜냐하면 그는 은행에서 받은 것보다 큰 자본가치를 은행에 제공하였기 때문이다. 그러나 한편에서는 이보다 큰 자본가치는 이자를 낳도록 일정한 형태 ⟦유가증권⟧ 에 투하되어 있기 때문에 자기의 당면의 필요—지불수단—에는 전혀 무용하였고, 다른 한편에서는 A는 그것을 판매해 직접적으로 지불수단으로 전환시켜서는 안 될 이유를 가지고 있었다. 그의 유가증권은 무엇보다도 준비자본으로 기능해야 할 임무를 가지고 있었으며, 그는 그 유가증권이 그런 것으로서 기능하게끔 내버려 둔 것이다. 그러므로 A와 은행 사이에는 자본의 일시적인 상호이전이 행해졌는데, A는 추가자본을 받지는 않았지만(오히려 A가 더 큰 자본가치를 은행에 제공하였다!) 자기가 필요한 지불수단을 받았다. 그런데 은행으로서는, 이 거래는 화폐자본을 대부에 일시적으로 묶어두는 것이며 화폐자본을 한 형태로부터 다른 형태로 전환시키는 것인데, 이런 전환이야말로 은행업의 본질적인 기능이다.

셋째 경우. A는 은행에서 어음을 할인받고 할인료를 공제한 금액을 현금으로 받는다. 이 경우 그는 유동적이지 않은 형태의 화폐자본—즉 만기가 되지 않은 어음—을 은행에 판매하고 유동적인 형태의 가치액—즉 현금—을 받은 것이다. 그 어음은 이제 은행의 소유물이다. 그렇지만 부도가 날 경우 그 어음의 마지막 이서인인 A가 은행에 책임을 진다는 사실에는 변함이 없다. A는 이 책임을 기타의 이서인들과 발행인과 함께 분담하는데, 이들에 대해 A는 배상청구권을 가진다. 그러므로 이 경우에는 대부는 전혀 없고 보통의 판매와 구매가 있을 뿐이다. A는 은행에 상환할 필요가 없고, 은행은 만기일에 어음대금을 받는다. 여기에서도 A와 은행 사이에는 자본의 상호이전이 행해지는데, 이것은 기타의 모든 상품의 매매와 마찬가지며 따라서 A는 어떤 추가자본도 받지 않는다. A가 필요하여 받은 것은 지불수단이었고, 그는 그것을 얻었다. 은행이 그의 화폐자본을 한 형태[어음]에서 다른 형태[화폐]로 전환시켜 주었기 때문이다.

그러므로 진정한 자본대부에 관해 이야기할 수 있는 것은 오직 첫째 경우뿐이다. 둘째 경우와 셋째 경우에서는 기껏해야 모든 자본투하는 '대부'를 내포한다는 의미에서만 자본대부가 행해진다고 말할 수 있다. 이런 의미에서 은행은 A에게 화폐자본을 대부한다. 그러나 A 입장에서는, 이것이 기껏해야 자기의 자본 일반의 일부라는 의미에서만 화폐자본이다. 그리고 그는 그것을 특히 자본으로서 요구하여 사용하는 것이 아니라, 바로 지불수단으로서 요구해 사용하는 것이다. 그렇지 않다면, 지불수단을 조달하기 위해 행해지는 보통의 상품판매는 모두 자본의 대부를 받는 것으로 여겨야 할 것이다.}

은행권을 발행하는 개인은행의 경우에는 다음과 같은 차이가 있다. 즉 그의 은행권이 지방의 유통에 남아 있지도 않고 예금의 형태나 만기어음의 지불을 위해 그 은행으로 복귀하지도 않는다면, 그 은행권은 그 은행이 은행권과 교환으로 금이나 잉글랜드은행권을 지불해야만 하는 사람들의 수중에 있다는 점이다. 이 경우 은행권의 대부는 사실상 잉글랜드은행권의 대부 또는 [개인은행에 대해서는 동일한 것이지만] 금의 대부를, 따라서 은행자본의 일부의 대부를 표현하게 된다. 이것은 다음의 경우에도 마찬가지다. 즉 은행권발행에 법정최고한도를 가지고 있는 잉글랜드은행 자신이나 기타의 어떤 은행도 유가증권을 매각해야만 자기 자신의 은행권을 유통에서 끌어내어 그것을 다시 대부로서 발행할 수 있는 경우가 그것이다. 이 경우에도 자기 자신의 은행권은 동원할 수 있는 은행자본의 일부를 대표한다.

통화가 순수한 금속통화라 하더라도, 다음의 (1)과 (2)는 동시에 생길 수 있다. (1) 잉글랜드은행의 금고를 텅비게 하는 금유출 {엥겔스: 여기에서는 적어도 금의 일부가 해외로 나가는 금유출을 의미하는 것이 분명하다}. (2) 잉글랜드은행이 금을 필요로 하는 주된 이유는 지불(과거거래의 결제)에 충당하기 위한 것뿐이므로, 잉글랜드은행의 담보대부는 크게 증가할 수 있지만 은행권은 예금의 형태나 만기어음의 상환으로 잉글랜드은행에 복귀할 수 있을 것이다. 그리하여 한편으로는 잉글랜드은행의 유가증권보유액이 증가하면서 발행준비금은 ﹇금유출 때문에﹈ 감소할 것이고, 다른 한편으로는 잉글랜드은행이 종전에는 소유자로서 보유한 동일한 금액을 이제는 예금자에 대한 채무로서 보유하게 될 것이고, 끝으로 통화의 총량은 감소할 것이다.

이제까지 우리는 대부는 은행권으로 행해지며, 따라서 적어도 은행권 발행의 일시적 증가—비록 곧 사라진다고 하더라도—를 수반한다고 가정하였다. 그러나 이런 가정은 필요하지 않다. 잉글랜드은행은 은행권 대신에 A에게 신용계좌를 개설해 줄 수 있으며, 이리하여 채무자인 A는 가상적인 예금자로 된다. A는 그의 채권자에게 잉글랜드은행 앞 수표로 지불하며, 이 수표 수취자는 그 수표를 자기의 거래은행에 지불하고, 이 거래은행과 잉글랜드은행은 어음교환소에서 수표들을 서로 교환한다. 이 경우 은행권의 개입이 없으며 거래전체는 다음과 같은 것—즉 은행은 A에 대한 채권에 의해 현실적으로 보상을 받으면서, 은행은 자기 자신의 채무를 자기 자신 앞으로 발행한 수표로서 결제한다—에 국한되고 있다. 이 경우 은행은 A에게 은행자본 일부를 자기 자신의 채권의 일부라는 형태로 대부한 것이다.

화폐융통에 대한 이런 수요가 자본에 대한 수요인 한에서는, 그 수요는 오직 화폐자본에 대한 수요, 은행업자의 입장에서 본 자본—즉 금(해외로의 금유출의 경우) 또는 국립은행권(개인은행은 오직 등가물을 제공해 구매함으로써 이것을 얻을 수 있으므로, 국립은행권은 개인은행에 대해 자본을 대표한다) — 에 대한 수요일 뿐이다. 또는, 끝으로 금이나 은행권을 획득하기 위해 판매해야만 하는 이자낳는 유가증권(국채나 주식)도 은행업자의 입장에서는 자본이다. 그러나 이런 유가증권(예컨대 국채)은 그것을 구매한 사람에게만 자본이며, 그 구매자에게는 유가증권은 자기의 구매가격 — 즉 자기가 그것에 투하한 자본 — 을 대표한다. 유가증권은 그 자체로서는 자본이 아니며 단순히 채권일 따름이다. 만약 그것이 토지저당증서라면 그것은 장래의 지대에 대한 청구권에 불과하며, 그것이 주식이라면 그것은 장래의 잉여가치를 받을 권리를 주는 소유증서에 불과하다. 이런 것들은 진정한 자본도 자본의 구성부분도 결코 아니며, 그 자체로서는 어떤 가치도 아니다. 이와 비슷한 거래[예: 신용계좌의 개설]에 의해 은행에 속하는 화폐가 예금으로 전환될 수 있으며, 이리하여 은행은 이 화폐의 소유자에서 이 화폐에 대한 채권자로서 [다른 자격에 의해] 그 화폐를 보유한다. 이것은 은행 자신에게는 중요하지만, 국내에 현존하는 자본의 양, 심지어 화폐자본의 양까지도 결코 변동시키지 못한다. 자본은 여기에서는 화폐자본으로서만 나타날 뿐이고, 현실적인 화폐형태로 존재하지 않는 경우에는 단순한 자본소유권으로서만 나타날 뿐이다. 이 사실은 매우 중요하다. 왜냐하면 은행자본의 부족이나 그것에 대한 절박한 수요가 실물자본의 감소와 혼동되고 있기 때문인데, 실물자본은 그런 경우에는 반대로 생산수단과 생산물의 형태로 과잉상태이며 시장을 범람시키고 있다.

그러므로 유통수단의 총량이 불변이거나 감소하는 조건에서, 어떻게 잉글랜드은행이 담보로 보유하는 유가증권액이 증가할 수 있는가, 따라서 어떻게 잉글랜드은행이 화폐융통에 대한 수요증대를 충족시킬 수 있는가를 설명하는 것은 매우 간단하다. 더욱이 이와 같은 화폐핍박의 시기에는 유통수단의 총량은, (1) 금유출과 (2) 단순한 지불수단으로서의 화폐에 대한 수요에 의해 제한된다. (2)의 경우 발행된 은행권이 곧 환류하거나, 거래가 은행권의 매개 없이 장부상의 신용에 의해 처리된다. (2)의 경우에는, 지불들—이것들의 결제가 거래의 유일한 목적이다—이 단순히 신용거래에 의해 수행된다. 화폐가 단순히 지불의 결제를 위해 기능하는 경우에는 (그런데 공황기에는 대부를 받는 것은 구매하기 위해서가 아니라 지불하기 위해서며, 새로운 거래를 시작하기 위해서가 아니라 과거거래를 청산하기 위해서다), 화폐의 현실적 유통은—이 결제가 화폐의 개입없이 신용조작에 의해서만 행해지는 경우가 아니더라도—일시적인 것에 불과하다는 것, 따라서 화폐융통에 대한 수요가 매우 큰 경우에도 거대한 금액의 이런 거래가 유통수단의 팽창 없이 행해질 수 있다는 것은 화폐의 특성이다. 잉글랜드은행이 거대한 화폐융통을 제공하면서도 동시에 잉글랜드은행권 유통액은 안정적이거나 줄어들기까지한다는 단순한 사실은, 풀라턴이나 투크 따위가 (화폐융통을 대부자본의 차입, 추가자본의 차입과 동일시하는 그들의 오류로 말미암아) 가정하고 있듯이, 지불수단으로 기능하는 화폐(은행권)의 유통액이 증가(팽창)하지 않는다는 것을 명백히 증명하는 것은 결코 아니다. 그런 거액의 화폐융통을 필요로 하는 사업침체기에는 구매수단으로서 은행권의 유통액은 감소하기 때문에, 유통수단의 총액—구매수단으로서 기능하는 은행권과 지불수단으로서 기능하는 은행권의 합계—이 안정적이거나 심지어 줄어들더라도 지불수단으로서 은행권의 유통액은 증가할 수 있다. 지불수단으로서 은행권은 발행은행으로 곧 환류하기 때문에 이런 유통액은 이 경제학자들의 눈에는 결코 유통액이 될 수 없는 것이다.

　만약 지불수단으로서 유통액 증가가 구매수단으로서 유통액 감소보다 크다면, 구매수단으로 기능하는 화폐량이 뚜렷하게 감소하더라도 총유통액은 증가할 것이다. 그리고 이것은 실제로 공황의 어느 시점에서 생

긴다. 즉 신용이 완전히 붕괴되고 상품과 유가증권이 판매되지 않을 뿐
아니라 어음을 할인받는 것도 불가능하게 되며, 현금지불 이외에는 아무
것도 통용되지 않는 시점에서는, 실제로 그런 일이 생긴다. 풀라턴 따위
는 지불수단으로서 은행권의 유통이 이런 화폐부족 시기의 한 특징인 것
을 이해하지 못하고 있기 때문에 이 현상을 우연한 것으로 여기고 있다.

"은행권을 얻으려는 격렬한 경쟁의 실례들은 공황기의 특징이며, 때로
는 1825년 말처럼 금덩이유출이 여전히 계속되면서도 은행권 발행액의
갑작스런—비록 일시적인 것에 불과하지만—증대를 초래할 수 있는데,
그런 실례들은 낮은 환율에 따르는 자연적 또는 필연적 현상으로 여겨서
는 안 된다고 생각한다. 이런 경우의 수요는 유통수단"(구매수단으로서
의 유통수단이라고 말해야 한다)"에 대한 수요가 아니라 화폐퇴장을 위
한 수요이며, 금유출이 오래 계속된 뒤에 공황의 마지막에서 일반적으로
생기는 [깜짝놀란 은행업자와 자본가 측에서의] 수요"(따라서 지불수단
의 준비에 대한 수요)"이고 그리고 금유출 종결의 전조다."(풀라턴: 130)

지불연쇄가 급격히 중단될 때 어떻게 화폐가 순전히 관념적인 형태로
부터 상품들에 대립하는 가치의 물질적이고 동시에 절대적인 형태로 전
환하는가에 대해서는, 이미 지불수단으로서의 화폐를 고찰하면서(제1권
제3장 3절 b) 논의한 바 있다. 또 몇 개의 실례를 그곳의 주 [51과 52] 에
서 제시한 바 있다. 지불연쇄의 중단 그것은 부분적으로는 신용의 동요
와 이에 수반하는 사정들(시장의 포화상태, 상품의 감가, 생산의 중단 따
위)의 결과이기도 하고, 부분적으로는 그것들의 원인이다.

그러나 풀라턴이 구매수단으로서 화폐와 지불수단으로서 화폐 사이의
구별을, 통화와 자본 사이의 구별로 전환시키고 있다는 것은 명백하다.
그리고 이것의 바탕에는 유통에 관한 은행업자다운 편협한 관념이 놓여
있다.

아직도 다음과 같은 질문이 제기될 수 있다. 이런 화폐핍박 시기에 공

급이 부족한 것은 자본인가 아니면 지불수단으로 기능하는 화폐인가? 이 것은 잘 알려진 논쟁점이다.

먼저 그 곤란이 금유출로 나타나는 한, 요구되는 것은 국제적 지불수 단이라는 것은 명백하다. 그러나 국제적 지불수단으로 기능하는 화폐는 금속상태의 금— 그 자체로서 가치있는 실체이고 가치의 응고물이다— 이다. 그 화폐는 또한 자본인데, 그러나 상품자본으로서 자본이 아니라 화폐자본으로서 자본이며, 상품형태로 있지 않고 화폐(그것도 완전무결 한 의미에서 화폐인데, 이런 의미에서 화폐는 일반적인 세계시장상품으 로서 존재한다)형태로 있는 자본이다. 여기에서는 지불수단으로서 화폐 에 대한 수요와 자본에 대한 수요 사이의 대립은 없다. 대립은 오히려 화폐형태의 자본과 상품형태의 자본 사이에 있는데, 여기에서 자본이 요 구되고 있는 형태 그리하여 자본이 기능할 수 있는 유일한 형태는 자본 의 화폐형태다.

이런 금(또는 은)에 대한 수요를 제외하면, 공황기에는 어떤 의미에서 든 자본이 부족하다고는 말할 수 없다. 물론 곡물가격의 등귀, 면화기근 따위와 같은 특수한 상황에서는 자본의 부족이 있을 수 있지만, 그런 것 들은 공황기에 필연적으로 또는 규칙적으로 일어나는 현상은 아니다. 그 러므로 화폐융통에 대한 수요 격증으로부터 그런 자본부족의 존재를 직 접적으로 추론할 수는 없다. 오히려 그 반대다. 시장은 공급과잉의 상태 이며 상품자본으로 범람하고 있다. 따라서 곤란을 야기하는 원인은 어쨌 든 상품자본의 부족은 아니다. 이 문제에 대해서는 나중에 다시 논의할 것이다.

▎ 옮긴이 약력

김 수 행 (1942~2015)

> 서울대학교 경제학 학사 · 석사
> 런던대학교 경제학 석사 · 박사
> 서울대학교 교수 · 명예교수
> 성공회대학교 석좌교수

> 『자본론』 I, II, III 완역 출판. 비봉출판사
> 『국부론』(상 · 하). 비봉출판사
> 『청소년을 위한 국부론』. 두리미디어
> 『청소년을 위한 자본론』. 두리미디어
> 『알기 쉬운 정치경제학』. 서울대학교출판문화원
> 『『자본론』의 현대적 해석』. 서울대학교출판문화원
> 『세계대공황: 자본주의의 종말과 새로운 사회의 사이』. 돌베개
> 『마르크스가 예측한 미래사회: 자유로운 개인들의 연합』. 한울
> 『자본론 공부』. 돌베개

자 본 론 제Ⅲ권 자본주의적 생산의 총과정 (상)

1990년 2월 10일   초 판   발행
2004년 5월 3일   제1개역판   발행
2024년 5월 15일   2015년 개역판 6쇄 발행

옮긴이 | 김수행
펴낸이 | 박기봉
펴낸곳 | 비봉출판사

주 소 | 서울 금천구 가산디지털2로 98, 2-808(가산동, IT캐슬)
전 화 | (02)2082-7444
팩 스 | (02)2082-7449
E-mail | bbongbooks@hanmail.net
등록번호 | 2007-43 (1980년 5월 23일)
ISBN | 978-89-376-0435-5 94320
         978-89-376-0431-7 (전6권)

값 25,000원